U0152793

考前充分準備　臨場沉穩作答

千華數位文化
Chien Hua Learning Resources Network

高分上榜 讀書計畫表

| 使用方法 | 本讀書計畫表共分為 60 天和 30 天兩種學習區段,可依個人需求選擇用 60 天或 30 天讀完本書。 |

各章出題率分析
A 經常出題 **B** 偶爾出題 **C** 很少出題

可針對頻率高的章節加強複習!

頻出度	章節範圍		60 天完成	30 天完成	考前複習
C	第一篇 行政法之基本概念	第一章 緒論	第 1～2 天 完成日期 ___年___月___日	第 1 天 完成日期 ___年___月___日	完成日期 ___年___月___日
A		第二章 行政法的制定與適用	第 3～8 天 完成日期 ___年___月___日	第 2～4 天 完成日期 ___年___月___日	完成日期 ___年___月___日
C		第三章 行政法關係	第 9～10 天 完成日期 ___年___月___日	第 5 天 完成日期 ___年___月___日	完成日期 ___年___月___日
C	第二篇 行政組織法	第四章 行政組織	第 11～12 天 完成日期 ___年___月___日	第 6 天 完成日期 ___年___月___日	完成日期 ___年___月___日
B		第五章 各種行政組織	第 13～14 天 完成日期 ___年___月___日	第 7 天 完成日期 ___年___月___日	完成日期 ___年___月___日
A		第六章 公務員法	第 15～20 天 完成日期 ___年___月___日	第 8～10 天 完成日期 ___年___月___日	完成日期 ___年___月___日

頻出度	章節範圍	60 天完成	30 天完成	考前複習
A	第三篇 行政作用法 — 第七章 行政作用	第 21～24 天 完成日期 ___年___月___日	第 11～12 天 完成日期 ___年___月___日	完成日期 ___年___月___日
A	第八章 行政處分	第 25～30 天 完成日期 ___年___月___日	第 13～15 天 完成日期 ___年___月___日	完成日期 ___年___月___日
A	第九章 行政執行 與行政罰	第 31～36 天 完成日期 ___年___月___日	第 16～19 天 完成日期 ___年___月___日	完成日期 ___年___月___日
A	第四篇 行政救濟法 — 第十章 行政爭訟 制度	第 37～42 天 完成日期 ___年___月___日	第 20～23 天 完成日期 ___年___月___日	完成日期 ___年___月___日
B	第十一章 國家賠償 制度	第 43～44 天 完成日期 ___年___月___日	第 24 天 完成日期 ___年___月___日	完成日期 ___年___月___日
一	第五篇 相關法規彙整	第 45～52 天 完成日期 ___年___月___日	第 25～28 天 完成日期 ___年___月___日	完成日期 ___年___月___日
一	第六篇 近年試題及解析	第 53～60 天 完成日期 ___年___月___日	第 29～30 天 完成日期 ___年___月___日	完成日期 ___年___月___日

千華數位文化
Chien Hua Learning Resources Network

新北市中和區中山路三段 136 巷 10 弄 17 號
TEL: 02-22289070　FAX: 02-22289076
千華公職資訊網 http://www.chienhua.com.tw

公務人員
「高等考試三級」應試類科及科目表

高普考專業輔考小組◎整理

完整考試資訊

http://goo.gl/LaOCq4

★普通科目

1.國文◎（作文60%、公文20%與測驗20%）
2.法學知識與英文※（中華民國憲法30%、法學緒論30%、英文40%）

★專業科目

類科	科目		
一般行政	一、行政法◎	二、行政學◎	三、政治學
	四、公共政策	五、民法總則與刑法總則	六、公共管理
一般民政	一、行政法◎	二、行政學◎	三、政治學
	四、公共政策	五、民法總則與刑法總則	六、地方政府與政治
社會行政	一、行政法◎	二、社會福利服務	三、社會學
	四、社會政策與社會立法	五、社會研究法	六、社會工作
人事行政	一、行政法◎	二、行政學◎	三、各國人事制度
	四、現行考銓制度	五、民法總則與刑法總則	
	六、心理學（包括諮商與輔導）		
勞工行政	一、行政法◎	二、經濟學◎	三、勞資關係
	四、就業安全制度	五、勞工行政與勞工立法	六、社會學
戶　政	一、行政法◎		
	二、國籍與戶政法規（包括國籍法、戶籍法、姓名條例及涉外民事法律適用法）		
	三、移民政策與法規（包括入出國及移民法、臺灣地區與大陸地區人民關係條例、香港澳門關係條例、護照條例及外國護照簽證條例）		
	四、民法總則、親屬與繼承編		
	五、人口政策與人口統計	六、地方政府與政治	
公職社會工作師	一、行政法◎	二、社會福利政策與法規	三、社會工作實務
教育行政	一、行政法◎	二、教育行政學	三、教育心理學
	四、教育哲學	五、比較教育	六、教育測驗與統計
財稅行政	一、財政學◎	二、經濟學◎	三、民法◎
	四、會計學◎	五、租稅各論◎	六、稅務法規◎
商業行政	一、民法◎	二、行政法◎	三、貨幣銀行學
	四、經濟學◎	五、證券交易法	六、公司法
經建行政	一、統計學	二、經濟學◎	三、國際經濟學
	四、公共經濟學	五、貨幣銀行學	六、商事法

金融保險	一、會計學◎　　　　二、經濟學◎　　　　三、金融保險法規 四、貨幣銀行學　　　五、保險學　　　　　六、財務管理與投資
統　計	一、統計學　　　二、經濟學◎　　　　　三、資料處理 四、統計實務（以實例命題）　五、抽樣方法　六、迴歸分析
會　計	一、財政學◎　　　二、審計學◎　　　　　三、中級會計學◎ 四、成本與管理會計◎　　　　　　　五、政府會計◎ 六、會計審計法規（包括預算法、會計法、決算法與審計法）◎
財務審計	一、審計學（包括政府審計）◎ 二、內部控制之理論與實務 三、審計應用法規（包括預算法、會計法、決算法、審計法及政府採購法） 四、財報分析　五、政府會計◎　　　　　六、管理會計
法　制	一、行政法◎　　二、立法程序與技術　　三、民法◎ 四、刑法　　　五、民事訴訟法與刑事訴訟法　六、商事法
土木工程	一、結構學　　　二、測量學　　三、鋼筋混凝土學與設計 四、營建管理與工程材料　　　　五、土壤力學（包括基礎工程） 六、工程力學（包括流體力學與材料力學）
水利工程	一、水文學　　　二、流體力學　　　　　三、渠道水力學 四、水資源工程學五、營建管理與工程材料 六、土壤力學（包括基礎工程）
文化行政	一、世界文化史　　二、本國文學概論　　三、藝術概論 四、文化人類學　五、文化行政與政策分析 六、文化資產概論與法規
電力工程	一、工程數學◎　二、電路學　　　　　三、電子學 四、電機機械　　五、電力系統 六、計算機概論
法律廉政	一、行政法◎　　二、行政學◎　　　　三、社會學 四、刑法　　　　五、刑事訴訟法 六、公務員法（包括任用、服務、保障、考績、懲戒、行政中立、利益衝突迴避、財產申報與交代）
財經廉政	一、行政法◎　　二、行政學◎　　　　三、社會學 四、公務員法（包括任用、服務、保障、考績、懲戒、行政中立、利益衝突迴避、財產申報與交代） 五、心理學　　　六、財政學概論與經濟學概論◎
機械工程	一、熱力學　　　二、機械設計　　　　三、流體力學 四、自動控制　　五、機械製造學（包括機械材料） 六、工程力學（包括靜力學、動力學與材料力學）

註：應試科目後加註◎者採申論式與測驗式之混合式試題(占分比重各占50%)，應試
　　科目後加註※者採測驗式試題，其餘採申論式試題。

各項考試資訊，以考選部正式公告為準。

千華數位文化股份有限公司

新北市中和區中山路三段136巷10弄17號

TEL: 02-22289070　FAX: 02-22289076

公務人員
「普通考試」應試類科及科目表

高普考專業輔考小組◎整理

完整考試資訊

http://goo.gl/7X4ebR

✪普通科目

1. 國文◎（作文60%、公文20%與測驗20%）
2. 法學知識與英文※（中華民國憲法30%、法學緒論30%、英文40%）

✪專業科目

類科	科目	
一般行政	一、行政法概要※ 三、政治學概要◎	二、行政學概要※ 四、公共管理概要◎
一般民政	一、行政法概要※ 三、政治學概要◎	二、行政學概要※ 四、地方自治概要◎
教育行政	一、行政法概要※ 三、心理學概要	二、教育概要 四、教育測驗與統計概要
社會行政	一、行政法概要※ 三、社會研究法概要	二、社會工作概要◎ 四、社會政策與社會立法概要◎
人事行政	一、行政法概要※ 三、現行考銓制度概要	二、行政學概要※ 四、心理學（包括諮商與輔導）概要
戶　　政	一、行政法概要※ 二、國籍與戶政法規概要（包括國籍法、戶籍法、姓名條例及涉外民事法律適用法）◎ 三、民法總則、親屬與繼承編概要 四、移民法規概要（包括入出國及移民法、臺灣地區與大陸地區人民關係條例、香港澳門關係條例、護照條例及外國護照簽證條例)※	
財稅行政	一、財政學概要◎ 三、會計學概要◎	二、稅務法規概要◎ 四、民法概要◎
商業行政	一、經濟學概要※ 三、商業概論	二、行政法概要※ 四、民法概要◎
經建行政	一、統計學概要 三、國際經濟學概要	二、經濟學概要※ 四、貨幣銀行學概要
金融保險	一、會計學概要◎ 三、貨幣銀行學概要	二、經濟學概要※ 四、保險學概要

統　計	一、統計學概要 三、統計實務概要（以實例命題） 四、資料處理概要	二、經濟學概要※
會　計	一、會計學概要◎ 三、審計學概要◎	二、成本與管理會計概要◎ 四、政府會計概要◎
地　政	一、土地法規概要 三、民法物權編概要	二、土地利用概要 四、土地登記概要
公產管理	一、土地法規概要 三、民法物權編概要	二、土地利用概要 四、公產管理法規概要
土木工程	一、測量學概要 三、土木施工學概要	二、工程力學概要 四、結構學概要與鋼筋混凝土學概要
水利工程	一、水文學概要 三、土壤力學概要	二、流體力學概要 四、水資源工程概要
文化行政	一、本國文學概論 三、藝術概要	二、世界文化史概要 四、文化行政概要
機械工程	一、機械力學概要 三、機械製造學概要	二、機械原理概要 四、機械設計概要
法律廉政	一、行政法概要※ 二、公務員法（包括任用、服務、保障、考績、懲戒、行政中立、利益衝突迴 　　避、財產申報與交代）概要 三、刑法概要 四、刑事訴訟法概要	
財經廉政	一、行政法概要※ 二、公務員法（包括任用、服務、保障、考績、懲戒、行政中立、利益衝突迴 　　避、財產申報與交代）概要 三、心理學概要 四、財政學概要與經濟學概要※	

註：應試科目後加註◎者採申論式與測驗式之混合式試題(占分比重各占50%)，
　　應試科目後加註※者採測驗式試題，其餘採申論式試題。

各項考試資訊，以考選部正式公告為準。

千華數位文化股份有限公司
新北市中和區中山路三段136巷10弄17號
TEL: 02-22289070　FAX: 02-22289076

目次

第一篇　行政法之基本概念

Chapter 01　緒 論

Chapter 02　行政法的制定與適用

Chapter 03　行政法關係

第二篇　行政組織法

Chapter 04　行政組織

Chapter 05　各種行政組織

Chapter 06　公務員法

第三篇 行政作用法

Chapter 07　行政作用

Chapter 08　行政處分

Chapter 09　行政執行與行政罰

第四篇　行政救濟法

Chapter 10　行政爭訟制度

Chapter 11　國家賠償制度

第五篇　相關法規彙整

第六篇　近年試題及解析

秘方版序

行政法係具體的公法,亦為憲法的試金石,德國行政法之父梅耶(Otto Mayer)嘗言:「憲法是會毀失的,而行政法卻能續存。」其重要性可以想見。由於行政法的出發點是法學,以研究公法學之基礎理論、行政組織法、行政作用法及行政救濟法為主,其內容極為龐雜,兼以行政機能的增繁多涉,更增加研習上之困難。如果期望以速成的方法精通行政法,可說是絕不可能的事,幸而,考試並不是在做研究,如果只是希望能在考試時獲取高分,倒是有捷徑可行的。

由於多數考生並沒有學過行政法,要考好本科當然得先讀幾本入門書,目前市面上可以買到的教科書可謂五花八門、新舊雜陳,建議先以空中大學行政法課本入手,大法官會議的解釋,亦須留意,而吳庚老師的《行政法之理論與實用》尤應勤加研讀。

本書係針對測驗式考試而編寫,不僅高普考、地方特考適用,移民特考尤有奇效。各章課文務求理解,各章所附歷年考題悉依章節順序排列,只要與課文前後對照,必可融會貫通。

行政法規多如牛毛,既多且雜,頗多考生視為畏途,看到行政程序法有 175 條、行政訴訟法有 308 條就頭皮發麻,甚至放棄本科。這是很可惜的,如果大家都考不好,就很容易殺出重圍,只要掌握一點技巧,輕輕鬆鬆就可考滿分。

本書所附解答,係依考選部公布之答案,近年有若干試題,因命題上的瑕疵,成為「一律給分」的「送分題」或有兩個以上答案的「複選題」,本書第六篇已根據考選部最新公布之答案予以修正,請讀者放心。

本書出版以來,在成千上萬讀者的支持下,逐年成長茁壯,本書除了將課文做了大幅度的增修外,各章所附「歷年試題總覽」全部重新編排。而最新的突破是增加題庫的部分,包括中央法規標準法、中央行政機關組織基準法、地方制度法、公務員法、行政程序法、行政執行法、行政罰法、訴願法、行政訴訟法、國家賠償法十大題庫,將歷年考題依條文順序附於各相關法條之後,一則便於理解,再則讓讀者瞭解命題之焦點,只要稍微思考一下「為甚麼是這個答案」,必可心神領會,一見就通。

吳庚老師 2017.12.13 病逝,所著《行政法之理論與實用》仍然非常重要,該書所舉案例十之八九均會成為考題,請讀者特別留意!

修正日期	法規名稱	修法事項
108.12.18	國家賠償法	修正公布自 108.12.20 起施行,請讀者特別注意第 3 條之修正理由。
107.6.13	行政訴訟法	修正公布第 82 條、第 98 條之 6。
107.11.28	行政訴訟法	修正公布第 204 條、第 205 條、第 207 條、第 233 條。
109.1.15	行政訴訟法	修正公布第 98 條之 5、第 263 條、增訂第 237 條之 18~237 條之 31,自 109.7.1 起施行。
109.6.10	公務員懲戒法	修正公布自 109.7.17 起施行,讀者應特別留意。

林志忠 2020.10

命題趨勢大解析

近年考題分布情形列表如下：　　◎表格中數字為命題比例（百分比）

內容 考試種類	基礎理論	行政組織	行政作用	行政救濟
105 高考	4	20	48	28
105 普考	10	12	60	18
105 移四	8	4	56	32
105 地三	8	20	48	24
105 地四	16	20	48	16
106 高考	8	16	56	20
106 普考	6	16	52	26
106 移四	8	8	64	20
106 地三	12	16	44	28
106 地四	14	14	50	22
107 高考	0	8	44	48
107 普考	8	14	54	24
107 移三	8	8	52	32
107 移四	8	16	52	24
107 地三	8	24	40	28
107 地四	12	10	50	28

內容 考試種類	基礎理論	行政組織	行政作用	行政救濟
108 高考	4	4	52	40
108 普考	14	14	42	30
108 移三	8	20	44	28
108 移四	8	16	52	24
108 地三	4	16	48	32
108 地四	12	16	44	28
109 高考	12	24	40	24
109 普考	6	22	42	30

＊高考、地方特考三等、移民特考三等、移民特考四等，係考25題選擇題（另考2題申論題）
＊普考、地方特考四等，係考50題選擇題（四選一，單一選擇題，答錯不倒扣）。

據此可知，「行政作用」一直是本科命題的焦點，其中尤以行政程序法最為重要，行政執行法、行政罰法次之。只要掌握這三大法律必可立於不敗之地。

如果要突破重圍，榮登金榜，公務員法、訴願法、行政訴訟法、國家賠償法亦應熟讀。法條有限，能變的花樣並不多，本書所附題庫，悉依法條次第排列，一看就懂，是為獨家秘方，一服見效，一試便知。

第一篇　行政法之基本概念

緒 論

本章依據出題頻率區分，屬：**C頻率低**

課前導讀

1. 於比較簡單的一章，能考的題目並不多，多屬基本觀念，可以很輕鬆的學習。
2. 行政的種類當中，「公權力行政」（高權行政）、「干涉行政」、「給付行政」、「計畫行政」是命題的焦點。
3. 早年林紀東老師有比較多的論述，近年此類題目已完全被排除於題庫之外，可以省略。
4. 一般言之，本章用2～4小時就可以完全搞定。

一、行政的意義

(一) 行政法係以行政為研究對象，研習行政法自應先對行政的涵義有所瞭解，關於行政的意義，學說非常紛歧，目前以除外說為通說。

(二) 除外說又稱控除說，為德國學者哈查克（J. Hastschek）所創，其內容係依據三權分立之理論，認為行政乃是在立法權與司法權之外，發揮一切政府職能的作用。此說的特點，即不求積極的對「行政」的意義加以詮釋，而僅消極的澄清行政的範圍，故又稱「消極說」。

(三) 張家洋老師綜合學者意見，將行政定義如下：行政是國家治權作用的一種，係由政府行政機關為實現國家政策目的，就其職權範圍內有關組織與業務事項，依法所作各種效果、性質與形式的公務處理行為。

二、行政的種類

在現代國家中，由於行政權呈現不斷擴充的趨勢，行政的內容日益複雜，所以行政的種類逐漸增多，學者對行政的分類標準目前尚不一致，茲擇要列述如下：

行政的種類	以行為的態樣為區別標準	以業務功能為區別標準
	(1)公權力行政（高權行政） (2)私經濟行政（國庫行政）	(1)干涉行政　(2)給付行政 (3)計畫行政

☆☆☆**(一)以行為的態樣為區別標準**（107地三、108地四）：以行政業務是否涉及統治權作用或公權力作用加以區別，可以分為下列兩大類：

1. **公權力行政（高權行政）**：公權力行政也稱為高權行政，是指國家居於統治主體的地位，行使公權力所從事的行政行為。公權力行政非常廣泛，凡是人民與國家或人民與地方自治團體間之權利義務關係事項，均屬公權力行政之對象，所使用之行政作用方式包括命令、行政處分、行政契約（公法契約）或地方自治規章等。

2. **私經濟行政（國庫行政）**：私經濟行政也稱為國庫行政，是指國家處於與私人相當之法律地位，並在私法支配下所為之各種行為。其類別包括下列各種：

   (1) **為達成行政上之任務，所採取之私法型態之行為**：例如對清寒學生給予助學貸款、對於民眾提供住宅貸款或出售國民住宅、在景氣低迷時對廠商紓困貸款或提供補助，由隸屬於各級政府之自來水廠、醫院、療養院、鐵路局、公共汽車管理處等機構對大眾提供生活上之服務等均屬之。

   (2) **以私法組織形態或特設機構方式所從事之營利行為**：以私法組織形態從事之營利行為為數甚多，從中央到地方政府以公司形態或商號名稱（如公營當舖），所成立之組織難以列舉，其中有中央政府獨資經營者（如臺灣中油公司）、有市政府經營者（如台北捷運公司）、亦有政府與民間資本合營者（如臺灣電力公司、中國鋼鐵公司等）。合資經營之公司如股份超過百分之五十屬於國庫者為國營事業，屬於縣市等地方團體者為縣市營事業。除以公司形態成立之組織外，尚有以法規特設機構者，例如改制前之中央信託局、臺灣銀行等或類似行政機關或屬私法人，間又行使部分公權力（例如臺灣銀行之辦理公務人員保險等）。

   (3) **私法形態之輔助行為**：行政機關為推行行政事務需要物資或勞務之支援，常以私法行為取得，例如營造或租用辦公廳舍、採購公務用品、訂購武器、消防器材以及僱用臨時性之工作人員等均屬此類輔助行為。

   (4) **參與純粹之交易行為**：此類行為或多或少有其行政上之目的，基本上均受市場供需法則之支配，例如為維持匯率而參與外匯市場之操作（買賣外匯）；為減低公營事業在各類企業中之比例，出售政府持股移轉民營；進口大宗物資出售以穩定價格；為汰舊換新或其他目的，出售公用物品等，無論其行為主體為行政機關本身或其所屬之公營事業，無疑均為私法上行為。

☆☆**(二)以業務功能為區別標準**（106地四）：以業務功能為區別標準，可分為下列三大類：

1. **干涉行政**：干涉行政也稱為干預行政，是指行政機關為達成下命、禁止或確認的效果，所採取的抽象或具體措施，以及在必要時使用的強制手段，例如稽徵

稅捐、徵收土地等均屬之。因為干涉行政對受干涉的對象，直接限制其自由或權利，當然應受較嚴格的法律羈束，所以有學者稱：「法律係干涉行政的剎車及油門，如果沒有法律，干涉行政即不能行駛。」

2. **給付行政**：給付行政是指有關社會保險、社會救助、生活必需品之供給、舉辦職業訓練、給與經濟補助及提供文化服務等措施而言。

3. **計畫行政**：計畫行政是指為達成行政上的預定目標（包括抽象的精神建設或具體的創新之事實狀態），於兼顧各種利益之調和以及斟酌一切相關情況下，準備或鼓勵將各項手段及資源作合理運用之一種行政作用。

(三) 以業務內容為標準：

1.交通行政。	2.內政行政。	3.海洋行政。	4.外交行政。
5.財務行政。	6.國防行政。	7.法務行政。	8.僑務行政。
9.衛生福利行政。	10.文化行政。	11.環境資源行政。	12.勞動行政。
13.大陸事務行政。	14.農業行政。	15.科技行政。	16.經濟行政。

三、行政法的意義

行政法乃國內公法性質，以國家行政權（亦即行政機關）為對象，規範行政組織、職權、作用、業務、爭訟等法制及人民在行政權下之權利義務的各種有關法規之總稱。析言之：

(一) 行政法為國內法。

(二) 行政法為公法。

(三) 行政法乃是以國家行政權為規範對象的法規。

(四) 行政法乃是規範行政組織、職權、作用、業務及爭訟事項的法規。

(五) 行政法為規範人民在行政權下權利義務的法規。

四、行政法的性質

(一) **行政法為公法**：行政法為公法的一種，與公法相對稱的叫做私法，公法與私法區分的理論，自羅馬法以來即已逐漸形成，乃是從法律的本質方面，對國家法律所作傳統性的基本分類。公法和私法的區分雖然遠溯自古羅馬時代，但二者之間並非不可動搖之定律。從昔日的維也納學派克爾生（H. Kelsen）所提倡之一元論，到當代德國學者R. Wietholter，兩者皆否定公私法的區別；另一方面晚近學者又提倡三分法，在公法和私法之外，另創行政私法的概念，可見公法和私法之二分法並非金科玉律。

☆**(二)公法與私法的區分標準：公法與私法的區分，不僅在理論上具有重大價值，且在法制實務方面發生具體的影響與效果，惟二者究應如何區分？學者意見不一，主要有四種學說：**

利益理論　早於羅馬帝國時代的名學者烏比安（Ulpian），即認為可依法律所要保障規範的利益，來區分公法及私法。烏比安曾提出一個著名的原則：「公法是為保障羅馬國家利益的法，私法是規範私人利益之法」。因此，烏比安所創的利益理論是一個歷史悠久的理論。

這種以法益是否為公益或私益，而為區分之理論，雖然可契合用語之差異（公法乃涉及公益之法，私法乃涉及私益之法），但是，若更深入一層以觀之，所謂公益與私益是否為兩個截然劃分之概念？許多公益中也蘊涵私益之保障，例如禁止半夜喧嘩之法規，既保障公共安寧（公益），實亦保障私人之利益（免受干擾）。因此，這個利益理論，又須以一個公益、私益區分論的複雜問題為其理論存在之依據。而以憲法理論而言，公益和私益是一個相輔相成之概念，而非相反之概念，故這個利益理論，較不為人採納。

服從理論　本理論是以法律所規範對象的平等性與否來作決定，凡是法律所規範之對象，彼此之間是處於平等地位，則是私法。例如民法、商法等。若法律未一視同仁規範其對象，而容有一方具有優勢地位時，則為公法。規範人民與國家之間是負有「服從」關係的法律，即為公法，如警察法、稅捐法等等。

這種以當事人之間，是否有從屬關係為基準的服從理論，是十九世紀時代的產物。這種理論，原係針對干涉行政之方式而產生，然而現代的法律，就保障規範私人間之關係而言，已不同於往者在自由主義法治國時代時所強調的契約自由，而代之以對社會正義的重視。因此，私人間的關係，國家多以法律來介入之。亦即，國家為了貫徹立國原則（提倡正義），往往制定保護弱者之法律。例如，在勞工立法方面，對以往純屬私人間之勞動契約法律已有直接的介入。在這種法律內為保護勞工利益，而予以相對人差別的對待。故這種法律是否為公法，抑或仍為私法？而且，即使在傳統的私法——民法中，亦頗不乏對人不平等之規定。例如親權之規定，即承認子女有對於父母教導之服從義務。但此規定，又不能認為民法是公法。船員法（第58條、59條）也賦予船長有警察權，但該法仍為私法。因此，本理論亦不能充分作為區分公、私法之標準。

特別法理論（修正服從理論）　這是德國著名學者沃夫（H. J. Wolff）之理論。本理論端視法律所規範之對象是否擁有公權力而定。倘若一個法律是規範國家或公權力之行使及擁有這種權力的機構時，則屬於公法。但是，若是針對一般人民，也就是針對人民與人民的法律關係，以及針對國家與人民之間非公權力關係之法律，即國家所為之國庫行為時，則因雙方當事人間皆立於平等地位，故屬私法。這個理論，以公法是一個特別法，用來規範公權力，但很明顯的仍是以規範對象的平等與否，來作為立論之基礎。但是，這個也可稱為「修正服從理論」的優點，是凸顯所謂公法是規範國家及公權力之行使及公權力主體之特別法，將例如家長所擁有「親權」之不對等地位之可能性，排除在這

種理論之外，所以也稱為「特別法理論」。本理論之缺點，在於並無明言何謂公權力之行為，並且也未明言國家及行政主體何時可行使公權力？此理論之存在，勢必須先就公權力之理論作透徹討論後，方有存在之實益。

修正特別法理論 為了使特別法理論能和服從理論作更明顯的區別，有必要對「公權力擁有與否」的特徵再作修正。新近德國學界遂將特別法理論所強調擁有公權力的關係作為公法的特徵，但此公權力關係不僅僅只限於國家公權力的侵犯，也及於國家公權力機關所為的給付（服務）行為及規劃行為。易言之，具有強制力公權力機關所為具強制性的行為都可以列入公法。準此，類似社會保險等法律關係即可列入公法關係。這個可稱為「修正特別法理論」已取代較老式的特別法理論。司法院釋字466號解釋認定公保是社會保險之一種，也是依據國家為提供公務人員生活保障而制定之公務人員保險法實施之保險，具公法性質；釋字382號解釋及462號解釋，承認大學（包括私立大學），可以對學生進行懲戒，以及對教師升等的評審，都是公權力的行使。大法官的見解也可由本修正特別法理論獲得理論依據。

除上述四種學說外，尚有兩種輔助區別標準可供運用：一係傳統說，某類事件究屬公法抑私法性質，除法律有新規定或出現變更往例之司法判解外，皆遵循約定俗成之規範。二係事件關聯說，指某一事件中一部分事實關係，明顯屬於公法關係者，事件整體均視為公法關係。

以上諸說各有所長，亦均有其缺點，若遭遇難於解決之邊際情況，有時僅用單一標準不易判別為公法抑私法時，宜參酌運用各種標準謀求解答。對於公法與私法之區別，各國法院常視個案而採不同之判斷標準，鮮有堅持單一準則者，我國司法機關亦然。例如公地放領事件，司法院大法官會議釋字第89號解釋云：「查臺灣省放領公有耕地扶植自耕農實施辦法，係政府為扶植自耕農而將公有耕地放領作人私有耕作，其是否承領，承領人本可自由選擇，並非強制，其放領行為屬於代表國家與承領人訂立私法上之買賣契約（下略）。」係混合利益理論與服從理論之觀點，此號解釋是否妥當頗有爭議，作成解釋時即有三位大法官發表不同意見，若以現今德國流行之特別法規說衡量，自屬公法事件無疑，蓋臺灣省放領公有耕地扶植自耕農實施辦法，並非對任何人皆可適用，僅係授權主管機關放領公地予特定身分之人民，為典型之職務法規。放領耕地釋字第89號解釋既已認定為民事事件，何以依實施耕者有其田條例（已廢止）所為之放領耕地，釋字第115號解釋則認為係「基於公權力之行為」？若假借事件關聯說，或可獲致合理之說明，蓋前者為單純之放領公地，後者先有徵收私有耕地之行為，而徵收乃明顯屬於公法關係，故整體事件應視為公法事件。再者近年有配售工業區住宅土地事件，顧名思義，配售不動產為民法上之買賣行為，但工業區之設置常先由主管機關徵收私人土地再行開發，若配售對象為土地遭徵收之原所有權人時，一旦發生爭執，實務上均

以之為行政事件，而循行政爭訟途徑解決，其法理依據即為事件關聯說。又農田水利會法律明定為公法人，則水利會與會員間之權義關係，原則上應屬公法關係，但在例外情形，亦可能出現私法關係，釋字第518號解釋稱：「農田水利會所屬水利小組成員間之掌水費及小給水路、小排水路之養護歲修費，其分擔、管理與使用，基於臺灣農田水利事業長久以來之慣行，係由各該小組成員，以互助之方式為之，並自行管理使用及決定費用之分擔，適用關於私權關係之原理，如有爭執自應循民事訴訟程序解決。」其所謂基於長久以來之慣行，乃傳統說之表現。

五、行政法的種類

由於現代國家行政權的範圍日益擴充，為適應各種行政業務的需要，自須分別制定大量行政法規並付諸實施，故各國的行政法規不僅數量眾多，而且內容包羅萬象極為龐雜。茲依據各種區別標準將行政法規的類別擇要分述如下：

(一)**以行政權主體為標準**：以此為區別標準，可區分為國家行政法與自治行政法。凡由國家立法及中央行政機關制定者，無論為國家法律或中央行政規章，均屬國家行政法或稱中央法規；凡由地方政府（自治團體）立法及地方行政機關制定者，是為自治行政法或稱地方自治法規。

(二)**以行政權作用的性質為標準**：以此為區別標準，可分為積極行政法與消極行政法。積極行政法的作用在於積極改變現況，謀求進步發展，例如經濟、社會福利、教育、及交通法規等屬之；消極行政法的作用在於維持現況，安定社會，保障人民的自由權利，例如警察、法務及軍政法規等屬之。

(三)**以行政權作用的對象為標準**：以此為標準，可區分為外部（對外）行政法與內部（對內）行政法。外部行政法係指行政機關對外施行的規範各種業務的法規，主要係以一般國民對象，故亦稱為「對國民之行政法」，在性質上屬行政作用法，例如戶籍法、社會秩序維護法等屬之。內部行政法為規範行政機關對內關係上組織管理業務的法規，在性質上屬行政組織法的範疇，例如機關組織法規、處務規程及各種公務人員法規等。惟由於近日立法之新趨勢，行政組織法的內容日益詳密，結構體系亦益趨完整，因而內部行政法法規之內容，間有規範外部行政法之範疇者，致兩者之區別日益泯滅而有合一之趨勢。

六、分權思想、法治主義與行政法的關係

現代意義之行政法係近代民主憲政體制之產物，分權思想與法治主義是促使行政法產生的思想基礎。也就是說行政法之醞釀、發生與發展，與分權思想、法治主義形影相隨，亦即無分權、法治，即無行政法。

(一) 分權思想

1. **兩權分立說**：在近代西方政治思想方面，倡導統治權力劃分的學者，首推十七世紀的英國學者洛克（John Locke），根據其學說，關於統治權力的劃分，分為立法權與王權，立法權屬國會，王權則包含執行與外交兩項。在各種統治權力的關係方面，既然分權的目的在於限制王權，故應以立法權為主權，居於優越的地位，亦即以國會控制王權，使行政受立法監督，對立法負責。
2. **三權分立說**：法國學者孟德斯鳩（Baron de Montesquieu）於1748年發表《論法之精神》一書，鼓吹三權分立學說，將政府統治權力區分為立法、行政與司法三權，其行政權相當於洛克的執行權，至於司法權則為洛克所未提及者。
3. 分權論的重點，乃以分權為手段，防止以人為治所易導致的偏差，或國家權力的單元化，而建立一套恆久貫通的制度，或為國家權力運用之常軌，其終極目標在於實現自由、民主、法治之政治理念。

(二) 法治主義

1. **法治主義的意義**：法治國思想醞釀於十六、七世紀，發祥於十八世紀之後，係否定國家萬能說，認為國家權力若不受任何規範或限制，則人民之權利自由將難確保。康德（H. Kant）嘗言「法律所支配之處即有最佳的統治組織」，其後經梅耶（Otto Mayer）等之闡揚，遂漸確立「法律優位」及「法律保留」二大基本原則。
2. **法治主義的原則**：基於法治主義，產生各種重要原則，就其與行政法有關者而言，其主要之原則如下：
   (1) 國家之基本組織及基本作用，均由憲法明文規定，使全國上下，共同遵守。並由憲法產生各種法律，以為政府施政之準繩。
   (2) 有關人民權利義務之事項，均須以法律規定。
   (3) 政府之行政行為，均須根據法律。
   (4) 法律對於政府行使權力之方法，設有精細之規定，俾公務員不致上下其手，侵害人民之權利。
   (5) 政府之行政行為，須具備完整之方式，以昭大信。
   (6) 如因行政行為之違法或不當，致人民之權利受損害時，被害人得提起行政爭訟，以資救濟。

歷年試題總覽

( )　1. 下列何者不屬於政府行政之特質？　(A)行政是社會共同生活所形成　(B)行政是以公益為取向　(C)行政是被動消極性　(D)行政係以具體措施處理個案為主。（93地）

( )　2. 下列何者不屬於干預行政？　(A)課徵租稅　(B)勒令歇業　(C)提供社會救助　(D)禁止通行。（90基、96地四）

( )　3. 行政機關有關社會保險、社會救助或生活必需品之供給等措施，得概稱為以下何者？　(A)干涉行政　(B)給付行政　(C)計畫行政　(D)文化行政。（95地四）

( )　4. 農業行政機關每年固定發給符合資格者之老農生活津貼，該項行政屬於何類型之行政？　(A)干預行政　(B)內部行政　(C)給付行政　(D)私經濟行政。（102普）

( )　5. 下列關於給付行政之敘述，何者錯誤？　(A)又稱「服務行政」　(B)對外表現型態通常是授益行政處分　(C)與干預行政互相對立，即一行政措施若屬給付行政，便不可能同時也屬干預行政　(D)臺北市政府對於拆遷戶核發之「行政救濟金」屬給付行政。（106地四）

( )　6. 下列國家行為之中，何者屬於公權力行政？　(A)為維持匯率穩定而進行外匯買賣之操作　(B)為使國營企業轉移民營而出售政府持股　(C)交通警察駕警車赴勤務現場途中撞傷人　(D)公共汽車管理處對大眾提供之交通服務。（99高）

( )　7. 下列何者屬於公權力行政？　(A)行政機關提供氣象、H1N1等資訊給民眾　(B)政府對民眾提供住宅貸款　(C)臺灣中油公司對民眾之售油營利行為　(D)行政機關採購公務所需用品。（99普）

( )　8. 下列何者為行政機關的公權力行為？　(A)行政機關將清潔工作委託清潔公司處理　(B)行政機關與旅行社簽約辦理員工旅遊　(C)行政機關委託民間業者辦理商品檢驗業務　(D)行政機關向人民租賃辦公廳舍。（99普）

( )　9. 下列何者不屬於公權力行政之範疇？　(A)國防部與軍校生簽訂行政契約　(B)公立醫院提供民眾醫療服務　(C)行政機關提供民眾行政指導　(D)行政機關接受民眾之陳情。（99地三）

（　）10. 下列何者不屬於行政機關公權力行政？　(A)舉辦國家考試　(B)核發建築執照　(C)勞工保險給付　(D)興建辦公大樓。（100警）

（　）11. 下列何者非屬公權力行政？　(A)訴願決定　(B)簽訂職務宿舍借用契約　(C)科處罰鍰　(D)銷毀沒入物。（102地三）

（　）12. 有關公權力行政的描述，下列何者錯誤？　(A)可委託私人或團體為之　(B)可採取行政契約方式為之　(C)可向法院提起國家賠償之救濟　(D)可以私法組織形態從事營利行為。（100警）

（　）13. 下列關於公權力行政之敘述，何者錯誤？　(A)行政機關得依法規將公權力之一部委任所屬下級機關執行　(B)行政機關得依法規將公權力委託民間團體或個人行使　(C)行政機關可透過私法契約之方式，將公權力委託民間團體或個人行使　(D)受託行使公權力之個人或民間團體，在委託範圍內，視為行政機關。（102地四）

（　）14. 關於公權力行政，下列敘述何者錯誤？　(A)指國家居於統治主體適用公法法規所為各種行政行為　(B)例如臺北大眾捷運股份有限公司從事旅客運輸行為　(C)行政程序法適用對象即是針對公權力行政　(D)因公權力行政行為違法造成人民損害，有國家賠償之問題。(105警)

（　）15. 國庫行政係指：　(A)行政機關編列預算之行政行為　(B)行政機關盤點公有財產之行政行為　(C)行政機關立於私人之地位，從事私法行為　(D)行政機關出資設立私法人，並授予其行使公權力。（103普）

（　）16. 下列何者為行政機關的私經濟行為？　(A)行政機關與人民簽訂行政委託契約　(B)行政機關與人民簽訂公費教育契約　(C)行政機關與人民達成國家賠償之協議　(D)行政機關與人民簽訂政府採購契約。（99地四）

（　）17. 關於國家之私經濟活動，下列敘述何者正確？　(A)行政機關所為私經濟活動，亦有行政程序法之適用　(B)行政機關得自由從事私經濟活動，不受組織法規之拘束　(C)國家得以法規設置特定機構來從事私經濟活動　(D)國家為籌措財源而標售所持國營事業股票，非屬私經濟活動。（107地三）

（　）18. 下列何者非屬私法性質之行政行為？　(A)行政機關舉辦學術研討會所需場地之租用　(B)公務車所需油票之購買　(C)低收入戶社會救助金之給付　(D)行政機關例行會議餐盒之訂購。（107地四）

( )　19.下列何者非屬公法性質之行政法律關係？　(A)人民通過國家考試，經
　　　任用為公務員　(B)監理機關委託民間汽車修理廠辦理汽機車定期檢驗
　　　業務　(C)人民就特定建築事項，向主管機關申請核發建築執照　(D)雇
　　　主與勞工訂立契約，約定由雇主全額負擔勞工保險費。（107地四）

( )　20.關於私經濟行政之敘述，下列何者正確？　(A)私經濟行政不適用民法
　　　之規定　(B)私經濟行政完全依照私法自治之法理　(C)私經濟行政主要
　　　以行政處分之方式為之　(D)國家為達成行政上之任務，得採取私法上
　　　行為作為實施之手段。（101警）

( )　21.關於公權力行政及私經濟行政之敘述，下列何者錯誤？　(A)只有公權
　　　力行政才受到憲法基本權利條款之拘束，但私經濟行政則完全不受到
　　　基本權利之拘束　(B)只有公權力行政行為才有行政程序法之適用　(C)
　　　公權力行政與私經濟行政造成人民權利受損害時，人民請求賠償之法
　　　律途徑不同　(D)行政機關與人民間因私經濟行政而產生之義務不履
　　　行，並無行政執行法之適用。（105普）

( )　22.行政機關採購價值50萬元的辦公設備，屬於何種行政行為？　(A)受法
　　　律拘束之公權力行政　(B)不受法律拘束之公權力行政　(C)受法律拘束
　　　之私經濟行政　(D)不受法律拘束之私經濟行政。（100警）

( )　23.警察以人民集會違法為由將其強制驅離，請問驅離行為屬於何種行政類
　　　型？　(A)給付行政　(B)計畫行政　(C)干預行政　(D)私經濟行政
　　　（104高）

( )　24.有關公、私法之區別，最主要將影響下列那兩種司法審判權之區分？
　　　(A)憲法審判權與民事審判權　(B)行政審判權與民事審判權　(C)民事
　　　審判權與刑事審判權　(D)行政審判權與刑事審判權。（106高）

解答及解析

1. C　　2. C　　3. B

4. C　給付行政是指有關社會保險、社會救助、生活必需品之供給、舉辦職業訓
　　　練、給與經濟補助及提供文化服務等措施而言。

5. C　　6. C　　7. A　　8. C　　9. B　　10. D

11. **B** 公權力行政也稱為高權行政，是指國家居於統治主體的地位，行使公權力所從事的行政行為。公權力行政非常廣泛，凡是人民與國家或人民與地方自治團體間之權利義務關係事項，均屬公權力行政之對象，所使用之行政作用方式包括命令、行政處分、行政契約（公法契約）或地方自治規章等。本題「簽訂職務宿舍借用契約」屬私經濟行政（國庫行政）。

12. **D**

13. **C** 由國家機關或地方自治團體委託私人或民間機構辦理行政事務，日漸增多，此種委託是否均屬行政契約，應視不同情形而定。就原則而言，委託之事項如涉及公權力之行使，並且直接影響人民之權利義務者，委託之協議屬於行政契約；若委託辦理純粹事務性或低層次之技術性工作，則仍應以一般私法契約視之，例如行政機關委託廠商印製文件為私法契約；若法律明文規定，行政機關得委託法人團體辦理事務，且受託之工作人員以執行公務論，則不妨視之為行政契約。

綜上，行政機關可透過公法契約之方式，將公權力委託民間團體或個人行使；不得透過私法契約方式，將公權力委託民間團體或個人行使。

14. **B**

15. **C** 國庫行政是指國家處於與私人相當之法律地位，並在私法支配下所為之各種行為。

16. **D**　　17. **C**　　18. **C**　　19. **D**

20. **D** 私經濟行政也稱為國庫行政，是指國家處於與私人相當之法律地位，並在私法支配下所為之各種行為。

21. **A**　　22. **C**　　23. **C**　　24. **B**

chapter 02 行政法的制定與適用

本章依據出題頻率區分，屬：**A**頻率高

課前導讀

1. 法源的分類是基本常識，規範審查雖然比較難，多看兩遍就可以弄懂。
2. 行政法的一般原則是必考題，一份考卷會出許多不同的題目，尤以比例原則特別重要，建議針對行政法的一般原則花1天或半天時間，確實地弄清楚、弄明白，必可獲益良多。
3. 中央法規標準法59.8.31公布，雖然年久失修（93.5.19僅修正第8條），但區區26個條文，仍然是每年必考的重點之一，最好花半天左右把本書〈中央法規標準法題庫〉徹徹底底地弄懂，考古題不管怎麼變也變不出甚麼新花樣，本來是「送分題」，如果連這種題目都不會，實在不該報考。
4. 依法行政原則包括「法律保留」、「法律優越」，前者是積極的依法行政，後者是消極的依法行政，考試都一定會考，千萬不可混淆。

☆☆☆ 一、行政法的法源（106地四、107普、109普）

(一)**法源的意義**：法源即是法規形成的淵源，包括對法規內容發生影響的因素，構成法規內容的成分與法規制定的依據。

(二)**法源的分類**：一般學者通常採「形式」標準對法源分類，即以法源是否具備法條形式為標準，區分為成文法源與不成文法源，前者為「形式意義的法律」，後者為「實質意義的法律」。分述之：

1. 成文法源：
   (1)**憲法**：憲法在國家法制上居於根本大法的地位，其內容就國家各方面的重要事項均

法源

成文法源
- 憲法
- 法律
- 國際法
- 兩岸法
- 命令
- 自治規章

不成文法源
- 習慣法
- 解釋與判例
- 行政法之一般原則

有原則性規定，涉及範圍甚廣，故國家各種法規的制定，均直接間接以憲法為依據，遂使憲法成為成文法法源中最重要的一種。

(2) **法律**：法律為國家憲法下的基本典章制度，亦為民意法制化的具體表現，由國會代表民意所制定，作為行政機關設立、組織、職權授與及專業行政等事項的依據，故為行政法方面的主要法源之一，其重要性僅次於憲法。憲法第170條規定：「本憲法所稱之法律，謂經立法院通過，總統公布之法律。」中央法規標準法第2條稱：「法律得定名為法、律、條例或通則」，均係著重於法律之形式意義。單純實質意義之法律，雖有可能成為行政法之法源，但仍應按其性質歸屬於其他種類之法源，並非此之所謂法律。至於**專對具體事項或特定人而制定之法律，前者稱為處置性法律（或譯措施性法律），後者稱為個別性法律，內容均非抽象及一般性之規範，其合憲性在學理上並非毫無爭議**，但基於在代議民主制度下，尊重立法機關之原則，此種立法尚無法否認其為形式上之法律。**處置性法律之古典例子，為年度預算**，蓋其內容為施政項目及金錢數字，並非抽象之規範。釋字第391號解釋，亦採立法院通過之年度預算案係措施性法律，有別於普通意義之法律為其立論基礎。現行法律中，如「戰士授田憑據處理條例」性質上為處置性法律，而**「卸任總統、副總統禮遇條例」則為個別性法律**。釋字第520號解釋，除重申法定預算為形式上之法律外，並認為法定預算之內容如涉及國家重要事項者，基於尊重立法院之參與決策權，如停止執行（即核能第四電廠），行政院應獲得立法院明示或默示之同意。

(3) **國際法**（108地四）：國際法與國內法原為平行之法律體系，但二者亦有匯集之可能，故有所謂國際行政法之名稱，從而國際法亦可作為行政法之法源。國際法成為行政法法源之方式有三：

　A.直接作為法規適用，例如兩國間避免雙重課稅之條約或協定，又如引渡條約等均屬此類。

　B.須制定法規始能適用，例如我國與美國間有關智慧財產權保護之協議，須規定於相關法規，才能有效執行，再如一旦參加著作權公約則所承擔之義務，亦有賴著作權法之進一步實施。

　C.國際法之原則經司法審判機關採用，並作為判決先例者，當然亦為間接之法源。

又構成國際法主要者為條約，條約在國際法上之涵意甚廣，包括多邊或雙方之公約、條約、議定書、行政協定甚至公報或宣言等在內，不問其名稱為何，在行政部門與外國政府簽署並送交立法院審議者，即為憲法第58條第2項之條約案，**條約經立法院讀會程序通過，並經總統公布者，理論上**

其位階及效力與法律無異，如遇條約與法律相牴觸之情形，**實務上傾向承認條約優先**。除此之外，尚有與外國簽訂之各種協定，經行政院批准（**通常由院會決議方式行之**）後即生效力，無須立法院審議通過者，此種運作方式係仿效美國行政協定制度而來，視其已成為我國憲法上之一項慣例，亦不為過。惟**上述協定既未經立法程序，其位階似應遜於法律**，假設發生協定與現有法律牴觸之情形，為履行國際義務，宜將協定之內容制定為法律，以便執行之。

(4)**兩岸法**：兩岸法指臺灣海峽兩岸政府或其委託之非政府組織（財團法人海峽交流基金會與海峽交流協會）所簽定具有法規效力之書面協議而言。不包括兩岸政府依各自法律所發布之規定。兩岸法有不同之位階，其經立法院讀會程序通過具法律效力者，若與現行法律相牴觸時，適用後法優於前法之原則解決，例如2010年6月27日簽訂之海峽兩岸經濟合作架構協（ECFA）便是如此。**若兩岸協議經行政院核准實施而未經立法院以讀會程序通過（僅送立法院備查者亦同），其位階與命令相當，又僅由海基會、海協會負責人簽署而向主管機關（行政院陸委會）報備者（未經行政院陸委會發布實施），只能視為君子協定。**

(5)**命令**：命令（行政命令）為行政機關行使公權力單方面訂定，具有抽象及一般性拘束力之規範，由於國家職能日益增加，而制定法律之程序繁雜，法律之數量恆有

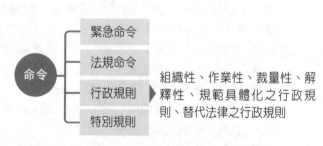

命令 — 緊急命令 / 法規命令 / 行政規則 ▶ 組織性、作業性、裁量性、解釋性、規範具體化之行政規則、替代法律之行政規則 / 特別規則

不足，行政機關為處理行政事務，而發布之各種命令不計其數，命令遂成為法律之外，最重要之法源。行政機關訂定行政命令之權限如何？應視命令之性質而定。茲就下列命令之主要類型加以說明：

A.**緊急命令**：係指國家發生緊急危難或重大變故之際，由國家元首所發布之命令，具有變更或取代法律之性質，只有在憲法明文授權下，行政部門始有發布之權限。現行憲法增修條文第2條第3項與已廢止之臨時條款第1項相當，總統經行政院會議之決議有權發布。

B.**法規命令**：「係指行政機關基於法律授權，對多數不特定人民就一般事項所作抽象之對外發生法律效果之規定」（行政程序法第150條第1項），這類命令既與人民權利義務有關並對外發生效力，一般法治國家對於此類命令均限於必須法律具體授權，否則行政機關不得發布，因為

需要法律授權，故通常又屬委任命令或委任立法。我國法制，在理論上，有關人民權利義務之事項，應以法律或法律授權之命令加以規定，但實際上無法律授權情形下，行政機關訂定之法規命令在所多有，且除嚴重違反法律保留原則外，其效力多受肯定，故我國行政機關具有自主的命令制定權係長久存在之事實。

C. **行政規則**：指規律行政體系內部事項之命令，不直接對外發生效力，通常與人民之權利義務無直接關係，行政程序法第159條第1項將其界定為：「本法所稱行政規則，係指上級機關對下級機關，或長官對屬官，依其權限或職權為規範機關內部秩序及運作，所為非直接對外發生法規範效力之一般、抽象之規定。」行政機關在其權限範圍之內，得發布作為內部章則之行政規則，殆為任何國家皆存在之制度。行政機關之行政規則經常涉及人民之權利義務關係，與法規命令實質上難以分辨；除顯然違法外，司法機關通常均予以適用，未曾懷疑其法源之地位。至於行政機關依其本身職權所發布之行政規則，可大體歸納為六類：

  a. **組織性**：如各機關之辦事細則、處務規程。

  b. **作業性**：如行政機關處理人民陳情案件改進要點、工作簡化實施要點。

  c. **裁量性**：如商標近似審查基準。

  d. **解釋性**：如內政部對工廠法「工人」定義之解釋，又如財政部對海關緝私條例所稱「私運」或「管制」之解釋等。

  e. **規範具體化之行政規則**：例如臺灣地區與大陸地區人民關係條例第69條規定，大陸人民在臺灣地區取得不動產物權應經主管機關之許可，假定主管機關對許可之條件做成補充規定，使屬於不確定法律概念或含義空泛之用語「具體化」以便適用。

  f. **替代法律之行政規則**：在一定的範疇內須有法律規制之必要，而實際上法律卻未規定，或法律條文過於簡略，有待命令加以補充，例如有關公務員薪俸之「全國軍公教人員待遇支給要點」，便是一例；又如公營事業人員任用及退休均應以法律定之，在法律未制定前，主管機關經濟部訂定辦法，以為辦理依據，司法院大法官亦認為不生違憲問題（釋字第270號解釋）。

D. **特別規則**：係指在傳統特別權力關係範圍內所訂定之規章，例如學校校規、軍隊營規、公務員服務規章及營造物規則等。

(6) **自治規章：學理上之自治規章，地方制度法稱為自治法規，其中又分為兩種：經地方立法機關通過者，稱為自治條例；由地方行政機關訂定者，稱自治規則，前者之位階高於後者。** 凡自治條例均應冠以各該地方自治團體之名稱，例如台北市自治條例、桃園市自治條例；而自治規則仍沿用規

程、規則、細則、辦法、綱要、標準及準則等名稱。自治法規發布前是否
應經上級監督機關之核定，應視其有無罰則而定。有罰則規定者，須報上
級監督機關核定，無罰則規定者，只須事後報請備查。

2. **不成文法源：**

(1) **習慣法**：習慣法在行政法法源上之地位屢有變遷，十九世紀習慣法普遍被
承認作為公法上之法源，其後隨著依法行政原則之嚴格化，習慣法作為法
源之地位，開始動搖。在我國，習慣法得作為行政法之法源，學說上尚無
不同意見，但理論上承認幾無意義可言，行政法院歷年裁判中直接適用習
慣法者，尚未出現；而臺灣幅員狹小亦少有所謂地區性習慣，如遇有類似
道路依當地習慣是否已屬公眾使用之事件，行政法院通常作為事實認定問
題，加以處理，不發生是否採用習慣法作為裁判依據之疑問。

其次，關於行政慣例作為法源問題，行政慣例係行政機關處理某類事務反
覆之慣行，與習慣法應含有一般人普遍確信其法的效力之要素者不同。單
純之行政慣例並非法源之一種，殆為學理上之共同見解，若行政慣例行之
已久，且有必要使公務員於執行職務時加以遵守者，實際上已形諸命令或
規章，其性質屬行政規則或特別規則，已非慣例。瞭解行政機關作業者，
皆知行政慣例對公務人員事實上之影響，不可忽視，尤其在法規不完備或
法規複雜造成適用困難時，循例處理乃公務人員之不二法門。行政院對於
行政慣例（先例）之法源地位，先後有不同之見解，近年之案例中，仍有
引用行政先例為裁判基礎者。

(2) **解釋與判例**：司法機關（法院）之裁判，在採判例法之英美國家當然係重
要之法源，在大陸法系國家則不同，法院之裁判除憲法法院所為者，具有
與法律相似之一般拘束力外，其他法院之裁判原本只有拘束訴訟當事人之
效力，因此傳統之法源理論，並不承認裁判之法源地位。我國雖屬大陸法
系，但因特有之判例與解釋憲法及統一解釋法令制度，造成法官法在我國
全然與歐陸國家不同之地位，先就司法院大法官之解釋憲法而言，大法官
所作之抽象解釋，其效力與憲法條文本身相同，其對法令所為之統一解釋
亦有「拘束全國各機關及人民之效力，各機關處理有關事項應依解釋意旨
為之」，故大法官之解釋依其性質，具有與憲法、法律或命令同等之法源
地位。尤其在行政法領域，大法官之解釋不僅為重要法源，而且提供豐富
之研究素材，蓋大法官本質上扮演類似歐陸國家之公法審判權角色之故。
判例係指行政法院（現在改稱最高行政法院）在其諸多判決中，經過揀選
審核之程序，將其中具有作為先例價值者，製成判例要旨而公布。判決只
有個案之拘束力，判例則對將來發生之同類事件有一般之拘束力。基於下

列兩項理由，應認**判例在法源上之地位與法令相當**：

A.依最高法院及行政法院之見解，違背判例其效果與違背法令同。

B.大法官會議認為判例違憲與法令違憲相同，人民得依司法院大法官會議法（現已改稱司法院大法官審理案件法）第4條第1項第2款聲請釋憲，釋字第154號解釋對此闡釋甚詳。

此外，最高法院民刑庭會議之決議，以及行政法院庭長法官聯席會議議決，原本僅有整合其內部法律見解之作用，但此類決議一經對外刊行，常為下級法院或行政機關所援用，其事實上之拘束力不容否認，故釋字第374號解釋認為與命令相當，並得作為違憲審查之對象。

(3)**行政法之一般原則**：所謂行政法之一般原則依學者之研究有四種不同來源：

A.習慣法：習慣法乃昔日重要之法源，不成文之習慣法一旦被採用，通常以法之一般原則視之，在行政法領域亦復如此。

B.憲法之具體化：憲法上所揭示之原則，直接適用於具體案件時亦有形成一般原則之可能。

C.現行法規：從現行各種行政法規中抽象化之結果，亦可能產生行政法之一般原則。

D.法理：即從作為實證法基礎之基本規範，例如對每個人皆有適用之正義原則，亦可導出行政法之一般原則。

以上各種來源並不相互排斥，有時一項原則可能源於習慣法，也可能於憲法上有其依據。除上述四種來源外，依我國行政法發展之現況而言，尚有一種重要來源即外國法，對於外國法之大規模繼受為我國法制之特徵，而我國公法學之不發達，亦不容諱言，借助外國學理以充實內涵乃正常現象，因此接受外國立法例或學說，而以一般法律原則進入行政法領域者，亦屬無可否認之事實。究竟有幾種行政法之一般原則已普遍被接受為法源，不僅每個國家不同，學者之間意見亦非一致。以我國而言，在行政程序法完成立法程序前，行政法規中已成文化之原則，或行政法院已經引用作為裁判之依據者，約有誠信原則、比例原則、信賴保護原則及公益原則等。行政程序法除誠信、比例及信賴三原則外（該法第7條及第8條），又列有明確性原則（第5條）及平等原則（第6條），詳見本章第2節。

二、行政法的一般原則

(一)比例原則（106普、地四、107普、108普、109普）

1.**比例原則有廣狹二義，廣義的比例原則包括適當性、必要性及衡量性三原則，而衡量性原則又稱狹義的比例原則。適當性指行為應適合於目的之達成；必要**

性則謂行為不超越實現目的之必要程度，亦即達成目的須採影響最輕微之手段；至衡量性原則乃指手段應按目的加以衡判，換言之，任何干涉措施所造成之損害應輕於達成目的所獲致之利益，始具有合法性。

2. 行政程序法第7條：「行政行為，應依下列原則為之：一、採取之方法應有助於目的之達成。二、有多種同樣能達成目的之方法時，應選擇對人民權益程度，損害最少者。三、採取之方法所造成之損害不得與欲達成目的之利益顯失均衡。」第1款即適當性原則，第2款第3款分別相當於必要性及衡量性原則，可謂學說論述之條文化。

行政法的一般原則

- 比例原則
- 誠實信用原則
- 信賴保護原則
- 禁止不當結合原則
- 平等原則
- 明確性原則
- 期待可能性原則
- 情事變更原則
- 公益原則

3. 行政法學者佛萊納（F. Fleiner）對於比例原則的涵義曾提出一項著名的比喻「不可用大砲打小鳥」，可見比例原則的主要關鍵乃在於限制行政權力的濫用，以免人民權益受到不必要的侵害，故在行政法學上，比例原則又稱為「最小侵害原則」。

4. 行政法院在83年判字第2291號判決，不僅引用比例原則且作成類似教科書式之闡釋：「比例原則係淵源於憲法上法治國家思想之一般法律原則之一種，具憲法層次之效力，故該原則拘束行政、立法及司法等行為。因而，行政機關於選擇達成行政目的之手段時，其所作成之行政處分必須符合比例原則，換言之，除該行政處分須最適合於行政目的之要求，並不得逾越必要範圍外，尚須與所欲達成之行政目的間保持一定之比例，始足當之。」

5. 最高行政法院99年判字第553號認國防大學招生簡章以僅受刑之宣告為由不許報考研究生，有違比例原則。同院101年判字第953號認土地徵收未考慮必要性、損失最少性，有違比例原則。同院102年判字第757號關於都市更新之判決亦援引比例原則。

(二) 誠實信用原則（108高）

1. 行使權利、履行義務，應依誠實及信用方法（民法第148條第2項），是為誠信原則。此項原則的實質內涵，即指在法律關係上雙方當事人就法律關係的形成及行使權利履行義務，均應以誠實信用無虞無詐的手法及態度為之，而不應濫用權利或規避義務，致有害於法律生活的公平狀態。此原為民法中行使債權及履行債務之重要原則，進而為一切私法上法律行為均具有規範作用之法則，亦屬學者最早主張援用於公法領域之一項原則。

2.行政法院52年判字第345號判例開宗明義稱：「公法與私法雖各具特殊性質，但二者亦有其共通之原理，私法規定之表現一般法理者，應亦可適用於公法關係。依本院最近之見解，私法中誠信公平之原則，在公法上應有其類推適用。」誠信原則常為行政法院所引用，尤其於形式上被告機關有法令依據，但實質上有欠公平或顯不合理時，行政法院常藉此原則，而使原告勝訴。若土地已公告徵收，所有權人為圖領取救濟金，起造建物，自不符誠信原則，乃最高行政法院之近例。

3.行政行為違反誠信原則有一近例可供說明：環保主管機關查獲地下油槽滲透污染地下水，遂兩次通知其負責人在限期內改善，否則依法處罰，詎料在限期尚未屆滿之前主管機關已先行對油槽之負責人處鉅額罰鍰。行政法院認為本件處分違反行政程序法第8條誠實信用原則（高雄高等行政法院92年訴更字第8號判決）。

(三) 信賴保護原則（106高、地三、107地四、109高）

1.**所謂信賴保護原則係指基於政府前此所釐訂的特定政策或採取的特定措施，使人民相信政府對有關事項的政策與法制不致有所變更，並依據此種信賴的判斷為基礎，而作成其處理法律關係的決定時，嗣後行政機關非有正當理由，不得就有關事項採取人民所持信賴觀念相牴觸的措施，以免有損政府的威信並使人民的既得權益受到不利影響。**

2.信賴保護原則最先適用於授益性質行政處分之撤銷（或廢止），蓋相對人因此類處分獲有利益，一經撤銷自將遭受損害，故行政機關撤銷授益處分時，應考慮補償相對人信賴處分有效存續之利益，其後此項原則經德國憲法法院之不斷引用，且逐漸成為憲法層次之法則，不僅拘束行政部門，對立法及司法部門亦有拘束力，故制定法規或適用法規均不得溯及既往發生效力，使人民更為不利。

3.**有關信賴保護原則之案件甚多，行政法院多能秉持所請信賴保護三要件：**
   (1)**信賴基礎：即令人民產生信賴之法規、行政處分等。**
   (2)**信賴表現：人民須有客觀上有對信賴基礎之表現行為，換言之，表現行為應與信賴基礎間有因果關係。**
   (3)**值得保護之信賴利益。**

4.上述有關信賴保護原則的判解，所稱法規變動應否包括行政規則的變動？純從理論觀點，行政規則既是對行政體系內部生效的規範，又無須公告周知，則一般人民甚難主張以某一行政規則作為信賴基礎，故原則上應認為行政規則欠缺作為信賴保護之基礎。但某些行政規則既早已對外生效，亦為行政機關所遵循（諸如規範具體化之行政規則）或公務員服務規章而有影響公務員個人權益者，宜例外的承認其有信賴保護基礎之功效。

5.至於釋憲機關繼釋字第525號之後，又作成釋字第574號及第589號解釋，對信賴保護有所闡釋。前者認為最高法院74年台抗字第174號判例及86年1月14日第1次民事庭會議決議：「民事訴訟法第486條第1項所定得上訴之額數有增加時，依民事訴訟法施行法第8條規定，以其聲明不服之判決，係在增加前為之者，始依原定額數定其上訴之准許與否。若其判決係在增加後為之者，縱係於第三審法院發回後所為之更審判決，皆應依增加後之額數定其得否上訴。」與憲法保障訴訟權、信賴保護等原則，並不違背。後者先重申釋字第525號法規施行即生信賴基礎，並對公益與私益之衡量作出新的詮釋：「如何保障其信賴利益，究係採取減輕或避免其損害，或避免影響其依法所取得法律上地位等方法，則須衡酌法秩序變動所追求之政策目的、國家財政負擔能力等公益因素及信賴利益之輕重、信賴利益所依據之基礎法規所表現之意義與價值等為合理之規定。如信賴利益所依據之基礎法規，其作用不僅在保障私人利益之法律地位而已，更具有藉該法律地位之保障以實現公益之目的者，則因該基礎法規之變動所涉及信賴利益之保護，即應予強化以避免其受損害，俾使該基礎法規所欲實現之公益目的，亦得確保。」

(四) 禁止不當結合原則（108普）

1.**所謂禁止不當結合原則乃要求行政機關適用法規處理業務時，不應將不具有相關性的事項互相結合，尤其涉及對客體權利義務處理的事項，更不應在其間建立不合理的互相依存關係，以免使人民被課予不屬於特定法律關係範圍內的義務，或被強制接受無相關性的不利負擔條件。**

2.在實例方面，凡屬行政契約內容的規定，或行政處分附款的設定，均應注意不得違反此項原則。故行政機關為一行政行為所附之附款與本來要求之目的不相關者，則禁止為之。例如核准建照，固得要求申請人提供充分之停車場所，如無法提供場所，得要求提供金錢供建設公用停車場所；但要求申請人負擔社區開發經費或改善市立公園則為不當結合。行政程序法第94條：「前條之附款不得違背行政處分之目的，並應與該處分之目的具有正當合理之關聯。」第137條第1項：「行政機關與人民締結行政契約，互負給付義務者，應符合左列各款之規定……三、人民之給付與行政機關之給付應相當，並具有正當合理之關聯。」即係本此原則。

(五) 平等原則（106普、108普、108地四）

1.**平等原則係指相同之事件應為相同之處理，不同之事件則應為不同之處理，除有合理正當之事由外，不得為差別待遇。**行政程序法第6條規定：「行政行為，非有正當理由，不得為差別待遇。」所謂正當理由，包括「為保障人民在法律上地位之實質平等，並不限制法律授權主管機關，斟酌具體案件事實上之

差異及立法目的而為合理之不同處置」（釋字第211號解釋）以及「並不禁止法律依事物之性質，就事實狀況之差異而為合理之不同規範」（釋字第481號解釋理由書）。故**行政機關作成各種單方行政行為時，如係基於事物之本質上之不同，而為合理之差別待遇，並不違背平等原則。**

2.平等原則產生下列子原則：

(1)**行政自我拘束原則**：行政機關於作成行政行為時，如無正當理由應受合法之行政慣例所拘束。其要件有三：

　　A.有行政慣例之存在。B.行政慣例本身須合法。C.必須行政機關享有決定餘地。

(2)**禁止恣意原則**：行政機關之行為不得欠缺合理充分之實質理由，且禁止客觀上違反憲法基本精神及事物本質之行為。例如行政官署於為裁量決定時，有意或疏忽未斟酌重要觀點；或對不知法律而將遭受重大不利之人民，依法律有防止或減少之可能卻未予指示；或主考人對應考人有明顯之偏見仍主持考試等。

(六)**明確性原則**（108普、地三）

1.**明確性原則包括兩個層次：一是法律本身應遵守者，可謂憲法層次。明確性係從憲法上之法治國原則導出，為依法行政原則之主要成分，乃憲法層次之原則，故所謂內容明確並不限於行政行為（行政命令及行政處分等）而已，更重要者，在法律保留原則支配下，法律及法規命令之規定，內容必須明確，涉及人民權利義務事項時，始有清楚之界限與範圍，對於何者為法律所許可，何者屬於禁止，亦可事先預見及考量。**司法院大法官對法律內容範圍應具體明確，及如何判斷法律之授權是否符合明確性原則，迭有解釋，且依照受審查對象之不同，建構不同之審查密度。對明確性最具體之釋示為第491號有關公務人員懲戒責任之釋示：「懲處處分之構成要件，法律以抽象概念表示者，其意義須非難以理解，且為一般受規範者所得預見，並可經由司法審查加以確認，方符法律明確性原則。」至於授權明確性原則在運用於法規違憲審查時，因規範密度不同而寬嚴互見：釋字第522號宣告證券交易法第177條第3款違憲，第570號宣告玩具槍管理規則因違反或欠缺法律明確授權而違憲；也有因低密度審查標準而合憲者，如釋字第538號認為營造業管理規則關於營造業分（甲、乙、丙）級管理之規定，符合授權明確性原則，第612號對公民營廢棄物清除處理機構管理輔導辦法相關規定，認定未違反母法授權等，屬較寬的審查尺度。這類維持行政命令合法性的解釋或各級行政法院的裁判，通常都以整體或意義關聯解釋為方法。而整體意義關聯解釋方法在實務上首見於釋字第394號：建築法第15條第2項概括授權訂定營造業管理規則，此項授權條款雖未就授權之內容與範圍為明確之規定，惟依法律整體解釋，應可推知立法者有意授權主管機

關，就營造業登記之要件、營造業及其從業人員之行為準則、主管機關之考核管理等事項，依其行政專業之考量，訂定法規命令以資規範。

2.**其次是行政法層次，即行政程序法第5條所揭櫫之「行政行為之內容應明確」原則，行政行為如同一般法律行為其內容應明確、可能及合法，乃當然之理。**所謂行政行為是泛指各種行政作用的方式：行政命令、行政處分、行政契約及行政指導等均涵蓋在內。又所稱「內容應明確」解釋上不限於狹義的內容，實兼指行政行為之各項重要之點均應明確而言，故行政處分書之內容雖非不明確，但受處分之相對人不明確者，例如記載某某等五人，便違反上述條文之規定。又稱常不具法律效力之行政指導行為，實務上認為亦有明確性原則之適用。

(七) 期待可能性原則

1.釋字第575號除闡明比例原則外，並提出與比例原則相關之概念「期待可能性」。**期待可能原則指國家行為（包括立法及行政行為）對人民有所規制，都有一項前提，即有期待可能。故法規課予人民義務者，依客觀情勢並參酌義務人之特殊處境，不能期待人民遵守時，此種義務便應消除或不予強制實施，學者遂主張期待可能性乃是人民對公眾事務負擔義務的界限。**例如傳染病防治法第37條規定：「醫師診治病人發現傳染病時，應立即採取控制傳染措施，並報告主管機關。」若法律將醫師之義務擴大，定為一般人之義務，則顯屬無期待可能，因為不能要求一般人都有能力發現傳染病並採取控制傳染措施。

2.通常義務人主觀上的不能，並非此之所謂無期待可能，是以欠繳稅捐者，無錢財可以繳納，仍不能免於強制執行。至於下述情形，可視為適用上述原則的適例：汽車駕駛人在車輛行駛中，忽遇防空演習（萬安演習），必須就地停車避難，而停泊地點，恰屬禁止停車之地段，此種違規停車交通警察若仍對駕駛人開出罰單，則顯然違背期待可能原則。

(八) 情事變更原則

1.**所謂情事變更原則，乃指法律行為發生或契約締結後，因情勢演變非締約當時所得預料，而依契約原有之效果履約將顯然有失公平者，得由締約之一方請求變更或調整契約之內容。**情事變更原為民法上之原理原則，民法第227條第1項規定：「契約成立後，情事變更，非當時所得預料，而依其原有效果顯失公平者，當事人得聲請法院增、減其給付或變更其他原有之效果。」即為情事變更之規定。行政程序法第147條、行政訴訟法第203條則為行政法上之相關規定。

2.**情事變更在公法適用之要件：**

(1)必須有法律行為之做成：當事人與國家機關間因特定之公法上法律行為（如行政契約、行政處分）發生一定之權利義務關係。又，情事變更原則

雖以適用於契約關係為原則，然於我國實務上向亦承認得適用於行政處分
之職權撤銷變更，如最高行政法院89年判字第1265號判決即認行政處分做
成後情事變化非當時所得預料，而依原處分之效果將顯失公平者，得主張
此一原則之適用。

(2)法律行為做成後，情事變遷，非做成行為當時所得預料：例如，核發建築
執照後，該一建築用地因地震導致地質變動不宜作為建築用地，並非法律
行為做成時雙方所得預料。

(3)依法律行為原有效果履行，將顯失公平，或於公共利益有重大妨礙者：惟
尚須留意者，乃此一情事變更需已達「顯」失公平之地步，倘若有欠公平
而未及於顯不公平之地步，仍無情事變更原則之適用。

(九) 公益原則

1.法律上所稱之公益，並非抽象的屬於統治團體或其中某一群人之利益，更非執
政者、立法者或官僚體系本身之利益，亦非政治社會中各個成員之總和，而係
各個成員之事實上利益，經由複雜交互影響過程所形成理想整合之狀態。公益
判斷是否正確，不能任憑國家機關之主觀，而應以客觀公正避免錯誤之認知為
之，在多元社會必要時尚須透過公開討論俾能形成共識。一般而言，公益在現
代國家，係以維持和平之社會秩序，保障個人之尊嚴、財產、自由及權利，提
供文化發展之有利條件等項為其內容。

2.**國家機關之作為，如違背公益原則即失其正當性，在民主法治為基礎之現代國
家，憲法及法律之內涵本身，即屬一種公益之顯示，故忠實執行憲法及法律，
乃實現公益之主要手段。**目前公法學者對於公權力措施須符合公益，固然認
為係行政作用應遵循之原則，惟在概念結構上係指公益關聯性，其真正意涵在
於：強調行政機關之行為應為公益而服務，而非所謂公益優於先於私益，蓋公
益與私益並非全然對立之命題，保障司亦屬維護公益之一部分。

3.法制：

(1)土地法第208條規定：「國家因下列公共事業之需要得依本法之規定，徵
收私有土地。但徵收之範圍，應以其事業所必須者為限……九、其他由政
府興辦以公共利益為目的之事業。」

(2)行政訴訟法第9條規定：「人民為維護公益，就無關自己權利及法律上利
益之事項，對於行政機關之違法行為，得提起行政訴訟。但以法律有特別
規定者為限。」

4.實務：

(1)釋字第336號：「中華民國77年7月15日修正公布之都市計畫法第50條，對
於公共設施保留地未設取得期限之規定，乃在維護都市計畫之整體性，為
增進公共利益所必要，與憲法並無牴觸。」

(2)釋字第404號：「醫師法為強化專業分工、保障病人權益及增進國民健康，使不同醫術領域之醫師提供專精之醫療服務，將醫師區分為醫師、中醫師及牙醫師。醫療法第41條規定醫療機構之負責醫師應督導所屬醫事人員依各該醫事專門職業法規規定執行業務，均屬增進公共利益所必要。」

(3)釋字第414號：「藥物廣告係為獲得財產而從事之經濟活動，涉及財產權之保障，並具商業上意見表達之性質，惟因與國民健康有重大關係，基於公共利益之維護，應受較嚴格之規範。藥事法第66條第1項規定：藥商刊播藥物廣告時，應於刊播前將所有文字、圖畫或言詞，申請省（市）衛生主管機關核准，旨在確保藥物廣告之真實，維護國民健康，為增進公共利益所必要，與憲法第11條及第15條尚屬相符。」

☆☆三、法源位階與規範審查

(一)法源位階

1.行政法成文法源中之憲法、法律、條約、命令、地方自治規章相互間具有位階關係，憲法效力最高，法律及條約次之，命令又次之，地方自治規章則位於最下層。依照法律秩序位階理論，上位規範決定下位規範產生之條件，下位規範則為執行上位規範之具體化規定，因此從頂端之憲法以至底層無數具體行政行為，形成一座金字塔之規範秩序。

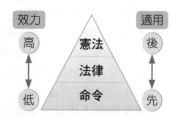

2.在法源層級化之體系中，同一位階之規範其效力有不分高低者，亦有可分高低者。前者如法律，立法機關通過總統公布之法律，有同等之規範效力，倘發生適用之先後順序問題，則依照「後法優於前法」或「特別法優於普通法」等方式解決；至於後者表現於命令最為明顯，分述如下：

(1)因發布機關之層級不同所產生之效力差別：上級機關之命令為上位規範，是故國際貿易局訂定之命令不得違反經濟部訂定之命令；經濟部訂定之命令不得違反行政院訂定之命令。

上述原則在實務上允許兩項例外情形：

A.下級機關之命令係基於法律授權者。

B.下級機關所訂定之命令曾經上級機關核准備查者。

(2)因發布命令之權源不同所產生之效力差別：依憲法發布之緊急命令其效力高於一般命令，甚至可優先於法律。基於法律授權發布之命令（授權命令）其效力高於依法定職權發布之命令（職權命令）。

3.另在法源位階理論中，有所謂「效力優先原則」與「適用優先原則」，前者是指高位階法規範之效力優先於低位階法規範，故普通法律（低位階法規範）牴觸憲

法規定（高位階法規範）者無效。後者是指適用法律機關（如行政機關或行政法院）。適用法規範審判時，應優先適用低位階之法規範，不得逕行適用高位階之法規範，除非缺乏適當之低位階法規範可資適用。因此，若系爭法律問題已有相關低位階法規範（如法律）加以規範時，法官即應適用該普通法律審判，不可捨棄內容較具體的普通法律規定於不顧，反而直接引用內容較抽象的憲法上基本權利規定，否則即有違立法者負有憲法所委託將憲法規定加以具體化、細節化與現象化約合憲性任務。

(二) **適用順序**

1.**法律適用與法規之位階有密切關係，以效力優先而言，其順序為憲法、法律、命令；或中央法規、省法規、縣規章。但效力優先與另一相關概念適用優先應加以區別。上位規範之效力固然優於下位規範，發生法規競合時，上位規範可推翻下位規範，然適用法規於個別事件之際，其優先順序，恰屬相反，適用優先與位階上下秩序乃反其道而行。**

2.換言之，位階最低者最先適用，例如營業稅法、營業稅法施行細則及「法院、海關及其他機關拍賣或變賣貨物課後營業稅作業要點」三種法規中，細則係營業稅法授權訂定，而要點則係財政部依職權發布以補充細則之不足，由上而下效力優先之順序至為明顯，惟位階愈低者其內容愈具體，與個案關係最直接，亦最便於解決問題，故海關等有關機關，適用之際必然先引要點為據，再及於細則，法律之規定反置諸腦後。在相關法規之間並無明顯牴觸之前提下，適用法規機關又無權審查法律或上級機關命令之情形時，殆為必然之操作程序。

3.前述適用優先凌駕於效力優先之情形，在行政機關作業過程中或屬難以避免之現象，但在司法機關尤其行政法院行使審判權時，則不應出現。蓋行政法院之主要職責即監督行政機關之行為，應遵守由效力不同之法規所構成之規範秩序，自不容所謂適用優先僭越效力優先。

(三) **規範審查**

1.廣義之規範審查係指法院或其他機關對於作為成文法源之各種規範，審查其是否與上位規範相符合之制度，例如法律是否違憲、命令是否違憲或違法、自治規章是否牴觸法律等情形。狹義之規範審查則專指法院（或其他司法機關）之審查而言。

2.我國司法機關之法令審查權究竟係採分權制抑獨占制？學者之間有不同意見，在實務上，自行憲之初司法院院字第4012號解釋，明示與憲法或法律牴觸之命令，法院得不予適用以來，歷經大法官會議釋字第38號、第137號及第216號等解釋，莫不確認各級法院對法規命令及行政規則之實質的審查權，而行政法院及最高法院於審理各類案件時，行使此項權力之案例，亦不勝枚舉。故**現行制**

度關於法律之違憲審查專屬司法院大法官會議之權限，就此而言乃獨占制；命令之審查則屬分權制，司法院大法官會議及各級法院皆有不同程度之審查權，前者得宣告命令無效或撤銷，後者得不予適用。釋字第371號解釋確認法律之違憲審查權專屬於司法院大法官，另一方面創設各級法院法官「於審理案件時，對於應適用之法律，依其合理之確信，認為有牴觸憲法之疑義者」，亦得裁定停止訴訟，並提出客觀上形成確信法律為違憲之具體理由，聲請釋憲。

3.地方制度法所定之地方規章（該法之用語為自治法規）主要有三：

(1)經地方立法機關通過之自治條例。

(2)由各級地方政府（行政機關）訂定之自治規則。

(3)各級地方政府辦理上級機關委辦事項所訂定之委辦規則。

其位階該法第30條規定如下：自治條例及自治規則牴觸憲法、法律或基於法律授權之中央法規或上級自治團體之自治條例者，無效；自治規則除此之外，如牴觸該自治團體之自治條例，亦屬無效。委辦規則與憲法、法律或中央法令牴觸者，無效，一旦發生上述無效之情事則按其層級由上級監督機關宣告之，例如直轄市之自治法規由行政院宣告無效，縣市之自治法規由中央主管機關，鄉鎮之規約由縣政府。倘自治法規有無牴觸上級規範並不明顯而存有疑義，得聲請司法院大法官解釋。聲請機關包括上級監督機關或不服其法規遭函告無效之自治團體的立法機關或行政機關。但各級地方議會不能自己決議通過自治法規，然後，又自認有違憲或違法而聲請司法院解釋，蓋違反禁反言原則，且法律並未有類似立法委員行使職權聲請釋憲之規定（參照司法院大法官審理案件法第5條第1項第3款）允許部分地方議會議員聲請釋憲。釋字第527號解釋，即採取上述見解，又該號解釋對中央與地方權限爭議應循之司法解決途徑，有相當完整之釋示，值得重視。

☆四、行政法的制定

(一)**行政法規的制定機關**：行政法規的立法權，按照其不同成分應分別歸屬於不同機關，茲分別說明如下：

　1.**行政法律**：行政法律為國家法律的一部分，各國法律的制定權均在國會，我國由立法院掌理，憲法不僅對此有明文規定，並對「法律」一詞採嚴格解釋。

　2.**中央行政規章**：中央行政機關基於行政立法授權（包括委任立法與職權立法兩部分），得就授權範圍或機關職權範圍內的事項，制定各種行政規章，以補充法律內容的不足，輔助法律的執行。

　3.**自治法規**：地方自治團體之自治權包括自治立法權在內，其權限乃由憲法、法律及中央行政規章所授予，分別由地方自治團體內的各種機關行使，以制定自治法規。

(二) 行政法規的制定程序

1. **行政法律**：國家法律均應由立法機關依立法程序制定之，而一般國家的立法程序大致相同，我國立法院所採行者亦不例外，約可分為下列幾個步驟：

(1) **提案**（109高）：一般國家的法律提案權，多分屬於政府與國會議員，在法律方面，由政府提出者為「政府法案」，目前行政院、考試院、司法院、監察院均有提案權，此外國會議員亦得以連署方式提出之，是為「私人法案」。在我國行政法律草案多屬政府法案，多由行政院提出於立法院，惟立法委員亦有連署提案權。

(2) **審議及表決**：我國係採三讀會程序。凡法案之審議須經三次朗讀法案條文之程序謂之三讀會，其目的在預防立法之草率決定。三讀會制度淵源於英國，後由殖民地議會傳至美國。法國1791年憲法不僅規定三讀會，且每次讀會至少須間隔八日，其後乃普及世界各國。依我國立法院職權行使法，立法院審議法律案及預算案，應經三讀會議決之，其他議案應經二讀會議決。三讀會之程序為：

A. 第一讀會：一讀會，由主席將議案宣付朗讀行之。政府機關提出之議案或立法委員提出之法律案，應先送程序委員會，提報院會朗讀標題後，即應交付有關委員會審查。但有出席委員提議，二十人以上連署或附議，經表決通過，得逕付二讀。立法委員提出之其他議案，於朗讀標題後，得由提案人說明其旨趣，經大體討論，議決交付審查或逕付二讀，或不予審議。

B. 第二讀會：第二讀會，於討論各委員會審查之議案或經院會議決不經審查逕付二讀之議案時行之。第二讀會應將議案朗讀，依次或逐條提付討論。第二讀會得就審查意見或原案要旨，先作廣泛討論。廣泛討論後，如有出席委員提議，十五人以上連署或附議，經表決通過，得重付審查或撤銷之。法律案在二讀會逐條討論，有一部分已經通過，其餘仍在進行中時，如對本案立法之原旨有異議，由出席委員提議，二十五人以上連署或附議，經表決通過，得將全案重付審查。但以一次為限。第二讀會討論各委員會決不須黨團協商之議案，得經院會同意，不須討論，逕依審查意見處理。

C. 第三讀會：第三讀會應於第二讀會之下次會議行之。但如有出席委員提議，十五人以上連署或附議，經表決通過，得於二讀後繼續進行三讀。第三讀會除發現議案內容有互相牴觸，或與憲法、其他法律相牴觸者外，祗得為文字之修正。第三讀會，應將議案全案付表決。

(3) **公布**：法案經立法機關通過後，一般國家均規定尚須經由國家元首公布，始能正式生效，依憲法第72條規定「立法院法律案通過後，移送總統及行

政院，總統應於收到後十日內公布之，但總統得依照本憲法第57條之規定辦理（核可行政院提請覆議案）。」憲法第37條規定：「總統依法公布法律，發布命令，須經行政院院長之副署，或行政院院長及有關部會首長之副署。」惟憲法增修條文第2條第2項規定：「總統發布行政院院長與依憲法經立法院同意任命人員之任免命令及解散立法院之命令，無須行政院院長之副署，不適用憲法第37條之規定。」

2. **中央行政規章**：關於中央行政規章的制定程序，主要法令依據為行政程序法、中央法規標準法與立法院職權行使法。行政程序法中對法規命令和行政規則之制定和發布之程序，有較詳盡之規定，行政程序法第151條規定「行政機關訂定法規命令，除關於軍事、外交或其他重大事項而涉及國家機密或安全者，應依本法所定程序為之。但法律另有規定者，從其規定。法規命令之修正、廢止、停止或恢復適用，準用訂定程序之規定。」 法規命令（授權命令）制定程序如下：

(1) **人民或團體亦有提案權**：法規命令之訂定，除由行政機關自行草擬者外，並得由人民或團體提議。

(2) **預告程序**：行政機關擬訂法規命令時，除情況急迫，顯然無法事先公告周知者外，應於政府公報或新聞紙公告。行政機關除為前項之公告外，並得以適當之方法，將公告內容廣泛周知。

(3) **聽證**：行政機關訂定法規命令，得依職權舉行聽證。

(4) **發布**：法規命令之發布，應刊登政府公報或新聞紙。

(5) 送立法院備查。

至於行政規則之制定程序，由於其係規範機關內部秩序運作，非直接對外發生法規範效力之規定，故行政程序法中並未針對其制定程序加以規定，僅對其下達與登載公報加以規定：行政程序法第159及160條規定：行政規則應下達下級機關或屬官。行政機關訂定為協助下級機關或屬官統一解釋法令、認定事實及行使裁量權，而訂頒之解釋性規定及裁量基準時，應由其首長簽署，並登載於政府公報發布之。

3. **自治法規**：

(1) **地方制度法第25條規定：「直轄市、縣（市）、鄉（鎮、市）得就其自治事項或依法律及上級法規之授權，制定自治法規。自治法規經地方立法機關通過，並由各該行政機關公布者，稱自治條例；自治法規由行政機關訂定，並發布或下達者，稱自治規則。」**由此可知，自治法規主要分為二類：自治條例與自治規則，前者係經地方立法機關通過；後者僅由地方行政機關訂定。惟二者皆為地方自治團體就其自治事項，或依法律及上級法規之授權所制定者。

(2)此外，地方制度法第29條規定：「直轄市政府、縣（市）政府、鄉（鎮、市）公所為辦理上級機關委辦事項，得依其法定職權或基於法律、中央法規之授權，訂定委辦規則。」此規定，主要係考量地方法規之體系化，如只規定依自治事項所訂定之法規，而忽略基於上級機關之授權或委辦者，恐有不足，致使地方法規體系不具完整性。

(3)再者，依地方制度法第31條規定，地方立法機關得訂定自律規則。此類自律規則係地方立法機關行使法定職權時，必要之成文行為規範，因為議事機關如有周延的議事規則，就可不必受制於不成文行為規範之限制，此將有利於議事程序之進行，但該類規則與人民權利義務關係無涉，自不發生拘束一般人民之效力。

(三)**行政法規制定的名稱**（106地四）：關於行政法規的名稱，依法規的性質而有所不同。依**中央法規標準法第2條規定：「法律得定名為法、律、條例或通則」**，第3條規定「各機關發布之命令，得依其性質，稱規程、規則、細則、辦法、綱要、標準或準則」。至於各種名稱適用的情形及涵義，依法令解釋概略如下：

1.**法律的名稱：**

(1)法：屬於全國性、一般性或長期性事項之規定者稱之。例如「中央法規標準法」、「行政院組織法」及「土地法」、「專利法」等均是。

(2)律：屬於戰時軍事機關之特殊事項之規定者稱之。例如「戰時軍律」。

(3)條例：屬於地區性、專門性、特殊性或臨時性事項之規定者稱之。例如「實施耕者有其田條例」、「行政院新聞局組織條例」（已廢止）、「海關緝私條例」等均是。

(4)通則：屬於同一類事項共通適用之原則或組織之規定者稱之。例如「行政執行處組織通則」。

2.**命令（行政規章）的名稱：**

(1)規程：凡機關依據法規，制定關於本機關或所屬機關的組織、人員的職責或處理事務程序等規定者，稱為「規程」，例如「組織規程」、「處務規程」等。

(2)規則：凡各機關依據法規，制定執行法令或處理業務的規定者，稱為「規則」，例如「會議規則」、「管理規則」等。

(3)細則：凡各機關就法規的特別範圍內，為詳細之規定者，稱為「細則」，例如「施行細則」、「辦事細則」等。

(4)辦法：凡各機關執行法令時，對有關事項所作指示或訂定之方法，稱為「辦法」，例如「實施辦法」、「處理辦法」等。

(5)綱要：凡各機關制頒業務與組織事項之大綱者，可採用綱要的名稱，例如「臺灣省各縣市實施地方自治綱要」（已廢止）。

(6)標準：凡各機關執行業務，就細節上確立尺度、明定準繩者，稱為「標準」，例如「審核標準」、「獎懲標準」等。

(7)準則：凡各機關就同類事項規定其共同原則者，可採「準則」名稱，例如「組織規程準則」、「各級選舉委員會監察人員執行監察職務準則」等。

(四)**行政法規制定的內容**（108地四）

1.**行政法律**：國家立法機關的立法權所受限制極少，故關於行政法律的內容，可謂凡屬行政權的事項均可包括在內。如此，則行政法律的內容既然極為廣泛，自不易從積極方面予以說明。不過，所應注意者，即**中央法規標準法對部分事項明文規定應制定為法律，依據該法第5條規定「下列事項應以法律定之：(1)憲法或法律有明文規定，應以法律定之者。(2)關於人民之權利義務者。(3)關於國家各機關之組織者。(4)其他重要事項之應以法律定之者」。上述四種事項稱為「法律保留」，應為法律的內容。故該法第6條進一步規定「應以法律規定之事項，不得以命令定之。」**

2.**中央行政規章**：行政規章的效力低於憲法及法律，其內容不得違憲違法，且依據前項「法律保留」的規定，行政規章若無法律上的依據或授權，不得逕行規定屬於「法律保留」的事項。此外，下級機關所訂定的法規，在效力上次於上級機關法規，故在內容方面須受上級法規的拘束。

3.**自治法規**：地方自治團體的自治權限，包括自治立法權在內，惟其所制定的法規，僅能就自治權限範圍內的事項加以規定，故其內容受到限制。其次，地方自治團體執行上級委辦事項時，於不牴觸國家及上級政府法令的範圍內，得訂定執行業務所需的單行規章。前項所述有關「法律保留」事項的限制，亦適用於地方自治法規；惟地方自治法規若有法律依據或授權，亦得就國家組織以外的事項，作補充延伸的規定。此外，地方自治法規應具有因地制宜的特性，故除須符合國家統一標準要求的事項外，在內容方面應允許其作適度差異彈性的規定。而且，有關地方自治的部分事項，地方自治法規可能構成唯一的法令依據。

☆☆五、行政法的修正與廢止

(一)**行政法規的修正與廢止**

1.行政法規於制定施行後，經過相當期間就各種業務案件的實際適用，其本身的各種瑕疵與缺失，即有可能陸續被發現；且因政府政策的更改與客觀情勢變遷的結果，可能使法規內容與現實脫節；在此等情形下，即應考慮對法規內容作適度修正。惟法規需要修正的原因尚不止於此，**依據中央法規標準法第20條的規定：「法規有下列情形之一者，修正之：**

(1)基於政策或事實之需要，有增減內容之必要者。

(2)因有關法規之修正或廢止而應配合修正者。

(3)規定之主管機關或執行機關已裁併或變更者。

(4)同一事規定於二以上之法規，無分別存在之必要者。」

2.由上述規定可知法規修正的原因，除立法的瑕疵缺失、政策與情勢的變動之外，尚有受相關法規變動與主管或執行機關變動的影響及避免重複規定等原因存在。一旦有此等原因發生，如不及時修正，即可能造成法規在適用上遭遇困難，故必須迅速修法以配合新的情勢，並改進法規的內容。

3.至於法規修正的情形，不外是增加新的條文，或刪改及更改舊的條文。法規經修正後，自然具有新的內容；同時，就效力的觀點而言，不僅使新增的條文開始生效施行，舊條文被刪除或更改後，被刪除的部分喪失效力，被更改的部分與新的條文一併生效。此外，法規修正後，內容既然更新，則必然對其所具人、地、時三方面的效力亦可能發生影響。

(二) 行政法規的廢止

1.所謂法規的廢止，係指法規因各種原因，由有權機關加以廢棄並宣告終止實施之謂，亦可視為法規存在期間的終止。因此，法規的廢止與修正不同，修正是法規內容的變更，或以修正後的新法取代舊法；廢止則不僅使原有法規失去效力，且法規本身亦將失其存在，並不一定有新法取代。由此可知，法規的廢止與行政法各方面的效力具有密切關聯，惟並無積極性的意義與效果。**中央法規標準法對法規廢止的各種原因有具體的規定，其第21條稱：「法規有下列情形之一者，應廢止之：**

(1)機關裁併，有關法規無保留之必要。

(2)法規規定之事項已執行完畢，或因情勢變遷，無繼續施行之必要者。

(3)法規因有關法規之廢止或修正致失其依據，而無單獨施行之必要者。

(4)同一事項已訂有新法規，並公布或發布施行者。」

2.上列各種原因均係根據實際情形所作規定，若從學理方面探討，尚可就法規廢止的原因分析為兩部分說明如下：

(1)**內因廢止**：係指基於法規本身內在的原因，致使法規被廢止失效的情形而言，其情形約有兩種：

A.**定期廢止**：此即因法規本身於制定時即定有施行期限，於期限屆滿時即當然廢止，且不須採行正規廢止的法定程序，僅須由主管機關公告即可（中央法規標準法第23條）。此種定有施行期限的法規，主管機關如認為需要延長施行期限者，應於期限屆滿前一個月送立法院審議；但其期限在立法院休會期內屆滿者，應於立法院休會前一個月送立法院（參照

同法第24條第1項）。如法律明定授權以命令延長者，則不必經立法院審議，逕由總統發布命令延長之。法規命令定有施行期限，主管機關認為需要延長者，應於期限屆滿前一個月，由原發布機關發布延長之（同法第24條第2項）。法規經過延長施行期限後，即可繼續有效施行至延長期限屆滿時為止。

B.**定因廢止**：係指法規本身定有各種廢止的原因，於此等法定原因之一成就時，由有權機關宣告廢止，或當然失效。前述中央法規標準法第21條所列四種情形，如在法規中明文規定，即屬「定因廢止」的規定。此外，另須補充說明者，即過渡法於新法完全施行後，應當然歸於失效，此種情形似可用「規定之事項已執行完畢」的原因來解釋。

(2)**外因廢止**：係指法規基於外在的客觀原因，亦即並非存在於法規本身的各種原因，由有權機關以有形或無形的方式將現存的法規加以廢棄，使其效力終止的情形。前述中央法規標準法第21條所列舉的各項原因，在實質上均具有外在原因的性質。

3.就法規廢止所採方式而言，約有下列兩種，其程序亦有所不同，茲分述之：

(1)**明示廢止**：係指由有權機關依法定程序作成明確意思表示，宣告將現行的特定法規予以廢止之謂。**依據中央法規標準法第22條規定：「法律之廢止，應經立法院通過，總統公布。命令之廢止，由原發布機關為之。依前二項程序廢止之法規，得僅公布或發布其名稱及施行日期；並自公布或發布之日起，算至第三日起失效。」**

(2)**默示廢止**：此即就原由舊法規定的同一事項，如另行制定新法加以規定，而可適用「新法優於舊法」原則，以新法取代舊法，使舊法無形中被廢止，即不必採用明示廢止方式，是為默示廢止。中央法規標準法第21條第4款規定「同一事項已定有新法規，並公布或發布施行者」，即為有關法規默示廢止原因的規定。此外，亦有認為法規所定之事項或其施行區域完全消滅，致該法規失其施行之對象，則當然廢止之，惟此種情形仍應以不採取明示廢止的法定程序或公告，而能使法規發生失效、淘汰、或消滅的實質效果者，始可視為默示廢止。

4.法規的廢止，其所生效果係使法規向以後失效，亦即廢止後應即終止效力。惟法規失效時間的起算，在中央法規標準法中有明文規定，依其第22條第2項後段規定應「自公布或發布之日起，算至第三日起失效」。**但同法第23條對「當然廢止」的情形另作特殊規定稱「法規定有施行期限者，期滿當然廢止，不適用前條之規定。但應由主管機關公告之」**，亦即期滿廢止之日，視為失效之日。

5.此外，尚有值得注意者，即關於法規廢止後的例外適用情形。具體言之，法規施行期限屆滿或被廢止後，既已喪失效力，自不應再予適用，但在例外情形仍有適用的可能，其情形有二，茲依據中央法規標準法第18條的規定說明如下，該條稱：「各機關受理人民聲請許可案件適用法規時，除依其性質應適用行為時之法規外，如在處理程序終結前，據以准許之法規有變更者，適用新法規。但舊法規有利於當事人而新法規未廢除或禁止所聲請之事項者，適用舊法規。」在此條文中，前段所稱「行為時之法規」及後段所稱「舊法規」，均應包括已廢止的法規在內，故對「依其性質應適用行為時之法規」及「舊法規」對當事人有利的兩種情形，均屬可適用已廢止法規處理有關案件的例外情形。

6.**人民因行政法規之廢止或變更遭受損害，得否主張信賴保護原則？關於此問題，大法官在釋字525號解釋中提出解答，其主要內容摘述如下：**

(1)法治國為憲法基本原則之一，法治國原則首重人民權利之維護、法秩序之安定及誠實信用原則之遵守。人民對公權力行使結果生之合理信賴，法律自應予以適當保障，此乃信賴保護之法理基礎，亦為行政程序法第119條、第120條及第126條等相關規定之所由設。行政法規（包括法規命令、解釋性或裁量性行政規則）之廢止或變更，於人民權利之影響，並不亞於前述行政程序法所規範行政處分之撤銷或廢止，故行政法規除預先定有施行期間或經有權機關認定係因情事變遷而停止適用，不生信賴保護問題外，制定或發布法規之機關固得依法定程序予以修改或廢止，惟應兼顧規範對象值得保護之信賴利益，而給予適當保障，方符憲法保障人民權利之意旨。

(2)制定或發布法規之機關基於公益之考量，即社會整體利益優先於法規適用對象之個別利益時，自得依法定程序停止法規適用或修改其內容，若因此使人民出於信賴先前法規繼續施行，而有因信賴所生實體法上利益受損害者，倘現有法規中無相關補救規定可資援用時（如稅捐稽徵法第48條之3），基於信賴之保護，制定或發布法規之機關應採取合理之補救措施或訂定過渡期間之條款，俾減輕損害。至有下列情形之一時，則無信賴保護原則之適用：A.經廢止或變更之法規有重大明顯違反上位規範情形者；B.相關法規（如各種解釋性、裁量性之函釋）係因主張權益受害者以不正當方法或提供不正確資料而發布，其信賴顯有瑕疵不值得保護者；C.純屬法規適用對象主觀之願望或期待而未有表現已生信賴之事實者。蓋任何法規皆非永久不能改變，法規未來可能修改或廢止，受規範之對象並非毫無預見，故必須有客觀上具體表現信賴之行為，始足當之。至若並非基於公益考量，僅為行政上一時權宜之計，或出於對部分

規範對象不合理之差別對待，或其他非屬正當之動機而恣意廢止或限制法規適用者，受規範對象之信賴利益應受憲法之保障，乃屬當然。

六、行政法的效力

(一)**行政法效力的意義**：行政法的效力，係指行政法規制定後在施行期間及地區中對其規範的客體與事物，所產生的合法拘束力而言。行政法規欲發生合法的效力，在基本上應具備兩方面的要件：

1.**程序要件**：即法規應由有正當權限的機關制定，並完成法定的立法程序（制定及公布）。

2.**實質要件**：行政法規內容所規定的事項，應屬行政機關法定職權範圍（或行政範圍），且內容不得違憲，並不得違反效力位階較高的有關法規。

(二)**行政法關於人的效力**

1.所謂行政法關於人的效力，係指法規以人為對象所發生的拘束力。主要分為下列三項基本原則：

(1)**屬人主義原則**：此說係以國民為基礎說明國內法的效力，認為法律對於本國人民，無論其在國內或國外，均具有合法的拘束力。惟就實際情形而言，本國法律對國外僑民的施行，因與居留地國的主權相衝突，極易引起困擾，故難切合實際。

(2)**屬地主義原則**：此說係以領域為基礎說明國內法的效力，認為法律的效力，應以國家領域為範圍，凡在本國領域內者，無論其為本國人或外國人，均應受本國法律的約束。惟在此項原則下，本國國民一旦離開國境則本國法律將對其失去支配作用；反之，居留本國境內的外僑，因受其所屬國家及國際法與條約的保護，則本國法律亦將無法全面對其實施，以致發生困難。

(3)**折衷主義原則**：為彌補前兩項原則的缺失，遂有折衷主義原則提出，其內容介於前二者之間，既非絕對屬人主義，亦非絕對屬地主義，有基本原則，亦有變通補充的規定，俾使國家對人民管轄權，獲得適當的安排。

2.大體言之，折衷主義乃是一般國家普遍採行的原則，我國亦不例外。茲將行政法規對此項原則適用的情形分析如下：

(1)以屬人主義為基本原則，惟亦有例外情形，可分為兩點說明：

A.本國法規對居留國內的國民原應一體適用，惟部分國民基於特定原因享有豁免權，可不受特定法規的拘束。例如依法免繳租稅或免服兵役者。

B.本國法規對居留國外本國僑民的適用，受到極大限制。因基於屬地主義原則，旅外的一般僑民常須受外國法的支配，本國法律可以追及適用

者，主要為有關憲法上的權利義務（以兵役義務為主）及刑法上特定罪刑之規定。

(2)以屬地主義作補充，即居留本國境內的外僑在原則上應受本國法規的拘束，惟亦有兩種例外的情形：

　A.本國法規中部分法規或條文明定僅適用於本國國民，而不適用於外人，或對外國人的適用受有限制。

　B.本國法規對享有治外法權（外交上特權與豁免權）的外國人不適用，例如外國元首及外交官等。

(三) **行政法關於時的效力**：所謂行政法關於時的效力，係指行政法規的效力與時間的關係，亦即自時間方面觀察所發生的效力開始、終止、中斷，及其有關重要原則適用的情形而言。析述之：

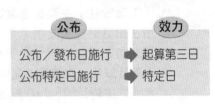

時的效力
- 法規施行日期原則
- 法律不溯既往原則
- 新法優於舊法原則
- 從新從優原則

1.**法規施行日期原則**：

(1)法規的施行對行政法關係各當事人或一般人民的權益，均將發生其影響，故**依據中央法規標準法的規定，一般法規均應規定施行日期或授權以命令規定施行日期（中央法規標準法第12條）**。

公布		效力
公布／發布日施行	➡	起算第三日
公布特定日施行	➡	特定日

(2)我國中央法規標準法所採方式主要有兩種：

　A.「**法規明定自公布或發布日施行者，自公布或發布之日起算至第三日起發生效力**」（中央法規標準法第13條）。此項規定可

公布	起算 三日	效力
9月10日	➡	9月12日

謂是一般正常程序。釋字第161號解釋：「中央法規標準法第13條所定法規生效日期之起算，應將法規公布或發布之當日算入。」

　B.「**法規特定有施行日期，或以命令特定施行日期者，自該特定日起發生效力**」（第14條）。對施行日期有特別規定者，其法律效力的開始，可分為下列三種情形：

　　a.法律定期施行者：在此種情形，法律多於其末條規定：「本法定於某年某月某日施行」，或「本法施行日期另定之」（此係授權以命令規定方式）。有此種規定者，則其法效自應從特定日期發生。

　　b.法律規定不同的施行日期與區域者：在此種情形，即法律對施行日期及區域作有特殊規定。例如其條文稱「本法之施行區域另定之」，或「本法之施行日期及施行區域，由某機關以命令定之」。如有此

等規定，則該項法律即係就各個區域或特定區域定有施行日期，自
該日起開始生效。

c.法律另定有施行法或施行細則者：施行法或施行細則均屬法律有關
施行事項的輔助性法規，既有此種法規制定，則該法的實際生效日
期，實係自其施行法規公布施行時開始。至於其日期的計算，則適
用前兩項所述情形。

2.法律不溯既往原則：

(1)「法律不溯既往」乃是法理上關於時的效力方面一項重要原則，對於法律
適用方面具有普遍的拘束力。所謂「不溯既往」，即法規僅能對其生效施
行以後所發生的事件具有合法的拘束力，而對於生效前所發生的事件不得
予以適用。

(2)對於此項原則的內涵，若作進一步的分析，在實際運用上，尚有數要項值
得注意：

A.「不溯既往」主要是法律適用方面的原則：行政與司法機關在業務上適
用法規時應遵循此項原則，或將之作為法理上解釋的標準，至於立法機
關在制定法律方面，此項原則對其並無絕對的拘束力。

B.「溯及既往」立法應考慮對人民「既得權利」的保障：「不溯既往」原則
形成的主要目的，乃在於維持社會生活與法律關係的穩定，從而使人民的
合法既得權利受到保障。所以，立法機關基於國家政策或實際上的需要，
雖得制定「溯及既往」的法律，但仍以不侵害人民的既得權利為原則。

C.行政法上有關行政罰的規定應嚴守「不溯既往」原則：為保障人民權益，
行政制裁的採行，自應以行為時有明文規定者為限，尤其行政刑罰的採
行，更應嚴守「不溯既往」原則，因行政刑罰乃是行政法律中所採用的刑
事制裁規定。既屬刑事制裁，自應適用刑法的法理，故須受刑法第一條規
定「行為之處罰，以行為時之法律有明文規定者，為限」之拘束，該條的
內容，即兼具「不溯既往」原則與「罪刑法定主義」的涵義。

3.新法優於舊法原則：

(1)新法優於舊法亦稱後法優於前法或新法改廢舊法原則，係指就同一事項，
同時有兩種法規作不同規定時，應適用新制定的法規。

(2)在適用此項原則時，必須注意以下兩點規範事項：

A.新法與舊法必須居於同一順位：所謂「同一順位」即指「位階」而言，亦
即同為法律或同為行政規章。因行政規章的效力既次於法律，其內容不得
與法律相牴觸，自不能優於法律而適用，否則即等於以命令變更法律。

B.在此項原則與「特別法優於普通法」原則相競合時：所謂「競合」係指就同一事件可同時適用此兩項原則的情形而言。在此種情形下，如新法為特別法，則自然優於舊普通法而適用。反之，如新法僅為普通法，則必須在新法中明文規定廢止舊特別法或排斥舊特別法的適用時，新普通法始能優於舊特別法。

4.從新從優原則：

(1)中央法規標準法第18條規定：「各機關受理人民聲請許可案件適用法規時，除依其性質應適用行為時之法規外，如在處理程序終結前，據以准許之法規有變更者，適用新法規。但舊法規有利於當事人而新法規未廢除或禁止所聲請之事項者，適用舊法規。」即是所謂「從新從優原則」之規定。

(2)此原則係以人民聲請許可案件的處理為規範對象，對有關的聲請案件除在性質上應適用行為時之法規者外，若在處理程序終結前，已有新法制定施行時，在原則上應適用新法（從新原則）。但如舊法之規定較新法對當事人為有利，而新法仍允許提出有關案件之聲請者，則應依舊法處理（從優原則），以示維護當事人的權益。

(四)行政法關於地的效力：行政法關於地的效力，係指法規就其施行的地域範圍，所發生的合法拘束力而言。在此地域範圍內，法規對其所規範的客體當事人及事物，得有效的加以拘束，逾此範圍則不能適用。一般而論，國內法均係以國家領域為其施行範圍，發生其關於地的效力。惟詳細分析，可就有關事項提出下列數點說明：

1.國家機關制定的法規，以適用於全國為原則。所謂國家機關係指中央政府的立法、行政，及其他機關而言，由於中央政府的職權即包括各種全國性的事項，故其各種機關所制定的法規，在原則上均以全國領域為其適用範圍。

2.國內「特別法域」，僅適用專為此特定地區所制定的法規。所謂「特別法域」，係指國內的某一地區，因其在政治、經濟、社會等各方面具有特殊情況，故與一般地區有別，不宜勉強適用全國性的一般法規，而須專為該地區另行制定法規實施，例如我國的蒙古及西藏地區均屬之。

3.專為國內一般地區中的特別行政區所制定的法規，僅適用於該地區。惟該地區並非特別法域，故其他一般地區所適用之法規仍可對此一地區適用。

4.對全國性法規，而授權以命令指定其施行地區者，其適用範圍暫時受到限制，僅得在指定地區有效施行。例如實施耕者有其田條例，及平均地權條例等均是。

5.有確定轄區的行政機關及地方自治團體，其所頒訂的法規，均以其自身轄區為適用地域範圍。例如加工出口區管理處所頒訂的法規僅適用於各加工出口區；地方自治法規僅適用於地方單位均是。

6.法規對適用地區定有法定條件者，則僅對具備法定條件情形的地區適用，例如戒嚴法及空氣污染防制法均是。

☆☆☆
☆☆ **七、法治行政（依法行政）**（106地四、108地四）

所謂法治行政原則亦即依法行政原則，依法行政原則乃支配法治國家立法權與行政權關係之基本原則，亦為一切行政行為必須遵循之首要原則，依法行政原則最簡單之解釋，即行政程序法第4條所稱：「行政行為應受法律及一般法律原則之拘束。」依法行政原則向來區分為法律優越及法律保留二項次原則。法律優越原則又稱為消極的依法行政，法律保留原則又稱為積極的依法行政。法律優越與法律保留，旨在維持法律之規範效力，避免行政行為侵越立法機關之權限，同時也防範立法機關怠於行使職權，放任行政機關之作為，或者立法機關過分擴張權限，甚至延伸至行政之核心部分。

(一)**消極的依法行政（法律優越原則）**（107地三）：

1.法律優越原則係指行政行為或其他一切行政活動，均不得與法律相牴觸。申言之，此項原則一方面涵蓋規範位階之意義，即行政命令及行政處分等各類行政行為，在規範位階上皆低於法律，換言之，法律之效力高於行政行為；另一方面法律優越原則並不要求一切行政活動必須有法律之明文依據，祇須消極的不違背法律之規定即可，故稱之為消極的依法行政。

> 法治行政
> （依法行政）
>
> 法律優越原則
> （消極的依法行政）
>
> 法律保留原則
> （積極的依法行政）

2.法律優越不僅為學理上之原則，且為法制上所確認，憲法第171條第1項：「法律與憲法牴觸者無效」，第172條：「命令與憲法或法律牴觸者無效」，第116條：「省法規與國家法律牴觸者無效」，第125條：「縣單行規章與國家法律或省法規牴觸者無效」，中央法規標準法第11條：「法律不得牴觸憲法，命令不得牴觸憲法或法律，下級機關之命令不得牴觸上級機關之命令。」等均明示此項原則之意旨。

(二)**積極的依法行政（法律保留原則）**（106高、普、地四、107普、地四、108普、108地四）：

1.法律保留原則，係指沒有法律授權行政機關即不能合法的作成行政行為，蓋憲法已將某些事項保留予立法機關，須由立法機關以法律加以規定。故在法律保留原則下，行政行為不能以消極的不牴觸法律為已足，尚須有法律之明文依據，故又稱積極的依法行政。

2.現行憲法對於法保留採取兩種規定方式：

　(1)**一般保留**：憲法第23條：「以上各條列舉之自由權利，除為防止妨礙他人自由，避免緊急危難，維持社會秩序，或增進公共利益所必要者外，不得以法律限制之」，乃典型之一般保留條款，對「以上各條列舉之自由權利」「得以法律限制之」相當於干涉保留，並無疑義。

　(2)**特別保留**：憲法規定特別保留者為數不少，例如第24條之「依法律受懲戒」及「依法律向國家請求賠償」，第61條「行政院之組織以法律定之。」第76條「立法院之組織，以法律定之。」等均屬之。

3.中央法規標準法第5條：「下列事項應以法律定之：一、憲法或法律有明文規定，應以法律定之者。二、關於人民之權利、義務者。三、關於國家各機關之組織者。四、其他重要事項之應以法律定之者。」同法第6條：「應以法律規定之事項，不得以命令定之。」係現行法律中，有關法律保留原則最重要之規定，亦屬現行制度之下，「法律保留」之具體範圍。

4.地方制度法對前述基於憲法及中央法規標準法所建構之法律保留理論，頗有影響，該法第28條規定：「下列事項以自治條例定之：一、法律或自治條例規定應經地方立法機關議決者。二、創設、剝奪或限制地方自治團體居民之權利義務者。三、關於地方自治團體及所營事業機構之組織者。四、其他重要事項，經地方立法機關議決應以自治條例定之者。」同法第26條第2項又規定自治規章得訂定罰鍰及其他行政罰。依此規定，以國會制定之法律為基礎之法律保留範圍，已告鬆動。得限制人民自由權利甚且以科處行政罰作為強制手段者，不以國會立法為限，直轄市及縣市立法機關訂定之自治規章，亦具有相同之規範效力。租稅法定主義所指之「法定」，亦包括地方政府所課徵之地方稅之地方自治條例在內（地方稅法通則第1條），故地方政府課徵建築工地臨時稅，並未有指其違憲之實務見解。根據地方制度法，直轄市、縣（市）議會，有權制定有關人民權利義務之自治條例，其效力亦為各級行政法院所肯定。

5.近年以來，由於回歸憲政之常態運作，依法行政原則之實踐，產生與往昔不同之結果，表現於司法機關之態度者，尤為明顯。此種現象，一言以蔽之，即「從無差別主義到嚴格主義」。質言之，司法院大法官對法律合憲性及行政命令合法性之審查態度愈發嚴格，經宣告違憲之法令不勝枚舉，行政法院受此影響，間亦出現採嚴格審查尺度之案件。至於大法官最近解釋之趨向，得歸納如下：

　(1)**解嚴前已確立之原則**：

　　A.關於人身自由之保障，縱然以法律規定，亦認為與憲法第8條之規定不符。

　　B.行政命令不得有科處、沒入、罰鍰或其他制裁性之規定。

　　C.屬於租稅法律主義之事項，不得以命令定之。

(2)近年經由解釋或裁判所建立之原則：

A.建立層級化之保留體系（109普）：釋字第443號解釋理由書：「憲法所
定人民之自由及權利範圍甚廣，凡不妨害社會秩序公共利益者，均受保
障。惟並非一切自由及權利均無分軒輊受憲法毫無差別之保障：關於人
民身體之自由，憲法第8條規定即較為詳盡，其中內容屬於憲法保留之
事項者，縱令立法機關，亦不得制定法律加以限制，而憲法第7條、第
9條至第18條、第21條及第22條之各種自由及權利，則於符合憲法第
23條之條件下，得以法律限制之。至何種事項應以法律直接規範或得
委由命令予以規定，與所謂規範密度有關，應視規範對象、內容或法益
本身及其所受限制之輕重而容許合理之差異：諸如剝奪人民生命或限制
人民身體自由者，必須遵守罪刑法定主義，以制定法律之方式為之；涉
及人民其他自由權利之限制者，亦應由法律加以規定，如以法律授權主
管機關發布命令為補充規定時，其授權應符合具體明確之原則；若僅屬
於執行法律之細節性、技術性次要事項，則得由主管機關發布命令為必
要之規範，雖因而對人民產生不便或輕微影響，尚非憲法所不許。又關
於給付行政措施，其受法律規範之密度，自較限制人民權益者寬鬆，倘
涉及公共利益之重大事項者，應有法律或法律授權之命令為依據之必
要，乃屬當然。」這段文字以規範密度為理論基礎，建立如同德國之層
級化保留體系（或稱分別等級之保留）。其結構如下：

　a.憲法保留：憲法第8條之部分內容。

　b.絕對法律保留：即必須由法律自行規定，諸如剝奪人民生命或限制人
　　民身體自由之事項。

　c.相對法律保留：由法律直接規範或由法律明確依據之行政命令加以規
　　範，其對象包括關係生命、身體以外之其他自由權利的限制，以及
　　給付行政措施涉及公共利益之重大事項。

　d.非屬法律保留範圍：屬於執行法律之細節性、技術性次要事項，不在
　　法律保留之列。

B.**授權明確性原則之落實**：授權明確性原則乃憲法上法治國原理所導出之
原則，與法律保留原則相輔相成。法律授權行政機關發布法規命令固為憲
法所許，但授權之目的、內容及範圍必須具體明確，迭經大法官釋字第
313、432、491、522等號釋示在案。最高行政法院近年對行政命令合法性
之審查，亦越趨嚴格：凡欠缺授權或違反授權明確性者，均拒絕適用。
行政法院改制前後都不乏這類案例：84年判字第3215號判決：教育部
對本國演藝事業邀請外國演藝團體或人員，來我國表演，限制其演出場

所之行政命令，行政法院認為係對人民工作權所為之一般性限制規定，縱有限制之必要，「依憲法第23條、中央法規標準法第5條第1、2款及第6條規定，仍應以法律定之」，教育部發布命令之令函，遂遭行政法院認為違法。又88年判字第4309號判決，行政院發布之行政院暨所屬各級行政機關公務人員獎懲案件處理辦法，訂有停職作為懲戒處分，與公務員懲戒法「非依法律不受懲戒」之規定有違，認該辦法相關規定「無效」（正確之用語，應作不予適用）。行政訴訟新制實施以還，最高行政法院對於命令之合法性監督，態度尤為積極，90年判字第383號，認為「環境保護專責單位或人員設置辦法」第23條第1款規定，中央主管機關對專責人員執行業務違法或不當時，得撤銷其合格證書，違背釋字第394號解釋裁罰性行政處分應以法律或法律具體明確授權之命令規定的意旨，否定該辦法之效力。90年判字第1372號判決則認為：公務人員退休法施行細則第13條第2項規定再任公務人員重行退休時，仍合併其前已退休之年資計算，以限制其最高年資，與公務人員退休法第13條規定，不予計算其前已退休之任職年資意旨不符，已逾越母法授權訂定施行細則之必要範圍，損及再任公務人員重行退休時之權益，行政法院於審判案件時，自不受上開施行細則規定之拘束。

與授權明確性原則相關者，尚有罰則之構成要件得否授權以命令加以補充規定？以往多持肯定見解，大法官釋字第521號解釋亦認為，以法規命令補充海關緝私條例第37條第3款之規定，符合授權應具體明確之原則，規範對象事前確知其行為何者為法律所不許，與憲法並不牴觸。但釋字第680號解釋則認定懲治走私條例第2條第3項授權行政院公告管制物品及其數額，違反授權明確性及刑罰明確性原則，應屆滿二年時失效，於此可見刑罰所要求之授權明確較之行政罰更為嚴格。

C.**不得以職權命令取代授權命令**：主管機關為執行法律之必要，得依職權發布命令，符合一定條件時，亦具有合法性，但授權命令既是基於國會「委任」而發布，自較職權命令之效力為優。另因長期以來法制不完備，各級機關未必具有上述認知，以致於經常出現法律明文授權訂定辦法，主管機關卻捨正道而不由，以職權命令或行政釋示代替之現象，自非依法行政原則之所許。戶籍法第8條規定：「僑居國外之中華民國人民，其戶籍登記辦法，由內政部會同外交部及僑務委員會定之」。有關機關並未依此規定辦理，反而呈請行政院核定「國人入境短期停留長期居留及戶籍登記作業要點」作為替代，遂遭釋字第454號非難，並宣告其關鍵性條文違憲。又軍人及其家屬優待條例第32條授權由行政院會同

考試院訂定有關後備軍人轉任公職時，軍中年資合併計算辦法，但兩院始終未執行此項法律規定，而由行政院人事行政局以行政釋示方式通函各機關遵守，釋字第454號亦認為違憲，並諭知相關函釋應定期失效。

D. **組織法不能作為行為法的主要法源**：從訓政時期以來「有組織法即有行為法」，幾為普遍接受，故交通部依職權公布之道路交通規則，行政法院肯定其合法性（49年判字第95號判決）。經濟部依職權訂定工廠設立登記規則，行政法院71年判字第79號判決認為；「按『工廠設立登記規則』，為經濟部本於其掌理全國工業政策及管理之固有職權為加強工廠管理所發布之行政命令，在與現行法律規定不相牴觸範圍內，初難謂為無效」，表現只要有組織法即有權發布行為法最為明顯。大法官近年在重建依法行政之過程中，首須否定有組織法即有行為法之誤謬，是以上開工廠設立登記規則有關罰則等規定，即遭宣告違憲（釋字第390號）。又當警察勤務條例以組織法之結構授予警察臨檢、盤查等權限，其合憲性遭質疑時，釋憲機關為維護其規範效力，不致立即失效，在釋字第535號解釋開宗明義即謂：「警察勤務條例規定警察機關執行勤務之編組及分工，並對執行勤務得採取之方式加以列舉，已非單純之組織法，實兼有行為法之性質。」由此可知僅憑組織法並不能發號施令，限制人民之自由權利。

E. **行政契約作為行政作用之方式，所受法律保留的羈束較寬**：行政契約通常是人民與行政機關就公法上之標的，雙方意思表示一致而成立的行為，所謂自願不構成侵害，固然並非在任何情形皆可適用，但雙方意思合致的行為，與官署單方作成行政處分，畢竟有所不同，判斷其合法性之際，允許稍為寬鬆的標準是目前實務上之立場。釋字第324號解釋宣告海關管理貨櫃辦法違憲之同時，隱含有如果以簽訂公法契約代替單方的行政處分，或能避免違憲之結果。釋字第348號解釋則直接了當以公法契約理論，維護有關公費醫學教育的措施，否則，以教育部或國立大學所訂定章則，限制學生畢業後自由選擇職業的權益，難逃違憲之命運。上述解釋頗具指標意義，舉凡軍校、警校等公費學生與學校之關係，行政法院莫不以行政契約作為論斷基礎。

F. **貫徹正當法律程序**（106普）：**正當法律程序係源自英美法律之概念，大法官最初援用於人身自由之保障（釋字第384號解釋）及司法相關程序（釋字第396號解釋），再進而要求於行政領域亦應有效實施，否則有關之法規可能構成違憲。**先是釋字第462號解釋對現行大學院校教師升等評審制度設計有欠周全，予以非難，並提示除應有法律規定之依據

外，「主管機關所訂定之實施程序，尚須保證能對升等申請人專業學術能力及成就作成客觀可信、公平正確之評量」，「評審過程中必要時應予申請人以書面或口頭辯明之機會」，已見端倪。繼於釋字第488號關於金融機構監管接管辦法違憲疑義之解釋中，認為基於保障人民權利之考量，法律之實體內容固不容違背憲法，其為實施實體內容之程序事項及提供適時之司法救濟途徑，亦應有合理之規定。法律授權行政機關訂定執行法律之命令，對採取影響人民權利之行政措施應遵行之程序應作必要規範。稍後公布之釋字第491號解釋認定公務人員考績法一次記兩大過之標準委由銓敘機關定之，與法律保留原則不符，應由法律自行規定。除此之外，並正式揭櫫正當法律程序原則，解釋文稱：「對於公務人員之免職處分既係限制憲法保障人民服公職之權利，自應踐行正當法律程序，諸如作成處分應經機關內部組成立場公正之委員會決議，處分前並應給予受處分人陳述及申辯之機會，處分書應附記理由，並表明救濟方法、期間及受理機關等。」舉凡作成行政處分的決策單位之合理組成、過程之公正、相對人陳述意見之機會、處分書須附記理由及告知救濟方法等均屬構成處理此類行政事件之正當法律程序的主要內容。吳庚老師認為：司法實務上之所以如此強調正當程序，與行政爭訟制度日趨完備及行政程序法公布實施，有相當關聯。

G.**禁止不當聯結**：禁止不當聯結謂行政機關對人民所作之各種行為，應謹守法律之授權，與事件內在無關者，不得相互聯結。目的在防止行政機關基於本位主義，濫用權力影響人民權益，也被視為法治國家之一項重要原則。我國行政程序法除在第137條第1項第3款規定：「人民之給付與行政機關之給付相當，並具有正當合理之關聯」之外，第94條對行政處分之附款，亦要求「應與該處分之目的具有正當合理之關聯」。在行政作業上，若簽訂行政契約或記載於行政處分書面上之附款，白紙黑字是否不當聯結容易辨識，困難在於人民提出申請時，行政機關常以不相關聯的事由作為處理申請事件的前提，此時不應拘泥在形式上是否屬於行政契約或行政處分之附款，否則人民難獲救濟。最高行政法院90年裁字第703號裁定，其要旨如下：行政法所謂「不當聯結禁止」原則，乃行政行為對人民課以一定之義務或負擔，或造成人民其他之不利益時，其所採取之手段，與行政機關所追求之目的間，必須有合理之聯結關係存在，若欠缺此聯結關係，此項行政行為即非適法。而汽車行車執照須在一定期限內換發，主要目的在於掌握汽車狀況，以確保汽車行駛品質進而維護人民生命、身體、財產法益；而罰鍰不繳納涉及者為行政秩序罰

之執行問題，故換發汽車行車執照，與汽車所有人違規罰鍰未清繳，欠缺實質上之關聯，故二者不相互聯結，前開道路交通安全規則第8條有關罰鍰繳清後始得發給行車執照之規定，亦有悖不當聯結禁止原則，從而，前開規定本院自得不予適用。

H.**政策不得凌駕法律**：在依法行政原則支配之下，行政機關應受各種法規之拘束，不得藉口政策變更，而不執行法律或不遵守其本身發布之行政命令，此乃當然之理。但近年政黨輪替前後，本來依兩岸人民關係條例訂定之大陸地區學經歷檢覈及採認辦法及73所大陸地區高等學校認可名冊，教育部拒不執行，但上述辦法及已公布之認可名冊均未廢止。遂有遠嫁來台畢業於吉林工業大學（在認可名單內）之婦女，申請採認，教育部以現階段未開放中國大陸學歷採認，以及行政院長指示是否開放須再行研議等理由，予以拒絕。案經該大陸女子提起訴訟，台北高等行政法院作出94年訴字第582號判決，對教育部之主張加以駁斥：「蓋政策不能凌駕法律，此乃法治國家與非法治國家之重要區別，行政院長於行政院會之提示乃政策指示，相關部會落實政策指示自應依法為之，不能牴觸現行法令」，可謂義正辭嚴。

6.**對行政機關的影響**：司法機關對依法行政原則的審查，在嚴格主義之趨勢下，影響所及立法及行政部門態度為之丕變。近年由行政部門要求立法院制定法律或由立法委員提案立法，俾行政措施有法律依據之事例，日益增多。法規經大法官解釋為違憲者，固然如期失效，並修訂新的法規以資取代。即使行政法院終審判決指摘違法在個案中拒絕適用之行政命令，主管機關也能從善如流予以改正，如「行政院暨所屬各級行政機關行政機關公務人員獎懲案件處理辦法」，受違法指摘，該辦法即作適度修改。惟仍有若干事件顯示行政部門基於政治考量，不顧法律規定之事件存在，除前述教育部採認學歷措施外，尚有96年初國營公用事業中華郵政公司在其特許設立之法律「中華郵政公司設置條例」未修改情形下，上級機關竟指示其更名為臺灣郵政公司，又是明顯的一例。（97年8月1日，該公司回復為「中華郵政股份有限公司」）

歷年試題總覽

( )　1.下列何者係經由立法機關制定之行政法成文法源？　(A)自治條例　(B)法規命令　(C)行政規則　(D)自治規則。（99高）

( )　2.下列何者為成文法之法源？　(A)送立法院審議之條約　(B)司法解釋　(C)判例　(D)行政慣例。（107普）

( )　3.我國與其他國家締結之條約，其位階與下列何者相同？　(A)憲法　(B)法律　(C)法規命令　(D)自治條例。（104普）

( )　4.下列何者不屬行政法之法源？　(A)國際條約　(B)一般法律原則　(C)地方法院判決　(D)司法院大法官解釋。（106地四）

( )　5.下列何者不得作為行政法之法源？　(A)空氣污染防制法　(B)荒野保護協會章程　(C)違反噪音管制法裁罰準則　(D)臺北市樹木保護自治條例。（100地四）

( )　6.下列何者為行政之不成文法源？　(A)憲法　(B)條約　(C)判例　(D)自治條例。（97高）

( )　7.下列何者非行政之不成文法源？　(A)行政法之一般原則　(B)國際法　(C)司法院大法官解釋　(D)習慣法。（97普）

( )　8.下列何者不是行政法的不成文法源？　(A)最高行政法院之判例　(B)條約　(C)非法律明文之行政法一般原則　(D)習慣法。（101警）

( )　9.下列何者屬於行政法之不成文法源？　(A)法規命令　(B)自治規章　(C)法律　(D)大法官解釋。（97地三）

( )　10.除該個案外，下列何者非行政法的法源？　(A)司法院大法官解釋　(B)山坡地保育利用條例　(C)兵役法施行細則　(D)高雄市政府訴願審議委員會之決定。（96普）

( )　11.下列關於最高行政法院「判例」之敘述，何者錯誤？　(A)具有法源地位　(B)選自判決　(C)屬於成文法源之一種　(D)效力如同法規。（101高）

( )　12.關於總統依憲法增修條文之規定而發布之緊急命令，下列敘述何者正確？　(A)具有暫時替代或變更憲法之效力　(B)發布後無須提交立法院追認　(C)以不得再授權為補充規定即逕予執行為原則　(D)事前須經立法院同意始得發布。（103普）

( )　13. 法官於審理訴訟案件時，認為應適用的法規命令牴觸法律或憲法？　(A)仍應予以適用　(B)停止審判（訴訟）程序，聲請司法院大法官解釋　(C)得說明理由拒絕適用　(D)請該法院所屬之最終審級法院予以裁判。（95普）

( )　14. 關於司法院大法官解釋，下列敘述何者正確？　(A)大法官解釋僅有個案拘束力　(B)大法官解釋有拘束全國各機關及人民之效力　(C)人民對大法官解釋不服可提起再審　(D)人民對大法官解釋不服可提起非常上訴。（96普）

( )　15. 對於行政機關而言，下列法規範何者效力最高？　(A)自治條例　(B)裁罰基準　(C)法律　(D)法規命令。（99地四）

( )　16. 有關法源位階與適用順序之敘述，下列何者錯誤？　(A)自治條例及自治規則牴觸中央法規命令者，無效　(B)不成文法源，不論其種類，其效力位階，在成文法源之下　(C)同位階之法規範，依「後法優於前法」原則，決定其優先適用順序　(D)同位階之法規範，依「特別法優於普通法」原則，決定其優先適用順序。（97地四）

( )　17. 行政行為所採取之方法應有助於目的之達成，是指下列何種原則？　(A)必要性原則　(B)最小侵害原則　(C)適當性原則　(D)禁止過度原則。（105地四）

( )　18. 行政程序法上之比例原則，其主要的意涵，係指行政機關之行為：　(A)應符合數學上關於比例之定律　(B)應比照過去之先例　(C)不得過度行使公權力　(D)應考量機關本身可動員之人力與群眾間之比例。（101高）

( )　19. 有關比例原則的敘述，下列何者正確？　(A)行政組織的組成應符合一定的性別比例　(B)教育預算的編列與執行應符合憲法上所定的比例　(C)在能達成目的之方法中，應選擇對人民權益損害最小的行政行為　(D)行政補償應以受損失人民之最大利益考量為前提。（101地四）

( )　20. 關於比例原則之敘述，下列何者正確？　(A)行政機關採取之方法並不一定要有助於目的之達成　(B)在多種可以達成目的之方法上，行政機關可任意選擇其方法　(C)我國行政程序法並無比例原則之明文規定　(D)行政機關採取之方法所造成之損害不得與其欲達成目的之利益顯失均衡。（107普）

( )　21. 對於比例原則的敘述，下列何者正確？　(A)比例原則是以維護公益為優先　(B)比例原則是以保護私人利益為優先　(C)行政行為為達成目的所採取之方法，應選擇對於人民侵害最小者　(D)行政行為為達成目的所採取之方法，應選擇對於公共利益侵害最小者。（104普）

( )　22.下列敘述何者屬於比例原則之內涵？　(A)採取之手段所造成之損害不得與欲達成目的之利益顯失均衡　(B)法律在規範內容上須明確,以資受規範之人民得以事前得知何者事項將受何等之規範以及產生如何之法律效果　(C)人民如因信賴公權力措施之存續,而已為一定之行為並產生信賴利益,該利益應受保護　(D)公權力之行使,不得將不具事理關聯性之事項與其所欲採取之措施或決定相互連結。（105普）

( )　23.下列所述,何者非「比例原則」之內涵？　(A)採取方法有助於目的之達成　(B)對人民自由權利之重大限制,必須有法律之授權依據　(C)有多種同樣能達成目的之方法,應選擇對人民權益影響最少者　(D)採取方法所生損害不得與欲達成目的之利益顯失均衡。（105警）

( )　24.比例原則所規範的內容,係指下列那兩者之間的關係？　(A)公權力主體組成之不同性別比例　(B)行政機關動用的資源與法院動用的資源　(C)公權力方法及所生損害與欲達成的目的及利益　(D)行政決定獲致的有形經濟利益與耗損的隱形環境利益。（106地四）

( )　25.強制人民按捺指紋並予錄存,雖為達國民身分證之防偽、防止冒領、冒用、辨識路倒病人、迷途失智者及無名屍體等目的而言,亦屬損益失衡與手段過當,依據司法院大法官釋字第603號之精神,違反下列何項原則？　(A)明確性原則　(B)比例原則　(C)法律保留原則　(D)平等原則。（102地三）

( )　26.關於比例原則之敘述,下列何者正確？　(A)不適用於行政強制執行所採取之各種處置　(B)只拘束行政處分之作成,不拘束法規命令之訂定　(C)行政行為採取之方法必須是達成目的之唯一手段　(D)採取之方法所造成之損害不得與欲達成目的之利益顯失均衡。（108普）

( )　27.當有多種同樣能達成目的之方法時,行政行為應選擇何種方法？　(A)能最快達成目的者　(B)最能符合上級主管意見者　(C)為承辦人員最屬意者　(D)對人民權益損害最少者。（106普）

( )　28.警械使用條例第6條規定:「警察人員應基於急迫需要,合理使用槍械,不得逾越必要程度。」此為下列那一原則的表現？　(A)誠實信用原則　(B)信賴保護原則　(C)比例原則　(D)正當程序原則。（106普）

( )　29.依據精神衛生法及相關法規,精神醫療機構評估嚴重病人有接受緊急安置之必要時,應即通報地方主管機關為必要之處置,而緊急安置之方式,應以合理可行且限制最小之保護措施為之,此項規定係遵行下列何項行政法原則:　(A)平等原則　(B)明確性原則　(C)比例原則　(D)信賴保護原則。（101地四）

( ) 30. 下列關於比例原則之敘述，何者錯誤？
    (A)一律禁止藥師於其他處所執行各種不同之藥事業務時，不符比例原則
    (B)汽車駕駛人拒絕接受酒精濃度測試之檢定者，一律吊銷其駕駛執照，且3年內不得考領駕駛執照，與比例原則相牴觸
    (C)未依規定捺指紋者，拒絕發給國民身分證之規定，損益失衡、手段過當，不符比例原則之要求
    (D)國家為增進公共利益之必要，於不違反比例原則之範圍內，得以法律對於人民之財產權或居住自由予以限制。（103警）

( ) 31. 依據司法院釋字第749號解釋，對於計程車駕駛人於執業中犯特定犯罪，不問是否足以顯示對乘客安全具有實質風險，一律吊扣執業登記證，係違反下列何種原則？ (A)平等原則 (B)誠實信用原則 (C)信賴保護原則 (D)比例原則。（106移四）

( ) 32. 對於法律規定造成個案過苛處罰之結果，司法院釋字第641號解釋認為係違反下列何種法律原則？ (A)法律保留原則 (B)罪刑法定原則 (C)明確性原則 (D)比例原則。（100地四）

( ) 33. 關於誠信原則之敘述，下列何者正確？ (A)僅適用於人民 (B)僅適用於行政機關 (C)人民與行政機關均應適用 (D)原則上僅適用於人民，適用於行政機關係屬例外。（102地三）

( ) 34. A市政府環境保護局查獲B公司油槽滲漏污染地下水，命其於8月30日前改善，否則依法開罰。B公司正在改善中，卻於8月27日接獲A市政府環境保護局之罰單，對其污染地下水之行為處以鉅額罰鍰。A市政府環境保護局之罰鍰處分最可能因違反下列何一原則而違法？ (A)公益原則 (B)法律保留原則 (C)誠實信用原則 (D)法規不溯及既往原則。（108高）

( ) 35. 下列何者於法規變動時有信賴保護原則之適用？ (A)該法規預先定有施行期間，施行期間屆滿而停止法規之適用 (B)主觀之願望、期待而未表現已生信賴之事實 (C)該法規有重大明顯違反上位規範情形 (D)依舊法規之重要要件已經具備，未具備之要件當事人繼續施以努力而有實現之可能。（100地四）

( ) 36. A向主管機關申請低收入戶生活補助獲准，主管機關嗣後發現A其實不具申請資格，主管機關撤銷低收入戶生活補助之處分時，應注意下列何種原則？ (A)法明確性原則 (B)信賴保護原則 (C)平等原則 (D)比例原則。（105地四）

( ) 37. 下列何者不屬於信賴保護原則之成立要件？ (A)信賴基礎存在 (B)客觀信賴表現行為 (C)信賴值得保護 (D)單純願望或期待。（104高）

( ) 38. 關於信賴保護原則之適用，下列何者不屬於其要件？ (A)限於行政處分之撤銷或廢止 (B)人民應有信賴之基礎 (C)信賴須值得保護 (D)人民有相對應之信賴表現。（105地四）

( ) 39. 下列何者非屬信賴保護原則之要件？ (A)信賴基礎 (B)信賴期待 (C)信賴表現 (D)信賴利益。（107地四）

( ) 40. 行政機關違法核發建造執照予甲，與甲情節相同之乙得否請求比照辦理？ (A)可以，此乃平等原則之表現 (B)可以，行政機關應受行政先例之拘束 (C)不可以，因違反不當聯結禁止原則 (D)不可以，人民無要求行政機關重複錯誤之請求權。（107地四）

( ) 41. 關於信賴保護原則之要件，下列敘述何者錯誤？ (A)信賴表現行為與信賴基礎之間有因果關係 (B)法規之廢止皆無信賴保護之適用 (C)須有令人民產生信賴之法規或行政處分 (D)信賴利益應值得保護。（106地三）

( ) 42. 外國人甲申請歸化為本國人，內政部命其繳交捐款3,000萬元後始得核准，此違反下列何項原則？ (A)正當程序原則 (B)明確性原則 (C)禁止不當聯結原則 (D)平等原則。（102普）

( ) 43. 甲公司依法申請聘僱外籍勞工，主管機關予以許可，但要求甲公司必須贊助政府單位特定之工程費用，可能違反下列何種原則？ (A)信賴保護原則 (B)明確性原則 (C)不當聯結禁止原則 (D)比例原則。（108普）

( ) 44. 關於行政程序法之規定，下列何者涉及不當聯結禁止原則？ (A)第94條規定，行政處分之附款不得違背行政處分之目的，並應與該處分之目的具有正當合理之關聯 (B)第95條第2項規定，以書面以外方式所為之行政處分，其相對人或利害關係人有正當理由要求作成書面時，處分機關不得拒絕 (C)第96條第1項第6款規定，書面行政處分應為教示 (D)第97條第1款規定，關於未限制人民權益之書面行政處分，得不記明理由。（104普）

( ) 45. 若在某一道路範圍內之私有土地均辦理徵收，僅因某人之私有土地屬既成道路，有公用地役關係，主管機關以命令規定繼續使用，即毋庸同時徵收補償。主管機關此種作為顯與下列何種原則相違？ (A)信賴保護原則 (B)合法裁量原則 (C)明確性原則 (D)平等原則。（106地四）

（　）46. 下列關於平等原則之敘述，何者錯誤？　(A)平等原則非指形式上平等，而係實質平等　(B)平等原則要求本質上相同之事物應為相同之處理，不得恣意為無正當理由之差別待遇　(C)法規範是否符合平等權保障之要求，其判斷應取決於該法規範所以為差別待遇之目的是否合憲　(D)基於行政之自我拘束原則，違法者，得主張違法之平等。（104普）

（　）47. 因公益而特別犧牲之補償請求權，係基於下列何種原則？　(A)比例原則　(B)平等原則　(C)信賴保護原則　(D)行政自我拘束原則。（104警）

（　）48. 下列有關行政法上平等原則之敘述，何者錯誤？　(A)機關之行政行為，絕對禁止有差別待遇　(B)行政行為違反平等原則，即屬違法　(C)機關違法之慣行，不生行政自我拘束之效力　(D)保障人民行政法上地位之實質平等。（105地四）

（　）49. 關於行政程序法所定「行政行為，非有正當理由，不得為差別待遇」之內涵，下列敘述何者錯誤？　(A)得斟酌事物性質之差異而為合理之區別對待　(B)可導出行政自我拘束原則　(C)非指絕對、機械之形式上平等　(D)不適用於給付行政之領域。（108普）

（　）50. 國家公權力之行為是否明確，下列何者為判斷基準之一？　(A)可修改性　(B)可預見性　(C)可罰性　(D)可受公評性。（99地四）

（　）51. 關於明確性原則之敘述，下列何者錯誤？　(A)法律授權以命令為補充規定，授權之目的、內容與範圍應具體明確　(B)行政行為之內容應明確　(C)為求明確，法規不得使用不確定法律概念或概括條款　(D)法律使用之文字，其意義應可經由司法審查加以確認。（108普）

（　）52. 警察機關對於人民依集會遊行法相關規定提出之遊行申請，雖作成許可處分，但未在許可之通知書上載明遊行之路線及集合、解散地點，係違反下列那個行政法之基本原則？　(A)平等原則　(B)信賴保護原則　(C)比例原則　(D)明確性原則。（105警）

（　）53. 下列何者不屬於法律明確性原則之內涵？　(A)構成要件以抽象概念表示者，其意義須非難以理解　(B)授權之目的、內容及範圍應具體明確　(C)一般受規範者得預見　(D)爭議時得由司法審查加以確認。（104高）

（　）54. 某營業人因漏開發票，被國稅局發函裁處所漏稅額2倍之罰鍰，函文中稱所漏稅額由國稅局核定後另函通知，試問國稅局牴觸何項行政法原則？　(A)法律明確性原則　(B)授權明確性原則　(C)行政行為明確性原則　(D)罪刑明確性原則。（102地三）

（　）55.懲治走私條例第2條第1項規定：「私運管制物品進口、出口逾公告數額者，處 7年以下有期徒刑，得併科新臺幣 300萬元以下罰金。」第3項規定：「第1項所稱管制物品及其數額，由行政院公告之。」其中第3項規定，依據司法院大法官釋字第680號解釋，違反何項原則？　(A)授權明確性原則　(B)比例原則　(C)平等原則　(D)信賴保護原則。（102地四）

（　）56.A公司因違規營業，遭主管機關予以停業處分，若其法律依據並無停業期限之規定，主管機關未主動為停業期限之附加，請問有違下列何種原則？　(A)平等原則　(B)明確性原則　(C)信賴保護原則　(D)禁止不當聯結原則。（105地四）

（　）57.從法律優位原則而言，下列各原則從人權保障目的著眼，何者規範位階最高？　(A)憲法保留原則　(B)絕對法律保留原則　(C)相對法律保留原則　(D)行政保留原則。（100警）

（　）58.關於法律優位原則之敘述，下列何者錯誤？　(A)法律優位原則又稱消極依法行政原則　(B)法律優位原則之「法律」不包含憲法　(C)命令不得牴觸憲法或法律，為該原則之體現　(D)法律優位原則不要求一切行政活動均須有法律明文規定為其依據。（107地三）

（　）59.行政罰法第5條規定，行為後法律有變更者，適用行政機關最初裁處時之法律。但裁處前之法律有利於受處罰者，適用最有利於受處罰者之規定。此為何種立法原則？　(A)特別法優於普通法原則　(B)從舊從輕原則　(C)從新從輕原則　(D)實體從舊，程序從新原則。（99普）

（　）60.下列何者非屬行政法一般法律原則？　(A)平等原則　(B)誠實信用原則　(C)信賴保護原則　(D)契約自由原則。(105警)

（　）61.下列那一種原則，又稱為「消極之依法行政原則」？　(A)法律保留原則　(B)比例原則　(C)法律優位原則　(D)平等原則。（96普）

（　）62.行政機關之一切行為均不得牴觸法律，一般稱為？　(A)法律保留原則　(B)法律優位原則　(C)行政自我拘束原則　(D)比例原則。（92地、97地四）

（　）63.大學法施行細則牴觸大學法者無效，是指下列何種原則？　(A)比例原則　(B)平等原則　(C)法律優越原則　(D)法律保留原則。（96地四）

（　）64.關於依法行政原則之敘述，下列何者正確？　(A)依法行政原則中之法律，僅包含形式意義之法律　(B)地方自治條例一律不得作為限制人民基本權利之基礎　(C)法律優位原則又被稱為消極之依法行政原則　(D)法律保留原則涉及司法權與行政權之劃分。（107普）

( )　65. 關於依法行政原則，下列敘述何者正確？　(A)給付行政措施，機關必須嚴格遵守法律保留原則　(B)給付行政措施，在法令不備之下，機關仍有義務為積極判斷　(C)干預行政措施，在法令不備之下，機關應遵行「法無明文禁止者，皆可為」　(D)不論行政行為是否發生法律效果，機關應遵行「無法令即無行政」。（105地四）

( )　66. 下列關於依法行政原則之敘述何者錯誤？　(A)所謂依法行政之「法」，僅指成文法　(B)法律優越原則稱為消極的依法行政原則　(C)法律保留原則稱為積極的依法行政原則　(D)行政機關行使職權，不應僅以組織法，更應以行為法之授權為依據。（105普）

( )　67. 有關法律優位原則的敘述，下列何者正確？　(A)法律優位係指中央行政機關執法時，其地位優於執行地方自治條例的地方執法機關　(B)基於法律優位原則，立法者得於行政違法的情形下，直接監督命其改正，如限期未改正，得逕為代行　(C)法律優位係指行政執法優位，故行政規則對司法判決具有法的拘束力　(D)基於法律優位原則，故行政行為不得違反法律，立法院通過法律的效力優於行政命令。（101地四）

( )　68. 關於法律優位原則，下列敘述何者錯誤？　(A)又稱為積極之依法行政原則　(B)行政行為不得牴觸現行有效之形式意義法律的規定　(C)適用或解釋法律時，不可違背法律之規範意旨　(D)行政機關訂定行政命令時，不得增加法律所無之限制或限縮法律之適用。（104普）

( )　69. 何謂法律保留原則？　(A)法律規定有漏洞　(B)法律規定不完整　(C)僅得以法律規定　(D)不得牴觸憲法。（100警）

( )　70. 下列那一種原則，又稱為「積極之依法行政原則」？　(A)法律保留原則　(B)比例原則　(C)法律優位原則　(D)平等原則。（97地四）

( )　71. 建築法第15條第2項規定，營造業之管理規則，由內政部定之，但下列何者不得以管理規則之型態出現？　(A)對營造業者裁罰之構成要件　(B)營造業登記之要件　(C)營造業及其從業人員之行為準則　(D)主管機關之考核管理。（102地三）

( )　72. 違反行政法上義務，而予以行政裁罰之法源依據，下列何者錯誤？　(A)法律　(B)法律明確授權之法規命令　(C)自治條例　(D)自治規則。（102地三）

( )　73. 下列何者有法律保留原則之適用？　(A)行政機關內部之行政規則　(B)增加人民負擔之行政程序事項　(C)行政裁量行為　(D)行政契約。（100高）

( )　74. 依司法院大法官解釋，下列何者並非國會保留事項？　(A)裁量基準　(B)死刑之規定　(C)公務員一次記二大過免職之標準　(D)稅捐之稅目、稅率與課稅對象。（102普）

( )　75. 關於司法院釋字第443號解釋理由書中所稱之層級化法律保留，下列何者錯誤？　(A)關於給付行政措施，皆得由機關依職權發布命令為之　(B)憲法第8條屬於憲法保留之事項者，立法機關亦不得以法律變更之　(C)法律授權機關以命令為補充規定時，應符合具體明確之原則　(D)限制人民身體自由者，應屬國會保留事項。（104普）

( )　76. 有關司法院釋字第443號解釋所謂之法律保留，下列何者錯誤？　(A)並非一切自由及權利均無分軒輊受憲法毫無差別之保障　(B)何種事項應立法，應視主管機關層級而異　(C)何種事項應立法，應視侵害法益程度而容許合理之差異　(D)規範密度，應視規範對象、內容或法益本身及其所受限制之輕重而容許合理之差異。（106高）

( )　77. 依司法院解釋之意旨，有關法律保留原則之敘述，下列何者正確？　(A)法律保留原則係基於人民之自由及權利均受憲法毫無差別之保障　(B)涉及人民自由權利之限制，僅能以法律加以規定，不得授權由主管機關發布命令為必要之補充　(C)給付措施之保留密度，應當與侵害措施無分軒輊　(D)執行法律之細節性、技術性次要事項，得由主管機關依職權發布命令為必要之規範。（107地四）

( )　78. 依司法院解釋意旨，關於法律保留原則之敘述，下列何者錯誤？　(A)關於給付行政措施，倘涉及公共利益之重大事項者，應有法律或法規命令為依據　(B)剝奪人民生命或限制人民身體自由者，須以制定法律或法規命令之方式為之　(C)涉及人民其他自由權利之限制者，如以法律授權主管機關為補充規定，其授權應具體明確　(D)若僅屬執行法律之細節性、技術性次要事項，得由主管機關發布命令為必要之規範。（108普）

( )　79. 依司法院解釋之意旨，有關給付行政與法律保留原則之關係，下列敘述何者正確？　(A)一切給付行政行為均應有法律保留原則之適用　(B)只有具強制利用性質之給付行政，始有法律保留原則之適用　(C)給付行政措施涉及公共利益之重大事項，應有法律保留原則之適用　(D)給付行政無法律保留原則之適用。（107地四）

( )　80.有關非屬法律保留事項,依司法院大法官相關解釋之精神,下列敘述何者錯誤?　(A)執行法律所必要之細節性、技術性事項　(B)不涉及限制人民權利或對人民權利只是產生不便或輕微影響者　(C)所有給付行政措施　(D)得以概括授權的法規命令為之。(105地四)

( )　81.下列何者並無法律保留原則之適用?　(A)對人身自由之限制　(B)對清寒學生之小額助學金　(C)違反行政法上義務之處罰　(D)納稅義務。(106地四)

( )　82.下列有關法律保留原則之敘述,何者錯誤?　(A)干預人民自由權利之行為,應保留給具民主正當性之國會以法律規定　(B)國會得以法律授權主管機關發布命令,針對剝奪人民生命或限制人民身體自由之事項為補充之規定　(C)國會得以法律授權主管機關發布命令,對限制人民財產權之事項為補充規定　(D)何種事項應以法律直接規範或得委由命令予以規定,與所謂規範密度有關,應視規範對象、內容或法益本身及其所受限制之輕重而容許合理之差異。(104警)

( )　83.下列何項不得作為行政機關限制人民基本權之法源?　(A)自治條例　(B)道路交通管理處罰條例　(C)法規命令　(D)行政規則。(102地三)

( )　84.下列有關行政命令之敘述,何者正確?　(A)若行政機關獲得法律授權,得於法規命令中為任意規定　(B)就有關細節性、技術性之事項,立法者得授權行政機關訂定法規命令為補充之規定　(C)有關細節性、技術性之事項,非經立法者授權,行政機關不得以行政命令定之　(D)公務員皆具專業知識,故立法者只須表示授權訂定法規命令即可,無庸就內容為詳述。(103普)

( )　85.依司法院解釋,某直轄市政府依廢棄物清理法規定公告:凡未經核准,於電桿設置廣告物者,不問有無污染環境,概予禁止並處罰。此公告係違反下列何項原則?　(A)法律保留原則　(B)法律明確原則　(C)信賴保護原則　(D)法律不溯及既往原則。(107普)

( )　86.下列有關大學自治與法律保留之敘述,何者錯誤?　(A)大學有關學生退學之事項,涉及憲法上人民之基本權利,故應由立法機關制定法律規範,大學對此事項並無自主權　(B)大學對於學生入學資格享有自治權,得以其自治規章,於合理及必要之範圍內,訂定相關入學資格條件　(C)教育主管機關對大學之監督,應有法律之授權,且須符合憲法第23條之規定　(D)受理行政訴訟之法院審理大學學生提起之爭訟事件,應本於維護大學自治之原則,對大學之專業判斷予以適度之尊重。(102地四)

( )　87.某行政機關首長要求所屬公務員辦理人民依法申請案件，必須在3個工作天內完成。但該機關卻於受理某位民眾甲之申請案後，無故一反往常均於3天內完成之作法，遲延至第10個工作天才完成。請問該事件之處理違反何種法律原則？　(A)法律優位原則　(B)法律保留原則　(C)行政自我拘束原則　(D)行政便宜原則。（101地三）

解答及解析

1.**A**

2.**A**　條約在國際法上之涵意甚廣，包括多邊或雙方之公約、條約、議定書、行政協定甚至公報或宣言等在內，不問其名稱為何，在行政部門與外國政府簽署並送交立法院審議者，即為憲法第58條第2項之條約案，條約經立法院讀會程序通過，並經過總統公布者，理論上其位階及效力與法律無異，如遇條約與法律相牴觸之情形，實務上傾向承認條約優先。

3.**B**　　4.**C**　　5.**B**　　6.**C**　　7.**B**

8.**B**　條約屬行政法的成文法源。

9.**D**　　10.**D**

11.**C**　判例係指最高行政法院在其諸多判決中，經過揀選審核之程序，將其中具有作為先例價值者，製成判例要旨而公布。判決祇有個案之拘束力，判例則對將來發生之同類事件有一般之拘束力。判例屬不成文法源，判例在法源上之地位與法令相當。

12.**C**　釋字第543號解釋：「緊急命令係總統為應付緊急危難或重大變故，直接依憲法授權所發布，具有暫時替代或變更法律效力之命令，其內容應力求周延，以不得再授權為補充規定即可逕予執行為原則。」

13.**C**　　14.**B**　　15.**C**　　16.**B**　　17.**C**

18.**C**　在行政法意義的比例原則，是拘束行政權力在侵犯人民權利時，雖然必須有法律依據（所謂的法律保留原則），但是必須選擇侵害人民權利最小的範圍內行使之。因此，行政法意義的比例原則自始即注重在實施公權力行為的「手段」與行政「目的」間，應該存有一定的「比例」關係。
比例原則有廣狹二義，廣義的比例原則包括適當性、必要性及衡量性三原則，而衡量性原則又稱狹義的比例原則。適當性指行為應適合目的之達成；

必要性則謂行為不超越實現目的之必要程度，亦即達成目的須採影響最輕微之手段；至衡量性原則乃指手段應按目的加以衡判，質言之，任何干涉措施所造成之損害應輕於達成目的所獲致之利益，始具有合法性。上述三分法在概念上有重疊之處，故有學者反對上述通說且主張比例原則應改稱禁止過度原則。

19. **C** 比例原則有廣狹二義，廣義的比例原則包括：適當性原則、必要性原則、衡量性原則，而衡量性原則又稱狹義比例原則。適當性是指行為應適合於目的之達成；必要性是指行為不能超過實現行政目的之必要程度，意即達成目的須採影響最輕微之手段。衡量性原則乃指手段應按目的加以衡判，換言之，任何干涉措施所造成之損害應輕於達成目的所獲致之利益，始具有合法性。

20. **D** 比例原則有廣狹二義，廣義的比例原則包括適當性、必要性及衡量性三原則，而衡量性原則又稱狹義的比例原則。適當性指行為應適合於目的之達成；必要性則謂行為不超越實現目的之必要程度，亦即達成目的須採影響最輕微之手段；至衡量性原則乃指手段應按目的加以衡判，換言之，任何干涉措施所造成之損害應輕於達成目的所獲致之利益，始具有合法性。上述三分法在概念上有重疊之處，故有學者反對上述通說且主張比例原則應改稱禁止過度原則。
行政程序法第7條：「行政行為，應依下列原則為之：一、採取之方法應有助於目的之達成。二、有多種同樣能達成目的之方法時，應選擇對人民權益損害最少者。三、採取之方法所造成之損害不得與欲達成目的利益顯失均衡。」第1款即適當性原則，第2款、第3款分別相當於必要性及衡量性原則。

21. **C**

22. **A** 比例原則有廣狹二義，廣義的比例原則包括適當性、必要性及衡量性三原則，而衡量性原則又稱狹義的比例原則。適當性指行為應適合於目的之達成；必要性則為行為不超越實現目的之必要程度，亦即達成目的須採影響最輕微之手段；至衡量性原則乃指手段應按目的加以衡判，換言之，任何干涉措施所造成之損害應輕於達成目的所獲致之利益，始具有合法性。
行政程序法第7條：「行政行為，應依下列原則為之：一、採取之方法應有助於目的之達成。二、有多種同樣能達成目的之方法時，應選擇對人民權益程度，損害最少者。三、採取之方法所造成之損害不得與欲達成目的之利益顯失均衡。」第1款即適當性原則，第2款第3款分別相當於必要性及衡量性原則。

23. **B** 　　24. **C**

25. **B** 釋字第603號解釋：「指紋乃重要之個人資訊，個人對其指紋資訊之自主控制，受資訊隱私權之保障。而國民身分證發給與否，則直接影響人民基本權

利之行使。戶籍法第8條第2項規定：依前項請領國民身分證，應捺指紋並錄存。但未滿十四歲請領者，不予捺指紋，俟年滿十四歲時，應補捺指紋並錄存。第3項規定：請領國民身分證，不依前項規定捺指紋者，不予發給。對於未依規定捺指紋者，拒絕發給國民身分證，形同強制按捺並錄存指紋，以作為核發國民身分證之要件，其目的為何，戶籍法未設明文規定，於憲法保障人民資訊隱私權之意旨已有未合。縱用以達到國民身分證之防偽、防止冒領、冒用、辨識路倒病人、迷途失智者、無名屍體等目的而言，亦屬損益失衡、手段過當，不符比例原則之要求。戶籍法第8條第2項、第3項強制人民按捺指紋並予錄存否則不予發給國民身分證之規定，與憲法第22條、第23規定之意旨不符，應自本解釋公布之日起不再適用。」

26. **D**   27. **D**   28. **C**

29. **C** 比例原則有廣狹二義，廣義的比例原則包括：適當性原則、必要性原則、衡量性原則，而衡量性原則又稱狹義比例原則。適當性是指行為應適合於目的之達成；必要性是指行為不能超過實現行政目的之必要程度，意即達成目的須採影響最輕微之手段。衡量性原則乃指手段應按目的加以衡判，換言之，任何干涉措施所造成之損害應輕於達成目的所獲致之利益，始具有合法性。
行政程序法第7條：「行政行為，應依下列原則為之：
一、採取之方法應有助於目的之達成。
二、有多種同樣能達成目的之方法時，應選擇對人民權益損害最少者。
三、採取之方法所造成之損害不得與欲達成目的之利益顯失均衡。」
第1款即適當性原則，第2款第3款分別相當於必要性及衡量性原則。

30. **B** 釋字第699號解釋：「道路交通管理處罰條例第35條第4項前段規定，汽車駕駛人拒絕接受同條第1項第1款酒精濃度測試之檢定者，吊銷其駕駛執照。同條例第67條第2項前段復規定，汽車駕駛人曾依第35條第4項前段規定吊銷駕駛執照者，三年內不得考領駕駛執照。又中華民國94年12月14日修正公布之同條例第68條另規定，汽車駕駛人因第35條第4項前段規定而受吊銷駕駛執照處分者，吊銷其持有各級車類之駕駛執照。上開規定與憲法第23條比例原則尚無牴觸。」

31. **D**   32. **D**

33. **C** 行使權力、履行義務，應依誠實及信用方法（民法第148條第2項），是為誠信原則。此項原則的實質內涵，即指在法律關係上雙方當事人就法律關係的形成及行使權利履行義務，均應以誠實信用無虞無詐的手法及態度為之，而不應濫用權利或規避義務，致有害於法律生活的公平狀態。此原為民法中行

使債權及履行義務之重要原則，進而為一切私法上法律行為均具有規範作用之法則，屬學者最早主張援用於公法領域之一項原則。行政法院52年判字第345號判例開宗明義稱：「公法與私法雖各具特殊性質，但二者亦有其共通之原理，私法規定之一般表現法理者，應亦可適用於公法關係。依本院最近之見解，私法中誠信公平之原則，在公法上應有其類推適用。」

34. **C**　　35. **D**　　36. **B**　　37. **D**　　38. **A**　　39. **B**　　40. **D**　　41. **B**

42. **C**　所謂禁止不當聯結原則乃要求行政機關適用法規處理業務時，不應將不具有相關性的事項互相結合，尤其涉及對客體權利義務處理的事項，更不應在其間建立不合理的互相依存關係，以免使人民被課予不屬於特定法律關係範圍內的義務，或被強制接受無相關性的不利負擔條件。

43. **C**　所謂不當聯結禁止原則乃要求行政機關適用法規處理業務時，不應將不具有相關性的事項互相結合，尤其涉及對客體權利義務處理的事項，更不應在其間建立不合理的互相依存關係，以免使人民被課予不屬於特定法律關係範圍內的義務，或被強制接受無相關性的不利負擔條件。

　　在實例方面，凡屬行政契約內容的規定，或行政處分付款的設定，均應注意不得違反此項原則。故行政機關為一行政行為所附之附款與本來要求之目的不相關者，則禁止為之。

44. **A**

45. **D**　平等原則係指相同之事件應為相同之處理，不同之事件則應為不同之處理，除有合理正當之事由外，不得為差別待遇。行政程序法第6條規定：「行政行為，非有正當理由，不得為差別待遇。」所謂正當理由，包括「為保障人民在法律上地位之實質平等，並不限制法律授權主管機關，斟酌具體案件事實上之差異及立法之目的，而為合理之不同處置」。

46. **D**　　47. **B**　　48. **A**　　49. **D**　　50. **B**　　51. **C**　　52. **D**　　53. **B**

54. **C**　行政程序法第5條：「行政行為之內容應明確。」行政行為如同一般法律行為，其內容應明確、可能及合法，乃當然之理。所謂行政行為是泛指各種行政作用的方式：行政命令、行政處分、行政契約及行政指導等均涵蓋在內。又所稱「內容應明確」解釋上不限於狹義的內容，實兼指行政行為之各項重要之點均應明確而言。本題某營業人因漏開發票，被國稅局發函裁處所漏稅額2倍之罰鍰，函文中稱所漏稅額由國稅局核定後另函通知，國稅局業已牴觸「行政行為明確性原則」。

55. **A** 釋字第680號解釋：「懲治走私條例第2條第1項規定：『私運管制物品進口、出口逾公告數額者，處七年以下有期徒刑，得併科新臺幣三百萬元以下罰金。』第3項規定：『第1項所稱管制物品及其數額，由行政院公告之。』其所為授權之目的、內容及範圍尚欠明確，有違授權明確性及刑罰明確性原則，應自本解釋公布之日起，至遲於屆滿二年時，失其效力。」

56. **B**　　57. **A**　　58. **B**　　59. **C**　　60. **D**　　61. **C**　　62. **B**　　63. **C**

64. **C** 依法行政原則乃支配法治國家立法權與行政權關係之基本原則，亦為一切行政行為必須遵循之首要原則，依法行政原則最簡單之解釋，即行政程序法第4條所稱：「行政行為應受法律及一般法律原則之拘束。」依法行政原則向來區分為法律優越及法律保留二項次原則。法律優越原則又稱為消極的依法行政，法律保留原則又稱為積極的依法行政。

65. **B**　　66. **A**

67. **D** 法律優位原則係指行政行為或其他一切行政活動，均不得與法律相牴觸。申言之，此項原則一方面涵蓋規範位階之意義，即行政命令及行政處分等各類行政行為，在規範位階上皆低於法律，換言之，法律之效力高於行政行為；另一方面法律優越原則並不要求一切行政活動必須有法律之明文依據，祇須消極的不違背法律之規定即可，故稱之為消極的依法行政。

68. **A**　　69. **C**　　70. **A**

71. **A** 釋字第394號解釋：「建築法第15條第2項規定：「營造業之管理規則，由內政部定之」，概括授權訂定營造業管理規則。此項授權條款雖未就授權之內容與範圍為明確之規定，惟依法律整體解釋，應可推知立法者有意授權主管機關，就營造業登記之要件、營造業及其從業人員之行為準則、主管機關之考核管理等事項，依其行政專業之考量，訂定法規命令，以資規範。至於對營造業者所為裁罰性之行政處分，固與上開事項有關，但究涉及人民權利之限制，其處罰之構成要件與法律效果，應由法律定之；法律若授權行政機關訂定法規命令予以規範，亦須為具體明確之規定，始符憲法第23條法律保留原則之意旨。」

72. **D** 地方制度法第25條：「直轄市、縣（市）、鄉（鎮、市）得就其自治事項或依法律及上級法規之授權，制定自治法規。自治法規經地方立法機關通過，並由各該行政機關公布者，稱自治條例；自治法規由地方行政機關訂定，並發布或下達者，稱自治規則。」同法第26條：「自治條例應分別冠以各該地方自治團體之名稱，在直轄市稱直轄市法規，在縣（市）稱縣（市）規章，在鄉（鎮、市）稱鄉（鎮、市）規約。直轄市法規、縣（市）規章就違反地

方自治事項之行政業務者，得規定處以罰鍰或其他種類之行政罰。但法律另有規定者，不在此限。」因此，自治規則不得對違反行政法上義務者，予以行政裁罰。

73. **B**

74. **A**　行政程序法第159條：「本法所稱行政規則，係指上級機關對下級機關，或長官對屬官，依其權限或職權為規範機關內部秩序及運作，所為非直接對外發生法規範效力之一般、抽象之規定。行政規則包括下列各款之規定：一、關於機關內部之組織、事務之分配、業務處理方式、人事管理等一般性規定。二、為協助下級機關或屬官統一解釋法令、認定事實、及行使裁量權，而訂頒之解釋性規定及裁量基準。」本題裁量基準，屬行政規則，並非法律，非屬國會保留事項。

75. **A**　釋字第443號解釋理由書第一段：「憲法所定人民之自由及權利範圍甚廣，凡不妨害社會秩序公共利益者，均受保障。惟並非一切自由及權利均無分軒輊受憲法毫無差別之保障：關於人民身體之自由，憲法第8條規定即較為詳盡，其中內容屬於憲法保留之事項者，縱令立法機關，亦不得制定法律加以限制，而憲法第7條、第9條至第18條、第21條及第22條之各種自由及權利，則於符合憲法第23條之條件下，得以法律限制之。至何種事項應以法律直接規範或得委由命令予以規定，與所謂規範密度有關，應視規範對象、內容或法益本身及其所受限制之輕重而容許合理之差異：諸如剝奪人民生命或限制人民身體自由者，必須遵守罪刑法定主義，以制定法律之方式為之；涉及人民其他自由權利之限制者，亦應由法律加以規定，如以法律授權主管機關發布命令為補充規定時，其授權應符合具體明確之原則；若僅屬與執行法律之細節性、技術性次要事項，則得由主管機關發布命令為必要之規範，雖因而對人民產生不便或輕微影響，尚非憲法所不許。又關於給付行政措施，其受法律規範之密度，自較限制人民權益者寬鬆，倘涉及公共利益之重大事項者，應有法律或法律授權之命令為依據之必要，乃屬當然。」
這段文字以規範密度為理論基礎，建立如同德國之層級化保留體系（或稱分別等級之保留）。其結構如下：
(1) 憲法保留：憲法第8條之部分內容。
(2) 絕對法律保留：即必須由法律自行規定，諸如剝奪人民生命或限制人民身體自由之事項。
(3) 相對法律保留：由法律直接規範或由法律明確依據之行政命令加以規範，其對象包括關係生命、身體以外之其他自由權利的限制，以及給付行政措施涉及公共利益之重大事項。

(4)非屬法律保留範圍：屬於執行法律之細節性、技術性次要事項，不在法律
　　保留之列。

76. **B**　　77. **D**　　78. **B**　　79. **C**　　80. **C**　　81. **B**　　82. **B**

83. **D**　行政程序法第159條：「本法所稱行政規則，係指上級機關對下級機關，或長
官對屬官，依其權限或職權為規範機關內部秩序及運作，所為非直接對外發
生法規範效力之一般、抽象之規定。」
釋字第38號解釋：「憲法第80條之規定旨在保障法官獨立審判，不受任何干
涉。所謂依據法律者，係以法律為審判之主要依據，並非除法律以外，與憲
法或法律不相牴觸之有效規章，均行排斥而不用。至縣議會行使縣立法之職
權時，若無憲法或其他法律之根據，不得限制人民之自由權利。」
所以，自治條例、道路交通管理處罰條例、法規命令，若有憲法或其他法律
之根據，得限制人民之自由權利。至於行政規則，尚不得作為行政機關限制
人民基本權之法源。

84. **B**　釋字第443號解釋解釋理由書第一段：「憲法所定人民之自由及權利範圍甚
廣，凡不妨害社會秩序公共利益者，均受保障。惟並非一切自由及權利均無
分軒輊受憲法毫無差別之保障：關於人民身體之自由，憲法第八條規定即較
為詳盡，其中內容屬於憲法保留之事項者，縱令立法機關，亦不得制定法律
加以限制（參照本院釋字第392號解釋理由書），而憲法第7條、第9條至第18
條、第21條及第22條之各種自由及權利，則於符合憲法第23條之條件下，得
以法律限制之。至何種事項應以法律直接規範或得委由命令予以規定，與所
謂規範密度有關，應視規範對象、內容或法益本身及其所受限制之輕重而容
許合理之差異：諸如剝奪人民生命或限制人民身體自由者，必須遵守罪刑法
定主義，以制定法律之方式為之；涉及人民其他自由權利之限制者，亦應由
法律加以規定，如以法律授權主管機關發布命令為補充規定時，其授權應符
合具體明確之原則；若僅屬與執行法律之細節性、技術性次要事項，則得由
主管機關發布命令為必要之規範，雖因而對人民產生不便或輕微影響，尚非
憲法所不許。又關於給付行政措施，其受法律規範之密度，自較限制人民權
益者寬鬆，倘涉及公共利益之重大事項者，應有法律或法律授權之命令為依
據之必要，乃屬當然。」這段文字以規範密度為理論基礎，建立如同德國之
層級化保留體系（或稱分別等級之保留）。其結構如下：
(1)憲法保留：憲法第8條之部分內容。
(2)絕對法律保留：即必須由法律自行規定，諸如剝奪人民生命或限制人民身
　　體自由之事項。

(3)相對法律保留：由法律直接規範或由法律明確依據之行政命令加以規範，其對象包括關係生命、身體以外之其他自由權利的限制，以及給付行政措施涉及公共利益之重大事項。

(4)非屬法律保留範圍：屬於執行法律之細節性、技術性次要事項，不在法律保留之列。

85. **A**　釋字第734號解釋：「臺南市政府中華民國91年12月9日南市環廢字第09104023431號公告之公告事項1、2（該府改制後於100年1月13日以南市府環管字第10000507010號公告重行發布，內容相當），不問設置廣告物是否有礙環境衛生與國民健康，及是否已達與廢棄物清理法第27條前10款所定行為類型污染環境相當之程度，即認該設置行為為污染行為，概予禁止並處罰，已逾越母法授權之範圍，與法律保留原則尚有未符。」

86. **A**　釋字第563號解釋：「憲法第11條之講學自由賦予大學教學、研究與學習之自由，並於直接關涉教學、研究之學術事項，享有自治權。國家對於大學之監督，依憲法第162條規定，應以法律為之，惟仍應符合大學自治之原則。……為維持學術品質，健全學生人格發展，大學有考核學生學業與品行之權責，其依規定程序訂定有關章則，使成績未符一定標準或品行有重大偏差之學生予以退學處分，亦屬大學自治之範疇；立法機關對有關全國性之大學教育事項，固得制定法律予以適度之規範，惟大學於合理範圍內仍享有自主權。大學對學生所為退學之處分行為，關係學生權益甚鉅，有關章則之訂定及執行自應遵守正當程序，其內容並應合理妥適，乃屬當然。」

87. **C**　「行政自我拘束原則」係指行政機關藉由自己之前反覆同一行為，使人民產生信賴之時，此種行為應對往後之行政行為產生拘束力，與民法上誠實信用原則或英美所謂之禁反言原理相當。此處所謂之行政之「前行為」，可能包括不成文的行政慣例、行政指導、行政處分，或是行政規則。而其之所以產生拘束力，主要基於「平等原則」以及「信賴保護原則」。因為同樣的事件應予同樣的處理，因此行政之前行為可拘束後行為。

中央法規標準法題庫

第1條 中央法規之制定、施行、適用、修正及廢止，除憲法規定外，依本法之
規定。

( ) 中央法規之制定、施行、適用、修正及廢止，除何法之規定外，依中央
法規標準法之規定？ (A)憲法 (B)行政程序法 (C)地方制度法 (D)
行政法。（92地） 答：(A)

第2條 法律得定名為法、律、條例、通則。

( ) 1.以下何者不具法律之位階？ (A)臺灣地區與大陸地區人民關係條例 (B)
民法總則施行法 (C)鄉鎮市調解條例 (D)立法院議事規則。（92地）

( ) 2.以下那一項不包括在成文法源中之「法律」？ (A)條例 (B)律 (C)通
則 (D)細則。（96普） 答：1.(D) 2.(D)

第3條 各機關發布之命令，得依其性質，稱規程、規則、細則、辦法、綱要、標準或
準則。

( ) 1.行政機關發布之命令名稱，下列何者不屬之？ (A)規程 (B)細則 (C)準
則 (D)通則。（106地四）

( ) 2.下列何者並非中央法規標準法針對法規命令所預定之名稱？ (A)通則
(B)規則 (C)細則 (D)準則。（105地三） 答：1.(D) 2.(A)

第4條 法律應經立法院通過，總統公布。

( ) 地方稅法通則由下列何機關制定？ (A)立法院 (B)行政院 (C)財政部
(D)地方議會。（92普） 答：(A)

第5條 下列事項應以法律定之：
一、憲法或法律有明文規定，應以法律定之者。
二、關於人民之權利、義務者。
三、關於國家各機關之組織者。
四、其他重要事項之應以法律定之者。

( ) 1.中央法規標準法第五條規定之事項應以法律定之，係何一原則之成文
化？ (A)平等保護原則 (B)比例原則 (C)法律保留原則 (D)明確性
原則。（92地）

( ) 2.何者非我國中央法規標準法所定，應以法律定之「法律保留」事項？
(A)憲法規定須以法律規定者 (B)對人民基本權利加以限制者 (C)增
加人民義務者 (D)有關地方自治團體之機關之規章。（93高）

答：1.(C) 2.(D)

第7條　各機關依其法定職權或基於法律授權訂定之命令，應視其性質分別下達或發布，並即送立法院。

（　）1. 依中央法規標準法之規定，各機關依其法定職權或基於法律授權訂定之命令，應視其性質分別下達或發布，並即送何一機關處理？　(A)司法院　(B)立法院　(C)行政院　(D)上級監督機關。（95地四）

（　）2. 下列何者依中央法規標準法第7條之規定，於下達或發布後，無須即送立法院？　(A)規程　(B)細則　(C)要點　(D)綱要。（98高）

答：1.(B)　2.(C)

第12條　法規應規定施行日期，或授權以命令規定施行日期。

（　）　下列敘述何者錯誤？　(A)法律之制定，應經立法院通過，總統公布　(B)法律之修改，應經立法院通過，總統公布　(C)法律之廢止，應經立法院通過，總統公布　(D)法規應規定施行日期，不得授權以命令規定施行日期。（101普）

答：(D)

第13條　法規明定自公布或發布日施行者，自公布或發布之日起算至第三日起發生效力。

（　）1. 某法律於民國101年1月5日公布，並規定自公布日施行，則該法律自何日起發生效力？　(A)民國101年1月5日　(B)民國101年1月6日　(C)民國101年1月7日　(D)民國101年1月8日。（100地四）

（　）2. 依照中央法規標準法，下列的說明，何者錯誤？　(A)法規特定有施行日期，或以命令特定施行日期者，自該特定日起發生效力　(B)法規明定自公布或發布日施行者，自公布或發布之日當日發生效力　(C)法規應規定施行日期，或授權以命令規定施行日期　(D)法規定有施行區域或授權以命令規定施行區域者，於該特定區域內發生效力。（97地四）

答：1.(C)　2.(B)

第16條　法規對其他法規所規定之同一事項而為特別之規定者，應優先適用之。其他法規修正後，仍應優先適用。

（　）1. 法規對於其他法規所規定之同一事項為特別規定者，應如何適用？　(A)特別規定應事後適用　(B)特別規定應優先適用　(C)應經主管機關確認何者先行適用　(D)聲請大法官解釋後確定何者先行適用。（93初）

（　）2. 稅捐稽徵法制定於民國65年10月，土地稅法則是民國66年7月，兩者規範內容競合時應適用後者，係依下列何一原則？　(A)後法優於前法　(B)從新從優原則　(C)特別法優於普通法　(D)母法優於子法。（104高）

答：1.(B)　2.(C)

第18條 各機關受理人民聲請許可案件適用法規時，除依其性質應適用行為時之法規外，如在處理程序終結前，據以准許之法規有變更者，適用新法規。但舊法規有利於當事人而新法規未廢除或禁止所聲請之事項者，適用舊法規。

( ) 依中央法規標準法之規定，各機關受理人民聲請許可案件適用法規時，如法規經修正後，舊法規有利於當事人而新法規未廢除或禁止所聲請之事項者，應如何處理？ (A)適用舊法規 (B)適用新法規 (C)報上級機關決定 (D)送法規主管機關解釋。（93普） 答：(A)

第22條 法律之廢止，應經立法院通過，總統公布。
命令之廢止，由原發布機關為之。
依前二項程序廢止之法規，得僅公布或發布其名稱及施行日期；並自公布或發布之日起，算至第三日起失效。

第23條 法規定有施行期限者，期滿當然廢止，不適用前條之規定。但應由主管機關公告之。

( ) 1. 法規定有施行期限者，期滿時： (A)一律由總統公告廢止 (B)由期滿日起算，至第三日失其效力 (C)當然廢止，但主管機關應公告之 (D)當然廢止，亦不須經任何機關公告之。（92高）

( ) 2. 法規如定有施行期限者，應如何廢止？ (A)應經立法院議決通過，總統公布 (B)期滿當然廢止，但應由主管機關公告之 (C)期滿屆至後三日起生廢止效力 (D)期滿不當然廢止，須由主管機關公告後廢止。（93初）

答：1.(C) 2.(B)

第24條 法律定有施行期限，主管機關認為需要延長者，應於期限屆滿一個月前立法院審議。但其期限在立法院休會期內屆滿者，應於立法院休會一個月前送立法院。命令定有施行期限，主管機關認為需要延長者，應於期限屆滿一個月前，由原發布機關發布之。

( ) 命令定有施行期限，主管機關認為需要延長者，應如何處理？ (A)應於期限屆滿三個月前，由立法院同意後發布之 (B)應於期限屆滿三個月前，統一由行政院發布之 (C)應於期限屆滿一個月前，由原發布機關發布之 (D)應於期限屆滿三個月前，統一由行政法院發布之。（96地四）

答：(C)

chapter 03 行政法關係

本章依據出題頻率區分，屬：**C**頻率低

課前導讀

1. 吳庚老師雖已刪除本章，但題庫裡仍有相當多考題，仍應充分理解。
2. 特別權力關係曾經是第一篇中重要的章節，大法官會議的相關解釋仍會出現在考題中，千萬不可掉以輕心。

一、行政法關係的發生

(一) 概念的界定

1. 行政法關係是行政法上法律關係之簡稱。係指國家、地方自治團體或其他公法人與人民之間、行政主體相互間、行政主體與受監督之法人或團體以及人民相互間所成立之行政法上法律關係。

2. 法律關係通常指權利義務關係，惟其成立仍須以受法律規範之具體的個案事實（或譯具體的事實關係）為前提，在兩個或兩個以上權利主體間基於此一前提所產生之關係方屬法律關係。在這種定義下的法律關係，具有下列三種要素：
   (1) 兩個以上之當事人（包括三人以上之多邊關係）。
   (2) 受法律規範。
   (3) 基於具體個案事實。
   而其構成也是受權利救濟途徑所導向，換言之，唯有具備上述要素所產生之法律關係，始能提起確認法律關係存否之訴。

(二) 行政法關係發生的原因

1. **因法規規定而直接發生**：這種情形，無須相對人提出申請、報備或任何的表意行為，也不待主管機關的通知或處分行為，因法律、法規命令或自治規章所規定之具體的事實關係而當然發生。例如依廢棄物清理法住戶對四公尺範圍之巷衖，負有依規定之方法、工具清除一般廢棄物之法律義務；又如傳染病防治法規定，醫師均有通報病例之義務，皆屬適例。

2. **因行政處分而發生**：國家或地方自治團體與人民成立行政法關係，最主要者即經由行政機關之具體的單方行政行為（行政處分）。行政處分乃係將規制公權

力主體與人民間關係之抽象法規,具體化之手段。行政處分本身非法律關係,卻是成立行政法關係最常見之原因。人民固有服兵役義務,仍須依法徵集入營,始有軍事服役關係存在;人民有依法納稅義務,但須有稽徵機關之核課處分,稅法上債之關係始屬確定。在**德國行政法上有所謂雙層理論(或稱兩個階段理論Zweistufentheorie),與行政處分形成法律關係有關,典型之事例為類似企業紓困之經濟補助行為,是否核准乃行政處分,核准後再簽訂民法上之借貸契約**。惟縱然接受此一雙層理論,亦非謂成立一切經濟輔助行為均須採兩個階段,由行政處分或行政契約達成之經濟輔助,仍然存在。這項理論從傳統公私法行為分道揚鑣的固定模式解脫,雖受到某些德國學者之讚揚,但將一個法律事件,人為的劃分為兩個階段,造成在救濟途徑上之複雜關係,亦屬其明顯缺點。**我國向來之理論偏向於以最後階段行為決定整體事件之性質,就企業紓困而言,不問是否須經主管機關(如經濟部中小企業處)之審核,一律以最後是否成立借貸關係為準。惟近年雙層理論已進入我國法制體系,以下是明顯的兩例:**

(1) **政府採購法規定,凡工程之定作、財物之買受、定製、承租及勞務之委任或僱傭等民法上債之關係,在一定金額以上者均適用該法所定之招標訂約手續,但有關「廠商與機關間關於招標、審標、決標之爭議,得依本章規定提出異議及申訴」(該法第14條),申訴提出後由設置於行政院公共工程委員會之採購申訴審議委員會審議判斷;審議判斷,視同訴願決定(同法第82條及第83條)。因此,關於採購契約訂定前之前階段招標、審標等行為,政府採購法將之定位為行政處分,適用行政爭訟作為救濟途徑;而後階段之履約,如有爭議自屬民事爭執之一種,形成標準的兩個階段理論。**

(2) **另一類型為司法院大法官釋字第540號解釋所建構,即主管機關依國民住宅條例興建及分配住宅,先由有承購、承租或貸款需求者,向該機關提出申請,經主管機關認定其申請合於法定要件,再由主管機關與申請人訂立私法上之買賣、租賃或借貸契約。「此等契約係為推行社會福利並照顧收入較低國民生活之行政目的,所採之私經濟措施,並無任何權力服從關係」,「至於申請承購、承租或貸款者,經主管機關認為依相關法規或行使裁量權之結果不符合該當要件,而未能進入訂約程序之情形,既未成立任何私法關係,此等申請人如有不服,須依法提起行政訴訟,係另一問題」。從而,對申請租售國宅之准駁係行政處分,後續之訂立租賃或買賣契約乃私法行為。**

3. **因行政契約而發生**:行政程序法第135條前段:「公法上法律關係得以契約設定、變更或消滅之。」這是我國在行政法典化過程中,採納先進立法例,確認縱然在依法行政原則拘束之下,仍有締結行政契約之自由,提升以契約方式成立公法上法律關係—尤其行政法上債之關係。

4. **因事實行為而發生**：行政法上之事實行為，即未具備法律上效力，只發生事實上效果之公權力行為。在發動事實上行為之前，或有法律效果行為（常為行政處分）存在，但事實行為本身通常只是物理上之動作。例如發放救濟物品、拆除違章建築、強制居家隔離、依行政執行法所採取之各種即時強制手段，包括對人之管束、物之扣留及對財產之處置，均為屬事實行為的典型例子。這類事實行為最常見之效果乃相對人因受有損害，而發生公法上損失補償（或損害賠償）關係。至於單純基於相對人之動作而發生法律關係者，如市民進入公立圖書館或在公園散步，均發生營造物利用關係，但通常為短暫性之關係。

5. **因執行法院裁判而發生**：因刑事法院之裁定被告遭受羈押，判決確定後受刑之執行者（尚須檢察官發監執行之命令），與看守所或監獄均發生監護關係。除刑事法院外，民事法院之裁判也可能發生相同情形，例如依兒童及少年性交易防治條例，為避免脫離家庭未滿十八歲之兒童或少年淪入色情場所，法院得裁定將兒童或少年交付主管機關所設置之收容中心為短期收容安置，其期間為二週至一個月；法院仍得依短期收容期間之觀察報告，為後續之裁定安置於中途學校。

☆二、行政法關係的主體

(一)權利能力相關問題

1. 行政法關係與其他法律關係相同，其終點就是權利義務歸屬於權利主體。所謂權利主體指在法律上有享受權利負擔義務之資格者而言，亦即具有權利能力之意。行政法上權利能力概念，當然源自民法，民法上有權利能力者，行政法自亦具備。是以自然人、法人（公法人及私法人），乃典型行政法關係之主體。

2. 上述原則在理論上固屬嚴整，但仍應加以修正，始能符合實用之目的。因為行政法繼受許多民法上之概念，其原因之一是行政法典化起步較晚，在欠缺規定之情形下，唯有類推適用素有規範保存庫之稱的民法法典，如今行政法之主要法典多已完成，其有明文規定者自應排除民法之適用。

3. 另外一項應考量之因素為程序法上之實踐，換言之，在實體法上不承認具有權利能力者，為實際之需要而承認其有當事人能力時，在實體法上若仍堅持認定其無權利能力，不得為法律關係之主體，將造成法制中窒礙難行之局面。

4. 行政程序法及行政訴訟法對當事人能力均兼採權利主體原則及機關原則，使不具權利主體或法人資格之機關，亦得作為行政程序或訴訟上當事人。而在事實上隸屬於同一公法人之機關，締結行政契約，或者為成立多邊關係的行政計畫，由許多機關、法人及自然人達成協議之情形；又如議會之議員與議會之關係，既非公務員關係，又不能否定其為公法上法律關係之一種，但依照權利

主體原則議會便非主體地位。諸如此類，如仍主張法律關係主體僅限於權利主體，顯然悖離社會生活之現實。

5. 故行政法關係之主體應包括下列各種：
(1) 自然人。　　　　　　　　(2) 法人。
(3) 公法人之機關。　　　　　(4) 設有代表人或管理人之非法人團體。

(二) 行政法上行為能力

1. 行政法上行為能力指具有在行政法上為有效的表意行為或受意思表示之資格，也可稱為法律上的承受能力，與權利能力一樣皆是來自民法之概念。行政程序法有關程序行為能力之規定（該法第22條），於行政法上各種法律行為均應有其適用，例如行政機關與未成年人簽訂行政契約，自應由該未成年人之法定代理人代為意思表示。

2. 在行政程序法之外，某些法規復有自行規定者：遺產及贈與稅法施行細則第22條第1項：「遺產稅納稅義務人為未成年人或禁治產人者，應由其法定代理人申報遺產稅」，由於行政程序法公布施行為最近之事，個別法規為解決適用問題，遂先自行規定。

3. 民法之行為能力及代理制度，可否為行政法所繼受，應分別而論：
(1) 以民法規定作為法理而適用：例如民法第85條第1項：「法定代理人允許限制行為能力人獨立營業者，限制行為能力人關於其營業有行為能力。」遇有這類限制行為能力人，向主管機關辦理營業登記等相關行為，須承認其已有程序行為能力，而不應拘泥於由法定代理人代為行政程序上行為之規定。
(2) 關於行為能力，憲法或行政法另有規定者，無民法之適用：例如自然人皆為憲法上基本權之主體，故均有基本權利能力。但並非人人皆有競選總統或行使參政權之資格，須年滿四十歲者得被選為總統或副總統，年滿二十歲有選舉權，二十三歲有被選舉權，此稱為基本行為能力，凡此均排除民法上行為能力之適用。
(3) 未成年人基於公法上職務關係之行為，無民法上規定之適用：例如滿十八歲之未成年應徵入伍，其服兵役期間之職務上行為，當然無須法定代理人之同意或允許；未成年人經國家考試及格而擔任公務員，其職務上行為亦同。蓋民法上行為能力制度，旨在保障未成年人財產上之利益及一般交易安全，服兵役或擔任公務員時之職務行為與此迥然不同。
(4) 行政法上之責任能力無關民法行為能力：行政法上違法行為之責任能力，除社會秩序維護法第8條至第10條之規定外，一般行政罰之責任能力，自行政罰法公布施行後，始有普遍適用之規範。行政罰法採三分法：

A.未滿十四歲人之行為及因精神障礙等原因或其他心智缺陷致欠缺辨識能力者，行為不罰。

B.十四歲以上至十八歲人或因上開精神原因致其辨識能力顯著減低者，得減輕處罰。

C.前述兩種情形以外之人，為完全責任能力人。

三、行政法上的權利及義務

(一) 概說

1.不問公法或私法上法律關係，在通常情形最終皆表現為主體間之權利義務關係。但公法上權利義務之內涵與民事法律關係不同，民事法律關係基於私法自治，若不違反法律禁止之規定，又無悖於公序良俗，內容任由當事人自由約定。行政法關係則不然，受依法行政原則之支配，權利義務之內容頗受限定，而且分別適用不同之法規，規範社會保險有關之權利義務者乃各類社會保險法；規範租稅法律關係者為各種稅法；商標、專利等智慧財產權所生之法律關係亦皆有個別法律加以規範。

2.行政法發展起步較晚，市民階級的法治國出現之後，人民不再是統治之客體，其在公法上權利主體之地位始確立。國家及其機關若與人民發生權利義務關係，必須在法律規範之下，就具體事實關係才可成立，抽象的所謂國家的公權力並不存在。自治團體作為次級統治團體時，與人民之關係與國家無異，須以法律或地方自治規章為法源，基於具體個案事實，而成立權利義務關係。至於國家與地方自治團體之間，基於公法契約發生法律關係，固無疑問。在例外情形，國家與地方自治團體本質上之權限爭議，亦可能形成權利受損害之公法上爭議，釋字第553號解釋便是一例。

3.上開情形稱為權限規定之主觀化，即有關地方自治團體權限規定本屬客觀上法律規範，為使爭議循法律途徑獲致解決。一方面將國家機關之監督措施（通常為職務命令），視為行政處分，另一方面認為憲法或法律賦予地方自治團體自治權，如受侵害，即相當於權利受損，因而可循行政爭訟途徑，提起撤銷訴訟，此為德奧兩國之通說。司法院大法官就台北市民國92年里長延任案所為之釋字第553號解釋：「本件行政院撤銷台北市政府延期辦理里長選舉之決定，涉及中央法規適用在地方自治事項時具體個案之事實認定、法律解釋，屬於有法效性之意思表示，係行政處分，台北市政府有所不服，乃屬與中央監督機關間公法上之爭議，惟既屬行政處分是否違法之審理問題，為確保地方自治團體之自治功能，該爭議之解決，自應循行政爭訟程序處理。台北市如認行政院之撤銷處分侵害其公法人之自治權或其他公法上之利益，自得由該地方自治團

體，依訴願法第1條第2項、行政訴訟法第4條提起救濟請求撤銷，並由訴願受理機關及行政法院就上開監督機關所為處分之適法性問題為終局之判斷。」與上開比較法之理論，若合符節。

(二) 公法上權利的態樣

1.請求權、形成權及支配權：

(1) 人民權利依其作用可大別為三類：請求權、形成權及支配權。社會救助或社會保險等給付請求權屬於第一種；人民與行政主體締結公法契約，然後對行政主體行使契約之解除權或撤銷權，使雙方權利義務歸於消滅，為典型之形成權作用；憲法上之基本權或相當於基本權之權利屬於支配權。

(2) 支配權所到之處國家機關權限之行使應受限制，因此，公權力主體之權限應受人民此等權利所制約，而非人民之基本權應受公權力之限制，就我國憲法而言，人民基本權所受限制，唯有基於憲法第23條要件下所制定之法律，始有正當性。是以支配權又稱為絕對權，並非法律所賦予，甚至先國家而存在。

(3) 由上所述，各種給付行政之請求權，出於法律之規定，自無疑義，至於基本權或相當於基本權之其他權利，並非法律所創設，法律對之加以規定，無非確認並盡其保障之義務。

☆2.權利、法律上利益及反射利益

(1) 權利：在當前法制上權利可區分為憲法上權利與法律上權利，前者通常指基本權而言，其中又往往先國家或先憲法而存在；後者因法律規定而獲得之權利，而獲得之過程常須行政機關許可或核准之行為，如專利、商標等智慧財產權。這種區分若干國家並以之作為救濟途徑劃分之準據，法律上權利受損害者只能提起行政訴訟，必須憲法上權利受害時，才可向憲法法院起訴。

(2) 法律上利益：法律上所保障之利益，與權利只有程度上之差異。法律對權利主體之保障，其受益尚未達到權利之程度者，例如專利權屬典型的權利，而申請專利之所謂優先權，即「相同發明有二以上之專利申請案時，僅得就其最先申請者准予發明專利」（專利法第31條第1項），這種未取得真正權利前之優先地位，乃法律上利益之適例。在傳統行政爭訟制度之下，只有權利之侵害得提起撤銷訴訟，利益之受損救濟層級到訴願為止，且授予相對人利益與否屬於裁量處分之判斷餘地，行政法院不予審查。因此，認為依法行政主管機關有裁量權限之事項，其爭議即屬利益受侵害之問題。我國行政訴訟新制，提起撤銷訴訟包括損害人民之權利或法律上利益（行政訴訟法第5條第1項），是故上述以行政救濟途徑作為區分權利與利益，已無實益，將權利概念擴及利益，可謂當前之趨勢。

(3)反射利益：**反射利益一詞其正確之涵義乃法規之反射效果，即法規之目的在保障公共利益而非個人私益，但因法規之規定對個人也產生一種有利之附隨效果。**例如社會秩序維護法第70條第1款：畜養危險動物，影響鄰居安全者，得處予扣留或罰鍰，鄰居之安寧雖因而受保護，不過並非取得任何可主張之權利。

(4)**茲就權利與反射利益之不同，比較說明如下：**
　A.**意思方面：**公法權利乃是當事人基於法律規定，就特定事項或標的得以主張其利益的意思力量，在權利人提出其意思主張時，相對當事人即負有作為或不作為的義務，俾使權利人能夠享受其利益，實現其目的，而法律對於權利人的利益應予以確切保障。反射利益則係指行政機關依法推行業務的結果，使人民得以享受到的實際單純利益。
　B.**法律效果方面：**公法權利既為法律授予人民的利益，則人民即可依法主張；國家對於人民行使權利的主張或請求，應負責予以實現及保障。反射利益既非人民基於法律規定所享有，則人民無權提出主張；而國家對於人民的有關請求，並無法定責任必須予以實現及保障。
　C.**利益性質方面：**公法權利係基於法律規定，由人民提出意思主張，所直接產生的利益，故具有利益與意思兩種因素。反射利益則係相對人基於法律規定而有所作為（在行政法上係指行政機關執行法定行政業務而言），所間接產生的利益，亦即出於法律規定的反射作用，而不具有人民的意思因素。
　D.**利益歸屬方面：**公法權利係由法律所授予，故其利益歸屬於特定的權利人（個人或多數人），此種情形係因國家公益與個人私益相一致，國家乃承認個人的權利。反射利益既非法律授予的權利，則其利益可由不特定的個人或多數人所享受，此種情形乃是國家僅為公益目的採取行動的結果。
　E.**資格限制方面：**公法權利的授予，除消極性權利外，對於權利人可能設有資格條件的限制。反射利益既非依法授予，則對享受利益者較少設有資格限制，或不作積極條件的限制。

(5)公權利之判斷標準：如何情形下，人民始享有公權利，而不是僅享受反射利益？此項判斷標準何在？公法學者之一般看法，認為應從法規之保障目的觀察，此即所謂「保障規範說」，又稱為「保障目的說」。依其看法，所謂公權力，必須具備下列要件：
　A.有強行法規之存在，使國家或其他公法人等行政主體負有行為義務。
　B.該強行法規非僅以實現公益為目的，更以保障個人利益為目的。

　　　C.依據該強行法規，人民得貫徹主張，要求行政主體履行所負擔之義務，以保障其利益。換言之，該強行法規已為人民創設「法之力」。因而人民沒有「一般的法律執行請求權」，亦無一般的無瑕疵裁量請求權。

　(6)公權力與反射利益區別的實益：前者可請求國家賠償損害，後者則不可：國家賠償法第2條規定：「公務員於執行職務行使公權力時，因故意或過失不法侵害人民自由或權利者，國家應負損害賠償責任。公務員怠於執行職務，致人民自由或權利遭受損害者；亦同。」若公務員對於職務之執行，雖可使一般人民享有反射利益，人民對於公務員仍不得請求為該職務之行為者，縱公務員怠於執行該職務，人民尚無公法上請求權可資行使，自不得請求國家賠償損害。

3.實體上權利與程序上權利

　(1)傳統行政法討論權利義務關係，通常均指行政實體法而言，迨行政程序法法典化完成，程序法上權利才受到重視。實則程序上權利其重要性並不亞於實體上權利，沒有程序上各種權利之保障，實體權利將無從實現；同時行政主體為達到其依法行政之憲法上的政治義務，其行政措施亦須經由正當法律程序彰顯其合法性，即所經由程序而正當。

　(2)試以補償給付為例，受害人及家屬依法得請求補償者（諸如臺灣地區戒嚴時期不當叛亂暨匪諜審判案件補償條例），取得對國家之給付請求權。主管機關對提出申請者，有依法定程序予准駁之義務，申請人如有不服得循行政爭訟程序實現其給付請求，主管機關准駁之決定，首應遵守法定程序，申請人亦得要求踐行其在程序上之權利，例如陳述意見、舉證證明、閱覽卷宗、任何不利之處分均應附有理由等。

　(3)關於實體法上權利，其發生之原因已見前述，至於其內容則屬個別行政法規規範之事項。

　(4)程序法上權利泛指各種行政法規有關程序規定，而賦予程序中當事人、關係人等利益者而言，其中當然以行政程序法、訴願法及行政訴訟法之規定最為重要。

4.人的權利與關涉物的權利

　(1)法律上之權利義務既以人為主體，則一切權利均屬人的權利。人的權利通常以權利主體本身享有之權利外，尚有所謂高度屬人的權利，蓋人的權利雖專屬於權利主體，但權利主體仍得委由代表人或代理人行使，程序法上權利多屬此類。許多權利如選舉權、罷免權必須由有此等公權者自己行使；又如經學校核准入學之學生，其就學權利當然限於其本人；醫師、藥師等行使診療、調劑之職業上權利，依法（醫師法第11條、藥師法第20

條）均應親自為之，皆可稱為高度屬人的權利。公法上權利常有一身專屬，即不得讓與、繼承或代為行使，而以高度屬人的權利最為顯著。

(2)關涉物的權利有兩種類別，一是基於物所成立之法律關係，例如公用地役關係，其成立要件包括長期通行之事實、通行之必要以及土地所有權人之忍受（參照釋字第400號解釋理由書）。一是以人為主體但若與物不相連結則無從成立法律關係，例如建築（起造）執照、營業執照，前者以合格之土地為前提，後者營業處所為不可或缺之要件，與前述在學關係或歸化取得國籍之核准與物不直接關涉者自不相同。關涉物的權利既屬在人的因素之外，特重與物結合，則人的因素變動往往不影響法律關係之存續，例如設立保稅倉庫之後，雖轉租他人，公法上之關係仍然存在，承租人應承擔其原有責任。

(三)關於公法上的義務

1.義務係指作為、不作為或忍受之義務而言。在依法行政之下，欲對人民課予義務須受法律保留原則之拘束，即欠缺法律規定或法律之明確授權，不得加諸人民義務或負擔，納稅及服兵役義務為典型事例。若以行政契約方式成立行政主體與人民間之法律關係，相對人一方之人民本於自身所同意而負契約上義務時，法律保留之判斷基準則稍微寬鬆（參照釋字第324號、第348號解釋）。又因事實行為而成立之營造物利用關係，在符合營造物設立目的之合理限度內，利用人應接受營造物利用規則所規定之義務，亦不生合法性問題，例如受教育之學生應受校規之約束、在公園遊玩之人應遵守地方政府所訂定之公園管理規則。

2.義務之相對人為行政主體時，與上述情形頗不相同，除行政主體違反平等原則特別優待特定人，或以行政契約方式「出售公權力」為代價外，對人民負擔義務，並不當然受法律保留原則之限制。

3.行政主體對人民負擔義務最習見者為給付行政，影響人數眾多、給付總金額龐大固應有法律依據，但這種法律依據，目的在於使行政機關有編列預算之法源，立法機關亦藉此取得參與決策之機會，與法律保留原則主旨在保障人民自由權利不受侵害或遭受行政機關任意課予義務，不完全相同。

4.人民基於憲法或法律對國家或其他公權力主體享有權利，國家（包括其他公權力主體）所負之相對義務，視人民所享有權利之性質而有不同。憲法上自由權等基本權利具有絕對權之性質，國家所負之義務，原則上為消極的不作為或忍受，例如言論自由，國家只需任由人民以語言、文字、圖像及影片等「高談闊論」、「暢所欲言」即可，不負積極作為之義務。若屬請求權，一般情形國家即應履行其給付之義務，如未履行相對人即得以該管機關為被告提起課予義務訴訟（行政訴訟法第5條），由行政法院判命被告機關為給付行

為。已符合法定要件之金錢給付，基於國（公）庫連續性原則，該管機關尚不能以經費用罄為給付不能之理由。又關於給付行政所生之債權債務關係，除行政法規別有規定外，民法債編關於買賣之規定可供類推適用。其他公權力行政所成立之法律關係，亦不排除類推適用民法相關規定，例如因查扣、扣留而取得物之占有時，主管機關對物之所有人負有民法受寄之責任（民法第590條以下），換言之，視為成立公法上之寄託關係。至於相對人之形成權因行政契約而發生行政機關之撤銷權及解除權，除契約另有約定外，亦有民法相關規定之適用。

☆☆ 四、特別權力關係

(一) 特別權力關係的意義

1. 特別權力關係，又稱特別服從關係，是行政法學之專有名詞。依我國學者之見解，特別權力關係是指國家或公共團體等行政主體，基於特別的法定原因，在一定範圍內，對相對人有概括的命令強制之權力，而另一方面相對人卻負有服從之義務的法律關係。
2. 特別權力實係理論興起於十九世紀的德國，一般認為係由拉班德（P. Laband）建立其理論雛型，而由梅耶（O. Mayer）集其大成，樹立完整之理論體系。

(二) 特別權力關係的特徵

1. **雙方當事人地位的不平等**：國家在一般權利義務關係上已然對受其支配的客體處於優越的地位，在特別權利義務關係上其優越地位更為加強，對客體擁有更大的支配權力；反之，客體的義務則更為加重，雙方地位的不平等極為顯著。
2. **義務範圍的概括性**：因此種關係的內容具有概括性，故國家在此種關係的目的範圍內，得採取各種必要的措施，或對客體課予無定量的勤務，或享有概括的支配權，而客體所負義務的範圍自亦具有概括性。
3. **國家得制定特別法規**：特別權利義務關係大致均屬專業行政方面的行政法關係，因其具備特別權利義務的內容，故國家需要在此種關係的目的範圍內，制定所需的特別法規，以拘束客體當事人。
4. **特殊制裁措施的適用**：此種關係既為特別權力關係，且具特殊的內容，而客體的服從義務加重，國家對客體擁有紀律權，則國家的制裁權力自亦加強，得依法對客體採行特別制裁措施，此等措施常為國家對一般國民的制裁方面所無者。
5. **救濟手段的限制**：客體對國家就此種關係的內容方面所作處分不服時，因客體對國家負有特別服從義務或受國家的特別監督，故其採用一般行政爭訟手段尋求救濟的權利即可能受到限制，惟此種限制，近年已日益放寬。

(三) 特別權力關係的類別

1.公法上的特別勤務關係： 學者亦有稱此種關係為服務關係者，係指以對國家或公共團體提供概括性無定量勤務為目的，所成立的特別權利義務關係，其特性著重於由客體負擔倫理性忠誠服務，故與一般僅重經濟價值利益的僱傭關係有所不同，例如公務員或軍人與國家間所建立的勤務關係。

2.公法上特別管束關係： 此即國家或公共團體為對特定個人實施教育、訓練、治療、監護或制裁為目的，所形成的特別權利義務關係。在此種關係之下，國家或公共團體在為實現特定目的的範圍內，對客體擁有適當程度的支配與管束權力，客體負有服從與容忍的義務。此種關係的內涵，可將公共營造物利用關係及特別監視關係一併包括在內。

3.公法上的特別監督關係： 此即國家為實現特定目的，對客體當事人授予特定權益，並將其置於監督權下，藉以促成目的實現所形成的特別權利義務關係。詳細區分屬於此種關係的類別約有數種，其中包括國家對公共團體的特別監督關係、對特許企業者的特別監督關係、對接受事務委託者的特別監督關係、對接受補助者的特別監督關係，以及對重要民營事業的特別保護關係等均屬之。

(四) 特別權力關係理論的演變

1.人權理念的重視：

(1)在二次世界大戰後，特別權力關係理論之合法性（合憲性）及妥當性面臨挑戰，昔日對於居於特別權力關係下的人民，例如軍人、公務員之基本權利，採較漠視的態度，在今日由於現代政治思潮對於人權保障的重視而不得不修正。

(2)我國憲法第16條肯定人民擁有訴訟權，而「有權利，必有救濟」乃是現代顛撲不破的憲法理念，人民即使為特別權力關係之相對人，但這些身分的獲得，也是基於憲法及法律的規定。例如擔任公務員及成為公立學校學生，不僅可以是自願之方式加入，但也是憲法所保障之人民服公職之權利及受教育之權利。行政機關對於一個公務員及軍人身分的解職、開除處分，既直接涉及該當事人的工作權、生存權，也不免有損及其人格權、榮譽權，因此，若不許可當事人對涉及其權利之特別權力處分可提起訴訟，將不能貫徹憲法保障人權之本旨。故加強司法審查對特別權力關係內事件的拘束力，是二次世界大戰後，行政法學努力的一大方向。鑑於特別權力關係內之權力人與相對人之間，仍存有相當程度的「服從性」，有必要對司法權力之「全面審查性」問題，再予考慮。為此，德國學者烏勒（C. H. Ule）教授於1956年提出了一個新的理論。

2.**基礎關係與管理關係理論：**

(1)烏勒教授將特別權力關係分成基礎關係（外部關係）及管理關係（內部關係）兩種。主張凡屬前者之行政上處置，應視為行政處分，如有不服，得提起訴訟；後者則非行政處分，不得提起訴訟。凡是有關該特別權力關係之產生、變更及消滅事項者，為基礎關係，例如公務員、軍人及公立學校學生身分資格的取得、喪失，以及降級、改敘、學生的留級，皆屬之。所謂管理關係，則指單純的管理措施，例如軍人、公務員及學生的服裝儀容規定、工作作息時間規定、考試考核之評定、宿舍規則，以及課餘時間的生活管理，如不准抽菸、跳舞、打牌、涉足特別場所等。

(2)烏勒教授這個理論的優點是在涉及相對人民權利較大之基礎關係事項，可以獲得法律保留及司法救濟之機會，有助於基本人權之保障。而對人民權益影響較少之管理事項，不認為可提起救濟程序，亦有助於行政內部紀律及行政目的的較有效達成，故兩者目的皆可兼顧。但是這個理論的缺點，在於界定這兩種關係的不易。尤其是基礎關係中的「變更關係」與「管理關係」之差別，頗不易區別。例如公務員的調職關係，似乎是管理關係，但公務員一旦調職，其家庭之搬遷、子女教育的影響，不能說是不影響該公務員之權益甚大，如不可提出救濟，亦頗不公平。再者，在屬於管理關係之事項內，可否完全排除法律保留原則，例如對工作作息的長短規定等，亦不無可議，故烏勒教授這個理論亦呈現其瑕疵。

3.**重要性理論的興起：**

(1)著眼於基本人權之尊重，德國聯邦憲法法院在1972年3月14日所為之重要判決，賦予了傳統的特別權力關係理論新的內涵。本判決認為監獄當局對於受監人之通訊自由，不可再依傳統的特別權力關係，而逕以監獄管理規則來限制。必須比照對一般人民的通訊自由之限制，須有法律之明白限制規定時，方可為之。若監獄管理規則未獲有關法律，如監獄行刑法之授權，則不可限制受刑人之通訊自由權。德國聯邦憲法法院，以後更揭示所謂的「重要性理論」，將上述原則擴張，使法律保留範圍延伸到公立學校事項之上。

(2)聯邦憲法法院將最先為監獄與受刑人關係所建構之理論，應用於學校與學生之關係，並明示以重要性理論作為標準：「對於學校事項之重要規定」立法者應自行訂定，關於重要與否之衡量，則視個案而定。目前只要是涉及「基本權利之實現具有重要性」，均必須由立法者以立法方式來限制，而不可由行政權力自行決定。因此不僅是「基礎關係」事項應以法律規定，即便是「管理關係」中，倘涉及人權之「重要事項」亦須以法律定之。故烏勒教授之理論，已受到大幅度之修正。

4.我國的突破（109普）：

(1)德國特別權力關係理論之改變，對國內亦產生影響，從民國55年起陸續有新理論之介述，對於傳統理論違背現代憲政之基本原則，雖早已形成共識，惟司法實務上則進展較為遲緩。

(2)**國內在實務上對於特別權力關係理論之改變始於釋字第187號解釋，此號解釋確認：「公務員依法辦理退休請領退休金，乃行使法律基於憲法規定所賦予之權利，應受保障」，因而得出結論：公務員「向原服務機關請求核發服務年資或未領退休金之證明，未獲發給者，在程序上非不得依法提起訴願或行政訴訟。」** 歷來相關之判例，並明示予以變更。釋字第201號解釋再次闡釋「公務員依法辦理退休請領退休金，非不得提起訴願或行政訴訟」，並在理由書中闡釋：因公務員身分受有行政處分，應分別論斷，不能一概認為不得爭訟。**而釋字第243號解釋尤具里程碑意義，其解釋意旨為：公務員受免職處分得提起訴願及行政訴訟，至於記大過及不服從職務命令則不得爭訟。**此號解釋對公務員受有處分時，是否許其提起行政訴訟，以「是否改變公務員身分關係，直接影響其服公職之權利」為判斷尺度，既不採德國學者所提倡之「基礎關係與管理關係」的區分標準，亦與日本法制上所採之「顯著不利益」標準有別。

(3)釋字第298號解釋指稱「憲法第77條規定，公務員之懲戒屬司法院掌理事項。此項懲戒得視其性質於合理範圍內以法律規定由其長官為之。但關於足以改變公務員身分或對於公務員有重大影響之懲戒處分，受處分人得向掌理懲戒事項之司法機關聲明不服，由該司法機關就原處分是否違法或不當加以審查，以資救濟。有關法律，應依上述意旨修正之。本院釋字第243號解釋應予補充。至該號解釋，容許受免職處分之公務員提起行政訴訟，係指受處分人於有關公務員懲戒及考績之法律修正前，得請求司法救濟而言。」其解釋理由書末段進而明示「具法定資格始得任用，並受身分保障之公務員，因受非懲戒性質之免除現職處分，經循行政程序未獲救濟時，受處分之公務員，仍得依本院釋字第243號解釋意旨，依法提起行政訴訟，請求救濟，併此指明。」是則德國「重要性理論」亦已在國內萌芽。

(4)釋字第323號解釋云：「各機關擬任之公務人員，經人事主管機關任用審查，認為不合格或降低原擬任之官等者，於其憲法所保障服公職之權利有重大影響，如經依法定程序申請復審，對復審決定仍有不服時，自得依法提起訴願或行政訴訟，以謀求救濟。」其解釋理由書首段揭示：「因公務員身分受行政處分得否提起行政爭訟，應視處分之內容而定，其足以改變公務員身分或對於公務員有重大影響之懲戒處分，受處分之公務員並得向

該管司法機關聲明不服，業經本院釋字第187號、第201號、第243號、第266號、第298號及第312號解釋分別釋示在案。」已然正式引用重要性理論，將我國特別權力關係理論轉變之發展推向一個新的階段。釋字第338號解釋「主管機關對公務人員任用資格審查，認為不合格或降低原擬任之官等者，於其憲法所保障服公職之權利有重大影響，公務員如有不服，得依法提起訴願及行政訴訟，業經本院釋字第323號解釋釋示在案。其對審定之級俸如有爭執，依同一意旨，自亦得提起訴願及行政訴訟。」

(5) 釋字第382號解釋云：「**公私立各級學校學生遭到學校退學或開除等處分，於用盡學校內申訴途徑，未獲救濟者，可依法提起訴願及行政訴訟，尋求司法救濟**」，以保障學生的受教權利。釋字第684號云：「**大學為實現研究學術及培育人才之教育目的或維持學校秩序，對學生所為行政處分或其他公權力措施，如侵害學生受教育權或其他基本權利，即使非屬退學或類此之處分，本於憲法第16條有權利即有救濟之意旨，仍應許權利受侵害之學生提起行政爭訟，無特別限制之必要。在此範圍內，本院釋字第382號解釋應予變更。**」釋字第784號解釋云：「**本於憲法第16條保障人民訴訟權之意旨，各級學校學生認其權利因學校之教育或管理等公權力措施而遭受侵害時，即使非屬退學或類此之處分，亦得按相關措施之性質，依法提起相應之行政爭訟程序以為救濟，無特別限制之必要。於此範圍內，本院釋字第382號解釋應予變更。**」

(6) 傳統「特別權力關係」在不得爭訟之外，另一支柱即無須法律授權得以特別規則，限制相對人之自由權利，已因釋字第380號解釋之作成，而有動搖之趨勢。大學法施行細則第22條第1項關於共同必修科目不及格不得畢業之規定，380號解釋認定其違憲，除基於該項規定與學術自由及大學自治之原則不符外，並指摘其超越大學法之授權，足見傳統特別規則之理論，已不為本解釋所採。近年發生之學生退學事件，曾引起各方之注意及議論，因為第一審台北高等行政法院認為大學有關之學則及獎懲辦法欠缺法律授權依據，校方據以勒令退學影響學生權利，有違法律保留原則，判決學校敗訴（台北高等行政法院89年訴字第1833及2311號判決）。案經被告之學校提起上訴，均經最高行政法院改判校方勝訴，其理由主要係以大學基於學術自由原則，所有教學、研究活動屬於大學自治權限之範圍，關於學生權益事項乃法律低密度規範之對象，由教育主管機關或大學訂定章則，於法律保留或授權明確性原則並無違背（最高行政法院91年判字第467號、第344號判決參照）。

(7)釋字第563號解釋云：「憲法第11條之講學自由賦予大學教學、研究與學習之自由，並於直接關涉教學、研究之學術事項，享有自治權。國家對於大學之監督，依憲法第162條規定，應以法律為之，惟仍應符合大學自治之原則。是立法機關不得任意以法律強制大學設置特定之單位，致侵害大學之內部組織自主權；行政機關亦不得以命令干預大學教學之內容及課程之訂定，而妨礙教學、研究之自由，立法及行政措施之規範密度，於大學自治範圍內，均應受適度之限制。……為維持學術品質，健全學生人格發展，大學有考核學生學業與品行之權責，其依規定程序訂定有關章則，使成績未符一定標準或品行有重大偏差之學生予以退學處分，亦屬大學自治之範疇；立法機關對有關全國性之大學教育事項，固得制定法律予以適度之規範，惟大學於合理範圍內仍享有自主權。大學對學生所為退學之處分行為，關係學生權益甚鉅，有關章則之訂定及執行自應遵守正當程序，其內容並應合理妥適，乃屬當然。」與上開實務上之判決一致。

(8)至於軍人之行政爭訟權則始於釋字第430號解釋，該號解釋云：「憲法第16條規定人民有訴願及訴訟之權，人民之權利或法律上利益遭受損害，不得僅因身分或職業關係，即限制其依法律所定程序提起訴願或訴訟。因公務員身分受有行政處分得否提起行政爭訟，應視其處分內容而定，迭經本院解釋在案。軍人為廣義之公務員，與國家間具有公法上之職務關係，現役軍官依有關規定聲請續服現役未受允准，並核定其退伍，如對之有所爭執，既係影響軍人身分之存續，損及憲法所保障服公職之權利，自得循訴願及行政訴訟程序尋求救濟。」對於國內特別權力關係理論之轉變尤具時代意義。

(9)在傳統「特別權力關係」範圍中，原先「不動如山」，拒絕行政處分相對人尋求行政救濟之監獄與受刑人之關係，開始崩解，釋字第653號解釋稱：「羈押法第6條及同法施行細則第14條第1項之規定，不許受羈押被告向法院提起訴訟請求救濟之部分，與憲法第16條保障人民訴訟權之意旨有違，相關機關至遲應於本解釋公布之日起2年內，依本解釋意旨，檢討修正羈押法及相關法規，就受羈押被告及時有效救濟之訴訟制度，訂定適當之規範。」釋字第681號解釋云：「最高行政法院93年2月份庭長法官聯席會議決議：『假釋之撤銷屬刑事裁判執行之一環，為廣義之司法行政處分，如有不服，其救濟程序，應依刑事訴訟法第484條之規定，即俟檢察官指揮執行該假釋撤銷後之殘餘徒刑時，再由受刑人或其法定代理人或配偶向當初諭知該刑事裁判之法院聲明異議，不得提起行政爭訟。』及刑事訴訟法第484條規定：『受刑人或其法定代理人或配偶以檢察官執行之指揮為不當者，得向諭知該裁判之法院聲明異議。』並未剝

奪人民就撤銷假釋處分依法向法院提起訴訟尋求救濟之機會，與憲法保障訴訟權之意旨尚無牴觸。惟受假釋人之假釋處分經撤銷者，依上開規定向法院聲明異議，須俟檢察官指揮執行殘餘刑期後，始得向法院提起救濟，對受假釋人訴訟權之保障尚非周全，相關機關應儘速予以檢討改進，俾使不服主管機關撤銷假釋之受假釋人，於入監執行殘餘刑期前，得適時向法院請求救濟。」

釋字第691號：「受刑人不服行政機關不予假釋之決定者，其救濟有待立法為通盤考量決定之。在相關法律修正前，由行政法院審理。」釋字第720號解釋：「在相關法律修正公布前，受羈押被告對有關機關之申訴決定不服者，應許其準用刑事訴訟法第416條等有關準抗告之規定，向裁定羈押之法院請求救濟。」

5. **特別權力關係的存廢問題**：特別權力關係，並非放諸四海而皆準之理論，行政法素來發達之法國，即不存在此種概念。特別權力關係在其發源地德國，晚近受到無情之批判，並導致相當程度之變遷。傳統理論既已大幅修正，遂有不少學者主張不應再使用特別權力關係之名稱，而提出「特別義務關係」、「加重依附關係」或「特別法律關係」等不一而足之替代稱呼，在公務人員基準法（草案）亦已揚棄特別權力關係而將公務人員與國家關係定位為「公法上職務關係」。

五、行政法與憲法的關係及區別

(一) 行政法與憲法的關係

1. **憲法構成行政法規的法源和依據**：憲法為國家根本大法，其內容極為廣泛，構成國家各種法規制定的法源和依據，行政法規亦不例外，係以憲法為其主要法源，凡屬憲法上有關行政權事項的規定，均構成各種行政法規制定的依據。

2. **行政法規不能違憲**：行政法規的效力次於憲法，在內容方面不得有違憲的規定，凡與憲法牴觸者，均屬無效。

3. **行政法規為憲法的延伸**：憲法構成各種行政法規制定的依據，行政法規的內容可謂係憲法的延伸，對憲法具有擴大、補充及解釋的作用，居於憲法子法的地位。

4. **行政法規為實施憲法的工具**：憲法內容範圍雖廣，但基於其簡潔性，僅能規定國家政治制度與措施方面的重要原則與事項，此等簡略規定自不便於直接據以執行。若欲將憲法內容付諸實施，即須依據憲法制定各種法規作為執行的工具。

(二) 行政法與憲法的區別

1. **地位不同**：在國家法制系統中，憲法以國家根本大法的性質，居於首要的地位；而行政法規乃屬憲法之下，治權法規的一個系列。

2.**效力不同**：按照法律位階的順序，憲法在國家法制中具有最高的效力；而行政法規的效力均次於憲法，且依其不同的成分賦予不同的效力等級。

3.**制定機關及程序不同**：我國憲法係由國民大會依據制憲程序所制定，至於修憲，則由立法院提案，交由公民複決；而行政法規則按其不同成分，分別由不同機關依據不同程序所制定。

4.**規定事項範圍不同**：憲法為國家根本大法，就國家政治制度及施政等各方面的重要事項有所規定，其涉及範圍甚廣，不以行政權事項為限；而行政法規的範圍僅能就行政權的事項加以規定。

5.**內容詳略不同**：憲法規定事項範圍雖廣，但一般僅作原則性的簡略規定；而行政法規內容為憲法的延伸，且為適應行政機關業務上的實際需要，須就憲法上有關行政權的事項作擴大、補充及解釋的規定，其內容必然較憲法為詳細，且具有專業技術性。

6.**適用機關不同**：憲法的內容係包含國家政治制度及各方面施政的事項，不以關於行政權的部分為限，除行政機關外，政府其他機關均有適用憲法規定的需要；行政法規的內容僅限於行政權的事項，適用此等法規者係以行政機關為主體。

7.**規定性質不同**：憲法與行政法規的內容雖均屬涉及政府機關組織與職權的事項，但憲法僅作原則性的規定，並不一定能夠作為有關事項直接執行的依據，故被視為屬靜態性質；而行政法規就行政機關組織職權所作規定，不僅為憲法內容的延伸，且均構成有關事項直接執行的依據，故被視為屬動態性質。

8.**中心觀念不同**：憲法為國家根本大法，故其內容係以國家基本組織與作用為重心，此即其中心觀念所在；行政法規既僅係就行政機關的組織職權等事項加以規定，則其中心觀念乃集中於行政權作用方面。

六、行政法關係的消滅

法律關係之消滅即權利義務歸於解消之謂。行政法關係消滅其原因與民法債之消滅不盡相同，茲擇要說明如下：

(一)**履行**：義務履行完畢法律關係消滅，所謂履行包括實現與履行相同狀態在內。一身專屬而無可替代之義務，必須親自履行方能解消，反之，可代替之義務，依法得由他人或由行政機關代為履行（行政執行法第29條第1項），此種情形原義務解消之同時，可能又產生新的債之關係，即行政執行法同條第2項：「前項代履行之費用，由執行機關估計其數額，命義務人繳納。」公法上金錢給付義務之清償或其他義務之履行，若義務人一方為人民時，作為他造之行政主體無須經由訴訟途徑取得執行名義，得對已確定的義務逕以行政部門之公權

力予以強制執行，與公法上行政主體為義務人者或屬於民法上債務時，其履行應分別藉助行政法院或普通法院，有顯著之不同。

(二) **免除或拋棄**：人民對行政主體依行政契約對行政主體有債權者，得予以免除，至於一般公法上權利，人民固不能事先拋棄，但並未禁止其屆時不行使，參政權如此，俸給權、退休權、補償金權均無從強制其受領，此時為消滅債之關係，除法律另有規定外應依法提存，提存若仍未領取則終歸國庫所有。行政主體為權利人時，欲拋棄現實取得之權利，或免除相對人之義務，須有法令之依據，不得任意為之，例如無力繳納而積欠健保費者，健康保險局應有立法機關「特赦」之決議（即修改全民健康保險法相關規定），方可免其繳納。

(三) **法律基礎消失**：形成權利義務關係必有其法律規範上之基礎，一旦基礎消失，權利、義務或法律關係隨之消滅。此種情形為數甚多，例如依照民國47年修正公布之出版法，對擔任出版品之發行、編輯及印刷者，皆課予一定之義務，現出版法廢止，該法之義務自不存在。

(四) **事實基礎消失**：公用地役關係須以長期供公眾通行之事實為成立之基礎，一旦人文或自然景觀改變，喪失作為通路之作用，相當期間已無人通行之事實，即可導致地役關係消滅。又如其他公物利用關係或土地徵收補償關係，均以各該公物或土地存在為前提，若因天災地變而致公物滅失、土地變成谿谷或淪為海床，相關之法律關係自亦消滅。既僅成立短暫之關係，不具法律評價上之重要性。

(五) **時效完成**：時效在民法上有取得時效與消滅時效，關於取得時效古典行政法教科書熱中討論，目前已不具意義，消滅時效則仍屬行政法上制度的一環。民法消滅時效之效果為請求權消滅，即對債務人產生拒絕履行之抗辯，債務人不主張時，法院不得斟酌；公法上之消滅時效，在學理上認為是權利本身消滅，法院並得依職權援引，可謂國內之通說，行政程序法第131條第2項：「公法上之請求權，因時效完成而當然消滅」，意旨非常明顯，實務上亦已有一致之見解。

歷年試題總覽

( )｜1. 勞工向勞工保險局申請傷病給付獲准，因而受領金錢給付。此種行政法上法律關係係如何產生？ (A)因法規規定而直接發生 (B)因行政處分而發生 (C)因行政契約而發生 (D)因事實行為而發生。（99高）

( )｜2. 下列何者，不得作為行政法關係之主體？ (A)未成年人 (B)財政部關稅總局人事室 (C)法務部 (D)甲股份有限公司。（101移三）

( )｜3. 下列何者不具行政法法律關係主體之資格？ (A)未成年人 (B)甲股份有限公司 (C)法務部 (D)教育部總務司。（101地三）

( )｜4. 人民基於下列何種理由，得行走於市有道路？ (A)反射利益 (B)私法上權利 (C)公權利 (D)國家的恩給。（104普）

( )｜5. 有關行政法傳統學說上「特別權力關係」理論，下列敘述何者錯誤？ (A)原則上發生在軍人、公務員、學生、受刑人特殊身分之國民與國家之間 (B)有法治國家原則的適用，亦普遍地容許當事人進行救濟 (C)通常有特別規則規範國家與此等國民間的權利義務關係 (D)「特別權力關係」並無直接憲法條文之依據。（105普）

( )｜6. 依司法院大法官解釋釋字第462號之意旨，各大學教師評審委員會，關於教師升等評審之權限，係為？ (A)特別權力關係 (B)公權力之行使 (C)聘僱契約關係 (D)公務員任命關係。（95普）

( )｜7. 私立大學為實現研究學術及培育人才之教育目的或維持學校秩序，對學生所為決定或措施，如侵害學生受教育權或其他基本權利，即使非屬退學或類此之處分，學生不服時，應循何種救濟途徑，下列敘述何項最正確完整？ (A)僅得於校內申訴 (B)校內申訴後，對申訴決定不服者，向一般法院提起撤銷之訴 (C)直接向主管機關提起訴願 (D)本於憲法第16條有權利即有救濟之意旨，仍應許權利受侵害之學生提起行政爭訟。（100高）

( )｜8. 依司法院解釋，關於大學對學生所為之退學處分，下列敘述何者錯誤？ (A)退學處分對於人民憲法上受教權有重大影響 (B)退學處分之性質為行政處分 (C)退學處分生效，相對人即喪失在學關係，不待強制執行 (D)僅可對於公立學校所為之退學處分提起行政救濟。（108普）

( )　9. 有關公務人員得否提起行政爭訟，下列敘述何者錯誤？
(A)受免職之懲處者，對公務員有重大之影響，可提起復審及行政訴訟
(B)年終考績列丁等者，對公務員有重大之影響，可提起復審及行政訴訟
(C)將高職等公務員調任低職等時，僅得申訴，不得提起行政訴訟
(D)年終考績列乙等僅為內部管理措施，不得提起行政訴訟。（105高）

( )　10. 依據司法院大法官解釋，有關對公務員作成免職處分時所應踐行之正當法律程序，下列敘述何者錯誤？
(A)處分前應給予受處分人陳述及申辯機會
(B)法律就特定事項授權行政機關以法規命令定之，應符合授權明確性原則
(C)作成處分應經由機關首長完全指定人選組成委員會決議，不得由首長逕行決定
(D)處分書應附理由，並表明救濟方法。（100警）

( )　11. 現役軍人甲因申請繼續服役遭國防部否准，其可提起何種權利救濟？
(A)復審　(B)復查　(C)訴願　(D)異議。（107地四）

解答及解析

1. **B**　2. **B**

3. **D**　行政法法律關係之主體應包括下列各種：
(1)自然人。
(2)法人。
(3)公法人之機關。
(4)設有代表人或管理人之非法人團體。
本題「教育部總務司」為教育部的內部單位，不具行政法法律關係主體之資格。

4. **C**　5. **B**　6. **B**　7. **D**　8. **D**　9. **C**　10. **C**　11. **C**

Note

第二篇　行政組織法

行政組織

本章依據出題頻率區分，屬：**C**頻率低

課前導讀

1. 首長制與委員制機關的區別是第一個重點。
2. 委任、委託一定要分清楚。
3. 管轄恆定原則及管轄之變動是本章的核心，大部分的考題都集中在這一節。
4. 中央行政機關組織基準法99.2.3修正公布，務請讀者留意。
5. 基本上，這一章很容易，用半天時間就足夠擺平了。

一、行政組織法的意義

行政組織法為行政主體就規範行政機關的設立、地位、體制、編制、職權及人員等事項所制頒的法規。

二、行政組織的意義與分類

(一) **行政組織的意義**：所謂行政組織，即行政主體為發揮行政權作用，執行各種行政業務，以行政職位與人員為基礎，結合而成的層級節制行政機構系統。

☆☆(二) **組織的分類**

1. **統治組織與非統治組織**：以是否行使統治權為準，可區分為統治組織與非統治組織。國家及各級地方自治團體屬於統治組織，行政組織乃依附於各級統治組織，而成為其主要部分；除國家及各級地方自治團體外，其他社會組織性質上均屬非統治組織，縱然某類組織具有高度政治性，甚至以影響或爭取對各級統治組織之控制為目的者，如政黨或壓力團體其本身仍非統治組織。

組織的分類
- 統治組織V.S.非統治組織
- 法人組織V.S.非法人組織
- 公法組織V.S.私法組織（行政法人）

2. **法人組織與非法人組織**：以是否具有法律上人格為準，可區分為法人組織與非法人組織。法人組織具有法律上之人格，得為權利義務之主體，故又稱有權利

能力組織；非法人組織不具有法律上人格，亦不得為權利義務之主體，故又稱為非權利能力組織。**組織如何取得法人資格，各國法制寬嚴不同，依我國制度，法人資格之取得不外三種途徑：**

(1)**直接基於法律（或法規）之規定者：**例如工業團體法（第2條）、商業團體法（第2條）、工會法（第2條）、農會法（第2條）、漁會法（第2條）、地方制度法（第2條）等。上述法律所規定之組織通常以行政區域為範圍而設置，並非屬於得自由設立之團體。

(2)**須經主管機關許可並向法院登記始取得法人資格者：**凡財團法人或公益為目的之社團法人，於向法院登記前，應得主管機關之許可，此項規定見諸民法（第46條、第59條）、人民團體法（第11條）及民法總則施行法（第10條）等法律。

(3)**經主管機關登記取得者：**營利社團法人如公司、銀行及合作社等，或採許可制或採準則制，以向主管機關完成登記手續而取得法人資格，無須再向法院辦理登記。

3.**公法組織與私法組織**（106普、107地三、108地四）：公法組織與私法組織之區別，主要係按組織據以設立之準據法，以及其依組織目標所從事之活動性質為判別標準。國家、地方自治團體為公法組織，附屬於此等團體之行政組織亦屬公法組織；而公司、合夥、財團法人則為典型之私法組織。公法組織或私法組織與公法人或私法人，並非完全相等之概念：公法人必然為公法組織，但公法組織則未必皆具有法人資格，例如屬於行政組織中關鍵地位之各級政府機關，即非公法人。

(1)我國法制對於公法人資格之賦予與大陸法系國家相較，有顯著不同，其他國家有各種具有公法人資格之組織（如公法上營造物、財團等），在我國皆不存在。**依我國之制度，公法人資格者除國家之外，有直轄市、縣（市）、鄉鎮（市）等地方自治團體。**其他各種職業團體或社會團體，如農會、漁會、工、商業團體等並未稱之為公法人。法規之規定既如上述，行政法學者對公法人之詮釋，或直接以外國法制作為根據，謂地方自治團體、各種職業團體（如商業同業公會、工業同業公會）、聯合團體（如全國商業總會、全國工業總會）及營造物（如中央銀行、中央信託局）均具有公法人資格，衡諸現行制度，並非妥適；亦有主張關於公法人地位，因法律規定不明，尚待進一步釐清者。（※農田水利會已改制為公務機關：農田水利署於109年10月1日設置。）

(2)依吳庚老師見解，除國家、各級統治團體外，其他具有法人資格之職業團體或社會團體，仍應視為私法人。**至於單獨立法或設置之組織體如中央銀行、中央信託局、工業技術研究院等，或為政府機關或為金融事業機構或為財團法人，並不具備公法上之法律人格。**

(3)公法人資格之取得，依我國現行制度甚為嚴格，87年12月21日起臺灣省政府組織型態改變，在此之前引發臺灣省是否仍為公法人之爭議，司法院大法官作成釋字第467號解釋，對公法人地位之認定，作準則性之闡釋：除國家外，我國法制下之公法人分為兩類，一係地方自治團體性質之公法人，一係其他公法人。凡憲法上之各級地域團體符合下列條件者：
　A.享有就自治事項制定規章並執行之權限。
　B.具有自主組織權，方得為地方自治團體性質之公法人。
　而其他依法設立之團體，其構成員資格之取得具有強制性、而有行使公權力之權能、且得為權利義務者主體者，亦有公法人地位，即所謂其他公法人。

(4)地方制度法秉此意旨，將直轄市、縣（市）、鄉（鎮、市）定為地方自治團體性質之公法人，省則不再屬於地方自治團體，省政府成為行政院派出機關（該法第2條第2款）。

(5)近年出現一種新的公法人形態，即行政法人，並已依國立中正文化中心設置條例成立第一所行政法人——中正文化中心，其實際之組成機構為國家兩廳院。依照行政法人法第2條第1項，所謂行政法人指國家或地方自治團體以外，由中央目的事業主管機關為執行特定公共事務，依法律設立之公法人。同條第2項則對特定公共事務作立法解釋：「前項特定公共事務須符合下列規定：一、具有專業需求或須強化成本效益及經營效能者。二、不適合由政府機關推動，亦不宜交由民間辦理者。三、所涉公權力行使程度較低者。」行政法人係來自日本之概念，日本在2001年開始施行一系列之獨立行政法人立法，設置各種行政法人以減輕國家行政機關之負擔。而日本之制則受英國柴契爾夫人時代，配合文官改革所設置之特殊行政機構（executive agency或譯政署）之影響，這類機構成立之主要目的在擺脫政府科層之拘束，有效達成政策之執行。從前述行政法人法之立法意旨及國外相似之制度設計，可得知**行政法人具有下列三項特徵：**
　A.**法律人格**：具有法律上人格，得為權利義務之主體。
　B.**企業化營運**：即前開法案第2條第2項所稱「具有專業需求或須強化成本效益及經營效能者」，不適合由政府機關推動，亦不宜交民間辦理者，改由行政法人以企業化方式營運。
　C.**達成特定公共行政目的**：賦予公法人地位，而與公營事業機構有所不同，且視性質之不同，行政法人所行使之公權力程度亦有強弱之不同，文化中心公權力色彩極為淡薄，而國立大學在與學生的關係上，仍有濃厚的公權力色彩。

在法律屬性上，行政法人與營造物最顯著的區別：仍是法人資格之有無及組織之自主性。行政法人有公法人資格，自主性亦遠勝於為主管機關所設置的營造物（但亦不可一概而論，國立大學縱不法人化，基於大學自治也享有充分自主地位）；至於均為達成公共行政目的，對外法律關係性質取決於利用規則，兩者並無大的差異。

(6)行政法人之組織結構，就行政法人法析述如下：

A.設董事會（或理事會），置董（理）事長及若干董（理）事，並得組成董事會，由監督機關聘任。

B.設常務監察人及監察人，產生方式與董事同。

C.設董（理）事會者，另設執行長（在中正文化中心稱藝術總監）。

D.新進人員不具公務人員身分，原有公務人員身分者，維持不變。

E.政府核撥之經費仍依預算程序辦理；政府經費購買之財產亦屬公有，政府機關核撥之經費超過行政法人當年度預算收入來源百分之五十者，其年度預算仍應送立法院審議。

F.由行政院另定會計準則，報表由會計師查核簽證。

G.行政法人應接受監督機關之績效評鑑。

H.設置目的不能達成時，由主管機關宣告解散。

I.行政法人之職員雖以不具公務人員身分為原則，但若其執行職務屬公權力性質，亦有作成行政處分之權能，人民如有不服自得向監督機關提起訴願及後續之行政訴訟。

三、行政機關

(一)行政機關的意義：行政程序法第2條第2項規定：「本法所稱行政機關，係指代表國家、地方自治團體或其他行政主體表示意思，從事公共事務，具有單獨法定地位之組織。」此外，受委託行使公權力之民間團體或個人，於行使受委託之公權力時，視同行政機關（同條第3項）。

☆☆(二)行政機關的類別

1.獨任制機關與合議制機關

(1)獨任制機關

A.由首長一人單獨決策並負其責任之行政機關，又稱首長制機關。名稱為部、署、局、處、政府或公所者，原則上屬之。

行政機關的類別

- 獨任制機關V.S.合議制機關
- 國家行政機關V.S.地方行政機關
- 憲法設置之機關V.S.法規設置之機關
- 獨立機關V.S.附屬機關

B.行政院由院長、副院長、各部會首長及不管部會之政務委員組成行政院會議，相當於其他國家之內閣會議。由於副院長以下成員均由院長提請總統任命（憲法第56條），行政院會議院長有作成決議權（行政院會議議事規則第5條），非事前經院長核定之議案不得列入議程（行政院會議議事規則第9條），故學者通說認為係獨任制。吳庚老師尚提出三項原則說明行政院為獨任制之理由：

閣揆原則	行政院長有權選擇閣員並決定其去留，居於決定施政方針之主導地位，監督及協調各部會之施政，並對內閣施政成敗負責。
事權劃分原則	各部會於權限範圍內，為主管各該事務之決策兼執行機關，並負擔政治及法律上之責任。
合議原則	應向立法院提出之各類法案及其他依法應經行政院會議決議之事項，形式上須經其決議，始符合法定程序。行政院長及全體閣員對於決議事項應連帶負責，惟院長在決議時有決定性權力，與某些國家之閣揆僅係成員中之首位不同。

(2) 合議制機關

A.決策階層由權限平等之成員組成，通常以多數決方式作決定並同負責任之行政機關。名稱為委員會者，未必皆屬合議制之單位而非機關，各部會之法規委員會及訴願審議委員會等，係屬合議制之單位而非機關。考試院以其成員任命方式及職權行使程序觀之，係屬典型之合議制機關。

B.現時中央政府組織中，各種委員會依其組織法規及成員構成，約有三種模式：

a. **合議制之委員會**：特徵為委員之任用有黨籍之條件，或為專任或經常集會，委員會之職掌或決議方式等事項組織法有明文規定，主要決策須以合議方式行之，可謂名實相符。如中央選舉委員會、公平交易委員會。

b. **獨任制之委員會**：如僑務委員會，委員分布全球，一年僅開會一次，委員會議無固定職掌。

c. **混合型之委員會**：係指機關之職權部分以合議方式行之，部分歸首長單獨行使。其合議制之強弱，除受首長之領導風格影響外，與委員是否由政府相關首長或專業人士所組成有關聯。若由相關首長所組成者，委員會之協調或諮詢功能重於決策，如國軍退除役官兵輔導委員會；如由專業人士組成則較具合議色彩，如金融監督管理委員會。

2.國家行政機關與地方行政機關

(1)國家行政機關

A.國家行政機關又稱中央行政機關,凡國家行政事項之執行,均屬中央行政機關之任務,故中央行政機關之設置不限於中央政府所在地,亦可在各地方分別設置,例如各直轄市之國稅局。

B.中央行政機關固然以辦理國家行政事項為主,但在法律有明文規定時,亦可代辦地方行政事項。例如直轄市、縣(市)選舉委員會均係隸屬於中央之特設行政機關(參照選舉罷免法第8條),但地方公職人員選舉如縣市議員及鄉鎮市民代表等,亦歸其負責辦理。

(2)地方行政機關

A.地方行政機關指地方自治團體所設置之行政機關,如各縣(市)政府、鄉、鎮、市公所等。自治行政機關以辦理自治行政事項為主,受委託辦理國家間接行政事項時,則具有國家行政機關之地位。

B.國家行政與自治行政不易劃分界限,許多事務往往具有雙重性質,亦即所謂混合形態。例如縣教育固屬縣自治事項,但國家教育制度及省教育上之各種規劃,亦須經由縣主管機關而實施,在縣級政府教育施政中,何者為自治事項,何者屬委辦事項,求其涇渭分明實有困難。又實施完全自治之地方,其行政機關與國家行政機關之間並無隸屬關係,祇有監督關係,國家對地方機關處理自治事項之監督以合法之監督為原則,而不及於作業之監督。

C.民國100年起,直轄市除原來之台北市、高雄市(併高雄縣)外,新增3個直轄市:新北市(原台北縣)、台中市(併台中縣)、台南市(併台南縣)。此外,自103年12月25日起桃園縣升格為直轄市(桃園市)。

3.憲法設置之機關與法規設置之機關

(1)憲法設置之機關

A.憲法設置之機關如總統、國民大會、五院、審計長及大法官等,其權限憲法亦有原則性之規定,非經修改憲法之程序不得廢除或變更。

B.其中國民大會在89年4月修憲改為所謂任務型國民大會,94年6月再度修憲,國民大會已不復存在。

(2)法規設置之機關

A.法規設置之機關,可分為法律設置之機關及命令設置之機關兩種。

B.現行制度之下,國家機關之組織亦屬法律保留之範圍,故理論上,所有中央機關之組織均應有法律之依據,皆可稱為法律設置之機關。

　　　C.地方行政機關，並非中央法規標準法第5條第3款之國家機關，故直轄市政府、縣（市）政府所屬機關其設置不須由立法院制定法律為依據，而係由同層級之民意代表機關依照內政部擬訂之準則審議通過其自治組織條例或組織規程，故屬命令設置之機關。

4.獨立機關與行政機構

　(1)獨立機關（108地四）

　　A.獨立機關指依據法律獨立行使職權，自主運作，除法律另有規定外，不受其他機關指揮監督之合議制機關。

　　B.如中央選舉委員會、公平交易委員會、國家通訊傳播委員會（NCC）考試院之保訓會為獨立機關。

　(2)行政機構

　　A.行政機構指機關依組織法規將其部分權限及職掌劃出，以達成其設立目的之組織。

　　B.如陸委會，金管會為行政機構。

✿✿
✿✿(三)內部單位

1.中央行政機關組織基準法第3條將「機關」及「單位」定義如下：

　(1)機關：就法定事務，有決定並表示國家意思於外部，而依組織法律或命令設立，行使公權力之組織。

　(2)單位：基於組織之業務分工，於機關內部設立之組織。

　　基於分工原則，行政機關之內部通常均劃分為若干小規模之分支組織，稱為內部單位。機關係獨立之組織體，得以本身之名義作成決策表示於外，並發生一定之法律效果；單位則非獨立之組織體，僅分擔機關一部分之職掌，一切對外行為原則上均應以機關名義為之，始生效力。

2.機關與內部單位之區分標準如下：

　(1)有無單獨之組織法規：所謂組織法規包括組織法、組織條例、組織通則或組織規程，例外者亦有以組織編制表（如各級警察機關）代替組織規程之情形。

	機關	內部單位
單獨之組織法規	✓	✕
獨立之編制及預算	✓	✕
印信	✓	✕

(2)**有無獨立之編制及預算**：有獨立之編制及預算者，通常均設有人事及會計
　　（或主計）單位。

(3)**有無印信**：指依印信條例頒發之大印或關防而言。

三項標準皆具備之組織體為機關，否則屬於內部單位。

3.區別之實益：

　行政機關依訴願法第3條規定得為行政處分，行政單位並無作成行政處分之權
　能。惟實務上基於分層負責及增進效率之原因，授權以單位或單位主管之名義
　對外發文，如具備行政處分之必要條件，判例一向視單位之意思表示為其隸屬
　機關之行政處分，俾相對人有提起行政救濟之機會。

四、中央行政機關組織的基準

中央行政機關組織基準法99年2月3日修正公布。茲擇要錄列如下：

(一)**立法目的**：為建立中央行政機關組織共同規範，提升施政效能，特制定本法
　　（第1條）。

(二)**規範對象**

1.本法適用於行政院及其所屬各級機關。但國防組織、外交駐外機構、警察機關
　組織、檢察機關、調查機關及海岸巡防機關組織法律另有規定者，從其規定
　（第2條第1項）。

2.本法於行政院以外之中央政府機關準用之（第38條）。

(三)**意義**：本法用詞定義如下：

1.機關：就法定事務，有決定並表示國家意思於外部，而依組織法律或命令設
　立，行使公權力之組織。

2.獨立機關：指依據法律獨立行使職權，自主運作，除法律另有規定外，不受其
　他機關指揮監督之合議制機關。

3.機構：機關依組織法規將其部分權限及職掌劃出，以達成其設立目的之組織。

4.單位：基於組織之業務分工，於機關內部設立之組織（第3條）。

(四)**法規名稱**

1.下列機關之組織以法律定之，其餘機關之組織以命令定之：

　(1)一級機關、二級機關及三級機關。

　(2)獨立機關。

　前項以命令設立之機關，其設立、調整及裁撤，於命令發布時，應即送立法院
　（第4條）。

2.行政院為一級機關，其所屬各級機關依層級為二級機關、三級機關、四級機關（第2條第2項）。

3.機關組織以法律定之者，其組織法律定名為法，但業務相同而轄區不同或權限相同而管轄事務不同之機關，其共同適用之組織法律定名為通則（第5條第1項）。

4.機關組織以命令定之者，其組織命令定名為規程。但業務相同而轄區不同或權限相同而管轄事務不同之機關，其共同適用之組織命令定名為準則（第5條第2項）。

5.本法施行後，除本法及各機關組織法規外，不得以作用法或其他法規規定機關之組織（第5條第3項）。

6.機關組織以法律制定者，其內部單位之分工職掌，以處務規程定之；機關組織以命令定之者，其內部單位之分工職掌，以辦事細則定之（第8條第1項）。

7.各機關為分層負責，逐級授權，得就授權範圍訂定分層負責明細表（第8條第2項）。

(五) **機關名稱**（106地四）

1.行政機關名稱定名如下：
 (1)院：一級機關用之。　　　　　　(2)部：二級機關用之。
 (3)委員會：二級機關或獨立機關用之。　(4)署、局：三級機關用之。
 (5)分署、分局：四級機關用之（第6條）。

2.為釐清各機關與其附屬機關之關係，各機關使用名稱之原則如下：
 (1)「署」，用於業務性質與職掌或別於本部，兼具政策與執行之專門性或技術性機關。
 (2)「局」，用於部所擬定政策之全國或轄區執行機關。
 (3)「委員會」為「院」之附屬機關；「署」、「局」為「部」之附屬機關。
 (4)附屬機關一律冠以依附之本機關名銜（立法院附帶決議）。

(六) **機關設立、調整及裁撤**

1.機關組織依本法規定以法律定之者，其設立依下列程序辦理：
 (1)一級機關：逕行提案送請立法院審議。
 (2)二級機關、三級機關、獨立機關：由其上級機關或上級指定之機關擬案，報請一級機關轉請立法院審議（第11條第1項）。

2.機關之調整或裁撤由本機關或上級機關擬案，循前項程序辦理（第11條第2項）。

3.機關組織依本法規定以命令定之者，其設立、調整及裁撤依下列程序辦理：
 (1)機關之設立或裁撤：由上級機關或上級機關指定之機關擬案，報請一級機關核定。
 (2)機關之調整：由本機關擬案，報請上級機關核轉一級機關核定（第12條）。

4.一級機關應定期辦理組織評鑑,作為機關設立、調整或裁撤之依據(第13條)。

5.有下列各款情形之一者,不得設立機關:

(1)業務與現有機關職掌重疊者。

(2)業務可由現有機關調整辦理者。

(3)業務性質由民間辦理較適宜者(第9條)。

6.機關及其內部單位具有下列各款情形之一者,應予調整或裁撤:

(1)階段性任務已完成或政策已改變者。

(2)業務或功能明顯萎縮或重疊者。

(3)管轄區域調整裁併者。

(4)職掌應以委託或委任方式辦理較符經濟效益者。

(5)經專案評估績效不佳應予裁併者。

(6)業務調整或移撥至其他機關或單位者(第10條)。

(七) 機關權限、職掌及重要職務設置

1.上級機關對所隸屬機關依法規行使指揮監督權。不相隸屬機關之指揮監督,應以法規有明文規定者為限(第14條)。

2.二級機關及三級機關於其組織法律規定之權限、職掌範圍內,基於管轄區域及基層服務需要,得設地方分支機關(第15條)。

3.機關於其組織法規規定之權限、職掌範圍內,得設附屬之實(試)驗、檢驗、研究、文教、醫療、社福、矯正、收容、訓練等機構。前項機構之組織,準用本法之規定(第16條)。

4.機關首長綜理本機關事務,對外代表本機關,並指揮監督所屬機關及人員(第17條)。

5.首長制機關之首長稱長或主任委員,合議制機關之首長稱主任委員。但機關性質特殊者,其首長職稱得另定之。一級、二級機關首長列政務職務;三級機關首長除性質特殊且法律有規定得列政務職務外,其餘應為常任職務;四級機關首長列常任職務。機關首長除因性質特殊法規另有規定者外,應為專任(第18條)。

6.一級機關置副首長一人,列政務職務。

二級機關得置副首長一人至三人,其中一人應列常任職務,其餘列政務職務。

三級機關以下得置副首長一人或二人,均列常任職務(第19條)。

7.一級機關置幕僚長,稱秘書長,列政務職務;二級以下機關得視需要,置主任秘書或秘書,綜合處理幕僚事務。一級機關得視需要置副幕僚長一人至三人,稱副秘書長;其中一人或二人,其中一人得列政務職務,至少一人應列常任職務(第20條)。

8.獨立機關合議制之成員，均應明定其任職期限、任命程序、停職、免職之規定及程序。但相當二級機關之獨立機關，其合議制成員中屬專任者，應先經立法院同意後任命之；其他獨立機關合議制成員由一級機關首長任命之。一級機關首長為前項任命時，應指定成員中之一人為首長，一人為副首長。第一項合議制之成員，除有特殊需要外，其人數以五人至十一人為原則，具有同一黨籍者不得超過一定比例（第21條）。

(八)內部單位

1.機關內部單位應依職能類同、業務均衡、權責分明、管理經濟、整體配合及規模適中等原則設立或調整之（第22條）。

2.機關內部單位分類如下：

(1)業務單位：係指執行本機關職掌事項之單位。

(2)輔助單位：係指辦理秘書、總務、人事、主計、研考、資訊、法制、政風、公關等支援服務事項之單位（第23條）。

3.政府機關內部單位之名稱，除職掌範圍為特定區者得以地區命名外，餘均應依其職掌內容定之（第24條）。

4.機關之內部單位層級分為一級、二級，得定名如下：

(1)一級內部單位：

A.處：一級機關、相當二級機關之獨立機關及二級機關委員會之業務單位用之。

B.司：二級機關之業務單位用之。　C.組：三級機關業務單位用之。

D.科：四級機關業務單位用之。　　E.處、室：各級機關輔助單位用之。

(2)二級內部單位：科。

機關內部單位層級之設立，得因機關性質及業務需求彈性調整，不必逐級設立。但四級機關內部單位之設立，除機關業務繁重、組織規模龐大者，得於科下分股辦事外，以設立一級為限。機關內部單位因性質特殊者，得另定名稱（第25條）。

5.輔助單位依機關組織規模、性質及層級設立，必要時其業務得合併於同一單位辦理。輔助單位工作與本機關職掌相同或兼具業務單位性質，報經該管一級機關核定者，不受前項規定限制，或得視同業務單位（第26條）。

6.一級機關、二級機關及三級機關，得依法設立掌理調查、審議、訴願等單位（第27條）。

7.機關得視業務需要設任務編組，所需人員，應由相關機關人員派充或兼任（第28條）。

(九) 機關規模與建制標準

1. 行政院依下列各款劃分各部主管事務:
   (1) 以中央行政機關應負責之主要功能為主軸,由各部分別擔任綜合性、統合性之政策業務。
   (2) 基本政策或功能相近之業務,應集中由同一部擔任;相對立或制衡之業務,則應由不同部擔任。
   (3) 各部之政策功能及權限,應儘量維持平衡。
   部之總數以十四個為限(第29條)。

2. 各部組織規模建制標準如下:
   (1) 業務單位設六司至八司為原則。　　　(2) 各司設四科至八科為原則。
   前項司之總數以一百一十二個為限(第30條)。

3. 行政院基於政策統合需要得設委員會。
   各委員會組織規模建制標準如下:
   (1) 業務單位以四處至六處為原則。　　　(2) 各處以三科至六科為原則。
   第1項委員會之總數以八個為限(第31條)。

4. 相當二級機關之獨立機關組織規模建制標準如下:
   (1) 業務單位以四處至六處為原則。　　　(2) 各處以三科至六科為原則。
   前項獨立機關總數以三個為限。
   第1項以外之獨立機關,其內部單位之設立,依機關掌理事務之繁簡定之(第32條)。

5. 二級機關為處理技術性或專門性業務需要得設附屬之機關署、局。
   署、局之組織規模建制標準如下:
   (1) 業務單位以四組至六組為原則。　　　(2) 各組以三科至六科為原則。
   相當二級機關之獨立機關為處理第1項業務需要得設附屬之機關,其組織規模建制標準準用前項規定。第1項及第3項署、局之總數除地方分支機關外,以七十個為限(第33條)。

6. 行政院及各級機關輔助單位不得超過六個處、室,每單位以三科至六科為原則(第34條)。

7. 一級機關為因應突發、特殊或新興之重大事務,得設臨時性、過渡性之機關,其組織以暫行組織規程定之,並應明定其存續期限。二級機關及三級機關得報經一級機關核定後,設立前項臨時性、過渡性之機關(第36條)。

8. 為執行特定公共事務,於國家及地方自治團體以外,得設具公法性質之行政法人,其設立、組織、營運、職能、監督、人員進用及其現職人員隨同移轉前、後之安置措施及權益保障等,應另以法律定之(第37條)。

五、行政授權

(一) **行政授權的意義**：行政授權即行政機關或行政首長或單位主管依據法令或本於職權，將其職權交由其他機關或人員代為行使的制度。

(二) **行政授權所應具備的要件**：採取行政上授權措施，必須具備各種要件，始能發生合法的效力，此等要件如下：

1. 授權者所作授權行為須有法令上的依據。
2. 所作授權範圍，應以授權者自身職權範圍內的事項為限。
3. 授權行為須符合法定情事或條件。

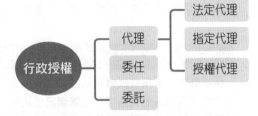

(三) **行政授權的種類**

代理
所謂代理，係基於各種原因，將屬於本機關或本人的全部或一部分職權，依據法令規定或本於職權裁量，授予其他機關或人員代為行使，而發生與其自身行使具有相同效果的行政行為。以代理關係發生的依據為標準，得區分為法定代理、指定代理及授權代理三種，分述之：

法定代理	**所謂法定代理，係指以法令明定發生代理關係的原因情事及代行職權的人選（職務），亦即完全直接依據法令規定所形成的代理關係。**一旦法定情事發生，代理關係成立後，被代理人的全部職權，即由代理人依法行使，並由代理人負擔其全部義務與責任，而被代理人對代理人所作行政行為，不負任何責任。此種代理關係，多見於機關組織法中所定首長出缺或因故不能視事時，由副首長代理的情形。其代理關係於法定原因消滅時，即告終止。
指定代理	**所謂指定代理，或稱命令代理，乃是上級機關或本機關首長或單位主管，於所屬人員有出缺或因故不能視事情形發生時，本於職權或基於有關人員之呈請，指定所屬其他機關或人員代行其職權的措施。**此種代理關係因法令對代理原因，尤其是代理人選，並無明確規定，故非法定代理；且因多屬臨時性代理關係，故非制度化的授權代理。
授權代理	**所謂授權代理，係指行政機關首長本於職權，就其機關職權範圍內的事項，授權機關內部單位及人員，分別負責代為行使的情形。授權代理即為分層負責，亦即將機關首長的職權分配於各單位與人員負責行使的情形，此種情形為行政機關內部職權關係上的普遍現象或制度。**

委任

所謂委任，係指在隸屬關係下的上級機關或人員，將其職權範圍內的事項，交由所屬下級機關或人員行使的措施。就此種措施的性質而言，乃為原有職權的移轉變更，故非有法令依據不得為之。委任關係成立後，被委任之事項，即視為移轉於被委任者的職權範圍，由被委任者以其自身名義行使，並就委辦事項執行結果完全負責，而委任者既已將職權交由他機關行使，則委任者本身僅負有監督責任。

委託

所謂委託，係指行政機關基於客觀需要與行政上的便利，將其職權範圍內的事項，請求無隸屬關係的其他機關或團體與個人代為行使以處理有關業務的措施。委託與委任雖然相似，惟二者在實質上頗有不盡相同之點，析言之：
(1)委託為不相隸屬機關間的關係；而委任則為隸屬機關間的關係。
(2)受委託者對是否接受委託有自由決定權；而被委任者對委辦事項不得拒絕。
(3)委託關係並未發生職權的移轉；委任關係則形成職權移轉的結果。
(4)委託關係的爭訟，以委託機關的行為為標的；委任關係既已發生職權移轉，則受委任機關的行為屬自身的行為，得構成爭訟之標的。
(5)委託關係的對象並不限於同等級的機關，亦不限於行政機關，尚可包括公共團體或私人；至於委任的對象，則只限於下級機關。
(6)委託多以公契約（行政契約）表現；委任則直接依據法令為之。

六、行政機關的管轄

(一)管轄的意義（107地三、地四、108普、108地三、109普）
1.「管轄」指行政機關依法規之規定，所具有之權限。申言之，管轄一方面係機關處理行政事務之權力，另方面則為對屬於本身任務範圍之事項，有予以處理之職責。行政機關對於權限之行使恆屬於主動之地位，依職權發動為其行使之常態，依人民申請而發動，除事件之性質使然（例如請發執照）外，可謂例外。
2.管轄之劃分及變動應以法規為依據，行政機關不得任意為之，而所謂法規包括各該機關之組織法規及其他行政法規。行政機關違背管轄規定之行為，係屬有瑕疵之行政行為，應視其情形而判斷其瑕疵之效果。

(二)管轄的類型（107普）：行政機關之管轄可分下列三類：
1.**事物管轄**：指按事物（務）之類別，劃分管轄權之歸屬，諸如內政、外交、環保等均為物之分類。在事物管轄之中，又可再細分為不同形態：

(1) **個別管轄**：指行政機關僅管轄單一事項或得加以列舉之有限事項，例如衛生機關、水利機關、戶政機關均屬之。

(2) **一般管轄**：指行政機關之管轄事項無法加以列舉，換言之，其權限來自概括條款之規定，例如警察機關，依警察法第2條規定：「警察任務為依法維持公共秩序、保護社會安全、防止一切危害、促進人民福利」，故管轄事項實難一一列舉。

(3) **總體管轄**：指在一定地域範圍內，除劃歸其他行政主體或機關掌管之事項外，其餘一切事務均有權管轄之謂，例如在直轄市區域內，除外交、軍事、司法等中央管轄外，其他事務均屬該市（政府）之權限範圍。

2. **土地管轄**：指事物管轄所涵蓋之地理範圍，此一地理範圍通常為一國之行政區劃：中央機關以全國為範圍，地方機關分別以縣（市）或鄉鎮等為範圍，但亦有例外。

3. **層級管轄**：指同一種類之事務，分屬於不同層級之機關管轄。此種管轄於行政救濟程序中最為明顯，原處分機關、訴願決定機關，層次分明有如法院審級管轄。除此之外，現行法律之中，甚多均有類似下述條文：「本法所稱主管機關在中央為某部（或署），在市為市政府（或某局處），在縣為縣政府（或某局）」，進而區分該類事務中，何者為中央主管機關之權限，何者為地方主管機關應辦之事項，此種功能分配之規定，亦屬層級管轄之一種。

☆☆ **(三) 管轄的變動**（107地四、108普、地三、109普）

1. **行政機關之權限均係以法規為依據，不得任意設定或變更，尤其不允許當事人協議變動機關之管轄權，故有所謂「管轄恆定原則」。**

2. **惟在下述例外情形，則可排除恆定原則之適用：**

(1) **委任**：係指有隸屬關係機關間管轄權之變動，換言之，上級機關將特定事項委由下級機關辦理之謂。

(2) **委託**：指無隸屬關係機關管轄之變動，即甲機關委託乙機關辦理原屬甲機關之事務。

(3) **干預**：通常指上級機關直接行使原屬下級機關之權限，上級機關之此項權限稱為干預權或介入權。

(4) **變更**：指因法規變更（包括機關裁撤）或基於原因事實而產生之管轄權變動。因法規變更管轄權有新增或喪失者，受影響之各該機關或其共同上級機關應將變更之事由，公告周知；其基於管轄之原因事實致管轄權改變者，無須公告，但在行政程序進行中，喪失管轄權之機關應將該事件移送有管轄權之機關，並通知當事人，此項移送及通知之規定，亦適用於進行中因法規變更而喪失管轄權之事件。

(5)**移轉**：管轄之移轉指管轄權之臨時性或個案的變動，與機關權限之結構上的變更不同，移轉之原因不止一端，如因事件不宜由原有權管轄之機關處理（例如將造成群眾聚集妨害公安），由當事人聲請或依職權移轉其管轄。

3.**至於機關內部之權限變更則有下列不同形態：**

(1)**代理**：又有法定代理及指定代理之分。機關首長因故不能執行職務，由副首長代理，是為法定代理；一般公務員因故不能執行職務，由職位相當之同事代理，則為指定代理。**在法定代理之情形，代理者作成決策而對外行文時，在公文程式條例稱為代行。**

(2)**授權**：指依機關內部權責劃分辦法，機關首長將部分權限授與下級公務人員（通常為單位主管）行使。**其基於授權而對外行文時，應以該被授權者之名義為之，在公文程式條例稱為決行。**

☆☆☆(四)**管轄爭議**（106高、地四、107普、109高）：行政機關對事件管轄權之有無，應自行依職權調查認定。如兩個或兩個以上之行政機關，對於同一事件均認為有管轄權（積極衝突），或均認為無權限而不行使管轄權（消極衝突）時，即出現管轄爭議或權限衝突。按諸學理及參酌行政程序法第11條至第14條之規定，解決爭議或衝突之方法不外下列幾種：

1.**優先原則：由受理在先之機關管轄。**

2.**協商解決：不能分受理之先後者，由各該機關協商之。**

3.**指定管轄：協商不成或有統一管轄之必要時，由共同上級機關指定管轄，無共同上級機關者，由各該上級機關協議，然後分別指定管轄。申請事件之當事人亦得向共同上級機關或各該上級機關，請求指定管轄。**

4.**由司法機關解決：關於中央與地方之權限爭議，憲法第111條雖規定「由立法院解決之」，但實際發生爭議時，依照往例均未採此種方式，而由議會以適用憲法發生疑義或適用法律與中央主管機關見解有異，分別依法聲請司法院大法官會議解釋。**

(五) **職務協助**

1.**職務協助係指行政機關為達成其任務，請求另一行政機關在後者權限範圍內，給予必要之協助，而未變更或移轉事件管轄權之謂。行政機關基於行政一體共同發揮機能之原則，應於其權限範圍內互相協助**（行政程序法第19條第1項）。

2.職務協助之原因不一而足，有基於法規之規定者，例如任何機關對駐在外國之我國外交人員，應囑託外交部為送達（參照行政程序法第87條）；有基於事實之需要者，例如主管機關執行職務遭遇反抗，而請求警察機關以武力協助；亦有出自時間或經費上之考慮者，例如對居住遙遠之證人，囑託當地適當之機關，代為訊問等。

☆七、行政協助（107高、地四、108高、普、108地四）

(一)行政協助的意義

1.所謂行政協助，指平行或不相隸屬之行政機關間，基於請求，由被請求機關就非屬其職務範圍之行為，提供補充性協助。

2.行政協助，應限於行政機關相互間，且限於公法上行政行為，不包括法院之審判行為，亦不包括私法行為。但法院居於實質意義之行政機關之地位，亦當負有行政協助義務。

3.**被請求機關之協助行為，應僅止於調查事實或執行之部分行為。**協助行為可能是「外部行為」，例如：詢問證人、執行行為等；亦可能是「內部行為」，例如：提供資料等。「外部行為」有可能是一種行政處分，也可能是一種事實行為。

4.行政協助，不以屬同一行政主體為限，不同行政主體之行政機關亦得為協助。行政機關與受委託行使公權力者之間，以及受委託行使公權力者相互間，亦可能發生行政協助。

5.**有命令服從關係之機關間所為之協助，並非行政協助，**蓋此種情形，已屬指示權之範疇，無須藉助於行政協助之概念。但是，如果超越指示權範圍之事項（例如：事務監督機關就非屬其監督事項請求他機關之協助），則仍屬行政協助。如所協助之行為應視為被請求機關自己之職務行為者，亦非職務上之協助，蓋所謂行政協助，須被請求機關所為之協助行為，非屬其自己之職務，而是請求機關之職務。

6.我國行政程序法第19條乃就行政協助有關問題予以詳細規定，其中第1項規定：「行政機關為發揮共同一體之行政機能，應於其權限範圍內互相協助。」原則性揭示行政協助義務，第2項以下規定其細節。

(二)請求行政協助之原因與方式

1.得請求行政協助之原因如下：

(1)因法律上之原因，不能獨自執行職務者。

(2)因人員、設備不足等事實上之原因，不能獨自執行職務者。

(3)執行職務所必要認定之事實，不能獨自調查者。

(4)執行職務所必要之文書或其他資料，為被請求機關所持有者。

(5)由被請求機關協助執行，顯較經濟者。

(6)其他職務上有正當理由須請求協助者（行政程序法第19條第2項）。

(三) 被請求機關拒絕事由

拒絕事由可分應拒絕事由與得拒絕事由，分述之：

1. 應拒絕事由：
   (1) 協助之行為，非被請求機關之權限範圍或依法不得為之者：蓋被請求機關是否依法得為協助行為，應以被請求機關之相關法規（實體法與程序法）為判斷基準，並非以請求機關之相關法規為判斷基準；且不問請求機關就其所要求協助之行為是否享有權限；再者，請求機關之權限並不因請求協助而移轉至被請求機關。是故，例如被請求機關依法有保密義務者，應拒絕提供相關文件、卷宗或答覆相關問題。
   (2) 如提供協助，將嚴重妨害其自身職務之執行者（行政程序法第19條第4項）。
2. 得拒絕事由：指被請求機關認有正當理由不能協助者（行政程序法第19條第5項）。例如：其他機關顯然能較簡單或以較少之費用完成該協助行為；被請求機關須付過度鉅額之費用，始能完成該協助行為等。
3. 被請求機關得否審查請求機關之主要行為是否合法，並以其主要行為係屬違法而拒絕其請求？有主張肯定說者；有主張如主要行為顯然違法（或無效）者，被請求機關得拒絕甚至應拒絕；有主張如主要行為顯然違法或違反刑罰規定者，被請求機關得拒絕；亦有主張原則上示意見，如請求機關堅持其合法性，被請求機關仍應執行協助行為，但如主要行為違反刑罰規定，被請求機關應予拒絕。
4. 被請求機關認為無提供行政協助之義務（即請求機關未具備請求協助之原因）或有拒絕之事由時，應將其理由通知請求協助機關。請求協助機關對此有異議時，由其共同上級機關決定之，無共同上級機關時，由被請求機關之上級機關決定之（行政程序法第19條第6項）。

(四) 費用：被請求機關得向請求協助機關要求負擔行政協助所需費用。其負擔金額及支付方式，由請求協助機關及被請求機關以協議定之；協議不成時，由其共同上級機關定之（行政程序法第19條第7項）。

歷年試題總覽

( )　1. 下列何項組織不具備行政主體之資格？　(A)中華民國　(B)台北市　(C)國立中正文化中心　(D)台北縣政府市地重劃委員會。（92地、95普）

( )　2. 下列何者為公法人？　(A)中華民國　(B)臺北市政府　(C)國立臺灣大學　(D)臺灣菸酒股份有限公司。（96普）

( )　3. 下列何者為公法人？　(A)臺北市政府　(B)中央研究院　(C)中華經濟研究院　(D)臺中市。（107地三）

( )　4. 下列何者不是公法人？　(A)中華民國　(B)南投縣政府　(C)臺北市　(D)屏東縣。（100警）

( )　5. 由國家或其他公法社團捐助資金，為履行公共目的，而依公法成立之組織稱為？　(A)公法社團　(B)公法財團　(C)行政機關　(D)獨立機關。（99普）

( )　6. 下列何者並非行政法人之特徵？　(A)組織採委員制　(B)具有法律人格　(C)企業化經營　(D)達成特定公共行政目的。（101地四）

( )　7. 依據行政法人法之規定，下列何者非設立行政法人考慮之原因？　(A)具有專業需求或須強化成本效益及經營效能者　(B)不適合由政府機關推動，亦不宜交由民間辦理者　(C)所涉公權力行使程度較低者　(D)提升公務員素質。（104警）

( )　8. 有關行政法人，下列敘述何者錯誤？　(A)行政法人法為基準法之性質，行政機關於行政法人化時即毋庸再特別制定組織法　(B)行政法人應設置董（理）事會　(C)行政法人之進用人員不具公務人員身分者，由行政法人自訂規章進用、管理　(D)對於行政法人之行政處分不服者，得依訴願法之規定，向監督機關提起訴願。（105地四）

( )　9. 下列何者屬於中央行政機關？　(A)臺中市政府　(B)花蓮市公所　(C)臺灣省政府　(D)高雄市政府。（102普）

( )　10. 法務部的組織體制，在行政法學上稱為：　(A)合議制　(B)委員制　(C)首長制　(D)混合制。（101普）

( )　11. 下列何者，非屬行政機關？　(A)地政事務所　(B)中央健康保險局　(C)公立學校圖書館　(D)戶政事務所。（102高）

( )　12. 下列何者為行政機關之內部單位？　(A)內政部社會司　(B)經濟部智慧財產局　(C)經濟部水利署第一河川局　(D)國立臺灣博物館。（104普）

( )　13.新北市政府社會局之組織性質為：　(A)內政部之下級機關　(B)內政部之派出機關　(C)新北市政府之一級機關　(D)新北市政府之一級內部單位。（102地四）

( )　14.根據現行法規定，下列何者不屬於相當中央二級之獨立機關？　(A)中央選舉委員會　(B)金融監督管理委員會　(C)公平交易委員會　(D)國家通訊傳播委員會。（105地三）

( )　15.國家通訊傳播委員會之法律地位為何？　(A)獨立機關　(B)諮詢機關　(C)內部單位　(D)公法人。（99地四）

( )　16.依據司法院大法官解釋，有關行政一體原則之敘述，下列何者錯誤？　(A)行政院為國家最高行政機關，須為包括國家通訊傳播委員會在內之所有行政院所屬機關之整體施政表現負責　(B)基於權力分立原則，行使立法權之立法院，對國家通訊傳播委員會之人事決定權，固非不能施以一定限制作為制衡，但制衡有其界限　(C)國家通訊傳播委員會委員之任命，實質上由立法院各黨團依其席次比例組成之審查委員會決定，係屬合憲　(D)國家通訊傳播委員會委員由行政院院長任命後，自行集會選舉正、副主任委員，再由行政院院長於七日內任命，並不違憲。（100警）

( )　17.下列有關獨立機關之敘述何者錯誤？　(A)獨立機關必定是合議制機關　(B)相較於一般行政機關，獨立機關之設立有助於摒除上級機關或政黨之政治干預　(C)行政院應為獨立機關之施政負政治責任，因而內閣總辭時，獨立機關合議制成員仍應參加　(D)依據中央行政機關組織基準法之規定，相當於二級機關之獨立機關合議制成員之任命應經立法院之同意。（99地三）

( )　18.戶政事務所在行政組織法上之地位，係屬下列何者？　(A)公法營造物　(B)地方自治團體　(C)行政機關　(D)隸屬於縣（市）政府之下的內部單位。（101高）

( )　19.行政機關與內部單位之區別標準，不包括下列何者？　(A)有無印信　(B)有無獨立之辦公處所　(C)有無組織法規　(D)可否獨立對外為意思表示。（99普）

( )　20.公司法第5條第1項規定：「本法所稱主管機關：在中央為經濟部，在直轄市為直轄市政府。」此為何種管轄之規定？　(A)指定管轄　(B)土地管轄　(C)特別管轄　(D)層級管轄。（107普）

( )　21.下列何者不涉及管轄權移轉？(A)委辦　(B)代理　(C)委任　(D)行政委託。（104警）

(　)　22.關於行政機關管轄之敘述，下列何者正確？　(A)行政機關經裁併者，得由裁併後之機關逕依該組織法規變更管轄，無須再行公告　(B)管轄權依據行政機關之組織法規或其他行政法規定之　(C)管轄權應由行政機關協議定之　(D)行政機關就管轄爭議之決定，必然會侵害人民權益。（107地三）

(　)　23.下列有關管轄恆定原則之例外，何者屬於無隸屬關係機關管轄之變動？　(A)委任　(B)委託　(C)干預　(D)移轉。（100警）

(　)　24.上級行政機關依法規將其權限之一部分，移轉由所屬下級機關辦理，此為學理上所稱：　(A)權限委任　(B)權限委託　(C)委辦　(D)委託行使公權力。（103警）

(　)　25.機關得依法規將權限一部分委任所屬下級機關執行之，稱為「權限委任」，下列敘述何者錯誤？　(A)應將委任事項及法規依據公告，並刊登政府公報及新聞紙　(B)機關權限之行使於形式及實質均變動　(C)應屬通案性之變更　(D)受委任機關以委任機關名義為行政處分。（105警）

(　)　26.有關權限委任，下列敘述何者錯誤？　(A)有管轄權之機關不因其將權限之一部委任或委託其他機關辦理，而發生喪失管轄權之效果　(B)權限委任關係係指行政機關得依法規將其權限之一部分，委任所屬下級機關執行之　(C)其與民法上委任的概念不同，上級機關之委任，下級機關不得拒絕　(D)權限委任原則上僅須有組織法上之概括規定作為法源依據。（105地四）

(　)　27.行政組織彼此互相尊重及互相協助，稱為那一個原則？　(A)法律保留原則　(B)行政一體原則　(C)金字塔原則　(D)行政保留原則。（102地三）

解答及解析

1.**D**　　2.**A**　　3.**D**　　4.**B**　　5.**B**

6.**A**　行政法人具有下列三項特徵：(1)具有法律人格。(2)企業化經營。(3)達成特定公共行政目的。

7.**D**　　8.**A**

9.**C**　地方制度法第2條第1項：「省政府為行政院派出機關。」所以，臺灣省政府為中央行政機關。

10. **C**　由首長一人單獨決策並負其責任之行政機關，稱為首長制機關，名稱為部、署、局、處、政府或公所者，原則上屬之。

11. **C**　公立學校圖書館屬營造物，非屬行政機關。

12. **A**

13. **C**　新北市政府組織自治條例第6條：「本府設下列各局、處、委員會：……十、社會局。」所以，新北市社會局為新北市政府之一級機關。

14. **B**　　15. **A**　　16. **C**　　17. **C**

18. **C**　機關與單位之區分標準如下：
　　(1)有無單獨之組織法規：所謂組織法規包括組織法、組織條例、組織通則或規程，例外者亦有以組織編制表（如各級警察機關）代替組織規程之情形。
　　(2)有無獨立之編制及預算：有獨立之編制及預算者，通常均設有人事及會計（或主計）單位。
　　(3)有無印信：指依印信條例頒發之大印或關防而言。
　　三項標準皆具備之組織體為機關，否則屬於內部單位。

19. **B**

20. **D**　層級管轄指同一種類之事務，分屬於不同層級之機關管轄。此種管轄於行政救濟程序中最為明顯，原處分機關、訴願決定機關，層次分明有如法院審級管轄。除此之外，現行法律之中，甚多均有類似下述條文：「本法所稱主管機關在中央為某部（或署），在市為市政府（或某局處），在縣為縣政府（或某局）」，進而區分該類事務中，何者為中央主管機關之權限，何者為地方主管機關應辦之事項，此種功能分配之規定，亦屬層級管轄一種。

21. **B**　　22. **B**　　23. **B**

24. **A**　行政程序法第15條第1項：「行政機關得依法規將其權限之一部分，委任所屬下級機關執行之。」

25. **D**　　26. **D**

27. **B**　釋字第613號解釋理由書：「行政旨在執行法律，處理公共事務，形成社會生活，追求全民福祉，進而實現國家目的，雖因任務繁雜、多元，而須分設不同部門，使依不同專業配置不同任務，分別執行，惟設官分職目的絕不在各自為政，而是著眼於分工合作，蓋行政必須有整體之考量，無論如何分工，最終仍須歸屬最高行政首長統籌指揮監督，方能促進合作，提昇效能，並使具有一體性之國家有效運作，此即所謂行政一體原則。」

中央行政機關組織基準法題庫

第2條 本法適用於行政院及其所屬各級機關（以下簡稱機關）。但國防組織、外交駐外機構、警察機關組織、檢察機關、調查機關及海岸巡防機關組織法律另有規定者，從其規定。

行政院為一級機關，其所屬各級機關依層級為二級機關、三級機關、四級機關。但得依業務繁簡、組織規模定其層級，明定隸屬指揮監督關係，不必逐級設立。

( ) 依據中央行政機關組織基準法之規定，行政院及其所屬機關原則上應適用本法。但下列何機關可以排除在外？ (A)衛生福利部中央健康保險署 (B)財政部關稅總局 (C)法務部調查局 (D)經濟部水利署。（104普） 答：(C)

第3條 本法用詞定義如下：
一、機關：就法定事務，有決定並表示國家意思於外部，而依組織法律或命令（以下簡稱組織法規）設立，行使公權力之組織。
二、獨立機關：指依據法律獨立行使職權，自主運作，除法律另有規定外，不受其他機關指揮監督之合議制機關。
三、機構：機關依組織法規將其部分權限及職掌劃出，以達成其設立目的之組織。
四、單位：基於組織之業務分工，於機關內部設立之組織。

( ) 1. 下列何者並非獨立機關？ (A)國家通訊傳播委員會 (B)中央選舉委員會 (C)金融監督管理委員會 (D)公平交易委員會。（106地四）

( ) 2. 對於中央行政機關組織基準法上所規定之獨立機關，下列敘述何者錯誤？ (A)指依據法律獨立行使職權，原則上不受其他機關指揮監督之合議制機關 (B)各機關之訴願審議委員會係屬獨立機關 (C)中央選舉委員會係屬獨立機關 (D)國家通訊傳播委員會係屬獨立機關。（103警）

答：1.(C) 2.(B)

第4條 下列機關之組織以法律定之，其餘機關之組織以命令定之：
一、一級機關、二級機關及三級機關。 二、獨立機關。
前項以命令設立之機關，其設立、調整及裁撤，於命令發布時，應即送立法院。

( ) 1. 依據中央行政機關組織基準法之規定，下列何一機關之組織規定應以法律為之？ (A)法務部行政執行署士林分署 (B)財政部臺北國稅局大安分局 (C)行政院環境保護署中區環境督察大隊 (D)文化部。（103警）

（　）2. 依中央行政機關組織基準法第4條之規定，下列機關之組織，何者得以命令定之？　(A)二級機關　(B)三級機關　(C)四級機關　(D)獨立機關。（102警）

（　）3. 下列那一個行政組織的組織法源係以命令定之？　(A)經濟部水利署第一河川局　(B)交通部中央氣象局　(C)行政院人事行政總處　(D)內政部。（105警）

（　）4. 依中央行政機關組織基準法規定，下列何者之組織無須以法律定之？(A)內政部　(B)原住民族委員會　(C)公平交易委員會　(D)矯正署臺北監獄。（108高）

（　）5. 下列敘述，何者錯誤？　(A)中央選舉委員會之組織，以法律定之　(B)行政院訴願審議委員會之組織，以法律定之　(C)法務部廉政署之組織，以法律定之　(D)勞動部勞動及職業安全衛生研究所之組織，以法律定之。（103高）　　　　　　　　　　　答：1.(D) 2.(C) 3.(A) 4.(D) 5.(B)

第5條　機關組織以法律定之者，其組織法律定名為法，但業務相同而轄區不同或權限相同而管轄事務不同之機關，其共同適用之組織法律定名為通則。機關組織以命令定之者，其組織命令定名為規程。但業務相同而轄區不同或權限相同而管轄事務不同之機關，其共同適用之組織命令定名為準則。本法施行後，除本法及各機關組織法規外，不得以作用法或其他法規規定機關之組織。

（　）　依中央行政機關組織基準法第5條之規定，若權限相同而管轄事務不同之機關，其共同適用之組織命令名稱為下列何者？　(A)規則　(B)規程　(C)準則　(D)通則。（99普）　　　　　　　　　　　　　　　　　　答：(C)

第6條　行政機關名稱定名如下：
一、院：一級機關用之。
二、部：二級機關用之。
三、委員會：二級機關或獨立機關用之。
四、署、局：三級機關用之。
五、分署、分局：四級機關用之。
機關因性質特殊，得另定名稱。

（　）1. 依中央行政機關組織基準法之規定，「委員會」係何種機關所使用之名稱？　(A)一級機關　(B)二級機關　(C)三級機關　(D)四級機關。（102普）

（　）2. 依照中央行政機關組織基準法規定，下列何者為三級機關之名稱？(A)部　(B)委員會　(C)署　(D)分局。（104高）

（　）3.依據中央行政機關組織基準法，除因性質特殊而另定名稱外，下列何者為四級行政機關名稱？　(A)分處　(B)分局　(C)分院　(D)分關。（106地四）

答：1.(B)　2.(C)　3.(B)

第16條　機關於其組織法規定之權限、職掌範圍內，得設附屬之實（試）驗、檢驗、研究、文教、醫療、社福、矯正、收容、訓練等機構。
前項機構之組織，準用本法之規定。

（　）　行政機關於其組織法規定之權限，職掌範圍內所設實（試）驗、檢驗、研究、文教、醫療、矯正、收容、訓練等附屬機構之組織，應如何規範？ (A)一律以法律定之　(B)一律以命令定之　(C)準用中央行政機關組織基準法之規定　(D)適用中央行政機關組織基準法之規定。（95地四）　答：(C)

第17條　機關首長綜理本機關事務，對外代表本機關，並指揮監督所屬機關及人員。

（　）　依中央行政機關組織基準法，下列有關行政機關之敘述，何者正確？ (A)行政機關組織須以法律定之，即使為因應突發之重大事務，一級機關仍不得以暫行組織規程設臨時性機關　(B)在有上級行政機關的情形下，下級機關無法就其法定事務，決定並表示國家意思於外部　(C)即使為合議制之獨立機關，其機關首長仍對外代表本機關　(D)二級機關得視需要，置秘書長或主任秘書。（102警）　答：(C)

第37條　為執行特定公共事務，於國家及地方自治團體以外，得設具公法性質之行政法人，其設立、組織、營運、職能、監督、人員進用及其現職人員隨同移轉前、後之安置措施及權益保障等，應另以法律定之。

（　）　依據中央行政機關組織基準法所設立之行政法人，其設立、組織、職能、人員進用等，應如何規定？　(A)以通用性組織規程定之　(B)在中央以法律定之；在地方以自治條例定之　(C)另以法律定之　(D)另以命令定之。（95地四）　答：(C) chapter

05 各種行政組織

本章依據出題頻率區分，屬：**B**頻率中

課前導讀

1.以前地方制度法並不是重點，可是近年卻變得愈來愈重要，最好把本書
〈地方制度法題庫〉多看幾遍，以免飲恨孫山之外。
2.公物、營造物也很重要，相關考古題不少，多看多做，就一定會。

☆☆一、行政院

(一) 行政院的組織職掌

1. **行政院為國家最高行政機關（憲法第53條），設院長、副院長、部會首長及政務委員。行政院院長由總統任命之，行政院副院長、各部會首長，及不管部會之政務委員，則由行政院院長提請總統任命之。**

2. **行政院設行政院會議，由行政院院長、副院長、各部會首長及不管部會政務委員組織之，以行政院院長為主席。行政院院長及各部會首長，須將應行提出立法院之法律案、預算案、戒嚴案、大赦案、宣戰案、媾和案、條約案及其他重要事項（如各部次長人選），或涉及各部會共同關係之事項，提出於行政院會議議決之（憲法第58條）。且總統發布緊急命令，須經行政院會議之議決，足見行政院會議職責之重要。**

3. 行政院究係由院長單獨決定國家意思之首長制機關，還是由行政院會議合議決定國家意思之合議制機關？依吾人所見，行政院為首長制機關，行政院院長即為其首長，因為行政院會議之構成分子，自副院長以下，無不由院長提請任免，故意見與院長不同者，院長可提請免職，排除於行政院會議之外，而另舉志同道合者為政務委員，參加行政院會議，所以行政院院長之意見，事實上有支配行政院會議議決之權力，行政院會議之設，實以交換意見及加強聯繫為其主要目的，以求施政之統一，並收集思廣益之效。

(二) 組織架構

茲依99年2月3日修正公布之行政院組織法擇要列舉如下：

行政院各部	(1)內政部。　(2)外交部。　(3)國防部。　(4)財政部。 (5)教育部。　(6)法務部。　(7)經濟及能源部。　(8)交通及建設部。 (9)勞動部。　(10)農業部。　(11)衛生福利部。　(12)環境資源部。 (13)文化部。　(14)科技部。
行政院各委員會	(1)國家發展委員會。　　　　　(2)大陸委員會。 (3)金融監督管理委員會。　　　(4)海洋委員會。 (5)僑務委員會。　　　　　　　(6)國軍退除役官兵輔導委員會。 (7)原住民族委員會。　　　　　(8)客家委員會。

1. 行政院置政務委員七人至九人，特任。政務委員得兼任前條委員會之主任委員。

2. 行政院設行政院主計總處及行政院人事行政總處。

3. 行政院設中央銀行。

4. 行政院設國立故宮博物院。

5. **行政院設下列相當中央二級獨立機關：**
   (1)中央選舉委員會。　　(2)公平交易委員會。　　(3)國家通訊傳播委員會。

6. 行政院院長綜理院務，並指揮監督所屬機關及人員。
   行政院院長因事故不能視事時，由副院長代理其職務。

7. 行政院院長得邀請或指定有關人員列席行政院會議。

8. 行政院置秘書長一人，特任，綜合處理本院幕僚事務；副秘書長二人，其中一人職務比照簡任第十四職等，襄助秘書長處理本院幕僚事務。

9. 行政院置發言人一人，特任，處理新聞發布及聯繫事項，得由政務職務人員兼任之。

10. 行政院為處理特定事務，得於院內設專責單位。

11. 本法自中華民國101年1月1日開始施行。

☆二、考試院

(一) **考試院的組織職掌**：考試院為國家最高考試機關，掌理考試、銓敘、保障、撫卹、退休及任免、考績、級俸、陞遷、褒獎之法制事項（憲法增修條文第6條）。凡公務人員任用資格，專門職業及技術人員執業資格（如律師、會計師之執業資格），應經考試院依法考選銓定之（憲法第86條）。考試院關於所掌事項，得向立法院提出法律案（憲法第87條）。

(二)考試院會議

1.考試院設院長、副院長各一人,考試委員七人至九人,由總統提名,經立法院同意任命之（憲法增修條文第6條、考試院組織法第3條第1項）。考試院會議,由院長、副院長、考試委員及各部會首長組織之,決定憲法所定職掌之政策,及其有關重大事項,以考試院院長為主席（考試院組織法第7條）。考試院院長除為考試院會議主席外,綜理院務,並監督所屬機關,考試院院長因事故不能視事時,由副院長代理其職務（考試院組織法第8條）。考試委員須超出黨派以外,依據法律,獨立行使職權（憲法第88條）,其任期為四年（考試院組織法第3條第2項）。

2.考試院既以考試院會議統籌有關考試事項,院長與考試委員,又同由總統提請立法院同意後任命,與行政院政務委員,由行政院院長提請總統任命者大不相同;考試委員應獨立行使職權,又由憲法明文規定,故**考試院為合議制機關,由考試院會議共同決定國家有關人事行政之意思。**

三、自治行政

(一)**自治行政的意義**:自治行政,謂在一定地方區域內,以公民選舉之自治人員,於國家監督之下,依法處理地方之公共事務。

(二)**地方自治機關**

1.**地方自治機關之意義**:自治機關,乃為行使地方自治職權,辦理自治事項之地方機關。

2.自治機關之種類:各級自治機關,均分為立法機關與行政機關:立法機關為表達意思能力之機關;行政機關為表現行為能力之機關。縣（市）議會為縣（市）之立法機關,縣（市）政府為縣（市）之行政機關。

(三)**地方自治法規的意義**

所謂地方自治法規,乃是由地方自治團體所制定,規範地方自治團體機關組織及各種自治業務的法規。析言之:

1.**地方自治法規乃是地方自治團體的法規。**

2.**地方自治法規乃是由地方自治團體所制定的法規。**

3.**地方自治法規乃是規定地方自治機關組織及自治業務的法規。**

(四)**地方自治法規的分類**（106高、地四、107地四）:有關國家法律與中央法規的制（訂）定,現有「中央法規標準法」及「行政機關法制作業應注意事項」以資依據,惟其適用範圍,自以中央法規為限,地方法規之制定、公布、施行、適用及修正廢止等事項,在法理上僅能「準用」該法之有關規定。

地方制度法第三章地方自治之第三節定名為「自治法規」，即指地方自治團體之法規命令和行政規則，其名稱則有自治條例、自治規則及委辦規則。析言之：

1. **自治條例**（109高）：**地方制度法第25條：「直轄市、縣（市）、鄉（鎮、市）得就其自治事項或依法律及上級法規之授權，制定自治法規。自治法規經地方立法機關通過，並由各該行政機關公布者，稱自治條例」。**

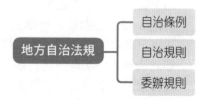

   同法第28條：「下列事項以自治條例定之：
   一、法律或自治條例規定應經地方立法機關議決者。二、創設、剝奪或限制地方自治團體居民之權利義務者。三、關於地方自治團體及所營事業機構之組織者。四、其他重要事項，經地方立法機關議決應以自治條例定之者。」此說明地方自治法規應以自治條例制定者，係影響地方居民權利義務及行政組織運作等重要事項，類似於中央法規標準第5條「法律保留」的規定，表示「自治條例」已具「地方性法律」之形式要件。

   (1) **直轄市法規、縣（市）規章賦予裁罰權，法規通稱自治條例**：地方制度法第26條：「自治條例應分別冠以各該地方自治團體之名稱，在直轄市稱直轄市法規，在縣（市）稱縣（市）規章，……。**直轄市法規、縣（市）規章就違反地方自治事項之行政義務者，得規定處以罰鍰或其他種類之行政罰。但法律另有規定者，不在此限。其為罰鍰之處罰，逾期不繳納者，得依相關法律移送強制執行。前項罰鍰之處罰，最高以新臺幣十萬元為限；並得規定連續處罰之。**其他行政罰之種類限於勒令停工、停止營業、吊扣執照或其他一定期限內限制或禁止為一定行為之不利處分。自治條例經各該地方立法機關議決後，如規定有罰則時，應分別報經行政院、中央主管機關、縣政府檢定後發布；其餘除法律或縣規章另有規定外，直轄市法規發布後，應報中央各該主管機關轉行政院備查；縣（市）規章發布後，應報中央各該主管機關備查；鄉（鎮、市）規約發布後，應報縣政府備查。」上述規定，係為杜絕地方法規之浮濫，致妨害基本人權，故對罰鍰與行政罰的金額、種類等加以限制，以符憲法第23條的精神。

   (2) **鄉（鎮、市）規約不賦予裁罰權，惟法規亦通稱自治條例**：依地方制度法第26條規定，鄉（鎮、市）經由各該鄉（鎮、市）民代表會通過之鄉（鎮、市）規約，亦為自治條例，與直轄市、縣（市）之自治條例並無不同，但規範內容不同。此因鄉（鎮、市）幅員不大，如果賦予裁罰權，將會發生一縣數制的混亂現象，而影響法秩序之維持，所以不賦予其裁罰權。

2. **自治規則**：地方制度法第25條：「……自治法規由地方行政機關訂定，並發布或下達者，稱自治規則。」據此，直轄市政府、縣（市）政府、鄉（鎮、市）公所依行政立法權訂定「自治規則」，並將該規則定名為「規程、規則、細則、辦法、綱要、標準或準則」，地方制度法第27條：「直轄市政府、縣（市）政府、鄉（鎮、市）公所就其自治事項，得依其法定職權或基於法律授權之法規、自治條例之授權，訂定自治規則。前項自治規則應分別冠以各該地方自治團體之名稱，並得依其性質，定名為規程、規則、細則、辦法、綱要、標準或準則。直轄市、縣（市）、鄉（鎮、市）自治規則，除法律或基於法律授權之法規另有規定外，應於發布後分別函報行政院、中央主管機關、縣政府備查，並函送各該地方立法機關查照。」上述自治規則的基本程序，與中央法規標準法所定之中央法規發布程序幾乎完全相同，一方面顯示中央法規與地方法規之程序正義一致性；另一方面亦說明地方法規，即使是自治規則，地方立法機關亦可經由查照之法定程序，就其是否違反憲法、法律或法律授權之法規、自治條例加以必要性之審查，使地方行政機關不致因有訂定行政規則之行政立法權，而影響效力位階之設定。

3. **委辦規則**：直轄市政府、縣（市）政府、鄉（鎮、市）公所視辦理上級機關委辦事項需要，得訂定委辦規則，其定名準用自治規則之規定。地方制度法第29條：「直轄市政府、縣（市）政府、鄉（鎮、市）公所為辦理上級機關委辦事項，得依其法定職權或基於法律、中央法規之授權，訂定委辦規則。委辦規則應函報委辦機關核定後發布之；其名稱準用自治規則之規定。」由於地方行政機關所辦理之委辦事項，皆屬上級政府應辦理而委付其辦理之事項，且有法規依據，該地方行政機關不但不得推辭，且須負其行政執行之責任。委辦規則因係辦理上級政府委辦事項，視實際需要依法定授權或職權所訂定者，為避免上級政府之政策不能貫徹，或是各地方政府過度便宜行事，所以規定須俟上級政府核定後，始可發布施行。

☆☆☆(五) 地方自治法規的主要內容

依憲法規定應由立法院制定省縣自治通則後，分由省召開省民代表大會制定省自治法，縣召開縣民代表大會制定縣自治法。惟臺灣地區現階段已藉修憲途徑改變上開規定，依憲法增修條文規定，立法院制定地方制度法。茲依地方制度法分述其主要內容如下：

1. 地方劃分為省、直轄市。省劃分為縣、市；縣劃分為鄉、鎮、縣轄市。直轄市及市均劃分為區。

2. 人口聚居達一百二十五萬人以上，且在政治、經濟、文化及都會區域發展上，有特殊需要者，得設直轄市。

3.人口聚居達五十萬人以上未滿一百二十五萬人，且在政治、經濟及文化上地位重要之地區，得設市。

4.人口聚居達十萬人以上未滿五十萬人，且工商業發達、自治財源充裕、交通便利及公共設施完備之地區，得設縣轄市。

5.直轄市民、縣（市）民、鄉（鎮、市）民之權利如下：

(1)對於地方公職人員有依法選舉、罷免之權。

(2)對於地方自治事項有依法行使創制、複決之權。

(3)對於地方公共設施有使用之權。

(4)對於地方教育文化、社會福利、醫療衛生事項，有依法律及自治法規享受之權。

(5)對於地方政府資訊，有依法請求公開之權。

(6)其他依法律及自治法規賦予之權利。

6.直轄市民、縣（市）民、鄉（鎮、市）民之義務如下：

(1)遵守自治法規之義務。　　　　(2)繳納自治稅捐之義務。

(3)其他依法律及自治法規所課之義務。

7.直轄市法規、縣（市）規章就違反地方自治事項之行政義務者，得規定處以罰鍰或其他種類之行政罰。但法律另有規定者，不在此限。其為罰鍰之處罰，逾期不繳納者，得依相關法律移送強制執行。前項罰鍰之處罰，最高以新臺幣十萬元為限；並得規定連續處罰之。其他行政罰之種類限於勒令停工、停止營業、吊扣執照或其他一定期限內限制或禁止為一定行為之不利處分。

8.直轄市、縣（市）、鄉（鎮、市）總預算案，直轄市政府應於會計年度開始三個月前送達直轄市議會；縣（市）政府、鄉（鎮、市）公所應於會計年度開始二個月前送達縣（市）議會、鄉（鎮、市）民代表會。直轄市議會、縣（市）議會、鄉（鎮、市）民代表會應於會計年度開始一個月前審議完成。

直轄市議會、縣（市）議會、鄉（鎮、市）民代表會對於直轄市政府、縣（市）政府、鄉（鎮、市）公所所提預算案不得為增加支出之提議。

直轄市、縣（市）、鄉（鎮、市）總預算案在年度開始後三個月內未完成審議，直轄市政府、縣（市）政府、鄉（鎮、市）公所得就原提總預算案未審議完成部分，報請行政院、內政部、縣政府邀集各有關機關協商，於一個月內決定之；逾期未決定者，由邀集協商之機關逕為決定之。

9.直轄市、縣（市）決算案，應於會計年度結束後四個月內，提出於該管審計機關，審計機關應於決算送達後三個月內完成其審核，並提出決算審核報告於直轄市議會、縣（市）議會。直轄市議會、縣（市）議會審議省、縣（市）決算審核報告時，得邀請審計機關首長列席說明，並準用決算法規定。

鄉（鎮、市）決算報告應於會計年度結束後六個月內送達鄉（鎮、市）民代表會審議，並準用決算法規定。

☆☆☆四、公物（106普）

(一)**公物的意義**：公物的涵義有廣狹之別。廣義的公物，乃指國家或地方機關所擁有的一切財產；狹義的公物，則指各級政府基於行政目的，為執行各種業務直接、間接提供給各機關或一般人民使用之土地、場所、設施、機具與物品等而言。通常所稱之公物，係指狹義的公物。

(二)**公物的種類**

1. **以公物的用途為區分標準**（107高）：

    (1)**財政公物**：係指充作政府經費及其他財政上用途的各種財產而言，其中以公庫所有之現金及有價證券為主體，但其他財產物資及收益均屬之。

    (2)**行政公物**：係指直接供政府機關公務上使用或消費目的的營造物及各種動產而言，如要塞、房舍、辦公用具等。

    (3)**共用公物**：係指直接供一般人民利用之場所、公共設施及其附屬物而言，如道路、橋樑、公園等。

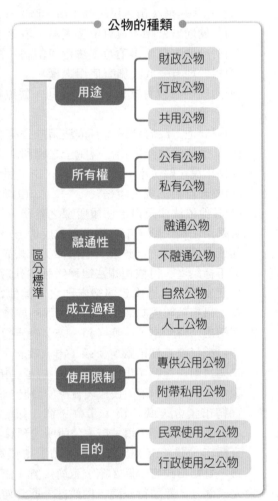

公物的種類

區分標準		
用途	財政公物
	行政公物
	共用公物
所有權	公有公物
	私有公物
融通性	融通公物
	不融通公物
成立過程	自然公物
	人工公物
使用限制	專供公用公物
	附帶私用公物
目的	民眾使用之公物
	行政使用之公物

2. **以公物的所有權歸屬為區分標準**：

    (1)**公有公物**：凡所有權屬於政府者，為公有公物，亦稱自有公物。

    (2)**私有公物**：凡所有權屬於人民，而由政府依法或契約取得使用權者，為私有公物，亦稱他有公物。

3.**以公物有無融通性為區分標準：**
(1)**融通公物**：凡公物的所有權得移轉於私人者，為融通公物。
(2)**不融通公物**：凡所有權專屬於國家，在性質上不能為私人所擁有者，為不融通公物，如河川湖海等。

4.**以公物實體上成立過程為區分標準：**
(1)**自然公物**：凡依其原有自然狀態可供公用之物，為自然公物，如湖海河川等。
(2)**人工公物**：凡須經人工製造興建始可供公用之物，為人工公物，如各種公共設施或公務使用之物品等。

5.**以公物在使用方面所受之限制為區分標準：**
(1)**專供公用公物**：凡公物專供政府公務上使用者，為專供公用公物，如軍用機艦、要塞堡壘等。
(2)**附帶私用公物**：凡公物在供公用之同時，許可附帶兼供私人目的使用者，為附帶私用公物，如在公共設施場所允許私人各種營業活動。

6.**以公物的目的為區分標準：**
(1)**民眾使用之公物**：係指以提供民眾之使用為目的之公物，例如馬路、航道、公園等。國家提供人民使用之公物，依其使用的自由性與否，又可區分為以下三種主要類型：
A.公眾使用：指公物依其設置之目的，乃提供人民的自由使用。該使用是公開的，自由的，無須獲得許可，且為無償的使用之。例如公路、橋樑、路燈等。這種開放公眾使用之公物，提供給人民之使用利益，皆是反射利益，所以稱之為「單純的公眾使用」。
B.特別使用：指公物的使用，須經特別批准（及許可）之程序，方可由人民使用。特別使用之公物，又可區分為「本質上」必須特別使用，亦即必須獲得許可之公物；及「非本質上」須獲得許可之公物。析言之：
a.在「非本質」之特別使用的公物，乃公物之提供本即為公眾使用，但是為了針對某些特定的公共使用用途，必須加以特別規定以及附加條件（如付費），才例外的許可其使用。例如，馬路、巷道、廣場之使用，本可為人民自由使用，但是人民若將上述地點充作喜慶、喪禮、迎神之用途時，則必須向行政機關，如向警察機關申請「特別使用」，方可使用之（如道路交通管理處罰條例第82條第9款）。
b.在「本質」上之特別使用的公物，係指該公物的利用，本即要經特別許可方得使用之。例如海邊的使用（如游泳、釣魚、採砂等）、山地之進入……，本皆是可供公眾使用之公物。但是，實施山防、海防之地

區，則進入、使用山防、海防區域內之土地、設備，則係「本質」上須獲特別許可之公物。另外，河流本是供公眾使用——一般性使用，但利用河流之水來作經濟使用時，例如釀酒、製造飲料、工業用水，則已非符合該公物之本質上所許可之使用。此時，就須依特別規定，例如水利法，獲得許可。特別使用之許可，乃多涉及公益的考慮，且多需要行政機關的監督，故皆須法律的規定，方可限制及許可之。

C.公共機構使用：這是指公物乃是以「組合體」之方式，亦即結合成一個公共機構之組織，提供予人民之使用，例如圖書館、大學等，皆是由行政主體所掌握或是以私法人之方式來提供使用。這些使用皆須經過管理機關許可之程序，方得使用之，故在原則上需以已獲得許可為前提。這種公物的使用，又可分自由使用及強迫使用兩種。前者自由使用之公物，乃人民使用這種公物，可由人民自由意志決定，待自由決定要使用後，方依該公物的管理規定申請使用之許可，惟在例外時，可不必申請許可。需經申請的例如進入公立大學就讀；無須經許可的如進入公立圖書館閱讀書報等。在後者，因為涉及人民的義務，故必須有法令之依據方可強迫人民使用該公物，例如強迫使用自來水、電力及就讀國民學校等。

(2) **行政使用之公物**：係指供行政機關以維持其行政功能之公物，如機關房舍、用具等。這種公物既為提供行政機關之內部使用，故以行政內部法令（行政規章）來規定其使用關係（包括物的產生設定）。另外，這種公物多不能作為交易之標的，除非依法令「解除」其為公物之資格，如已報廢、淘汰之車輛，或已解除為公家宿舍之房地，方得賣與私人。同時，也不得充作法院強制執行之標的，故具有「不流通性」。另外，行政使用之公物亦常常會提供人民使用之機會，例如提供行政機關設施如廁所、交誼廳、車輛、資訊等的借用。因這些機關內部設備之管理權由行政機關所擁有，故原則上可由機關訂定概括的使用規則，或由行政機關為個案之批准，來管理人民之使用。

(三) 公物的法律關係

1. **公法上的法律關係**：公物的成立具有政策上及行政上的目的，故就公物的法律關係而論，在公法上具有下列特色：

(1) **融通性的限制**：公物雖可區分為融通公物與不融通公物，惟就一般情形而言，基於公物成立的目的，其融通性即可能受到限制或完全被否定。

(2) **強制執行的限制**：公物的成立因具有其行政上的目的，故公有公物在原則上不能成為強制執行的標的。至於私有公物雖得作為強制執行的標的，惟即使在加以扣押拍賣，於所有權發生移轉後，其作為公物的成立目的並未消失，故依然保有其公物的性質，應繼續供行政目的而使用。

(3) **取得時效的限制**：政府對私有公物，在經長期占有使用後，可因時效之完成依法取得其所有權，惟在公物未經廢止前，仍應作公物使用；至於私人對公有公物則不能因時效取得所有權。

(4) **徵收的限制**：公物在原則上不得徵收，惟如符合土地法第220條之規定，因舉辦較為重大事業無可避免者，仍得徵收之。

(5) **租稅的減免**：公物的成立既具有行政上的目的，則為促進公共利益，可作減免租稅的規定，如土地法對公有土地、公有建築改良物、私有土地供公用目的者所作減免土地稅之規定。

2. **私法上的法律關係**：公物之法律關係除適用公法規定外，在與其成立目的不相牴觸的情形下，亦得適用民法及民事訴訟法之規定，其有關事項如下：

(1) 就融通公物而言，如公有財產之所有權發生爭執時，得適用民事訴訟程序解決，並構成強制執行的標的。

(2) 就公物既存的各種權利，在不妨礙公物成立目的之範圍內，權利人得繼續行使之。

(3) 關於公物所有權及其他物權之得喪變更，應依土地法的規定辦理登記。

(4) 公物除有特別規定者外，就相鄰關係應準用民法的有關規定。

(5) 公物所有權人，如因公物在設置或保管上的欠缺，使第三人受到損害時，應依民法規定負責賠償。

(6) 公物得移轉於私有者，除法令有特別規定外，適用民法的規定。

☆☆五、營造物

(一) **營造物的意義**：所謂營造物，係指行政主體為達成公共行政上之特定目的，將人與物作功能上之結合，以制定規章作為組織之依據所設置之組織體，與公眾或特定人間發生法律上之利用關係。

(二) **營造物的種類**

1. **服務性營造物**：機場、港口等。
2. **文教性營造物**：公立學校、博物館、圖書館、紀念堂、文化中心等。
3. **保育性營造物**：公立醫院、療養院、榮民之家、勒戒所等。
4. **民俗性營造物**：孔廟、忠烈祠、公立殯儀館等。
5. **營業性營造物**：公有果菜市場、漁市場等。

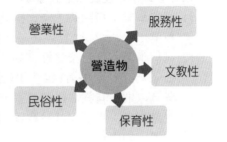

(三)營造物利用關係

1.營造物之成立通常以設置機關（即設置營造物之主體）所制定之規章為依據，此種規章稱為營造物規則，係營造物之組織法，決定營造物之目的、內部結構、服務人員、權限以及可供支配之資源等。至於營造物對外所生之法律關係，亦即營造物利用關係，主要則取決於利用規則，利用規則通常依其權力（即營造物權力）由營造物自行訂定，但重要性或普遍適用於各個營造物者，亦可能由 設置機關逕行制定。營造物利用規則必須符合其設立之目的，在法規或習慣法所允許之範圍內，規定其對外營運之細節，以及與利用者間之權利義務關係。

2.營造物利用關係究為公法（行政法）關係抑或私法關係，固受營造物之設置規章（即營造物規則）影響，例如賦予營造物強制性之權力，並以實現一般公權力行政範疇之事務為目的者，其所發生之法律關係屬於公法性質，已甚明顯。惟通常情形，尤其在法律無明文規定之場合，營造物利用關係之法律屬性，實取決其利用規則，甚至可經由修改營造物利用規則之方式，變更原有利用關係之性質。

☆六、公營事業

(一)公營事業的意義：公營事業亦稱公企業或公共事業，係由國家或地方政府基於各種政策目的及公共利益，發揮經濟職能所經營不以權力為要素的事業。

(二)公營事業的種類

1.**以經營主體為區分標準**：

(1)**國營事業**：指由中央政府各主管機關舉辦之公營事業。

(2)**地方公營事業**：指由各級地方政府所舉辦之公營事業，可按地方政府層級區分為直轄市營事業、縣（市）營事業、鄉（鎮、市）營事業。

2.**以公營事業之性質為區分標準**：

(1)**國防事業**：指國防工業與國防軍需生產有密切關係或直接涉及國防秘密之事業。

(2)**獨佔事業**：凡企業之性質易形成壟斷局面，使一般國民蒙受損失者，以由公營為宜。憲法第144條規定：「公用事業及其他有獨佔性之企業，以公營為原則，其經法律許可者，得由國民經營之。」

(3)**生產事業**：指政府基於政策目的，所經營之各種生產事業，其中以工業為主體，如中船、中油。

(4)**公用事業**：指為公眾提供生活上各種服務及便利的事業，如自來水、電力、瓦斯等事業。

(5)民生事業：指以民生必需品有關之生產及銷售事業，如糖、鹽、食用油等事業。

3.以公營事業有無營利目的為區分標準：

(1)營利事業：公營事業的經營，非以營利為必要，但亦不禁止具有營利目的。一般言之，公營事業除為財政目的所舉辦者外，多非專門以營利為目的，但可兼具營利目的，凡兼具營利目的之公營事業，即為營利事業。

(2)非營利事業：指不以營利為目的之事業，主要屬社會服務性之事業機構，如中央健康保險局。

4.以公營事業之組織為區分標準：

(1)公司組織之事業：公營事業中採用公司組織者甚為普遍，凡依事業組織特別法或公司法所設立之公司，其政府資本超過百分之五十以上者均屬之。

(2)非公司組織之事業：公營事業不採公司組織者，其組織型態有二：

　　A.採一般行政機關組織者，如台北自來水事業處。

　　B.採不同於行政機關之特殊組織者，如中央信託局。

七、公權力的委託行使

(一)意義（108地四、109普）

1.民間團體或個人受到國家機關之委託，以自己名義獨立行使公權力，而完成國家任務者，謂之「公權力的委託行使」。委託民間團體之情形，例如國際貿易局委託財團法人中華民國紡織品外銷拓展協會辦理外銷紡織品配額之分配、國際貿易局委託外貿協會核發人民之外銷許可證、監理處委託汽車修理廠代為檢驗車輛、商品檢驗局委託特定團體代為實施檢驗之技術工作等。委託個人之情形，例如環保署委託機車行檢驗機車廢氣排放量等。

2.如非以自己名義獨立行使公權力，而是受行政機關之指揮命令，協助完成一定之任務者，僅是「行政助手」，即係行政主體執行任務之「工具」，並非公權力的委託行使。例如公立學校上體育課，老師請學生從旁協助；或上化學實驗課，請學生做示範；拖吊公司在警察指揮下拖吊車輛等。

(二)行政機關委託私人行使公權力的原則

行政程序法第16條規定：「行政機關得依法規將其權限之一部分，委託民間團體或個人辦理。」學理上，委託行使公權力與單純委託辦理行政事務有別，委託事項如屬私經濟行為或事實行為，法律若無禁止規定，行政機關得自由委託私人辦理；如涉及公權力之行使，應有法律或授權命令之依據較妥，避免濫由私人行使公權力。

(三) 委託方式

　　除私經濟事項得以私法契約方式委託外，涉及公權力之行使應以行政處分或行政契約為之。為使人民瞭解行政機關委託辦理之內容，行政程序法第16條第2項規定「應將委託事項及法規依據公告之，並刊登政府公報或新聞紙」。如直接依法律規定行使公權力者，則不強調是否經行政行為之授權或公告、刊登。

(四) 救濟途徑 (108高)

1. 國家賠償法第4條第1項規定：「受委託行使公權力之團體，其執行職務之人於行使公權力時，視為委託機關之公務員。受委託行使公權力之個人，於執行職務行使公權力時亦同。」可知受託人之行為直接歸屬於委託之機關負責。國家是否負賠償責任，再依同法第2條第2項之規定檢驗其要件。

2. 若人民提起行政訴訟，以往司法實務傾向對外行為主體如非行政機關，公法關係中斷，而非行政法院所受理之事件，惟釋字第269號解釋認為「依法設立之團體，如經政府機關就特定事項依法授與公權力者，以行使該公權力為行政處分之特定事件為限，有行政訴訟之被告當事人能力。」因規定之委託事件之訴願管轄，原本係適用於行政機關相互間之委託關係，自釋字第269號解釋作成後，應可及於依法設立之團體與政府機關間之委託關係。**若不服受託團體之行為時，視同不服原委託機關之處分，而向其上級機關提起訴願。若提起行政訴訟，行政訴訟法第25條：「人民與受委託行使公權力之團體或個人，因受託事件涉訟者，以受託之團體或個人為被告。」**

歷年試題總覽

(　)　1.下列何者為公法人？　(A)行政院　(B)高雄市政府　(C)澎湖縣望安鄉　(D)臺北市大安區。（100地四）

(　)　2.下列何者不是公法人？　(A)中壢高級中學　(B)桃園縣　(C)桃園農田水利會　(D)桃園市。（97普）

(　)　3.在我國現行地方制度中，下列那一種地方組織，其廢止，毋庸經過修憲程序，即得為之？　(A)省　(B)直轄市　(C)縣（市）　(D)鄉（鎮、市）。（100普）

(　)　4.關於地方自治團體之敘述，下列何者錯誤？　(A)為區域性之公法社團　(B)鄉（鎮、市）之自治權受憲法上之制度保障　(C)除自治事項外，亦辦理上級政府之委辦事項　(D)得依法規將自治事項委由所屬下級行政機關辦理。（106地三）

(　)　5.下列何者非屬公物？　(A)私營博物館　(B)既成道路　(C)高速公路邊坡　(D)市府向民間承租之辦公廳舍。（103普）

(　)　6.下列何者非屬公物？　(A)縣道　(B)既成道路　(C)私人加油站附設廁所　(D)行政機關所擁有之辦公桌椅。（104普）

(　)　7.下列何者非屬公物？　(A)既成道路　(B)國營事業之官股　(C)行政機關向私人租用辦公之大樓　(D)行人陸橋。（106普）

(　)　8.關於公物之敘述，下列何者錯誤？　(A)公物原則上是不融通物，不得為交易的標的，但不妨礙其性質且合於目的的使用下，仍可以轉讓其所有權　(B)公物適用民法上的時效取得規定，他人可以主張時效取得所有權　(C)公物原則上不得為民事強制執行的標的，但使用目的不受影響下，例外仍得作為執行標的　(D)公物原則上不得為公用徵收之標的，但私有土地如成為公物使用者，例外可予以徵收。（103普）

(　)　9.關於行政法上公物之敘述，下列何者錯誤？　(A)公物皆為不融通物　(B)無體物得為公物　(C)私有財產可作為公物　(D)公物乃直接供行政使用或民眾使用之物。（105地四）

(　)　10.下列何者為營造物？　(A)忠烈祠　(B)公平交易委員會　(C)臺北農產運銷股份有限公司　(D)內政部民政司。（104高）

（　）| 11. 關於公物之敘述，下列何者錯誤？　(A)公物之設定得以作成行政處分之方式為之　(B)公物之興建係事實行為　(C)人民欲對公物為特別使用，應申請許可　(D)提供公共使用之公共用物，人民為一般使用亦須申請許可。（107高）

（　）| 12. 臺灣省自來水公司與臺北市自來水事業處均提供供水服務，下列敘述何者錯誤？　(A)臺灣省自來水公司與用戶之間的供水服務僅能為私法關係　(B)臺北市自來水事業處與用戶之間的供水服務僅能為公法關係　(C)無論是臺灣省自來水公司或是臺北市自來水事業處，其水價之訂定與調整，均受自來水法之限制　(D)無論是臺灣省自來水公司或是臺北市自來水事業處，在其供水區域內，對於申請供水者，非有正當理由，不得拒絕。（105普）

（　）| 13. 下列作成決定之團體或個人何者具有受託行使公權力之地位？　(A)某私立大學作成決定，將考試作弊之學生甲退學　(B)義勇交通服務隊之隊員計程車司機某乙，在路口指揮交通　(C)建設公司丙，參與國防部新建營區工程之政府採購投標案得標　(D)某私立中學，聘請丁擔任校車司機。（102普）

（　）| 14. 依司法院釋字第462號解釋，各私立大學教師評審委員會對其所屬教師升等評審之權限，屬於下列何種行為？　(A)特別權力關係下之概括支配權　(B)私法契約關係下之一方意思表示　(C)法律授予公權力之行使　(D)事實行為。（100地三）

（　）| 15. 有關國道高速公路收費，經由國道高速公路局交由民間公司團體，設立電子收費設備予以管理並執行，依據行政法理，係屬下列何項行政態樣？　(A)行政委任　(B)行政委託　(C)行政助手　(D)行政私法。（103普）

（　）| 16. 下列何者係屬受委託行使公權力之團體或個人，且於委託範圍內，視為行政機關？　(A)於路口協助交通警察指揮交通之義警　(B)受警察監督執行汽車拖吊之民間業者　(C)經濟部委請辦理核發商品檢驗合格證書之財團法人　(D)為供環境保護局作成裁罰決定而進行污水檢驗之民間實驗室。（104警）

（　）| 17. 下列何者係直接依法律規定授權私人行使公權力？　(A)船長或機長為緊急處分　(B)汽車修理廠辦理汽車定期檢驗　(C)財團法人海峽交流基金會處理兩岸人民往來事務　(D)工研院辦理商品檢驗合格證書之核發。（102高）

（　）| 18. 若A直轄市欲將其商業登記之法定業務移請該市之商業同業公會辦理，下列何種方式為適法之手段？　(A)委託行使公權力　(B)權限委託　(C)權限委任　(D)委辦。（105高）

( )　19.下列何者非屬受委託行使公權力？　(A)國際貿易局委託財團法人中華民國紡織品外銷拓展協會，辦理外銷紡織品配額之分配　(B)協助警察執行勤務之義勇警察　(C)私立學校授予學生學位　(D)船長為維持船上治安所為緊急處分。（103警）

( )　20.因民眾檢舉某公司販賣之食品標示不實，新竹縣政府衛生局委託民間團體進行檢驗，衛生局並依檢驗之結果作為是否裁罰之依據。本例中，受委託進行檢驗之民間團體，其法律地位為何？　(A)內部單位　(B)行政助手　(C)行政機關　(D)公權力受託人。（103高）

( )　21.有關行政助手，下列敘述何者錯誤？　(A)係在行政機關執行特定行政任務時，受行政機關之委託予以協助，並按其指示完成工作之自然人　(B)行政助手無公權力，並無自行決定之活動空間，非獨立以自己名義作成行為，亦不直接與第三人發生法律關係　(C)行政機關與行政助手間若有契約關係存在時，係締結行政契約　(D)民間業者受交通警察指揮拖吊違規車輛係行政助手。（105地四）

( )　22.「公權力受託人」以及「行政助手」二者之區別，主要在於：　(A)公權力受託人不得成為行政訴訟之被告，行政助手得為行政訴訟之被告　(B)公權力受託人在行政程序法中沒有明文規定，行政助手則有　(C)公權力受託人以自己名義獨立對外行文，行政助手無法以自己名義獨立對外行文　(D)公權力受託人無須法律依據，行政助手應有法律依據。（102地四）

( )　23.有關「受委託行使公權力」（或稱：「行政委託」），下列敘述何者錯誤？　(A)受委託行使公權力所需之費用，除另有約定外，由原委託機關支付　(B)人民不服受委託行使公權力者所為之行政處分時，由原委託機關管轄訴願　(C)非經訴願程序之案件，人民與受委託行使公權力者因受託事件涉訟時，以原委託機關為被告　(D)人民因受託事件請求國家賠償時，以原委託機關為賠償義務機關。（100地四）

( )　24.有關行政機關委託私人行使公權力之方式，下列敘述何者正確？　(A)如法律明文委託行使公權力，行政機關仍須依法作成行政處分後，私人始得行使公權力　(B)行政機關如以行政處分方式委託私人行使公權力，即無須法律之依據　(C)行政機關依據法律分別授權許多私人行使公權力，如內容相同時，得締結定型化行政契約　(D)對於有意願受委託行使公權力之私人，於行政機關實施行政指導時，即已完成委託行為。（107地四）

解答及解析

1. **C**　　2. **A**　　3. **D**　　4. **B**

5. **A** 公物的涵義有廣狹之別。廣義的公物，乃指國家或地方機關所擁有的一切財產；狹義的公物，則指各級政府基於行政目的，為執行各種業務直接、間接提供給各機關或一般人民使用之土地、場所、設施、機具與物品等而言。通常所稱之公物，係指狹義的公物。本題私營博物館並非公物，而為私物。

6. **C**　　7. **B**

8. **B** 政府對私有公物，在經長期占有使用後，可因時效之完成依法取得其所有權，惟在公物未經廢止前，仍應作公物使用；至於私人對公有公物則不能因時效取得所有權。

9. **A**　　10. **A**

11. **D** 公共用物指行政主體直接提供公共使用之公物，如道路、橋樑、廣場、河川及領海等。公共用物之使用方式可區分為二：(1)通常使用：指依公物之性質供通常之使用，例如道路係供公眾通行之用。(2)特殊使用：指公共用物之使用已超出其通常使用之範圍而言，例如在特定時段准許在道路上進行賽車或賽跑，又如在城市廣場於定時定點准許設置攤位等，均屬特殊使用。通常使用與特殊使用之區別實益，在於前者無許可手續任何人皆可使用，後者原則上應經主管機關之許可。

12. **B**

13. **A** 釋字第382號解釋理由書：「公立學校係各級政府依法令設置實施教育之機構，具有機關之地位，而私立學校係依私立學校法經主管教育行政機關許可設立並製發印信授權使用，在實施教育之範圍內，有錄取學生、確定學籍、獎懲學生、核發畢業或學位證書等權限，係屬由法律在特定範圍內授與行使公權力之教育機構，於處理上述事項時亦具有與機關相當之地位。是各級公私立學校依有關學籍規則或懲處規定，對學生所為退學或類此之處分行為，足以改變其學生身分及損害其受教育之機會，此種處分行為應為訴願法及行政訴訟法上之行政處分，並已對人民憲法上受教育之權利有重大影響。」本題某私立大學作成決定，將考試作弊之學生甲退學，某私立大學具有受委託行使公權力之地位。

14. **C**

15. **B** 民間團體或個人受到國家機關之委託，以自己名義獨立行使公權力，而完成國家任務者，謂之「行政委託」。

本題國道高速公路局將國道高速公路之收費，交由民間公司團體，設立電子收費設備予以管理並執行，即屬行政委託。

16. **C**

17. **A**　船員法第59條：「船長在航行中，為維持船上治安及保障國家法益，得為緊急處分。」民用航空法第45條：「航空器在飛航中，機長為負責人，並得為一切緊急處置。」

18. **A**

19. **B**　民間團體或個人受到國家機關之委託，以自己名義獨立行使公權力，而完成國家任務者，謂之「受委託行使公權力」。如非以自己名義獨立行使公權力，而是受行政機關之指揮命令，協助完成一定之任務者，僅是「行政助手」，即係行政主體執行任務之「工具」，並非受委託行使公權力。本題「協助警察執行勤務之義勇警察」即屬「行政助手」，並非受委託行使公權力。

20. **B**　民間團體或個人受到國家機關之委託，以自己名義獨立行使公權力，而完成國家任務者，謂之「公權力的委託行使」。如非以自己名義獨立行使公權力，而是受行政機關之指揮命令，協助完成一定之任務者，僅是「行政助手」，即係行政主體執行任務之「工具」，並非公權力的委託行使。
本題受委託進行檢驗之民間團體，不能以自己名義獨立行使公權力，屬行政助手。

21. **C**

22. **C**　民間團體或個人受到國家機關之委託，以自己名義獨立行使公權力，而完成國家任務者，謂之「公權力的委託行使」。如非以自己名義獨立行使公權力，而是受行政機關之指揮命令，協助完成一定之任務者，僅是「行政助手」，即係行政主體執行任務之「工具」，並非公權力的委託行使。例如公立學校上體育課，老師請學生從旁協助；或上化學實驗課，請學生做示範；拖吊公司在警察指揮下拖吊車輛等，均屬「行政助手」而非「公權力的委託行使」。二者之區別，主要在於公權力受託人以自己名義獨立對外行文，行政助手無法以自己名義獨立對外行文。

23. **C**　　24. **C**

地方制度法題庫

第1條　本法依中華民國憲法第118條及中華民國憲法增修條文第9條第1項制定之。地方制度依本法之規定，本法未規應者，適用其他法律之規定。

（　）　關於地方制度法之制定依據，以下何一敘述最為正確？　(A)依中華民國憲法第108條第1項制定　(B)依中華民國憲法第118條及增修條文第9條第1項制定　(C)依中華民國憲法增修條文第9條第1項制定　(D)依中華民國憲法第112條、第118條及第122條制定。（92地）

答：(B)

第2條　本法用詞之定義如下：
一、地方自治團體：指依本法實施地方自治具公法人地位之團體。省政府為行政院派出機關，省為非地方自治團體。
二、自治事項：指地方自治團體依憲法或本法規定，得自為立法並執行，或法律規定應由該團體辦理之事務，而負其政策規劃及行政執行責任之事項。
三、委辦事項：指地方自治團體依法律、上級法規或規章規定，在上級政府指揮監督下，執行上級政府交付辦理之非屬該團體事務，而負其行政執行責任之事項。
四、核定：指上級政府或主管機關，對於下級政府或機關所陳報之事項，加以審查，並作成決定，以完成該事項之法定效力之謂。
五、備查：指下級政府或機關間就其得全權處理之業務，依法完成法定效力後，陳報上級政府或主管機關知悉之謂。
六、去職：指依公務員懲戒法規定受撤職之懲戒處分、依公職人員選舉罷免法規定被罷免或依本法規定被解除職權或職務者。

（　）1.依地方制度法之規定，下列何者為公法人？　(A)區　(B)區公所　(C)市　(D)市政府。（101普）

（　）2.下列何者為公法人？　(A)臺灣銀行　(B)村、里　(C)國立大學　(D)鄉、鎮。（101警）

（　）3.委辦事項，指地方自治團體依法律、上級法規或規章規定，在上級政府指揮監督下，執行上級政府交付辦理之非屬該團體事務，而負何種責任之事項？　(A)法律監督　(B)立法責任　(C)行政執行　(D)行政監督。（100高）

（　）4.有關「委辦事項」之概念，下列敘述何者錯誤？　(A)指地方自治團體在上級政府指揮監督下，執行上級政府交付辦理之事務　(B)該事項係上級政府交付辦理，非屬該地方自治團體之事務　(C)執行者負政策規劃及行政執行責任　(D)執行者僅負行政執行責任。（100普）

（　）5. 關於委辦事項之敘述，下列何者錯誤？　(A)係地方自治團體依據上級法規執行之事項　(B)係地方自治團體執行上級政府交付辦理屬於該地方自治團體固有之事務　(C)地方自治團體就委辦事項應負行政執行之責任　(D)地方自治團體執行委辦事項應受上級政府之指揮監督。（107地四）

（　）6. 下列關於中央行政機關將其任務委由地方自治團體辦理之敘述，何者錯誤？　(A)委辦事項非屬地方自治團體之法定自治事項　(B)地方自治團體執行委辦事項時，得訂定委辦規則　(C)受委辦之地方自治團體得要求委辦機關撥付必要費用　(D)受委辦之地方自治團體應以委辦機關之名義執行委辦事項。（108普）　　　答：1.(C)　2.(D)　3.(C)　4.(C)　5.(B)　6.(D)

第14條　直轄市、縣（市）、鄉（鎮、市）為地方自治團體，依本法辦理自治事項，並執行上級政府委辦事項。

（　）1. 下列那一層級之地方組織，在現行法中並未實施地方自治？　(A)直轄市　(B)縣（市）　(C)直轄市所屬之區　(D)鄉（鎮、市）。（98地三）

（　）2. 下列那一層級之地方組織，在現行法中，其首長雖由人民依法選舉之，但該組織體本身並非地方自治團體？　(A)鄉（鎮、市）　(B)區　(C)村（里）　(D)鄉。（100普）　　　答：1.(C)　2.(C)

第21條　地方自治事項涉及跨直轄市、縣（市）、鄉（鎮、市）區域時，由各該地方自治團體協商辦理；必要時，由共同上級業務主管機關協調各相關地方自治團體共同辦理或指定其中一地方自治團體限期辦理。

（　）　地方自治事項涉及跨越不同行政區域時，下列何者不屬於地方制度法第21條規定之處理方式？　(A)由各地方自治團體協商辦理　(B)由地方自治團體逕行聲請釋憲　(C)由共同上級業務主管機關協調共同辦理　(D)由共同上級業務主管機關指定其一辦理。（102高）　　　答：(B)

第25條　直轄市縣（市）鄉（鎮、市）得就其自治事項或依法律及上級法規之授權，制定自治法規。自治法規經地方立法機關通過，並由各該行政機關公布者，稱自治條例；自治法規由地方行政機關訂定，並發布或下達者，稱自治規則。

（　）1. 地方自治法規經由地方立法機關通過，並由各該行政機關公布者，稱之為何？　(A)自治規則　(B)自治規約　(C)自治條例　(D)自治通則。（93地、93普）

（　）2. 地方自治法規由地方行政機關訂定，並發布或下達者，其各名稱為何？　(A)自治準則　(B)自治通則　(C)自治規約　(D)自治規則。（106地四）　　　答：1.(C)　2.(D)

第26條　自治條例應分別冠以各該地方自治團體之名稱，在直轄市稱直轄市法規，在縣（市）稱縣（市）規章，在鄉（鎮、市）稱鄉（鎮、市）規約。

　　　　直轄市法規、縣（市）規章就違反地方自治事項之行政業務者，得規定處以罰鍰或其他種類之行政罰。但法律另有規定者，不在此限。其為罰鍰之處罰，逾期不繳納者，得依相關法律移送強制執行。

　　　　前項罰鍰之處罰，最高以新臺幣十萬元為限；並得規定連續處罰之。其他行政罰之種類限於勒令停工、停止營業、吊扣執照或其他一定期限內限制或禁止為一定行為之不利處分。

（　）1.下列何種法規範得對人民處以行政罰？　(A)行政規則　(B)自治條例　(C)職權命令　(D)自律規則。（99地四）

（　）2.下列何者不得作為行政機關課處罰鍰之依據？　(A)直轄市法規　(B)縣（市）規章　(C)鄉（鎮、市）規約　(D)行政院依法律訂定之法規命令。（99地四）

（　）3.有關行政罰法規定之行政罰，下列何者正確？　(A)學理上又稱執行罰　(B)係以督促義務人將來履行義務所為之處罰　(C)自治條例得設有處罰之規定　(D)係以公務員為處罰之對象。（100地四）

（　）4.下列有關地方自治與法律保留之敘述，何者錯誤？　(A)除法律另有規定外，直轄市法規、縣（市）規章就違反地方自治事項之行政業務者，得規定處以罰鍰或其他種類之行政罰　(B)直轄市法規、縣（市）規章就違反地方自治事項之行政業務者，得規定處以罰鍰，最高以新臺幣20萬元為限，並得規定連續處罰之　(C)直轄市法規、縣（市）規章就違反地方自治事項之行政業務者，得規定勒令停工或其他一定期限內限制或禁止為一定行為之不利處分等行政罰　(D)自治條例經各該地方立法機關議決後，如規定有罰則時，應分別報經行政院、中央各該主管機關核定後發布。（104警）　　　　　　　　答：1.(B)　2.(C)　3.(C)　4.(B)

第28條　下列事項以自治條例定之：

　　　　一、法律或自治條例規定應經地方立法機關議決者。

　　　　二、創設、剝奪或限制地方自治團體居民之權利義務者。

　　　　三、關於地方自治團體及所營事業機構之組織者。

　　　　四、其他重要事項，經地方立法機關議決應以自治條例定之者。

（　）1.下列何種法規得對人民課稅？　(A)經地方議會通過之自治條例　(B)裁量基準之行政規則　(C)受法律概括授權之法規命令　(D)認定事實基準之行政規則。（100警）

（　）2.關於地方制度中之自治事項與委辦事項之敘述，下列何者錯誤？　(A)對於委辦事項，除得為法律監督外，亦得為專業監督　(B)地方自治團體內部，有關委辦事項之管轄權分配，無需地方議會之決議　(C)自治事項中，屬於創設、剝奪或限制地方自治團體居民之權利義務者，應以自治規則定之　(D)對於自治事項，僅得為法律監督，而不得為專業監督。（98地三）

答：1.(A)　2.(C)

第29條　直轄市政府、縣（市）政府、鄉（鎮、市）公所為辦理上級機關委辦事項，得依其法定職權或基於法律、中央法規之授權，訂定委辦規則。
委辦規則應函報委辦機關核定後發布之；其名稱準用自治規則之規定。

（　）1.下列何者非屬地方自治團體得自行訂定生效之法規範？　(A)自治條例　(B)委辦規則　(C)自律規則　(D)自治規則。（107地四）

（　）2.下列何者不屬於地方自治法規之範圍？　(A)自治條例　(B)自治規則　(C)委辦規則　(D)法規命令。（102地三）

（　）3.有關自治法規之敘述，下列何者正確？　(A)直轄市自治規則得於自治範圍內，就違反行政法義務之行為規定罰鍰　(B)直轄市自治條例經市議會議決後，如規定有罰則時，應報行政院備查　(C)直轄市政府為辦理中央機關委辦事項，得基於法律授權訂定委辦規則　(D)直轄市自治條例與憲法、法律或該直轄市之自治規則相牴觸者，無效。（106高）

（　）4.關於地方自治團體辦理委辦事項之敘述，下列何者錯誤？　(A)應以地方自治團體之名義對外行文　(B)僅得在委辦機關授權時始得訂定委辦規則　(C)受委辦機關之合法性及合目的性監督　(D)所生費用應由委辦機關負擔。（105地三）

答：1.(B)　2.(D)　3.(C)　4.(B)

第30條　自治條例與憲法、法律或基於法律授權之法規或上級自治團體自治條例牴觸者，無效。
自治規則與憲法、法律、基於法律授權之法規、上級自治團體自治條例或該自治團體自治條例牴觸者，無效。
委辦規則與憲法、法律、中央法令牴觸者，無效。
第1項及第2項發生牴觸無效者，分別由行政院、中央各該主管機關、縣政府予以函告。第3項發生牴觸無效者，由委辦機關予以函告無效。
自治法規與憲法、法律、基於法律授權之法規、上級自治團體自治條例或該自治團體自治條例有無牴觸發生疑義時，得聲請司法院解釋之。

（　）1.關於自治條例的敘述，下列何者錯誤？　(A)自治條例與憲法牴觸者，無效　(B)自治條例與基於法律授權之法規牴觸者，無效　(C)自治條例與自治規則牴觸者，無效　(D)自治條例與法律牴觸者，無效。（100普）

（　）2.下列關於自治法規位階之敘述何者錯誤：　(A)自治條例牴觸法律者無效　(B)自治規則牴觸自治條例者無效　(C)委辦規則牴觸中央法規者無效　(D)委辦規則牴觸自治條例者無效。（95地三）

（　）3.自治條例與下列何者牴觸者，無效？　(A)行政規則　(B)自治規則　(C)法律　(D)行政法院判例。（107普）

答：1.(C)　2.(D)　3.(C)

第59條　村（里）置村（里）長一人，受鄉（鎮、市、區）長之指揮監督，辦理村（里）公務及交通事項。由村（里）民依法選舉之，任期四年，連選得連任。

（　）1.依地方制度法之規定，下列何者係由選舉產生？　(A)直轄市副市長　(B)村（里）長　(C)直轄市之區長　(D)縣市政府主任祕書。（93普）

（　）2.依司法院釋字第553號解釋，有關「里長任期屆滿應改選，如因特殊事故，得延期辦理改選」，下列敘述何者正確？　(A)里長改選屬地方自治事項　(B)特殊事故屬不確定法律概念，故賦予法院相當程度之判斷餘地　(C)中央監督機關得對地方延期改選之決定進行合目的性監督　(D)中央監督機關撤銷地方政府之決定，屬上級對下級之職務監督，故地方無法提起行政救濟。（100地三）

答：1.(B)　2.(A)

第61條　直轄市長、縣（市）長、鄉（鎮、市）長，應支給薪給；退職應發給退職金；因公死亡或病故者，應給與遺族撫卹金。前項人員之薪給、退職金及撫卹金之支給，以法律定之。
村（里）長，為無給職，由鄉（鎮、市、區）公所編列村（里）長事務補助費，其補助項目及標準，以法律定之。

（　）依地方制度法第61條規定，彰化縣溪州鄉水尾村村長可以支領下列何種費用？　(A)薪給　(B)退職金　(C)事務補助費　(D)遺族撫卹金。（96地三）

答：(C)

第62條　直轄市政府之組織，由內政部擬訂準則，報行政院核定；各直轄市政府應依準則擬訂組織自治條例，經直轄市議會同意後，報行政院備查；直轄市政府所屬機關及學校之組織規程，由直轄市政府定之。
縣（市）政府之組織，由內政部擬訂準則，報行政院核定；各縣（市）政府應依準則擬訂組織自治條例，經縣（市）議會同意後，報內政部備查；縣（市）政府所屬機關及學校之組織規程，由縣（市）政府定之。
前項縣（市）政府一級單位定名為處，所屬一級機關定名為局，二級單位及所屬一級機關之一級單位除主計、人事及政風機構外，定名為科。但因業務需要所設之派出單位與警察及消防機關之一級單位，得另定名稱。
鄉（鎮、市）公所之組織，由內政部擬訂準則，報行政院核定；各鄉

（鎮、市）公所應依準則擬訂組織自治條例，經鄉（鎮、市）民代表會同意後，報縣政府備查。鄉（鎮、市）公所所屬機關之組織規程，由鄉（鎮、市）公所定之。

新設之直轄市政府組織規程，由行政院定之；新設之縣（市）政府組織規程，由內政部定之；新設之鄉（鎮、市）公所組織規程，由縣政府定之。

直轄市政府、縣（市）政府、鄉（鎮、市）公所與其所屬機關及學校之組織準則、規程及組織自治條例，其有關考銓業務事項，不得牴觸中央考銓法規；各權責機關於核定或同意後，應函送考試院備查。

( )　依地方制度法之規定，鄉（鎮、市）公所之組織，應由各鄉（鎮、市）公所依準則擬訂組織自治條例，經鄉（鎮、市）民代表會同意後，如何處理之？　(A)報縣政府備查　(B)報縣議會審議　(C)報內政部核定　(D)報行政院核定。（93普）　　　　　　　　　　　　　　　答：(A)

第75條　省政府辦理第8條事項違背憲法、法律、中央法令或逾越權限者，由中央各該主管機關報行政院予以撤銷、變更、廢止或停止其執行。

直轄市政府辦理自治事項違背憲法、法律或基於法律授權之法規者，由中央各該主管機關報行政院予以撤銷、變更、廢止或停止其執行。直轄市政府辦理委辦事項違背憲法、法律、中央法令或逾越權限者，由中央各該主管機關報行政院予以撤銷、變更、廢止或停止其執行。

縣（市）政府辦理自治事項違背憲法、法律或基於法律授權之法規者，由中央各該主管機關報行政院予以撤銷、變更、廢止或停止其執行。

縣（市）政府辦理委辦事項違背憲法、法律、中央法令或逾越權限者，由委辦機關予以撤銷、變更、廢止或停止其執行。

鄉（鎮、市）公所辦理自治事項違背憲法、法律、中央法規或縣規章者，由縣政府予以撤銷、變更、廢止或停止其執行。

鄉（鎮、市）公所辦理委辦事項違背憲法、法律、中央法令、縣規章、縣自治規則或逾越權限者，由委辦機關予以撤銷、變更、廢止或停止其執行。

第2項、第4項及第6項之自治事項有無違背法、法律、中央法規、縣規章發生疑義時，得聲請司法院解釋之；在司法院解釋前，不得予以撤銷、變更、廢止或停止。

( )　有關國家對地方自治團體之行政監督，下列敘述何者錯誤？　(A)關於地方自治團體之自治事項，國家及上級地方自治團體可為「合目的性」之監督　(B)關於地方自治團體之委辦事項，國家及上級地方自治團體可為「合法性」及「合目的性」之監督　(C)上級政府或主管機關對於下級政府或機關陳報之事項可以加以審查並作成決定，以完成該事項之法定效力者，稱為「核定」　(D)下級自治團體依法應作為而不作為導致嚴重危害公益或妨礙地方政務正常運作時，其上級主管機關得代行處理。（97地四）　　答：(A)

第76條　直轄市、縣（市）、鄉（鎮、市）依法應作為而不作為，致嚴重危害公益或妨礙地方政務正常運作，其適於代行處理者，得分別由行政院、中央各該主管機關、縣政府命其於一定期限內為之；逾期仍不作為者，得代行處理。但情況急迫時，得逕予代行處理。

直轄市、縣（市）、鄉（鎮、市）對前項處分如認為窒礙難行時，應於期限屆滿前提出申訴。行政院、中央各該主管機關、縣政府得審酌事實變更或撤銷原處分。

直轄市、縣（市）、鄉（鎮、市）對於代行處理之處分，如認為有違法時，依行政救濟程序辦理之。

（　）1. 下級地方自治團體依法應作為而不作為，由上級機關直接行使原屬下級機關之權限，稱為：　(A)委辦　(B)代行　(C)權限委任　(D)委託行使公權力。（102普）

（　）2. 下列有關中央與地方自治團體之管轄與權限爭議之敘述，何者錯誤？
(A)依地方制度法之規定，地方民意機關與地方行政機關皆享有立法權，但皆應受上級自治監督機關包括中央機關之監督　(B)中央政府係依財政收支劃分法之統籌分配稅源權，以及補助制度加上地方制度法之規定，直接監督地方財政權之行使　(C)中央依地方制度法第75條第1項至第5項之規定，有監督地方政府執行之權　(D)依地方制度法第76條之規定，地方自治團體對有關代行處理之處分認為窒礙難行時，應於期限屆滿前提出訴願。（102高）

（　）3. 依據地方制度法第76條規定，地方政府依法應作為而不作為時，有關上級機關之代行處理，下列那一項描述有錯誤？　(A)須導致嚴重危害公益或妨礙地方政務正常運作　(B)其性質應適合代行處理　(C)上級機關應先命其於一定期限內為之　(D)地方政府認為代行處理之處分有違法時，應先提出申訴。（102高）　　　答：1.(B)　2.(D)　3.(D)

第77條　中央與直轄市、縣（市）間，權限遇有爭議時，由立法院會議決之；縣與鄉（鎮、市）間，自治事項遇有爭議時，由內政部會同中央各該主管機關解決之。

直轄市間、直轄市與縣（市）間，事權發生爭議時，由行政院解決之；縣（市）間，事權發生爭議時，由中央各該主管機關解決之；鄉（鎮、市）間，事權發生爭議時，由縣政府解決之。

（　）1. 直轄市與縣（市）間，事權發生爭議時，如何處理？　(A)由行政院解決之　(B)由立法院會議決之　(C)由司法院解釋之　(D)由內政部會同中央各該主管機關解決之。（102地三）

（　）2.縣（市）間，事權發生爭議時，如何處理？　(A)由行政院解決之　(B)由內政部會同中央各該主管機關解決之　(C)由內政部解決之　(D)由中央各該主管機關解決之。（101地三）　　　　　　　　　答：1.(A) 2.(D)

第78條　直轄市長、縣（市）長、鄉（鎮、市）長、村（里）長，有下列情事之一者，分別由行政院、內政部、縣政府、鄉（鎮、市、區）公所停止其職務，不適用公務員懲戒法第3條之規定：

一、涉嫌犯內亂、外患、貪污治罪條例或組織犯罪防制條例之罪，經第一審判處有期徒刑以上之刑者。但涉嫌貪污治罪條例上之圖利罪者，須經第二審判處有期徒刑以上之刑者。

二、涉嫌犯前款以外，法定刑為死刑、無期徒刑或最輕本刑為五年以上有期徒刑之罪，經第一審判處有罪者。

三、依刑事訴訟程序被羈押或通緝者。

四、依檢肅流氓條例規定被留置者。

依前項第1款或第2款停止職務之人員，如經改判無罪時，或依前項第3款或第4款停止職務之人員，經撤銷通緝或釋放時，於其任期屆滿前，得准其先行復職。

依第1項規定予以停止其職務之人員，經依法參選，再度當選原公職並就職者，不再適用該項之規定。

依第1項規定予以停止其職務之人員，經刑事判決確定，非第79條應予解除職務者，於其任期屆滿前，均應准其復職。

直轄市長、縣（市）長、鄉（鎮、市）長，於本法公布施行前，非因第1項原因被停職者，於其任期屆滿前，應即准其復職。

（　）　地方自治之行政首長及基層之村里長，如依刑事訴訟程序被羈押或通緝者，上級監督機關對之如何處理？　(A)休職　(B)撤職　(C)免職　(D)停職。（96地三）　　　　　　　　　　　　　　　　　　答：(D)

第79條　直轄市議員、直轄市長、縣（市）議員、縣（市）長、鄉（鎮、市）民代表、鄉（鎮、市）長及村（里）長有下列情事之一，直轄市議員、直轄市長由行政院分別解除其職權或職務；縣（市）議員、縣（市）長由內政部分別解除其職權或職務；鄉（鎮、市）民代表、鄉（鎮、市）長由縣政府分別解除其職權或職務，並通知各該直轄市議會、縣（市）議會、鄉（鎮、市）民代表會；村（里）長由鄉（鎮、市、區）公所解除其職務。應補選者，並依法補選：

一、經法院判決當選無效確定，或經法院判決選舉無效確定，致影響其當選資格者。

二、犯內亂、外患或貪污罪，經判刑確定者。

三、犯組織犯罪防制條例之罪，經判處有期徒刑以上之刑確定者。

四、犯前二款以外之罪，受有期徒刑以上刑之判決確定，而未受緩刑之宣告或未執行易科罰金或不得易服社會勞動者。

五、受保安處分或感訓處分之裁判確定者。但因緩刑而付保護管束者，不在此限。

六、戶籍遷出各該行政區域四個月以上者。

七、褫奪公權尚未復權者。

八、受監護或輔助宣告尚未撤銷者。

九、有本法所定應予解除職權或職務之情事者。

十、依其他法律應予解除職權或職務者。

有下列情事之一，其原職任期未滿，且尚未經選舉機關公告補選時，解除職權或職務之處分均應予撤銷：

一、因前項第2款至第4款情事而解除職權或職務，經再審或非常上訴判決無罪確定者。

二、因前項第5款情事而解除職權或職務，保安處分經依法撤銷，感訓處分經重新審理為不付感訓處分之裁定確定者。

三、因前項第8款情事而解除職權或職務，經提起撤銷監護或輔助宣告之訴，為法院判決撤銷宣告監護或輔助確定者。

（　）　嘉義縣中埔鄉東興村甲村長將其戶籍遷出該棧區域五個月，則依地方制度法第79條規定，應由下列何者解除其職務？　(A)行政院　(B)內政部　(C)嘉義縣政府　(D)中埔鄉公所。（98地三）　　　　答：(D)

第81條　直轄市議員、縣（市）議員、鄉（鎮、市）民代表辭職、去職或死亡，其缺額達總名額十分之三以上或同一選舉區缺額達二分之一以上時，均應補選。但其所遺任期不足二年，且缺額未達總名額二分之一時，不再補選。

前項補選之直轄市議員、縣（市）議員、鄉（鎮、市）民代表，以補足所遺任期為限。

第1項直轄市議員、縣（市）議員、鄉（鎮、市）民代表之辭職，應以書面向直轄市議會、縣（市）議會、鄉（鎮、市）民代表會提出，於辭職書送達議會、代表會時，即行生效。

（　）　台中縣清水鎮鎮民代表李君不滿該鎮長施政，憤而辭職，則其辭職書送達至下列何者時，即行生效？　(A)清水鎮鎮民代表會　(B)台中縣議會　(C)台中縣政府　(D)內政部。（96地三）　　　　答：(A)

chapter 06 公務員法

本章依據出題頻率區分，屬：**A**頻率高

課前導讀

1. 本章其實就是《現行考銓制度》的濃縮版。既然要當公務員，公務員的意義、權利、義務、責任當然應該瞭解，但是法條成千上萬，而且常常修改，坊間教科書、參考書往往引用舊法規，可謂「一步一地雷」，千萬要小心。
2. 如果時間充裕，可以用一星期時間研讀拙著《現行考銓制度》（千華），尤其公務人員保障法、公務員服務法、公務員懲戒法務必熟悉。
3. 如果時間不足，至少用1或2天把本書之〈公務員法題庫〉多看幾遍，必可收「事半功倍」之效。
4. 本章考題很多，多花一點時間，一定是值得的。

☆☆ 一、公務員的範圍

(一) **最廣義之公務員：**國家賠償法第2條第1項規定：「**稱公務員者，謂依法令從事於公務之人員。**」照此規定，則凡具有「依法令」及「從事於公務」二要件者，即為「公務員」。故不論其為文職人員或武職人員，政務人員或事務人員，常任人員或非常任人員，聘用人員或派用人員，受有俸給人員或非受俸給人員，教育人員或公營事業人員，乃至由選舉產生之民選人員等，只要是依法令從事於公務者，均為國家賠償法上之公務員。其涉及之範圍，至為廣泛，是為最廣義之公務員。國家賠償法對公務員之界定，原是沿用刑法第10條第2項之文字，刑法該條已於94年2月2日修正公布，將公務員之涵義大幅限縮，國賠第2條則維持不變。

(二) **廣義之公務員：公務員服務法第24條規定：「本法於受有俸給之文武職公務員，及其他公營事業機關服務人員均適用之。」**凡受有俸給（無論由國庫預算內開支或由縣市鄉鎮自治經費內開支均屬之）者，即為公務員服務法所稱之公務員。本法所稱公務員，雖較國家賠償法規定「依法令從事於公務之人員」即

為公務員者，其範圍為狹，但與其他人事法規，如公務人員任用法所規定之公務人員相較，則其範圍又較廣，故為廣義之公務員。

(三)**狹義之公務員（公務人員）：公務人員任用法施行細則第2條第1項規定：「本法所稱公務人員，指各機關組織法規中，除政務人員及民選人員外，定有職稱及官等職等之人員。」**除此之外，凡政務人員及民選人員等雖係依法受有俸給而從事於公務之人員，均不得謂為公務人員任用法所稱之公務人員，其範圍不但不能與國家賠償法規定之最廣義之公務員相比較，即與公務員服務法所稱之公務員而論，亦較為狹小，故公務人員任用法所稱之公務人員，為狹義之公務員。

☆二、政務官與事務官

(一)**意義：政務官與事務官之分類，為現代民主憲政國家普遍存在之分類，在理論上言，政務官乃參與國家大政方針之決策並隨政黨選舉成敗或政策改變而進退之公務員，例如行政院各部部長、不兼部會首長之政務委員、各部政務次長等；後者指依照既定方針執行之永業性公務員，原則上政務官以外之一般公務員均屬之。**從上述定義可得知，就學理上而言：

1.政務官與事務官之分類係政黨政治下之產物，有固定任期或不隨政黨而進退之公務員，如監察院正副院長、考試院正副院長、考試委員，均非學理上之政務官。

2.政務官與事務官之分類乃行政官之分類，司法官無論官等如何高敘，如大法官及最高法院院長等，皆非政務官。

3.政務官係指國家公務員（中央官）而言，至負責地方行政事務之公務員，如直轄市長及縣（市）長均非政務官。

(二)**政務官範圍**

1.在政務人員法完成立法程序前，目前實務上均承認政務人員退職撫卹條例第2條第1項所列舉之職務即為政務官，該條所列之範圍如下：

(1)依憲法規定由總統任命之人員。

(2)依憲法規定由總統提名，經立法院同意任命之人員。

(3)依憲法規定由行政院院長提請總統任命之人員。

(4)前三款以外之特任、特派人員。

(5)其他依法律規定之中央或地方政府比照簡任第十二職等以上職務之人員。

2.釋字第357號解釋云：「設置於監察院之審計長其職務之性質與應隨執政黨更迭或政策變更而進退之政務官不同。」所以，審計長並非政務官。

3.我國實務上的政務官與學理上的政務官範圍頗有出入。

☆☆(三) 政務官與事務官的區別

比較	政務官	事務官
任命資格	政務官不須銓敘，由總統自行任命，通常並無資格限制。（大法官、考試委員、監察委員有任命資格限制，係屬例外。）	事務官應經銓敘，具有法定任用資格，始得任用。
身分保障	隨政策及民意之向背而進退。	非依法不得免職或懲處。
官等區分	特任或比照簡任。	簡任、薦任、委任。
升等方式	無統一之規定，亦無固定之程序。	依公務人員任用法律規定之程序、方法而升等。
任命程序	無統一之規定，各依有關法律規定，個別任用之。	依公務人員任用法律規定之程序辦理。
法律適用	適用政務人員退職撫卹條例。	適用任用、俸給、考績、退撫等法律。
懲戒處分	有免除職務、撤職、剝奪減少退休（職、伍）金、減俸、罰款、申誡六種。	有免除職務、撤職、剝奪減少退休（職、伍）金、休職、降級、減俸、罰款、記過、申誡九種。

三、行政官與司法官

(一) **意義**：司法官有廣狹二義，狹義之司法官專指法官，即舊時之推事及評事；廣義司法官則除上述法官及大法官之外，尚包括檢察官在內，司法人員人事條例採之。司法官以外之公務員則皆為行政官。

(二) **區別**：法官法規定「法官與國家之關係為法官特別任用關係」，所謂「特別」不外顯示其與行政官之不同，現依該法規定，分述其區別如下：

1. 執行職務之獨立性：法官依據法律獨立審判，不受上級監督機關發布之行政命令或監督長官職務命令之拘束。

2. 實施法官自治，各法院均設置法官會議：此乃法官自治原則之體現，法官會議由院內實際辦案之法官組成，院長擔任主席，處理有關法官年度事務分配、合議庭之配置、代理次序、辦理法官考核或對監督法官處分之建議事項、其他與法官權利義務有重大影響之建議等。法官自治是維護法官執行職務獨立性之必要條件。

3.任用資格及程序不同：法官除經法官、檢察官考試及格者出任外，律師、助理教授以上之大學或獨立學院之教師，均有轉任之資格，行政法院法官尚得由辦理法制、訴願業務之行政官擔任，但均須經甄選程序與行政官分政務官及事務官而定任用資格有別。

又法官從初任起分為候補、試署及實任三個階段，薦升至實任法官，其任免遷調始受法官法之保障。

4.不列公務人員官等職等並優其給與：法官不再適用簡、薦、委之官等，亦不列職位分類之職等，以示法官雖有審級之分，但無大小之別。而法官之退休除一般公務人員之退休金外，尚有優厚之退養金。

5.辦理法官之人事事項如任免、轉任、遷調、考核、獎懲等，均由設置於司法院之人事審議委員會合議方式決定。人審會採多元化組成，成員包括司法院院長指定之人員、各級法官代表、學者專家。人審會之下尚可設各種人事議案之委員會，亦採多元組成方式（包括法官、檢察官、律師）。

6.有評鑑制度：此項機制為法官法所創設，評鑑委員會設於司法院，除法律見解問題之外，舉凡法官違法失職、遲誤辦案或違反法官倫理等均在受評鑑範圍，評鑑委員會以外部委員占多數為特色：法官三人，律師三人，檢察官一人，學者及社會公正人士四人。各級司法機關、律師團體、公益社團法人或受評鑑法官所屬法院之法官三人皆可請求委員會實施評鑑，評鑑結果除顯無理由者外，其有懲戒必要者，報由司法院移送監察院審查，由監察院決定是否提出彈劾；無懲戒必要者由司法院人事審議委員會審議予以懲處。以上稱為個案評鑑。在此之外，尚有每三年一次由司法院對法官之全面評核，評核結果作成法官「升遷」之參考，如發現法官有應付評鑑事由者，應移送評鑑。司法院對各級法院每三年尚應為團體之評比，作為考核法院首長之參考。

(三) **檢察官**：法官法雖以法官為規範對象，但為顧及實現狀況，另訂檢察官專章，一方面維持檢察一體精神，檢察官須服從監督長官之職務命令，一方面仿照對法官人事事項所設置之機構及程序。是以法官法中除性質不相容之條文外，類多準用於檢察官。

☆四、公務員的權利

所謂公務員的權利，係指依據各種有關法令規定，公務員所得主張享有其利益的意思而言。具體言之，亦即公務員職業方面的待遇條件。茲分述如下：

(一) **俸給權**：公務人員乃是在政府機關就業的自然人，為維持其本人與家屬的經濟生活，即必須有薪資收入，而俸給權即國家為維持公務人員經濟生活，所給予的報酬，亦為其生活費用，依職務等級為主要標準定其數額。

(二)**退休金權**：乃由退休制度的實施，使公務人員所享有的權利。我國退休制度依公務人員退休資遣撫卹法之規定，採自願退休、屆齡退休、命令退休三種方式，凡符合法定退休條件的公務人員，經核定退休後，均可享有退休金權。

(三)**撫卹金權**：此即國家為酬謝公務人員生前在職期間服務之辛勞及保障遺族經濟生活安定，於公務人員在職期內因公死亡或病故或意外死亡時，對其遺族所提供的金錢給付。

(四)**參加考績權**：考績制度為對公務人員平日工作及表現的評鑑措施，亦具有監督作用，為實施功績制人事制度不可或缺的要素。就我國制度而言，公務人員任職滿一定期間，由所屬機關予以考核成績，作為獎懲晉升之依據，因其對公務人員的晉升職等及俸級均有直接影響，故得要求參加考績。

(五)**休假權**：休假指公務員連續服務相當期間後，於每年之中得享有休閒度假之日數，休假具有娛樂及保養之功用，為維持工作效率、提高生活品質所必需。依公務人員請假規則之規定，公務人員繼續服務滿一年以上，即有休假之權。

(六)**結社權**：結社權指公務員得組成及參與代表其利益之團體的權利。公務員有為國家忠實服務之職責，故多數國家限制公務員罷工或締結團體協約之權，但為保障公務員之共同利益，承認公務員之結社權。公務人員協會法亦規定公務人員得組織「公務人員協會」。公務人員協會法91年7月10日公布，自92年1月1日起施行，銓敘部於92年1月15日成立全國第一個公務人員協會。茲擇要列舉該法主要內容如下：

1.**適用人員**：組織法規所定編制內職務支領俸薪給之人員（不包括政務人員、機關首長及副首長、公立學校教師、公營事業對經營政策有主要決策責任以外之人員、軍職人員）。

2.**準用人員**：依法令聘用或僱用之人員。

3.**性質**：公務人員協會為公益性社團法人。

4.**種類**：分為二級：(1)機關公務人員協會；(2)全國公務人員協會。

5.**主管機關**：
   (1)各直轄市、縣（市）之機關公務人員協會，其主管機關為各該直轄市政府、縣（市）政府。
   (2)全國公務人員協會、各院（部、會）之機關公務人員協會，其主管機關為銓敘部。

6.**得建議事項**：
   (1)考試事項。
   (2)公務人員之銓敘、保障、撫卹、退休事項。

(3)公務人員任免、考績、級俸、陞遷、褒獎之法制事項。

(4)公務人員規劃及人才儲備、訓練進修、待遇調整之規劃及擬議、給假、福利、住宅輔購、保險、退休撫卹基金等權益事項。

(5)有關公務人員法規之制（訂）定、修正及廢止事項。

(6)工作簡化事項。

7.得協商事項：

(1)辦公環境之改善。(2)行政管理。(3)服勤之方式及起訖時間。

(七)**參加保險權**：公務人員於任職後，如其所任職務係法定機關編制內之有給專任人員，即有參加公務人員保險之權利，由其所屬機關代辦投保，每月繳納保險費，由機關與本人雙方分擔。投保期間如發生失能、養老、死亡、眷屬喪葬、生育及育嬰留職停薪等事故，可請領各種現金給付。

(八)**職務上使用公物公款權**：公務人員因執行職務之需要，得依法使用各種公物並支用公款，如辦公用具及差旅費等。

(九)**保障權**：公務人員任職後，在有關職務的變動及公務人員關係終止等事項方面，依法應受到保障。惟各種公務人員因職務及任用情形不同，其所受保障亦不相同。其中司法官所受保障最為完全，依據憲法第81條規定：「法官為終身職，非受刑事或懲戒處分或禁治產之宣告，不得免職，非依法律，不得停職、轉任或減俸。」至於一般公務人員則由「公務人員保障法」予以保障。

五、公務人員的保障

(一)公務人員係基於國家之特別法律關係所任用，為民眾服務而負有忠實執行職務之義務。公務人員與國家之間的關係過去曾強調其特別權力關係，有別於一般人民與國家間之統治權力關係。惟於二次世界大戰後，無論在實務上或理論上，均迭有修正，當公務人員權利遭受違法侵害時，應賦予以法律救濟之途徑，因此公務人員之保障逐漸為各國所重視。

(二)茲據公務人員保障法擇要列述如下：

1.**保障範圍：公務人員身分、官職等級、俸給、工作條件、管理措施等有關權益之保障，適用本法之規定。**

2.**保障對象**（107地三、108地三）：

(1)**適用人員：**

法定機關(構)及公立學校依公務人員任用法律任用之有給專任人員。

(2)準用人員：

    A.教育人員任用條例公布施行前已進用未經銓敘合格之公立學校職員。

    B.私立學校改制為公立學校未具任用資格之留用人員。

    C.公營事業依法任用之人員。

    D.各機關依法派用、聘用、聘任、僱用或留用人員。

    E.應各種公務人員考試錄取參加訓練之人員，或訓練期滿成績及格未獲分發任用之人員。

3.保障程序：

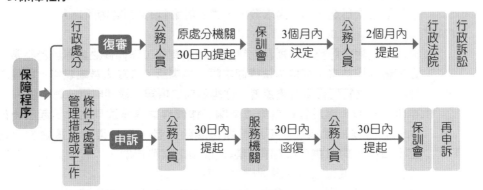

(1)**復審**（106普、地三、107地三、108地三、109高）：

    A.**公務人員對於服務機關或人事主管機關所為之行政處分，認為違法或顯然不當，致損害其權利或利益者，得依公務人員保障法向保訓會提起復審。**非現職公務人員基於其原公務人員身分之請求權遭受侵害時，亦同。公務人員已亡故者，其遺族基於該公務人員身分所生之公法上財產請求權遭受侵害時，亦得依本法規定提起復審。

    B.公務人員因原處分機關對其依法申請之案件，於法定期間內應作為而不作為，或予以駁回，認為損害其權利或利益者，得提起請求該機關為行政處分或應為特定內容之行政處分之復審。前項期間，法令未明定者，自機關受理申請之日起為二個月。

    C.復審之提起，應自行政處分達到之次日起三十日內為之。前項期間，以原處分機關收受復審書之日期為準。復審人誤向原處分機關以外機關提起復審者，以該機關收受之日，視為提起復審之日。

    D.復審決定應於保訓會收受原處分機關檢卷答辯之次日起三個月內為之；其尚待補正者，自補正之次日起算，未為補正者，自補正期間屆滿之次日起算；

復審人係於表示不服後三十日內補送復審書者，自補送之次日起算，未為補送者。自補送期間屆滿之次日起算；復審人於復審事件決定期間內續補具理由者，自最後補具理由之次日起算。復審事件不能於前項期間內決定者，得予延長，並通知復審人。延長以一次為限，最長不得逾二個月。

E. **保訓會復審決定依法得聲明不服者，復審決定書應附記如不服決定，得於決定書送達之次日起二個月內，依法向該管司法機關請求救濟。前項附記錯誤時，應通知更正，並自更正通知送達之次日起，計算法定期間。如未附記救濟期間，或附記錯誤未通知更正，致復審人遲誤者，如於復審決定書送達之次日起一年內請求救濟，視為於第1項之期間內所為。**

(2) **申訴、再申訴**（106高、107地四、108普）：

A. **公務人員對於服務機關所為之管理措施或有關工作條件之處置認為不當，致影響其權益者，得依本法提起申訴、再申訴。公務人員離職後，接獲原服務機關之管理措施或處置者，亦得依前二項規定提起申訴、再申訴。**

B. **申訴之提起，應於管理措施或有關工作條件之處置達到之次日起三十日內，向服務機關為之。不服服務機關函復者，得於復函送達之次日起三十日內，向保訓會提起再申訴。**前項之服務機關，以管理措施或有關工作條件之處置之權責處理機關為準。

C. 應提起復審之事件，公務人員誤提申訴者，申訴受理機關應移由原處分機關依復審程序處理，並通知該公務人員。應提起復審之事件，公務人員誤向保訓會逕提再申訴者，保訓會應函請原處分機關依復審程序處理，並通知該公務人員。

D. 服務機關對申訴事件，應於收服申訴書之次日起三十日內，就請求事項詳備理由函復，必要時得延長二十日，並通知申訴人。逾期未函復，申訴人得逕提再申訴。申訴復函應附記如不服函復者，得於三十日內向保訓會提起再申訴之意旨。再申訴決定應於收受再申訴書之次日起三個月內為之。必要時得延長一個月，並通知再申訴人。

E. 各機關對於保訓會查詢之再申訴事件，應於二十日內將事實、理由及處理意見，並附有關資料，回復保訓會。各機關對於再申訴事件未於前項規定期間內回復者，保訓會得逕為決定。

(3) **復審程序與申訴程序之比較：**

A. **適用範圍不同**：得提起復審者包括現職人員、已離職人員基於原公務人員身分之請求遭受損害者（例如退休金請求權）外，公務人員亡故後其遺族生前基於公務人員身分所生之公法上財產請求權遭受侵害者（如撫卹金請求權），亦在內；申訴則不生遺族亦得提起之問題。

B.**不服之客體不同**：復審程序不服之客體乃行政處分，所謂行政處分原則上適用訴願法之規定，並受目前實務上對行政處分概念認知之拘束；申訴程序不服之客體為「服務機關所提供之工作條件及所為之管理」，在解釋上認為係指行政處分以外對機關內部生效之表意行為或事實行為，包括職務命令、內部措施及紀律守則等，不問其內容屬具體、個別或抽象性及普遍性，亦不論以書面下達或用口頭宣示。其由服務機關自主所提供之工作條件或所為管理行為，固屬申訴之標的，其非出於服務機關之自主而係依據上級機關決策由服務機關執行者，理論上亦應包括在內。無論復審或申訴，公務人員均須主張損害或影響其個人權益。

C.**處理之程序不同**：復審以考試院保訓會為受理機關，申訴、再申訴分別以原服務機關及保訓會為受理機關，至於處理兩類案件之程序則顯然有別。復審程序保障法之規定，幾與訴願法無異。申訴案件性質上屬於非正規之法律救濟事件，服務機關僅須以函復方式終結，函復依一般公文程式製作即可，而保訓會對再申訴則應製作再申訴決定書，其格式保障法有明文規定。再申訴決定，宜分為申訴成立、申訴不成立及不予處理三項，成立和不成立乃申訴有無理由之範疇；不予處理則為申訴不合規定。在處理再申訴事件中，保訓會認有成立調處之可能者，得為調處。調處成立時，所作成之調處書，具有再申訴決定書同等之效力。

D.**決定之效力不同**：復審決定，具有與訴願決定相同之效力，因此復審決定確定後，有拘束各關係機關之效力，同時復審決定性質上亦屬行政處分之一種，凡行政處分所應有之效力也同等具備。至於再申訴決定，既非對具體權利義務關係所作之裁判，其性質上仍屬行政內部行為，各關係機關雖亦受其拘束，但尚不能與行政處分之存續力（確定力）、執行力及確認效力等量齊觀。

E.**能否救濟不同**：復審程序既相當訴願程序，則不服訴願決定之救濟途徑亦適用於復審決定，故保障法第72條規定復審人得於決定書送達之次日起二個月內，依法向行政法院請求救濟。不服申訴決定者，得提起再申訴，申訴案件於再申訴決定作成，全部程序即告終了，除有法定原因得向保訓會申請再審議外，對再申訴決定法律未設救濟途徑，申訴人不得聲明不服。

✿✿✿六、公務員的義務

(一) **執行職務的義務**：國家任用各種公務員的基本目的，
　　在於治事，故公務員的首要義務，即為執行職務。且
　　其執行職務應注意下列各種事項：

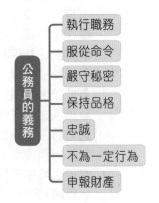

　1.忠實執行。　　　　　　2.遵守時間。
　3.躬親執行。　　　　　　4.不得擅離職守。
　5.不得兼營他業。

(二) **服從命令的義務**

　1.行政組織具有層層節制的體系，內部形成命令服從的
　　關係，故在公務員中，除法官、考試委員及監察委員
　　因其職務所具之特性，應依據法律獨立行使職權外；
　　一般公務員執行職務，在隸屬關係之下，須接受上級之指揮監督，負擔服從命
　　令的義務。

　2.惟公務員服從命令，是否應以有效之職務命令為限？如命令的內容違反法規，
　　則有無服從之義務？對公務員於面臨此種問題時，所應持之態度，學者意見不
　　一，約有以下四種學說：

　　(1)絕對服從說：此說認為行政上層層節制體系的建立，其作用在於貫徹指揮
　　　　監督權之行使，長官發布的命令，既屬於其職權範圍，則所屬人員即有絕
　　　　對服從之義務，而無審查其內容是否適法之權。否則，勢必影響指揮監督
　　　　的作用，破壞行政系統，紊亂行政秩序，妨礙政務的推行。

　　(2)絕對不服從說：此說認為法治國家應重視法律效力與法治精神，公務員僅負
　　　　有依法執行職務的義務，若長官之命令，違反法律，即已逾越其指揮監督權
　　　　所應行使的範圍，則國家重於長官，法律重於命令，屬官自無服從的義務。
　　　　如此，不僅足以維護國家法律的尊嚴，且適合公務員奉公守法的宗旨。且忠
　　　　實義務重於服從義務，若屬官服從違法之命令，即違反忠實之義務。

　　(3)相對服從說：此說認為長官的命令，所屬人員在原則上雖無實質的審查
　　　　權，惟若命令內容之違法，係顯而易見者，則無服從之義務。此於維持行
　　　　政上層層節制體系之中，仍寓有維護國家法律尊嚴及依法行政原則之意。

　　(4)意見陳述說：此說認為屬官對於長官就其監督範圍以內所發命令，關於內
　　　　容違法與否，在原則上並無審查之權，即當然負有服從之義務，惟屬官若
　　　　有意見，自得隨時陳述，且長官命令之違法，未必係出於故意，可能係由
　　　　誤會或疏忽所致，若經屬官陳述意見後，能採納而立即改正，自可將違法
　　　　情形予以消弭。反之，若長官不採納其意見，則仍應負服從命令之義務。

以上四說，第一說（絕對服從說）要求屬官服從違法命令，違反「依法行政」原則；第二說（絕對不服從說），授予屬官審查長官命令之權，有破壞行政秩序之虞；第三說（相對服從說）雖較前述二說為佳，然所謂「顯而易見」之界限不明，不免由屬官任意取捨，仍不無破壞行政秩序之虞。權衡取捨，似以第四說（意見陳述說）較為妥適，所以**公務員服務法第2條明定「長官就其監督範圍以內所發命令，屬官有服從之義務。但屬官對於長官所發命令，如有意見，得隨時陳述。」**是亦採意見陳述說。

3.此外，**公務員服務法第3條規定「公務員對於兩級長官同時所發命令，以上級長官之命令為準。」**

(三) **嚴守秘密的義務**（106普）：政府機關所辦理之各種業務，常涉及國家利益，或在決策及執行過程中不宜對外公開，以免發生不良影響與後果，因而有關公務的處理及資料的蒐集保管方面，在法令有設定機密等級的劃分，並對參與人員及其他相關人員有保守機密的要求，是為公務員嚴守秘密的義務。具體言之，**即對於機關業務上的機密事件，無論是否屬於自身主管事務，均不得對外洩露，退職後亦同。且未得長官許可，不得以私人或代表機關名義，任意發表有關職務之談話。**

(四) **保持品格的義務**：公務員既代表國家執行公務，其形象足以影響政府威信，故在個人品格方面，應保持誠實清廉、謹慎勤勉，不得有驕恣貪惰、奢侈放蕩及冶遊賭博、吸食煙毒等足以損害名譽的行為。

(五) **忠誠的義務**：公務員對國家負有倫理性的忠誠義務，應超越一般國民的愛國心，積極為國家利益作周全的考慮，在對國家關係的各方面均應表現忠誠。故公務員就職時應宣誓效忠國家；就職前及在職期間須接受忠誠調查，其結果可作為考績及職務變動與其他人事措施的依據；違反忠誠義務時須接受較一般國民所受更嚴厲的制裁，凡屬此等規定，均在強調忠誠義務的必然性與重要性。忠誠義務亦可解釋為忠實義務，尤以自行政觀點而言，確屬如此。此種義務與公務員的其他義務均具有直接間接有形無形的相互關聯，亦可謂構成其他義務的基礎，故為公務員對國家所負最重要的義務。

(六) **不為一定行為的義務**：公務員擁有政府職務及公權力，為避免其利用職權，發生違法舞弊情事；或從事有悖於公務員關係特性的活動，公務員服務法尚規定公務員於在職期間，不得為下列各種行為：

1.不得經營商業或投機事業。

2.除法令所定外，不得兼任他項公職或業務。

3.不得向屬官推薦人員，或徇情關說及請託。

4.不得與有隸屬關係者贈受財物；於所辦事件，不得收受任何饋贈。

5.不得與職務有關係者，私相借貸，訂立互利契約，或享受其他不正利益。

6.不得利用視察或調查等機會，接受地方官民之招待或餽贈。

7.執行職務時，遇有涉及其本身或其家族之利害事件，應行迴避。

(七)**申報財產義務**：民國83年9月1日公職人員財產申報法施行後，公務員新增申報財產義務。凡屬於該法適用對象之公職人員，均有定期或財產有重大變動時予以申報之義務。

☆☆☆七、公務員的責任

(一)**公務員責任的意義**：所謂公務員責任有廣狹二義，廣義的公務員責任包括法律責任與行政責任在內；狹義的公務員責任，即僅指法律責任而言。行政責任，亦有廣狹二義，前者的涵義甚為廣泛，係指公務員執行職務的責任而言，此種責任雖係因公務員所負之義務而發生，惟與違法失職並無必然之關聯，不一定引起法律制裁的後果；而狹義的行政責任，即指制裁性的處分而言，其中以依考績法所採取之考績處分為主體，並涉及其他對公務員不利之人事行政措施。

(二)**公務員責任的種類與要件**：憲法第24條規定「凡公務員違法侵害人民之自由或權利者，除依法律受懲戒外，應負民事及刑事責任。被害人民就其所受損害，並得依法律向國家請求賠償。」 故公務員因違法失職行為所負責任，主要即為懲戒責任、民事責任及刑事責任三種，此三種責任性質不同，得並行不悖。

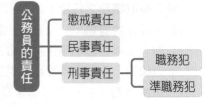

1.**懲戒責任**（109高）：懲戒責任係指公務員因違反行政上之義務，發生違法失職行為，應負國家不利處分的責任，經由公務員懲戒機關，予以懲戒處分制裁。此種責任的構成要件，並不以侵害人民之自由權利為必要，即屬單純的違法失職行為，未至觸犯刑法的程度，如違反公務員服務法所定之各種義務或程序法之規定，而與人民之自由權利無關者，亦可能構成懲戒之原因，使其負擔懲戒責任。

2.**民事責任**：民事責任指公務員執行職務，因故意或過失不法侵害他人權利，所發生之損害賠償責任而言。公務員之民事責任又分為二類：

(1)公務員從事私經濟行政之行為：此際其所發生之一切法律效果，包括損害賠償責任，均有民法之適用。國家或其他行政主體與公務員之關係，並非民法上之僱傭關係，而為公法上之職務關係，但私經濟活動不受公法之支配，故公務員之侵權行為，應分別情形，適用民法第28條法人與職員之關係，或民法第188條僱用人與受僱人之關係，由國家或其他行政主體負連帶賠償責任。

(2)公務員執行職務行使公權力之行為：此際屬於國家賠償法規範之範圍，民法第186條原本定有公務員個人之賠償責任，因國家賠償制度之建立，而無適用之餘地。

3.**刑事責任**：刑事責任指公務員之行為，違反刑事法律而應受刑罰制裁之責任而言。公務員之刑事責任與一般人民原則上並無不同，至於法律所設之例外情形有三：

(1)阻卻違法：公務員依所屬上級公務員命令之職務上行為，不負刑事責任，但明知命令違法者，不在此限。

(2)**職務犯**：因公務員身分而成立之犯罪行為，例如貪污罪、瀆職罪等。

(3)**準職務犯**：指犯罪之成立與公務員身分無關，一般人民均可能觸犯之罪名，而公務員為之者，特加重其刑罰之謂。

八、懲戒制度

(一)**懲戒的原因**：依據公務員懲戒法第2條規定，公務員有下列各款情事之一，有懲戒之必要者，應受懲戒：

1.**違法執行職務、怠於執行職務或其他失職行為。**

2.**非執行職務之違法行為，致嚴重損害政府之信譽。**

該法第3條規定，公務員之行為非出於故意或過失者，不受懲戒。

(二)**停職**：

1.**當然停職**：公務員有下列各款情形之一者，其職務當然停止：

(1)依刑事訴訟程序被通緝或羈押。

(2)依刑事確定判決，受褫奪公權之宣告。

(3)依刑事確定判決，受徒刑之宣告，在監所執行中（第4條）。

2.**得停職**：

(1)懲戒法庭對於移送之懲戒案件，認為情節重大，有先行停止職務之必要者，得裁定先行停止被付懲戒人之職務，並通知被付懲戒人所屬主管機關。

(2)前項裁定於送達被付懲戒人所屬主管機關之翌日起發生停止職務效力。主管機關對於所屬公務員，依第24條規定送請監察院審查或懲戒法院審理而認為有免除職務、撤職或休職等情節重大之虞者，亦得依職權先行停止其職務。

(3)懲戒法庭第一審所為第一項之裁定，得為抗告（第5條）。

(三) 復職：

1. 依第4條第1款或第5條規定停止職務之公務員，於停止職務事由消滅後，未經懲戒法庭判決或經判決未受免除職務、撤職或休職處分，且未在監所執行徒刑中者，得依法申請復職。服務機關或其上級機關，除法律另有規定外，應許其復職，並補給其停職期間之本俸（年功俸）或相當之給與。

2. 前項公務員死亡者，應補給之本俸（年功俸）或相當之給與，由依法得領受撫卹金之人具領之（第7條）。

(四) 懲戒處分的種類（106普、地四）：依據公務員懲戒法第9條之規定，公務員之懲戒處分，有免除職務、撤職、剝奪減少退休（職、伍）金、休職、降級、減俸、罰款、記過、申誡等九種。分述如下：

1. **免除職務：** 免除職務，免其現職，並不得再任用為公務員（第11條）。

2. **撤職：** 撤職，撤其現職，並於一定期間停止任用；其期間為一年以上、五年以下。前項撤職人員，於停止任用期間屆滿，再任公務員者，自再任之日起，二年內不得晉敘、陞任或遷調主管職務（第12條）。

3. **剝奪、減少退休（職、伍）金：** 剝奪退休（職、伍）金，指剝奪受懲戒人離職前所有任職年資所計給之退休（職、伍）或其他離職給與；其已支領者，並應追回之。減少退休（職、伍）金，指減少受懲戒人離職前所有任職年資所計給之退休（職、伍）或其他離職給與百分之十至百分之二十；其已支領者，並應追回之。前二項所定退休（職、伍）金，應按最近一次退休（職、伍）或離職前任職年資計算。但公教人員保險養老給付、軍人保險退伍給付、公務員自行繳付之退撫基金費用本息或自提儲金本息，不在此限（第13條）。

4. **休職：** 休職，休其現職，停發俸（薪）給，並不得申請退休、退伍或在其他機關任職；其期間為六個月以上、三年以下。休職期滿，許其回復原職務或相當之其他職務。自復職之日起，二年內不得晉敘、陞任或遷調主管職務。前項復職，得於休職期滿前三十日內提出申請，並準用公務人員保障法之復職規定辦理（第14條）。

5. **降級：** 降級，依受懲戒人現職之俸（薪）級降一級或二級改敘；自改敘之日起，二年內不得晉敘、陞任或遷調主管職務。受降級處分而無級可降者，按每級差額，減其月俸（薪）；其期間為二年（第15條）。

6. **減俸：** 減俸，依受懲戒人現職之月俸（薪）減百分之十至百分之二十支給；其期間為六個月以上、三年以下。自減俸之日起，一年內不得晉敘、陞任或遷調主管職務（第16條）。

7. **罰款：** 罰款，其金額為新臺幣一萬元以上、一百萬元以下（第17條）。

8. **記過**：記過，得為記過一次或二次。自記過之日起一年內，不得晉敘、陞任或遷調主管職務。一年內記過三次者，依其現職之俸（薪）級降一級改敘；無級可降者，準用第15條第2項之規定（第18條）。

9. **申誡**：申誡，以書面為之（第19條）。

其中休職、降級、記過於政務人員不適用之。

(五) **消滅時效**：

1. 應受懲戒行為，自行為終了之日起，至案件繫屬懲戒法院之日止，已逾十年者，不得予以休職之懲戒。

2. 應受懲戒行為，自行為終了之日起，至案件繫屬懲戒法院之日止，已逾五年者，不得予以減少退休（職、伍）金、降級、減俸、罰款、記過或申誡之懲戒。

3. 前二項行為終了之日，指公務員應受懲戒行為終結之日。但應受懲戒行為係不作為者，指公務員所屬服務機關或移送機關知悉之日（第20條）。

(六) **判決**：

1. 被付懲戒人有第2條情事之一，並有懲戒必要者，應為懲戒處分之判決；其無第2條情事或無懲戒必要者，應為不受懲戒之判決（第55條）。

2. 懲戒案件有下列情形之一者，應為免議之判決：

(1) 同一行為，已受懲戒法院之判決確定。

(2) 受褫奪公權之宣告確定，認已無受懲戒處分之必要。

(3) 已逾第20條規定之懲戒處分行使期間（第56條）。

3. 懲戒案件有下列各款情形之一者，應為不受理之判決。但其情形可補正者，審判長應定期間先命補正：

(1) 移送程序或程式違背規定。

(2) 被付懲戒人死亡。

(3) 違背第45條第6項之規定，再行移送同一案件（第57條）。

(七) **執行**：

1. 懲戒法庭第一審懲戒處分之判決，因上訴期間屆滿、未經合法之上訴、當事人捨棄上訴或撤回上訴而確定者，書記官應即製作判決確定證明書，於送達受懲戒人主管機關之翌日起發生懲戒處分效力。

2. 懲戒法庭第二審懲戒處分之判決，於送達受懲戒人主管機關之翌日起發生懲戒處分效力。

3. 受懲戒人因懲戒處分之判決而應為金錢之給付，經主管機關定相當期間催告，逾期未履行者，主管機關得以判決書為執行名義，移送行政執行機關準用行政執行法強制執行。

4. 主管機關收受剝奪或減少退休（職、伍）金處分之判決後，應即通知退休（職、伍）金之支給機關（構），由支給機關（構）依前項規定催告履行及移送強制執行。

5. 第三項及前項情形，於退休（職、伍）或其他原因離職人員，並得對其退休（職、伍）金或其他原因離職之給與執行。受懲戒人死亡者，就其遺產強制執行（第96條）。

6. 受懲戒人因懲戒處分之判決而應為金錢之給付，自懲戒處分生效之日起，五年內未經行政執行機關執行者，不再執行；其於五年期間屆滿前已開始執行者，仍得繼續執行。但自五年期間屆滿之日起已逾五年尚未執行終結者，不得再執行（第97條）。

7. 公務員懲戒判決執行辦法，由司法院會同行政院、考試院定之（第98條）。

☆九、考試制度

(一) 考試的種類

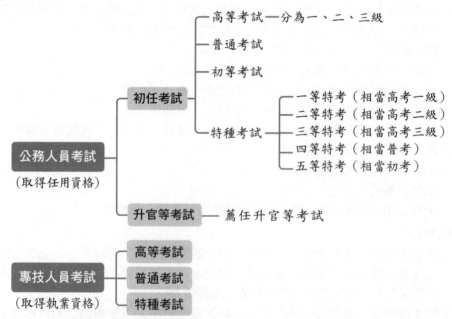

(二) 應考的積極資格：
公務人員考試之積極應考資格，依公務人員考試法第7條規定，應為年滿十八歲以上之中華民國國民。除此以外，各類各等級考試之積極應考資格尚有特別規定，其情形如下：

1.**高等考試**：
   (1)公立或立案之私立大學研究院、所，或符合教育部採認規定之國外大學研究院、所，得有博士學位者，得應公務人員高等考試一級考試。
   (2)公立或立案之私立大學研究院、所，或符合教育部採認規定之國外大學研究院、所，得有碩士學位者，得應公務人員高等考試二級考試。
   (3)公立或立案之私立獨立學院以上學校或符合教育部採認規定之國外獨立學院以上學校相當院、系、組、所、學位學程畢業者，或高等考試相當類科及格者，或普通考試相當類科及格滿三年者，得應公務人員高等考試三級考試。
2.**普通考試**：
   (1)公立或立案之私立職業學校、高級中學以上學校或國外相當學制以上學校相當院、系、科、組、所、學位學程畢業者。
   (2)普通考試以上考試相當類科考試及格者。
   (3)初等考試相當類科及格滿三年者。
3.**初等考試**：國民年滿十八歲者，得應公務人員初等考試。
4.**一等特考**：公立或立案之私立大學研究院、所或符合教育部採認規定之國外大學研究院、所，得有博士學位者。
5.**二等特考**：公立或立案之私立大學研究院、所，或符合教育部採認規定之國外大學研究院、所，得有碩士學位以上學位者。
6.**三等特考**：
   (1)公立或立案之私立獨立學院以上學校或符合教育部採認規定之國外獨立學院以上學校相當院、系、組、所、學位學程畢業者。
   (2)高等考試相當類科及格者。
   (3)普通考試相當類科及格滿三年者。
7.**四等特考**：
   (1)公立或立案之私立職業學校、高級中學以上學校或國外相當學制以上學校相當院、系、科、組、所、學位學程畢業者。
   (2)普通考試以上考試相當類科考試及格者。
   (3)初等考試相當類科及格滿三年者。
8.**五等特考**：國民年滿十八歲者，得應五等特考。

(三)**應考的消極資格**
1.動員戡亂時期終止後，曾犯內亂、外患罪，經有罪判決確定或通緝有案尚未結案。
2.曾服公務有貪污行為，經有罪判決確定或通緝有案尚未結案。

3.褫奪公權尚未復權。

4.受監護或輔助宣告,尚未撤銷。

依法停止任用者,經公務人員考試錄取,於依法停止任用期間仍不得分配訓練或分發任用為公務人員。

(四) 考試的方式

1.公務人員考試,得採筆試、口試、心理測驗、體能測驗、實地測驗、審查著作或發明、審查知能有關學歷經歷證明或其他方式行之。除單採筆試者外,其他應併採二種以上方式。

2.升官等考試,得採筆試、口試、心理測驗、體能測驗、實地測驗、審查著作或發明等方式行之。除採筆試者外,其他應採二種以上方式。

✿✿✿ 十、任用制度

(一) 公務人員任用法的專有名詞

1.**76年1月16日起施行之現行人事制度,係兼採「簡薦委制」與「職位分類制」兩制之長而成之新人事制度**,換言之,本法實係以原公務人員任用法為主,而酌採職位分類制度之精華於其中,爰參考公務職位分類法第2條之規定,於公務人員任用法第3條中將有關之專用術語,加以明確之規定,以為運作之依據,茲將本法專用名詞之法定意義錄列如下:

(1)**官等:係任命層次及所需基本資格條件範圍之區分。**

(2)**職等:係職責程度及所需資格條件之區分。**

(3)**職務:係分配同一職稱人員所擔任之工作及責任。**

(4)**職系:係包括工作性質及所需學識相似之職務。**

(5)**職組:係包括工作性質相近之職系。**

(6)**職等標準:係敘述每一職等之工作繁、簡、難、易,責任輕、重及所需資格條件程度之文書。**

(7)**職務說明書:係說明每一職務之工作性質及責任之文書。**

(8)**職系說明書:係說明每一職系工作性質之文書。**

(9)**職務列等表:係將各種職務,按其職責程度依序列入適當職等之文書。**

2.**公務人員任用法第5條:「公務人員依官等及職等任用之。官等分委任、薦任、簡任。職等分第一至第十四職等,以第十四職等為最高職等。委任為第一至第五職等,薦任為第六至第九職等;簡任為第十至第十四職等。」官等與職等之關係**,得圖示如下:

官等	係任命層次及所需基本資格條件範圍之區分	簡任					薦任				委任			
職等	係職責程度及所需資格條件之區分	14	13	12	11	10	9	8	7	6	5	4	3	2	1

(二) 任用資格（106地四）

1. 積極性的任用資格：

(1) 依法考試及格：所稱考試及格，指依公務人員考試法規所舉行之各類公務人員考試及格而言。依公務人員任用法第13條之規定，考試及格者之任用資格如下：

　　A. **高考一級（一等特考）**：取得薦任第九職等任用資格。

　　B. **高考二級（二等特考）**：取得薦任第七職等任用資格。

　　C. **高考三級（三等特考）**：取得薦任第六職等任用資格。

　　D. **普通考試（四等特考）**：取得委任第三職等任用資格。

　　E. **初等考試（五等特考）**：取得委任第一職等任用資格。

(2) 依法銓敘合格：所稱「依法銓敘合格」，係指在公務人員任用法施行前依有關法規經銓敘機關審查合格，或准予登記人員具有合法任用資格者。

(3) 依法升等合格：所稱依法升等合格，指依相關法規取得升等任用資格或存記，得分別具有各該官等、職等職務之任用資格者。

2. 消極性的任用資格：

(1) 未具或喪失中華民國國籍。

(2) 具中華民國國籍兼具外國國籍。但其他法律另有規定者，不在此限。

(3) 動員戡亂時期終止後，曾犯內亂罪、外患罪，經有罪判決確定或通緝有案尚未結案。

(4) 曾服公務有貪污行為，經有罪判決確定或通緝有案尚未結案。

(5) 犯前二款以外之罪，判處有期徒刑以上之刑確定，尚未執行或執行未畢。但受緩刑宣告者，不在此限。

(6) 曾受免除職務懲戒處分。

(7) 依法停止任用。

(8) 褫奪公權尚未復權。

(9) 經原住民族特種考試及格，而未具或喪失原住民身分。但具有其他考試及格資格者，得以該考試及格資格任用之。

(10) 受監護或輔助之宣告，尚未撤銷。

公務人員於任用後，有前項第1款至第9款情事之一者，應予免職；有第10款情事者，應依規定辦理退休或資遣。任用後發現其於任用時已有前項各款情事之一者，應撤銷任用。

(三) 任用限制

1.積極性的限制：

(1)公務人員之任用，應本專才、專業、適才、適所之旨，初任與升調並重，為人與事之適切配合。

(2)各機關任用公務人員時，應注意其品德及對國家之忠誠，其學識、才能、經驗、體格，應與擬任職務之種類職責相當。如係主管職務，並應注意其領導能力。

前項人員之品德及忠誠，各機關應於任用前辦理查核，必要時，得洽請有關機關協助辦理。其涉及國家安全或重大利益者，得辦理特殊查核；有關特殊查核之權責機關、適用對象、規範內涵、辦理方式及救濟程序，由行政院會同考試院另定辦法行之。各機關辦理前項各種查核時，應將查核結果通知當事人，於當事人有不利情形時，應許其陳述意見及申辯。

2.消極性的限制：

(1)除法律另有規定外，不得指派未具法定任用資格之人員代理或兼任應具法定任用資格之職務。

(2)**不得任用其他機關現職人員，如業務需要時，得指名商調。**

(3)**各機關長官對於配偶及三親等以內血親、姻親不得在本機關任用，或任用為直接隸屬機關之長官。對於本機關各級主管長官之配偶及三親等以內血親、姻親，在其主管單位，應迴避任用。應迴避人員，在各該長官接任以前任用者，不受前項之限制。**

(4)不得任用已屆屆齡退休人員。

(5)試用人員不得充任各級主管職務。

(四) 任用的程序

1.各機關初任各職等人員，除法律別有規定外，應由分發機關就公務人員各等級考試正額錄取，經訓練期滿成績及格人員分發任用。如可資分發之正額錄取人員已分發完畢，由分發機關就列入候用名冊之增額錄取人員按考試成績定期依序分發，經訓練期滿成績及格後予以任用。已無前項考試錄取人員可資分發時，得經分發機關同意，由各機關自行遴用具任用資格之合格人員。

2.公務人員各等級考試錄取，經訓練期滿成績及格者，應由分發機關分發各有關機關任用。前項分發機關、程序、辦理方式、限制及有關事項之辦法由考試院會同行政院定之。

3. 各機關擬任公務人員，經依職權規定先派代理，限於實際代理之日起三個月內送請銓敘部銓敘審定。但確有特殊情形未能依限送審者，應報經銓敘部核准延長，其期限除另有規定者從其規定外，最多再延長以二個月為限，經銓敘審定不合格者，應即停止其代理。

4. 初任各官等人員，未具與擬任職務職責程度相當或低一職等之經驗六個月以上者，應先予試用六個月，並由各機關指派專人負責指導。試用期滿成績及格，予以實授；試用期滿成績不及格，予以解職。

5. 試用人員於試用期間有下列情事之一，應為試用成績不及格：
   (1) 有公務人員考績法規所定年終考績得考列丁等情形之一者。
   (2) 有公務人員考績法規定之一次記一大過以上情形之一者。
   (3) 平時考核獎懲互相抵銷後，累積達一大過以上者。
   (4) 曠職繼續達二日或累積達三日者。

6. 試用人員於試用期滿時，由主管人員考核其成績，經機關首長核定後，依送審程序，送銓敘部銓敘審定；於機關首長核定前，應先送考績委員會審查。

7. 考績委員會對於試用成績不及格案件有疑義時，得調閱有關平時試用成績紀錄及案卷，或查詢有關人員。試用成績不及格人員得向考績委員會陳述意見及申辯。試用成績不及格人員，自機關首長核定之日起解職，並自處分確定之日起執行，未確定前，應先行停職。

8. 試用人員不得充任各級主管職務。

9. 各機關初任簡任、薦任、委任官等公務人員，經銓敘部銓敘審定合格後，呈請總統任命。

(五) 公務人員的調任

1. 依公務人員任用法第18條第1項之規定，現職公務人員之調任，依下列規定：
   (1) 簡任第十二職等以上人員，在各職系之職務間得予調任；其餘各職等人員，在同職組各職系之職務間得予調任。
   (2) 經依法任用人員，除自願者外，不得調任低一官等之職務。自願調任低官等人員，以調任官等之最高職等任用。
   (3) 在同官等內調任低職等職務，除自願者外，以調任低一職等之職務為限，均仍以原職等任用，且機關首長及副首長不得調任本機關同職務列等以外之其他職務，主管人員不得調任本單位之副主管或非主管，副主管人員不得調任本單位之非主管。但有特殊情形，報經總統府、主管院或國家安全會議核准者，不在此限。

2. 第18條第2項規定：「前項人員之調任，必要時，得就其考試及格、學歷、經歷或訓練等認定其職系專長，並得依其職系專長調任。」

☆☆十一、俸給制度

(一)俸給種類

1. 依公務人員俸給法第3條之規定，公務人員之俸給，分為本俸（年功俸）及加給，均以月計之。

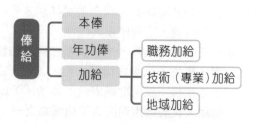

2. 茲據公務人員俸給法第2條列舉其意義如下：

(1)本俸：係指各職等人員依法應領取之基本給與。

(2)年功俸：係指各職等高於本俸最高俸級之給與。

(3)加給：係指本俸、年功俸以外，因所任職務種類、性質與服務地區之不同，而另加之給與。

3. 依公務人員俸給法第5條規定，加給分下列三種：

(1)職務加給：對主管人員或職責繁重或工作具有危險性者加給之。

(2)技術或專業加給：對技術或專業人員加給之。

(3)地域加給：對服務邊遠或特殊地區與國外者加給之。

(二)初任人員之起敘俸級

1. 高等考試之一級考試或特種考試之一等考試及格，初任薦任職務時，敘薦任第九職等一級；先以薦任第八職等任用者，敘薦任第八職等本俸四級。

2. 高等考試之二級考試或特種考試之二等考試及格，初任薦任職務時，敘薦任第七職等一級；先以薦任第六職等任用者，敘薦任第六職等本俸三級。

3. 高等考試之三級考試或特種考試之三等考試及格，初任薦任職務時，敘薦任第六職等一級；先以委任第五職等任用者，敘委任第五職等本俸五級。

4. 普通考試或特種考試之四等考試及格，敘委任第三職等本俸一級。

5. 初等考試或特種考試之五等考試及格，敘委任第一職等本俸一級。

☆☆十二、考績制度

(一)考績的種類：1.年終考績；2.另予考績；3.專案考績。

(二)考績獎懲

1. **年終考績之獎懲：**

(1)甲等：晉本俸一級，並給與一個月俸給總額之一次獎金；已達所敘職等本俸最高俸級或已敘年功俸級者，晉年功俸一級，並給與一個月俸給總額之一次獎金；已敘年功俸最高俸級者，給與二個月俸給總額之一次獎金。

(2)乙等：晉本俸一級，並給與半個月俸給總額之一次獎金；已達所敘職等本俸最高俸級或已敘年功俸級者，晉年功俸一級，並給與半個月俸給總額之一次獎金。已敘年功俸最高俸級者，給與一個半月俸給總額之一次獎金。

(3)丙等：留原俸級。

(4)丁等：免職。

2.另予考績之獎懲：

(1)甲等：給與一個月俸給總額之一次獎金。

(2)乙等：給與半個月俸給總額之一次獎金。

(3)丙等：不予獎勵。

(4)丁等：免職。

3.專案考績之獎懲：

(1)一次記二大功：晉本俸一級，並給與一個月俸給總額之獎金；已達所敘職等本俸最高俸級或已敘年功俸級者，晉年功俸一級，並給與一個月俸給總額之獎金；已敘至年功俸最高俸級者，給與二個月俸給總額之獎金。但在同一年度內再因一次記二大功辦理專案考績者，不再晉敘俸級，改給二個月俸給總額之一次獎金。

(2)一次記二大過：免職。

(三)考績升等：各機關參加考績人員任本職等年終考績，具有下列各款情形之一者，取得同官等高一職等之任用資格：

1.二年列甲等者。

2.一年列甲等二年列乙等者。

(四)行政救濟（107高）

1.年終考績（另予考績）列乙等者得依規定申訴、再申訴。

2.年終考績（另予考績）考列丙等、丁等或一次記二大過專案考績免職者得依規定復審，如不服復審決定，得提起行政訴訟。

☆☆十三、保險制度

(一)公教人員保險之範圍

1.適用人員：

(1)法定機關（構）編制內之有給專任人員。但依其他法律規定不適用本法或不具公務員身分者，不得參加本保險。

(2)公立學校編制內之有給專任教職員。

(3)依私立學校法規定，辦妥財團法人登記，並經主管教育行政機關核准立案之私立學校編制內之有給專任教職員。

(4)其他經本保險主管機關認定之人員。

前項第1款人員不包括法定機關編制內聘用人員。但本法中華民國103年1月14日修正施行時仍在保者，不在此限。

2.準用人員：法定機關編制內有給之民選公職人員及外國人任第2條所定職務者。

(二)公教人員保險之項目：**公教人員保險之項目，有失能、養老、死亡、眷屬喪葬、生育及育嬰留職停薪等六項。**

(三)公教人員保險之費率

1.保險費率：保險費率為被保險人每月保險俸（薪）額7%至15%。

2.保險費繳付之比率：

(1)公教人員之保險費，由被保險人自付35%，政府補助65%。

(2)但私立學校教職員由政府及學校各補助32.5％。

(四)公教人員保險給付之限制及時效

1.保險給付之限制：

(1)因戰爭變亂或因被保險人或其父母、子女、配偶故意犯罪行為，以致發生保險事故者，概不給與保險給付。

(2)被保險人或其受益人以詐欺行為領得各項給付，除依法治罪外，應追繳其領得保險給付之本息。

2.消滅時效：**請領本保險給付之權利，自請求權可行使之日起，因十年間不行使而當然消滅。**

(五)公教人員保險之機關

1.主管機關：**公教人員保險之主管機關為銓敘部。**

2.監理機關：為監督保險業務，由銓敘部邀請有關機關專家學者及被保險人代表組織監理委員會：各以占三分之一為原則。

3.承保機關：**公教人員保險之承保機關為臺灣銀行。**

4.要保機關：

(1)所謂要保機關，即為被保險人之服務機關。

(2)要保機關之認可與變更，由主管機關認定之。

☆☆☆十四、退撫制度

(一)退撫制度的意義

1.退休：係指政府為促進人事新陳代謝，對所屬任職已久之人員，或年事已高或身體衰病，致難勝任職務之人員，予以退休，並依其服務年資，給予退休金，以酬謝其服務期間的貢獻及使其安渡老年生活。

2.**撫卹**：係指政府對亡故公務人員，為酬庸其生前服務及功績，給予其遺族撫卹金，以安撫遺孤生計。

(二)退撫基金的籌措

1.**就退撫金的來源而言：**

(1)**政府籌款制**：在此制下，由政府機關完全負責或獨自籌措退休金的費用，而不由公務員自身負任何經費。所需款項編入國家財政預算，由國庫支付。

(2)**個人籌款制**：此制係由公務員自己捐款以籌措全部的退休金額。在此制下政府機關不過僅為公務員所捐籌款項的保管員或經理人。此制之重大困難是公務員因限於經濟擔負能力，恐難籌得充裕足用的數額。

(3)**聯合籌款制**：此制下的退撫金由政府和公務人員按一定比例分擔，共同籌措。**我國原採政府籌款制，84年7月1日起改採聯合籌款制。**

2.**就退撫金的籌集與管理而言：**

(1)**現金交付式**：對退撫金實行一次性籌足，當年籌得的款項當年支用，並無預先的儲積或固定的基金。

(2)**年金儲入式**：此制即由政府或公務人員預先逐年撥儲金額，籌集到款項並不直接用作退撫金的支付，而是儲入銀行，成立基金，用於各種投資，如購買股票、債券等，將所獲利潤、利息作為退休金的實際支付。**我國原採現款交付式，84年7月1日起改採年金儲入式。**

(三)退休種類及要件：茲依公務人員退休資遣撫卹法擇要說明如下：

1.公務人員之退休，分自願退休、屆齡退休及命令退休。依法銓敘審定之法官，不適用第19條屆齡退休及第20條命令退休之規定。但合於本法所定退休條件者，得申請退休（第16條）。

2.**自願退休的要件：**

(1)**公務人員有下列情形之一者，應准其自願退休：**

A.任職滿五年，年滿六十歲。

B.任職滿二十五年（第17條第1項）。

(2)**公務人員任職滿十五年，有下列情形之一者，應准其自願退休：**

A.出具經中央衛生主管機關評鑑合格醫院開立已達公教人員保險失能給付標準所訂半失能以上之證明或經鑑定符合中央衛生主管機關所定身心障礙等級為重度以上等級。

B.罹患末期之惡性腫瘤或為安寧緩和醫療條例第3條第2款所稱之末期病人，且繳有合格醫院出具之證明。

C.領有權責機關核發之全民健康保險永久重大傷病證明，並經服務機關認定不能從事本職工作，亦無法擔任其他相當工作。

D.符合法定身心障礙資格，且經依勞工保險條例第54-1條所定個別化專業
　評估機制，出具為終生無工作能力之證明（第17條第2項）。

(3)第一項第一款所定年滿六十歲之自願退休年齡，於擔任具有危險及勞力等
　特殊性質職務者，應由其權責主管機關就所屬相關機關相同職務之屬性，
　及其人力運用需要與現有人力狀況，統一檢討擬議酌減方案後，送銓敘部
　核備。但調降後之自願退休年齡不得低於五十歲（第17條第3項）。

(4)第三項所稱權責主管機關，於中央指中央二級或相當二級以上機關；於直
　轄市指直轄市政府及直轄市議會；於縣（市）指縣（市）政府及縣（市）
　議會（第17條第8項）。

3.**屆齡退休的要件：**

(1)公務人員任職滿五年，且年滿六十五歲者，應辦理屆齡退休（第19條第1項）。

(2)前項所定年滿六十五歲之屆齡退休年齡，於擔任危勞職務者，應由其權責
　主管機關就所屬相關機關相同職務之屬性，及其人力運用需要與現有人力
　狀況，統一檢討擬議酌減方案後，送銓敘部核備。但調降後之屆齡退休年
　齡不得低於五十五歲（第19條第2項）。

(3)公務人員應予屆齡退休之至遲退休生效日期（以下簡稱屆退日）如下：
　A.於一月至六月間出生者，至遲為七月十六日。
　B.於七月至十二月間出生者，至遲為次年一月十六日（第19條第6項）。

4.**命令退休的要件：**

(1)公務人員任職滿五年且有下列情事之一者，由其服務機關主動申辦命令
　退休：
　A.未符合第17條所定自願退休條件，並受監護或輔助宣告尚未撤銷。
　B.有下列身心傷病或障礙情事之一，經服務機關出具其不能從事本職工
　　作，亦無法擔任其他相當工作之證明：
　　a.繳有合格醫院出具已達公保失能給付標準之半失能以上之證明，且
　　　已依法領取失能給付，或經鑑定符合中央衛生主管機關所定身心障
　　　礙等級為重度以上等級之證明。
　　b.罹患第三期以上之惡性腫瘤，且繳有合格醫院出具之證明（第20條
　　　第1項）。

(2)前條第一項第一款及第二款人員受監護或輔助宣告或身心傷病障礙係因執
　行公務所致者，其命令退休不受任職年資滿五年之限制（第21條第1項）。

5.**資遣：**

(1)公務人員有下列各款情事之一者，應予資遣：
　A.機關裁撤、組織變更或業務緊縮時，不符本法所定退休條件而須裁減之
　　人員。

　　　B.現職工作不適任，經調整其他相當工作後，仍未能達到要求標準，或本
　　　　機關已無其他工作可予調任。

　　　C.依其他法規規定，應予資遣（第22條第1項）。

　(2)以機要人員任用之公務人員，有前項第二款情事者，不適用前項資遣規定
　　　（第22條第2項）。

　(3)各機關對於公務人員之資遣，應由其服務機關首長初核後，送權責主管機
　　　關或其授權機關（構）核定，再由服務機關檢齊有關證明文件，函送審定
　　　機關依本法審定其年資及給與（第23條第1項）。

　(4)依前項第一項第二款或第三款資遣者，其服務機關首長核予以資遣之前，
　　　應先經考績委員會初核；考績委員會初核前，應給予當事人陳述及申辯之
　　　機會（第23條第2項）。

(四) 退休給付

1.退休金種類：

　(1)退休人員之退休金分下列三種：

　　　A.一次退休金。

　　　B.月退休金。

　　　C.兼領二分之一之一次退休金與二分之一之月退金（第26條第1項）。

　(2)公務人員依前項第三款兼領月退休金之退休金，各依其應領一次退休金與
　　　月退金，按比率計算之（第26條第2項）。

2.退休金基數內涵：

　(1)於本法公布施行前（107.6.30前）退休之公務人員，其退休金以最後在職經銓
　　　敘審定之本（年功）俸（薪）額之計算基準，並依下列規定計算基數內涵：

　　　A.退撫新制實施前年資之給與：一次退休金以最後在職同等級人員之本
　　　　（年功）俸（薪）額加新臺幣九百三十元為基數內涵；月退休金以最後
　　　　在職同等級人員之本（年功）俸（薪）額為基數內涵，另十足發給新臺
　　　　幣九百三十元。

　　　B.退撫新制實施後年資之給與：以最後在職同等級人員之本（年功）俸
　　　　（薪）額加一倍為基數內涵（第27條第1項）。

　(2)於本法公布施行後（107.7.1後）退休之公務人員，其退撫新制實施前、後
　　　年資應給之退休金，依下列規定計算基數內涵：

　　　A.退撫新制實施前（84.6.30前）年資之給與：

　　　　a.一次退休金：依所列退休年度適用之平均俸（薪）額，加新臺幣
　　　　　九百三十元為基數內涵。

　　　b.月退休金：依所列退休年度適用之平均俸（薪）額為基數內涵；另
　　　　十足發給新臺幣九百三十元。
　　B.退撫新制實施後（84.7.1後）年資之給與：依所列各年度平均俸（薪）
　　　額加一倍為基數內涵（第27條第3項）。

(五) 撫卹要件及原因
　1.**撫卹要件：**
　　(1)公務人員在職死亡者，由其遺族或服務機關申辦撫卹（第51條第1項）。
　　(2)公務人員於休職、停職或留職停薪期間死亡者，其遺族或服務機關得依本
　　　法規定，申辦撫卹（第51條第2項）。
　2.**撫卹原因：**
　　(1)公務人員在職死亡之撫卹原因如下：
　　　A.病故或意外死亡。
　　　B.因執行公務以致死亡（以下簡稱因公死亡）（第51條第1項）。
　　(2)自殺死亡比照病故或意外死亡認定。但因犯罪經判刑確定後，於免職處分
　　　送達前自殺者，不予撫卹（第52條第2項）。
　　(3)公務人員在職因公死亡者，應辦理因公撫卹（第53條第1項）。
　　(4)前項所稱因公死亡，指現職公務人員係因下列情事之一死亡，且其死亡與
　　　該情事具有相當因果關係者：
　　　A.執行搶救災害（難）或逮捕罪犯等艱困任務，或執行與戰爭有關任務
　　　　時，面對存有高度死亡可能性之危害事故，仍然不顧生死，奮勇執行任
　　　　務，以致死亡。
　　　B.於辦公場所，或奉派公差（出）執行前款以外之任務時，發生意外或危
　　　　險事故，或遭受暴力事件，或罹患疾病，以致死亡。
　　　C.於辦公場所，或奉派公差（出）執行前二款任務時，猝發疾病，以致
　　　　死亡。
　　　D.因有下列情形之一，以致死亡：
　　　　a.執行第一款任務之往返途中，發生意外或危險事故。
　　　　b.執行第一款或第二款任務之往返途中，猝發疾病，或執行第二款任
　　　　　務之往返途中，發生意外或危險事故。
　　　　c.為執行任務而為必要之事前準備或事後之整理期間，發生意外或危
　　　　　險事故，或猝發疾病。
　　　　d.戮力職務，積勞過度，以致死亡（第53條第2項）。
　　　E.前項第四款第一目及第二目規定，係因公務人員本人之重大交通違規行
　　　　為而發生意外事故以致死亡者，以意外死亡辦理撫卹（第53條第3項）。

(六) 撫卹給與

1. **撫卹給與的種類**：公務人員在職病故或意外死亡者，其撫卹金給與之種類如下：
   (1)一次撫卹金。
   (2)一次撫卹金及月撫卹金（第54條第1項）。

2. **殮葬補助費：**
   (1)亡故公務人員應由各級政府編列預算，給與殮葬補助費。公務人員於休職、停職或留職停薪期間死亡者，亦同（第61條第1項）。
   (2)前項應給與之殮葬補助費給與標準，於本法施行細則定之（第61條第2項）。

(七) 撫卹金領受人

1. 公務人員之遺族撫卹金，由未再婚配偶領受二分之一；其餘由下列順序之遺族，依序平均領受之：
   (1)子女。
   (2)父母。
   (3)祖父母。
   (4)兄弟姊妹（第62條第1項）。

2. 亡故公務人員無前項第一款至第三款遺族者，其撫卹金由未再婚配偶單獨領受；無配偶或配偶再婚時，其應領之撫卹金，依序由前項各款遺族領受；同一順序遺族有數人時，撫卹金由同一順序具有領受權之遺族平均領受（第62條第2項）。

3. 同一順序遺族有死亡、拋棄或因法定事由而喪失或停止領受權者，其撫卹金應由同一順序其他遺族依前二項規定領受；無第一順序遺族時，由次一順序遺族依前項規定領受（第62條第3項）。

十五、年金改革

　　配合年金改革，原公務人員退休法、公務人員撫卹法合併，茲據銓敘部公開資訊，將公務人員退休資遣撫卹法（106.8.9公布）重點列表如下：

重點項目		主要內容
月退休金請領資格	延後月退休金起支年齡	**逐年延後至65歲** 原定85制之10年緩衝期指標數不變(107年指標數為82，108年為83，109年為84)，再以10年過渡期間，過渡至119年指標數為94；120年月退休金起支年齡65歲。 註：107-109年適用指標數之基本年齡為50歲，110-114年之基本年齡為55歲，115-119年則為60歲。

重點項目		主要內容
給付	調整退休金計算基準	**逐步調整為最後在職前15年平均俸（薪）額** 107.7.1至108.12.31訂為「最後在職往前5年平均俸（薪）額」，之後逐年拉長1年(109年為6年均俸，以此類推)，調整至118年以後為「最後在職往前15年平均俸（薪）額」。 ・過渡條款：新法施行前已達月退休金起支條件者，於新法施行後退休生效者，仍得以最後在職等級計算，不受均俸影響。 ・已退者保障：新法施行前已退休者，一律不適用均俸規定。 ・退休所得替代率分母值(本俸2倍)，一律用最後在職俸額計算，不適用均俸。
	調降退休所得	**所得替代率分10年調降，從75%調降至60%(年資35年)；** **調降至最低保障金額時，維持領取最低保障金額；如調降前之月退休總所得已低於最低保障金額(32,160元)，則不予調降。**
	調整優惠存款制度	・**支（兼）領月退休金者：**107.7.1-109.12.31降為9%，110.1.1起歸零，本金可領回。 ・**支領一次退休金者：** 　1.超過最低保障金額(32,160元)者： 　　(1)保障最低保障金額(32,160元)；其可優存本金為214萬4千元。 　　(2)最低保障金額以外的優存本金部分，107.7.1-109.12.31利率降至12%；110.1.1-111.12.31為10%；112.1.1-113.12.31為8%；114.1.1起為6% 　2.未超過最低保障金額者，維持原領金額不予變動。
	取消年資補償金	1.法案施行起1年後退休者，不再發給年資補償金。 2.已審定者，照原規定發給，但須受所得替代率限制。
	調整遺屬年金制度（原月撫慰金）	1.配偶支領年齡維持55歲，婚姻關係改為**退休人員亡故時婚姻關係**已累積存續達10年以上。 2.遺族同時支領由政府預算、公營事業機構支給之定期性給與者，不得擇領遺屬年金；但選擇放棄本人應領之定期給與並經原發給定期給與之權責機關同意者，仍可以支領遺屬年金。
財源	調整退撫基金提撥費率	法定費率提撥區間調整為 12%～18%；政府與個人分擔比率仍為65%：35%。
	調降退休所得節省費用挹注	各級政府調降退休所得和優惠存款利率所節省經費，應全部挹注退撫基金。

重點項目		主要內容
制度轉銜	年資保留	法案公布施行後,任職已滿5年且**未辦理**退休或資遣而離職者,其年資得保留至年滿65歲後之6個月內,再依規定請領退休金(未滿15 年者,給一次退休金;滿15年以上者,可擇領一次退休金或月退休金)。
	年資併計、年金分計	・在職公務人員辦理屆齡或命令退休時,公務年資未滿 15 年,得併計其他職域年資成就支領月退休金條件。 ・法案公布施行後,任職已滿 5 年且**未辦理**退休或資遣而離職者,於年滿 65 歲後之 6 個月內,得併計其他職域年資成就支領月退休金條件。
其他	育嬰留職停薪年資採計	法案公布後之育嬰留職停薪年資,得選擇全額自費撥繳退撫基金費用, 併計公務人員退休、資遣或撫卹年資(法公布前之育嬰留停年資不適用之)。
	離婚配偶請求權	・公務人員具婚姻關係滿 2 年以上之離婚配偶,就婚姻關係期間占公職之部分,按其在審定退休年資所占比率二分之一請求分配該公務人員退休金,但若該分配比率「顯失公平」,當事人可聲請法院調整或免除。 ・離婚配偶得請求之退休金,以一次給付為限。
	再任公職停領月退休金	未來已退休的公務人員再任職務,包括公職、行政法人、政府捐贈之財團法人、轉投資公司以及私校職務者,若每月薪資合計超過法定基本工資者,將依法停領月退休金及優惠存款利息。
	月退休金調整機制	公務人員退休後所領月退休金,或遺族所領的月撫卹金或遺屬年金,得由考試院會同行政院,衡酌國家整體財政狀況人口與經濟成長率、平均餘命、退撫基金準備率與其財務投資績效及消費者物價指數等因素調整;調整結果超過原領所得 5%以上或低於原領所得者,應經立法院同意。
	定期檢討	本法公布施行後,考試院應會同行政院建立年金制度監控機制,5年內檢討制度設計與財務永續發展,之後定期檢討。
	年金改革方案實施時間	除了育嬰留職停薪年資併計及退撫給與設立專戶等條文自公布日施行外,其餘條文自107年7月 1 日起實施。

歷年試題總覽

(　)　1. 最廣義公務員之概念為何？　(A)公務員服務法上之公務員　(B)公務人員考績法上之公務員　(C)公務人員任用法上之公務人員　(D)國家賠償法上之公務員。（101普）

(　)　2. 下列公務員之概念，何者範圍最為廣泛？　(A)公務人員任用法上公務員　(B)公務員服務法上公務員　(C)刑法上公務員　(D)公教人員保險法上公務員。（97普）

(　)　3. 下列何者所稱之公務員涵義最廣？　(A)公務人員保障法　(B)國家賠償法　(C)公務員懲戒法　(D)公務員服務法。（99地四）

(　)　4. 下列何者為最狹義的公務員概念？　(A)依據公務人員任用法第5條所任命之人員　(B)公務員懲戒法上之公務員　(C)公務員服務法第24條所稱之公務人員　(D)刑法第10條所稱之公務員。（99普）

(　)　5. 有關公務人員任用法、公務員服務法及國家賠償法上公務員概念，下列何者敘述錯誤？　(A)公務員服務法之公務員為廣義概念　(B)公務人員任用法之公務員為最狹義概念　(C)公立學校教師為公務員服務法及公務員懲戒法之公務員概念　(D)國家賠償法上公務員為最廣義之概念。（97高）

(　)　6. 下列何者為政務官？　(A)內政部部長　(B)內政部常務次長　(C)內政部法規會執行秘書　(D)內政部兒童局局長。（98地四）

(　)　7. 依我國現制，以下何者非屬政務人員？　(A)副總統　(B)高雄市長　(C)交通部長　(D)法務部常務次長。（95地四）

(　)　8. 下列有關政務官與事務官分類之敘述，何者正確？　(A)政務官參與國家大政方針之決策並只隨政黨選舉成敗而進退，至於政策成敗則不負責　(B)事務官指依照既定方針執行之永業性公務員，並須負政策之成敗　(C)就學理上而言，事務官係指所有國家公務員　(D)政務官與事務官之分類乃行政官之分類，最高法院法官無論官等如何高敘，皆非政務官。（99普）

(　)　9. 公務人員依法組成之協會，其權限不包括下列何者？　(A)對考績事項提出建議　(B)對退撫事項提出建議　(C)對工作時間提出協商　(D)團體協約權。（101地三）

( )	10. 下列何者不屬於公務人員之義務？　(A)服從上級公務人員之職務命令　(B)保持品位　(C)保持行政中立　(D)參加公務人員組織。（104高）

( )	11. 公務員違反法令所定之義務，而由行政機關予以處罰者，稱為何種責任？　(A)行政責任　(B)民事責任　(C)刑事責任　(D)政治責任。（101普）

( )	12. 下列何種人員，不依公務員懲戒法規定遭受懲戒？　(A)政務官　(B)民選地方行政首長　(C)民意代表　(D)兼任行政職之公立學校教師。（97普）

( )	13. 關於公務員懲戒與懲處，下列敘述何者正確？　(A)懲戒行使的主體為考試院，懲處行使的主體為監察院　(B)懲戒與懲處所適用對象相同　(C)懲戒與懲處所適用的處分程序相同　(D)懲戒依公務員懲戒法，懲處依公務人員考績法。（106移四）

( )	14. 公務員行政懲處責任之處分機關為何？　(A)公務員懲戒委員會　(B)銓敘部　(C)服務機關　(D)監察院。（101警）

( )	15. 關於公務員責任之敘述，下列何者錯誤？　(A)同一行為已受刑罰之處罰者，仍得予以懲戒　(B)同一行為不受刑罰之處罰者，仍得予以懲戒　(C)同一行為已受行政罰之處罰者，仍得予以懲戒　(D)同一行為已受懲處者，不得予以懲戒。（107普）

( )	16. 下列何者並非擔任公務員之條件？　(A)年滿二十歲　(B)具有中華民國國籍　(C)具備所任官等或職務之資格　(D)未經褫奪公權。（99高）

( )	17. 依公務人員考績法所為之免職處分，得提起何種救濟？　(A)得向服務機關之上級機關提起訴願，不服訴願決定得提起行政訴訟　(B)得向服務機關提起申訴、再申訴，不得提起行政訴訟　(C)得向服務機關提起申訴，不服申訴函復得向公務人員保障暨培訓委員會提起再申訴，不得提起行政訴訟　(D)得向公務人員保障暨培訓委員會提起復審，不服復審決定得提起行政訴訟。（98地四）

( )	18. 依公務人員考績法將公務員記一次兩大過免職，其法律性質為何？　(A)刑罰　(B)秩序罰　(C)違警罰　(D)懲戒罰。（101普）

( )	19. 公務員甲依法申請退休，其服務機關因機關人員不足，逾6個月未作成決定。甲應如何提起救濟？　(A)向服務機關提起申訴，如未獲救濟，再向公務人員保障暨培訓委員會提起再申訴　(B)向公務人員保障暨培訓委員會提起復審，如未獲救濟，再向該管行政法院提起行政訴訟　(C)應等待服務機關作成駁回決定後，始得向公務人員保障暨培訓委員會提起復審　(D)准予退休屬服務機關行政裁量權之範圍，甲不得提起救濟。（107地三）

( )｜20.公務人員行使結社權，其所依據之主要法律為：　(A)人民團體法　(B)公務員服務法　(C)公務人員協會法　(D)公務人員保障法。（98地三）

( )｜21.關於一般任用公務人員之敘述，下列何者錯誤？　(A)為具官等及職等之公職人員　(B)與國家間立於公法上之職務關係　(C)為文官制度之核心　(D)受終身職之保障，一旦任用，不得撤職或免職。（105高）

解答及解析

1. **D**　國家賠償法第2條第1項規定：「本法所稱公務員者，謂依法令從事於公務之人員」，照此規定，凡具有「依法令」及「從事於公務」二要件者，即為「公務員」。故不論其為文職人員或武職人員，政務人員或事務人員，常任人員或非常任人員，聘用人員或派用人員，受有俸給人員或非受俸給人員，教育人員或公營事業人員，乃至由選舉產生之民選人員等，只要是依法令從事公務者，均為國家賠償法上之公務員。其涉及之範圍，至為廣泛，是為最廣義之公務員。

2. **B**　　3. **B**　　4. **A**　　5. **C**　　6. **A**　　7. **D**　　8. **D**

9. **D**　公務人員協會法第6條規定「建議權」，第7條規定「協商權」，至於「團體協約權」公務人員協會法未規定。

10. **D**

11. **A**　所謂「行政責任」係指公務員執行職務而有違反行政法規或行政紀律之行為時，於行政法上所應負之責任。此項責任，可以區分為懲戒責任與懲處責任兩類：
   (1)懲戒係以「公務員懲戒法」為法律依據，當公務員有違法、廢弛職務或其他失職行為時，應受懲戒。
   (2)至於懲處，係一般行政機關對於所屬公務員基於行政監督權所為之處分，它是以「公務人員考績法」為主要法律依據。

12. **C**　　13. **D**

14. **C**　公務員行政懲處之處分機關為該公務員之服務機關，司法懲戒之主管機關為懲戒法院。

15. **D**　公務員懲戒法第22條第3項：「同一行為經主管機關或其他權責機關為行政懲處處分後，復移送懲戒，經懲戒法院為懲戒處分、不受懲戒或免議之判決確定者，原行政懲處處分失其效力。」

16. **A**　　17. **D**

18. **D**　釋字第243號解釋：「中央或地方機關依公務人員考績法或相關法規之規定，對公務員所為之免職處分，直接影響其憲法所保障之服公職權利，受處分之公務員自得行使憲法第16條訴願及訴訟之權。該公務員已依法向該管機關申請復審及向銓敘機關申請再復審或以類此之程序謀求救濟者，相當於業經訴願、在訴願程序，如仍有不服，應許其提起行政訴訟，方符有權利即有救濟之法理。」釋字第298號解釋：「憲法第77條規定，公務員之懲戒屬司法院掌理事項。此項懲戒得視其性質於合理範圍內以法律規定由其長官為之。但關於足以改變公務員身分或對於公務員有重大影響之懲戒處分，受處分人得向掌理懲戒事項之司法機關聲明不服，由該司法機關就原處分是否違法或不當加以審查，以資救濟。」

19. **B**　　20. **C**　　21. **D**

公務員法題庫

一、公務人員任用法

第1條　**公務人員之任用，依本法行之。**
　　　　※施2.本法所稱公務人員，指各機關組織法規中，除政務人員及民選人員外，定有職稱及官等職等之人員。

（　）　甲為某國立大學法律系教授，現並兼任法學院院長。下列何項法律對甲無適用之可能性？　(A)公務人員任用法　(B)公務員服務法　(C)教師法 (D)國家賠償法。（105地三）　　　　　　　　　　答：(A)

第3條　**本法所用名詞意義如下：**
　　　　一、官等：係任命層次及所需基本資格條件範圍之區分。
　　　　二、職等：係職責程度及所需資格條件之區分。
　　　　三、職務：係分配同一職稱人員所擔任之工作及責任。
　　　　四、職系：係包括工作性質及所需學識相似之職務。
　　　　五、職組：係包括工作性質相近之職系。
　　　　六、職等標準：係敘述每一職等之工作繁、簡、難、易，責任輕、重及所需資格條件程度之文書。
　　　　七、職務說明書：係說明每一職務之工作性質及責任之文書。
　　　　八、職系說明書：係說明每一職系工作性質之文書。

九、職務列等表：係將各種職務，按其職責程度依序列入適當職等之文書。

( )　依公務人員任用法第3條之規定，「職責程度及所需資格條件之區分」，稱為？　(A)職等　(B)職務　(C)職系　(D)職組。〔95高〕　　答：(A)

第5條　公務人員依官等及職等任用之。
官等分委任、薦任、簡任。
職等分第一至第十四職等，以第十四職等為最高職等。
委任為第一至第五職等；薦任為第六至第九職等；簡任為第十至第十四職等。

( )　1.依據公務人員任用法規定，公務人員官等分為委任、薦任以及下列何者？ (A)特任　(B)簡任　(C)專任　(D)聘任。〔101地四〕

( )　2.以下何者，非屬公務人員任用法所定之官等？　(A)委任　(B)特任　(C)薦任　(D)簡任。〔95地四〕

( )　3.依據公務人員任用法規定，公務人員之職等，最高為下列第幾職等？ (A)八　(B)十　(C)十二　(D)十四。〔101地四〕

( )　4.有關公務員官等與職等之敘述，下列何者錯誤？　(A)我國文官之官等由高至低可分為簡任、薦任與委任　(B)我國簡任文官之最高職等為第十三職等　(C)初任各職務之人員，應具有擬任職務所列職等之任用資格　(D)公務員非有過咎，並依正當法律程序，不得對其官等與職等予以降低。〔100普〕　　　　答：1.(B) 2.(B) 3.(D) 4.(B)

第11條　各機關辦理機要職務之人員，得不受第9條任用資格之限制。前項人員，機關長官得隨時免職。機關長官離職時應同時離職。

( )　關於各機關辦理機要職務之人員，以下何者敘述不正確？　(A)得不受公務人員任用資格之限制　(B)機關長官須經人評會同意始得予以免職 (C)機關長官離職時應同時離職　(D)各機關進用機要人員規範，由考試院定之。〔92地〕　　　　　　　　　　　　　　　　答：(B)

第28條　有下列情事之一者，不得任用為公務人員：
一、未具或喪失中華民國國籍。
二、具中華民國國籍兼具外國國籍。但其他法律另有規定者，不在此限。
三、動員戡亂時期終止後，曾犯內亂罪、外患罪，經有罪判決確定或通緝有案尚未結案。
四、曾服公務有貪污行為，經有罪判決確定或通緝有案尚未結案。
五、犯前二款以外之罪，判處有期徒刑以上之刑確定，尚未執行或執行未畢。但受緩刑宣告者，不在此限。

　　六、曾受免除職務懲戒處分。

　　七、依法停止任用。

　　八、褫奪公權尚未復權。

　　九、經原住民族特種考試及格，而未具或喪失原住民身分。但具有其他
　　　　考試及格資格者，得以該考試及格資格任用之。

　　十、受監護或輔助宣告，尚未撤銷。

　　公務人員於任用後，有前項第1款至第9款情事之一者，應予免職；有
　　第10款情事者，應依規定辦理退休或資遣。任用後發現其於任用時有
　　前項各款情事之一者，應撤銷任用。

　　前項撤銷任用人員，其任職期間之職務行為，不失其效力；業已依規定
　　支付之俸給及其他給付，不予追還。但經依第1項第2款情事撤銷任用
　　者，應予追還。

（　）　下列何者為公務人員任用之消極資格？　(A)具中華民國國籍　(B)屆滿
　　　　一定年齡　(C)具備法定任用資格　(D)受監護或輔助宣告，尚未撤銷。
　　　　（104高）　　　　　　　　　　　　　　　　　　　　　　答：(D)

第32條　司法人員、審計人員、主計人員、關務人員、外交領事人員及警察人員
　　　　　之任用，均另以法律定之。但有關任用資格之規定，不得與本法牴觸。

（　）　公務人員任用法第32條規定，司法人員、審計人員、主計人員、關務人
　　　　員、外交領事人員及警察人員之任用，均另以何方式定之？　(A)憲法
　　　　(B)法律　(C)命令　(D)行政規章。（92地）　　　　　　　答：(B)

二、公務人員考績法

第3條　公務人員考績區分如左：

　　一、年終考績：係指各官等人員，於每年年終考核其當年一至十二月任
　　　　職期間之成績。

　　二、另予考績：係指各官等人員，於同一考績年度內，任職不滿一年，
　　　　而連續任職已達六個月者辦理之考績。

　　三、專案考績：係指各官等人員，平時有重大功過時，隨時辦理之考績。

（　）1.下列何者非公務人員考績法第3條所規定之考績種類？　(A)年中考績
　　　　(B)另予考績　(C)專案考績　(D)年終考績。（101警）

（　）2.公務人員之考績不包括下列何者？　(A)專案考績　(B)專業考績　(C)另
　　　　予考績　(D)年終考績。（105普）　　　　　　　　答：1.(A) 2.(B)

第4條　公務人員任現職，經銓敘審定合格實授至年終滿一年者，予以年終考
　　　　　績；不滿一年者，如係升任高一官等職務，得以前經銓敘審定有案之低
　　　　　一官等職務合併計算，辦理高一官等之年終考績；如係調任同一官等或
　　　　　降調低一官等職務，得以前經銓敘審定有案之同官等或高官等職務合併

計算，辦理所敘官等職等之年終考績。但均以調任並繼續任職者為限。具有公務人員任用資格之政務人員、教育人員或公營事業人員轉任公務人員，經銓敘審定合格實授者，其轉任當年未辦理考核及未採計提敘官職等級之年資，得比照前項經銓敘審定合格實授者，得比照前項經銓敘審定合格實授之年資，合併計算參加年終考績。

( ) 1. 公務人員任職，經銓敘部合格實授，至年終滿一年者，得參加下列何種考績？ (A)專案考績 (B)另予考績 (C)年終考績 (D)另予考成。（92地）

( ) 2. 有關公務員之概念與適用，下列敘述何者錯誤？ (A)凡依法令從事於公務之人員，均為國家賠償法之公務員 (B)縣長屬公務員懲戒法之公務員 (C)法官於考績事項，屬公務人員考績法之公務人員 (D)民選首長屬公務員服務法之公務員。（107地四） 答：1.(C) 2.(C)

第6條　年終考績以一百分為滿分，分甲、乙、丙、丁四等，各等分數如下：
甲等：八十分以上。
乙等：七十分以上，不滿八十分。
丙等：六十分以上，不滿七十分。
丁等：不滿六十分。
考列甲等之條件，應於施行細則中明定之。
除本法另有規定者外，受考人在考績年度內，非有下列情形之一者，不得考列丁等：
一、挑撥離間或誣控濫告，情節重大，經疏導無效，有確實證據者。
二、不聽指揮，破壞紀律，情節重大，經疏導無效，有確實證據者。
三、怠忽職守，稽延公務，造成重大不良後果，有確實證據者。
四、品行不端，或違反有關法令禁止事項，嚴重損害公務人員聲譽，有確實證據者。

( ) 依據我國現行公務人員之考績制度，年終考績在幾分以上者，列為甲等？ (A)90分 (B)85分 (C)80分 (D)75分。（98地四） 答：(C)

第14條　各機關對於公務人員之考績，應由主管人員就考績表項目評擬，遞送考績委員會初核，機關長官覆核，經由主管機關或授權之所屬機關核定，送銓敘部銓敘審定。但非於年終辦理之另予考績或長官僅有一級，或因特殊情形報經上級機關核准不設置考績委員會時，除考績免職人員應送經上級機關考績委員會考核外，得逕由其長官考核。
考績委員會對於考績案件，認為有疑義時，得調閱有關考核紀錄及案卷，並得向有關人員查詢。
考績委員會對於擬予考績列丁等及一次記二大過人員，處分前應給予當事人陳述及申辯之機會。

第一項所稱主管機關為總統府、國家安全會議、五院、各部（會、處、局、署與同層級之機關）、省政府、省諮議會、直轄市政府、直轄市議會、縣（市）政府及縣（市）議會。

（　）　公務人員之考績，經主管機關或授權之所屬機關核定後，應送下列何者審定？　(A)考選部　(B)審計部　(C)銓敘部　(D)法務部。（100地四）

答：(C)

第15條　各機關應設考績委員會，其組織規程由考試院定之。

（　）　依公務人員考績法之規定，各機關應設考績委員會，其組織規程，由何機關定之？　(A)立法院　(B)考試院　(C)行政院　(D)監察院。（92地）　答：(B)

三、公教人員保險法

第2條　本保險之保險對象包括下列人員：
一、法定機關（構）編制內之有給專任人員。但依其他法律規定不適用本法或不具公務員身分者，不得參加本保險。
二、公立學校編制內之有給專任教職員。
三、依私立學校法規定，辦妥財團法人登記，並經主管教育行政機關核准立案之私立學校編制內之有給專任教職員。
四、其他經本保險主管機關認定之人員。
前項第1款人員不包括法定機關編制內聘用人員。但本法中華民國一百零三年一月十四日修正施行時仍在保者，不在此限。

（　）　公教人員保險法所規定之公務人員範圍，係指：　(A)依法令從事於公務之人員　(B)受有俸給之文武職公務員　(C)法定機關編制內之有給專任人員　(D)定有職稱官職等之文職人員。（92普）　答：(C)

第9條　本保險之保險費，按月繳付，由被保險人自付百分之三十五，政府補助百分之六十五。但私立學校教職員由政府及學校各補助百分之三十二點五；政府補助私立學校教職員之保險費，由各級主管教育行政機關分別編列預算核撥之。

（　）　公務人員保險之保險費，按月繳付，由被保險人自付多少？　(A)百分之三十五、(B)百分之四十五、(C)百分之五十五、(D)百分之六十五。（90初）　答：(A)

四、公務員服務法

第2條　**長官就其監督範圍以內所發命令，屬官有服從之義務。但屬官對於長官所發命令，如有意見，得隨時陳述。**

(　)　依公務員服務法規定，長官就其監督範圍以內所發命令，屬官有服從之義務；此所稱「命令」係指：　(A)緊急命令　(B)法規命令　(C)授權命令　(D)職務命令。（93五）　　　　　　　　　　　　　　答：(D)

第3條　**公務員對於兩級長官同時所發命令，以上級長官之命令為準，主管長官與兼管長官同時所發命令，以主管長官之命令為準。**

(　)　公務員對於主管長官與兼管長官同時所發命令，內容不同時，依據公務員服務法規定，以何者之命令為準？　(A)視情形而定　(B)主管長官　(C)兼管長官　(D)自行判斷。（100高）　　　　　　　　　　　答：(B)

第4條　**公務員有絕對保守政府機關機密之義務，對於機密事件，無論是否主管事務，均不得洩漏，退職後亦同。**
公務員未得長官許可，不得以私人或代表機關名義，任意發表有關職務之談話。

(　) 1.依公務員服務法，公務員發表有關職務之談話，應遵守之規範為何？　(A)得任意以私人名義為之　(B)得任意代表機關之名義為之　(C)應得議會許可　(D)應得長官許可。（101警）

(　) 2.關於公務員守密義務之敘述，下列何者錯誤？　(A)有絕對保守政府機關機密之義務　(B)無論是否主管事務之機密，均不得洩漏　(C)經長官許可，得以私人名義發表有關職務之談話　(D)退職後得洩漏非主管事務之機密。（106普）　　　　　　　　　　　　答：1.(D) 2.(D)

第9條　**公務員奉派出差，至遲應於一星期內出發，不得藉故遲延，或私自回籍，或往其他地方逗留。**

(　)　依據公務員服務法規定，公務員奉派出差，至遲應於多久之內出發？　(A)1個月內　(B)1星期內　(C)5日內　(D)3日內。(105普)　　答：(B)

第14條　**公務員除法令所規定外，不得兼任他項公職或業務。其依法令兼職者，不得兼薪及兼領公費。**
依法令或經指派兼職者，於離去本職時，其兼職亦同時免兼。

(　)　關於依公務人員任用法任用公務員之權利與義務規定，下列敘述何者正確？　(A)退職公務員不負保守政府機關機密之義務　(B)依法令之兼職，不得兼薪及兼領公費　(C)離職後2年，始得擔任與其曾任職務直接相關之營利事業董事　(D)得參與公務人員協會，並發起怠職活動。（107地三）　　　　　　　　　　　　　　　　　　　　　　　答：(B)

第14條之1 公務員於其離職後三年內，不得擔任與其離職前五年內之職務直接相關之營利事業董事、監察人、經理、執行業務之股東或顧問。

( )　1. 所謂的「旋轉門條款」，係指「公務員於其離職後X年內，不得擔任與其離職前Y年內之職務直接相關之營利事業董事、監察人、經理、執行業務之股東或顧問。」其中X與Y各為多少？　(A)X＝3，Y＝5　(B)X＝2，Y＝5　(C)X＝1，Y＝3　(D)X＝3，Y＝3。（101警）

( )　2. 公務員於其離職後幾年內不得擔任與其離職前五年內之職務直接相關之營利事業董事、監察人、經理、執行業務之股東或顧問？　(A)3年　(B)4年　(C)5年　(D)6年。（95地三）

( )　3. 依公務員服務法規定，關於公務員之義務，下列敘述何者錯誤？　(A)公務員非依法不得兼公營事業機關或公司代表官股之董事或監察人　(B)公務員除法令所規定外，不得兼任他項公職或業務　(C)公務員兼任非以營利為目的之事業或團體之職務，受有報酬者，應經服務機關許可　(D)公務員於其離職後3年內，不得擔任與其離職前5年內之職務直接相關之非營利事業職務。（107普）

( )　4. 下列何者不受公務員服務法關於離職後利益迴避規定之限制，得於離職後三年內於與職務直接相關之營利事業擔任重要職務？　(A)市政府財政局局長　(B)行政院公平交易委員會委員　(C)公立學校兼任行政職之教師　(D)公營事業內以契約聘僱之人員。（101普）

答：1.(A)　2.(A)　3.(D)　4.(D)

第14條之3　公務員兼任教學或研究工作或非以營利為目的之事業或團體之職務，應經服務機關許可。機關首長應經上級主管機關許可。

( )　1. 機關首長欲兼任非以營利為目的之團體之職務，依法應如何辦理？　(A)經監察院許可　(B)經考試院許可　(C)經上級主管機關許可　(D)經機關內人事主管許可。（99地四）

( )　2. 關於公務員兼職之規定，下列敘述何者正確？　(A)公務員於其離職後5年內，不得擔任與其離職前3年內之職務有直接相關之營利事業顧問　(B)公務員兼任非以營利為目的之團體之職務，均無須經服務機關許可　(C)公務員兼任研究工作，受有報酬者，應經上級主管機關許可　(D)機關首長兼任教學工作，應經上級主管機關許可。（107高）

答：1.(C)　2.(D)

第22條之1　離職公務員違反本法第14條之一者，處二年以下有期徒刑，得併科新臺幣一百萬元以下罰金。

　　　　　犯前項之罪者，所得之利益沒收之。如全部或一部不能沒收時，追
　　　　　徵其價額。

（　）　公務員違反「旋轉門條款（離職後之職務迴避規定）」之法律效果不包
　　　　括下列何者？　（A)罰鍰　(B)有期徒刑　(C)沒收違法兼職之利益　(D)
　　　　追徵不法所得利益之價額。（104普）　　　　　　　　　　答：(A)

第24條　本法於受有俸給之文武職公務員，及其他公營事業機關服務人員，均適
　　　　　用之。

（　）1.下列何者屬於公務員服務法上之公務員？　(A)縣議員　(B)農會職員
　　　　(C)農田水利會職員　(D)國立大學學務長。（102地四）

（　）2.下列何者不屬於公務員服務法規定之公務員？　(A)未兼主管職之簡任官
　　　　(B)兼主管職之薦任官　(C)考試委員　(D)義勇消防隊員。（106高）

（　）3.下列何者非公務員服務法之適用或準用對象？　(A)直轄市市長　(B)服
　　　　志願役之軍人　(C)國立大學助理教授　(D)公營銀行之支薪董事。
　　　　（107普）　　　　　　　　　　　　　　　　答：1.(D)　2.(D)　3.(C)

五、公職人員財產申報法

第2條　下列公職人員應依本法申報財產：
　　　　一、總統、副總統。
　　　　二、行政、立法、司法、考試、監察各院院長、副院長。
　　　　三、政務人員。
　　　　四、有給職之總統府資政、國策顧問及戰略顧問。
　　　　五、各級政府機關之首長、副首長及職務列簡任第十職等以上之幕僚
　　　　　　長、主管；公營事業總、分支機構之首長、副首長及相當簡任第十
　　　　　　職等以上之主管；代表政府或公股出任私法人之董事及監察人。
　　　　六、各級公立學校之校長、副校長；其設有附屬機構者，該機構之首
　　　　　　長、副首長。
　　　　七、軍事單位上校編階以上之各級主官、副主官及主管。
　　　　八、依公職人員選舉罷免法選舉產生之鄉（鎮、市）級以上政府機關首長。
　　　　九、各級民意機關民意代表。
　　　　十、法官、檢察官、行政執行官、軍法官。
　　　　十一、政風及軍事監察主管人員。
　　　　十二、司法警察、稅務、關務、地政、會計、審計、建築管理、工商登
　　　　　　　記、都市計畫、金融監督暨管理、公產管理、金融授信、商品檢
　　　　　　　驗、商標、專利、公路監理、環保稽查、採購業務等之主管人
　　　　　　　員；其範圍由法務部會商各該中央主管機關定之；其屬國防及軍
　　　　　　　事單位之人員，由國防部定之。

十三、其他職務性質特殊，經主管府、院核定有申報財產必要之人員。
前項各款公職人員，其職務係代理者，亦應申報財產。但代理未滿三個月者，毋庸申報。
總統、副總統及縣（市）級以上公職之候選人應準用本法之規定，於申請候選人登記時申報財產。
前三項以外之公職人員，經調查有證據顯示其生活與消費顯超過其薪資收入者，該公職人員所屬機關或其上級機關之政風單位，得經中央政風主管機關（構）之核可後，指定其申報財產。

（　）　依公職人員財產申報法之規定，下列何人不必申報財產？　(A)總統 (B)參謀總長　(C)縣市長　(D)私立學校校長。（93普）　　　　答：(D)

六、公務員懲戒法

第1條　公務員非依本法不受懲戒。但法律另有規定者，從其規定。
本法之規定，對退休(職、伍)或其他原因離職之公務員於任職期間之行為，亦適用之。

（　）1. 有關公務員懲戒之敘述，下列何者正確？　(A)懲戒事由限於公務員職務上違法或失職行為　(B)移送公務員懲戒者限該公務員所屬主管機關 (C)過失行為不受懲戒　(D)已退休之公務員亦為懲戒對象。（106地四）

（　）2. 依據現行公務員懲戒法之規定，下列敘述何者錯誤？　(A)公務員之行為非出於故意或過失者，不受懲戒　(B)公務員退休或離職後，即不適用公務員懲戒法之規定　(C)非執行職務之違法行為，致嚴重損害政府信譽者，應受懲戒　(D)公務員經監察院提出彈劾案者，不得申請退休。（105地四）　　　　答：1.(D) 2.(B)

第2條　公務員有下列各款情事之一，有懲戒之必要者，應受懲戒：
一、違法執行職務、怠於執行職務或其他失職行為。
二、非執行職務之違法行為，致嚴重損害政府之信譽。

（　）　有關公務員之責任，下列敘述何者正確？　(A)公務員因犯貪污罪遭判決有期徒刑確定者，依一行為不二罰原則，不得再加以懲戒或懲處 (B)違反刑法或公務員服務法之行為，構成公務員懲戒事由　(C)公務員懲戒，由公務員懲戒委員會為之；公務員懲處，由服務機關或監察院為之　(D)公務員懲戒係針對第十職等以上公務員及政務官，第九職等以下公務員僅得懲處。（105地三）　　　　答：(B)

第3條　**公務員之行為非出於故意或過失者，不受懲戒。**

( )　依民國104年5月20日修正公布、105年5月2日施行之公務員懲戒法相關規定，下列敘述何者錯誤？　(A)得受懲戒事由包括非執行職務之違法行為，致嚴重損害政府之信譽　(B)對退休(職、伍)或其他原因離職之公務員於任職期間之行為，亦適用之　(C)公務員之行為非出於故意或過失者，亦受懲戒　(D)依刑事訴訟程序被通緝或羈押，其職務當然停止。（105警）　　　　　　　　　　　　　　　　　　　答：(C)

第4條　**公務員有下列各款情形之一者，其職務當然停止：**
一、依刑事訴訟程序被通緝或羈押。
二、依刑事確定判決，受褫奪公權之宣告。
三、刑事確定判決，受徒刑之宣告，在監所執行中。

( )　依公務員懲戒法規定，公務員當然停職事由，不包括下列何者？　(A)依刑事訴訟程序被拘提者　(B)依刑事確定判決，受褫奪公權之宣告者　(C)依刑事確定判決，受徒刑之宣告，在執行中者　(D)依刑事訴訟程序被羈押者。（105普）　　　　　　　　　　　　　答：(A)

第9條　**公務員之懲戒處分如下：**
一、免除職務。
二、撤職。
三、剝奪、減少退休（職、伍）金。
四、休職。
五、降級。
六、減俸。
七、罰款。
八、記過。
九、申誡。
前項第3款之處分，以退休（職、伍）或其他原因離職之公務員為限。
第1項第7款得與第3款、第6款以外之其餘各款併為處分。
第1項第4款、第5款及第8款之處分於政務人員不適用之。

( )1.下列何者不屬於公務員懲戒法所規定的懲戒處分？　(A)撤職　(B)免職　(C)休職　(D)記過。（103普）

( )2.下列何者非公務員懲戒法所規定懲戒處分種類？　(A)記點　(B)休職　(C)降級　(D)記過。（104警）

( )3.下列何者非屬公務員懲戒法規定之懲戒處分？　(A)免除職務　(B)停職　(C)減少退休金　(D)罰款。（106普）

（　）4. 下列何者在公務員懲戒法中並非「懲戒處分」？　(A)申誡　(B)休職　(C)停職　(D)降級。（105普）

（　）5. 依公務員懲戒法規定，下列何者並非公務員懲戒處分？　(A)免除職務　(B)撤職　(C)停職　(D)休職。（106地四）

（　）6. 下列有關公務員懲戒法之敘述，何者錯誤？　(A)懲戒不適用於政務官　(B)公務員依刑事訴訟程序被通緝者，當然停止職務　(C)停職中公務員所為職務上行為，不生效力　(D)公務員因案在公務員懲戒委員會審議中，不得申請退休。（103警）

（　）7. 下列何項懲戒處分對政務官有其適用？　(A)撤職　(B)休職　(C)降級　(D)記過。（106普）

（　）8. 依公務員懲戒法之規定，下列何種懲戒處分，於政務人員不適用之？　(A)申誡　(B)記過　(C)減俸　(D)罰款。（106移四）

答：1.(B) 2.(A) 3.(B) 4.(C) 5.(C) 6.(A) 7.(A) 8.(B)

第12條　撤職，撤其現職，並於一定期間停止任用；其期間為一年以上、五年以下。
　　　　前項撤職人員，於停止任用期間屆滿，再任公務員者，自再任之日起，二年內不得晉敘、陞任或遷調主管職務。

（　）1. 公務員因違法濫權遭撤職，則其停止任用期間至少為多久？　(A)一個月　(B)三個月　(C)六個月　(D)一年。（103普）

（　）2. 關於公務員懲戒法規定之撤職，下列敘述何者錯誤？　(A)撤職後須於一定期間停止任用，其期間為1年以上、5年以下　(B)停止任用期間為1年以上、5年以下　(C)受撤職人員，於停止任用期間屆滿，再任公務人員者，自再任之日起，2年內不得晉敘、陞任或遷調主管職務　(D)受撤職人員，於停止任用期間屆滿，須重新參加公務人員考試及格，方得再任公務人員。（105地四）

答：1.(D) 2.(D)

第14條　休職，休其現職，停發俸(薪)給，並不得申請退休、退伍或在其他機關任職；其期間為六個月以上、三年以下。
　　　　休職期滿，許其回復原職務或相當之其他職務。自復職之日起，二年內不得晉敘、陞任或遷調主管職務。
　　　　前項復職，得於休職期滿前三十日內提出申請，並準用公務人員保障法之復職規定辦理。

（　）　公務員如受休職處分，其期間至少多久以上？　(A)3個月　(B)6個月　(C)1年　(D)2年。（105普）

答：(B)

第24條　各院、部、會首長，省、直轄市、縣（市）行政首長或其他相當之主管機關首長，認為所屬公務員有第二條所定情事者，應由其機關備文敘明事由，連同證據送請監察院審查。但對於所屬薦任第九職等或相當於薦任第九職等以下之公務員，得逕送懲戒法院審理。
　　　　依前項但書規定逕送懲戒法院審理者，應提出移送書，記載被付懲戒人之姓名、職級、違法或失職之事實及證據，連同有關卷證，一併移送，並應按被付懲戒人之人數，檢附移送書之繕本。

（　）1. 關於公務員懲戒之主管機關，下列敘述何者錯誤？　(A)九職等以下公務員之申誡，得逕由主管長官行之　(B)直轄市行政首長認為所屬公務員有懲戒事由者，應備文敘明事由，連同證據送請監察院審查　(C)監察院認為公務員依法應付懲戒者，應將彈劾案移送懲戒法院審理　(D)記過之懲戒處分應由懲戒法院為之。（107普）

（　）2. 有關公務員之行政責任，下列敘述何者錯誤？　(A)可分為懲戒處分與懲處處分兩種　(B)懲戒規定於公務員懲戒法；懲處規定於公務人員考績法及其他相關法規　(C)懲戒之事由為違法執行職務、怠於執行職務或其他失職行為　(D)懲戒處分由監察院作成；懲處處分由公務人員服務之機關為之。（108普）　　　　　　　　　　　　　　　　答：1.(A)　2.(D)

第39條　同一行為，在刑事偵查或審判中者，不停止審理程序。但懲戒處分牽涉犯罪是否成立者，懲戒法庭認有必要時，得裁定於第一審刑事判決前，停止審理程序。
　　　　依前項規定停止審理程序之裁定，懲戒法庭得依聲請或依職權撤銷之。

（　）1. 公務員因同一行為同時涉及懲戒處分及刑罰，即產生競合時，關於其處理方式，下列敘述何者正確？　(A)依受理先後定其責任　(B)採刑罰優先原則　(C)採刑懲併行原則　(D)從一重處斷。（102地四）

（　）2. 同一行為，在刑事偵查或審判中者，不停止公務員懲戒審理程序，稱為：　(A)刑事優先　(B)刑懲併行　(C)刑先懲後　(D)訴訟不停止執行。（105地四）　　　　　　　　　　　　　　　　　　　答：1.(C)　2.(B)

第57條　懲戒案件有下列各款情形之一者，應為不受理之判決。但其情形可補正者，審判長應定期間先命補正：
　　　　一、移送程序或程式違背規定。
　　　　二、被付懲戒人死亡。
　　　　三、違背第45條第6項之規定，再行移送同一案件。

（　）1. 依公務員懲戒法之規定，懲戒案件移送審議程序違背規定者，公務員懲戒委員會應如何處理？　(A)不受懲戒之判決　(B)免議判決　(C)不受理判決　(D)發回。（99普）

( )　2. 公務員懲戒案件，被付懲戒人死亡時，產生何種法律效果？　(A)應作成免議之判決　(B)應作成不受理之判決　(C)應移請再審議　(D)不停止懲戒程序。（100地四）　　　　　　　　答：1.(C) 2.(B)

七、公務人員保障法

第2條　**公務人員身分、官職等級、俸給、工作條件、管理措施等有關權益之保障，適用本法之規定。**

( )　公務人員之實體保障不包括下列那一種情形？　(A)經銓敘審定之官等職等　(B)經銓敘審定之俸給　(C)依服務地區所應得之法定加給　(D)由上級機關派任之職位。（106普）　　　　　　　　答：(D)

第3條　**本法所稱公務人員，係指法定機關(構)及公立學校依公務人員任用法律任用之有給專任人員。**

第102條　**下列人員準用本法之規定：**
一、教育人員任用條例公布施行前已進用未經銓敘合格之公立學校職員。
二、私立學校改制為公立學校未具任用資格之留用人員。
三、公營事業依法任用之人員。
四、各機關依法派用、聘用、聘任、僱用或留用人員。
五、應各種公務人員考試錄取參加訓練之人員，或訓練期滿成績及格未獲分發任用之人員。
前項第五款應各種公務人員考試錄取參加訓練之人員，不服保訓會所為之行政處分者，有關其權益之救濟，依訴願法之規定行之。

( )　1. 下列何者為公務人員保障法之適用對象？　(A)國立大學編制內依法任用職員　(B)內政部政務次長　(C)行政院政務委員　(D)臺北市議員。（107地三）

( )　2. 下列何者非屬公務人員保障法適用或準用之對象？　(A)應公務人員普通考試錄取占法定機關編制職缺參加訓練之人員　(B)臺北大眾捷運股份有限公司依法任用之人員　(C)私立學校改制為公立學校未具任用資格之留用人員　(D)國立大學教授。（103警）

( )　3. 下列何者非公務人員保障法之保障對象？　(A)公立學校校長　(B)公立學校職員　(C)公營事業依法任用人員　(D)機關依法僱用人員。（101地三）

( )　4. 依公務人員保障法之規定，下列何者非該法適用或準用之對象？　(A)政務人員及民選公職人員　(B)公立學校編制內依法任用之人員　(C)各機關依法僱用人員　(D)公營事業依法任用之人員。（102警）

答：1.(A) 2.(D) 3.(A) 4.(A)

第4條　**公務人員權益之救濟，依本法所定復審、申訴、再申訴之程序行之。**
公務人員提起之復審、再申訴事件（以下簡稱保障事件），由公務人員
保障暨培訓委員會（以下簡稱保訓會）審議決定。
保障事件審議規則，由考試院定之。

（　）1. 下列何者非公務人員保障法第4條規定「公務人員權益救濟」之程序？
(A)申訴　(B)再申訴　(C)復審　(D)再復審。（95高）

（　）2. 下列何者不是公務人員保障法規定之救濟程序？　(A)復審　(B)再復審
(C)申訴　(D)再申訴。（97高）

（　）3. 下列何者不屬於公務人員保障法所規定的權益救濟程序？　(A)申訴
(B)再申訴　(C)復審　(D)異議。（100警）

（　）4. 依據公務人員保障法之設計，下列何者為取代訴願的制度？　(A)復審
(B)申訴　(C)再申訴　(D)調處。（100警）

（　）5. 公務人員保障暨培訓委員會，隸屬於下列何機關？　(A)公務員懲戒委
員會　(B)監察院　(C)行政院人事行政局　(D)考試院。（99普）

答：1.(D) 2.(B) 3.(D) 4.(A) 5.(D)

第14條　**公務人員經銓敘審定之俸級應予保障，非依法律不得降級或減俸。**

（　）　關於公務人員保障法對公務人員俸給制度之保障，下列敘述何者正確？
(A)加班費、不休假獎金及考績獎金屬法定俸給，其調整只能增加，不
能減少　(B)公務人員經銓敘審定之俸級應予保障，非依法律不得降級
或減俸　(C)人事行政局得隨時衡酌國家財政負擔情形以要點調整公務
人員之俸給　(D)公務人員之法定俸給係依其每年個人績效決定領取之
級數。（96普）

答：(B)

第17條　**公務人員對於長官監督範圍內所發之命令有服從義務，如認為該命令違**
法，應負報告之義務；該管長官如認其命令並未違法，而以書面署名下
達時，公務人員應即服從；其因此所生之責任，由該長官負之。但其命
令有違反刑事法律者，公務人員無服從之義務。
前項情形，該管長官非以書面署名下達命令者，公務人員得請求其以書
面署名為之，該管長官拒絕時，視為撤回其命令。

（　）1. 某甲為服務於內政部之薦任六職等公務員，下列關於其從事職務行為之
敘述，何者錯誤？　(A)有絕對服從長官命令之義務　(B)享有對待給付
性質之俸給請求權　(C)因行使公權力違法造成人民損害，服務機關負
有國家賠償責任　(D)執行職務行為之良莠，應受服務機關之考績評
定。（105高）

( )2. 公務人員甲接獲長官乙命令簽辦某件公文，甲發現乙之命令與相關法令有違。下列敘述何者錯誤？ (A)甲負有向乙報告該命令違法之義務 (B)乙未以書面署名下達命令者，甲應向再上一級機關長官報告 (C)乙以書面署名下達命令者，甲即應服從，但其命令有違刑事法律者，不在此限 (D)乙之命令若非屬其監督之範圍，甲自無服從義務。（107地三）

( )3. 依據公務人員保障法第17條規定，下列關於公務人員服從義務之敘述，何者錯誤？ (A)公務人員對於長官監督範圍內所發之命令有服從義務 (B)公務人員如認為該命令違法，應負報告之義務 (C)該管長官如認其命令並未違法，公務人員即應服從 (D)命令有違反刑事法律者，公務人員無服從之義務。（106普） 答：1.(A) 2.(B) 3.(C)

第20條 **公務人員執行職務時，現場長官認已發生危害或明顯有發生危害之虞者，得視情況暫時停止執行。**

( ) 有關公務人員保障法中對於公務人員權益之保障，下列敘述何者錯誤？ (A)各機關應提供公務人員執行職務必要之機具設備及良好工作環境 (B)各機關對於公務人員之執行職務，應提供安全及衛生之防護措施 (C)公務人員執行職務時，現場長官認已發生危害或明顯有發生危害之虞者，應充分授權公務人員自行決定是否暫時停止執行 (D)公務人員依法執行職務涉訟時，如係因公務人員故意或重大過失所導致，其服務機關仍應延聘律師為其辯護及提供法律上之協助，但應向該公務人員求償。（105警） 答：(C)

第21條 **公務人員因機關提供之安全及衛生防護措施有瑕疵，致其生命、身體或健康受損時，得依國家賠償法請求賠償。**
公務人員執行職務時，發生意外致受傷、失能或死亡者，應發給慰問金。但該公務人員有故意或重大過失情事者，得不發或減發慰問金。
前項慰問金發給辦法，由考試院會同行政院定之。

( ) 公務人員因服務機關所提供之安全及衛生防護措施有瑕疵，致其健康受損時，得依下列何法請求賠償？ (A)民法 (B)國家賠償法 (C)訴願法 (D)公務人員保障法。（99地三） 答：(B)

第25條 **公務人員對於服務機關或人事主管機關（以下均簡稱原處分機關）所為之行政處分，認為違法或顯然不當，致損害其權利或利益者，得依本法提起復審。非現職公務人員基於其原公務人員身分之請求權遭受侵害時，亦同。**
公務人員已亡故者，其遺族基於該公務人員身分所生之公法上財產請求權遭受侵害時，亦得依本法規定提起復審。

（　）1. 公務人員對於服務機關或人事主管機關所為之行政處分，認為違法或顯然不當，致損害其權利或利益者，得如何請求救濟？　(A)提起申訴及再申訴　(B)提起復審　(C)提起訴願　(D)申請調處。（102地四）

（　）2. 公務人員不服一次記兩大過專案考績之免職處分，依法得提起下列何種救濟？　(A)申訴　(B)復審　(C)再審　(D)再審議。（103警）

（　）3. 公務人員不服主管機關對其級俸之審定，得循何種管道謀求救濟？　(A)提起申訴、再申訴　(B)提起復審、行政訴訟　(C)提起訴願、行政訴訟　(D)提起申訴、再申訴、行政訴訟。（103警）

（　）4. 公務人員對於服務機關或人事主管機關所為之行政處分，認為違法或不當，致損害其權利或利益者，得提起：　(A)異議　(B)申訴　(C)復審　(D)訴願。（104警）

（　）5. 公務人員由薦任第八職等資訊處理職系資訊室主任，調任薦任第七職等一般行政職系組員，其救濟程序為：　(A)申訴、再申訴　(B)復審、撤銷訴訟　(C)確認訴訟　(D)復審、課予義務訴訟。（106地三）

（　）6. 公務人員不服銓敘部關於俸級之審定，下列行政救濟方式何者正確？　(A)申訴、再申訴　(B)復審、行政訴訟　(C)訴願、行政訴訟　(D)復審、訴願、行政訴訟。（106普）答：1.(B) 2.(B) 3.(B) 4.(C) 5.(B) 6.(B)

第26條　**公務人員因原處分機關對其依法申請之案件，於法定期間內應作為而不作為，或予以駁回，認為損害其權利或利益者，得提起請求該機關為行政處分或應為特定內容之行政處分之復審。**
前項期間，法令未明定者，自機關受理申請之日起為二個月。

（　）　依公務人員保障法之規定，公務人員對服務機關不作為案件提起復審，法令未明定該應作為期間者，自機關受理申請之日起為多久？　(A)10日　(B)20日　(C)1個月　(D)2個月。（101警）　　　　　　　　　　答：(D)

第44條　**復審人應繕具復審書經由原處分機關向保訓會提起復審。**
原處分機關對於前項復審應先行重新審查原行政處分是否合法妥當，其認為復審為有理由者，得自行變更或撤銷原行政處分，並函知保訓會。
原處分機關自收到復審書之次日起二十日內，不依復審人之請求變更或撤銷原行政處分者，應附具答辯書，並將必要之關係文件，送於保訓會。
原處分機關檢卷答辯時，應將前項答辯書抄送復審人。
復審人向保訓會提起復審者，保訓會應將復審書影本或副本送交原處分機關依第2項至第4項規定辦理。

（　）1. 復審之提起應由復審人繕具復審書，經由原處分機關向那個機關提起？　(A)公務員懲戒委員會　(B)公務人員保障暨培訓委員會　(C)國家安全會議　(D)行政院公平交易委員會。（100普）

（　）2. 公務人員對於服務機關所為之行政處分，認為顯然不當致損害其權利或利益者，得依法向下列何者提出復審？　(A)服務機關　(B)服務機關之上級機關　(C)銓敘部　(D)公務人員保障暨培訓委員會。（101地四）

（　）3. 甲高考及格經分發交通部公路總局擔任5等科員，任職6個月後即因執行職務涉及貪污瀆職而遭免職，甲不服而擬提起爭訟，則下列敘述何者正確？　(A)甲應向交通部提起訴願　(B)甲應向公務員懲戒委員會提起再審議　(C)甲應向公務人員保障暨培訓委員會提起復審　(D)甲應向行政院人事行政總處提起申訴。（103高）

答：1.(B)　2.(D)　3.(C)

第50條　**復審就書面審查決定之。**
　　　　保訓會必要時，得通知復審人或有關人員到達指定處所陳述意見並接受詢問。
　　　　復審人請求陳述意見而有正當理由者，應予到達指定處所陳述意見之機會。

（　）　依公務人員保障法有關復審的規定，下列敘述何者正確？　(A)公務人員對於服務機關所為之管理措施或有關工作條件之處置認為不當，致影響其權益者，得提起復審　(B)復審人應繕具復審書，向服務機關之上級機關提起復審　(C)復審就書面審查決定之，惟必要時，得通知復審人到達指定場所陳述意見並接受詢問　(D)對復審決定不服者，應申請調處。（101移三）

答：(C)

第77條　**公務人員對於服務機關所為之管理措施或有關工作條件之處置認為不當，致影響其權益者，得依本法提起申訴、再申訴。**
　　　　公務人員離職後，接獲原服務機關之管理措施或處置者，亦得依前項規定提起申訴、再申訴。

（　）1. 公務人員對於服務機關所為之管理措施認為不當，致影響其權益者，得依公務人員保障法提起何等救濟？　(A)訴願　(B)再訴願　(C)申訴、再申訴　(D)復審、再復審。（108普）

（　）2. 某市政府推行有禮貌運動，要求公務員行走間遇見職務長官時，應大聲問候「長官好」。該市府公務員甲不願遵守而受申誡，可依循下列何種管道救濟？　(A)申訴　(B)復審　(C)訴願　(D)行政訴訟。（107地四）

（　）3. 甲為某市公所薦任六等女性科員，對於該公所限制女性員工不得穿高跟鞋上班之規定，甲認為影響其權益，關於救濟方法之敘述，下列何者正確？　(A)甲得訴願、行政訴訟　(B)甲得復審、行政訴訟　(C)甲得申訴、行政訴訟　(D)甲得申訴、再申訴。（106高）

（　）4. 第六職等公務員甲因執行職務辦事不力，遭服務機關記過之懲處。若其不服，依現行法律規定，應依循下列何種救濟途徑？　(A)申訴、再申訴　(B)申訴、再申訴、行政訴訟　(C)復審、行政訴訟　(D)申訴、復審、行政訴訟。（105地三）

（　）5. 公務人員不服考績乙等之評定，依法得提起？　(A)訴願　(B)行政訴訟　(C)國家賠償　(D)申訴。（100警）

（　）6. 公務人員對於服務機關所提供之工作條件，認為不當者，得向公務人員保障暨培訓委員會提起何種救濟？　(A)訴願　(B)復審　(C)申訴　(D)再申訴。（101普）　　　　　　　　　答：1.(C)　2.(A)　3.(D)　4.(A)　5.(D)　6.(D)

第78條　申訴之提起，應於管理措施或有關工作條件之處置達到之次日起三十日內，向服務機關為之。不服服務機關函復者，得於復函送達之次日起三十日內，向保訓會提起再申訴。
前項之服務機關，以管理措施或有關工作條件之處置之權責處理機關為準。

（　）1. 依公務人員保障法之規定，公務人員對於服務機關所為之管理措施認為不當，致影響其權益者，應向下列何機關提起申訴？　(A)服務機關　(B)銓敘部　(C)公務人員保障暨培訓委員會　(D)公務員懲戒委員會。（93普）

（　）2. 申訴人不服公務人員保障暨培訓委員會之再申訴決定者，實務上如何處理？　(A)得提起行政訴訟　(B)得聲請再復審　(C)申訴人不得聲明不服　(D)得提起訴願。（93地）

（　）3. 下列對公務員受懲處之救濟程序的敘述，何者正確？　(A)公務人員保障法對公務員之權益救濟，共規範有「復審」與「申訴」兩種，當事人就其終局結果不得再行提起行政訴訟　(B)復審由原處分機關管轄　(C)申訴之標的為服務機關提供之工作條件及其管理措施，其提起應向服務機關為之　(D)復審及申訴程序皆應依照訴願案件方式處理。（98地四）

　　　　　　　　　　　　　　　　　　　　　　　答：1.(A)　2.(C)　3.(C)

第86條　保訓會進行調處時，應以書面通知復審人、再申訴人或其代表人、代理人及有關機關，於指定期日到達指定處所行之。
前項之代理人，應提出經特別委任之授權證明，始得參與調處。
復審人、再申訴人，或其代表人、經特別委任之代理人及有關機關，無正當理由，於指定期日不到場者，視為調處不成立。但保訓會認為有成立調處之可能者，得另定調處期日。
調處之過程及結果應製作紀錄，由參與調處之人員簽名；其拒絕簽名者，應記明其事由。

（　　）　依公務人員保障法規定，再申訴事件得進行調處，再申訴人及有關機關無正當理由，於調處期日不到場者，其效果為何？　(A)擇日再調，但最多以三次為限　(B)除有成立調處可能而另定調處期日外，應視為調處不成立　(C)由再申訴人及有關機關之共同所屬上級機關另定調處期日　(D)無正當理由不到場者，喪失後續所有程序權。（101地四）

答：(B)

第88條　保障事件經調處不成立者，保訓會應逕依本法所定之復審程序或再申訴程序為審議決定。

（　　）　關於公務人員保障暨培訓委員會（簡稱保訓會）之敘述，下列何者正確？ (A)保訓會隸屬於行政院　(B)保訓會之職掌為審議公務員之懲戒事項　(C)公務人員對於保訓會所為之復審決定，不得聲明不服　(D)對於調處不成立案件，保訓會應依再申訴程序作成審議決定。（101警）　答：(D)

第92條　原處分機關、服務機關於前條規定期限內未處理者，保訓會應檢具證據將違失人員移送監察院依法處理。但違失人員為薦任第九職等以下人員由保訓會通知原處分機關或服務機關之上級機關依法處理。
前項違失人員如為民意機關首長，由保訓會處新臺幣十萬元以上一百萬元以下罰鍰，並公布違失事實。
前項罰鍰，經通知限期繳納，逾期不繳納者，依法移送強制執行。

（　　）　公務人員保障暨培訓委員會所為保障事件之決定確定後，原處分機關未於規定期限內處理者，該會應將相關人員移送下列何機關依法處理？　(A)公務員懲戒委員會　(B)檢察機關　(C)考試院　(D)監察院。（103普）　答：(D)

第94條　保障事件經保訓會審議決定，除復審事件復審人已依法向司法機關請求救濟者外，於復審決定或再申訴決定確定後，有下列情形之一者，原處分機關、服務機關、復審人或再申訴人得向保訓會申請再審議：
一、適用法規顯有錯誤者。
二、決定理由與主文顯有矛盾者。
三、決定機關之組織不合法者。
四、依本法應迴避之委員參與決定者。
五、參與決定之委員關於該保障事件違背職務，犯刑事上之罪者。
六、復審、再申訴之代理人或代表人，關於該復審、再申訴有刑事上應罰之行為，影響於決定者。
七、證人、鑑定人或通譯就為決定基礎之證言、鑑定或通譯為虛偽陳述者。
八、為決定基礎之證物，係偽造或變造者。

九、為決定基礎之民事、刑事或行政訴訟判決或行政處分，依其後之確定裁判或行政處分已變更者。

十、發現未經斟酌之證物或得使用該證物者。但以如經斟酌可受較有利益之決定者為限。

十一、原決定就足以影響於決定之重要證物漏未斟酌者。

前項申請於原行政處分、原管理措施、原工作條件之處置及原決定執行完畢後，亦得為之。

第1項第5款至第8款情形，以宣告有罪之判決已確定，或其刑事訴訟不能開始或續行非因證據不足者為限。

（　） 台北市政府勞工局所屬公務員，於所提復審事件經審議決定確定後，認有適用法規顯有錯誤者，依公務人員保障法之規定，得向下列何機關申請再審議？　(A)公務員懲戒委員會　(B)行政院人事行政局　(C)內政部　(D)公務人員保障暨培訓委員會。（96地四）　　　　　答：(D)

Note

第三篇　行政作用法

行政作用

本章依據出題頻率區分，屬：**A**頻率高

課前導讀

1.行政契約原本是「全額交割股」，自從納入行政程序法以後，竟然成了「績優股」，吳庚老師對於行政契約的實例說明幾乎成為必考題。
2.行政裁量、不確定法律概念、行政命令也是本章的重點。
3.行政指導、事實行為也相當重要。
4.行政程序法是本科的大熱門，如果行政程序法沒問題，本科就沒問題；行政程序法如果不懂，就一定不要報考，以免浪費時間和金錢。

一、行政行為

(一)行政作用的意義

1.所謂行政作用係指行政機關的各種行政行為或行政活動而言。析言之：
  (1)行政作用係行政機關的活動。
  (2)行政作用乃是行政機關行使職權的活動。
  (3)行政作用包括行政機關在職權範圍內所為的一切活動。

2.以上所述是行政作用涵義的概括說明。惟學者對其意義與範圍的解釋不一，歸納言之，有以下各種學說：
  (1)**最廣義說**：認為行政作用乃行政機關本於職權所為的一切行為，包括事實行為在內。
  (2)**廣義說**：認為行政作用乃行政機關本於職權所為的一切法律行為，包括公法與私法所為，排除事實行為。
  (3)**狹義說**：認為行政作用乃行政機關本於職權所為的公法行為，包括法律行為與準法律行為，即包括單方行為、雙方行為、合同行為以及準法律行為，但不包括行政立法之行為。
  (4)**最狹義說**：認為行政作用乃行政機關本於職權所為的公法上單方行為，亦即行政命令與行政處分。排除準法律行為及法律行為之雙方行為與合同行為。
  (5)**折衷說**：認為行政作用乃行政機關本於職權所為的公法行為，包括法律行為、準法律行為，也包含行政立法與行政司法之行為。此說介乎廣義說與狹義說之間，而將事實行為與私法行為除外。

(二) 行政作用的範圍

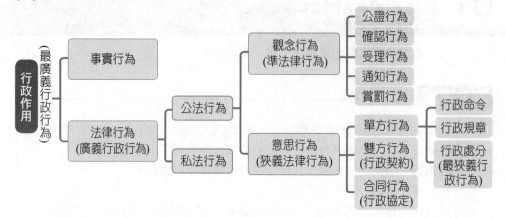

(三) **行政行為的意義**：所謂行政行為，係指行政機關就其職權行使所作發生公法上效果的行為。析言之：1.行政行為是行政機關的行為；2.行政行為是行政機關行使職權所作之行為；3.行政行為是發生公法上效果的行為。

二、行政契約

(一) 行政契約的意義

1. **行政契約指兩個以上之當事人，就公法上權利義務設定、變更或廢止所訂立之契約。當事人為行政主體與私人間者稱為隸（從）屬關係契約或垂直契約，當事人均為行政主體者稱為平等關係契約或水平契約。**根據德國新發展之理論，上述平等關係契約並不限於行政主體之間的合約，即行政主體（機關）與私人間為履行行政任務而締結之契約亦屬之，這種契約又可稱為合作契約。

2. 傳統行政法學理論，認為行政契約既屬公法性質，本應只存在於國家（行政機關）與公共團體間，國家或公共團體與私人間不能成立行政契約，因為雙方係不平等關係。惟現代理論，則以民主時代注重人民參與行政事務，給付行政日益增多，乃認為行政機關與人民間雖有不對等關係，未必不得訂立行政契約，行政契約乃有不對等與對等兩類。行政程序法第三章（第135條至第149條）對於行政契約已有具體之規範。

(二) **行政契約的要素**（107普、108高、109普）：**行政契約與私法上契約相同，均係因契約當事人意思表示一致，而生法律上效果之行為。行政契約之要素有下列三項：**

1. **行政契約係法律行為**：所謂法律行為指法律效果之發生，取決於當事人主觀上之意願，而非基於客觀上法律之規定。所謂當事人主觀上之意願即意思表示，民法有關意思表示之諸多規定，行政契約均可準用。
2. **行政契約係雙方法律行為**：因雙方意思一致而成立之法律行為，並非謂參與契約之當事人法律地位全盤對等，亦非謂在一切法律關係上之對等，乃係指就成立契約之特定法律關係而言，雙方意思表示具有相同價值，而有別於一方命令他方服從之關係。
3. **行政契約發生行政法（公法）上之效果**：行政機關選擇行政契約作為行為方式，性質上仍屬公權力行政，而非私經濟行政或國庫行政，因其適用規範及所生之效果均屬公法性質而非私法。

(三) **行政契約的特徵**

1. **行政契約是雙方當事人經由「合意」所產生**。其為雙方行為，至為明顯，與行政處分或命令為單方行為，迥然不同；亦與合同行為之為意思表示方向一致不同，行政契約之當事人所為意思表示是反對方向。
2. **行政契約的當事人**，**至少有一方是行政機關**，但亦有雙方皆為行政機關者。前者，是行政機關與人民間的締約行為；後者，則是行政機關間的締約行為。
3. **行政契約**，**是發生行政法效果之契約**，即以設立、變更或廢止公法關係為目的之契約，非發生私法效果之契約。亦即，雙方當事人之合意，乃為執行公法法律規範。
4. **行政契約屬於公法契約之一種**。由於「公法契約」尚可泛稱一切發生公法效果之契約，因此，例如發生憲法效果之契約（如條約）亦為一種公法契約。故行政契約可稱為狹義之公法契約。

(四) **行政契約的種類**（106高、107地四、108高、地四、109高）

1. 在行政契約之範疇，尚無法發展出如同民法債編相似之模範契約。除隸屬關係契約與平等關係契約之外，在立法例上有針對若干特殊之行政契約，設有規定者，例如德國聯邦行政程序法即專就和解契約及雙務契約（或稱交換契約）加以規定。
2. **我國行政程序法於第136條就和解契約規定如下：「行政機關對於行政處分所依據之事實或法律關係，經依職權調查仍不能確定者，為有效達成行政目的，並解決爭執，得與人民和解，締結行政契約，以代替行政處分。」**本條之和解契約性質上係隸屬關係契約，平等關係主體間，在其法定權限範圍內亦可成立和解契約，不受本條之限制。和解契約除應遵守本條規定之條件：依合義務性、合目的性要求以及主觀上合理存在之不確定性外，尚須符合訂定行政契約之其他要件。

3.關於雙務契約行政程序法第137條分為三項加以規定：「行政機關與人民締結行政契約，互負給付義務者，應符合下列各款之規定：一、契約中應約定人民給付之特定用途。二、人民之給付有助於行政機關執行其職務。三、人民之給付與行政機關之給付應相當，並具有正當合理之關聯。」「行政處分之作成，行政機關無裁量權時，代替該行政處分之行政契約所約定之人民給付，以依第93條第1項規定得為附款者為限。」「第1項契約應載明人民給付之特定用途及僅供該特定用途使用之意旨。」第1項分列之3款規定旨在使雙務契約之訂定須合目的及比例原則，且應有實質上之關聯即所謂禁止不當結合，以避免官署憑其優勢之地位，濫行締結行政契約，使人民負擔顯不相當之對待給付義務；第2項意謂官署原本有作成行政處分之義務，此際如加諸附款則屬於對相對人權益之限制，依行政程序法第93條第1項規定，非有法律之依據，不得附加附款，基於同一理由，自亦不許官署以不得作為附款之事項，變相成為相對人應負之對待給付；第三項則要求契約中應載明同條第1項第1、2款之意旨。總之，法律對雙務契約所作之嚴格限制，旨在防止行政主體「出售國家之高權」，而保障人民免遭權益之損害。

4.吳庚老師認為坊間教科書所為之分類未盡妥適，乃就理論上或實務上已承認其為行政契約之事件，分項說明如下：

(1)**稅法上之行政契約**：納稅義務人與稅捐稽徵機關簽具切結書，約定由納稅義務人負責於一定期間內，將遺失之免稅照找回撤銷，如屆期不能找回繳銷，原告願遵照規定，辦理補稅，判決認定「此項切結，屬公法上之契約性質」；又如廠商因外銷品退貨運回，於進口時向主管機關（海關）出具保證書，言明於六個月內復運出口，逾限則應繳稅捐，願由海關在其所繳保證金中扣抵；或如廠商報運進口機器設備，因其未能即時檢具免稅證明文件，具結由海關先行押款放行，於四個月內補具上述文件等，均有行政契約之性質，此外，稽徵機關與納稅義務人間達成之租稅協議結論（以發生拘束力者為限），亦可視為稅法上之行政契約。

(2)**委託行使公權力之協議**：由國家機關或地方自治團體委託私人或民間機構辦理行政事務，日漸增多，此種委託是否均屬行政契約，應視不同情形而定。就原則而言，委託之事項如涉及公權力之行使，並且直接影響人民之權利義務者，委託之協議屬於行政契約；若委託辦理純粹事務性或低層次之技術性工作，則仍應以一般私法契約視之，例如行政機關委託廠商印製文件為私法契約；若法律明文規定，行政機關得委託法人團體辦理事務，且受託之工作人員以執行公務論，則不妨視之為行政契約。例如行政院大陸委員會與海峽交流基金會間所簽訂之契約，內容涉及管轄權或機關權限之行使，性質上當然為行政契約。

(3) **行政主體間有關營造物或公物之協議**：例如台北市與新北市，協議在新店之安坑設置垃圾焚化爐，由兩市共同使用及分擔經費；又如高雄市改制為直轄市時，由臺灣省政府將省屬之財產或營造物移轉於高雄市政府接管。上述協議或移轉，無論以公文書往來方式，或正式訂立，皆屬行政法上之契約關係。

(4) **訴訟法上之保證關係**：依刑事訴訟法規定，檢察官或法院得命令被告具保或責付，而代替羈押。此際具保人或被責付人與檢察官或法院間，即成立公法上之保證契約。具保人或被責付人所負之義務為「如經傳喚應保證被告隨時到庭」，指定金額無非作為履行義務之心理強制。被告嗣後逃匿者，得憑檢察官或法官單方之意思表示，沒入保證金，尤足顯示其公法契約之特性。

(5) **損失補償或損害賠償之協議**：行政主體執行職務行使公權力而致人民受損害者，應予以補償，合法行為所造成者稱損失補償，違法行為所致者為損害賠償。前者如拆除違章建築時，主管機關與房屋所有人間之補償協議；後者如國家賠償法第10條第2項之協議。

(6) **公法上之抵銷關係**：公法上之抵銷關係可以行政法院一項案例作說明：原告之土地八筆，經台中市政府徵收，應給付原告土地補償費，但原告依法該年度尚須繳納工程受益費，遂由原告、台中市政府及台中市稅捐稽徵處三方達成協議，將應付原告之地價補償扣繳工程受益費後發給，如不足扣抵，由稅捐稽徵處發單補繳。此項就客觀上屬於已確定之兩筆公法上金錢給付，約定互相抵銷，自屬行政契約。

(7) **社會保險關係**：司法院釋字第533號解釋確認：「中央健康保險局依其組織法規係國家機關，為執行其法定之職權，就辦理全民健康保險醫療服務有關事項，與各醫事服務機構締結全民健康保險特約醫事服務機構合約，約定由特約醫事服務機構提供被保險人醫療保健服務，以達促進國民健康、增進公共利益之行政目的，故此項合約具有行政契約之性質。」故就全民健康保險而言，依上開解釋及全民健康保險法第5條之意旨，健保局與醫療院所間成立公法契約關係，與被保險人間則屬單方行政行為所發生之關係，至於醫療院所與保險人間純屬私法關係。

(8) **其他屬於行政契約事項**（109普）：以上僅就行政契約舉例說明，並非謂實務上行政契約祇限於此七類，其他諸如與政府機關成立公法上之關係：

　A. **行政機關依聘用條例聘僱之人員、公立學校聘用教師，視為行政契約**，實務上已是定論。

　B. **領取公費之學生與學校或教育主管機關間之關係。**

　　　　C.委託興建公共設施或勞工住宅。

　　　　D.補助民營社會福利機構之約定。

　　　　E.推廣風力發電之合約。

　　　　F.依照志願服務法，擔任義工之約定。

　　　　G.市政府與動物醫院約定執行犬貓絕育之合約。

　　　尚有若干事件主管機關或雙方當事人將合約性質定位為行政契約，但這種主觀意思並不能拘束行政法院之判斷，故公辦醫院委託民間經營契約、公有市場攤位出租均視為私法契約。

(五)**行政契約的履行**（106地四）：行政契約以行政機關為當事人之一方，契約之履行與民事契約不同。依行政程序法之規定，其要如下：

　1.**行政機關得為指導或協助**：行政契約當事人之一方為人民者，行政機關得就相對人契約之履行，依書面約定之方式，為必要之指導或協助（同法第144條）。

　2.**契約外公權力行使之損失補償**：行政程序法第145條，就此作以下規定：

　　(1)行政契約當事人之一方為人民者，其締約後，因締約機關所屬公法人之其他機關於契約關係外行使公權力，致相對人履行契約義務時，顯增費用或受其他不可預期之損失者，相對人得向締約機關請求補償其損失。但公權力之行使與契約之履行無直接必要之關聯者，不在此限。

　　(2)締約機關應就前項請求，以書面並敘明理由決定之。

　　(3)第1項補償之請求，應自相對人知有損失時起一年內為之。

　　(4)關於補償之爭議及補償之金額，相對人有不服者，得向行政法院提起給付訴訟。

(六)**行政契約的調整或終止**（106普、107普、108高、普）：行政契約係行政機關為達成行政目的而與人民或其他機關締結，因之，行政契約於履行過程中，行政機關得為調整或終止。我國行政程序法第146條及第147條分別就行政契約之調整及終止的兩種情況加以規定，分述之：

　1.**行政機關單方調整或終止契約之權利**：行政契約當事人之一方為人民者，行政機關為防止或除去對公益之重大危害，得於必要範圍內調整契約內容或終止契約。但此調整或終止，非補償相對人因此所受之財產上損失，不得為之。相對人對補償金額不同意時，得向行政法院提起給付訴訟。

　2.**情事變更後契約之調整或終止**：行政契約締結後，因有情事重大變更，非當時所得預料，而依原約定顯失公平者，當事人之一方得請求他方適當調整契約內容。如不能調整，得終止契約。但行政契約當事人之一方為人民時，行政機關為維護公益，得於補償相對人之損失後，命其繼續履行原約定之義務。相對人對補償金額不同意時，得向行政法院提起給付訴訟。

(七) **行政契約的執行**（106地四）：有關行政契約之履行，如有爭議，應屬向行政法
　　院提起之公法事件，進而藉強制執行以貫徹契約請求權。

　1.**在隸屬關係之行政契約**：如欲強制實現其契約之權利，皆須提起給付訴訟，以
　　取得強制執行之名義。行政機關不得以行政處分貫徹其契約請求權。

　2.**在行政契約中約定自願接受執行者**：依行政程序法第148條之規定：

　　(1)行政契約約定自願接受執行，債務人不為給付時，債權人得以該契約為強
　　　制執行之執行名義。

　　(2)前項約定，締約之一方為中央行政機關時，應經主管院、部或同等級機關
　　　之認可；締約之一方為地方自治團體之行政機關時，應經該地方自治團體
　　　行政首長之認可；契約內容涉及委辦事項者，並應經委辦機關之認可，始
　　　生效力。

　　(3)第1項強制執行，準用行政訴訟法有關強制執行之規定。

(八) **解決行政契約爭執的途徑**（106高、107地四）

　1.在傳統行政訴訟制度之下，只有撤銷訴訟一種，沒有正常的行政契約涉訟途徑，
　　影響所及公法契約常遁入私法契約。現時行政訴訟新制在撤銷訴訟之外，尚設確
　　認訴訟及一般給付訴訟，嗣後行政契約涉訟，自應循此等訴訟程序解決。

　2.實務上原本採上述立場，是故「全民健康保險特約醫事服務機構合約」係健保局
　　與醫療機構間之行政契約，則有關履約行為自應依契約法則處理，全民健康保險
　　法第72條對醫療機構所訂之罰鍰及全民健康保險醫事服務機構特約及管理辦法第
　　34條所定之停止特約處分，性質上均非行政處分，而屬違約處罰之預定。其後又
　　出現不同意見，認為上述違約罰款是行政處分，立場既有分歧，終審法院遂作成
　　統一見解（最高行政法院95年7月份庭長法官聯席會議決議）：即法律上若明定
　　作為契約一方之行政機關有權對他方違約行為施予處罰者，仍得作出裁罰性之行
　　政處分。健保局與醫療機構間之合約，性質上屬行政契約，並將全民健康保險法
　　及附屬之管理辦法所定對醫療機構之罰鍰或停止特約處分，列為合約條款，僅係
　　重申醫事服務機構如有違法情事時，健保局應依規定予以停止契約或罰款之意旨
　　而已，「並無使上開應罰之公法上強制制定，作為兩造契約部分內容之效力」。
　　類似情形，公立學校教師與學校間之聘約雖為行政契約，實務上，也認為教育行
　　政機關為執行法規之規定或屬於內部紀律事項而採取片面處置者，例如對學校教
　　師之解聘，係屬行政處分（同院98年7月庭長法官聯席會議決議）。以上情形，
　　應循不服行政處分之訴願及行政訴訟程序謀求救濟。惟上述兩則實務見解（聯席
　　會決議），只能視為「法有明文」時之例外情形，「選擇行政契約作為行為方
　　式，後續效果亦應隨之」的原則，並未改變，是故就讀軍校之學生入學時簽訂之
　　各項約定，既屬行政契約性質，事後如欲變更（如延長服役年限）亦應經雙方協
　　議，不得單方以訂定行政規則方式實施。

(九) 行政契約的新發展

1. 自從行政程序法施行以來，政府機關以行政契約方式與民間廠商達成協議，推動公共事務日漸增多，儼然成為行政處分之外，規則具體事件另一重要之作用方式。以台北市為例，為其所屬機關設計之行政契約種類不少，但政府機關或他造當事人就契約性質所為預定，對法院並無拘束力。各級行政法院對這一問題的見解，也很紛歧。最引起各方討論者，乃**台北高等行政法院認定國道高速公路局與廠商訂定之高速公路電子收費系統（ETC）的BOT為行政契約**，其判決理由主要認為：契約之內容既涉及公益，目的又在完成公共建設，且依促進民間參與公共建設法規定，契約條款列有明顯可見之公權力介入及特許性質，故這一建置及營運契約應屬行政契約。而在訂約前之階段，依促參法第47條準用政府採購法第74條之結果，審核評定選出最優申請人（即廠商）之甄審決定，係甄審委員會就民間依促參法（公法）規定申請參與特定公共建設規劃案之具體事件，作成單方之決定（評定），直接發生使特定申請人成為最優申請人（或次優申請人），並得與主辦機關簽訂投資契約之法律效果，核其性質，自屬行政處分。行政法院這種將前階段視為行政處分，與後階段行政契約相結合，而取得全案的管轄權限之見解，學者稱之為「修正的雙階理論」。蓋來自德國之雙階理論，前階段行為固屬行政處分，但後階段則必為私法契約，並以此作為救濟途徑的劃分：前階段爭執為行政爭訟，後階段之爭執屬民事訴訟（目前實務上對政府採購法所發生事件，即採取這種救濟作法）。德國的雙階理論基本上是在強化行政法院對經濟補助之監督，並解決與民事法院管轄權限的問題，若將兩個階段的行為都視為公法上行為，則是否仍有建構雙階理論或修正的雙階理論之必要，即有疑問。

2. 其實雙階理論引進我國，除法律的特殊規定（如政府採購法）外，與行政訴訟制度日趨完備及行政地位的提升有密切關係。在此之前，類似這類兩階段的行為，行政實務上通常都將事件的整體視為私法事件而處理，例如對中小企業之各項貸款，向來以簽訂合約方式為之，定約前之作業並不彰顯。例外情形，採用事件關聯理論之精神，以某一事件中一部事實關係，明顯屬於公法關係者，事件整體均視為公法事件，故政府機關徵收地主農地放領與佃農，只問徵收處分而以公法事件視之（釋字第115號解釋）。吳庚老師主張除法律有明文規定外（例如政府採購法），遇有兩階段行為時，不妨整體認作行政契約。前階段訂約對象之決定相當於行政程序法第138條以甄選或其他競爭方式決定當事人，不另成為獨立之行政處分，如此可未雨綢繆避免採雙階理論可能產生之困境。

三、行政協定

(一)行政協定的意義

1.所謂行政協定乃多數當事人，為達共同目的，由各別作成相同意思表示的結合，而形成的行政行為。行政協定係當事人為多數人，其意思表示為同一方向；而與契約之為雙方的意思表示是相對立的，明顯不同。

2.行政協定因包含多數當事人，且對公共利益影響重大，並具有準立法性質，故僅得於法令認許的情形始得為之，或本於法定職權為之。一旦成立，在依正當程序修正前，所有當事人及關係人，皆受其拘束。再者，由於行政協定涉及第三人，因此，行政協定應予公開揭示。

3.就行政協定的喪失效力言，其原因包括：

(1)義務履行。　　　　　　　(2)條件成就。

(3)期限屆至。　　　　　　　(4)情勢變遷。

(5)依廢止權保留之規定。基於行政協定係公法行為，其所生爭議，應由行政法院審理。

(二)行政協定的類別：行政協定可以參與之當事人為標準，區分為以下三種：

1.**行政機關或公共團體的協定**：此種協定的當事人均為行政主體，乃為促進共同利益或處理共同事務而成立。例如數個縣政府為發展區域建設所簽訂之協定；公立學校聯合辦理招生事宜即是。

2.**行政機關與人民間的協定**：政府機關與人民為共同經營特定企業得締結行政協定，籌組事業機構（官股占50％以上）。

3.**人民彼此間的協定**：人民依據行政法規規定，為完成公法關係的共同事項，亦可締結行政協定。

☆四、行政裁量

(一)**行政裁量的意義**：裁量乃裁度推量之意，是人類對事物考慮之內部心理意識的過程。所謂行政裁量乃行政機關在法律積極明示之授權或消極的默許範圍內，基於行政目的，自由斟酌，選擇自己認為正確之行為，而不受法院審查者。

(二)**行政裁量與不確定法律概念**

1.**意義**：

(1)所謂不確定法律概念，係指在法律條文中，使用一些概念不甚具體、明確的用語，讓法律適用者（如行政機關、法院）可以斟酌實際情形來決定其內容。由於法律是由文字組成，其抽象性無可避免，故在法律條文中使用不確定概念甚為普遍。**不確定法律概念又可分為經驗性概念（描述性概**

念）及規範性概念（有待價值認定之概念），前者例如：商標法上之「近
似」、「混同誤認」，後者例如：專利法上之「可供產業上利用」、礦業
法上之「無經營之價值」等。經驗性概念係以具有可供一般人經驗或感官
加以判斷之客體（狀態）為對象；而規範性概念，則缺乏此種客體或狀態
存在，或須經由科技專門知能始能加以確定。

(2)不確定法律概念在法律用語中，隨處可見，甚至較確定法律概念為數更
多。「公序良俗」、「誠實信用」、「公共利益」等為典型之不確定法律
概念；「出生」、「結婚」、「停止營業」等則屬確定法律概念，惟不確
定概念與確定概念二者間之區別，是否具有絕對性？尚非毫無疑問。

(3)法律適用略可分為四個步驟：A.釐清並確認事實關係（或稱個案事實）是
否確實存在；B.解釋或演繹構成要件之正確含義；C.將確屬存在之事實關
係含攝於構成要件事實之中；D.確認法律效果之存在。在上述步驟中，
若某事實關係（個案事實）確屬存在，與法律規定之構成要件事實，經
解釋結果之含義正屬相當，行政機關即應作成特定效果之行為，稱為羈束
處分；特定構成要件事實雖然確定存在，但行政機關有權選擇作為或不作
為，或選擇作成不同法律效果之行政處分，稱為裁量處分；如法規之用語
係屬涵義不確定或有多種可能之解釋，即所謂不確定法律概念；將不確定
概念適用於具體之事實關係時，行政機關得自由判斷之情形，謂之為判斷
餘地，故許多學者以判斷餘地一詞取代不確定法律概念。

(4)近年有根本上質疑不確定法律概念存在之價值的議論者。蓋不確定法律概
念是立法時不能避免的語辭，但又顧慮執行法律之機關，因而有過度的自
由決定空間，致不受立法原意之拘束，於是發展出不確定概念之解釋只有
一種正確，司法機關並可全面審查之理論。但由於社會變遷及科技等專業
的進展，事實上，不得不讓行政機關有寬大的判斷餘地。

2.**裁量處分之種類**（107地四）：

(1)依照裁量理論之通說，裁量係指決策與否或多數法律效果之選擇而言，並非
構成要件事實之裁量。行政機關決策與否，具體言之，即是否作成行政處
分，稱為行為裁量或決策裁量，而就產生不同法律效果行為擇一而行，則稱
為選擇裁量。近年不少學者持與通說相反之見解，認為裁量不限於法律效果
始有存在，構成要件事實（或稱法律要件）之層次亦有裁量之可能，並指通
說純屬人為的假設，與行政實際運作不符。對於此項爭議，吳庚老師主張：
在構成要件事實之概念明確者，僅生單純之事實存在與否問題，事實認定在
行政程序中，與司法訴訟程序適用相同之法則，即證據之證明力由主管機關
依自由心證判斷之，但此種證據之判斷並非裁量。涉及構成要件事實而有裁

量可能者，以其具有不確定性質為限，對於此種不確定之判斷，稱之為裁量、判斷餘地或不確定概念，僅屬名稱之問題，並無實質差異。

(2)**行政機關於作成裁量處分時，本有多數不同之選擇，若因為特殊之事實關係，致使行政機關除採取某種措施之外，別無其他選擇，稱為裁量萎縮（或稱裁量縮減至零）。** 例如水利法第79條第1項規定：「水道沿岸之種植物或建造物，主管機關認為有礙水流者，得報經上級主管機關核准，限令當事人修改、遷移或拆毀之，但應酌予補償。」假設妨礙水流之建築物，依通常情形本可命當事人修改或遷移等不同之處置，若遇有嚴重情況，非徹底拆毀不足維持水流者，主管機關之裁量即縮減至別無他種選擇。對於裁量萎縮認知有誤，亦應視為裁量瑕疵的一種。

(3)**從裁量之行使觀點而言，尚有兩種分類：**

　A.**個別裁量與一般裁量：** 裁量原本即針對個別事件而為，主管機關就具體案件，依據法律之裁量授權衡酌個案之情況，作成適當之決定；至於一般裁量是指上級機關對下級機關如何行使裁量權所作之一般性指示，俾各個下級機關不致分歧而具有一致性。在行政實務上，一般裁量常見諸裁量性之行政規則。

　B.**開放裁量與表見裁量（經預設之裁量）：** 開放裁量指法律有關裁量授權，任憑主管機關自由判斷，不設例外之限制規定，亦不受當事人陳述之影響；表見裁量正屬相反，表面上是裁量授權（得如何），實際上是羈束規定（應如何），換言之，將「得條款」轉換為「應條款」，既然如此，有學者不稱之為裁量，而名之為「有意安排之決定」。

3.**裁量瑕疵與司法審查：**

(1)行政裁量並非放任，故行政機關行使裁量權限須遵守法律優越原則，其所作之個別判斷，應避免違背平等原則、比例原則等一般法的規範，如裁量係基於法律條款之授權時，尤其不得違反授權之目的或超越授權之範圍，凡此均屬裁量時應遵守之義務，裁量違背上述義務者，構成裁量瑕疵。

(2)**裁量瑕疵之種類**（106普）：

　A.**裁量逾越：指行政機關裁量之結果，超出法律授權之範圍，例如某一稅法之罰則規定，對違反者得科漏稅額二倍至五倍之罰鍰，主管機關竟科處六倍之罰鍰。**

　B.**裁量濫用：指行政機關作成裁量與法律授權之目的不符，或係出於不相關之動機之謂。** 例如外國人申請歸化為我國國民，國籍法對於裁量之條件均有明文規定，假設主管機關於裁量時，以該外國人之本國與中華民國無外交關係或非友好國家而拒絕其歸化，則顯屬裁量濫用之情形。

C.**裁量怠惰：指行政機關依法有裁量之權限，但因故意或過失而消極的不行使裁量權之謂。**例如對於有事實認為有妨害國家安全之重大嫌疑者，入出境主管機關有權不予許可其入出境，假設主管機關對申請入出境之個別事件，應斟酌此項因素而不予斟酌，即屬此類瑕疵。

(3)裁量之司法審查（107地四、108地三、地四、109普）：

　A.行政裁量應否受法院審查？其審查之範圍如何？早年曾有激烈之爭論。目前在理論上較為趨於一致，即除因裁量瑕疵之情形，已影響裁量處分之合法性外，行政法院不予審查，蓋法律既許可行政機關有選擇或判斷之自由，則其所作成之處置，在法律上之評價均屬相同，僅發生適當與否問題，而不構成違法，行政法院係以執行法的監督為職責，自不宜行使審查權限。

　B.行政法院較新之見解，已與學理同步發展：「凡法律規定，行政機關對於是否為行政行為，以及如何為行政行為，有裁量空間者，則行政機關有行政行為之裁量權，行政法院自應尊重行政機關之裁量空間，除有逾越裁量權限，不為裁量或裁量錯誤等裁量瑕疵之情形，而應認為逾越權限或濫用權力之行為，以違法論外，不得就行政行為之合目的性，進行審查。所謂裁量錯誤，乃指行政機關雖已行使其裁量權，然而方式錯誤，例如：與裁量決定相關的重要觀點，在行政機關形成決定的過程中，未予斟酌（裁量不足）。」（最高行政法院90年判字第1783號判決）。

　C.至於循行政體系之救濟途徑時（如訴願或相當於訴願之程序），以上級機關對下級機關行使裁量權之當否，則有權加以審查。

　D.**行政訴訟法第201條規定：「行政機關依裁量權所為之行政處分，以其作為或不作為逾越權限或濫用權力者為限，行政法院得予撤銷。」**其規範目的在於限制行政法院的審查權，換言之，行政法院對裁量處分僅限於有裁量瑕疵之情形時得予撤銷。

4.**不確定法律概念與判斷餘地：**

(1)從法律保留原則中可演繹出明確性原則。明確性原則首先要求法律規定之意義必須明白確定。惟實際上，除日期、地點之外，法律所使用之概念，多屬不確定性，遇有事件發生時，始由主管機關具體化的予以確定。故所謂確定或不確定僅是程度上之區別，換言之，法律概念的確定，均依賴不同程度之闡釋。在各種法律中抽象概念之使用，其明確性最為嚴謹者莫過刑罰法律（例如刑法分則有關犯罪構成要件之規定），但各項概念在適用時仍須經過一番解釋使之確定的過程。法律概念既如此不確定，則如何維繫憲法對明確性的要求？大法官釋字第432號云：「法律明確性之要求，非僅指法律文義具體詳盡之體例而言，立法者於立法定制時，仍得衡酌法

律所規範生活事實之複雜性及適用於個案之妥當性，從立法上適當運用不確定法律概念或概括條款而為相應之規定。有關專門職業人員行為準則及懲戒之立法使用抽象概念者，苟其意義非難以理解，且為受規範者所得預見，並可經由司法審查加以確認，即不得謂與前揭原則相違。」不僅有關專門職業人員行為準則之規定如解釋文所言，其他法律上所謂之不確定法律概念或概括條款，亦應如此。

(2) 不確定法律概念最簡明之定義為：「含義有多種解釋之可能，而法律本身不作界定之概念。」不確定法律概念尚可分為無判斷餘地之不確定法律概念及有判斷餘地之不確定法律概念。前者指不確定法律概念只有一種解釋係屬正確，其運用結果亦屬合法；後者謂在若干事件行政機關對不確定法律概念的解釋享有自主之判斷餘地，其判斷結果無論為何，原則上皆屬正確並且合法。這兩種區別具有訴訟法上意義，對於前者行政法院有完全之審查權，對於後者行政法院之審查權受有限制，即除判斷有明顯瑕疵外，應尊重主管機關之決定，而不作相反之判斷。

(3) **有判斷餘地之不確定法律概念**（106普、108高）：

　　A.**考試、測驗或類此評分之事項**：釋字第316號解釋認為，依法舉辦之考試，在閱卷委員彌封評閱之後，除依形式觀察，即可發現錯誤外，不得要求重新評閱。解釋意旨當然亦排除經行政爭訟程序之重閱，所以如此即尊重閱卷委員之判斷餘地。行政法院（最高行政法院之前身）亦有類似見解，55年判字第275號判例稱：「關於考選機關面試程序之進行，如果並無違背法令之處，其由考選委員評定之結果，即不容應試人對之藉詞聲明不服」。

　　B.**關於公務員、教師及學生等之能力、品行考核事項**：此類人員之考評，譬如考績等級、陞遷評量、操行評分等，或是基於長期接觸所得結果，或者依事件性質時光無法倒流，使其判斷之情境重複出現。釋字第382號解釋有關學生因操行或學業成績而遭退學之解釋，其理由書末段謂：「對於其中涉及學生之品行考核、學業評量或懲處方式之選擇，應尊重教師及學校本於專業及對事實真相之熟知所為之決定，僅於其判斷或裁量違法或顯然不當時，得予撤銷或變更。」即是相同之旨趣，又大學教師升等資格之評量，釋字第462號亦認為：各級相關機關均應尊重其基於客觀專業知識與學術成就所作之考量判斷。

　　C.**具有高度屬人性質之判斷**：依靠個人印象與專業經驗所為之判斷，應受到尊重，行政法院自不宜任意推翻，例如藝術成品、書畫、雕塑、電影、音樂等製品，公立博物館或政府機關常因收藏或給予獎賞或補助而有所決定，此時未入選或未獲獎助者無從經由司法審查而獲得救濟。

D. **有關科技事項之判斷**：某種不確定法律概念，須依專門之科學技術加以鑑定，始能作正確之判斷，例如專利案件中屬於科技理論應用之「新發明」，行政主管機關（智慧財產局）在決定是否授予專利權時，常委由專家或學術機構加以審查，行政法院對這類案件多所尊重。

E. **由法律設置獨立行使職權之合議機構判斷之事項**：這種合議制之委員會，既由專門學識人員或代表社會多元意見者所組成，其判斷又不受其他機關之影響，自有正當性，應受受理行政爭訟之機關或法院之尊重，其中其成員之任命且經國會（立法院）參與者（如國家傳播通訊委員會、公民投票審議委員會），除專業及反映不同的世界觀之外，尚具有某程度之民主正當性，對其決定應認為具有高度判斷餘地。釋字第613號解釋之理由書稱：「設於行政院內之全國公民投票審議委員會，對全國性公民投票提案成立與否具有實質決定權限，對外則以行政院名義作成行政處分，行政院對於該委員會之決定並無審查權。」對公投審議會之決定不服者，固得提起行政爭訟，但受理爭訟之機關或法院原則上並無實質之審查權。

F. **預測性判斷（如環境評估、景氣預測等）、對危險之判斷及作成計畫性質之評估**：常出現在經貿、金融管理、環保等事項，其性質顯然不宜由法院作最終之決定。例如金融機構合併法第6條規定，主管機關為金融機構合併之許可時應審酌之因素，諸如合併後對提升經營效率及提高國際競爭力之影響，對金融市場競爭因素之影響。這類以不確定概念所組成之因素，主管機關之判斷，應屬最終之決定，非法院審查權所宜擴及。

以上所舉六類事項範疇內之不確定概念，承認基於事物之性質、依法律授權之意旨，有任由行政機關對不確定法律概念自由判斷之餘地（或稱規範授權說）。

(4)無判斷餘地之不確定法律概念：除前述六種之外，不確定法律概念都可歸為無判斷餘地之一類，範圍極廣，無從列舉。這類概念雖不確定，但只有一種正確，例如兩個商標是否構成「混同誤認」或稱「近似」，判斷結果不可能「近似」正確，「不近似」也正確。行政法院對行政機關適用這類不確定法律概念，有權作完全之審查，行政法院之審查可能認同主管機關之判斷，也可能以法院自己之判斷加以取代。近年我國實務上亦有採取與學理相同之實例，如更改姓名事件，即認同行政機關之判斷：對原來姓名是否屬於姓名條例第6條第1項第6款所稱之「粗俗不雅」，亦以主管機關之判斷為準（76年判字第2255號判決）。但否定行政機關之判斷者亦非罕見，譬如行政法院83年7月19日判字第1516號判決稱：獎勵投資條例第

27條所謂「非以有價證券買賣為專業者，係屬不確定之法律概念，行政機關對上開不確定之法律概念，於執行時雖可依職權認定之，然行政機關認定之結果，對法院非當然有拘束力，依現行行政法學通說，仍得由法院予以審查」，受學說之影響明顯可見。至於商標法上「近似」或專利法上之「適於美感」這類並不需要具備專門知識或經由科學上試驗者，行政法院多毫不猶豫自行判斷。

(5)判斷瑕疵：不能確定之法律概念與裁量相同，也會發生適用不當之問題，此稱為判斷瑕疵。判斷瑕疵亦如同裁量瑕疵一般，有濫用判斷、逾越判斷，應為判斷而「不作判斷」等。此際，行政法院即可介入審查。

(6)**行政法院對不確定之法律概念以有權審查為原則，但如屬前述六種所謂有判斷餘地之不確定概念，則為例外，行政法院應避免予以審查。**惟若公認行政機關有判斷餘地之各種事項中，有明顯之瑕疵存在，行政法院對之仍可加以審查，是為「例外之例外」。至於行政法院對判斷瑕疵之事件，除撤銷原行政處分由主管機關重為判斷外，若事件已達可裁判之程度，而原處分機關亦無另行考量之空間，則行政法院應自為判決。至於行政法院對判斷餘地之審查，並無簡單明確之基準可資依循，惟從學理上言，有下列五點可供斟酌：a.主管機關作成判斷時有無遵守程序法規之規定，例如應由合議之委員會作判斷，而未踐行。b.對於事實有無認知錯誤或視而不見。c.是否遵守判斷餘地的界限。d.有無悖離評價事物的一般原則，諸如公平、合理等原則。e.有無將無關之事物列入考量。

(7)**判斷餘地與裁量之連結及其他**：此處所稱之連結是指法律條文中既有不確定法律概念（表現在構成要件部分），又有裁量授權（通常見諸法律結果部分），之連（聯）結規定。舉例如下：水污染防治法第55條規定：「違反本法規定，經認定情節重大者，主管機關得依本法規定逕命停止作為、停止貯存、停工或停業；必要時，並得勒令歇業。」其中「情節重大」為不確定法律概念，逕命停止作為等五種處罰手段（法律結果）便是選擇裁量。與裁量及不確定概念有關者尚有所謂計畫裁量，也屬於行政上判斷自由的一種。但與判斷餘地不同，計畫裁量沒有適用不確定法律概念之問題，也非針對法律規定之構成要件而涵攝該當事實，而是行政機關基於法律賦予之計畫權限，對如何籌劃有相當程度之形成自由。惟形成自由與判斷餘地或裁量自由同樣，亦應考量是否符合計畫之目的，有無違背比例原則、平等原則等。至於計畫之形成，除計畫主管機關應受事物管轄之上級機關（例如負責機場規劃之民航局之於交通部）外，對作成計畫之考量欠缺，德國實務上主張行政法院有完全之審

查權。最後，尚有法規制定裁量之概念，指在法律、行政命令、自治規
章制定過程中，立法者或訂立者所具有之形成自由，法規若由國家或地
方自治團體之行政機關訂定者，也屬於行政決定自由之一種，與計畫裁
量（或稱考量自由）性質接近，都是在法律規制下之建立構成要件，而
裁量或判斷餘地則屬法律規制下補足構成要件。

五、行政命令（106高、地三、地四、107普）

(一) **行政命令的意義：所謂行政命令，係指行政機關依法律授權或本於職權，對未**
來的行為作抽象的、普遍的規定，其規定對行政客體具有強制效力。

(二) **行政命令的種類**

1. **緊急命令與普通命令**（107地三、108普）：緊急命令係由總統依據憲法而發布，
   其內容可能屬於命令，亦可能係對具體事項之處置。緊急命令如表現為命令方
   式，與普通命令有下列之不同：

	緊急命令	普通命令
發布之要件及程序	直接依憲法之規定（憲法增修條文第2條第3項）	發布則須遵守法律（中央法規標準法及個別相關法律）所定之要件及程序。
效力	緊急命令正屬相反，通常係現有法律無法有效應付緊急事故，始有發布緊急命令之必要，故緊急命令至少係代替法律，可能為變更法律，甚至可以暫停憲法特定條文之效力。	普通行政命令之位階低於法律，故原則上係執行法律或補充法律，不能與法律相牴觸。
監督	緊急命令發布後應於極短之時間（十日）內送交立法院，如立法院不予追認，即失其效力，是以監督緊急命令之任務主要屬於立法院。而基於緊急命令具有統治行為之性質，司法機關通常不予審查。	普通行政命令則受立法機關、上級行政機關及法院之監督。

2. **法規命令與行政規則**（107地三、地四、108高、普、三、地四、109高）：法規命令
   與行政規則之區別，理論層次分析，有下列五項：

   (1) 法規命令係規定有關人民權利義務之事項，應有法律之明確授權，如欠
   缺此一條件即可能發生合法性問題。故行政程序法第150條第2項前段規
   定命令之內容應明列其法律授權之依據，即係欲貫徹上述理念。行政規
   則以行政體系內部事項為內容，原則上無須法律授權，行政機關得依職
   權訂定。

(2)法規命令適用之對象為一般人民，故訂定後須經公布始生效力；行政規則即原則上以本機關、下級機關及所屬公務員為規律對象（同法第161條），並無對外公布周知之必要，但仍應發布並下達。

(3)依行政程序法第154條，法規命令在訂定前應將草案公告，任由人民在一定期間內，陳述意見；行政規則沒有此一程序。

(4)法規命令直接對外發生效力，行政規則則以對內生效為原則。法規命令適用對象既係人民，性質上屬外部法，行政規則僅有間接對外生效之作用，故屬內部法性質，惟一旦行政處分或法院裁判引為依據，自亦得作為違法或違憲審查之對象。

(5)法規命令與人民權利義務有關，故發布之後應即送立法機關，接受其備查；行政規則既不具有上述性質，原無送立法機關審查之必要，但中央法規標準法第7條規定，不分何種命令，一律即送立法院，立法院亦均按其職權行使法處理，與學理並不完全一致。命令一經發布，是否函送立法院，或函送後立法院是否予以查照，抑決議修改或廢止，均不影響其效力，在主管機關未修改或廢止前仍繼續有效，行政法院亦持此一立場。

3.**授權命令與職權命令：**

(1)授權命令與職權命令係按照中央法規標準法第7條而作之分類。授權命令即學理上所稱之委任命令，性質多屬法規命令，但亦有例外，如公務員服務法第12條授權訂定之公務員請假規則，即非傳統意義之法規命令。職權命令學理上應限於行政規則，但事實上職權命令內容涉及人民權利義務事項者，在所多有，此種命令可稱為執行命令，已非內部適用之行政規則。其所衍生之合法性問題，為我國法制上仍待解決之難題。

(2)關於授權命令及職權命令之合法性，作為法令審查最高審級之司法院大法官，其歷來解釋所顯示之態度或趨勢，應予以高度之重視。綜合司法院大法官各號解釋，關於授權命令之合法性應符合下列三項條件：

A.法律並非不得授權以命令限制人民之自由權利，惟其授權應有具體明確之目的、範圍及內容。

B.法律僅作概括授權時（例如訂定施行細則），除命令不得逾越母法外，其內容僅能就與母法有關之細節性及技術性事項加以規定。

C.須符合比例原則，蓋限制人民自由權利之法律尚且不得超越必要程度，何況授權命令。

至於職權命令，首須發布機關依組織法之規定，有管轄權限，第二，須為執行某一特定法律所必要，第三，其內容須限於細節性及技術性之事項。

(3)自行政程序法施行以來，不論學者或實務上大抵都將授權命令稱為法規命令，職權命令稱為行政規則，大法官或行政法院審查法規命令認為不符合授權明確性原則者，固然宣告其違憲，遇有在文義或論理解釋上無從認定係屬授權明確者，但又無意使其不生效力，輒以整體或意義關聯方法，解釋系爭命令並未違反憲法。若行政規則既無法律授權而又涉及限制人民權利，常遭宣告違憲。

(4)法律規定如此明確，司法審查也相當嚴格，但並不能消除行政機關依職權作成各種直接關涉人民權利義務的命令（即行政規則），這種情形在金融及證券管理領域最為常見，釋字第638號便是一例。這一解釋乃是針對主管機關發布之「公開發行公司董事監察人股權成數及查核實施規則」，其中規定（即第8條）並無法律授權依據而涉及人民權利之限制，違反憲法第23條之法律保留原則，宣告6個月內失效。

(三) 行政規則的適用原則

1.行政規則之效力問題（106普）：

(1)行政命令之效力向來有對外效力與對內效力之二分法，並以法規命令係發生對外效力，而行政規則則僅具有對內效力。傳統觀點認為行政規則既僅有對內效力，其拘束對象之公務員，若有違背行政規則之情事，構成懲戒原因，並不發生違法之問題。

(2)上述理論並非不能成立，但不免陷於過分化約之錯誤。蓋違反作業性之行政規則，例如對於以相關職務之公務員為對象，所下達有關處理事務之規定，或者違反組織性之行政規則，例如不遵守機關內部分工，而未涉及機關之權限者，既不構成對外之行為是否違法，僅屬有無違背公務員服從義務之問題，適用前述理論自無疑問。若行政規則性質上屬於裁量性或政策方針之指示者或屬於對規範之解釋性者，則並非是否遵守服務義務問題，此類行政規則之違背，可能影響對外行為之效力。換言之，其據以作成行政處分便有違法或不當之原因，此種情形若仍堅持行政規則僅有對內效力，自與客觀事實不符，故有學者以「間接效力」或「附屬效力」稱之。

2.行政規則生效之時間問題：行政機關發布之行政規則何時生效，應分就不同情形而論：

(1)解釋性之行政規則：以闡釋法規之含義為主旨，其效力係附屬於法規，故應自法規生效時起予以適用，亦即原則上溯及法規生效之日起有其適用，實務上向來持此種見解，並為釋字第287號解釋所確認。

(2)間接對外生效之獨立性行政規則：通常以職權命令形式發布者，適用中央法規標準法第13條之規定，定其生效日期。

(3)純粹對內生效之行政規則：此類行政規則既不影響人民權利義務，乃單純對行政機關公務員之規範，通常無須發布，其效力應以下達之日起發生，若公文下達遲延而公務員已因其他途徑知悉者，亦可自知悉日起生效。

3.**解釋性行政規則見解變更問題**（107普）：

(1)解釋性行政規則之變更，為行政實務上所常見，類此情形對人民影響甚鉅，而解釋函原則上均溯自法律生效日起有其適用，以致爭端時生，解決之道不外下列三種途徑：

  A.以是否有利於當事人為準：在後之解釋函如對當事人不利者，基於信賴保護原則，不應溯及生效，僅適用於解釋函發布後之案件；反之，解釋函如對人民有利，則不問案件是否確定，均有其適用。

  B.以案件是否確定為準：在解釋函發布前已確定之案件，不問適用結果對當事人是否有利，一律不予適用。

  C.折衷說：原則上以案件是否確定為準，但在前之解釋違背法律損害當事人權益者，案件縱已確定，仍得適用在後解釋，俾獲救濟。

(2)**釋字第287號解釋：「行政主管機關就行政法規所為之釋示，係闡明法規之原意，固應自法規生效之日起有其適用。惟在後之釋示如與在前之釋示不一致時，在前之釋示並非當然錯誤，於後釋示發布前，依前釋示所為之行政處分已確定者，除前釋示確有違法之情形外，為維持法律秩序之安定，應不受後釋示之影響。」**係採折衷說。惟稅捐稽徵法第1條之1規定：「財政部依本法或稅法所發布之解釋函令，對於據以申請之案件發生效力。但有利於納稅義務人者，對於尚未核課之案件適用之。」前段乃各種函釋適用於個案的當然法理，但書雖亦以案件是否確定為準，惟對有利與不利之情形特予區分，如屬有利於納稅義務人，則只要未確定，一律適用新的釋示，反之，凡不利於納稅義務人，則仍適用舊釋示。其涵義與釋字第287號解釋未盡相符，基於尊重立法機關之考量，應適用新制定之法律條文。

(四) **行政命令的監督**

1.**立法監督**

(1)立法監督的理由：

  A.立法本係國會之固有職權，對授權之事項加以監督，乃真正負責之表現。

  B.國會授權行政機關訂定命令，並未因此喪失對授權事項之立法權。

  C.訂定授權命令雖係行政機關之權限，但具有固有權限之立法部門就此加以監督，並未違背權力分立原則，亦未侵犯行政權。

  D.如認為國會僅能對行政機關為毫無保留之授權，則易致國會事必躬親，將對公益造成更大傷害。

(2)立法監督的方法：行政命令原則上均應以發布為生效手續之一環，但行政規則以下達方式應為法之所許。至於是否函送民意機關查照，原本於效力均不生影響。但晚近**立法院為加強對行政機關發布命令之監督，建立多種立法監督之機制**：

A.**送置義務**：即中央法規標準法第7條即送立法院之規定，前述不影響效力之函送查照乃指此種送置而言。行政命令發布或下達之後，訂頒命令之機關將其送置於立法院即可。

B.**立法否決**：這一設計見諸立法院職權行使法。凡行政機關送置於立法院之命令，依該法第60條第1項應提報立法院會議，出席委員對於該項命令認為有違反、變更或牴觸法律者，或應以法律規定事項而以命令定之者，如有十五人以上連署或附議，即交付有關委員會審查（同條第2項）。關於審查期限及效果，該法第61條至第62條則規定如下：委員會審查應於院會交付後三個月內完成為原則，逾期未完成者，視為已經審查。但有特殊情形者，得經院會同意後展延；展延以一次為限。前項期間，應扣除休會期日。審查結果發現有第60條第2項之情事，應提報院會，經議決後，通知原訂頒之機關更正或廢止之，視為已經審查或審查結果並無第60條第2項情形之行政命令，委員會應報請院會存查。其經院會決議通知更正或廢止之命令，原訂頒機關應於二個月內更正或廢止；逾期未更正或廢止者，該命令失效。

C.**立法追認**：所謂立法追認包括兩種：緊急命令之追認及普通行政命令之追認，前者規定於憲法增修條文第2條第3項，發布緊急命令後，十日內提交立法院追認，如立法院不同意時，該緊急命令立即失效；後者如貿易法第5條之規定：「基於國家安全之目的，主管機關得會同有關機關報請行政院核定禁止或管制與特定國家或地區之貿易。但應於發布之日起一個月內送請立法院追認。」立法院如不予追認應解釋為命令失其效力。

D.**事前同意**：此種制度主要見於臺灣地區與大陸地區人民關係條例第17條第3項及第95條，前一法條規定行政院公布大陸人民來台居留之類別及數額，應事前函請立法院同意；後一條文則明文主管機關實施兩岸通商通航及大陸人民來台工作前，應經立法院之同意。第17條第3項公布者屬命令性質較無爭議，第95條有政策亦須經立法院事前同意之嫌，其合憲性不無疑問。

2. **司法監督**（108普）

(1) 法官應依法律獨立審判，是憲法第80條之規定。行政命令若是符合法律之授權所頒布，自可拘束法官，作為裁判之依據。惟對於行政命令之適用，既以合法的行政命令為限，至若與法律及憲法相牴觸之行政命令，法官自得拒絕適用，是以大法官會議釋字137號：「法官於審判案件時，對於各機關就其職掌所作有關法規釋示之行政命令，固未可逕行排斥而不用，但仍得依據法律表示其合法適當之見解。」

(2) **法官對一個行政命令如何決定其合法或違法？可否自行判斷行政命令的授權，已逾越母法？由憲法第171條與第172條規定的差異可知，命令若與法律牴觸者，不須經司法院解釋而應為無效。故法官在審判行政法案件時，對於行政命令之合法性及授權界限有無遵守，自得審查之，並表示適當合法之見解，如果認為命令違法，可排斥而不用。**

✰✰ 六、行政指導（106普、108高、普、109高）

(一) **行政指導的意義**

1. 行政程序法第165條規定：「本法所稱行政指導，謂行政機關在其職權或所掌事務範圍內，為實現一定之行政目的，以輔導、協助、勸告、建議或其他不具法律上強制力之方法，促請特定人為一定作為或不作為之行為。」

2. 同法第166條：「行政機關為行政指導時，應注意有關法規規定之目的，不得濫用。相對人明確拒絕指導時，行政機關應即停止，並不得據此對相對人為不利之處置。」

3. 同法第167條：「行政機關對相對人為行政指導時，應明示行政指導之目的、內容、及負責指導者等事項。前項明示，得以書面、言詞或其他方式為之。如相對人請求交付文書時，除行政上有特別困難外，應以書面為之。」

(二) **行政指導的性質（特色）**

1. **非權力作用**：行政機關所採取的行政指導方式，通常為指示、希望、勸告、警告、指導、籲請合作等，與一般行政行為不同，不具拘束力或強制力。

2. **為事實行為**：行政指導不直接發生法律效果，不足以導致權利義務的得喪變更。

3. **促使行政客體同意與協力**：行政指導之目的，在促使行政客體的同意與協力，故與行政機關應人民要求所作服務措施，或發動公權力之行為，或公用事業工程之進行等行為不同。

4. **以一般國民為客體**：行政指導為行政機關對外之措施，非內部之訓示行為，行政指導，乃以一般國民為對象。

☆七、行政計畫

(一)行政計畫的意義（109普）

1. 所謂行政計畫，指行政機關為將來一定期限內達成特定之目的或實現一定之構想，事前就達成該目的或實現該構想有關之方法、步驟或措施等所為之設計與規劃（行政程序法第163條）。

2. 計畫可依其不同區分標準而有不同分類。例如：依計畫之內容，可分為預算與財政計畫、專業計畫（如區域都市計畫、教育發展計畫等）、實施計畫（如舖設道路、水道等具體性計畫）等。依拘束力，可分為：強制性計畫、影響性計畫、資訊性計畫。所謂強制性計畫，指對人民亦有拘束力或僅對特定機關有拘束力之計畫。所謂影響性計畫，指雖無拘束力而不能創設權利義務，但透過其他方式之鼓勵（如稅捐優惠、補助金等），間接引導並影響相對人之行為之計畫。所謂資訊性計畫，指並無特定目的，單純提供發展趨勢、資料與預測等消息，藉以獲得更好的合作，並使相對人取得更可靠之資訊以利其自己發展計畫。

(二)行政計畫的分類

行政計畫以行政目的的多樣性，以及行政機關達到此目的所採行方法極有彈性，因此無法把行政計畫周詳分類。行政法學最常使用的區分方式，係以行政計畫所具有拘束力的大小（拘束效果）來加以區分，茲分述如下：

1. 拘束性計畫：

(1)這是指行政計畫對計畫涉及之對象具有拘束力而言，這也是我國行政程序法所提及的行政計畫之種類。受到拘束力的對象可能只是行政機關內部人員（內部效果），如機關年度預算之執行只拘束機關人員，與一般人民無涉；亦可能及於機關以外之人民（外部效果），例如都市計畫拘束一般人民。

(2)拘束性計畫，既已對人民權益產生拘束性效果，即有討論行政計畫法律救濟的空間。此謂按法律救濟指人民對於一個行政計畫有無請求實施之，或計畫已實施後，行政機關有意中止或調整時，人民有無請求計畫「存續」下來；繼續實施之權利以及計畫中止或調整時，應該採行何種過渡與調適扶助措施，也包括支付補償費的請求權問題。此種涉及產生人民公法請求權的問題，都必須以有無法律特別規定，以及行政計畫對人民權益有無產生構成國家賠償法或徵收侵害為斷。此行政計畫涉及對象的眾多，所以上述法律救濟問題亦應在立法時一併考量，例如都市計畫法第41條及建築法第59條，即為一例。

2.**影響性計畫：**

(1)這是指一個行政計畫未具有拘束力，但又不是純然僅具有建議性而已。行政機關藉著計畫之頒訂，期冀能「影響」人民自行採行符合計畫目的之行為。故是一種「誘導性」之計畫。例如行政機關利用稅捐優惠方式所公布之提升工業水準或外銷之方案、津貼補助促進科技提升之方案，都是行政機關引導性的計畫行政。由於此種類型的行政計畫未有強制力，且行政權利未忽視規劃社會發展之職責，符合了服務行政的精神，因此影響性計畫頗受到行政法學界之重視。

(2)由於影響性計畫並未具有法律上之拘束力，故此類計畫的法律形式極難確立。任何容納行政計畫的法律形式——法律、或中央（國家）或地方行政機關之任何決議——都可包括在內。故須就個案來判斷其屬於何種法律形式，及其法律關係。由於影響性計畫本身並無拘束力，行政機關可不受此計畫之拘束。例如政府財經機關對依計畫而改進工廠科技之廠商，有無負擔減免稅捐之責任？倘財經機關以行政處分（承諾）或行政契約方式，鼓勵廠商改進科技時，就必須負有法律責任。誠然，影響性計畫之性質並不是行政處分及行政契約，所以行政機關並無負有應為減免稅捐之責任，但卻涉及所謂的「誠信原則」（信賴利益保障）之問題。在影響性計畫的執行，即會涉及具體的法律責任問題，尤其是行政程序法第8條既已明定任何行政行為都必須以誠實信用的方法為之，並應保護人民正當合理的信賴。故倘人民因信賴此計畫而致權利受損時，國家道義責任雖已存在，但法律責任應附屬於何？行政程序法未為規定，誠為本法一大漏洞。故應和行政指導的國家責任一併看待，即應明定國家的補償責任。

3.**建議性計畫：**

(1)這是一種提供資訊、判斷、預測等訊息，提供人民或社會參考的計畫。這種計畫完全不具有法律拘束力，僅供作建議之用，故也可稱為「資訊性計畫」。例如外貿機關公告的外銷景氣及應對方案、國際金融現狀及發展預測等。

(2)這種建議性計畫既然以提供資訊為主，故全係採行政事實行為之方式出現，同時也可能以行政指導的方式出現。

(三)行政計畫的法律性質

1.行政計畫是否為一種獨立的行政行為？其法性質為何？有學者否認行政計畫係獨立的行為形式；亦有承認行政計畫係獨立的行為形式，從而可探討其有關法理（諸如：計畫裁量、計畫擔保等）。但所謂獨立的「行為形式」，並非等於獨立的「法形式」。

2.行政計畫係以傳統的法形式呈現出來，此所謂傳統的法形式，包括：法律、法規命令、自治法規、行政處分、行政契約、行政上事實行為，乃至行政規則、個別指示、內閣決議等。同時，亦不排除其以傳統以外之形式出現。

3.因此，行政計畫之法性質，必須個別認定。待法性質確定後，始能決定其合法要件、法效力（尤其有無拘束力）及司法審查（救濟）方式等問題。至於其認定標準，如法規有明文規定，自當依其規定；如法規未明文規定，須視個案情況（尤其計畫提供者、計畫內容及其拘束力）而定。

(四) 行政計畫的確定程序

行政程序法第164條：「行政計畫有關一定地區土地之特定利用或重大公共設施之設置，涉及多數不同利益之人及多數不同行政機關權限者，確定其計畫之裁決，應經公開及聽證程序，並得有集中事權之效果（第1項）。前項行政計畫之擬訂、確定、修訂及廢棄之程序，由行政院另定之（第2項）。」本條僅就行政計畫確定程序作原則性規定，至於其細節，則委由法規命令定之。茲分述其原則如下：

1.適用範圍：並非任何行政計畫均適用行政計畫確定程序，而限於具備下列要件之行政計畫始有其適用：

(1)計畫內容係有關「一定地區土地之特定利用」（例如：工業區之規劃）或「重大公共設施之設置」（例如：道路之設置）之具體規劃。

(2)計畫內容涉及多數不同利益之人：即計畫之執行將影響多數不同利益人之權益。

(3)計畫內容涉及多數不同行政機關之權限：即依計畫執行之過程，依法須經多數不同行政機關之核准、許可、同意等行使權限行為之配合，始能順利完成。

2.應經公開：即將擬定計畫機關所擬定之計畫公告與公開展示，並通知有關機關、權益受影響之人等使其知悉，便於其在聽證程序上表示意見及討論。

3.應經聽證：即經由正式的聽證程序，彙整有關機關及人員之不同意見，並進而予以溝通協調，俾利確定計畫之機關作成確定計畫之裁決。

4.集中事權之效果：即經確定計畫裁決核准可行之各項措施，即得付諸實施；縱依法本應經其他機關之核准、許可、同意等程序，亦可免除此項程序，而逕付實施。蓋以其他機關之意見已在聽證程序表示，並於確定計畫之裁決時斟酌，為求行政效能，不須重複該程序。換言之，其他機關就計畫內各項措施之管轄權集中由確定計畫機關以確定計畫裁決統一行使。但確定計畫裁決仍應符合相關法律規定。確定計畫裁決是一種行政處分，不服者仍得依法提起行政救濟。

☆☆八、事實行為及未定型化之行政行為（106高、地四、107高、地四、108普、地四）

(一)事實行為的意義

1. 事實行為指行政主體直接發生事實上效果之行為。其與行政處分或其他基於表意行為不同者，在於後者以對外發生法律效果或以意思表示為要素。

2. 廣義的事實行為包羅甚廣，舉凡行政機關之內部行為，對外所作之報導、勸告、建議等所謂行政指導行為、興建公共設施、實施教育及訓練等均屬其範圍。以物理上之強制力為手段的執行行為及與行政處分不易分辨之觀念通知，亦應歸之於事實行為。吳庚老師採狹義事實行為理論，即凡涉及表意行為者均列入後述的未定型化行為，故此處所謂事實行為僅指單純高權行為如實施教育、訓練、興建公共設施等，以及執行行為及強制措施。

(二)事實行為的類型

1. **單純的高權行為**：如實施教育、舉辦職業訓練，但不排除取得入學或受訓資格者與行政機關發生某種行政法律關係（可能基於行政處分或行政契約），興建公共設施亦屬於這類，視其為事實行為是著重於「實施」、「舉辦」、「興建」之舉動。除此之外，軍隊遂行戰鬥之行為，當然也是行使高權之事實行為。

2. **實施行為**：通常指實施行政處分或行政計畫之行為，例如課稅處分確定，稽徵機關收受稅款之繳納，或溢繳稅款由稽徵機關退還之行為；又如行政執行程序中，依行政處分有作為或不作為義務之人，主管機關所為之執行行為或代履行行為，均屬對行政處分之實施；實施行政計畫之行為實例亦不在少數，例如農地重劃計畫書公告確定、主管機關所從事之重劃工程，又如依都市計畫法第23條規定，細部計畫核定實施後，應豎立樁誌、座標、辦理測量等工作，再如道路建設計畫確定後，整地及施工等均屬之。

3. **強制措施**（109普）：指行政機關（尤其警察機關）運用物理的強制力，以實現行政處分之內容，或逕行執行法令之行為。行政執行程序中之直接強制、即時強制為最典型之強制措施。除此之外，下列行為亦均屬之：依集會遊行法對不服從解散命令者之強制驅離；依交通法規對車輛，所為之拖吊移置；對電影片映演業者違反規定放映電影片所實施之扣押；對違反廣播電視法架設頻道者扣押其器材之行為；拆除違章建築；除去徵收土地上之改良物或農作物；對運輸工具、場所、貨物或人身之檢查及搜索；武器之使用；對犯罪嫌疑人或違警人之傳喚、逮捕、拘提及強制到案；對榮民之教育訓導；郵局人員對私運郵件所為之搜查。強制措施種類甚多，其中有被稱為行政檢查者，在生活經驗中經常發生，值得注意。

(三) 行政檢查（行政調查）

1. **行政檢查的意義：所謂行政檢查係指行政機關為達成行政上之目的，依法令規定對人、處所或物件所為之訪視、查詢、查察或檢驗等行為的總稱。**

2. **行政檢查之作用**：行政檢查（或調查）有單純蒐集資訊提供施政之參考者，例如戶口普查、農漁業調查等；有預防違法行為或狀態發生者，例如防制水汙染之查證、勞動場所、礦場安全等之檢查、對公職人員財產申報資料之查詢等；有屬於作成行政處分前之準備行為者，通常在製作裁罰性處分前，均須對當事人之違法行為加以調查及蒐證，俾維持處分前之正確性並保障當事人之權益；有屬於監察機關作成決議事件前之手續者，如監察院議決糾正、糾舉或彈劾案前之調查行為（因為監察院已非民意代表機關亦非司法機關，此種調查行為僅能歸於行政調查之類別）。

3. **執行之手段**：行政調查通常有賴關係人之配合，若干法律對關係人抗拒調查行為時有罰鍰之規定，亦有少數法律允許，負責調查之公務員得以實力強制執行，以排除規避、妨礙之行為。得以實力強制執行之行政調查，已屬前述強制措施之一種，故行政檢查與強制措施概念上有重疊之處，法理上對強制措施應遵守之要件，行政調查原則上亦應遵循。若法律對拒絕行政調查行為者，既無罰鍰之規定，亦無以實力強制排除之條款，則僅能以援引行政執行法有關間接強制或即時強制之規定處理。又行政調查既為事實行為之一種，則其救濟自應受有關事實行為行政救濟法則之支配。

(四) 未定型化之行政行為

1. **未定型化行政行為的意義：吳庚老師對未定型化行政行為界定為：「行政程序法所明定之行為型態（行政處分、行政命令、行政契約、行政計畫、行政指導）以外，含有意思表示因素之行為」。**

2. **未定型化行政行為的類型：**

   (1) **內部行為及通知行為**：機關之間往來之公文（其中若有下級公務員對長官簽呈報告或長官之批示等。商定成立行政契約或屬於多階段行為中之前階段行為者，均未發生法效，故包括在內），機關對外所有通知、報告、勸說（如公告要求居民施打疫苗），實務上對這一類未發生法律效力之意思表示，均通稱為觀念通知。觀念通知與行政處分區別不易，但在認定提起行政爭訴要件時極為重要。內部行為及通知行為常未發生影響人民權利義務之效果，無從發動司法程序以審查其合法性。但並非謂內部行為及通知行為係不受法規支配之放任行為，其所受法律（如各機關組織法、公務員服務法、公文程式條例等）及行政規則（處務規程、辦事細則及其他作業性規則）之拘束，與發布命令或作成處分幾無二致，並經由行政內部之層級而受到監督。

(2) **提供資訊行為**：從發布天然災害之預測、傳染病來襲疫情、發表景氣環境之指標、某類商品或食品之檢驗結果，到特定事件之鑑定報告等非關個人資訊權之提供行為都屬於這一類。政府功能日益增加，乃維護當代社會生活所必須。這類未定型化行政行為本質上雖未發生法律效力，但有時仍有其影響效果，例如某種商品經檢驗認為含有致癌或其他有害物質，則製造廠商之損失難予估計。

(3) **行政機關與人民間所成立之未定型化行政行為**：諒解、協議或同意等所謂君子協定，在日常行政中非常習見，例如申請遊行路線，警察機關與申請者達成協議，不使用擴音設備，以免影響附近正參加升學考試之學生。又例如申請在風景區內設置紀念碑，風景區管理所復以：「原則同意：請貴會提送相關細部設計書圖、施工計畫（含水保計畫）及施工交通維持計畫等至本所審查，審核通過後始准予動工」。這項公文書，對申請事項看似准許，但是否核准興建完全未予確答或允諾，不外君子協定而已。再如若干大型開發計畫，主管機關與業者先開會協商，希望業者先做環評或連外道路，再正式申請開發，縱作成紀錄，仍屬未定型化行為，此類事件，亦時有所聞。在稅捐實務上常見稅捐協談，稽徵機關與納稅義務人達成之協談結論，有時亦視為非正式行政行為。

(4) **在特別法律關係（即所謂特別權力關係）中，基於管理或紀律而採之措施，未達行政處分之程度者**：此種情形於在學關係中最常見，例如不影響學生就學權利（非退學、開除學籍）之紀律行為如警告、申斥、記過等。在公務員關係中亦有類似行為，現時均視為不得提起行政訴訟之行政處分。又於營造物關係中，為維護秩序及對公共設施之上善良管理，依營造物利用規則採取之管理措施，也屬這類行為。

3.法律救濟途徑

(1) 未定型化行政行為有兩大特徵：一是有表意行為，二是未因意思表示而受拘束，在通常情形之下，並不發生影響人民權益關係，故原則上並無正式之法律救濟途徑（尤其行政訴訟）。

(2) 諸如行政機關提供氣象報告，無論準確與否，皆無爭訟之餘地；又如主管機關對食品檢驗所作之報告，亦不得以之為爭訟對象。但若該管公務員故意過失違法作成之報告，致食品生產者遭受損失時，受害廠商尚非不得提起國家賠償訴訟。至於公務員對非重大影響之紀律措施實務上不許提起行政訴訟，只得依申訴或復審程序請求救濟，學生身分亦有類似情形。

(3) 若涉及個人隱私或個人資訊自主範圍之事項，因該個人請求而提供，因屬非正式之行政行為，反之拒絕提供則申請人得依行政訴訟法第8條行政處

分以外非財產上給付提起「一般給付訴訟」，其情形與事實行為相同。惟遇有法律另設規定許其訴願及行政訴訟者，自應從其規定，而改提行政訴訟法第5條第2項之「課予義務訴訟」，蓋拒絕提供資訊之公文書，視為行政處分之故。

☆九、行政程序

(一)行政程序的意義（109高）

1. 行政程序指行政機關處理事件之過程及手續，其產生之結果，通常為行政處分或行政裁決，有時亦包括其他行政行為，諸如行政（公法）契約或行政命令等，視各國行政程序之立法例而定。由於各國有關行政程序之法律，其適用對象及範圍並不一致，故對行政程序法律上之定義亦不相同。

2. **我國行政程序法第2條第1項：「本法所稱行政程序，係指行政機關作成行政處分、締結行政契約、訂定法規命令與行政規則、確定行政計畫、實施行政指導及處理陳情等行為之程序。」**

(二)行政程序的功能：行政程序法第1條：「為使行政行為遵循公正、公開與民主之程序，確保依法行政之原則，以保障人民權益，提高行政效能，增進人民對行政之信賴，特制定本法。」除揭示立法目的之外，亦有表彰本法功能之作用。茲據吳庚老師觀點從比較法之理論層次析述其功能如下：

1. **貫徹依法行政**：依法行政為行政法上之首要原則，違反依法行政之結果，公務員個人須負民、刑事及行政責任，行政主體則須負國家賠償責任。惟以結果作為檢驗合法之對象，不如於過程中即設法以各種手續性之規範，維持其正確性，故謂「經由程序保障合法性」。

2. **維持處分之正確性**：現代行政法理論體系之建構，或多或少以司法上之建制作成仿傚對象，梅耶（Otto Mayer）首創行政處分概念之際，即賦予其類似法院裁判之性質，迄至今日，行政處分仍然具有確定或形成個人權利義務關係之作用，而確定或形成個人權利義務關係則須經由一定手續，以維持認定事實及適用法規之正確性。

3. **提供人民參與決策之機會**：在現代國家，國家機關作成與人民本身權益有關之決策，應給與人民參與之機會，方符民主之原則。故行政程序法規定行政機關於發布法規命令之前，應舉行聽證；而作成行政處分對於權利受影響之相對人或利害關係人，應給予陳述意見之機會，亦為行政程序法主要精神之所在。參與制度之建立，不僅緩和行政行為之公權力片面行使的色彩，以爭取人民之合作與支持，並可避免出現公民不順從之情況。

4.**代替行政爭訟程序**：在採取行政訴訟制度之國家，向行政法院提起訴訟，請求撤銷行政處分之前，通常須經一個等級以上之訴願程序，俾行政機關自行矯正其違法或不當之措施，故以往歐陸國家莫不在行政法院訴訟程序之外，另有訴願或相當於訴願之程序。此種情形，在行政程序法制定之後，即行改觀，蓋訴願乃行政程序之一種，作成行政處分既已踐行必要之行政手續，則根本無須再經過訴願程序，或至少亦應縮短訴願之等級。同時，行政程序愈完備，行政訴訟之審級愈可節省，奧地利及瑞士之行政程序完全取代先前之訴願等級，德國聯邦行政程序法則規定，凡經過正式程序作成之處分，得逕行提起行政訴訟，無須再經異議（即訴願）程序即為明證。在我國法制上，行政程序亦具有代替行政爭訟之功能，譬如依行政程序法第109條規定，經過聽證程序作成之行政處分，相對人如有不服得逕行提起撤銷訴訟，無須再踐行訴願程序；又提起確認行政處分無效之訴，原告於起訴前只須依行政程序法第113條規定，申請原處分機關確認其無效，而未受允准，亦不必再經由訴願程序。

5.**保障人民權益**：在民主的法治國家原則之下，任何建制皆是以保障人民權益為最終目的，也是各種建制不可缺的功能，行政程序亦不例外。前述貫徹依法行政、維持處分正確、提供參與決策等功能實已寓有保障人民權益的效用在內。行政程序法中，諸如接受聽審權利、閱覽卷宗權利、申請公務人員迴避、主張事實或聲明證據等規定均係為保障個人權益而設。

(三)**行政程序的一般原則**

1.**以適用於公權力行政為原則**：行政程序係行政機關處理與人民權利義務有關事項之手續，制定行政程序法之目的，即在於對行政機關於處理過程中，行使公權力給予必要之規範。行政機關之行為若屬私經濟行政之性質，在外部關係上完全受私法之支配，如有爭執則循民事訴訟途徑解決，無適用行政程序之餘地。

2.**職權主義**：職權主義係指行政程序之發動及終結，取決於該管行政機關，不受當事人意思所拘束。行政程序與訴訟程序不同，並無所謂不告不理之限制，多數情形均屬由行政機關發動程序，且行政程序與公益密切相關，並非單純解決個人私益之爭執，應適用與刑事訴訟相似之職權調查主義，故行政程序法明定行政機關調查事實不受當事人主張或聲明之限制，得依職權為必要之調查手續，並對當事人有利及不利事項一律注意。

3.**自由心證主義**：大陸法系國家，各種法律程序皆採自由心證主義，並無所謂法定證據可資遵循，行政程序自不例外。所謂自由心證，並非謂無證據亦可認定事實，亦非謂證據之取捨漫無標準，行政機關作成處分或裁決仍必須以依法調查所得並獲有心證之事實關係為基礎，對證明力之判斷更不能違背論理法則及經驗法則。

4. **當事人參與之原則**：當事人參與原則指各國行政程序法，普遍承認之下列兩項當事人權利而言：接受聽審之權利，閱覽卷宗之權利。關於上述權利，我國行政程序法於第一章第七節及第二章第二節規定甚詳。

5. **效能原則**：行政程序之目的不僅在於保障人民權利，抑且應兼顧行政效能，故各國立法例對於手續之進行，或明示或默示應盡量符合目的、迅速及節省勞費方法行之。對於行政程序之方式，原則上採非正式主義，僅限於行政程序法或其他法律有明文規定之事件，行政機關始有義務踐行包括言詞審理在內之正式手續，且縱然係此類事件，法律又規定若干情形，免除言詞審理手續。當事人固有閱覽卷宗之權利，但閱覽如於行政機關正常職務之進行有妨礙者，行政機關則無提供閱覽之義務，凡此均屬行政程序法為維護行政效能而採取之規定。行政程序法第46條、第97條及第103條均係基於效能原則之考量而設。

(四) 行政程序法的適用範圍（108地四）

1. 行政程序法以規範行政機關之行政行為為對象，但以行政事務之複雜及多樣性，欲以一種法律規制各種領域之行政行為，有其事實上之困難，各國行政程序之立法，可謂皆在此一認知下完成。**我國行政程序法在體例上亦係以該法為規範行政程序事項之普通法，其他法律有特別規定者，自應優先予以適用，故第3條第1項規定：「行政機關為行政行為時，除法律另有規定外，應依本法規定為之。」。**

2. **此外，行政程序法第3條第2項規定：「下列機關之行政行為，不適用本法之程序規定：一、各級民意機關。二、司法機關。三、監察機關。」第3條第3項規定：「下列事項，不適用本法之程序規定：一、有關外交行為、軍事行為或國家安全保障事項之行為。二、外國人出、入境、難民認定及國籍變更之行為。三、刑事案件犯罪偵查程序。四、犯罪矯正機關或其他收容處所為達成收容目的所為之行為。五、有關私權爭執之行政裁決程序。六、學校或其他教育機構為達成教育目的之內部程序。七、對公務員所為之人事行政行為。八、考試院有關考選命題及評分之行為。」**

歷年試題總覽

( ) 1. 鄉鎮市協議共同出資興建及共同使用垃圾焚化爐之法律性質為何？ (A)行政契約　(B)私法契約　(C)事實行為　(D)行政指導。（99地四）

( ) 2. 下列何者屬於行政契約？ (A)行政院衛生署中央健康保險局向私人承租辦公大樓之契約　(B)行政院衛生署中央健康保險局與特約醫院約定提供醫療、保健、服務之契約　(C)私人與健保特約醫院締結之醫療契約　(D)行政院衛生署中央健康保險局將辦公大樓之清潔工作發包給清潔公司之契約。（100地四）

( ) 3. 行政機關與人民依照國家賠償法訂定之賠償協議的法律性質為何？ (A)行政指導　(B)行政處分　(C)私法契約　(D)行政契約。（100普）

( ) 4. 下列何者屬於行政契約？ (A)行政機關採購資訊設備之契約　(B)教育部公費留學契約　(C)國民住宅之買賣契約　(D)人民承租國有土地之契約。（100普）

( ) 5. 下列何者係屬於行政契約？ (A)政府採購文具契約　(B)國宅出售契約　(C)人民與主管機關訂立國有林地租賃契約　(D)委託私人辦理公立國民小學契約。（105地三）

( ) 6. 人民以捐地方式為代價，換取行政機關為特別許可之協議，係何種行政行為？ (A)行政處分　(B)行政命令　(C)行政計畫　(D)行政契約。（102普）

( ) 7. 下列何者為行政契約？ (A)行政機關為舉辦內部研討會，向餐廳訂購午餐　(B)符合申購資格之國民向合宜住宅建築公司購買住宅　(C)學生與公立學校間所成立之公費醫學生服務義務協議　(D)行政機關委託環保清潔公司進行清潔工作。（102地四）

( ) 8. 下列何者非屬行政契約？ (A)國家賠償協議　(B)損失補償協議　(C)公立大學教師聘約　(D)政府採購契約。（101地三）

( ) 9. 下列何者不屬於行政契約？ (A)A縣政府與B縣政府協議共同興建焚化爐　(B)主管機關與房屋所有人達成徵收建物補償協議　(C)行政機關購買辦公設備　(D)海基會受陸委會委託辦理文書驗證業務。（101警）

( ) 10. 下列何者不是行政契約？ (A)全民健康保險特約醫事服務機構合約　(B)行政機關之政府採購契約　(C)教育部公費留學契約　(D)公立學校聘任教師行為。（104高）

( ) 11. 下列何者非屬行政契約？ (A)中央健康保險署與醫事服務機構締結之全民健康保險特約醫事服務機構合約 (B)國立大學與醫學系公費生簽訂有關培育公費醫學生之契約 (C)公立學校與教師簽訂之聘任契約 (D)勞雇雙方依勞動基準法規定，另行約定工作時間，並經主管機關核備之契約。（107普）

( ) 12. 下列何者非屬行政契約？ (A)有關國家賠償之協議 (B)行政機關向廠商購買文具之契約 (C)具保人與檢察官間之保證契約 (D)土地徵收補償費之協議。（105普）

( ) 13. 下列何者性質上非屬行政契約？ (A)公費教育契約 (B)國民住宅租約 (C)公立學校教師聘約 (D)損失補償之協議。（105地四）

( ) 14. 依我國法制及實務，下列何者非屬行政契約？ (A)全民健康保險醫事服務機構特約 (B)軍校公費學生簽訂之公費契約 (C)兩地方政府間所簽訂之廢棄物焚化廠共同契約 (D)地方政府與民間清潔公司簽訂勞務供應契約。（107地四）

( ) 15. 有關行政契約之敘述，下列何者錯誤？ (A)行政契約得約定自願接受強制執行 (B)公法上法律關係原則上得以契約設定、變更或消滅之 (C)行政契約之類型，限於和解契約及雙務契約兩種 (D)行政契約之締結，原則上應以書面為之。（107地四）

( ) 16. 下列何者非屬行政契約？ (A)縣（市）政府因徵收人民土地所應給付之補償費，與土地所有人欠繳之工程受益費，成立抵銷契約 (B)縣（市）政府於實施都市計畫勘查時，就除去土地障礙物所生之損失，與土地所有權人達成之補償協議 (C)人民向行政執行機關出具載明義務人逃亡由其負清償責任之擔保書 (D)各級政府機關就公庫票據證券之保管事務，依公庫法規定與銀行簽訂之代理公庫契約。（108高）

( ) 17. 行政機關在下列何種情形下締結之契約，不具公法性質？ (A)衛生福利部中央健康保險署與醫事服務機構針對健保醫療服務之項目及報酬所為之約定 (B)勞動部為增擴辦公空間而向私人承租辦公大樓 (C)甲市政府為辦理都市計畫所需公共設施用地，與私有土地所有權人所為之協議價購契約 (D)教育部與通過公費留學考試之應考人約定公費給付、使用與回國服務等事項之權利義務關係。（108高）

( ) 18. 下列何者是不確定法律概念？ (A)死亡 (B)結婚 (C)情節重大 (D)勒令歇業。（98高）

( ) 19. 下列何者非屬「不確定法律概念」？ (A)公序良俗 (B)危害生態或身體健康之虞 (C)無經營之價值 (D)結婚。（97地四）

( ) 20. 警械使用條例第6條規定：「警察人員應基於急迫需要，合理使用槍械，不得逾越必要程度」，下列敘述何者錯誤？ (A)此一規定乃是比例原則之具體規定 (B)由於「急迫需要」乃涉及不確定法律概念之認定，應先由所屬上級機關或長官對於個案進行認定 (C)警察使用槍械而擊傷民眾係屬於公法上之事實行為 (D)警察人員依本條例使用警械之行為，為依法令之行為，得阻卻刑法上傷害罪之違法性。（105警）

( ) 21. 行政法院對於行政機關所為考試成績評定之審查，下列敘述何者錯誤？ (A)行政法院得審查評分之妥當性 (B)行政法院得審查考試成績之評定是否合乎法定程序 (C)行政法院得審查考試成績之評定是否逾越權限 (D)行政法院得審查考試之評定是否基於不正確之事實。（100地四）

( ) 22. 行政機關享有判斷餘地，除有明顯瑕疵外，行政法院應予尊重之情形，不包括下列何者？ (A)對於公務人員考試成績之評定 (B)對於公務人員考績之評定 (C)對於公務人員陞遷之評量 (D)對於公務人員退休金之核定。（108高）

( ) 23. 關於行政行為之敘述，下列何者錯誤？ (A)得為合理之差別待遇 (B)內容應明確 (C)應保護人民正當合理之信賴 (D)必要時得依職權逾越裁量之範圍。（107地四）

( ) 24. 對行政裁量之敘述，下列何者錯誤？ (A)行政機關非有法律授權不得行使裁量權 (B)行政機關得自由決定不行使裁量權 (C)行政機關行使裁量權不得逾越法定之裁量範圍 (D)行政機關行使裁量權應符合法規授權之目的。（106普）

( ) 25. 下列何者屬於裁量濫用？ (A)法令規定外國人具備法定要件時，得申請歸化；行政機關以申請人為同性戀而不予許可 (B)法令規定建物妨礙水流時，得令修改、遷移或拆毀；行政機關基於情況緊急而命令拆毀 (C)法令規定集會遊行違法時，得警告、制止或命令解散；行政機關認為對其他法益無礙而未做任何處理 (D)法令規定向公務員謊報災害者，得處一萬二千元以下罰鍰；行政機關經斟酌情節裁罰一萬元罰鍰。（99地四）

( ) 26. 法律雖授予行政機關裁量空間，但在特殊情況下，行政機關之裁量權受到限制，此種情形稱為： (A)裁量收縮 (B)裁量自由 (C)裁量餘地 (D)裁量逾越。（107地四）

( )　27.下列何者不屬於行政裁量之違法類型？(A)裁量權限縮至零　(B)選擇裁量怠惰　(C)裁量逾越　(D)裁量違反平等原則。（105地四）

( )　28.下列有關行政裁量與比例原則之敘述，何者錯誤？　(A)比例原則即為一範圍廣泛之裁量權　(B)比例原則是執法者「法益衡量」應遵循之「義務」　(C)行政裁量之行使，必須符合法律授權之目的　(D)行政裁量違反比例原則，屬裁量濫用。（99普）

( )　29.下列何種行政行為係屬抽象性質之行政作用？　(A)行政命令　(B)行政處分　(C)行政指導　(D)行政執行。（100普）

( )　30.總統為避免國家或人民遭遇緊急危難或應付財政經濟上重大變故，依憲法增修條文第2條第3項所發布之命令稱為？　(A)緊急命令　(B)法規命令　(C)行政規則　(D)職權命令。（107地三）

( )　31.下列何者不是行政命令之合法要件？　(A)由機關之內部單位發布　(B)不得牴觸上位規範　(C)踐行有關手續　(D)送立法院審查。（104高）

( )　32.在現行法制中，下列何種命令之授權依據直接來自於憲法？　(A)法規命令　(B)特別命令　(C)職權命令　(D)緊急命令。(105高)

( )　33.下列何者並非法規命令之特徵？　(A)一般性　(B)對外性　(C)未來性　(D)特定性。（99地四）

( )　34.有關行政機關擬定法規命令應遵守之程序，下列敘述何者錯誤？　(A)法規命令草案應事先公告周知，但情況急迫，顯然無法事先公告周知者，不在此限　(B)行政機關擬定法規命令，得事先舉行聽證　(C)任何人均得於公告所定期間內向指定機關陳述有關法規命令之意見　(D)行政機關擬定法規命令舉行聽證者，應專依聽證紀錄擬定法規命令。（100地四）

( )　35.行政規則於例外情況下對人民發生拘束力，其理論基礎何在？　(A)比例原則　(B)法律保留原則　(C)行政自我拘束原則　(D)禁止不當聯結原則。（104警）

( )　36.下列何種法規範具有暫時中止法律之效力？　(A)法規命令　(B)緊急命令　(C)特別命令　(D)行政規則。（108普）

( )　37.立法院依立法院職權行使法第62條規定通知行政機關更正或廢止之命令，行政機關未於二個月內更正或廢止者，該命令如何？　(A)失效　(B)不影響命令之效力　(C)由立法院決議撤銷之　(D)送行政院院會決定其效力。（96地四）

( ) 38. 立法院對於行政命令之審查程序，下列敘述何者錯誤？ (A)各機關依其法定職權或基於法律授權訂定之命令送達立法院後，應提報立法院會議 (B)出席委員認為有違反法律者，如有十五人以上連署或附議，即交付有關委員會審查 (C)各委員會審查行政命令，原則上應於院會交付審查後三個月內完成之；逾期未完成者，視為已經審查 (D)行政命令經審查後，發現有違反法律者，應提報院會，議決更正或廢止之。（97高）

( ) 39. 下列有關行政法規效力之敘述何者正確？ (A)解釋性規定係屬協助闡釋法令之正確內涵的規定，故等同法律，行政法院不得審查其實質合法性 (B)大學法施行細則屬於行政規則，不直接對外發生法規範效力 (C)行政命令雖應送立法院審查，但於送達立法院前已生效 (D)為免影響當事人已確定之權益，行政法規絕不可溯及既往生效。（100地三）

( ) 40. 我國法官在具體案件審查法規命令，如發現違法時，應如何處理？ (A)認定違法，予以撤銷 (B)認定違法，於該案件拒絕適用 (C)宣告違憲，予以撤銷 (D)徵詢原訂定機關意見，再決定是否撤銷。（99高）

( ) 41. 關於法規命令之敘述，下列何者錯誤？ (A)行政法院於審判時，認為所適用之法規命令違憲，應停止審判聲請司法院大法官解釋憲法 (B)法規命令之訂定，得由人民提議為之 (C)牴觸法律之法規命令無效 (D)行政機關訂定法規命令，得依職權舉行聽證。（100警）

( ) 42. 依司法院解釋意旨，行政機關就行政法規所為闡明法規原意之函釋，應自何時生效？ (A)自該釋示發布之日起 (B)自法規生效之日起 (C)自行政機關發布之日起第3日 (D)自行政機關據以作成行政處分之日起。（107普）

( ) 43. 依司法院釋字第287號解釋，解釋性行政規則若前後不一致時，下列敘述何者正確？ (A)依後法廢前法之原則，依前釋示所為之行政處分應屬當然錯誤 (B)依前釋示所為之行政處分，不論是否確定，處分相對人皆得要求依後釋示重為處分 (C)為求保護人民權益，得由人民選擇依前釋示或後釋示處置 (D)後釋示發布前，依前釋示所為之行政處分已確定者，若前釋示確屬違法，相對人得請求依後釋示重為處分。（101地三）

( )　44.有關行政命令事後監督之敘述，下列何者錯誤？　(A)基於行政一體原則，上級機關對於下級機關所發布之行政命令有違法或不當審查之權限　(B)各機關依其法定職權或基於法律授權訂定之命令，應視其性質分別下達或發布，並即送立法院　(C)監察院認為行政院及其所屬各機關所發布之行政命令有牴觸法律之處，得加以調查，促其注意改善　(D)行政命令不得作為違憲審查之對象。（108普）

( )　45.有關解釋性行政規則之敘述，下列何者錯誤？　(A)解釋性行政規則發布後僅向將來生效，不溯及既往　(B)解釋性行政規則有間接外部效力　(C)解釋性行政規則應登載政府公報發布之　(D)解釋性行政規則發布後，具有拘束原訂定機關之效力。（100地四）

( )　46.「山路彎曲，小心慢行」之交通標誌，其性質為：　(A)一般處分　(B)職權命令　(C)法規命令　(D)事實行為。（102高）

( )　47.下列何者係屬事實行為之特徵？　(A)發生權利義務之規制　(B)發生事實上結果　(C)不生任何效果　(D)人民不服時得提起訴願。（103普）

( )　48.有關行政事實行為之敘述，下列何者錯誤？　(A)行政事實行為亦可能為私經濟行為　(B)行政事實行為若有違法可能構成國家賠償責任　(C)作成違法行政事實行為之公務員可能構成刑事責任　(D)行政事實行為不適用法律保留原則。（103普）

( )　49.有關行政指導與行政調查之敘述，下列何者錯誤？　(A)行政指導係屬事實行為；行政調查為行政處分　(B)兩者均為事實行為　(C)兩者均屬於行政行為　(D)行政指導不具有法律拘束力；行政調查之結果由主管機關自由心證。（102地四）

( )　50.衛生福利部發布新聞稿，指稱某項食品所含物質可能對生殖系統有不良影響，建議消費者慎選使用。該發布行為之法律性質為何？　(A)行政命令　(B)一般處分　(C)不利益裁罰處分　(D)行政事實行為。（107地四）

( )　51.交通部中央氣象局提供氣象預報資訊是何種行政行為？　(A)行政處分　(B)事實行為　(C)法規命令　(D)行政規則。（100普）

( )　52.人民向主管機關陳情，認為機關所選定的場址不符合法律規定，主管機關回覆告知，所陳情內容頗有見地，將審慎參考辦理。上述主管機關之回覆，係屬下列何種行政行為？　(A)行政計畫　(B)事實行為　(C)行政處分　(D)法規命令。（106地四）

( )　53. 下列何者不屬行政事實行為？　(A)為避免地層下陷危害行車安全，主管機關下令封閉高速鐵路沿線地下水井　(B)交通警察將違規停放車輛移置適當處所　(C)衛生所為50歲以上老人施打流行性感冒疫苗　(D)警察於集會現場攝影蒐證。（106地四）

( )　54. 下列何者為事實行為？　(A)公務人員之任用　(B)警察命令違法集會解散　(C)拖吊移置違規停放之車輛　(D)主管機關命令人民自行拆除違章建築。（104高）

( )　55. 下列何者非屬於事實行為？　(A)行政機關內部之公文交換　(B)警察以手勢指揮汽車駕駛人　(C)強制驅離不服集會遊行解散命令之群眾　(D)地方政府之拆除大隊拆除違章建築。（100普）

( )　56. 下列何者不是行政事實行為？　(A)環保局捕捉野犬　(B)警察對集會遊行之攝影蒐證　(C)氣象局發布之颱風警報　(D)警察下令違法集會遊行者解散之第一次舉牌告誡。（102普）

( )　57. 下列何者非屬行政事實行為？　(A)警察機關勸導集會遊行之民眾解散　(B)縣市政府主管機關對於人民請求依法一併徵收土地改良物，予以否准之函覆　(C)稅捐稽徵機關依法對於溢繳稅款之退還　(D)直轄市政府對於企業經營者所提供之商品有重大損害消費者權利時，公告該業者名稱。（107高）

( )　58. 甲機關對當事人違反行政法規之行為開出罰單，罰單中註明應於特定期限前繳納，否則將移送強制執行。於期限屆滿前，甲機關再度寄發通知，請當事人如期繳納，否則將移送強制執行。請問再度寄發之「通知」，性質上屬於下列何種行政行為？　(A)行政處分　(B)事實行為　(C)行政契約之要約　(D)行政計畫之公告說明。（100地三）

( )　59. 既成道路之公用地役關係，係基於下列何種行為而成立？　(A)事實行為　(B)法律行為　(C)行政處分　(D)行政契約。（105普）

( )　60. 公法上金錢給付義務之執行，所採查封、拍賣方法其法律性質為何？　(A)行政命令　(B)行政契約　(C)事實行為　(D)行政指導。（105地三）

( )　61. 關於行政事實行為之敘述，下列何者錯誤？　(A)行政程序法規定之行政指導，係屬行政事實行為　(B)行政事實行為不具法律效果，無法對之提起行政訴訟　(C)行政事實行為亦受法律優位原則之拘束　(D)對於行政事實行為，得提起國家賠償訴訟。（108普）

( )　62.有關行政法律關係之成立，下列何項描述為錯誤？　(A)可依法律規定而直接成立法律關係　(B)通常須有行政處分或行政契約之具體決定　(C)事實行為無法成立法律關係　(D)私法之法律行為亦可作為行政法律關係之構成要件事實。（99地三）

( )　63.下列關於行政程序法之敘述何者正確？　(A)兼具實體與程序法之規範　(B)僅有程序法　(C)大都為實體規範　(D)以訴訟程序為主。（100地三）

( )　64.政府機關所為與人民權益攸關之施政、措施及其他有關之資訊，應如何處理？　(A)以不公開為原則，例外始公開　(B)以不公開為原則，受申請經評估後始公開　(C)以經申請而公開為原則　(D)以主動公開為原則及應適時為之。（105地三）

( )　65.關於政府資訊公開法之敘述，下列何者正確？　(A)應公開之政府資訊，以存在於文書、圖畫、積體電路晶片等媒介物為限　(B)政府資訊以不公開為原則，公開為例外　(C)政府資訊公開法所列限制公開事由，應從嚴解釋　(D)人民請求政府資訊公開，以維護其法律上利益有必要者為限。（107高）

( )　66.下列政府資訊，何者不屬應主動公開之項目？　(A)裁量基準　(B)預算書　(C)業務統計報告　(D)法規委員會會議紀錄。（101高）

( )　67.行政程序與訴訟程序皆屬程序法之範疇，兩者有相似，亦有許多顯著不同。下列敘述何者正確？　(A)行政機關本身在程序過程中是仲裁者　(B)訴訟程序通常皆有兩造當事人之對立，而行政程序則否　(C)行政程序之開始由相對人提出，與訴訟程序相同皆是不告不理原則　(D)法院在訴訟程序上是協調者。（101警）

( )　68.下列何者不屬於行政程序法所適用之事證調查原則？　(A)職權調查證據主義　(B)自由心證主義　(C)有利與不利兼顧原則　(D)嚴格證據主義。（105普）

解答及解析

1.**A**　　2.**B**　　3.**D**　　4.**B**　　5.**D**

6.**D**　行政契約指兩個以上當事人，就公法上權利義務設定、變更或廢止所訂立之契約。當事人為行政主體與私人間者，稱為隸屬關係契約或垂直契約，當事

人均為行政主體者，稱平等關係契約或水平契約。本題人民以捐地方式為代價，換取行政機關為特別許可之協議，即屬垂直契約。

7. C　釋字第348號解釋：「行政院中華民國六十七年元月二十七日台（六七）教字第八二三號函核准，由教育部發布之『國立陽明醫學院醫學系公費學生待遇及畢業後分發服務實施要點』，係主管機關為解決公立衛生醫療機構醫師缺額補充之困難而訂定，並作為與自願接受公費醫學教育學生訂立行政契約之準據。公費學生之權益受有限制，乃因受契約拘束之結果。」

8. D　政府採購契約屬民事契約，非行政契約。

9. C　行政契約係雙方當事人之意思合致，所締結發生公法上效果之契約。當事人為行政主體與私人間者稱為隸（從）屬關係契約或垂直契約，當事人均為行政主體者稱為平等關係契約或水平契約。本題「行政機關購買辦公設備」為「私法契約」。

10. B

11. D　行政契約指兩個以上之當事人，就公法上權利義務設定、變更或廢止所訂立之契約。當事人為行政主體與私人間者稱為隸（從）屬關係契約或垂直契約，當事人均為行政主體者稱為平等關係契約或水平契約。
本題「勞雇雙方依勞動基準法規定，另行約定工作時間，並經主管機關核備之契約」係發生私法上之效果，非行政契約。

12. B	13. B	14. D	15. C	16. D	17. B	18. C	19. D	20. B
21. A	22. D	23. D	24. B	25. A	26. A	27. A	28. A	29. A
30. A	31. A	32. D	33. D	34. D	35. C	36. B	37. A	38. D
39. C	40. B	41. A						

42. B　釋字第287號解釋：「行政主管機關就行政法規所為之釋示，係闡明法規之原意，固應自法規生效之日起有其適用。惟在後之釋示如與在前之釋示不一致時，在前之釋示並非當然錯誤，於後釋示發布前，依前釋示所為之行政處分已確定者，除前釋示確有違法之情形外，為維持法律秩序之安定，應不受後釋示之影響。」

43. D　釋字第287號解釋：「行政主管機關就行政法規所為之釋示，係闡明法規之原意，固應自法規生效之日起有其適用。惟在後之釋示如與在前之釋示不一致時，在前之釋示並非當然錯誤，於後釋示發布前，依前釋示所為之行政處分已確定者，除前釋示確有違法之情形外，為維持法律秩序之安定，應不受後釋示之影響。」

44. D　　　**45. A**

46. D　事實行為指行政主體直接發生事實上效果之行為。其與行政處分或其他基於
表意行為不同者，在於後者以對外發生法律效果或以意思表示為要素。廣義
的事實行為包羅甚廣，舉凡行政機關之內部行為，對外所作之報導、勸告、
建議等所謂行政指導行為、興建公共設施、實施教育及訓練等均屬其範圍。
以物理上之強制力為手段的執行行為及與行政處分不易分辨之觀念通知，亦
應歸之於事實行為。

47. B　事實行為指行政主體直接發生事實上結果之行為。

48. D　事實行為指行政主體直接發生事實上效果之行為。其與行政處分或其他基於
表意行為不同者，在於後者以對外發生法律效果或以意思表示為要素。
廣義的事實行為包羅甚廣，舉凡行政機關之內部行為，對外所作之報導、勸
告、建議等所謂行政指導行為、興建公共設施、實施教育及訓練等均屬其範
圍。以物理上之強制力為手段的執行行為及與行政處分不易分辨之觀念通
知，亦應歸之於事實行為。吳庚老師採狹義事實行為理論，即凡涉及表意行
為者均列入未定型化行為，故此處所謂事實行為僅指單純高權行為如實施教
育、訓練、興建公共設施等執行行為及強制措施。行政事實行為仍應適用法
律保留原則。

49. A　事實行為指行政主體直接發生事實上效果之行為。其與行政處分或其他基於
表意行為不同者，在於後者以對外發生法律效果或以意思表示為要素。
本題行政指導、行政調查均屬事實行為。

50. D　　　**51. B**　　　**52. B**　　　**53. A**　　　**54. C**　　　**55. B**

56. D

57. B　事實行為指行政主體直接發生事實上效果之行為。其與行政處分或其他基於
表意行為不同者，在於後者以對外發生法律效果或以意思表示為要素。
本題縣市政府主管機關對於人民請求依法一併徵收土地改良物，予以否准之
函覆係屬行政處分。

58. B　　　**59. A**　　　**60. C**　　　**61. B**　　　**62. C**　　　**63. A**　　　**64. D**　　　**65. C**

66. D　政府資訊公開法第7條：「下列政府資訊，除依第18條規定限制公開或不予提
供者外，應主動公開：一、條約、對外關係文書、法律、緊急命令、中央法規
標準法所定之命令、法規命令及地方自治法規。二、政府機關為協助下級機關
或屬官統一解釋法令、認定事實、及行使裁量權，而訂頒之解釋性規定及裁量
基準。三、政府機關之組織、職掌、地址、電話、傳真、網址及電子郵件信箱

帳號。四、行政指導有關文書。五、施政計畫、業務統計及研究報告。六、預算及決算書。七、請願之處理結果及訴願之決定。八、書面之公共工程及採購契約。九、支付或接受之輔助。十、合議制機關之會議紀錄。前項第5款所稱研究報告，指由政府機關編列預算委託專家、學者進行之報告或派赴國外從事考察、進修、研究或實習人員所提出之報告。第1項第10款所稱合議制機關之會議紀錄，指由依法獨立行使職權之成員組成之決策性機關，其所審議議案之案由、議程、決議內容及出席會議成員名單。」本題法規會非依法獨立行使職權之決策性機關，其會議紀錄不屬應主動公開之項目。

67. **B**　行政程序與訴訟程序有相似亦有不同，訴訟程序通常皆有兩造當事人之對立，而行政程序則否。

68. **D**

Note

chapter 08　行政處分

本章依據出題頻率區分，屬：**A**頻率高

課前導讀

1. 本章比較深，比較難，最好能熟讀吳庚老師的《行政法之理論與實用》第七章，如果沒學過行政法，則建議先看拙著《行政法輕鬆上手》，比較容易入門。
2. 行政處分的意義、附款、種類、瑕疵行政處分是本章最重要的地方。
3. 雖然比較枯燥乏味，但是非常重要，多讀幾遍，自然漸入佳境。無論如何，花二星期一定可以搞定，所謂「一通百通」，只要弄懂行政處分，就等於打通任督二脈，再來就輕鬆多了。
4. 〈行政程序法題庫〉值得花一或兩星期仔細研究，反覆多次的練習，重要條文要背，千萬不可偷懶，多做勤做考古題，是上榜的關鍵。

☆☆一、行政處分的意義（106 高、地四、107 普、108 高、普、地三、地四、109 高）

(一) **行政程序法第92條第1項明定：「本法所稱行政處分，係指行政機關就公法上具體事件所為之決定或其他公權力措施而對外直接發生法律效果之單方行政行為。」** 據此得析述其含義如下：

　1. 行政處分乃行政機關就公法上具體事件所為之單方行為。

　2. 行政處分乃行政機關所為直接對外之單方行為。

　3. 行政處分乃行政機關所為發生法律效果之行為。

(二) **同條第2項規定：「前項決定或措施之相對人雖非特定，而依一般性特徵可得確定其範圍者，為一般處分。有關公物之設定、變更、廢止或一般使用者，亦同。」** 準此，行政程序法第92條所規定之行政處分有「具體之行政處分」及「一般行政處分」二種。

(三) 如上所述，**行政程序法第92條第2項後段規定對物的一般處分，指「有關公物之設定、變更、廢止或一般使用」**。其對象直接及於物，而配合相關法規之適

用，可對不特定多數人之權利或義務發生創設、變更、廢止或確認之法律效果。但對象必須是「具體的個物」，始構成具體的規律，而為一般處分，藉以有別於法規。**所謂公物之設定，指使非公物成為公物（如道路、橋樑）；變更，指變更該公物之目的（如用途之變更）；廢止，指使公物成為非公物。**公物之設定、變更或廢止如係以法規形式為之，則非屬一般處分。所謂公物之一般使用，指有關公物之一般使用之規定，而非以法規形式出之者，其使用人之範圍亦不特定，例如：道路交通標誌。如係公物之特別使用，須經對特定人個別許可，為對人的行政處分，並非對物的一般處分。

對物一般處分之相對人之範圍，視該物所適用之法規而定。例如：公用道路之設定，其相對人可包括道路用地所有人、路旁居民、交通人員等；學校之設置或封閉，其相對人可包括學校、老師、學生及其父母等。至於對物一般處分對相對人之生效時間，亦視該處分所適用之法規而定，如有疑義，則以「與該規律作第一次接觸」之時為準，例如：交通標誌之設立，原則上以交通人員第一次到達該交通標誌效力所及之路段為準。

☆☆二、行政處分的要素

行政處分之要素，指構成行政處分概念之特徵，此等要素有如化學中之元素，為構成化合物不可缺少之成分。行政處分之要素有下列六種：

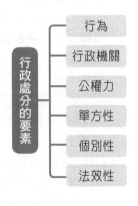

行政處分的要素
- 行為
- 行政機關
- 公權力
- 單方性
- 個別性
- 法效性

(一) 行為

1. 行政處分要素之「行為」乃行政機關在公法上之意思表示，行政程序法第92條仿德國法，以公權力措施作為行政處分之示例，但解釋上不能認為措施與上述之行為係互相排斥之概念。若措施之本身外觀上僅為動作，但具有表達內心決意者，亦應以行為視之，故交通警察以手勢指揮車輛，通說認為係行政處分性質。

2. 至於行政機關之行為，但不具備意思表示之特徵者，或為單純之動作，即典型之事實行為；或為認知表示，即純粹之觀念通知，均與行政處分不同。

3. 科技發達以電腦等自動化裝置取代人力所作之行為，例如核定稅額通知書，即所謂行政製成品，不僅在德國學說及判例上已承認其為行政處分，法律上亦對此類行為加以規範，我國行政程序法第96條第4款：「以自動機器作成之大量行政處分，得不經署名，以蓋章為之。」與德國聯邦行政程序法規定類似。

4.近年因行政契約成為行政作用方式之一種,日益增多,行政機關之意思表示,雖行使公權力性質,若被判定為契約之表意行為即不屬於行政處分範疇。故「公立學校基於聘任契約而通知解聘、停聘或不續聘,僅屬基於行政契約而為之意思通知,尚非行政處分」(最高行政法院97年判字第121條號判決)。但依教師法教師提起申訴,由校內之申訴評議委員會作成之決定,依性質係行政處分。

(二) 行政機關

1.行政程序法所使用之行政機關一詞,訴願法作「中央或地方機關」,其實際意義應解為:國家行政機關或地方自治團體(各種次級統治團體)之行政機關。惟中央或地方立法機關、司法機關及監察機關其作為在功能上與單方行政行為相當者,亦應認為具有行政機關之地位,例如立法、司法或監察機關之首長,對所屬職員予以免職時,受免職處分之人員,自得對其所屬機關提起行政爭訟(參照司法院釋字第243號解釋),與一般行政機關之情形相同。

2.**行政機關之行為中,外觀上相當於具體的單方行政行為,但由於其負有高度的政治性,而不屬於公共行政之層次應視為憲法上之作為;或者此種國家機關之行為涉及對外關係,應受國際法之支配,均非行政法院所得審查之行政處分,前者事例甚多:如總統對行政院院長、內閣閣員之任命及免職、或如總統依憲法第57條第2款之核可行為;後者如對外國派遣使節之接受或拒絕、對外國使領館之外交領事官員命其限時離境等措施。此二類一般通說認為屬於排除司法機關管轄之行為,在德奧稱為不受法院管轄之高權行為,日本學者統稱為統治行為。最高行政法院新近之裁判認總統依國家機密保護法第10條核定或註銷機密均係統治行為之行使,「不屬行政訴訟審判之權限」,這是該院首次引用統治行為之案例。**

(三) 公權力

1.行政行為與行政主體私法上行為之主要區別,即在於公權力因素之有無。構成行政處分之意思表示,不同於行政機關居於私人地位所為之表意行為者,亦由於行政處分基於公權力之故。

2.凡以官署地位行使職權而產生規制作用者,便屬於運用公權力之行為,即產生所謂高權之特性,無論其實質上是否合法,亦不問其內容是否為公法上抑私法上之權利義務關係,均無礙於此種行為屬形式上之行政處分。至於因法律特別規定,將行政機關依法所為之具體的處分行為,排除於行政爭訟途徑之外,對於該行為本身屬於行政處分應不生任何影響。

(四) 單方性

1. 單方性與上述公權力要素密切相關，乃行政處分與私法上法律行為或公法契約（行政契約）區別之所在。行政處分基於公權力產生片面之權威性的羈束力，相對人應受行政機關此一片面行為的約束，必要時行政機關尚得以強制手段實現行政處分所欲達成之目標，而私法上法律行為之當事人並不能自行實現，必須取得法院之判決或類似之名義，由法院強制執行。又公法契約雖亦屬公權力行政，但公法契約之成立須經雙方（通常一方為行政機關，他方為人民）意思表示互相一致，與行政處分僅為行政機關單方的意思行為不同。

2. 行政處分中有須經相對人同意者，或稱須當事人協力之處分，例如須申請之處分或受領之處分，前者與公法契約之要約，後者與公法契約之承諾，不可相互混淆，蓋申請及受領並不影響行政機關片面作成處分之性質。晚近各國行政程序立法，賦予當事人參與行政處分作成之過程，目的即在減輕行政處分片面裁斷的色彩。

(五) 個別性

1. 個別性相當於行政程序法第92條第1項所稱之具體事件，換言之，行政處分乃規制個別事件之行政行為。此一特徵構成行政處分與行政命令之重要區別。行政行為之對象為不特定之多數人，其內容為一般（抽象）性規範者，為行政命令（法規命令）；若行政行為之對象為特定人，其內容為具體的事實關係者，乃典型之行政處分。從上述基本特徵的差異延伸，尚能得出另一區別標準，即是否具有長效。行政命令含有反覆實施之作用，而行政處分則通常係一次完成。

2. 以上所述乃行政命令與行政處分之原型，在原型之外，尚有變體存在，因而增加適用之困難。在理論上及實證法皆已承認之一項變體，即一般處分的概念。德國聯邦行政程序法第35條後段將一般處分予以條文化，其規定如下：「一般處分係由一般性特徵而確定其範圍之人所為，或有關物之公法性質以及其共同使用之行政處分。」我國行政程序法第92條第2項有類似德國法之規定：「前項決定或措施之相對人雖非特定，而依一般性特徵可得確定其範圍者，為一般處分，適用本法有關行政處分之規定。有關公物之設定。變更、廢止或一般使用者，亦同。」根據此項規定，所謂對一般性特徵而確定其範圍之人所為之處分，可稱為與人有關之一般處分，其相對人為確定或可得確定之多數人，作為行政處分內容之事實關係具體而明確，譬如因地層危險而命某一村落之住戶立刻遷移、對於參與某一示威活動之多數人命令解散、警察以手勢或號誌指揮車輛之駕駛人等是；後一情形乃物的一般處分，諸如將某一建築列入古蹟保護、開放公共設施供公眾使用、指定私有之通路為公眾

通行之道路等行為皆屬此類，就行為之內容而言固屬具體，但作為處分相關之人而言，則並未確定，僅能謂包括：因物之公法性質或共同使用關係而權利義務受影響的不特定人。

3.茲所以對處分與命令之不同，多加說明者，乃由於二者區別甚有實益：因行政行為權益受侵害之人民，提起訴願及行政訴訟通常僅限於行政處分，而不能對行政命令逕行不服（參照行政法院37年判字第48號判例）。

(六) 法效性

1.行政處分最後一項概念特徵，乃直接對外發生法律上效果。但所謂法律上效果不必限於公法上之效果，因行政處分而生私法上效果者，在所多有，如實施耕者有其田，徵收土地放領予佃農，發生耕地所有權移轉之效果；主管機關核准專利則發生創設智慧財產權之效果。凡行政機關之行為，而未對外發生法律效果者，均應排除於行政處分之外，例如機關內各單位間之會簽意見，或機關與機關間交換意見之行文，均屬之。

2.在實務上最有研究價值者，厥為行政處分與欠缺法效性之觀念通知的區分問題。在行政行為之理論中，如從官署之主觀層次觀察，亦可分為意思表示及認知表示。觀念通知固應歸類為認知表示，但在公法領域認知表示亦可能發生意思表示相同之法律效果，因而在區別二者之際，常生困難，尤其我國行政機關之公文書中常見使用涵義不明確之字樣，於有意或無意之間迴避法效性問題，乃實務上區別行政處分與觀念通知產生困難之所在。為解決上述行政處分與觀念通知判別之難題，吳庚老師提出三項標準供實用時之參考：

   (1)不拘泥公文書所使用之文字，而應探求行政機關之真意。質言之，應本客觀主義之精神予以分辨，不受行政機關主觀意思之拘束，故公文書縱然載明該公文不具處分性質或不得提起訴願等字樣，均不影響是否為行政處分之認定。

   (2)以是否有後續處置為斷，例如向行政機關提出某種證照之申請，假定獲得之答復為：「台端申請案件，尚欠下列文件，希於文到七日內補齊，以憑辦理。」與獲得另一內容之答復：「台端申請案件，尚欠下列文件，希於文到七日內補齊，逾期視為銷案並不予退件」，效果即不同，前者通常尚有駁回之公文或退件之文書，故視此一答復為先行政處分而到達之觀念通知或意思通知並無不可；後者顯已無後續處置，應即以其答復為行政處分，俾當事人有提起爭訟之機會，惟先前行為已明確發生效力時，雖有後續的終局處分出現之可能，仍應視此種先前行為為行政處分之一種。

   (3)表意行為究為行政處分抑觀念通知發生爭議時，此一爭議之本身即得為行政爭訟之標的。

三、重覆處分與第二次裁決

行政機關所為公法上單方意思表示除行政處分及觀念通知外，尚可能出現重覆處分（亦作重複處分）與第二次裁決。行政處分與觀念通知之分辨，已見前述。茲專就重覆處分與第二次裁決析述如次：

(一)關於重覆處分的理論

1.**重覆處分顧名思義，指先前已作成並對外生效之行政處分，即所謂第一次裁決後，又重為內容與之相同之處分。建構重覆處分之實益，在於確定救濟期間仍以第一次裁決起算為準，換言之，重覆處分不影響第一次裁決之形式及實質的存續力（確定力），通常所稱重覆處分不具法律效力者，即指此而言。並非謂重覆處分既無法效性自得視為觀念通知。蓋觀念通知本身不具有法律上之拘束力，與行政處分有本質的不同，而重覆處分乃不折不扣的行政處分，只因為先前已有內容相同的第一次裁決存在，第一次裁決之拘束力既然存續，重覆處分便不生新的拘束力。**

2.**重覆處分既屬本於現有法律及事實狀況，無意在第一次裁決即原處分之例，增加新的規制效果，故在學理上，重覆處分具有下列消極要件：**

(1)重覆處分與相對人對處分所規制的對象，並無歧見。

(2)重覆處分對原處分之事實及法律狀況，沒有新的評價。

(3)重覆處分須不含新增的不利益變更。

(4)重覆處分不使用行政處分之標準記載方式。

所謂消極要件指概念上不容許存在之事實，若有上述消極要件之一者，即應考慮已喪失重覆處分之屬性，而成為第二裁決或新處分。

(二)關於第二次裁決的理論

1.**第二次裁決，指第一次裁決發生形式的存續力（即不可變性）後，再就實體上考量重為審查，而未改變第一次裁決之事實或法律狀況而言。**行政處分之主文是否變更，固然是判斷其為重覆處分抑第二次裁決之主要依據，但內容及教示記載之改變亦為認定第二次裁決之一項準則。

2.第二次裁決可分為不同種類，由行政處分之相對人申請所作成者稱依申請之第二次裁決，例如行政程序法第50條設有回復原狀程序，回復原狀補行程序後之處分便是一例。行政機關主動適用同法第117條及第123條撤銷或廢止原處分之意思表示，則屬依職權之第二次裁決。第二次裁決之內容可能改變原不利於相對人之處分，也可能維持原處分不變，前者稱積極的第二次裁決，後者稱消極的第二次裁決。

3.如何判斷第二次裁決俾便與重覆處分有所區別,是實務上之重要課題。吳庚老師之主張為:

(1)作成第二次裁決之前,原處分機關有無重新作實體審查?依行政程序法第128條重開程序後所作成之處分,一律視為第二次裁決其理由就在於此。

(2)主文(主旨)有無變更,無論有利或不利的改變,都是最直接之判準。

(3)理由或教示記載有無改變?原處分未記載教示或記載期限錯誤而更正,均為第二次裁決,至理由之記載若從其改變之文字中,可推知原處分機關曾作實體審查者,也認為屬第二次裁決,反之,僅將理由略為改正則仍為重覆處分。

(4)內容是否在法律上有意義的改變,譬如原處分主旨及理由、法令依據等均未改變,但增添條件、期限等附款者,也應視為第二次裁決。

(三)**區別的實益**

分辨重覆處分與第二次裁決的主要實益,在於判斷提起爭訟是否合法。申言之,如為重覆處分訴願期間仍自先前的原處分起算,若屬第二次裁決則應自該裁決生效起計算。惟上述原則有二例外:

1.拒絕重開行政程序之處分,本質上也是重覆處分,但仍獨立起算法定救濟期間。

2.在第三人效力處分之情形,假定原處分未送達該第三人,而重覆處分則送達,該第三人提起爭訟期間自應從收受送達時起算。

四、行政處分的合法要件

行政處分之合法要件,亦即行政處分免於瑕疵所須具備之基本條件,故行政處分合法性與瑕疵,乃一事之兩面。行政處分之合法要件,可歸納為五大類:行政機關管轄、組成、行政處分之方式、程序及內容。分述之:

(一)**關於機關管轄權之要件**:作成行政處分之機關必須屬於在地域管轄及事務(物)管轄上之有權官署,原本無管轄權之機關所為行為,除非因委任或委託之關係,從上級或平行之機關獲得授權,否則即屬有瑕疵之處分行為。

(二)**關於機關組成之要件**:機關組成之合法性問題,與訴訟法上法院組織之是否合法相當。行政處分應由合法之機構構成員作成,始為有效。下列情形與此項要件相違背,在學理上認為構成撤銷原因:

1.應行迴避之公務員,未迴避而作成行政處分。

2.有決定性影響之公務員(如機關首長或代為決行之主管),其任命不合法或精神狀態不健全。

3.依法應由合議作成之處分，未經合議程序。

4.合議機關之組成不合法。

(三) **關於處分方式之要件**：行政處分通常以公文書之方式對外表現，符合公文製作之方式者，可謂已符合本項之要件。故文書有輕微瑕疵：如文字記載錯誤或數字計算有誤等情形，於效力不生影響，亦毋庸以爭訟手段請求撤銷，逕行更正即可。目前祇有於訴願或相類似之程序，必須依法定格式製作決定書，其以命令或通知者，實務上不認為有效；且應遵守行政程序法第95條至第98條之規定。又行政處分必須已經送達、公告或以他法使相對人知悉始生效力。

(四) **關於處分程序之要件**

1.行政處分之作成應踐行一定之手續者，屬於處分程序要件之範圍。行政程序法對此類程序有一般性之規定。下列情形應認為行政處分在程序上具有瑕疵：須當事人或須其他機關協力之處分，未經協力者；作成行政處分前依法應聽取相對人之陳述，而未能聽取者；法規定有特別之手續，而未遵守者。

2.關於程序之欠缺，如屬得以補正者，一經補正即無瑕疵。有關程序或方式補正，見諸行政程序法第114條之規定：「一、須經申請始得作成之行政處分，當事人已於事後提出者。二、必須記明之理由已於事後記明者。三、應給予當事人陳述意見之機會已於事後給予者。四、應參與行政處分作成之委員會已於事後作成決議者。五、應參與行政處分作成之其他機關已於事後參與者。前項第2款至第5款之補正行為，僅得於訴願程序終結前為之；得不經訴願程序者，僅得於向行政法院起訴前為之。當事人因補正行為致未能於法定期間內聲明不服者，其期間之遲誤視為不應歸責於該當事人之事由，其回復原狀期間自該瑕疵補正時起算。」如屬輕微之違反程序情形，對處分之效力不生影響，至於嚴重之瑕疵則構成無效或撤銷之原因。

(五) **關於處分內容之要件**：任何法律上之行為其內容均須合法、確定及可能，行政處分亦然，惟行政處分之內容要件其涵蓋範圍更廣，凡有下列情形均不能認為已具備此項要件，原則上構成撤銷之原因：

1.**意思欠缺**：行政機關基於錯誤、受詐欺或脅迫所為意思表示，因意思要素有所欠缺，其所作成之行政處分自有瑕疵。

2.**違法**：違法之態樣甚多，諸如干涉行政之事項，缺乏積極之法律授權而作成限制人民權益的處分；或行政處分所根據之行政命令本身牴觸上級規範；又如裁量處分其作成違反合目的性及合義務性之判斷、或有逾越及濫用裁量之情事

等,均屬違法。至於適用法規錯誤,包括積極的適用錯誤(應適用甲法規而誤用乙法規)、消極的適用錯誤(應適用某法規而不適用)、錯誤解釋法規以及將法規適用於不該當之事實(即所謂涵攝錯誤等情形)。

3. **內容不確定**:行政處分之作成通常參與者甚多,類似內容不確定之錯誤發生機會較少,但如處分涉及數額或面積等之計算者,亦有造成不確定之可能。例如依平均地權條例第76條第1項之規定,出租耕地經依法編為建築用地者,出租人為收回自行建築等原因得終止租約,經該管縣政府依同條例第78條就終止租約邀集出租人與承租人協調,縣政府對系爭土地多筆中各就其一部分土地核准終止租約,但究為各筆土地中之何部位置之耕地,未予明確劃分,即屬於行政處分內容不明確。

4. **認定事實錯誤**:在理論上認定事實,可視為闡明事實關係之過程,實際效果則無非影響行政處分內容之正確性,故其瑕疵宜歸於內容要件之欠缺。認定事實錯誤,具體而言指行政機關對處分之構成要件事實,判斷結果與真相不符,例如將合法房屋誤為違章建築。其原因可以出自認定事實違反經驗法則,或對於證明力判斷不當,以及違背舉證責任之分配等,原因不一而足。

5. **違反法令以外之其他規範**:行政處分除不得違反法律、命令之外,亦不得與解釋例、判例、國際法及一般法律原則牴觸,否則其內容要件即非完備。

五、行政處分的效力

所謂行政處分的效力,係指行政處分在具備成立的各種要件而有效成立後,在公法上所發生的效力而言。
行政處分所具之效力,可分為確定力、拘束力及執行力三種。分述之:

(一) **確定力**:所謂確定力,係指行政處分的內容一經最後決定,即不得予以變更的效力而言,亦稱「既判力」,可區分為形式上與實質上的確定力。行政處分經有效成立後,對於人民及行政機關分別具有其確定力。對於人民之確定力,為形式上之確定力,即經過法定期間,不得再提起行政爭訟,且依限提起爭訟經審定後,處分即歸確定,無再變更之可能;對於行政機關之確定力,為實質上的確定力,係指同一案件經處理後,非另有法定原因或其他事由,應遵循一事不再理之原則,不得再為審理。

(二)**拘束力**：行政處分不僅創設或確認行政主體與相對人（包括繼受人）間之權利義務關係，並且在外部關係上亦產生一定之法律效果，因而對原處分機關以外之關係人，其他機關或法院，亦有一定之拘束力。換言之，行政處分就個案之處置，所形成之法律狀況（包括作為、不作為及其他規律事項）應受到第三人、其他機關及法院之尊重。

(三)**執行力**（109普）：具有執行力之行政處分，限於因處分而有作為或不作為義務者，即所謂下命處分。此類行政處分一旦生效，即有執行力，欲停止其執行力通常應循爭訟途徑提起救濟。

(四)**行政處分的存續力**

1. 國內通說均主張行政處分具有確定力、拘束力及執行力，吳庚老師採德奧之通說，主張以「存續力」替代確定力之概念。行政程序法110條第3項規定：「行政處分未經撤銷、廢止，或未因其他事由而失效者，其效力繼續存在。」是為行政處分的存續力。

2. 存續力乃隨行政處分之公告或送達而發生的確定效果，可分為形式的存續力與實質的存續力。行政處分如不能再以通常之救濟途徑（訴願及行政訴訟）加以變更，行政處分就其內容對相對人、關係人及原處分機關發生拘束之效力。

3. **基於存續力之理論，行政機關變更或撤銷行政處分（通常屬於授益性質）者須符合下列三項條件：**

   (1) 在特殊之個案中公益之維護較相對人（關係人）利益之保障，具有更高之價值。

   (2) 如相對人因信賴行政處分存續而利益受損者，應給予適當之補償，但信賴保護之本身亦非毫無條件。

   (3) 必須相對人，有值得保護之信賴。

4. **此處所謂值得保護之信賴，從行政程序法第119條及理論上分析，至少應具備下述要件：**

   (1) 須相對人有信賴之事實，此種信賴事實可從相對人之行為表現中得知，最明顯者，例如受領授益處分之給付，若相對人根本不知行政處分之存在，或無意接受其有利之效果，則自無予以保護之必要。具有信賴事實者，學理上又稱為具備信賴構成要件。

   (2) 須行政處分之作成非因相對人使用詐術、脅迫、賄賂、提供不確實之資訊或為不完全之陳述者。

   (3) 行政處分之違法須非相對人明知或因重大過失而不知者。縱因授益處分之效果，而為具體的財產處置者，例如以不正當方法取得主管機關核發建築執照，雖已鳩工興建開支款項，仍不能主張信賴保護。

(五)構成要件效力(確認效力)

1. 無論行政處分之內容為下命、形成或確認,均有產生一種行政法上法律關係之可能,不僅應受其他國家機關之尊重,抑且在其他行政機關甚至法院有所裁決時,倘若涉及先前由行政處分所確認或據以成立之事實(通常表現為先決問題),即應予以承認及接受,是故稱為確認效力,上述事實既為嗣後其他機關裁決之既定的構成要件,故又稱為構成要件效力。

2. 例如享有華僑回國投資條例(已廢止)之優惠者,首應具備華僑身分,而華僑身分之認定係由僑務主管機關為之,經認定為華僑者,其他機關或法院均應接受此項確認之事實;如主管投資機關依據上述條例之規定,經認定為華僑者,其他機關或法院均應接受此項確認之事實;如主管投資機關依據上述條例之規定,核准申請回國投資之案件時,此項關於華僑之身分,即為其核准處分之構成要件事實的一部分。

3. 至於構成要件效力與確認效力之進一步區別,一般認為前者為理論上當然發生,後者則以法規有特別規定者為限。

4. 構成要件效力(確認效力)之概念,其普遍使用為時尚短,國內教科書採用者甚為罕見,惟吳庚老師《行政法理論與實用》有較為詳細之探討。

✿✿✿六、行政處分的附款（106普、地三、地四、107高、地三、地四、108普、地四）

(一)意義

1. 行政處分之附款係來自民法上法律行為附款之概念,附款之作用在於補充或限制行政處分之效力,由於行政行為所涉及之事項日益複雜,附款在實務上應用日漸增加。

2. **附款乃行政機關以期限、條件、負擔、或保留廢止權等方式附加於行政處分之主要內容的意思表示。**附款基本上非獨立之意思表示,但附款之記載亦未必係附記於主要內容之外,而可能直接與處分內容一併敘明,成為行政處分之主要部分,故所謂附款並非謂行政機關必須在文字上表明其為附款始足相當。附款之認定宜適用對意思表示解釋之法則,探求其真意而不拘泥所使用之字樣。

3. 行政程序法第93條:「行政機關作成行政處分有裁量權時,得為附款。無裁量權者,以法律有明文規定或為確保行政處分法定要件之履行而以要件為附款內容者為限,始得為之。前項所稱之附款如下:一、期限。二、條件。三、負擔。四、保留行政處分之廢止權。五、保留負擔之事後附加或變更。」第94條:「前條之附款不得違背行政處分之目的,並應與該處分之目的具有正當合理之關聯。」

(二) 種類

1. 期限：附期限之行政處分，係由於行政權的意思表示，附以行政處分的始期或終期，如自某年某月某日起，至某年某月某日止，允許為臺北市汽車營業。

2. 條件：附條件的行政處分，係行政處分之效果，繫於將來事實成否不定的情形，在其條件成否未定之間，行政處分的效果尚在不定狀態，必其條件成就時，行政處分始完全發生效果（停止條件），或當然失其效果（解除條件）。

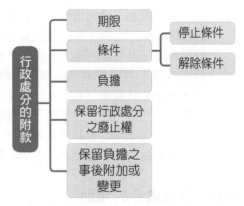

附停止條件的行政處分，如以明日天晴為條件，而許可屋外集會；附解除條件的行政處分，如若不於三個月內開業，即撤銷其營業許可。

3. 負擔：附負擔的行政處分，係附隨於主行政處分，使受其行政處分的效果者，負擔特別義務的行為，如允許表演戲劇，而限制其所用的劇本與表演時間。

4. 保留行政處分之廢止權：行政處分附有在特定前提下或在原處分機關所選定之任何時間，得予廢止的表示者，稱之為保留廢止權。亦有未明示保留廢止權，但依處分之性質，已含有原處分機關得隨時終止其效力之情形，例如核准某種新裝置為試用目的而開工。保留廢止權對當事人信賴行政處分之效力影響甚大，故行政機關以之作為附款，應嚴守行使裁量權限之義務。

5. 保留負擔之事後附加或變更：負擔之保留指行政機關作成行政處分之際，保留稍後再附加負擔或對原有之負擔保留再予變更或補充之機會。例如核准設立工廠，但對是否產生足以影響鄰人之噪音尚不確定，因此保留日後附加應裝置防止噪音裝置之負擔。其實負擔之保留純粹為一項獨立行政處分，同時負擔保留通常發生於授益處分，負擔處分又保留負擔，難以想像。此處有待研究者，對事後附加負擔之行為可否單獨聲明不服？目前通說皆持肯定見解，故相對人得單獨對不服附加行為，提起爭訟。

(三) 其他相關問題

1. 按照我國行政機關作業之習慣，在行政處分主要內容之外附加各類附款的情形，反而不如要求申請人提出書面承諾（通常稱切結書）後，再作成授益處分之普遍。例如申請人為改建房屋請求核准，但因改建後將影響現有巷道之寬度，申請人遂向主管機關提出切結書，稱已向鄰地所有人洽購若干尺長之土地，以留足巷道寬度，主管機關因而予以核准建築。似此情形，既非行政契約上之承諾，又未將此一負擔記明於原處分之公文書，亦不合附款應有之形式，

究應如何看待，尚無定論。吳庚老師認為就上述之案例而言，切結書所保證之事項，可視為「準負擔附款」之性質，如申請人未履行其負擔時，原處分機關自得廢止核准行為。倘行政機關要求授益處分相對人提出切結書，係屬非正當之結合者，自另當別論，應認切結書之承諾不生效力。

2.近年以來，各類營業違反相關法規之情形，頗為嚴重，有關機關於核發執照時，於記載其營業項目之外，尚加記除外文字，即不得經營之項目，以防止其違規經營性質相近，但不屬章程或核准範圍之業務。按各類營業主體無論公司或商號，均不得經營其登記範圍以外之業務，法律已有明文規定，此類除外文字並無實益，在學理上不能視為附款。

☆☆☆七、行政處分的類別

(一) 依自由判斷權力的有無，或所具裁量程度為標準，可區分為下列兩種：

1.**羈束處分**：係指行政機關，對於個別具體事件的處理，並無自由判斷的決定權，僅係在法規拘束下，依法處理的情形而言。

2.**自由裁量處分**：行政機關對個別具體案件的處理，依法規授權或本於職權，可以自由判斷作成決定，而並非受法規嚴格拘束的情形。

(二) 依處分之根據，或行政機關處於主動或被動地位為標準，可區分為下列兩種：

1.**職權處分**：係指行政機關主動行使職權所作之行政處分。

2.**聲請處分**：係指行政機關以被動地位，受理人民所提申請案件，根據其申請內容所作之處分。

(三) 依是否須由相對人受領為標準，可區分為下列兩種：

1.**須受領處分**：即以相對人受領為要件，其意思表示始能發生法律效力的處分。

2.**不須受領處分**：係指不以相對人受領為必要，即可獨立發生法律效力的處分。

(四) 依是否須具備法定形式為標準，可區分為下列兩種：

1.**要式處分**：**行政處分以書面作成為原則，例外始為口頭或其他方式，但書面並非此之所謂要式，必須法規規定以特定格式為處分行為者，始為要式處分。**例如授予學位應以學位證書之方式為之。欠缺法定方式之要式處分，其效力自受影響，惟是否必然無效，則應視情況而定。倘行政處分依法應發給證書始能成立者，未具備此一方式足使處分歸於無效；若雖未按規定格式製作或記載，但從其表示方式足認處分已成立者，應認仍屬有效，例如鄉鎮公所未依內政部規定之格式製作自耕能力證書，而以一般公文方式記明各種必要記載事項充當證明書發給當事人，雖有瑕疵，然並非無效。

2.**不要式處分**：**以普通公文書、口頭等方式表達之行政處分均屬不要式處分。**以文書作成之處分應行記載事項，包括相對人、主旨、理由、救濟途徑之告知、

作成之機關及日期等，目前除訴願法第89條對訴願決定書之記載方式有明確規定外，其餘各種處分尚待行政程序法加以規範。以處分為內容之公文書，其製作或記載與公文程式不符者，若其瑕疵重大致無法辨識其有「表示處分之意思」，固不生處分之效力，若僅屬輕微瑕疵，則於效力並無影響，例如對人民之公文應用「函」或「通知」而用「令」之情形。

(五) 依處分所具法律關係的基礎為標準，可區分為下列兩種：

1. **第一次處分**：亦稱原始處分，係指行政機關以意思表示，首次獨立創設新法律關係的處分。

2. **第二次處分**：亦稱覆審處分或輔助處分，係指行政機關以意思表示，對原有之行政處分予以承認、變更、或使其失效的處分。

(六) 以行政處分內容為區分標準（106地四）：

1. **下命處分**：下命處分指命相對人為特定之作為、不作為或忍受的處分，納稅處分、徵兵處分及警察機關為維護秩序之各種處分均屬之。下命處分所課予之義務，相對人未履行時，即生強制執行之問題，各種處分之中亦唯有下命處分有強制執行之可能性及必要性。

2. **形成處分**：形成處分指行政處分之內容係設定、變更或撤銷（廢止）法律關係者而言，故給予特許、撤銷特許、對公務員之任命或免職、核准歸化、准許專利以及關於物的一般處分等，皆屬形成處分之性質。如所形成之法律關係為私法上之權利義務者，學理上稱之為形成私法關係的行政處分。又形成處分一經確定，即有拘（羈）束力，不生執行或停止執行之問題。

3. **確認處分**：確認處分包括對法律關係存否之確認，以及對人之地位或物之性質在法律上具有重要意義事項的認定。所謂在法律上具有重要意義事項的認定，係指此種認定直接影響行政法上法律效果者而言。關於法律關係存否之確認處分，實例不少：土地登記、耕地租約登記、商標專用權範圍之評定等本質上均屬之。關於人之地位或物之性質的確認處分，例如依戶籍法所為之各種戶籍登記、自耕能力證明之發給、地價或改良物補償之估定、公務人員退休金或保險金數額之核定等。

(七) 以對關係人之效果為區分標準：按照行政處分之效果對相對人法益所生之影響，可分為授益處分、負擔處分及混合效力處分；如行政處分之效果尚及於相對人以外之他人，則另有第三人效力處分之概念。分述之：

1. **授益處分與負擔處分：**

    (1) **授益處分**：行政處分之效果係對相對人設定或確認權利或法律上之利益者，稱為授益處分。准許商標註冊、核准專利、任命為公務員、發給執照等係屬設定權利或法律上利益性質之授益處分；確認相對人具有某種身分如本國國籍或公職候選人資格等，亦屬於授益處分之一種。

(2)**負擔處分：行政處分之效果係課予相對人義務或產生法律上之不利益者，稱為負擔處分。徵兵、課稅或免職處分為典型之負擔處分，各種下命處分或拒絕為授益處分通常亦屬負擔處分。**

2.混合效力處分與第三人效力處分：

(1)混合效力處分：混合效力處分專指行政處分所產生授益及負擔之效果，同時歸屬於相對人之處分而言。例如納稅義務人對核定稅額通知書（課稅處分）所載應納稅額認為過高，依法申請復查，復查結果作成復查決定（亦為行政處分），將應納稅額減少，即屬典型之混合效力處分，蓋就稅額降低而言為授益，就仍應納稅而言則為負擔。

(2)**第三人效力處分：第三人效力處分包括兩種情形：一為對相對人之負擔處分同時產生對第三人授益之效果；一為對相對人之授益處分同時產生對第三人負擔之效果。**前一情況，例如依區域計畫法及其施行細則之規定，縣市政府應按非都市土地分區使用計畫，製定土地使用分區圖，並編定各種使用地，假設有一被編入「特定農業區」之土地所有權人，循異議程序請求主管機關重新檢討編定之範圍，檢討結果提起異議者之土地仍列「特定農業區」，但他人所有之若干面積則改為「乙種建築用地」（供鄉村區內建築用之土地），此際重新編定之公告便屬對相對人不利，但對第三人為授益之行政處分；後一情況，主張權利受損害之第三人雖非處分之相對人，仍得提起撤銷原處分之訴訟。隨社會變遷，因此類處分而生之事件有愈來愈多之趨勢。**在我國因第三人效力處分而發生爭訟最多者，為商標事件。**蓋商標之審定或註冊對申請人或商標專用權人而言，自係授益性質，而認為審定或註冊之商標因近似或其他事由損害其權益之利害關係人，無疑居於第三人地位，依商標法規定，此等利害關係人得提起異議或申請評定，仍有不服者尚可續行訴願及行政訴訟。在專利事件中，法律亦規定受處分影響之利害關係人得提起救濟。**至於「建築法上之鄰人訴訟」亦為行政法院裁判中所常見，包括鄰人對核發建築執照或使用執照，認有損害其權益之訴訟事件。**

(八)**以是否須當事人或其他機關之協力為區分標準**：以是否須要協力為分類標準可分為二類：如協力來自當事人，稱須當事人協力處分，如協力來自其他機關則稱為多階段處分。關於前者又可區分須申請之處分及須同意之處分。分述之：

1.須申請之處分及須同意之處分：

(1)須申請之處分：行政機關得依職權作成各種行政處分，而無待關係人提出請求。惟在實際情形中，須申請之行政處分為數仍然不少，例如各種執照、身分或資格證明之發給、社會保險給付之履行、租稅優惠之核准等通常均須就當事人之申請為之。申請以書面或口頭向主管機關提出，並無固

定方式，但法規有時亦明定申請書應記載之內容或應具備之文件，須申請之處分欠缺申請手續時，行政處分並非實體上合法要件之欠缺，僅屬程序上存有瑕疵，得經由補辦申請之方式予以補正，在未補正之前其效力處於不確定狀態。

(2)須同意之處分：須同意之行政處分指行政處分之效力，繫於相對人或關係人之同意。同意性質上為意思表示之一種，除明示同意外，亦可由相對人之行為推定其為同意。須同意之處分常見之舉例為：任命公務員（任官行為）、核准歸化或喪失國籍之類形成法律關係之行政處分。相對人之同意為行政處分之生效要件，如有欠缺，處分不生效力，但並非當然無效，其情形與須申請之處分同。

2.多階段處分：

(1)所謂多階段處分指行政處分之作成，須二個以上機關本於各自職權共同參與而言。此際具有行政處分性質者乃屬最後階段之行為，亦即直接對外生效之部分，至於先前階段之行為則仍為內部意見之交換，例如某一特定營業其執照之核發，雖屬直轄市建設局之職權，但建設局准許與否係根據事先徵詢目的事業主管機關警察局之意見，整個過程中雖有多次之意思表示存在，原則上仍以建設局之准駁為行政處分。在例外情形，如法規明定其他機關之參與行為為獨立之處分，或其參與行為（許可或同意），依法應單獨向相對人為之者，則亦視為行政處分。

(2)就行政機關平行關係而言，此類處分以往多於營業許可、減免稅捐事件中存在，近年限制入出境處分常以多階段處分方式出現，例如營利事業欠稅達二百萬元或個人欠稅達一百萬元者，依「限制欠稅人或欠稅營利事業負責人出境規範」，由海關報請財政部函請內政部移民署限制該欠稅人或其負責人、代表人、管理人出國，後者限制出境處分係以前者通知行為為依據，構成多階段處分。此際原則上應以移民署限制出國之公文書，作為最後階段之處分，如有不服得依法提起行政爭訟。但此種處理原則有其缺點，即受理訴願之機關事實上難於發揮救濟功能，因為限制出國係財政部所決定，向移民署之上級機關內政部提起訴願，內政部無從審查財稅機關決定之當否，故應有變通之辦法。吳庚老師主張如先前階段之行為（例如財政部致移民署之函）符合下列條件：A.作成處分之機關（即最後階段行為之機關），依法應予尊重，且不可能有所變更者，換言之，當事人權益受損害實質上係因先前階段行為所致；B.先前階段之行為具備行政處分之其他要素；C.已直接送達或以他法使當事人知悉者（例如財政部以公函之副本送交當事人）。則應許當事人直接對先前之行為，提起救濟，即以不

服財政部之處分為由，向行政院提起訴願。目前實務上已採吳庚老師所主張之上開變通辦法。

(九)**以是否經聽證程序為區分標準**（107地四）：行政程序法引進聽證制度，故可將行政處分區分為經聽證之處分與不經聽證之處分。分述之：

1.**經聽證之處分：**

(1)作成行政處分應經聽證（即言詞辯論）係屬特例，在常態之下，為處分行為不需要舉行言詞辯論，殆為各國立法之通例，故行政程序法第107條之規定：「行政機關遇有下列各款情形之一者，舉行聽證：一、法規明文規定應舉行聽證者。二、行政機關認為有舉行聽證之必要者。」

(2)惟我國現行法規明定應舉行聽證，始得作成行政處分者甚為罕見，與外國法規對影響人民權益之事件，常有強制言詞辯論或聽證之規定者，不可相提並論。是以在可預見之未來，經聽證作成之行政處分仍然難得一見。

2.**不經聽證之處分：**

(1)作成行政處分以不經聽證為常態，行政機關雖不必舉行聽證，但卻負有聽取陳述義務。作成對相對人權益有不利影響之行為，應使其有陳述意見之機會，早在近代立憲主義確立之前，就已視為自然正義之一項法則，嗣後復成為正當法律程序內涵之一部分。二次大戰之後，此項權利不僅為行政程序法所普遍採納，且成為憲法層次之權利，甚至成為國際公約在保障人權時，對締約國政府課予之義務。行政程序法參酌各國立法例於第102條規定：「行政機關作成限制或剝奪人民自由或權利之行政處分前，除已依第39條規定，通知處分相對人陳述意見，或決定舉行聽證者外，應給予該處分相對人陳述意見之機會。但法規另有規定者，從其規定。」故凡作成限制或剝奪人民自由權利之處分即應踐行聽取陳述義務。

(2)行政機關職能廣泛，以行政處分規制之事項態樣繁多，每一事件皆使相對人或利害關係人事前陳述意見，有事實上之困難，故各國立法例類多一面規定人民有陳述意見之權利，另一面設有免除聽取陳述義務之條款，行政程序法第103條所定行政機關得不給予相對人等陳述意見之事由，包括「一、大量作成同種類之處分。二、情況急迫，如予陳述意見之機會，顯然違背公益者。三、受法定期間之限制，如予陳述意見之機會，顯然不能遵行者。四、行政強制執行時採取之各種處置。五、行政處分所根據之事實，客觀上明白足以確認者。六、限制自由或權利之內容及程度，顯屬輕微，而無事先聽取相對人意見之必要者。七、相對人於提起訴願前依法律應向行政機關聲請再審查、異議、復查、重審或其他先行程序者。八、為避免處分相對人隱匿、移轉財產或潛逃出境，依法律所為保全或限制出境之處分。」上述總共八款包羅之廣為各國行政程序立法所僅見。

(3)經聽證之處分與不經聽證之處分區別之實益有二：

　　A.前者應採標準記載之格式，後者記載之格式，則視處分內容而定。

　　B.不服前者，其行政救濟程序，免除訴願及先行程序（第109條），至對後者如有不服，仍依通常之行政爭訟程序。

(十)**其他分類**：前述行政處分分類乃常見且具有實用價值者，由於各國法制不同加上學者之匠心獨運，分類絕不止於上述幾種。以下就較具實用意義的幾種另類行政處分，加以說明：

1.**先行裁決**：

(1)先行裁決（或稱先行處分）指對大型計畫或設施，主管機關核准過程複雜而冗長，有時須對整個計畫申請案，已符合要件的部分，先行作成處分或裁決。我國在都市更新條例第20條規定，都市更新事業計畫得先行依同法第19條之程序發布實行，即所謂先行處分。後續之公共設施或建築物之整建，甚至涉及都市計畫細部計畫之變更，仍須等待作成終局裁決（後續處分），該項更新事業才視為全部完成。

(2)實務上有近例可資參考：徵收土地若涉及都市計畫變更者，應依法定程序辦理完竣，始能徵收非公共設施保留地。發布都市計畫之變更，是先行行為，徵收土地為後續行為，全部過程可稱為多階段程序。若變更都市計畫為徵收土地之前提要件時，前者違法，後者亦屬違法，即所謂違法性承繼。

2.**部分處分**：

(1)部分處分指一個申請案可能包括若干獨立審查的部分，主管該部份之機關或單位，對該獨立審查的部分，單獨予以核准或許可，故又稱部分核准。

(2)實例如下：設立土石採取場依土石採取法之規定，須先辦理環境影響評估法所定之環評審查，審查結論認可開採土石，主管機關始可核發土石採取場登記證，業者方可據以開工。環境評估主管機關（環保局）之審查結論性質上為行政處分（判決稱為前行政處分）具有構成要件效力，土石場主管機關（建設局）應受其拘束而作成核准與否之處分（判決稱為後行政處分）。依首開定義，環評主管機關所為者屬部分處分，（土石場）主管機關所作成者才是全案准否之處分。又例如開發科學園區，應先實施環境評估，環評審查通過，始得許可開發，環評結論認為不應開發者，主管機關（國科會）即不准予開發，前後兩項處分，前者由環保署所作成，屬於部分處分，後者由國科會作成全案處分，部分處分為獨立之行政處分，其構成要件效力，自有影響全部處分之效果。

3.**暫時處分**：

(1)暫時處分亦屬行政處分之一種，係保留於事實關係完整呈現後，再作成之最終處分臨時性行為，當終局處分生效時，暫時處分即失其效力。

(2)暫時處分在日常行政實務中，並不罕見。例如所得稅以上一年度所得一次結算申報為原則，但依該法第67條規定營利事業，應以當年度前六個月之營收總額估計暫繳稅額，限期預估報繳，若有納稅義務之事業未報繳，則稽徵機關亦得逕行計算並加計利息以暫繳稅額通知書，一併徵收。這項通知書性質上便屬暫時處分，而年度終了核定其全年應繳稅額，才是最終的核課處分。又譬如生產事業機構設置大型工廠及生產線，其裝設及運轉均應獲主管機關（包括工業安全單位）之核准，在正式核准之前，主管機關為慎重計，可能發給試行營運（運轉）之執照，這也是一種暫時處分。

(3)區分暫時有一項明顯之實益：行政程序法關於違法行政處分之撤銷及信賴保護之規定，通常情形無適用之餘地，蓋一旦終局處分作成（不問其內容為許可或核駁），暫時處分都是該法第110條第3項所稱：「因其他事由而失效」之情形，與廢止或撤銷無涉。

4.形成私法關係之行政處分

(1)行政處分必須直接對外發生法律效果，此處之法律效果，也包括私法上的法律效果，因此，產生一項概念或名詞即形成私法關係之行政處分（國內學者或直譯為私法形成之行政處分）。原本民法上的法律行為基於私法自治原則，不論單方或多方意思表示所作成之法律行為，都無須行政機關（有時也包括法院）公法上行為介入。但為保障交易安全或公共利益，有許多法律行為應取得相關機關之認可或核准。這類認可或核准既出自行政機關，又發生私人間法律行為生效與否之效果，則核准或許可的表示，不單純是公法上的意思表示，也是一種行政處分。作成處分的官署有時並非行政機關而是法院，例如依民法有關法人之規定及非訟事件法有關法人監督及維護事件，由法院所作之裁定，有時非訟事件法也直接了當以處分稱之。多數人籌劃成立之社團法人或財團法人屬民事上之共同行為，但此項設立法人之法律行為，須法院之許可或准予登記，始能完成法人之設立，是實質的行政處分。但此類行為依民法及非訟事件法規定，其爭訟仍由民事法院管轄，非行政法院審判權所及，學理上稱之為私法處分。而由主管機關之行為所出現之真正的形成私法關係之行政處分為數甚多，以證券交易法為例：有關證券之募集、買賣、發行多屬私法上之交易行為，惟該法規定須經主管機關核准或核定者即有二十項之多。其他日常所見者例如：公用事業或交通事業的運費訂定，原本為營業者（電業公司、自來水公司、客運公司、高鐵公司及鐵路局等)與用戶或乘客之間的私法關係，但費率或運費之擬定須經主管機關核定，甚至國營公用事業（如電業）尚須送由立法院決議。

(2)形成（或確認）私法關係之核准，為行政處分自無疑義，其法律救濟問題，大致上與相對人不服行政處分相同。析言之：

　　A.主管機關核准當事人間之契約，當事人自無不服之理，但有利害關係之第三人，並非不能對核准提起爭訟，例如都市更新經市政府核准後，鄰近住戶認為更新起造之大樓，破壞住戶環境、日照權利等，以市政府為被告提起訴訟，經最高行政法院裁判認定原告有利害關係，為適格當事人。

　　B.主管機關不予核准或對申請核准不予答覆，此種情形私法關係中全體當事人或個別當事人均有權提起爭訟，爭訟之種類為課予義務之訴。

　　C.對私法關係須經主管機關核准、必須法律或法規命令有明文規定。若行政機關無法規依據，而命當事人申請核准或當事人誤以為須核准而提出申請，則不論有無，均不影響私法上法律行為之效力。

5.物的行政處分

(1)物的行政處分指對公法上物的屬性以一般處分之形式加以規制之謂，故又稱為涉及物的一般處分。不少教科書多將公物設定、變更及廢止（包括提供公共或廢止公用），認為屬於一般處分，我國在實務上也是如此，其實這類處分也屬於典型之物的行政處分。除此之外，最常見的道路標誌（單行道、限速起止等），一般均視為物的行政處分。

(2)物的行政處分是直接以物為對象，不以人為行政處分之相對人，而使物的性質得以形成或歸類，所以物的行政處分具有物權法上的規制作用。物的行政處分有分類上實益：在物的個別或概括承受時，該物之繼承者或受讓人亦受處分之拘束。至於相關的人（例如被指定為古蹟之原占有人，公物之土地或鄰地之所有權人）因物的行政處分受到侵害，有訴訟權能。而受處分短暫影響的人群（例如天橋、地下道之行人），只受有事實上的反射效果，尚無利害關係可言。行政程序法第92條仿自德國聯邦行政程序法第35條而來，第92條第2項規定：「前項決定或措施之相對人雖非特定，而依一般性特徵可得確定其範圍者，為一般處分，適用本法有關行政處分之規定，有關公物之設定、變更、廢止或其他一般使用者，亦同。」也與德國第35條第二項相同，乃我國成文法上對物的行政處分所作例示性的規定。至於在實務上則不常出現定位為物的行政處分的案例，惟在民國100年8月間最高行政法院對設置公墓是否為物的行政處分作出否定之判斷。

八、行政處分的內容（108地三）

(一)**依法律關係區分**：亦即以行政處分的內容，是否使原有法律關係發生變動為標準，主要區分為積極處分與消極處分兩類，其系統如下：

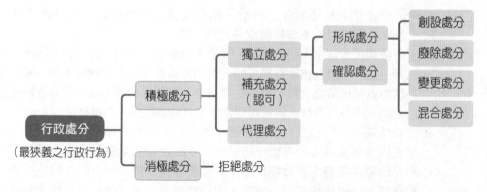

1. **積極處分**：所謂積極處分係指對原有法律狀態，積極予以變更，同時形成新法律關係的行為。積極處分包含範圍甚廣，就其處分是否係由本身獨立發生法律上的效果為標準，又可區分為獨立處分、補充處分與代理處分三種。

   (1)獨立處分：乃謂本身獨立的即可發生法律效果的行政處分；其中可大別為形成處分與確認處分，而以前者為主體。

   　A.形成處分（107地四）：此即具有形成權作用的處分，其作用即變更原有法律狀態，產生新法律關係。形成處分又可分為下列四種：

   　　a.創設處分：亦稱設定處分，即對當事人客體設定權利課予義務，創設新法律關係的行政處分。析言之：

   　　　(A)設定權利處分：例如礦業權、漁業權、商標專用權、專利權等的設定（即核准授予）。又如公物使用權的准許、私立學校的准予設立及公營事業經營的特許等。對於此種處分亦有稱為「特許」者。

   　　　(B)設定義務處分：因係以發布命令作為意思表示的方式，故亦稱命令處分或下令處分；又因其在性質上有積極與消極之分，而可區分為積極命令與消極命令。積極命令即對相對客體（受令人）課予積極性作為義務的處分，亦即命令人民應為一定行為，故稱作為令，例如課予人民繳納特定賦稅、應徵服兵役等均是。至於消極命令即對相對客體課予消極性不作為義務的處分，亦即禁止其從事特定行為或限制其不得為一定行為的命令，故稱不作為令或禁令或禁止，例如命令人民集會解散、取締路邊攤販、禁止亂倒垃圾等。

   　　　(C)權利義務同時設定處分：例如徵召人民服兵役，而同時對其本人及家屬授予享受軍人及軍眷待遇及優待的權利，或對公務人員授予參加公保的權利而同時課予繳納保費的義務。

(D)對特定物賦予法律性質的處分：例如將公有或私有林地編為保安林、核定要塞堡壘周圍的區域為要塞堡壘地帶等。

b.廢除處分：係將原有法律關係（即有關之權利義務）加以撤銷或以各種方式加以消滅的處分。析言之：

(A)消滅權利的處分：例如將已核定的專利權、商標專用權加以撤銷的處分。又如將公務人員免職、核准國民喪失國籍及撤銷候選人登記等。

(B)消滅義務處分：其對特定人解除一般人所負不作為義務者，謂之「許可」，例如貨物進口的許可及醫師開業的許可等。至於對特定人解除一般人所負作為或容忍義務者，是為免除，亦即豁免，例如兵役或納稅義務的免除、公立學校學生學費的免除、對特定被保險人免除保險費，此外如大赦、特赦及假釋等亦屬於此種處分的性質。

c.變更處分：此即對原有法律關係的內容（亦即權利義務）予以變更的處分。具體言之，即將權利義務的性質改變、範圍擴大或縮小、期間延長或縮短、人數或物品金額數量增加或減少等情形。例如將納稅稅率或金額予以調整、將兵役義務期間延長或縮短及核定省轄市升格為直轄市等均是。

d.混合處分：此即以行政處分決定在同一法律關係中，一方面設定權利義務，而同時消滅權利義務的情形。此種情形可就當事人處於不同立場所受權利義務得喪變更的影響觀之，例如一方之礦業權經主管機關核准移轉於他方享有；又如政府為需用土地的私人徵收土地時，將使土地所有人喪失土地所有權或使用權，而使需用土地人取得。

B.確認處分：此即由行政機關就特定的法律事實或法律關係所作確切肯定的認識，以決定當事人權利義務是否存在的行為。例如候選人資格的審定、土地價格的評定、度量衡的檢定、證明文件的鑑定等。

(2)補充處分：此即由行政機關對受其監督行政客體的意思表示，予以補足增益，使其完成法律效果的行政行為，亦稱認可；因其具有同意的作用，故又稱同意處分。例如主管機關對人民團體章程的認可、對地方政府出售公有財產的認可等。

(3)代理處分：此即行政機關以公權主體的地位，主動行使職權，代替受其監督的客體當事人處理特定事務，而直接對客體當事人發生法律效果的行為。易言之，其意思表示係由國家決定並作成，僅其效果歸屬於客體當事人。例如上級機關代替受其監督之機關、團體、或特許企業者制定規章或

　　執行特定業務或處理特定事件；又如森林所有人需使用他人土地時，如與
　　土地所有人協商不成，得請求地政機關作成決定等。
2.**消極處分**：此即行政機關為維持原有法律狀態不作積極變更的意思表示，亦即
　　對於客體當事人的各種申請或訴願等，不予同意或准許，拒絕採取任何措施的
　　行為。例如核駁人民免稅的聲請、不批准私立學校立案、或對訴願案件的駁回
　　等均是。消極處分雖有意思表示作成，但對原有法律狀態（即當事人原有權利
　　義務），並無任何具體處置或改變，故為一種「擬制的處分」，又稱拒絕處分
　　或拒絕聲請。

(二)依行政事項性質區分，行政處分內容的系統如下：

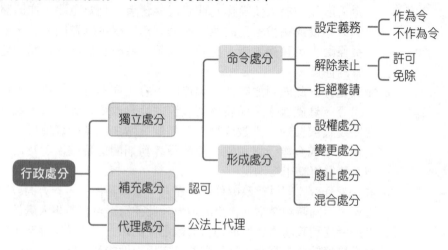

此一系統雖與前述者不盡相同，即以強調命令處分的部分為其特色，惟就各項行
政處分的內容而言，除未採確認處分外，則均已包含在前述系統的說明中。

九、瑕疵行政處分

行政處分，有因不具備成立之條件，致完
全不生效，或雖暫時發生效力，得由有權
機關將其撤銷，使其不生效力者，此時該
處分稱為有瑕疵之行政處分。依照通說，
有瑕疵之行政處分，又可分為無效之行政
處分與得撤銷之行政處分。

(一) 無效的行政處分（107地四、108高、地三）

1. **無效行政處分的意義**：係指行政機關雖已在外觀上作成行政處分，惟在實質上因處分的內容具有瑕疵，或未具備必要形式，或未踐行法定程序，因而欠缺有效要件，以致無法發生效力。無效行政處分，不對任何人發生拘束力，係自始完全無效，行政機關及普通法院，均得以獨立的見解，作無效的判斷。

2. **行政處分無效的原因**：行政處分的成立須具備一定要件，如有所欠缺，即形成有瑕疵的行政處分，惟如行政處分構成「自始無效」，其瑕疵程度必至為嚴重，**行政程序法第111條：「行政處分有下列各款情形之一者，無效：一、不能由書面處分中得知處分機關者。二、應以證書方式作成而未給予證書者。三、內容對任何人均屬不能實現者。四、所要求或許可之行為構成犯罪者。五、內容違背公共秩序、善良風俗者。六、未經授權而違背法規有關專屬管轄之規定或缺乏事務權限者。七、其他具有重大明顯之瑕疵者。」第112條：「行政處分一部分無效者，其他部分仍為有效。但除去該無效部分，行政處分不能成立者，全部無效。」第113條：「行政處分之無效，行政機關得依職權確認之。行政處分之相對人或利害關係人有正當理由請求確認行政處分無效時，處分機關應確認其為有效或無效。」**

3. **行政處分無效的「效果」：**
   (1) 法律效果上與未為處分相同，因係自始無效，故不待宣告撤銷，即根本不發生拘束力。
   (2) 如對人民課予義務，人民無服從之義務。相對當事人在無過失情況下，予以履行者，得請求賠償。
   (3) 如對人民授予權利，其授權亦屬無效，不受法律保障，第三人可否認該權利之存在。
   (4) 不因事後追認或提起爭訟法定期間的經過，而取得合法效力。
   (5) 對於此種處分，行政機關與普通法院，均得以獨立意思表示，認定其為無效。
   (6) 相對當事人之權利如為無效行政處分所侵害，得依法提起訴願或行政訴訟，請求救濟。

4. **無效行為的治療**（108普）：
   (1) 昔日行政法學者強調有瑕疵行政處分不可害及公益，無效處分不容有伸縮餘地，以貫徹依法行政原則，更堅持有瑕疵之行政處分，原則上均應認為無效，以達防止專制，保護民權之目的。因此，過去行政法學，對於有瑕疵之行政處分，多有偏向於以其為無效處分之傾向，是即所謂「原則無效說」。
   (2) 惟晚近學者，甚至於各國行政法制，已有放棄「原則無效說」，改採「原則撤銷說」之趨勢，認為行政處分縱有瑕疵，未必自始絕對無效，除瑕

疵重大而且外觀明白者外，必須經有權官署撤銷後，始失其效力。此種瑕疵行為理論的轉變，乃考量現代社會生活發達，各方面法律關係密切而複雜，公共事務與行政處分亦日益增多，而行政處分之有效或無效，對社會生活與法律關係，必有廣泛而深切的影響。故往昔機械式的論點受到修正，而以法律關係的穩定與社會公益為重，不輕易將瑕疵處分判定為無效，寧將其視為得撤銷處分。

(3)現代法學理論與行政實務，以機動觀點對瑕疵處分採取變動辦法論定。一方面，縮小無效處分的範圍，擴大得撤銷處分的範圍，提出「瑕疵行為個別化理論」，而奧地利一般手續法第68條第4項更揭示「瑕疵行為一元論」，根本否認所謂無效處分，認為所有瑕疵處分，均為得撤銷處分，皆必待有權機關宣告無效，始失其效力。

(4)另一方面，針對瑕疵處分，提出得以「治療」或「轉換」或「補正」的理論，至於治療（補救）之方式，主要有以下幾種：

A.補正：即將違法行政處分，在程序與形式上之欠缺，予以補足，使其成為合法處分。行政程度法第114條：「違反程序或方式規定之行政處分，除依第111條規定而無效者外，因下列情形而補正：一、須經申請始得作成之行政處分，當事人已於事後提出者。二、必須記明之理由已於事後記明者。三、應給予當事人陳述意見之機會已於事後給予者。四、應參與行政處分作成之委員會已於事後作成決議者。五、應參與行政處分作成之其他機關已於事後參與者。前項第2款至第5款之補正行為，僅得於訴願程序終結前為之；得不經訴願程序者，僅得於向行政法院起訴前為之。」

B.轉換（108地四）：即將原有瑕疵之行政處分轉變為一合法的行政處分。此種補救，必須不致於改變原處分之目的，否則即成為新的行政處分；再者，此種補救，多在一項行政處分不易補正，或補正後對當事人更不利時為之。行政程序法第116條：「行政機關得將違法行政處分轉換為與原處分具有相同實質及程序要件之其他行政處分。但有下列各款情形之一者，不得轉換：一、違法行政處分，依第117條但書規定，不得撤銷者。二、轉換不符作成原行政處分之目的者。三、轉換法律效果對當事人更為不利者。羈束處分不得轉換為裁量處分。行政機關於轉換前應給予當事人陳述意見之機會。但有第103條之事由者，不在此限。」

C.一部有效：即對於綜合之處分（如附負擔處分），除有「如無負擔，則不得為行政行為」之規定外，將有瑕疵之附款撤銷，使原處分得以存續之補救方法。惟該處分之效力，不得因負擔之撤銷而受任何影響。此外，一項

行政處分若有部分違法，而其違法部分有獨立性，其撤銷不影響其他部分的效力，理論上亦得撤銷之，使原處分之其他部分得以繼續存在。

(二)**行政處分的撤銷**（106高、普、地四、108地四）

1. **行政處分撤銷的意義：所謂行政處分的撤銷，係就業已有效成立（亦即一度發生效力）的行政處分，因其具有撤銷的原因，由有正當權限機關依聲請或本於職權另以行政行為予以撤銷，使其全部或一部分溯及既往或只對將來失效。**

2. **行政處分撤銷的原因**：行政處分撤銷的原因，理論不一，大致上係基於無效處分以外的一切瑕疵在內，其瑕疵在外觀上較不明顯重大。析言之：

(1)意思瑕疵：即行政機關在作成該意思表示時，如有錯誤、被詐欺、脅迫等情事，構成意思上的瑕疵，並非當然無效，為得撤銷之原因。

(2)違法不當：係指行政機關作成行政處分時，就權限的事項在解釋或適用法規上有違法不當情事，致當事人或關係人的權益受損害，此種瑕疵，與逾越權限者不同，是為單純違法，行政處分非當然無效，僅得予以撤銷。

(3)違反公益：係指行政機關以自由裁量所作行政處分，違背國家社會公益，構成不當處分，所得行為僅得予以撤銷。

(4)程序不合：行政處分未依法定程序作成，即欠缺合法要件，構成得撤銷原因，得在補正之後成為合法有效的行政處分。

3. **行政處分撤銷之效果**（109高）：

(1)行政處分的撤銷，以發生溯及既往效力為原則，其效果與未為處分同。惟如為授益處分之撤銷，尚引起利益返還、損失補償兩項效果。

(2)在例外情形下，若溯及既往將對人民權利及社會公益有害者，則為維護信賴保護原則及法律關係的安定，僅能向後一部或全部失去效力。

(3)撤銷權是否受時效限制，須視法令規定及處分性質分別認定之。

(4)得撤銷處分，在撤銷前，依然繼續有效。

(5)不當處分的撤銷，不發生溯及既往效力，僅自撤銷時失去效力。

4. **行政處分撤銷的原則與限制**（107地三、地四）：行政處分如有瑕疵，固然構成得撤銷之原因，惟撤銷權的行使，必然對當事人的權益及法律關係產生重大影響，故應依一定的原則作考量或加以限制。行政處分撤銷的原則與限制，視行政處分為授益、負擔或第三人效力而有不同，分述如下：

(1)**授益處分之撤銷**：違法行政處分在其產生形式的存續力之後，亦即關係人已不得循爭訟程序請求撤銷者，行政機關對此類處分之處理恆受兩項原則之支配：一為依法行政原則，一為信賴保護原則。遵循前者，處分既屬違法自應撤銷；依照後者，人民因信賴行政處分已取得特定身分或某種權益，即不應再予剝奪，兩者如何取得均衡不致偏廢，乃授益處分撤銷應考慮之事項。學理上已有單一法則可資遵守，即行政機關依其裁量，如認為

撤銷行政處分之利益大於值得保護之信賴利益，自得予以撤銷，反之，則否，且一旦撤銷並應補償受益人之損失。基於存續力之理論，行政機關撤銷授益處分須符合三項條件：

A.在特殊之個案中，公益之維護較相對人（關係人）利益之保障，具有更高之價值。

B.如相對人因信賴行政處分存續而利益受損者，應給予適當之補償，但信賴保護之本身亦非毫無條件。

C.必須相對人有值得保護之信賴。行政程序法第119條：「受益人有下列各款情形之一者，其信賴不值得保護：一、以詐欺、脅迫或賄賂方法，使行政機關作成行政處分者。二、對重要事項提供不正確資料或為不完全陳述，致使行政機關依該資料或陳述而作成行政處分者。三、明知行政處分違法或因重大過失而不知者。」第120條：「授予利益之違法行政處分經撤銷後，如受益人無前條所列信賴不值得保護之情形，其因信賴該處分致遭受財產上之損失者，為撤銷之機關應給予合理之補償。前項補償額度不得超過受益人因該處分存續可得之利益。關於補償之爭議及補償之金額，相對人有不服者，得向行政法院提起給付訴訟。」第121條：「前條之補償請求權，自行政機關告知其事由時起，因二年間不行使而消滅：自處分撤銷時起逾五年者，亦同。」

(2)**負擔處分之撤銷**：負擔處分既對人民不利，其撤銷通常不發生既得權或信賴保護之問題。故行政機關對違法之負擔處分，得不問其是否已屬確定，得隨時加以撤銷，俾恢復合乎法律之狀態。撤銷違法行政處分性質上乃行政機關裁量之事項，行政機關主觀上不認為其處分違法者，固毋庸撤銷，即使有可疑為違法時，亦不屬非撤銷不可，蓋可聽任相對人循救濟途徑達到撤銷目的。又法律有特別規定限制或禁止撤銷者，自應從其規定。

(3)**第三人效力處分之撤銷**：第三人效力處分從理論上而言，可能屬於對相對人為授益性質，而對第三人造成負擔；亦可能係對相對人為負擔處分，而對第三人造成授益效果，對此類處分加以撤銷時，究應適用與授益處分抑負擔處分相同之法則？應有所說明。前一情形，既係對相對人之授益處分，則撤銷所受之限制自與一般授益處分同，至於受負擔效力所及第三人，如有不服自得依訴願及行政訴訟程序提起救濟，遇有此種情形，處分之相對人自無主張信賴保護之餘地，蓋原處分尚未產出確定效果。後一情形，第三人因他人之負擔處分而有授益效果，第三人既非處分之相對人，當無主張信賴保護之可能，適用負擔處分撤銷之法理即可。

5.**得撤銷處分與無效處分的異同**（106地三）：
(1)相同之點：二者同屬瑕疵處分。

(2)相異之點：

A.原因不同：二者在程度上有所不同。凡行政處分有重大瑕疵，且外觀明顯者，即形成無效之處分。如有重大瑕疵，但外觀並不明顯者，則形成得撤銷之處分。

B.法律效力不同：無效處分，自始即無效；得撤銷處分，於未撤銷前依然保有效力。

C.決定機關不同：無效處分，一般行政機關及法院均得以獨立見解，判定其無效；得撤銷處分，僅能由有權機關為撤銷。

(三) 行政處分的廢止（106地三、107地三、108普）

1.**行政處分廢止的意義：所謂行政處分的廢止，係指就原已成立並生效的行政處分，基於法律上、政策上或事實上的原因，決定將其廢棄，使其自將來喪失效力的行為。對於行政處分的廢止，亦有稱為「撤回」者。**

2.**行政處分廢止的原因**：凡有關國家政策變更、法令修正、情勢變遷、不合公益等，皆可能構成行政處分廢止的原因。易言之，行政處分之廢止，不是因為本身存在著瑕疵，而是由於下列原因：

(1)基於情勢變遷、政策需要（行政配合政策之改變）。

(2)依據法律規定，或因法律修訂。　(3)行政處分原即保留廢止權。

3.**行政處分廢止的限制：**

(1)行政程序法第122條：「非授予利益之合法行政處分，得由原處分機關依職權為全部或一部之廢止。但廢止後仍應為同一內容之處分或依法不得廢止者，不在此限。」

(2)行政程序法第123條：「授予利益之合法行政處分，有下列各款情形之一者，得由原處分機關依職權為全部或一部之廢止：一、法規准許廢止者。二、原處分機關保留行政處分之廢止權者。三、附負擔之行政處分，受益人未履行該負擔者。四、行政處分所依據之法規或事實事後發生變更，致不廢止該處分對公益將有危害者。五、其他為防止或除去對公益之重大危害者。」

(3)行政程序法第124條：「前條之廢止，應自廢止原因發生後二年內為之。」

4.**行政處分廢止的效果：**

(1)**行政程序法第125條：「合法行政處分經廢止後，自廢止時或自廢止機關所指定較後之日時起，失其效力。但受益人未履行負擔致行政處分受廢止者，得溯及既往失其效力。」**

(2)行政程序法第126條：「原處分機關依第123條第4款、第5款規定廢止授予利益之合法行政處分者，對受益人因信賴該處分致遭受財產上之損失，應給予合理之補償。第120條第2項、第3項及第121條第2項之規定，於前項補償準用之。」

(3)行政程序法第127條：「授予利益之行政處分，其內容係提供一次或連續之金錢或可分物之給付者，經撤銷、廢止或條件成就而有溯及既往失效之情形時，受益人應返還因該處分所受領之給付。其行政處分經確認無效者，亦同。前項返還範圍準用民法有關不當得利之規定。」

5.行政處分廢止與撤銷的區別：行政處分的廢止與撤銷雖均為使行政處分失效的措施，但就各種事項比較分析，二者有下列之不同：

(1)原因不同：行政處分的撤銷，係以原處分具有瑕疵為原因；行政處分的廢止，則並非因處分本身具有瑕疵，而是基於其他原因。

(2)效力不同：撤銷在原則上具有溯及既往的效力；廢止則係自將來失效。

(3)有權機關不同：有撤銷權的機關，除原機關與上級機關外，尚有其他機關及行政法院；有廢止權的機關，則以原機關為原則。

(四)行政處分之其他瑕疵：按照行政處分瑕疵之程度及型態，可分為五種情形，除無效處分及得撤銷處分兩種外，尚有下列三種：

1.非行政處分及未完成之處分：

(1)「非行政處分」指從任何角度判斷，均非行政機關之處分行為，例如冒充公務員所為之行政處分，或公務員在類似狂歡節目上所為之虛妄意思表示。嚴格言之，此類行為根本不屬行政處分，無所謂瑕疵與否之問題，對之宣告無效、廢止或撤銷原無必要，唯有在發生疑問時始須確認其不生任何效力。

(2)「未完成之處分」指尚在行政機關草擬中具有處分性質之公文書，或雖已經過判行手續但仍未對外發文者而言。未完成之處分無論對行政機關或任何人均不生拘束效果。

2.書寫錯誤之處分：「書寫錯誤之處分」指以公文書方式製作之書面處分，有誤寫誤算之顯然錯誤者而言。錯誤處分乃最輕微之瑕疵，有利害關係之人得隨時申請更正，行政機關亦得依職權更正。

3.不合目的之處分：「不合目的之處分」乃裁量處分特有之現象。裁量處分如逾越裁量或濫用裁量，則已屬違法之得撤銷範疇，不合目的之處分係指瑕疵未達違法程度之裁量處分而言，亦即訴願程序中之不當處分。對於此類處分行政機關得依職權或當事人之申請，予以撤銷並重為合目的之處分。

(五)行政處分瑕疵分級及其法律效果

前述各種瑕疵行政處分中非行政處分及未完成之處分，嚴格而論並不屬於行政處分，至於其他各種瑕疵則皆屬違法行政處分，並有相關之法律效果。吳庚老師特就各類不同程度之瑕疵與行政程序法所給予之規範效果，列下表加以說明：

分級	說明	效果
第一級 重大瑕疵	一、重大明顯之瑕疵（行政程序法第111條第7款） 二、法律明定無效之事由（同條第1款至第6款）	無效
第二級 中度及輕度瑕疵	一、屬於行政程序法第114條各款之程序瑕疵而未補正者 二、內容瑕疵：諸如裁量瑕疵、判斷瑕疵、涵攝瑕疵及違背證據法則等	撤銷
第三級 微量瑕疵	一、行政程序法第101條之瑕疵 二、稅捐稽徵法第17條之瑕疵	不影響效力
第四級 瑕疵之變體	行政程序法第98條之教示瑕疵，對處分之效力不生影響	法定救濟期間延長為一年

(六)處分失效之返還義務

1. 授益處分因為撤銷、廢止、條件成就或經確認無效而有溯及既往失效之情形時，受益人如基於該處分之生效，而受領金錢或可分物之給付者，應負返還之義務。有返還請求權之機關，在通常情形為原處分機關，關於返還之範圍則以民法不當得利之相關規定為準（參照行政程序法第127條）。

2. 行政處分之內容若非金錢或可分物之給付，而係涉及其他物品或證書之交付者，一旦行政處分失效，則該等物品或證書既失其附麗，原則上亦應返還，故行政程序法第130條規定：「行政處分經撤銷或廢止確定，或因其他原因失其效力後，而有收回因該處分而發給之證書或物品之必要者，行政機關得命所有人或占有人返還之。前項情形，所有人或占有人得請求行政機關將該證書或物品作成註銷之標示後，再予發還。但依物之性質不能作成註銷標示，或註銷標示不能明顯而持續者，不在此限。」

(七)行政程序重新進行

1. 作成行政處分之程序與作成裁判之訴訟程序相似，均應具備一種開啟已終結之程序的手續規定，此在訴訟法稱之為再審，於行政程序則稱重新進行。程序之重新進行即是除前述撤銷或廢止之外，足以改變行政處分效力之一項途徑。

2. 行政程序法第128條規定：「行政處分於法定救濟期間經過後，具有下列各款情形之一者，相對人或利害關係人得向行政機關申請撤銷廢止或變更之。但相對人或利害關係人因重大過失而未能在行政程序或救濟程序中主張其事由者，不在此限：一、具有持續效力之行政處分所依據之事實事後發生有利於相對人或利害關係人之變更者。二、發生新事實或發現新證據者，但以如經斟酌可受

較有利益之處分者為限。三、其他具有相當於行政訴訟法所定再審事由且足以
影響行政處分者。前項申請，應自法定救濟期間經過後三個月內為之；其事由
發生在後或知悉在後者，自發生或知悉時起算。但自法定救濟期間經過後已逾
五年者，不得申請。」第129條規定「行政機關認前條之申請為有理由者，應
撤銷、廢止或變更原處分；認申請為無理由或雖有重新開始程序之原因，如認
為原處分為正當者，應駁回之。」。依上述規定，行政程序重開之要件如下：
(1)處分之相對人及利害關係人（即第三人效力處分之第三人）均得為申請人。
(2)受理申請之機關通常為原處分機關；須具備第128條之各款事由。
(3)申請人須於行政程序或救濟程序中非基於重大過失而未主張此等事由。
(4)自法定救濟期間經過未逾三個月或自定救濟期間經過未逾五年。

3.關於行政程序重開首先應檢討之問題為：對該管機關有關重開與否之決定可否
救濟？按重開程序之決定可分為兩個階段，第一階段准予重開，第二階段重開
之後作成決定將原處分撤銷、廢止，或仍維持原處分。如果第一階段即認為重
開不符合法定要件，而予以拒絕，就沒有第二階段之程序。上述各種不同的決
定，性質上皆是新的處分（也是第二次裁決之一種），受處分不利影響的申請
人或第三人均可提起爭訟。其次的問題是：提起何種訴訟？又訴之目的只限於
使行政機關重開程序抑或逕由行政法院判決原處分（第一次裁決）撤銷或廢
止？若對准予重開之決定不服，當然應提起撤銷訴訟，若對不予重開程序或重
開之後拒絕撤銷或變更原處分，則應提課予義務之訴。就常理而言，訴之聲明
僅須請求行政法院判命被告機關重開程序即可，至於重開之後為如何之決定，
聽由行政機關裁決，如有不服再提另一訴訟。

(八) 請求權之時效

1.公法上請求權之時效，以往通說皆主張應類推民法之相關條文，係鑑於行政法
欠缺通則性規定可資適用，行政程序法典化完成，足以彌補此項缺失。

2.關於時效期間、請求權消滅之結果、中斷事由及如何重行計算，行政程序法分別定
有明文：「公法上之請求權，於請求權人為行政機關時，除法律另有規定外，因五
年間不行使而消滅；於請求權人為人民時，除法律另有規定外，因十年間不行使
而消滅。公法上請求權，因時效完成而當然消滅。前項時效，因行政機關為實現該
權利所作成之行政處分而中斷」（第131條）。「行政處分因撤銷、廢止或其他事由
而溯及既往失效時，自該處分失效時起，已中斷之時效視為不中斷」（第132條）。
「因行政處分而中斷之時效，自行政處分不得訴請撤銷或因其他原因失其效力後，
重行起算」（第133條）。「因行政處分而中斷時效之請求權，於行政處分不得訴請
撤銷後，其原有時效期間不滿五年者，因中斷而重行起算之時效期間為五年」（第
134條）。

歷年試題總覽

( )　1. 各級學校依有關學籍規則或懲處規定，對學生作退學或類此之處分行為，其性質上應為？　(A)行政命令　(B)行政處分　(C)行政指導　(D)行政計畫。（98普）

( )　2. 私立大學對其學生所為之退學決定，依司法院解釋，認為其性質係：(A)私法上之契約終止行為　(B)公法上之契約終止行為　(C)行政處分(D)應循私法訴訟途徑解決紛爭。（101地三）

( )　3. 徵收既成道路土地之法律性質為何？　(A)行政處分　(B)行政契約(C)行政命令　(D)事實行為。（99地四）

( )　4. 稅捐機關對納稅義務人所為稅捐之核課決定，屬於？　(A)行政契約(B)行政命令　(C)事實行為　(D)行政處分。（96普）

( )　5. 依司法院大法官釋字第462號解釋之意旨，各大學教師評審委員會，關於教師升等評審之決定，其法律性質為何？　(A)行政規則　(B)行政處分(C)職務命令　(D)法規命令。（96普）

( )　6. 主管機關許可採取土石之行為，屬於？　(A)行政處分　(B)職權命令(C)事實行為　(D)行政契約。（99普）

( )　7. 下列行政行為，何者屬於一般處分？　(A)對特定集會遊行之核准　(B)警察告發違規攤販　(C)公告變更行車道路為徒步區　(D)受理遺失物之報案。（105地三）

( )　8. 行政院環境保護署依土壤及地下水污染防治法將桃園原RCA工廠用地公告劃定為污染場址，此項公告屬下列何項行政行為？　(A)觀念通知(B)行政處分　(C)法規命令　(D)行政規則。（99地三）

( )　9. 關於交通主管機關透過設置之自動照相設備拍攝超速或闖紅燈之違規車輛的行為屬性，下列敘述何者錯誤？　(A)事實行為　(B)行政處分(C)蒐證行為　(D)尚不生法律效果。（101移四）

( )　10. 警察以手勢指揮交通秩序屬於何種行政行為？　(A)行政命令　(B)一般處分　(C)事實行為　(D)行政指導。（104高）

( )　11. 下列何者非行政處分？　(A)法院依律師法所為之律師登錄　(B)交通警察指揮交通之手勢　(C)主管機關對人民函詢事件辦理進度之答覆　(D)主管機關對古蹟之指定。（104普）

( )　12. 人民通過公務人員初等考試，並經訓練及格，由行政機關任命其為公務
人員，並經人民同意任職之行為，屬於何種行政行為？　(A)行政命令
(B)行政契約　(C)行政處分　(D)行政指導。（103普）

( )　13. 主管機關所為廢止公物之意思表示，其性質係：　(A)行政命令　(B)行
政處分　(C)觀念通知　(D)行政契約。（101普）

( )　14. 下列何者為行政處分？
(A)因欠繳稅款遭限制出境
(B)行政院經濟建設委員會發布景氣領先指標以及景氣對策信號
(C)外交部促請國人不要前往某國家觀光
(D)內政部去函外交部請求查明內政部所屬某公務員是否具有外國國
籍。（100警）

( )　15. 下列何者為行政處分？　(A)行政機關出售國有土地　(B)行政決定前之
擬稿　(C)行政機關對流行病之擴散傳染提出警告　(D)地政機關之登記
行為。（103普）

( )　16. 下列何者非行政處分？　(A)地方議會之主席命不遵守旁聽規則之民眾離席
(B)監察院對於漏未申報財產之政務官處以罰鍰　(C)高等法院駁回律師登錄
之申請　(D)立法院對立法委員予以停止出席院會之處分。（99地四）

( )　17. 下列何者非行政處分？　(A)地層危險而命某一村落之住戶立刻遷移
(B)對參與某一示威之多數人命令解散　(C)擬訂都市計畫　(D)警察以
手勢或號誌指揮車輛之駕駛人。（102普）

( )　18. 下列有關行政處分之敘述，何者錯誤？
(A)授益行政處分不得有附款
(B)多階段之行政處分意指行政處分之作成須有他機關之參與協力
(C)行政處分以公法上意思表示為要素
(D)行政處分性質上為單方行政行為。（100高）

( )　19. 下列何者為一般處分？　(A)命令非法集會之群眾解散　(B)命令共同繼承人
繳交遺產稅　(C)命令人民拆除違章建築　(D)授予博士學位證書。（98普）

( )　20. 下列何者不屬一般處分？　(A)新闢道路之通車公告　(B)交通號誌　(C)
指定民宅為私有古蹟　(D)警察命令違法集會民眾解散。（101地三）

( )　21. 下列何者不屬一般處分？　(A)國家音樂廳現場禁止觀眾攝影與錄音之
公告　(B)環境保護局發布空氣品質惡化警告　(C)稅捐機關依稅捐稽徵
法第10條公告延長繳納稅捐之期間　(D)主管機關指定水源保護區。
（106地四）

( ) 22. A工廠因違反空氣污染防制法，經主管機關依法命其限期改善，此一限期改善之法律性質為何？ (A)行政指導 (B)行政罰 (C)預防性不利處分 (D)行政計畫。（102高）

( ) 23. 下列何者屬於行政處分？ (A)各級學校辦理H1N1流行感冒防疫之教育及宣導 (B)行政院衛生署就人民申請預防接種受害救濟之決定 (C)行政院衛生署擬定傳染病防治計畫 (D)國家衛生研究院公布傳染病訊息。（100普）

( ) 24. 下列有關行政處分或觀念通知之敘述，何者錯誤？ (A)觀念通知行為並不發生具體的法律效果，非屬行政處分 (B)觀念通知，其通知亦屬於意思表示，為對人之一般處分 (C)行政機關對請求釋示法令疑義，以通知表示其意見作為解答，尚不發生具體的法律效果，不能謂為行政處分 (D)行政機關所為單純事實敘述或理由，並非對人民之請求有所准駁，屬觀念通知之性質。（97地三）

( ) 25. 行政機關告知申請人經辦事件之處理進度的通知，其法律性質為？ (A)行政處分 (B)行政契約 (C)觀念通知 (D)行政計畫。（96高）

( ) 26. 交通號誌由黃燈轉換為紅燈，屬下列何種行政處分？ (A)形成權利之處分 (B)課予義務之處分 (C)確認法律關係之處分 (D)經用路人同意之多階段處分。（107地三）

( ) 27. 行政機關之行政行為所規制的「相對人」與「事件」之對象，在下列那一種情形中，依通說之理解，不可能定性為「行政處分」？ (A)相對人具有不特定性、事件性質具有抽象性 (B)相對人具有特定性、事件性質具有抽象性 (C)相對人具有不特定性、事件性質具有具體性 (D)相對人具有特定性、事件性質具有具體性。（98地四）

( ) 28. 甲申請營業許可遭行政機關駁回。已逾訴願期間後，仍提出反對理由，請求主管機關重新審查，主管機關函覆該案件業已終結，主張理由不可採，此之函覆性質為何？ (A)不受理裁定 (B)第二次裁決 (C)重複處分 (D)一般處分。（99地四）

( ) 29. 行政機關應人民之請求而重新進行行政程序，並經由該程序作成廢棄原行政處分之決定者，該決定係屬對事件再次作成之實體決定，一般稱此決定為？ (A)第一次裁決 (B)第二次裁決 (C)第一次裁定 (D)第二次裁定。（98地三）

( ) 30. 關於行政處分之敘述，下列何者錯誤？ (A)下命行政處分具有執行力 (B)行政處分得由原處分機關自為執行 (C)行政處分之存在，為提起一切行政爭訟之前提要件 (D)行政處分逾得爭訟之期限即具有形式存續力。（100警）

( ) 31. 下列何者屬行政處分之概念要素？ (A)雙方行為 (B)私法行為 (C)具對外效力 (D)抽象事件。（100警）

( ) 32. 下列何者並非行政處分之要素？ (A)具體性 (B)單方性 (C)私經濟性 (D)法效性。（100警）

( ) 33. 行政處分之要件中，不包含下列何種要素？ (A)公權力 (B)單方性 (C)個別性 (D)抽象性。（98高）

( ) 34. 區別行政處分與法規命令之實益何在？ (A)決定是否可提起行政爭訟 (B)決定行政機關裁量的界限 (C)決定是否受一般法律原則之拘束 (D)是否適用行政程序法。（95普）

( ) 35. 行政處分相對於行政契約，最大之區別為下列何者？ (A)單方行為 (B)行政機關行為 (C)具體事件 (D)對外發生法律效果。（99地四）

( ) 36. 依法律規定及司法院釋字第663號解釋，關於書面行政處分送達之敘述，下列何者錯誤？ (A)送達為行政處分之生效要件 (B)行政處分之送達，不以處分相對人親自受領為必要 (C)對於無行政程序行為能力人為送達，應向其法定代理人為之 (D)對公同共有人中之一人為送達，送達效力及於全體。（101警）

( ) 37. 下列何者屬於下命性質的行政處分？ (A)核准歸化為中華民國國民 (B)准許結婚登記 (C)准許專利權之申請 (D)徵兵通知。（96地四）

( ) 38. 下列行政處分之敘述，何者正確？ (A)農田水利會不具公權力，故不得立於行政機關之地位而為行政處分 (B)有效但違法之行政處分，相對人無服從之義務 (C)行政機關漏未教示之行政處分不生效力 (D)國稅局寄發通知命納稅義務人繳稅，屬下命行政處分。（106地四）

( ) 39. 公務員之任命行為性質為何？ (A)行政契約 (B)須經同意之行政處分 (C)多階段行政處分 (D)通知行為。（100普）

( ) 40. 戶政事務所辦理人民離婚登記為下列何種行政處分？ (A)形成處分 (B)執行處分 (C)下命處分 (D)裁量處分。（96地三）

( ) 41. 下列何者為形成處分？ (A)役男兵役體位之判定處分 (B)公務人員之任用處分 (C)罰鍰處分 (D)勒令停工處分。（101警）

( )　42. 下列何者為形成處分？　(A)徵兵處分　(B)戶籍登記　(C)納稅處分　(D)主管機關核准專利之申請。（100警）

( )　43. 下列何者為形成處分？　(A)學校發給學生畢業證書　(B)老王取得自耕能力證明　(C)某甲被任命為經濟部商業司科員　(D)臺北市警察局逮捕違法集會遊行之特定人。（102普）

( )　44. 戶政事務所為人民辦理新生兒之出生登記為下列何種行政處分？　(A)執行處分　(B)確認處分　(C)下命處分　(D)裁量處分。（96高）

( )　45. 內政部移民署接獲國稅局通知，以欠稅逾法定標準為由而限制特定人民出境，係屬於何種行政行為？　(A)職務命令　(B)法規命令　(C)行政處分　(D)行政執行。（104高）

( )　46. 甲向乙購買土地後，向該管登記機關申請土地所有權移轉登記。該登記之性質為何？　(A)形成處分　(B)下命處分　(C)確認處分　(D)觀念通知。（107地四）

( )　47. 下列何者為有持續效力之行政處分？　(A)營業許可　(B)沒入處分　(C)課稅處分　(D)徵收處分。（102普）

( )　48. 甲持某國立大學畢業證書報考國家考試，考選部應承認其具有大學畢業學歷，此係屬於行政處分何種效力之表現？　(A)實質存續力　(B)形式存續力　(C)構成要件效力　(D)執行力。（102普）

( )　49. 使用牌照稅法第28條第2項規定：「註銷牌照之交通工具使用公共水陸道路經查獲者，除責令補稅外，處以應納稅額二倍之罰鍰」，牌照稅主管機關適用該一規定時，是否屬註銷牌照汽車之認定，應以公路監理機關有無註銷牌照之處分為準，此係基於註銷牌照處分之何種效力？　(A)存續力　(B)構成要件效力　(C)確定力　(D)執行力。（101高）

( )　50. 下列何者為行政處分之法律特性？　(A)行政處分只要有瑕疵即不生法律效力　(B)行政處分之相對人未提起救濟即生存續力，行政機關不得依職權撤銷　(C)具有執行力之行政處分本身即有執行名義　(D)人民對於已不得爭訟之行政處分不得請求重新進行行政程序。（104普）

( )　51. 下列何種行政處分具有執行力？　(A)下命處分　(B)形成處分　(C)確認處分　(D)無效處分。（100警）

( )　52. 下列那一個行政處分得強制執行？　(A)核發營業許可　(B)將違法之產品沒入　(C)都市計畫個案變更　(D)判定役男兵役體位。（103普）

( )　53. 下列何者屬於多階段行政處分？　(A)主管機關核准學生之助學貸款　(B)縣市政府與民營公司簽署合作開發工業區協議書　(C)國立大學聘任教師　(D)內政部核准縣市政府對土地徵收之決定。（101普）

( )　54. 下列對於多階段處分的敘述，何者正確？　(A)行政機關分階段分別作成數個行政處分　(B)相對人不服處分時限於對有實質決定權之機關提起救濟　(C)經多數機關本於各自職權共同參與作成之行政處分　(D)多階段處分得不經訴願直接提起行政訴訟。（104普）

( )　55. 關於多階段行政處分之敘述，下列何者正確？　(A)前階段之行為一律不發生法律效果　(B)各階段之行為，皆屬行政處分　(C)提起行政爭訟時，以對外生效之行政處分作為審查對象，但不及於前階段之行為　(D)前階段之機關未參與而作成最後階段之行政處分者，此項程序欠缺得予補正。（105普）

( )　56. 相對人無待處分機關之說明，即已知悉處分理由，而書面行政處分仍記明理由，其效果為何？　(A)自始無效，因記載無須記載之事項　(B)得撤銷，因浪費行政資源　(C)應補正，不應記明之理由應予刪除　(D)對處分之效力無影響。（101地四）

( )　57. 關於行政處分之更正，下列敘述何者正確？　(A)依據法規應以要式作成之行政處分未以書面作成，處分機關得隨時補製書面以更正　(B)侵益行政處分未載明理由，經處分相對人請求後補載理由即完成更正　(C)行政處分之內容顯然任何人均無法達成，即為行政處分之顯然錯誤，任何人均得請求更正　(D)行政處分之更正以附記於原處分書及其正本為原則。（107地四）

解答及解析

1. **B**

2. **C**　釋字第382號解釋：「各級學校依有關學籍規則或懲處規定，對學生所為退學或類此之處分行為，足以改變其學生身分並損及其受教育之機會，自屬對人民憲法上受教育之權利有重大影響，此種處分行為應為訴願法及行政訴訟法上之行政處分。」

3. **A**　　4. **D**　　5. **B**　　6. **A**　　7. **C**　　8. **B**　　9. **B**　　10. **B**　　11. **C**

12. **C**　公務人員之任命行為，屬行政處分中之形成處分。

13. **B**　行政程序法第92條:「本法所稱行政處分,係指行政機關就公法上具體事件所為之決定或其他公權力措施而對外直接發生法律效果之單方行政行為。前項決定或措施之相對人雖非特定,而依一般性特徵可得確定其範圍者,為一般處分,適用本法有關行政處分之規定。有關公物之設定、變更、廢止或其一般使用者,亦同。」

14. **A**

15. **D**　確認處分包括對法律關係存否之確認,以及對人之地位或物之性質在法律上具有重要意義事項的認定。所謂在法律上具有重要意義事項的認定,係指此種認定直接影響行政法上法律效果者而言。關於法律關係存否之確認處分,實例不少:土地登記、耕地租約登記、商標專用權範圍之評定等本質上均屬之。
本題「地政機關之登記行為」即屬行政處分之確認處分。

16. **D**

17. **C**　釋字第156號解釋理由書:「主管機關變更都市計畫,係公法上之單方行政行為,如直接限制一定區域內人民之權利、利益或增加其負擔,即具有行政處分之性質,其因而致使特定人或可得確定之多數人之權益遭受不當或違法之損害者,依照訴願法第1條、第2條第1項及行政訴訟法第1條之規定,自應許其提起訴願或行政訴訟,以資救濟。始符憲法保障人民訴願權或行政訴訟權之本旨。此項都市計畫之個別變更,與都市計畫之擬定、發布及擬定計畫機關依規定五年定期通盤檢討所作必要之變更,並非直接限制一定區域內人民之權益或增加其負擔者,有所不同。」所以,主管機關擬定都市計畫非行政處分,變更都市計畫則屬行政處分。

18. **A**　　19. **A**

20. **C**　行政程序法第92條:「本法所稱行政處分,係指行政機關就公法上具體事件所為之決定或其他公權力措施而對外直接發生法律效果之單方行政行為。前項決定或措施之相對人雖非特定,而依一般性特徵可得確定其範圍者,為一般處分,適用本法有關行政處分之規定。有關公物之設定、變更、廢止或其一般使用者,亦同。」故指定民宅為公有古蹟雖為一般處分,但指定民宅為私有古蹟不屬一般處分。

21. **B**

22. **C**　A工廠因違反空氣污染防治法,經主管機關依法命其限期改善,此一限期改善之法律性質為「預防性不利處分」。

23. **B**　　24. **B**　　25. **C**　　26. **B**　　27. **A**　　28. **C**　　29. **B**

30. **C**　　31. **C**　　32. **C**　　33. **D**　　34. **A**　　35. **A**

36. **D**　釋字第663號解釋：「稅捐稽徵法第19條第3項規定，為稽徵稅捐所發之各種文書，『對公同共有人中之一人為送達者，其效力及於全體。』此一規定，關於稅捐稽徵機關對公同共有人中之一人為送達，即對全體公同共有人發生送達效力之部分，不符憲法正當法律程序之要求，致侵害未受送達之公同共有人之訴願、訴訟權，與憲法第16條之意旨有違，應自本解釋公布日起，至遲於屆滿二年時，失其效力。」

37. **D**　　38. **D**　　39. **B**　　40. **A**

41. **B**　形成處分指行政處分之內容係設定、變更或撤銷（廢止）法律關係者而言，故給予特許、撤銷特許、對公務員之任命、核准歸化、准許專利等，皆屬形成處分之性質。

42. **D**

43. **C**　形成處分指行政處分之內容係設定、變更或撤銷（廢止）法律關係者而言，故給予特許、撤銷特許、對公務員之任命或免職、核准歸化、准許專利以及關於物的一般處分等，皆屬形成處分之性質

44. **B**　　45. **C**　　46. **A**

47. **A**　行政程序法第110條第3項：「行政處分未經撤銷、廢止，或未因其他事由而失效者，其效力繼續存在。」本題「營業許可」即屬有持續效力的行政處分。

48. **C**　無論行政處分之內容為下命、形成或確認，均有產生一種行政法上法律關係之可能，不僅應受其他國家機關之尊重，抑且在其他行政機關甚至法院有所裁決時，倘若涉及先前由行政處分所確認或據以成立之事實（通常表現為先決問題），即應予以承認及接受，是故稱為確認效力，上述事實既為嗣後其他機關裁決之既定的構成要件，故又稱為構成要件效力。

49. **B**　無論行政處分之內容為下命、形成或確認，均有產生一種行政法上法律關係之可能，不僅應受其他國家機關之尊重，抑且在其他行政機關甚至法院有所裁決時，倘若涉及先前由行政處分所確認或據以成立之事實（通常表現為先決問題），即應予以承認及接受，是故稱為確認效力，上述事實既為嗣後其他機關裁決之既定的構成要件，故又稱為構成要件效力。

50. **C**　　51. **A**

52. **B**　具有執行力之行政處分，限於因處分而有作為或不作為義務者，即所謂下命處分。此類行政處分一旦生效，即有執行力，欲停止其執行力通常應循爭訟途徑提起救濟。

　　本題「將違法之產品沒入」屬下命處分，對違反義務者得強制執行。

53. **D**　所謂多階段處分指行政處分之作成，須二個以上機關本於各自職權共同參與而言。此際具有行政處分性質者乃屬最後階段之行為，亦即直接對外生效之部分，至於先前階段之行為則仍為內部意見之交換。凡下級機關之處分須經上級機關核准始對外生效者；或上級機關之決策已定，而指示其下級對於人民為行政處分者，均屬多階段處分。

54. **C**　　55. **D**

56. **D**　行政程序法第110條第1項：「書面之行政處分自送達相對人及已知之利害關係人起；書面以外之行政處分自以其他適當方法通知或使其知悉時起，依送達、通知或使知悉之內容對其發生效力。」本題相對人無待處分機關之說明，即已知悉處分理由，而書面處分仍記明理由，對處分之效力無影響。

57. **D**

行政程序法題庫

第1條　**為使行政行為遵循公正、公開與民主之程序，確保依法行政之原則，以保障人民權益，提高行政效能，增進人民對行政之信賴，特制定本法。**

（ 　）　行政程序法係為確保下列何一原則而制定？　(A)民主參與　(B)依法行政　(C)依法審判　(D)人性尊嚴。（92地）　　　　　　　　　　　　答：(B)

第2條　**本法所稱行政程序，係指行政機關作成行政處分、締結行政契約、訂定法規命令與行政規則、確定行政計畫、實施行政指導及處理陳情等行為之程序。**
　　　　本法所稱行政機關，係指代表國家、地方自治團體或其他行政主體表示意思，從事公共事務，具有單獨法定地位之組織。
　　　　受託行使公權力之個人或團體，於委託範圍內，視為行政機關。

（ 　）1. 行政機關所為之下列何種行為不適用行政程序法之規定？　(A)告知甲如何修改計畫後，將核給設廠之許可　(B)回覆乙所提出之陳情　(C)駁回丙建築執照之申請　(D)與丁締結私法上之和解契約。（106地三）

（ 　）2. 依據行政程序法第2條第2項規定，指代表國家、地方自治團體或其他行政主體表示意思，從事公共事務，具有單獨法定地位之組織，為本法所稱：(A)行政單位　(B)行政法人　(C)行政機關　(D)行政主體。（101地四）

（　）3.行政程序法規定，受託行使公權力之個人，於委託範圍內，視為以下何者？　(A)公務人員　(B)行政機關　(C)法人團體　(D)營造物。（99地三）

（　）4.關於行政主體與行政機關之敘述，下列何者錯誤？　(A)行政機關為其所屬行政主體之意思表示機關，所為行為法律效果歸屬於行政主體　(B)行政機關得以自己名義對外為行政行為，行政主體則否　(C)行政主體及行政機關皆具行政程序之當事人能力　(D)不相隸屬之行政主體與行政機關間不排除得互為管轄權之移轉。（106高）

答：1.(D)　2.(C)　3.(B)　4.(B)

第3條　**行政機關為行政行為時，除法律另有規定外，應依本法規定為之。**
下列機關之行政行為，不適用本法之程序規定：
一、各級民意機關。
二、司法機關。
三、監察機關。
下列事項，不適用本法之程序規定：
一、有關外交行為、軍事行為或國家安全保障事項之行為。
二、外國人出、入境、難民認定及國籍變更之行為。
三、刑事案件犯罪偵查程序。
四、犯罪矯正機關或其他收容處所為達成收容目的所為之行為。
五、有關私權爭執之行政裁決程序。
六、學校或其他教育機構為達成教育目的之內部程序。
七、對公務員所為之人事行政行為。
八、考試院有關考選命題及評分之行為。

（　）1.下列何者有行政程序法程序規定之適用？　(A)對學生之退學處分　(B)刑事案件犯罪偵查程序　(C)有關私權爭執之行政裁決程序　(D)外國人入出境之行為。（102地四）

（　）2.下列何種行為，應適用行政程序法之程序規定？　(A)考試院受理人民報名參加國家考試之行為　(B)地方法院受理人民於法院旁聽之行為　(C)考試院處理考選命題之行為　(D)直轄市議會處理人民參觀議會設施之行為。（104普）

（　）3.下列何種事項須適用行政程序法之程序規定？　(A)刑事案件犯罪偵查程序　(B)對本國人出、入國境准駁之行為　(C)看守所為達成收容目的所為之行為　(D)考試院有關考選命題及評分之行為。（101警）

（　）4. 下列何者應適用行政程序法之程序規定？　(A)有關國家安全保障事項之行為　(B)對公務人員所為一次記二大過之專案考績免職處分　(C)考試院有關考選命題及評分之行為　(D)有關私權爭執之行政裁決程序。（104警）

（　）5. 下列何者之行政行為不適用行政程序法的程序規定？　(A)公平交易委員會　(B)國家文官學院　(C)最高行政法院　(D)考選部。（101地四）

（　）6. 下列何種行政行為不適用行政程序法之程序規定？　(A)行政院作成行政處分　(B)監察院接受人民請願　(C)經濟部實施行政指導　(D)內政部與人民締結行政契約。（106普）

（　）7. 下列何者之行政行為不適用行政程序法之程序規定？　(A)考選部　(B)法務部　(C)公務人員保障暨培訓委員會　(D)臺北高等行政法院。（102警）

（　）8. 下列何者不適用行政程序法之程序規定？　(A)公立學校將學生退學之處分　(B)流浪動物收容中心收容動物之行為　(C)經濟部公告禁採砂石之行為　(D)警察機關之犯罪偵查程序。（102高）

（　）9. 下列何者之行政行為不適用行政程序法之程序規定？　(A)國立大學將學生退學　(B)外交部拒絕人民申請護照　(C)收容外國籍偷渡人民於法定處所　(D)主管機關撤銷廣播電視執照。（101普）

（　）10. 下列事項，何者適用行政程序法之程序規定？　(A)對廠商違反行政法義務，所作成之限期改善處分　(B)外國人出、入境、難民認定及國籍變更之行為　(C)有關私權爭執之行政裁決程序　(D)考試院有關考選命題及評分之行為。(105警)

答：1.(A)　2.(A)　3.(B)　4.(B)　5.(C)　6.(B)　7.(D)　8.(D)　9.(C)　10.(A)

第4條　行政行為應受法律及一般法律原則之拘束。

（　）1. 根據行政程序法第4條規定之「依法行政原則」，所謂「依法」指下列何者？　(A)行政法院判決　(B)法律及一般法律原則　(C)行政院院會決議　(D)上級主管機關函釋。（97普）

（　）2. 依行政程序法第4條之規定，行政行為應受何者之拘束，下列何者最正確？　(A)僅受法律之拘束，不受其他之拘束　(B)應同時受法律及一般法律原則之拘束　(C)僅受一般法律原則之拘束，不受其他之拘束　(D)僅受判例之拘束，不受法律及一般法律原則之拘束。（95高）

（　）3. 行政程序法第4條規定，行政行為應受法律及一般法律原則之拘束。關於其內涵，下列敘述何者錯誤？　(A)本條主要指出，法治國家中立法權與行政權關係的基本原則　(B)本條所指「法律」，不限於形式意義的法律，而且包括行政規則　(C)本條規定即為依法行政原則　(D)本條意旨包含法律優位原則及法律保留原則。（100警）　答：1.(B)　2.(B)　3.(B)

第5條　行政行為之內容應明確。

( )　下列何者非行政程序法所明定之行政法一般原理原則？　(A)平等原則
(B)比例原則　(C)誠實信用原則　(D)行政規則應符合法律授權明確性
原則。（98地四）　　　　　　　　　　　　　　　　　　　　答：(D)

第6條　行政行為，非有正當理由，不得為差別待遇。

( )　1.行政行為可否為差別待遇？　(A)絕對可以為差別待遇　(B)絕對不可以
為差別待遇　(C)有正當理由始可以為差別待遇　(D)有正當理由始不可
以為差別待遇。（106普）

( )　2.行政程序法第6條規定，行政行為，非有正當理由，不得為差別待遇，
為何種法律原則？　(A)比例原則　(B)公益原則　(C)平等原則　(D)誠
實信用原則。（100警）

( )　3.下列敘述何者正確？　(A)各級民意機關之行政行為不適用行政程序法
之實體規定　(B)有關外交行為適用行政程序法之程序規定　(C)行政行
為如有正當理由得為差別待遇　(D)行政機關就該管行政程序，僅須對
當事人不利之情形加以注意。（101地四）　　　　答：1.(C) 2.(C) 3.(C)

第7條　行政行為，應依下列原則為之：
一、採取之方法應有助於目的之達成。
二、有多種同樣能達成目的之方法時，應選擇對人民權益損害最少者。
三、採取之方法所造成之損害不得與欲達成目的之利益顯失均衡。

( )　1.行政機關實施行政行為，如有多種同樣能達成目的之方法，應選擇對人
民權益損害最少之方式，屬於下列何原則之要求？　(A)目的性原則
(B)狹義比例原則　(C)必要性原則　(D)合憲性原則。（103普）

( )　2.下列何者不屬於行政程序法第7條所規定比例原則之內容？　(A)行政行為
所追求之目的必須合理、正當　(B)採取之方法應有助於目的之達成　(C)
有多種同樣能達成目的之方法時，應選擇對人民權益損害最少者　(D)採
取之方法所造成之損害不得與欲達成目的之利益顯失均衡。（98地四）

( )　3.有多種同樣能達成裁罰目的之方法時，行政機關應選擇下列何者？　(A)對
行政機關損害最大者　(B)對行政機關損害最少者　(C)對人民權益損害最
少者　(D)對人民權益損害最大者。（100普）　　　　答：1.(C) 2.(A) 3.(C)

第8條　行政行為，應以誠實信用之方法為之，並應保護人民正當合理之信賴。

( )　關於人民公法上權利行使之敘述，下列何者正確？　(A)應本於誠實信
用為之　(B)除法律另有規定外，因5年間不行使而消滅　(C)無權利
失效原則之適用　(D)義務人不自願履行時，權利人得函請行政執行
分署行政執行，實現權利。（105高）　　　　　　　　　　答：(A)

第9條　行政機關就該管行政程序，應於當事人有利及不利之情形，一律注意。
（　）　行政機關就該管行政程序，對當事人有利或不利情形，何者須特加注意？　(A)有利之情形　(B)不利之情形　(C)有利不利一律注意　(D)不論有利不利，與公益無關者不予考量。（92普）　　　答：(C)

第10條　行政機關行使裁量權，不得逾越法定之裁量範圍，並應符合法規授權之目的。
（　）1.關於裁量權行使，下列敘述何者錯誤？　(A)不得逾越法律授與裁量範圍　(B)不受法拘束，而得自由裁度推量　(C)得為處分之附款　(D)應符合法規授權目的。（105警）
（　）2.下列何種規定，行政機關在適用時，有合義務裁量原則之適用？　(A)拋棄紙屑者，處新臺幣1200元以上，6000元以下罰鍰　(B)汽車行駛於道路上，其駕駛人未繫安全帶者，處駕駛人新臺幣1500元罰鍰　(C)行政執行之義務人因管收，而其一家生計有難以維持之虞者，不得管收　(D)行政機關認再開程序之申請有理由者，應撤銷、廢止或變更原處分。（101地三）
答：1.(B) 2.(A)

第11條　行政機關之管轄權，依其組織法規或其他行政法規定之。
　　　　行政機關之組織法規變更管轄權之規定，而相關行政法規所定管轄機關尚未一併修正時，原管轄機關得會同組織法規變更後之管轄機關公告或逕由其共同上級機關公告變更管轄之事項。
　　　　行政機關經裁併者，前項公告得僅由組織法規變更後之管轄機關為之。
　　　　前二項公告事項，自公告之日起算至第三日起發生移轉管轄權之效力。但公告特定有生效日期者，依其規定。
　　　　管轄權非依法規不得設定或變更。
（　）1.行政程序法第11條第1項規定：「行政機關之管轄權，依其組織法規或其他行政法規定之。」係下列何原則之規範？　(A)管轄優先原則　(B)移轉管轄原則　(C)管轄法定原則　(D)指定管轄原則。（104普）
（　）2.行政機關因裁併，組織法規變更，致管轄權發生變動者，若相關行政法規所定管轄機關尚未一併修正時，得由下列何者公告變更管轄事項？　(A)組織法變更前之管轄機關　(B)組織法變更後之管轄機關　(C)組織法變更前之管轄機關的上級機關　(D)組織法變更後之管轄機關的上級機關。（101地四）
（　）3.依據行政程序法第11條第4項之規定，有關管轄變更之公告，係自公告之日起算至第幾日起發生移轉管轄權之效力？　(A)第30日　(B)第14日　(C)第7日　(D)第3日。（104警）

(　) 4. 依行政程序法規定，下列何者非屬管轄權移轉之合法要件？　(A)權限移轉須有法規之依據　(B)須經上級機關核定後公告之　(C)須公告內容包括移轉之事項及法規依據　(D)須刊登政府公報或新聞紙。（107高）

(　) 5. 下列關於管轄權之敘述，何者錯誤？　(A)行政機關之管轄權，依其組織法規或其他行政法規定之　(B)管轄權非依法規不得設定或變更　(C)行政機關之組織法規變更管轄權之規定，而相關行政法規所定管轄機關尚未一併修正時，得僅由原管轄機關公告變更管轄之事項　(D)行政機關經裁併者，行政機關之組織法規變更管轄權之規定，而相關行政法規所定管轄機關尚未一併修正時，得僅由組織法規變更後之管轄機關公告變更管轄之事項。（103普）

(　) 6. 有關管轄權之敘述，下列何者錯誤？　(A)管轄權係指行政機關得以執行行政任務之權限　(B)管轄權得由行政機關依職權移轉予他機關行使　(C)管轄權除規定於行政機關之組織法外，亦得規定於作用法　(D)管轄權非依法規不得變更。（107地四）　　答：1.(C) 2.(B) 3.(D) 4.(B) 5.(C) 6.(B)

第12條　不能依前條第一項定土地管轄權者，依下列各款順序定之：
一、關於不動產之事件，依不動產之所在地。
二、關於企業之經營或其他繼續性事業之事件，依經營企業或從事事業之處所，或應經營或應從事之處所。
三、其他事件，關於自然人者，依其住所地，無住所或住所不明者，依其居所地，無居所或居所不明者，依其最後所在地。關於法人或團體者，依其主事務所或會址所在地。
四、不能依前三款之規定定其管轄權或有急迫情形者，依事件發生之原因定之。

(　)　有關土地管轄無法依組織法規決定時，依據行政程序法第12條規定，關於不動產之事件，其準據為何？　(A)依不動產出賣人戶籍地　(B)依不動產買受人居住地　(C)依不動產之所在地　(D)由不動產出賣人與買受人約定。（100普）　　　　　　　　　　　　　　　　答：(C)

第13條　同一事件，數行政機關依前二條之規定均有管轄權者，由受理在先之機關管轄，不能分別受理之先後者，由各該機關協議定之，不能協議或有統一管轄之必要時，由其共同上級機關指定管轄，無共同上級機關時，由各該上級機關協議定之。
前項機關於必要之情形時，應為必要之職務行為，並即通知其他機關。

(　) 1. 行政機關管轄權發生競合或爭議時，其解決途徑，下列敘述何者錯誤？　(A)由受理在先的優先受理　(B)由各機關協商　(C)由共同上級機關指定管轄　(D)讓人民自行選擇。（104警）

（　）2. 依行政程序法規定，數行政機關依行政程序法規定就同一事件均有管轄權者，應由何機關管轄？　(A)由地理上昀接近之機關管轄　(B)由受理在先之機關管轄　(C)由受理在後之機關管轄　(D)由機關組織規模決定，規模大者管轄。（107普）

（　）3. 關於行政程序法管轄權競合時處理之規定，下列何者錯誤？　(A)同一事件數行政機關皆有管轄權者，不能協議者由其共同上級機關指定管轄　(B)同一事件數行政機關皆有管轄權者，由受理在先之機關管轄　(C)同一事件數行政機關皆有管轄權，不能協議者，得申請行政法院指定之　(D)同一事件數行政機關皆有管轄權且無法分先後者，由各機關協議之。（106高）

（　）4. 依行政程序法規定，有關管轄權之敘述，下列何者錯誤？　(A)行政機關之管轄權，得依據行政機關首長職務命令變更之　(B)關於不動產之事件，依其不動產所在地之機關具有管轄權　(C)關於企業經營，依其企業之處所之機關具有管轄權　(D)數機關有管轄權之爭議時，由受理在先之機關具有管轄權。（108普）　　　　　答：1.(D) 2.(B) 3.(C) 4.(D)

第14條　**數行政機關於管轄權有爭議時，由其共同上級機關決定之，無共同上級機關時，由各該上級機關協議定之。**

前項情形，人民就其依法規申請之事件，得向共同上級機關申請指定管轄，無共同上級機關者，得向各該上級機關之一為之。受理申請之機關應自請求到達之日起十日內決定之。

在前二項情形未經決定前，如有導致國家或人民難以回復之重大損害之虞時，該管轄權爭議之一方，應依當事人申請或依職權為緊急之臨時處置，並應層報共同上級機關及通知他方。

人民對行政機關依本條所為指定管轄之決定，不得聲明不服。

（　）1. 依行政程序法之規定，數行政機關於管轄權有爭議，如無共同上級機關時，應如何處理？　(A)由行政法院決定之　(B)由各該上級機關協議定之　(C)由立法院決定之　(D)由人事行政局協議定之。（99地三）

（　）2. 行政院人事行政總處與銓敘部於管轄權有爭議時，應依下列何種方式定管轄權歸屬？　(A)由總統府決定之　(B)由司法院決定之　(C)由當事人擇一而定　(D)由行政院與考試院協議定之。（106地四）

（　）3. 銓敘部與行政院人事行政總處就某一事件均認無管轄權時，應如何解決此一管轄權之爭議？　(A)由總統指定　(B)聲請大法官解釋決定　(C)由銓敘部與行政院人事行政總處協議決定　(D)由考試院與行政院協議決定。（101高）

( ) 4. 臺北市政府民政局與勞工局於管轄權有爭議時,應如何解決? (A)由臺北市政府決定之 (B)由臺北市政府民政局與勞工局協議定之 (C)由行政院決定之 (D)由內政部與行政院勞工委員會協議定之。(102地三)

答:1.(B) 2.(D) 3.(D) 4.(A)

第15條 行政機關得依法規將其權限之一部分,委任所屬下級機關執行之。
行政機關因業務上之需要,得依法規將其權限之一部分,委託不相隸屬之行政機關執行之。
第2項情形,應將委任或委託事項及法規依據公告之,並刊登政府公報或新聞紙。

( ) 1. 甲鄉因無法自力收集垃圾,委託乙鄉代為清運處理,為下列何種行政管轄權之變動? (A)權限之委任 (B)權限之代理 (C)委託行使公權力 (D)權限之委託。(107地四)

( ) 2. 依行政程序法規定,教育部公告將其教師升等審查業務交由某國立大學辦理,此一行為屬性為何? (A)職務協助 (B)委辦 (C)委任 (D)委託。(108普)

( ) 3. 關於管轄之敘述,下列何者錯誤? (A)管轄權非依法規不得設定或變更 (B)行政機關對事件管轄權之有無,應依職權調查;其認無管轄權者,應即移送有管轄權之機關,並通知當事人 (C)行政機關得依法規將其權限之一部分,委任所屬下級機關執行之 (D)行政機關因業務上之需要,得向無隸屬關係之其他機關請求協助,不得將權限之一部分委託其執行。(106普)

( ) 4. 下列有關權限委任之敘述,何者錯誤? (A)委任所屬下級機關 (B)須有法規依據 (C)應公告並刊登政府公報或新聞紙 (D)得將權限之全部委任。(101高)

( ) 5. 行政機關將其權限之一部分,委由不相隸屬之行政機關執行者,現行法制稱為? (A)委任 (B)委託 (C)委辦 (D)委屬辦理。(98普)

( ) 6. 行政機關因業務上之需要,依法規將其權限之一部分移轉由不相隸屬之行政機關執行之情形,行政程序法第15條第2項稱為? (A)委任 (B)委託 (C)委辦 (D)機關借用。(98地四)

( ) 7. 內政部開辦國民年金後,因未另設機關負責,透過立法將業務交由勞工保險局辦理,此種情形類似於行政法學理上的那種行為? (A)機關協助 (B)權限委任 (C)權限委託 (D)權限委辦。(101地三)

( ) 8. 臺中市政府將其所掌理之事項依法授權由其衛生局管轄之行為,屬於? (A)行政委託 (B)委辦 (C)委託 (D)委任。(100地三)

（　）9. 關於行政機關管轄權之規定，下列敘述何者錯誤？
　　　　(A)機關得依法規將一部分權限，委託所屬機關執行之
　　　　(B)管轄權非依法規不得設定或變更
　　　　(C)委託事項及法規依據應公告，並刊登政府公報或新聞紙
　　　　(D)行政機關對事件管轄權之有無，應依職權調查。（105地四）

（　）10. 行政程序法第15條第1項所規定的委任，是下列何種行政組織間的管轄
　　　　移轉？　(A)不相隸屬之行政機關間　(B)上級機關對其所屬之下級機關
　　　　(C)屬同一層級之平行行政機關間　(D)行政機關對其直接上級機關。
　　　　（100地四）

　　　　　　　答：1.(D)　2.(C)　3.(D)　4.(D)　5.(B)　6.(B)　7.(C)　8.(D)　9.(A)　10.(B)

第16條　行政機關得依法規將其權限之一部分，委託民間團體或個人辦理。
**　　　　前項情形，應將委託事項及法規依據公告之，並刊登政府公報或新聞紙。**
**　　　　第1項委託所需費用，除另有約定外，由行政機關支付之。**

（　）1. 行政執行分署為執行公法上金錢給付義務事項，得將權限之一部分委託
　　　　下列何者辦理？　(A)當地民間團體　(B)當地縣市政府　(C)當地里辦
　　　　公處　(D)當地警察分局。（108普）

（　）2. 關於行政程序法所定之權限委託，下列敘述何者錯誤？　(A)僅得為權
　　　　限之全部委託　(B)須有法規之依據　(C)應將委託事項公告　(D)發生
　　　　於不相隸屬之機關間。（107普）

（　）3. 行政程序法第16條規定，機關得依法規將其權限之一部分，委託給民間
　　　　團體或私人來辦理。下列敘述何者錯誤？　(A)相關事項與法規依據必須
　　　　公告　(B)此一情形學理上稱為委託行使公權力　(C)在委託範圍內，該
　　　　民間團體或個人視為行政機關　(D)委託機關為原處分機關。（100普）

　　　　　　　　　　　　　　　　　　　　　　　　　答：1.(A)　2.(A)　3.(D)

第17條　行政機關對事件管轄權之有無，應依職權調查；其認無管轄權者，應即
**　　　　移送有管轄權之機關，並通知當事人。**
**　　　　人民於法定期間內提出申請，依前項規定移送有管轄之機關者，視同已**
**　　　　在法定期間內向有管轄權之機關提出申請。**

（　）1. 依行政程序法規定，行政機關對事件管轄權之處理，下列敘述何者正
　　　　確？　(A)行政機關對事件管轄權之有無，不待當事人主張或與其他機關
　　　　產生爭議，均應依職權調查　(B)行政機關對人民申請事件認無管轄權
　　　　者，應對當事人為不受理之通知，並表明得提起行政訴訟之意旨　(C)
　　　　人民向無管轄權之機關提出申請，經移送有管轄權之機關時，已逾越法
　　　　定期間者，應為不受理之通知　(D)行政機關對事件之管轄權，得依行
　　　　政機關相互間之協議，變更組織法規所定之管轄權。（105地三）

( ) 2. 行政程序法對行政機關管轄權之原則規定，下列敘述何者錯誤？ (A)行政機關之管轄權，依其組織法規或其他行政法規定之 (B)管轄權非依法規不得設定或變更 (C)行政機關對事件管轄權之有無，應依職權調查 (D)行政機關認無管轄權者，應即將申請書件退還當事人。（106移四）

( ) 3. 有關行政機關之管轄權，下列敘述何者錯誤？ (A)行政機關之管轄權，依其組織法規或其他行政法規定之 (B)行政機關對特定事件有無管轄權，應依職權調查之 (C)行政機關認其對特定事件無管轄權時，應即移送上級機關處理 (D)有關不動產之事件，以不動產所在地之行政機關為有管轄權之機關。（107普）

答：1.(A) 2.(D) 3.(C)

第18條 行政機關因法規或事實之變更而喪失管轄權時，應將案件移送有管轄權之機關，並通知當事人。但經當事人及有管轄權機關之同意，亦得由原管轄機關繼續處理該案件。

( ) 1. 依行政程序法之規定，行政機關受理案件時有管轄權，在處理程序中因法規或事實變更而喪失管轄權時，原則上應如何處理？ (A)仍由原受理之管轄機關繼續處理該案件 (B)應將案件移送有管轄權之機關並通知當事人 (C)應由原受理之管轄機關與現有管轄權之機關協商解決 (D)應報請上級機關指定管轄機關。（102地四）

( ) 2. A提出一項申請案，依法本案應由A住（居）所所在地之縣（市）政府管轄，A遂向所居住之桃園縣政府提出申請。在本案審查期間，A搬家到新竹縣，請問A所提申請案後續應如何處理？ (A)原則上由桃園縣政府繼續處理 (B)原則上應移轉給新竹縣政府處理 (C)原則上應報請中央主管機關指定管轄機關 (D)原則上由桃園縣政府與新竹縣政府協議決定管轄機關。（99高）

( ) 3. 行政機關因法規變更而喪失管轄權時，應將案件移送有管轄權之機關，並通知當事人，但經當事人及下列何者之同意，亦得由原管轄機關繼續處理該案件？ (A)喪失管轄機關與有管轄權機關之共同上級機關 (B)喪失管轄機關之上級機關 (C)有管轄權機關之上級機關 (D)有管轄權機關。（102警）

答：1.(B) 2.(B) 3.(D)

第19條 行政機關為發揮共同一體之行政機能，應於其權限範圍內互相協助。
行政機關執行職務時，有下列情形之一者，得向無隸屬關係之其他機關請求協助：
一、因法律上之原因，不能獨自執行職務者。

二、因人員、設備不足等事實上之原因，不能獨自執行職務者。

三、執行職務所必要認定之事實，不能獨自調查者。

四、執行職務所必要之文書或其他資料，為被請求機關所持有者。

五、由被請求機關協助執行，顯較經濟者。

六、其他職務上有正當理由須請求協助者。

前項請求，除緊急情形外，應以書面為之。

被請求機關於有下列情形之一者，應拒絕之：

一、協助之行為，非其權限範圍或依法不得為之者。

二、如提供協助，將嚴重妨害其自身職務之執行者。

被請求機關認有正當理由不能協助者，得拒絕之。

被請求機關認為無提供行政協助之義務或有拒絕之事由時，應將其理由通知請求協助機關。請求協助機關對此有異議時，由其共同上級機關決定之，無共同上級機關時，由被請求機關之上級機關決定之。

被請求機關得向請求協助機關要求負擔行政協助所需費用。其負擔金額及支付方式，由請求協助機關及被請求機關以協議定之；協議不成時，由其共同上級機關定之。

( )1.教育部借用國立臺灣大學的教室辦理公費留學考試，其法律性質為何？ (A)委託　(B)委任　(C)委辦　(D)職務協助。（105地四）

( )2.依行政程序法規定，關於職務協助之敘述，下列何者正確？　(A)被請求機關認有正當理由不能協助者，得於通知其直接上級機關後，以書面拒絕請求協助機關　(B)若所請求之協助行為非屬被請求機關權限範圍者，得於經其直接上級機關同意後拒絕提供職務協助　(C)由無隸屬關係之被請求機關協助執行，顯較經濟者，行政機關得請求其協助執行職務　(D)被請求機關認為無提供行政協助之義務者，應將其理由通知請求協助機關，請求協助機關不得異議。（108普）

( )3.行政機關因法律上之原因，不能獨自執行職務時，得如何處理？　(A)移送上級機關執行　(B)委任所屬下級機關執行　(C)委託民間團體或個人辦理　(D)向無隸屬關係之其他機關請求協助。（99地四）

( )4.營業稅法第53條第2項規定：「前項停止營業之處分，由警察機關協助執行，並於執行前通知營業人之主管機關。」警察機關依前開規定之協助執行，性質為何？　(A)行政委託　(B)職務協助　(C)行政執行　(D)行政委任。（102地四）

( )5.下列何者不涉及行政機關管轄權之變動？　(A)委任　(B)委託　(C)職務協助　(D)委辦。（100地四）

（　）6. 下列何者，行政機關之管轄權並未發生變動？　(A)下級自治團體執行上級自治團體之委辦事項　(B)行政機關請求無隸屬關係之機關為職務協助　(C)行政機關執行無隸屬關係之機關依法委託之事項　(D)上級機關代行處理原屬於下級機關應行使之權限。（103高）

（　）7. 職務協助與行政委託之異同，下列敘述何者錯誤？　(A)職務協助不須有法律為授權依據；行政委託須有法律或法規為授權依據　(B)兩者皆發生管轄權變更或移轉之效果　(C)職務協助不須公告；行政委託須公告　(D)職務協助之事項不一定須為公權力之行使；行政委託之事項須為公權力之行使。（102地四）

（　）8. 關於行政程序法上職務協助之敘述，下列何者正確？　(A)屬行政機關間長期、經常性的關係　(B)職務協助之採行，將使提供協助事項之管轄權，移轉至被請求協助機關　(C)僅就個案提供協助　(D)職務協助之事項及法規依據應對外公告。（107高）

（　）9. 甲機關為執行行政檢查業務，欲請求乙機關派員協助。下列敘述何者錯誤？　(A)甲機關因法律上之原因，不能獨自執行職務，故可請求乙機關協助　(B)由乙機關協助執行顯較經濟者，得請求之　(C)乙機關得上級機關之同意時，得拒絕之　(D)乙機關得向甲機關請求負擔行政協助所需費用。（108高）

（　）10. 依行政程序法第19條之規定，行政機關應於其權限範圍內互相協助。下列敘述何者錯誤？　(A)被請求機關認有正當理由不能協助者，得拒絕之　(B)被請求機關有拒絕之事由時，應將其理由通知請求協助機關　(C)被請求機關不得向請求協助機關要求負擔行政協助所需費用　(D)協助請求，除緊急情形外，應以書面為之。（105高）

（　）11. 有關職務協助關係，下列敘述何者錯誤？　(A)職務協助行為之發動，原則上以其他機關之請求為要件　(B)職務協助僅是臨時性，該事件處理完畢，職務協助則應停止　(C)職務協助過程中，原則上請求機關仍是程序上之主體，被請求機關僅居於輔助地位　(D)基於行政一體原則，被請求機關並無是否提供職務協助的審核權。（105地四）

（　）12. 關於行政程序法上職務協助之規定，下列敘述何者錯誤？　(A)為確保行政一體之行政機能，下級機關自應主動協助上級機關履行職權　(B)若由他機關協助執行，顯較經濟者，得請求其提供協助　(C)僅限於在行政機關本身之權限範圍內提供協助　(D)職務協助之請求，於緊急情形下，得以口頭方式提出。（107地四）

（　）13.有關行政程序法規定之機關間職務協助，下列敘述何者錯誤？　(A)除緊急情形外，應以書面為之　(B)被請求機關不得拒絕　(C)被請求機關得向請求協助機關要求負擔職務協助所需費用　(D)得向無隸屬關係之其他機關請求協助。（108普）

（　）14.依行政執行法規定，下列何者非屬執行機關得請求其他機關協助之事由？　(A)須在管轄區域外執行者　(B)無充足之執行經費者　(C)執行時有遭遇抗拒之虞者　(D)執行目的有難於實現之虞者。（107普）

答：1.(D)　2.(C)　3.(D)　4.(B)　5.(C)　6.(B)　7.(B)　8.(C)　9.(C)　10.(C)　11.(D)　12.(A)　13.(B)　14.(B)

第20條　本法所稱之當事人如下：
　　一、申請人及申請之相對人。
　　二、行政機關所為行政處分之相對人。
　　三、與行政機關締結行政契約之相對人。
　　四、行政機關實施行政指導之相對人。
　　五、對行政機關陳情之人。
　　六、其他依本法規定參加行政程序之人。

（　）1.行政程序法所稱行政程序之當事人，不包括下列何人？　(A)申請人或行政行為之相對人　(B)依行政程序法參加行政程序之利害關係人　(C)行政程序之證人　(D)對行政機關陳情之人。（105高）

（　）2.下列何者為行政程序法所稱之當事人？　(A)未成年人之法定代理人　(B)公司之監察人　(C)對行政機關陳情之人　(D)訴願機關。（100高）

（　）3.下列何者非屬行政程序法所稱之當事人？　(A)參與程序之參加人　(B)檢舉污染之陳情人　(C)訂定法規命令之提議人　(D)申請建造執照之申請人。（107普）

答：1.(C)　2.(C)　3.(C)

第21條　有行政程序之當事人能力者如下：
　　一、自然人。　　　　　　　　　　**二、法人。**
　　三、非法人之團體設有代表人或管理人者。　四、行政機關。
　　五、其他依法律規定得為權利義務之主體者。

（　）1.依行政程序法之規定，下列何者不具有行政程序之當事人能力？　(A)未成年人　(B)外國人　(C)非法人團體未設有代表人者　(D)行政機關。（95普）

（　）2.下列何者不具有行政程序之當事人能力？　(A)自然人　(B)非法人之團體設有代表人或管理人者　(C)行政機關　(D)立法機關。（100高）

答：1.(C)　2.(D)

第22條　有行政程序之行為能力者如下：
　　　　一、依民法規定，有行為能力之自然人。
　　　　二、法人。
　　　　三、非法人之團體由其代表或管理人為行政程序行為者。
　　　　四、行政機關由首長或其代理人、授權之人為行政程序行為者。
　　　　五、依其他法律規定者。
　　　　無行政程序行為能力者，應由其法定代理人代為行政程序行為。
　　　　外國人依其本國法律無行政程序之行為能力，而依中華民國法律有行政
　　　　程序之行為能力者，視為有行政程序之行為能力。

（　）　下列何者無行政程序之行為能力？　(A)行政機關由首長為行政程序行
　　　　為者　(B)法人　(C)非法人團體由其管理人為行政程序行為者　(D)10
　　　　歲之自然人。（102地三）　　　　　　　　　　　　　　　　答：(D)

第24條　當事人得委任代理人。但依法規或行政程序之性質不得授權者，不得為
　　　　之。每一當事人委任之代理人，不得逾三人。
　　　　代理權之授與，及於該行政程序有關之全部程序行為。
　　　　但申請之撤回，非受特別授權，不得為之。
　　　　行政程序代理人應於最初為行政程序行為時，提出委任書。
　　　　代理權授與之撤回，經通知行政機關後，始對行政機關發生效力。

（　）1.行政程序中，依行政程序法之規定，得委任代理人，下列對代理人之敘
　　　　述，何者正確？　(A)其他法規不得禁止當事人委任代理人　(B)每一當事
　　　　人委任之代理人不得逾二人　(C)代理人應於最初為行政程序行為時，提出
　　　　委任書　(D)代理人有二人時，應共同代理當事人為意思表示。（92高）

（　）2.下列有關代理人之敘述，何者依行政程序法之規定係屬正確？　(A)代
　　　　理人有二人以上者必須共同代理　(B)代理人得任意委任他人為複代理
　　　　人　(C)代理人有二人以上且委任契約訂明必須共同代理，其代理人仍
　　　　得單獨代理　(D)代理權因本人死亡而消滅。（101高）　答：1.(C) 2.(C)

第26條　代理權不因本人死亡或其行政程序行為能力喪失而消滅。法定代理有變
　　　　更或行政機關經裁併或變更者，亦同。

（　）　行政程序法有關當事人委任代理人之規定，下列敘述何者錯誤？　(A)每
　　　　一當事人委任之代理人，不得逾3人　(B)代理人有2人以上者，均得單獨
　　　　代理當事人　(C)代理人經本人同意得委任他人為複代理人　(D)代理權
　　　　因本人死亡而消滅。（101警）　　　　　　　　　　　　　答：(D)

第27條　多數有共同利益之當事人，未共同委任代理人者，得選定其中一人至五
　　　　人為全體為行政程序行為。
　　　　未選定當事人，而行政機關認有礙程序之正常進行者，得定相當期限命

其選定；逾期未選定者，得依職權指定之。

經選定或指定為當事人者，非有正當理由不得辭退。

經選定或指定當事人者，僅得由該當事人為行政程序行為，其他當事人脫離行政程序。但申請之撤回、權利之拋棄或義務之負擔，非經全體有共同利益之人同意，不得為之。

( )　行政機關舉行聽證時，因當事人及利害關係人人數眾多，且利害關係複雜，為使聽證程序正常進行，依行政程序法規定，得選定當事人。下列敘述何者錯誤？　(A)有共同利益之多數當事人，未共同委任代理人者，得選定其中至多五人為當事人　(B)選定當事人有數人者，均得單獨為全體於聽證程序中陳述意見　(C)當事人之選定非以書面通知行政機關者，選定不生效力　(D)經選定當事人者，僅得由該當事人為程序行為，其他當事人一律脫離行政程序。（108高）　　　　　答：(D)

第32條　公務員在行政程序中，有下列各款情形之一者，應自行迴避：

一、本人或其配偶、前配偶、四親等內之血親或三親等內之姻親或曾有此關係者為事件之當事人時。

二、本人或其配偶、前配偶，就該事件與當事人有共同權利人或共同義務人之關係者。

三、現為或曾為該事件當事人之代理人、輔佐人者。

四、於該事件，曾為證人、鑑定人者。

( ) 1. 依行政程序法之規定，在行政程序中，下列何者為事件之當事人時，公務員應自行迴避？　(A)四親等內之血親　(B)五親等內之血親　(C)四親等內之姻親　(D)五親等內之姻親。（102警）

( ) 2. 依據行政程序法規定，公務員在行政程序中，有下列情形者，應自行迴避：　(A)前配偶為事件之當事人時　(B)五親等內之血親為事件當事人時　(C)四親等內之姻親為事件當事人時　(D)前上級長官為事件當事人時。（101地四）

( ) 3. 甲公務員在處理乙的申請案時，發現乙是甲的三等姻親，有關甲乙依法應如何處理迴避的敘述，下列何者正確？　(A)甲乙皆應自行迴避　(B)甲應自行迴避　(C)乙應依甲的命令迴避　(D)甲乙皆應申請迴避。（106地四）

( ) 4. 下列何者不屬於行政程序法中應自行迴避之事由？　(A)公務員之父親為事件當事人　(B)公務員之前配偶就該事件與當事人有共同權利人之關係　(C)公務員之配偶曾為該事件之鑑定人　(D)公務員曾為該事件之證人。（100地四）

( ) 5. 依行政程序法規定，下列何者並非公務員於行政程序中應自行迴避之情形？
(A)前配偶為事件之當事人時　(B)五親等血親為事件之當事人時　(C)曾為該事件當事人之代理人者　(D)於該事件，曾為證人者。（101警）

( ) 6. 行政程序法第32條規定，公務員在行政程序中應自行迴避之情形，下列何者不屬之？　(A)自認執行職務有偏頗之虞時　(B)曾為該事件當事人之代理人　(C)於該事件曾為鑑定人者　(D)三親等內之姻親為事件當事人時。（105地四）

( ) 7. 下列何者非屬公務員在行政程序中應自行迴避之事由？　(A)公務員四親等內之血親為事件之當事人時　(B)公務員三親等內之姻親為事件之當事人時　(C)公務員之配偶為事件之當事人時　(D)公務員曾為該事件之前行政程序承辦人時。（104普）

答：1.(A) 2.(A) 3.(B) 4.(C) 5.(B) 6.(A) 7.(D)

第33條 公務員有下列各款情形之一者，當事人得申請迴避：
一、有前條所定之情形而不自行迴避者。
二、有具體事實，足認其執行職務有偏頗之虞者。
前項申請，應舉其原因及事實，向該公務員所屬機關為之，並應為適當之釋明；被申請迴避之公務員，對於該申請得提出意見書。
不服行政機關之駁回決定者，得於五日內提請上級機關覆決，受理機關除有正當理由外，應於十日內為適當之處置。
被申請迴避之公務員在其所屬機關就該申請事件為准許或駁回之決定前，應停止行政程序。但有急迫情形，仍應為必要處置。
公務員有前條所定情形不自行迴避，而未經當事人申請迴避者，應由該公務員所屬機關依職權命其迴避。

( ) 1. 甲申請建造執照時，得知承辦公務員乙之前配偶居住於基地附近，如核發建照將影響該前配偶之生活品質。為使乙公正處理甲之申請案，依行政程序法規定，下列敘述何者正確？　(A)乙依法應自行迴避本件申請案，若未迴避而作成行政處分，該行政處分違法　(B)甲應向主管機關提出充分證據，證明乙執行職務有偏頗之虞，以申請其迴避　(C)如主管機關認為乙並無應迴避之理由，甲得就此逕行提起行政爭訟尋求救濟　(D)乙於主管機關尚未決定其是否應迴避作成前，如有急迫情形仍應為必要處置。（108高）

( ) 2. 有關迴避之敘述，下列何者正確？　(A)在行政程序中，公務員曾為該事件之鑑定人者無須迴避　(B)當事人申請迴避時，應向該公務員所屬機關之上級機關為之　(C)不服申請迴避之駁回決定者，得提請行政院覆決　(D)被申請迴避之公務員，於有權機關就該申請事件為准駁之決定前，應停止行政程序。（101地四）

答：1.(D) 2.(D)

第34條　行政程序之開始，由行政機關依職權定之。但依本法或其他法規之規定有開始行政程序之義務，或當事人已依法規之規定提出申請者，不在此限。

( )1. 我國行政程序法有關行政程序開始之決定，係以採行下列何一主義為原則？　(A)處分權主義　(B)當事人進行主義　(C)職權進行主義　(D)自由心證主義。（95地四）

( )2. 行政程序之開始與終結，原則上係採：　(A)當事人進行主義　(B)職權進行主義　(C)申請主義　(D)法定主義。（98普）　　　　答：1.(C) 2.(B)

第36條　行政機關應依職權調查證據，不受當事人主張之拘束，對當事人有利及不利事項一律注意。

( )1. 行政機關應依職權調查證據，不受當事人主張之拘束。此為：　(A)當事人進行主義　(B)職權調查主義　(C)法定證據主義　(D)自由心證主義。（102高）

( )2. 下列有關行政機關調查事實及證據之敘述，何者正確？　(A)行政機關應依當事人申請，不得依職權調查證據　(B)調查時不受當事人主張之拘束，應對當事人有利及不利事項一律注意　(C)調查事實及證據，必須製作成書面紀錄　(D)當事人必須在場，行政機關方得實施勘驗。（102警）

( )3. 有關行政程序法對於行政機關調查證據之敘述，下列何者最正確？　(A)依職權調查證據，但應受當事人主張之拘束　(B)對當事人有利及不利事項應一律注意　(C)為維護當事人權益，僅應對當事人有利事項注意　(D)為維護公共利益，僅應注意當事人不利之事項。（100普）

( )4. 依據行政程序法，關於行政機關調查證據，下列敘述何者錯誤？　(A)行政機關調查事實與證據，得製作書面紀錄　(B)行政機關依職權調查證據，但受當事人主張之拘束　(C)行政機關得選定適當之人為鑑定　(D)行政機關為瞭解事實真相，得實施勘驗。（106移四）

答：1.(B) 2.(B) 3.(B) 4.(B)

第39條　行政機關基於調查事實及證據之必要，得以書面通知相關之人陳述意見。通知書中應記載詢問目的、時間、地點、得否委託他人到場及不到場所生之效果。

( )1. 行政機關為調查事實與證據，以書面通知當事人陳述意見，若當事人拒絕到場陳述時，則下列何者正確？　(A)得推定該事實為真正　(B)行政機關不必再行調查事實與證據　(C)無法判斷事實，故應呈請上級機關核示　(D)仍應斟酌其他調查結果，為真偽之判斷。（91高）

（　）2.行政機關得以書面通知相關之人陳述意見，下列何者不是通知書之必要
內容？　(A)詢問之目的　(B)應到之時間、地點　(C)不到場將予拘提
(D)得否委託他人到場。（101警）

答：1.(D)　2.(C)

第42條　**行政機關為瞭解事實真相，得實施勘驗。**
勘驗時應通知當事人到場。但不能通知者，不在此限。

（　）　有關行政機關調查證據的敘述，下列何者錯誤？　(A)行政機關調查證
據，不受當事人主張之拘束　(B)當事人於行政程序中，得向行政機關
申請調查證據　(C)當事人於行政程序中，得自行提出證據　(D)行政機
關實施勘驗時，行政機關不能通知當事人者，不得實施。（101地四）

答：(D)

第43條　**行政機關為處分或其他行政行為，應斟酌全部陳述與調查事實及證據之結**
果，依論理及經驗法則判斷事實之真偽，並將其決定及理由告知當事人。

（　）　下列何者不是行政程序法所規定行政機關調查事實的方法？　(A)詢問
證人　(B)實施勘驗　(C)拘提不合作之人到場說明　(D)送請鑑定。
（93普）

答：(C)

第46條　**當事人或利害關係人得向行政機關申請閱覽、抄寫、複印或攝影有關資**
料或卷宗。但以主張或維護其法律上利益有必要者為限。
行政機關對前項之申請，除有下列情形之一者外，不得拒絕：
一、行政決定前之擬稿或其他準備作業文件。
二、涉及國防、軍事、外交及一般公務機密，依法規規定有保密之必
要者。
三、涉及個人隱私、職業秘密、營業秘密，依法規規定有保密之必要者。
四、有侵害第三人權利之虞者。
五、有嚴重妨礙有關社會治安、公共安全或其他公共利益之職務正常進
行之虞者。
前項第2款及第3款無保密必要之部分，仍應准許閱覽。
當事人就第1項資料或卷宗內容關於自身之記載有錯誤者，得檢具事實
證明，請求相關機關更正。

（　）1.關於行政程序法閱覽卷宗請求權之說明，下列何者正確？　(A)閱覽卷
宗請求權為任何人民於行政程序中皆享有之權利　(B)行政機關對於閱
卷請求所為之決定為具有實體效力之行政處分　(C)請求閱覽卷宗，限
於有利於申請人主張或維護法律利益　(D)閱覽卷宗如發現資料內容關
於他人之記載有錯誤，得請求更正。（103高）

( ) 2. 行政程序進行中，得向行政機關申請閱覽卷宗之人，不包括： (A)申請人 (B)行政行為之相對人 (C)利害關係人 (D)當事人以外之第三人。（102地三）

( ) 3. 下列何者，不負有依政府資訊公開法公開資訊之義務？ (A)臺中市政府環境保護局 (B)衛生福利部樂生療養院 (C)交通部之中華郵政公司 (D)行政院國家發展委員會。（103高）

( ) 4. 依政府資訊公開法之規定，關於政府資訊公開事件之救濟審理程序，下列敘述何者正確？ (A)訴願得一部秘密審理，行政訴訟不得一部秘密審理 (B)訴願不得秘密審理，行政訴訟得一部或全部秘密審理 (C)訴願及行政訴訟均得一部或全部秘密審理 (D)訴願得全部或一部秘密審理，行政訴訟不得秘密審理。（103高）

( ) 5. 下列何者有行政程序法閱覽卷宗規定之適用？ (A)高雄高等行政法院審理撤銷訴訟 (B)監察院對行政機關所為之糾正 (C)立法院財政委員會辦理立法公聽會 (D)行政機關對於所屬公務員所為之免職處分。（107普）

( ) 6. 於行政程序中，如當事人向行政機關申請閱覽卷宗被拒絕，當事人得如何提起救濟？ (A)得直接提起訴願 (B)得直接提起行政訴訟 (C)僅得於對該機關之實體決定不服時，一併聲明不服 (D)得向行政法院聲請假處分。（104警）

( ) 7. 依行政程序法規定，有關閱覽卷宗之敘述，下列何者錯誤？ (A)事件之利害關係人為維護其名譽，得向行政機關申請複印卷宗 (B)行政機關對於當事人申請複印之標的為行政決定前之擬稿者，得拒絕其請求 (C)行政機關對於當事人所申請閱覽之卷宗，涉及外交機密依法有保密必要者，得拒絕其請求 (D)卷宗內容關於當事人之記載有錯誤者，利害關係人得檢具事實證明，請求相關機關更正。（107普）

( ) 8. 下列對於政府資訊公開程序之敘述，何者錯誤？ (A)政府資訊公開為行政程序法所定的卷宗閱覽權 (B)政府資訊以主動公開為原則 (C)本國國民得申請提供政府資訊 (D)政府資訊得基於法定事由而限制公開或不予提供。（101普）

( ) 9. 對於行政程序法中卷宗閱覽權之敘述，下列何者錯誤？ (A)屬於程序權利 (B)任何人皆得向行政機關申請 (C)以主張或維護其法律上利益有必要者為限 (D)除有法定事由之外，行政機關不得拒絕申請。（100地四）

答：1.(C) 2.(D) 3.(C) 4.(C) 5.(D) 6.(C) 7.(D) 8.(A) 9.(B)

第48條　期間以時計算者，即時起算。
　　　　期間以日、星期、月或年計算者，其始日不計算在內。
　　　　但法律規定即日起算者，不在此限。
　　　　期間不以星期、月或年之始日起算者，以最後之星期、月或年與起算日相當日之前一日為期間之末日。但以月或年定期間，而於最後之月無相當日者，以其月之末日為期間之末日。
　　　　期間之末日為星期日、國定假日或其他休息日者，以該日之次日為期間之末日；期間之末日為星期六者，以其次星期一上午為期間末日。
　　　　期間涉及人民之處罰或其他不利行政處分者，其始日不計時刻以一日論；其末日為星期日、國定假日或其他休息日者，照計。但依第2項、第4項規定計算，對人民有利者，不在此限。

（　）　期間以日計算者，其計算方法如何？　(A)即日起算　(B)始日不計算在內　(C)自第三日起算　(D)期間涉及不利行政處分者，始日不計算在內。（91普）
　　　　　　　　　　　　　　　　　　　　　　　　　　　　　　　　答：(B)

第49條　基於法規之申請，以掛號郵寄方式向行政機關提出者，以交郵當日之郵戳為準。

（　）　依行政程序法第49條之規定，基於法規之申請，以掛號郵寄方式向行政機關提出者，下列敘述何者正確？　(A)以申請書上記載日期為準　(B)以受理機關收受日期為準　(C)以交郵當日之郵戳為準　(D)以受理機關承辦人員收受日期為準。（103高）
　　　　　　　　　　　　　　　　　　　　　　　　　　　　　　　　答：(C)

第50條　因天災或其他不應歸責於申請人之事由，致基於法規之申請不能於法定期間內提出者，得於其原因消滅後十日內，申請回復原狀。如該法定期間少於十日者，於相等之日數內得申請回復原狀。
　　　　申請回復原狀，應同時補行期間內應為之行政程序行為。
　　　　遲誤法定期間已逾一年者，不得申請回復原狀。

（　）1.依行政程序法規定，因天災或其他不應歸責於申請人之事由，致基於法規之申請不能於法定期間內提出者，得於其原因消滅後幾日內，申請回復原狀？　(A)十　(B)十五　(C)二十　(D)三十。（93普）

（　）2.依行政程序法之規定，因天災或其他不應歸責於申請人之事由，致基於法規之申請不能於法定期間內提出者，如法規無特別規定者，申請人得於其原因消滅後，至遲幾日內申請回復原狀？　(A)十日內　(B)十五日內　(C)二十日內　(D)三十日內。（95普）

　　　　　　　　　　　　　　　　　　　　　　　　　　　答：1.(A) 2.(A)

第51條 行政機關對於人民依法規之申請，除法規另有規定外，應按各事項類別，訂定處理期間公告之。

未依前項規定訂定處理期間者，其處理期間為二個月。

行政機關未能於前二項所定期間內處理終結者，得於原處理期間之限度內延長之，但以一次為限。

前項情形，應於原處理期間屆滿前，將延長之事由通知申請人。

行政機關因天災或其他不可歸責之事由，致事務之處理遭受阻礙時，於該項事由終止前，停止處理期間之進行。

( )1. 行政機關處理人民依法規提出之申請案，有關處理期間之敘述，下列何者正確？　(A)有法規特別規定時，依法規之規定　(B)無法規規定時，由承辦人訂定處理期間公告　(C)未訂定處理期間者，其處理期間為三個月　(D)因天災致事務之處理遭受阻礙時，處理期間從新起算。（96高）

( )2. 行政機關對於人民依法規之申請，其未訂定處理期間者，其處理期間為：　(A)2個月　(B)3個月　(C)6個月　(D)1年。（104普）

答：1.(A) 2.(A)

第52條 行政程序所生之費用，由行政機關負擔。但專為當事人或利害關係人利益所支出之費用，不在此限。因可歸責於當事人或利害關係人之事由，致程序有顯著之延滯者，其因延滯所生之費用，由其負擔。

( )1. 行政程序所生之費用，原則上由何者負擔？　(A)當事人　(B)當事人與利害關係人分攤　(C)行政機關與當事人分攤　(D)行政機關。（95普）

( )2. 有關行政程序費用的負擔原則，下列何者正確？　(A)專為當事人利益所支出之費用，由當事人負擔　(B)證人費用由當事人負擔　(C)鑑定人旅費由當事人負擔　(D)經申請而開始之程序費用，由當事人負擔。（93高）

( )3. 行政程序法有關行政程序所生費用之規定，下列敘述何者錯誤？　(A)證人得向行政機關請求法定之日費及旅費　(B)鑑定人得向行政機關請求相當之報酬　(C)行政機關負擔專為利害關係人利益所支出之費用　(D)鑑定人得請求行政機關預行酌給法定之日費。（105普）

( )4. 有關行政程序所生之費用由誰負擔，下列敘述何者錯誤？　(A)行政程序所生之費用，由行政機關負擔為原則　(B)專為利害關係人利益所支出之費用，由該利害關係人負擔　(C)因可歸責於利害關係人之事由，致程序有顯著之延滯者，其因延滯所生之費用，由其負擔　(D)因不可歸責於當事人之事由，致程序有顯著之延滯者，其因延滯所生之費用，仍由其負擔。（100高）

答：1.(D) 2.(A) 3.(C) 4.(D)

第55條　行政機關舉行聽證前，應以書面記載下列事項，並通知當事人及其他已
知之利害關係人，必要時並公告之：
一、聽證之事由與依據。
二、當事人之姓名或名稱及其住居所、事務所或營業所。
三、聽證之期日及場所。
四、聽證之主要程序。
五、當事人得選任代理人。
六、當事人依第61條所得享有之權利。
七、擬進行預備程序者，預備聽證之期日及場所。
八、缺席聽證之處理。
九、聽證之機關。
依法規之規定，舉行聽證應預先公告者，行政機關應將前項所列各款事
項，登載於政府公報或以其他適當方法公告之。
聽證期日及場所之決定，應視事件之性質，預留相當期間，便利當事人
或其代理人參與。

( )　依行政程序法第54條以下關於「聽證」之規定，下列何者之說明係正
確？　(A)行政機關未經當事人之申請，不得變更聽證期日或場所　(B)
行政機關舉行聽證前，應以書面記載法定事項，並通知當事人及其他已
知之利害關係人　(C)聽證係由人民代表推舉主持人　(D)當事人於聽證
時，雖得陳述意見，但不能提出證據。（95高）　　　　　　　答：(B)

第57條　聽證，由行政機關首長或其指定人員為主持人，必要時得由律師、相關
專業人員或其他熟諳法令之人員在場協助之。

( )1.依行政程序法規定，行政機關舉行聽證時，原則上以下列何者為主持
人？　(A)行政機關之首長　(B)行政機關之法制人員　(C)行政機關之
政風單位人員　(D)行政機關之人事主管。（102地四）

( )2.聽證應由下列何者主持？　(A)舉行聽證所在地的行政法院院長或其指定法
官　(B)舉行聽證所在地的最高行政機關首長或其指定人員　(C)舉行聽證
之行政機關首長或其指定人員　(D)舉行聽證之行政機關所屬的法制單位
主管或其指定人員。（102警）

( )3.關於聽證程序，下列敘述何者錯誤？　(A)聽證是一種民主參與之程序
(B)聽證通常涉及多數人利益或重大決定　(C)由參加聽證之人民推選聽
證程序之主席　(D)必要時得於聽證期日前，舉行預備聽證。（97地四）

答：1.(A) 2.(C) 3.(C)

第58條　行政機關為使聽證順利進行，認為必要時，得於聽證期日前，舉行預備
聽證。

預備聽證得為下列事項：

一、議定聽證程序之進行。

二、釐清爭點。

三、提出有關文書及證據。

四、變更聽證之期日、場所與主持人。

預備聽證之進行，應作成紀錄。

( )　行政機關為使聽證順利進行，認為必要時，得於聽證期日前舉行預備聽證。下列何者不屬於預備聽證事項？　(A)議定聽證程序之進行　(B)調查當事人之財力　(C)釐清爭點　(D)提出有關文書及證據。（99普）　答：(B)

第59條　聽證，除法律另有規定外，應公開以言詞為之。

有下列各款情形之一者，主持人得依職權或當事人之申請，決定全部或一部不公開：

一、公開顯然有違背公益之虞者。

二、公開對當事人利益有造成重大損害之虞者。

( )　1.有關聽證之敘述，下列何者正確？　(A)為使聽證順利進行，行政機關須於聽證期日前舉行預備聽證　(B)公開聽證對當事人利益有造成重大損害之虞者，得以非公開方式進行　(C)聽證不得由行政機關首長擔任主持人，以維持行政中立　(D)陳述人拒絕於聽證紀錄簽名者，該陳述部分無效。（101地四）

( )　2.下列有關聽證舉行方式的敘述，何者正確？　(A)原則上應以非公開方式舉行，以確保當事人之個資不致外洩　(B)原則上由當事人協商決定是否以公開方式舉行，協商不成時始由主持人決定是否公開　(C)當事人得自行決定就其參與部分不公開，無須申請　(D)若公開顯然有違背公益之虞，主持人不待當事人申請，得依職權決定全部或一部不公開。（102警）

( )　3.關於行政程序法中聽證規定之敘述，下列何者錯誤？　(A)聽證，由行政機關首長或其指定人員為主持人　(B)聽證，除法律另有規定外，以不公開為原則　(C)行政機關作成經聽證之行政處分應以書面為之，並通知當事人　(D)不服經聽證之行政處分者，其行政救濟程序，免除訴願及其先行程序。（106普）　答：1.(B)　2.(D)　3.(B)

第60條　聽證以主持人說明案由為始。

聽證開始時，由主持人或其指定之人說明事件之內容要旨。

( )　1.聽證應於何時開始？　(A)當事人提出申請為始　(B)利害關係人書面要求為始　(C)聽證主持人說明案由為始　(D)主管機關裁定為始。（102高）

（　）2. 下列有關於聽證程序之敘述，何者錯誤？　(A)聽證，應由當事人之意
見陳述開始　(B)聽證，除法律另有規定外，應公開以言詞為之　(C)主
持人必須本中立公正之立場主持聽證　(D)當事人認為主持人於聽證程
序進行中所為之處置違法或不當者，得即時聲明異議。（97普）

答：1.(C) 2.(A)

**第61條　當事人於聽證時，得陳述意見、提出證據，經主持人同意後並得對機關
指定之人員、證人、鑑定人、其他當事人或其他代理人發問。**

（　）1. 下列有關聽證程序之說明，何者錯誤？　(A)聽證以主持人說明案由為
始　(B)當事人於聽證時，得陳述意見，提出證據　(C)當事人得直接向
證人為發問　(D)當事人對主持人之處置認為違法時，得即時提出異
議。（91高）

（　）2. 下列何者，非當事人於聽證時得享有之權利？　(A)陳述意見　(B)提出
證據　(C)經主持人同意對證人發問　(D)參與表決聽證紀錄之確定。
（106普）

答：1.(C) 2.(D)

**第63條　當事人認為主持人於聽證程序進行中所為之處置違法或不當者，得即時聲
明異議。
主持人認為異議有理由者，應即撤銷原處置，認為無理由者，應即駁回
異議。**

（　）　當事人認為主持人於聽證程序進行中所為之處置違法或不當者，得如
何？　(A)提起訴願　(B)提起行政訴訟　(C)請求國家賠償　(D)聲明異
議。（93普）

答：(D)

第66條　聽證終結後，決定作成前，行政機關認為必要時，得再為聽證。

（　）　下列有關聽證之敘述，何者正確？　(A)聽證前應舉行預備聽證　(B)聽
證程序進行中，當事人不得聲明異議，以利程序進行　(C)聽證是否終
結，應由當事人以共識決定　(D)聽證終結後，決定作成前，行政機關
仍得再舉行聽證。（102警）

答：(D)

**第68條　送達由行政機關自行或交由郵政機關送達。
行政機關之文書依法規以電報交換、電傳文件、傳真或其他電子文件行
之者，視為自行送達。
由郵政機關送達者，以一般郵遞方式為之。但文書內容對人民權利義務
有重大影響者，應為掛號。
文書由行政機關自行送達者，以承辦人員或辦理送達事務人員為送達
人；其交郵政機關送達者，以郵務人員為送達人。**

前項郵政機關之送達準用依民事訴訟法施行法第3條訂定之郵政機關送達訴訟文書實施辦法。

（　）　下列關於行政程序法對送達規定之敘述，何者錯誤？　(A)除法規另有規定，送達應由行政機關依職權為之　(B)送達方式原則上採行政機關自行送達或交由郵政機關送達，選擇何種方式送達為行政機關裁量權限　(C)行政機關之文書依法採電子交換方式者，如傳真、電子郵件等，視為由郵政機關送達　(D)應為送達之處所不明者，行政機關得依申請准為公示送達。（100地四）　　　　　　　　　　　　　　答：(C)

第73條　於應送達處所不獲會晤應受送達人時，得將文書付與有辨別事理能力之同居人、受雇人或應送達處所之接收郵件人員。
　　　　前項規定於前項人員與應受送達人在該行政程序上利害關係相反者，不適用之。
　　　　應受送達人或其同居人、受雇人、接收郵件人員無正當理由拒絕收領文書時，得將文書留置於應送達處所，以為送達。

（　）1.於應送達處所不獲會晤應受送達人時，得將文書付與下列何者？　(A)與應送達人熟識的隔壁鄰居　(B)送達人之雇主　(C)送達處所之接收郵件人員　(D)與應送達人在該行政程序上利害關係相反之同居人。（101地四）

（　）2.於應送達處所不獲會晤應受送達人時，得將文書交予其住所之大樓管理員，是為？　(A)留置送達　(B)寄存送達　(C)補充送達　(D)公示送達。（100地三）

（　）3.在下列何種情形下，行政機關不得為公示送達？　(A)應受送達人無正當理由拒絕收領文書　(B)應為送達之處所不明　(C)於有治外法權人之住居所或事務所為送達而無效者　(D)於外國或境外為送達，無法依囑託送達或郵政送達者。（102警）　　　　　答：1.(C) 2.(C) 3.(A)

第74條　送達不能依前二條規定為之者，得將文書寄存於送達地之自治或警察機關，並作送達通知書二份，一份黏貼於應受送達人住居所、事務所或營業所門首，另一份交由鄰居轉交或置於應受送達人之信箱或其他適當之處所，以為送達。
　　　　前項情形，如係以郵務人員為送達人者，得將文書寄存於附近之郵政機關。
　　　　寄存之文書自寄存之日起，寄存機關應保存三個月。

（　）　我國行政機關實務上，將文書交由郵務機關送達，其未能交付者，由郵務人員製通知書置於應送達處所，並請應受送達人至郵務機關具領。此項送達方式，為行政程序法所定之下列何種送達方式？　(A)直接送達　(B)公示送達　(C)留置送達　(D)寄存送達。（99地三）　　答：(D)

第76條　送達人因證明之必要，得製作送達證書，記載下列事項並簽名：
　　　　一、交送達之機關。
　　　　二、應受送達人。
　　　　三、應送達文書之名稱。
　　　　四、送達處所、日期及時間。
　　　　五、送達方法。
　　　　除電子傳達方式之送達外，送達證書應由收領人簽名或蓋章；如拒絕或
　　　　不能簽名或蓋章者，送達人應記明其事由。
　　　　送達證書，應提出於行政機關附卷。

（　）　有關送達，下列敘述何者錯誤？　(A)文書內容對人民權利義務有重大
　　　　影響者，應為掛號方式之送達　(B)應送達處所不獲會晤應受送達人
　　　　時，得將文書付與有辨別事理能力之同居人、受僱人或應送達處所之接
　　　　收郵件人員　(C)行政機關之送達證書蓋有大廈管理委員會圖戳代收，
　　　　亦已生送達效果　(D)雖無送達證書，然已實際收受書面行政處分書
　　　　者，該行政處分亦已生送達效果。（105地四）　　　　　答：(C)

第78條　對於當事人之送達，有下列各款情形之一者，行政機關得依申請，准為公
　　　　示送達：
　　　　一、應為送達之處所不明者。
　　　　二、於有治外法權人之住居所或事務所為送達而無效者。
　　　　三、於外國或境外為送達，不能依第86條之規定辦理或預知雖依該規
　　　　　　定辦理而無效者。
　　　　有前項所列各款之情形而無人為公示送達之申請者，行政機關為避免行
　　　　政程序遲延，認為有必要時，得依職權命為公示送達。
　　　　當事人變更其送達之處所而不向行政機關陳明，致有第一項之情形者，
　　　　行政機關得依職權命為公示送達。

（　）1.下列何者非屬行政程序法第78條規定得為公示送達之原因？　(A)應為
　　　　送達之處所不明者　(B)應受送達人無正當理由拒絕收領文書者　(C)於
　　　　有治外法權人之住居所或事務所為送達而無效者　(D)於外國或境外為
　　　　送達，不能依同法第86條之規定辦理或預知雖依該規定辦理而無效者。
　　　　（101警）

（　）2.對於當事人之送達，下列何者非公示送達之原因？　(A)行政機關為提
　　　　高行政效率精簡行政費用　(B)應為送達處所不明者　(C)於有治外法權
　　　　人之居住所或事務所為送達而無效者　(D)於外國或境外為送達，不能
　　　　依照行政程序法第86條規定辦理或預知雖依該規定辦理而無效者。
　　　　（101普）　　　　　　　　　　　　　　　　　　答：1.(B) 2.(A)

第81條 公示送達自前條公告之日起，其刊登政府公報或新聞紙者，自最後刊登之日起，經二十日發生效力；於第78條第1項第3款為公示送達者，經六十日發生效力。但第79條之公示送達，自黏貼公告欄翌日起發生效力。

( ) 　以刊登政府公報或新聞紙進行公示送達者，原則上，自最後刊登之日起，經過多久發生效力？　(A)3日　(B)10日　(C)15日　(D)20日。
（105普）　　　　　　　　　　　　　　　　　　　　　答：(D)

第84條 送達，除第68條第1項規定交付郵政機關或依第2項之規定辦理者外，不得於星期日或其他休息日或日出前、日沒後為之。但應受送達人不拒絕收領者，不在此限。

( ) 　行政機關送達文書之時間，以下列何者為是？　(A)假日　(B)夜間　(C)非假日之白天　(D)法規未明定。（90初）　　　　　答：(C)

第87條 對於駐在外國之中華民國大使、公使、領事或其他駐外人員為送達者，應囑託外交部為之。

( ) 　對於駐在外國之中華民國大使、公使、領事館或其他駐外人員為送達者，應囑託下列何者送達？　(A)僑務委員會　(B)內政部　(C)外交部　(D)新聞局。（95普）　　　　　　　　　　　　答：(C)

第89條 對於在監所人為送達者，應囑託該監所長官為之。

( ) 1.關於囑託送達，下列何者不正確？　(A)於外國為送達者，應囑託該國管轄機關為之　(B)對於駐外使節為送達者，應囑託外交部為之　(C)對於艦上服役軍人為送達者，應囑託該管軍事機關為之　(D)對於在監服刑人為送達者，應囑託法務部為之。（95地四）

( ) 2.對於在監服刑之人為送達者，應為？　(A)留置送達　(B)寄存送達　(C)公示送達　(D)囑託送達。（99普）　　　　答：1.(D) 2.(D)

第90條 於有治外法權人之住居所或事務所為送達者，得囑託外交部為之。

( ) 　於有治外法權人之住居所或事務所為送達者，得囑託何機關為之？　(A)國防部　(B)新聞局　(C)外交部　(D)交通部。（91基）　答：(C)

第92條 本法所稱行政處分，係指行政機關就公法上具體事件所為之決定或其他公權力措施而對外直接發生法律效果之單方行政行為。
前項決定或措施之相對人雖非特定，而依一般性特徵可得確定其範圍者，為一般處分，適用本法有關行政處分之規定。有關公物之設定、變更、廢止或其一般使用者，亦同。

（　）1.行政機關就具體公法事件所為發生法律上效果之單方行政行為，稱為？
(A)行政命令　(B)行政契約　(C)行政處分　(D)行政事實行為。（98地四）

（　）2.行政機關就公法上具體事件所為之決定或其他公權力措施而對外直接發
生法律效果之單方行政行為，其性質為：　(A)行政處分　(B)行政命令
(C)行政計畫　(D)行政指導。(105普)

（　）3.地政事務所所為准予土地買賣之過戶登記，係屬於？　(A)行政契約
(B)行政處分　(C)行政命令　(D)事實行為。（97地三）

（　）4.下列何者屬於行政處分？　(A)行政機關決定在林口興建國宅以平抑房
價　(B)行政機關拒絕甲申購國宅的決定　(C)行政機關決定將國宅出售
給乙之後，簽署買賣契約的行為　(D)行政機關將國宅所有權移轉給乙
的行為。（100警）

（　）5.行政機關為公共利益依法徵收人民土地之行為，其性質係屬下列何者？
(A)行政強制執行之實施　(B)行政處罰之科予　(C)行政處分之作成
(D)法規命令之制定。（101高）

（　）6.下列何者非行政處分之特徵？　(A)係行政機關之單方行政行為　(B)係
行政機關所為之公權力措施　(C)係行政機關對外直接發生法律效果之行
政行為　(D)係行政機關就公法上抽象事件所為之行政行為。（98普）

（　）7.下列何者為行政處分？　(A)行政機關指定建築物為古蹟　(B)中華郵政
公司對於郵件運送毀損，作成補償之決定　(C)總統任命新任部長　(D)
市府委外經營之公立停車場所開立之停車費繳納通知單。（103警）

（　）8.行政機關創設公共用物，係何種性質之行政行為？　(A)事實行為　(B)行
政規則　(C)行政處分　(D)行政指導。（97高）

（　）9.公物之設定、變更與廢止，係屬下列何種性質之行政行為？　(A)一般
處分　(B)行政計畫　(C)行政契約　(D)行政規則。（104警）

（　）10.公物之設定、變更與廢止，為何種行政行為？　(A)行政規則　(B)行政
計畫　(C)行政契約　(D)一般處分。（100普）

（　）11.既有道路之廢止，屬於何種行政行為？　(A)事實行為　(B)行政處分
(C)行政指導　(D)法規命令。（106移四）

（　）12.行政機關為限制行車速度而於特定路段豎立速限交通標誌之行為，係屬
於何類行政行為？　(A)法規命令　(B)行政契約　(C)事實行為　(D)行政
處分。（97地三）

（　）13.行政處分之相對人雖非特定，但依一般性特徵可得確定其範圍者，稱
為：　(A)對物處分　(B)聚合處分　(C)一般處分　(D)特徵處分。
（102普）

（　）14.警察機關命令違法集會遊行之群眾解散的法律性質為何？　(A)事實行為　(B)職權命令　(C)法規命令　(D)一般處分。（100警）

（　）15.對人一般處分之特徵為何？　(A)一般處分相對人雖非特定，但可得確定　(B)一般處分之內容不特定　(C)一般處分對全國人民均生效力　(D)一般處分原則上係反覆實施。（100普）

（　）16.下列何者屬於一般處分？　(A)綜合所得稅補稅通知單　(B)十字路口紅燈訊號顯示　(C)大學入學申請許可　(D)建築執照核發。（100普）

（　）17.依行政程序法規定，下列何者非屬一般處分？　(A)十字路口紅綠燈號誌變化以管制車輛通行秩序　(B)公路主管機關開放特定道路供民眾通行　(C)衛生福利部公布特定食品之檢驗結果　(D)颱風來襲前，地方政府公告特定路段禁止通行。（108高）

（　）18.主管機關將特定區域指定為水源保護區之行為，其法律性質為何？　(A)有法拘束力之事實認定　(B)有持續效力之事實認定　(C)對人之一般處分　(D)對物之一般處分。（106高）

（　）19.行政機關變更街道名稱之行為，其法律性質為？　(A)事實行為　(B)法規命令　(C)行政規則　(D)一般處分。（98普）

（　）20.甲市政府為擴建乙學校，乃發布公告，要求凡在擴建工程範圍內之現住戶皆應於六個月內搬離。此公告之性質屬於下列何者？　(A)通常之行政處分　(B)一般處分　(C)法規命令　(D)行政規則。（99高）

（　）21.依行政程序法，市立公園之啟用，在性質上屬於？　(A)法規命令　(B)行政指導　(C)行政處分　(D)行政契約。（98地四）

（　）22.市政府因施工需要，對市區特定道路公告禁止通行 1個月。關於上述政行為，下列敘述何者錯誤？　(A)屬行政命令　(B)自公告日發生效力　(C)得不記明理由　(D)不服者，得提起行政爭訟。（107普）

（　）23.下列何者是基於行政處分而產生之行政法律關係？　(A)遵守圖書館使用規則　(B)繳納違反廢棄物清理法所生之罰鍰　(C)違反騎機車應戴安全帽之規定　(D)醫師履行健保特約約款之要求。（107普）

（　）24.依行政程序法有關行政處分之規定，下列何者非為行政處分？　(A)主管機關設立之禁止進入的交通標誌　(B)交通警察要求車輛依其指示前進之指揮交通行為　(C)交通警察對於違規之駕駛人開立罰單　(D)主管機關通知當事人依法定期限繳納已開出之交通違規罰單之罰鍰。（101移三）

( )25.下列何者非屬行政處分？ (A)徵兵機關對役男體位之判定 (B)建築主
管機關核發之建造執照 (C)農業主管機關公告禽流感預防資訊 (D)私
立大學對違規學生之退學通知。（107普）

( )26.關於一般處分之敘述，下列何者錯誤？ (A)原則上自公告日或刊登政
府公報、新聞紙最後登載日起發生效力 (B)處分相對人雖非特定，但
依一般性特徵可得確定其範圍 (C)公物之設定、變更、廢止或其一般
使用，亦屬一般處分 (D)核准特定人使用市立公園舉辦音樂會，屬一
般處分。（108普）

答：1.(C) 2.(A) 3.(B) 4.(B) 5.(C) 6.(D) 7.(A) 8.(C) 9.(A) 10.(D) 11.(B)
12.(D) 13.(C) 14.(D) 15.(A) 16.(B) 17.(C) 18.(D) 19.(D) 20.(B) 21.(C)
22.(A) 23.(B) 24.(D) 25.(C) 26.(D)

第93條 行政機關作成行政處分有裁量權時，得為附款。無裁量權者，以法律有明
文規定或為確保行政處分法定要件之履行而以該要件為附款內容者為
限，始得為之。
前項所稱之附款如下：
一、期限。 二、條件。 三、負擔。 四、保留行政處分之廢止權。
五、保留負擔之事後附加或變更。

( ) 1.行政機關作成行政處分時，於以下何種情況下得為附款？ (A)行政機
關對於作成行政處分有裁量權 (B)行政機關對於作成行政處分雖無裁
量權，但亦未有法律明文限制時 (C)行政機關對於作成行政處分雖無
裁量權，但已經有民意代表請託時 (D)行政機關對於作成行政處分雖
無裁量權，但已經受到長官壓力時。（100普）

( ) 2.行政機關作成行政處分時，何種情形不得附款？ (A)有裁量權時 (B)
雖無裁量權但法律明文允許時 (C)雖無裁量權但為確保行政處分法定
要件之履行，而以該要件為附款內容者 (D)雖無裁量權但為確保行政
處分法定要件之履行，而另以不同於該要件之內容為附款內容者。
（102地三）

( ) 3.主管機關以外國人於外語補習班教授外語為條件，准予居留。若離職，
原核准之居留失效。此屬何種行政處分之附款？ (A)附期限 (B)附條
件 (C)廢止保留 (D)附負擔。（106地四）

( ) 4.甲向國家通訊傳播委員會申請有線電視營運執照之換發，國家通訊傳播
委員會許可，但同時添加「該電視頻道新播之兒少自製節目時數不得低
於390小時」之附款。此一附款之類型為何？ (A)期限 (B)條件 (C)
負擔 (D)保留行政處分之廢止權。（103警）

( ) 5.下列何者為行政處分之附款？ (A)警告 (B)推薦 (C)提示 (D)負
擔。（104高）

( ) 6. 下列何者非行政程序法明定之行政處分附款？　(A)條件　(B)期限　(C)負擔　(D)保留條件之事後變更。（106普）

( ) 7. 依行政程序法第93條之規定，行政處分得附加之附款，下列何者不屬之？　(A)保留行政處分之廢止權　(B)保留行政處分之撤銷權　(C)保留負擔之事後變更　(D)保留負擔之事後附加。（103高）

( ) 8. 行政處分之附款，不包括下列何者？　(A)條件　(B)期限　(C)保留行政處分之廢止權　(D)規費之收取。（102地四）

( ) 9. 下列何種情形非屬行政處分之附款？　(A)許可聘僱外籍勞工，但外籍勞工僅得從事工程建設，否則該許可失其效力　(B)許可設置流動攤販，但要求僅得於春節假期內營運　(C)准許外國人居留，但附加不得在臺就業之限制　(D)許可設立醫療院所，但病床數目減為原申請數目之三分之二。（108普）

( )10. 某甲申請室外集會遊行，警察機關發給許可通知書，上載有「應增加5名糾察員，以維持秩序」文字。請問該段文字之性質為何？　(A)附有條件之附款　(B)附有負擔之附款　(C)行政指導　(D)觀念通知。（102高）

( )11. 有關行政處分附款之敘述，下列何者正確？　(A)主管機關要求於核發建築執照前必須確定廢土棄置場址，此為解除條件　(B)主管機關允許外籍學生於臺灣居留但附加不得打工，此為停止條件　(C)主管機關依法通過環評審查結論，但附加必須定期對於工廠周遭一定範圍進行監測，此為負擔　(D)主管機關於審查餐廳之營業許可時，聲明於日後有必要時得要求增設防噪音設備，此為廢止權之保留。（106地三）

( )12. 甲機關去函表示，核准當事人變更地目之申請，惟當事人應於3個月內捐贈公共設施及用地給政府，若未完成，甲機關將依行政執行法強制當事人完成此義務，請問此核准之附款，應屬下列何者？　(A)期限　(B)條件　(C)負擔　(D)保留行政處分之廢止權。（100地三）

( )13 甲申請建築執照，主管機關將其建築式樣予以修正後許可之，此之建築式樣修正之性質為何？　(A)建築許可處分所附加之負擔　(B)建築許可處分所附加之停止條件　(C)建築許可處分之一部，並非附款　(D)建築許可處分所附加之廢止權保留。（104警）

( )14. 主管機關於通過環評案件准許開工之同時，要求該開發案必須將排放廢水之放流管延長200公尺，關於此項要求之性質，下列敘述何者正確？　(A)附條件之行政處分　(B)附負擔之行政處分　(C)附期限之行政處分　(D)保留行政處分之廢止權。（104警）

(　)15.環評審查機關對於重大開發案件所為「有條件的通過」，觀其所謂「條件」之內容則是列舉各項開發單位須於開發區域周邊植樹、須把綠帶加寬或加長污水放流管的長度……等要求，其性質應該是屬於下列何種附款？　(A)期限　(B)條件　(C)負擔　(D)廢止權的保留。（101高）

(　)16.行政處分附加之附款，下列何者得單獨就附款提起爭訟？　(A)主管機關發給建築執照，附加找到廢土棄置土地並提出證明後，始得開始施工之附款　(B)主管機關核發高速公路建築許可，附加應設隔音牆　(C)核發外籍勞工居留許可，附加須受僱於特定雇主，如遭解僱立即失效之附款　(D)核發外籍勞工居留許可，附加如未受僱於一定雇主時，即廢止該許可。（102高）

(　)17.有關行政處分附款之規定，下列敘述何者錯誤？　(A)不得違背行政處分之目的　(B)應與行政處分之目的具有正當合理之關聯　(C)無裁量權之行政處分，一律不得為附款　(D)附款之作用在於補充或限制行政處分之效力。（104普）

(　)18.A公司申請設立加油站，設立許可附註廁所須設置無障礙空間，此一附註之法律性質為何？　(A)條件　(B)期限　(C)負擔　(D)法令內容之告知。（105地四）

(　)19.主管機關依甲之申請核發社會救助金，附加附款要求甲應定期提出經濟狀況報告。該附款之種類為何？　(A)條件　(B)廢止權保留　(C)負擔　(D)期限。（107地三）

(　)20.關於行政處分之附款，下列敘述何者錯誤？　(A)行政機關作成行政處分有裁量權時，得附條件　(B)行政機關作成行政處分無裁量權時，僅得附期限　(C)行政機關作成行政處分無裁量權時，仍得附負擔　(D)行政機關作成行政處分有裁量權時，得保留行政處分之廢止權。（107地四）

答：1.(A)　2.(D)　3.(B)　4.(C)　5.(D)　6.(D)　7.(B)　8.(D)　9.(D)　10.(B)　11.(C)　12.(C)　13.(C)　14.(B)　15.(C)　16.(B)　17.(C)　18.(D)　19.(C)　20.(B)

第94條　前條之附款不得違背行政處分之目的，並應與該處分之目的具有正當合理之關聯。

(　)1.行政程序法規定，行政處分之附款不得違背行政處分之目的，並應與該處分之目的具有正當合理之關聯。主要係基於？　(A)比例原則　(B)誠實信用原則　(C)信賴保護原則　(D)禁止不當連結原則。（101移四）

(　)2.行政程序法第94條規定，行政處分之附款應與該處分之目的具有正當合理之關聯。此乃下列何種原則？　(A)正當法律程序原則　(B)禁止不當聯結原則　(C)比例原則　(D)信賴保護原則。（105地三）

（　）3.關於行政處分之附款，下列敘述何者正確？　(A)羈束處分均不得附加附款　(B)裁量處分限於確保行政處分法定要件履行時，始可附加附款　(C)附款與羈束處分之目的不具正當合理之關聯者，不得附加　(D)附款不得為保留負擔之事後附加，否則違反明確性原則。（107高）

答：1.(D)　2.(B)　3.(C)

第96條　行政處分以書面為之者，應記載下列事項：

一、處分相對人之姓名、出生年月日、性別、身分證統一號碼、住居所或其他足資辨別之特徵；如係法人或其他設有管理人或代表人之團體，其名稱、事務所或營業所，及管理人或代表人之姓名、出生年月日、性別、身分證統一號碼、住居所。

二、主旨、事實、理由及其法令依據。

三、有附款者，附款之內容。

四、處分機關及其首長署名、蓋章，該機關有代理人或受任人者，須同時於其下簽名。但以自動機器作成之大量行政處分，得不經署名，以蓋章為之。

五、發文字號及年、月、日。

六、表明其為行政處分之意旨及不服行政處分之救濟方法、期間及其受理機關。

前項規定於依前條第2項作成之書面，準用之。

（　）　下列何者非屬書面行政處分應記載之事項？　(A)處分相對人之姓名、出生年月日、性別、身分證統一號碼　(B)處分利害關係人之姓名、出生年月日、性別、身分證統一號碼　(C)處分機關及其首長署名、蓋章　(D)發文字號及年、月、日。（100高）　　　　答：(B)

第97條　書面之行政處分有下列各款情形之一者，得不記明理由：

一、未限制人民之權益者。

二、處分相對人或利害關係人無待處分機關之說明已知悉或可知悉作成處分之理由者。

三、大量作成之同種類行政處分或以自動機器作成之行政處分依其狀況無須說明理由者。

四、一般處分經公告或刊登政府公報或新聞紙者。

五、有關專門知識、技能或資格所為之考試、檢定或鑑定等程序。

六、依法律規定無須記明理由者。

（　）1.下列何項行政處分應記明理由？　(A)限制人民之權益者　(B)處分相對人已知悉作成處分之理由者　(C)大量作成同種類之行政處分　(D)刊登於政府公報之一般處分。（96高）

( )　2. 關於書面之行政處分得不記明理由之情形，下列何者錯誤？　(A)未限制
人民之權益者　(B)一般處分經公示送達者　(C)有關專門知識、技能或
資格所為之考試、檢定或鑑定等程序　(D)大量作成之同種類行政處分
或以自動機器作成之行政處分依其狀況無須說明理由者。（95地三）

答：1.(A)　2.(B)

第98條　處分機關告知之救濟期間有錯誤時，應由該機關以通知更正之，並自通
知送達之翌日起算法定期間。
處分機關告知之救濟期間較法定期間為長者，處分機關雖以通知更正，
如相對人或利害關係人信賴原告知之救濟期間，致無法於法定期間內提
起救濟，而於原告知之期間內為之者，視為於法定期間內所為。
處分機關未告知救濟期間或告知錯誤未為更正，致相對人或利害關係人遲
誤者，如自處分書送達後一年內聲明不服時，視為於法定期間內所為。

( )　1. 行政處分機關未告知救濟期間或告知錯誤未為更正，致相對人遲誤者，自
處分書送達後多久以內聲明不服，視為於法定期間內所為？　(A)一年內
(B)自遲誤起另加三個月　(C)原救濟期間加倍　(D)六個月。〔101地四〕

( )　2. 行政機關作成行政處分，若未告知處分相對人救濟期間，此一瑕疵對該行
政處分有何影響？　(A)使該行政處分無效　(B)使該行政處分違法得撤
銷，不得補正　(C)使該行政處分違法得撤銷，但得補正　(D)該行政處分
之效力並不因此受影響。〔104警〕

( )　3. 作成行政處分之機關未告知救濟期間，致相對人或利害關係人遲誤者，其
法律效果之敘述，何者正確？　(A)相對人因原處分機關未教示而遲誤法
定救濟期間，即無法救濟　(B)無論何時提起救濟皆視為於法定救濟期間
內提起救濟　(C)自處分書送達後一年內提起救濟者，視為於法定期間內
所為　(D)由原處分機關之上級機關決定是否予以救濟。〔100普〕

( )　4. 依行政程序法之規定，行政機關未告知救濟期間，以致相對人或利害關
係人遲誤之情形，則下列敘述何者最正確？　(A)相對人或利害關係人得
直接提起行政訴訟　(B)相對人或利害關係人得提起再審之訴　(C)相對
人或利害關係人得於任何時間聲明不服　(D)相對人或利害關係人如自處
分書送達後一年內聲明不服時，視為於法定期間內所為。〔101普〕

( )　5. 關於行政處分救濟教示制度之敘述，下列何者錯誤？　(A)行政處分機
關應將不服行政處分之救濟方法、期間及其受理機關於行政處分書中表
明　(B)處分機關告知之救濟期間有錯誤時，應由該機關以通知更正之，
並自通知送達之翌日起算法定期間　(C)處分機關未告知救濟期間者，原
處分違法，得予以撤銷　(D)處分機關告知之救濟期間錯誤，而未為更
正者，相對人得自處分書送達後1年內對該處分提起救濟。〔107地四〕

答：1.(A)　2.(D)　3.(C)　4.(D)　5.(C)

第99條　對於行政處分聲明不服，因處分機關未為告知或告知錯誤致向無管轄權之機關為之者，該機關應於十日內移送有管轄權之機關，並通知當事人。
　　　　前項情形，視為自始向有管轄權之機關聲明不服。

（　）　對於行政處分聲明不服，因處分機關未為告知或告知錯誤致向無管轄權之機關為之者，該機關至遲應於何時移送有管轄權之機關，並通知當事人？　(A)10日內　(B)15日內　(C)30日內　(D)2個月內。（100地四）

答：(A)

第100條　書面之行政處分，應送達相對人及已知之利害關係人；書面以外之行政處分，應以其他適當方法通知或使其知悉。
　　　　一般處分之送達，得以公告或刊登政府公報或新聞紙代替之。

（　）　書面之行政處分，應送達於何人？　(A)僅該行政處分之相對人　(B)僅該行政處分之利害關係人　(C)該行政處分之相對人及已知之利害關係人　(D)該行政處分之相對人及第三人。（104普）

答：(C)

第101條　行政處分如有誤寫、誤算或其他類此之顯然錯誤者，處分機關得隨時或依申請更正之。
　　　　前項更正，附記於原處分書及其正本，如不能附記者，應製作更正書，以書面通知相對人及已知之利害關係人。

（　）1.依據行政程序法第101條規定，行政處分如有誤寫、誤算等顯然錯誤之情形，應如何處置？　(A)由相對人提起撤銷訴願　(B)由上級機關撤銷該處分　(C)處分機關得隨時更正之　(D)該行政處分當然無效。（105地四）

（　）2.當行政處分有誤寫誤算之顯然錯誤時，依行政程序法之規定，行政機關得採行何種方式補救？　(A)更正　(B)撤銷　(C)廢止　(D)補正。（97普）

（　）3.交通部公路總局迄今所發給國人之駕駛執照，正面之欄位均載有「有效日期」之字樣，從所記載之日期觀察，實際應係指「有效期限」之意，請問此一瑕疵之法律效果，依據行政程序法之規定，係屬於：　(A)自始不生效力　(B)得撤銷　(C)得補正　(D)得更正。（101高）

答：1.(C)　2.(A)　3.(D)

第102條　行政機關作成限制或剝奪人民自由或權利之行政處分前，除已依第39條規定，通知處分相對人陳述意見，或決定舉行聽證者外，應給予該處分相對人陳述意見之機會。
　　　　但法規另有規定者，從其規定。

( ) 1. 依據行政程序法第102條規定，機關作成限制或剝奪人民自由或權利之處分前，應踐行之程序為何？　(A)聽證程序　(B)陳述意見　(C)資訊公開　(D)告誡程序。（102地四）

( ) 2. 行政機關作成限制人民權利之處分前，原則上應？　(A)給予陳述意見之機會　(B)舉辦聽證　(C)舉辦公聽會　(D)要求切結。（100地三）

( ) 3. 下列何種情形，行政機關於作成行政處分前原則上應給予當事人陳述意見之機會？　(A)核准營業許可　(B)限期拆除違建之命令　(C)受理新生兒之出生登記　(D)限制出境之處分。（103警）

( ) 4. 行政機關作成下列何種行政處分時，無須給予相對人陳述意見？　(A)命令拆除違建之處分　(B)公務員之免職處分　(C)行政執行採取之處置　(D)大學生之退學處分。（105地三）　　　答：1.(B) 2.(A) 3.(B) 4.(C)

第103條　有下列各款情形之一者，行政機關得不給予陳述意見之機會：
一、大量作成同種類之處分。
二、情況急迫，如予陳述意見之機會，顯然違背公益者。
三、受法定期間之限制，如予陳述意見之機會，顯然不能遵行者。
四、行政強制執行時所採取之各種處置。
五、行政處分所根據之事實，客觀上明白足以確認者。
六、限制自由或權利之內容及程度，顯屬輕微，而無事先聽取相對人意見之必要者。
七、相對人於提起訴願前依法律應向行政機關聲請再審查、異議、復查、重審或其他先行程序者。
八、為避免處分相對人隱匿、移轉財產或潛逃出境，依法律所為保全或限制出境之處分。

( ) 1. 具有下列何種情形時，行政機關得不給予處分相對人陳述意見之機會？　(A)處分相對人為處分機關所屬公務員　(B)處分相對人屬限制行為能力人　(C)處分相對人不在國內　(D)處分相對人受處分所根據之事實，客觀上明白足以確認者。（101地四）

( ) 2. 行政機關作成限制人民權益之行政處分時，下列何者應給予人民陳述意見之機會？　(A)處分機關認為，縱給予處分相對人陳述意見，亦不會改變處分結果　(B)行政強制執行時所採取之處置　(C)限制權益之程度顯屬輕微，而無事先聽取相對人意見之必要　(D)大量作成同種類之處分。（104普）

( ) 3. 行政機關作成行政處分，下列何者非屬得不給予相對人陳述意見機會之情形？　(A)相對人不服行政處分時，無須踐行先行程序，得直接提起訴願者　(B)大量作成同種類之處分　(C)行政機關採取強制執行之處置　(D)行政處分所根據之事實，客觀上明白足以確認者。（107地三）

（　）4.行政機關作成限制或剝奪人民自由或權利之行政處分前，原則上應給予該處分相對人陳述意見之機會，但下列敘述何者為得不給予陳述意見之例外情形？　(A)相對人同意免除陳述意見之程序　(B)相對人為不諳中文的外籍人士　(C)為避免處分相對人隱匿、移轉財產或潛逃出境，依法律所為保全或限制出境之處分　(D)相對人已多次違反相同之行政法義務。（105警）　　　　　　　　　　答：1.(D)　2.(A)　3.(A)　4.(C)

第105條　行政處分之相對人依前條規定提出之陳述書，應為事實上及法律上陳述。
利害關係人亦得提出陳述書，為事實上及法律上陳述，但應釋明其利害關係之所在。
不於期間內提出陳述書者，視為放棄陳述之機會。

（　）1.行政處分之相對人，如無正當理由未於行政機關書面所定之期間內提出陳述書者，其法定效果為何？　(A)視為同意行政機關擬作成之行政處分　(B)視為放棄陳述之機會　(C)視為反對行政機關擬作成之行政處分　(D)視為提出申請延長期限。（102警）

（　）2.有關陳述意見之敘述，下列何者正確？　(A)行政機關依法給予相對人陳述意見之機會時，須以言詞依法說明法定事項，使相對人知悉　(B)相對人如以陳述書陳述意見，須符合陳述意旨、理由等之法定形式，否則陳述無效　(C)未於法定期限內提出陳述書或以言詞向行政機關陳述意見者，視為放棄陳述機會　(D)相對人以言詞陳述意見者，行政機關應作成紀錄，陳述人如有異議，不得要求更正，僅得於訴願時一併提出。（101地四）　　　　　　　　　　　　　　　答：1.(B)　2.(C)

第106條　行政處分之相對人或利害關係人得於第104條第1項第4款所定期限內，以言詞向行政機關陳述意見代替陳述書之提出。
以言詞陳述意見者，行政機關應作成紀錄，經向陳述人朗讀或使閱覽確認其內容無誤後，由陳述人簽名或蓋章；其拒絕簽名或蓋章者，應記明其事由。陳述人對紀錄有異議者，應更正之。

（　）　依行政程序法，行政機關作成限制或剝奪人民自由或權利之行政處分前，應依下列何種方式辦理？　(A)如相對人申請，應舉行聽證　(B)大量作成同種類之處分，應召開公聽會　(C)即使行政機關已於調查事實及證據時，合法通知處分相對人陳述意見者，須再次給予陳述意見之機會　(D)若相對人口頭陳述意見，行政機關應作成紀錄，由陳述人確認後簽名或蓋章。（100地三）　　　　　　　　　　　　　　　　答：(D)

第107條　行政機關遇有下列各款情形之一者，舉行聽證：
一、法規明文規定應舉行聽證者。
二、行政機關認為有舉行聽證之必要者。

（　）　關於行政程序法聽證規定之敘述，下列何者錯誤？　(A)僅於法規有明文規定時，行政機關始得舉行聽證　(B)聽證，由行政機關首長或其指定人員為主持人　(C)聽證，除法律另有規定外，應公開以言詞為之　(D)當事人不服經聽證程序作成之行政處分時，免除訴願及其先行程序。（107地四）　　　　　　　　　　　　　　　　　　　　　　答：(A)

第108條　行政機關作成經聽證之行政處分時，除依第43條之規定外，並應斟酌全部聽證之結果。但法規明定應聽證紀錄作成處分者，從其規定。
前項行政處分應以書面為之，並通知當事人。

（　）　對於聽證之敘述，下列何者錯誤？　(A)涉及憲法正當行政程序原則之實踐　(B)行政機關訂定法規命令，得依職權決定是否進行聽證　(C)不服經聽證作成之行政處分，免除訴願及其先行程序　(D)經聽證之行政處分，不以書面為必要，但須將聽證紀錄送達相對人。（108普）　　　　　　　　　　　　　　　　　　　　　　　　　　　　　　答：(D)

第109條　不服依前條作成之行政處分者，其行政救濟程序，免除訴願及其先行程序。
（　）1.對於經過聽證程序所作成的行政處分，相對人若仍有不服，其救濟程序：　(A)依法仍須經訴願程序　(B)依規定免除訴願與先行程序　(C)應先經聲明異議　(D)不得就該案提出訴訟。（101高）

（　）2.依行政程序法規定，經聽證程序所作成之行政處分，受處分人如有不服時，則其救濟程序為何？　(A)免除行政訴訟程序　(B)僅得免除訴願先行程序　(C)免除訴願及其先行程序　(D)不得免除訴願及其先行程序。（100地四）

（　）3.關於行政程序法之聽證程序的敘述，下列何者錯誤？　(A)當事人得申請舉行聽證　(B)必要時得舉行預備聽證　(C)當事人有聲明異議權　(D)不服經聽證之行政處分者，其行政救濟程序仍應先提起訴願。（101警）

（　）4.不服經聽證程序後作成之行政處分，應如何救濟？　(A)向最高法院提出救濟　(B)向高等法院提出救濟　(C)向地方法院普通庭提出救濟　(D)逕行提起行政訴訟。（105高）

（　）5.下列何種情形，當事人得不經訴願，逕向行政法院提起訴訟？　(A)對稅捐核定處分之復查決定　(B)有關大學教師升等之決定　(C)有關公務人員工作條件之處置　(D)經聽證程序之行政處分。（107地四）

答：1.(B)　2.(C)　3.(D)　4.(D)　5.(D)

第110條　書面之行政處分自送達相對人及已知之利害關係人起；書面以外之行政處分自以其他適當方法通知或使其知悉時起，依送達、通知或使知悉之內容對其發生效力。

一般處分自公告日或刊登政府公報、新聞紙最後登載日起發生效力。但處分另訂不同日期者，從其規定。

行政處分未經撤銷、廢止，或未因其他事由而失效者，其效力繼續存在。無效之行政處分自始不生效力。

( )1.下列行政行為自何時發生效力？　(A)書面行政處分，自相對人及已知利害關係人知悉時起發生效力　(B)口頭表達之行政處分，自使相對人及已知利害關係人知悉時起發生效力　(C)一般處分自刊登政府公報之登載首日起發生效力　(D)無論何種處分皆自處分作成三日時起發生效力。（101地四）

( )2.行政機關將同一公函分別寄給甲、乙二人，公函內容為命二人立即拆除共有之某棟違章建築。公函於民國100年2月1日寄出，並於100年2月2日送達甲，而於100年2月3日送達乙。此一下命行政處分自何時起對乙發生效力？　(A)100年2月1日　(B)100年2月2日　(C)100年2月3日　(D)100年2月4日。（103普）

( )3.行政處分作成後，原則上具有存續力。下列何者，非行政程序法中限制行政處分存續力之制度？　(A)由行政機關廢止原行政處分　(B)由行政機關撤銷原行政處分　(C)行政處分因特定事由而無效　(D)處分因程序重新進行而變更。（103高）

( )4.下列有關行政處分之敘述，何者正確？　(A)行政處分一部分無效者，其他部分隨之無效　(B)違法行政處分於法定救濟期間經過後，原處分機關不得撤銷，僅得由其上級機關為之　(C)無效之行政處分自始不生效力　(D)違法行政處分經撤銷後，一律自撤銷時起失其效力。（102警）

( )5.關於行政處分效力之規定，下列敘述何者錯誤？　(A)書面之行政處分自送達相對人起，依送達之內容對其發生效力　(B)非書面之行政處分自相對人知悉時起對其發生效力　(C)一般處分原則上自公告日或刊登政府公報、新聞紙最後登載日起發生效力　(D)無效之行政處分，自確認無效時起不生效力。（106移四）　　答：1.(B) 2.(C) 3.(C) 4.(C) 5.(D)

第111條　行政處分有下列各款情形之一者，無效：

一、不能由書面處分中得知處分機關者。

二、應以證書方式作成而未給予證書者。

三、內容對任何人均屬不能實現者。

四、所要求或許可之行為構成犯罪者。

五、內容違背公共秩序、善良風俗者。

六、未經授權而違背法規有關專屬管轄之規定或缺乏事務權限者。

七、其他具有重大明顯之瑕疵者。

（　）1.行政處分應以證書方式作成而未給予證書者，其效力如何？　(A)一部有效，一部無效　(B)有效　(C)無效　(D)經補正後有效。（105普）

（　）2.下列何者為行政處分無效之原因？　(A)書面處分未附記理由　(B)不能由書面處分中得知處分機關者　(C)未告知救濟期間者　(D)內容有誤寫、誤算者。（98地四）

（　）3.下列行政處分，何者無效？　(A)行政處分有誤寫、誤算或其他類此之顯然錯誤者　(B)不能由書面處分中得知處分機關者　(C)須經申請始得作成之行政處分，未經當事人申請者　(D)應給予當事人陳述意見之機會而未給予者。（97普）

（　）4.關於行政處分之效力，下列敘述何者正確？　(A)不能由書面處分得知處分機關者，無效　(B)不能由書面處分得知處分機關者，得以補正使生效力　(C)應以證書方式作成而未給予證書者，得補給證書使生效力　(D)原處分機關於發現行政處分違法時，一律依職權廢止之。（101移三）

（　）5.有關行政處分之敘述，下列何者正確？　(A)行政處分如有相對人住址誤寫之顯然錯誤時，處分機關應予以撤銷　(B)不能由書面處分中得知處分機關者，處分機關應立即予以更正，不影響行政處分之效力　(C)行政處分未給予當事人陳述意見之機會者，如當事人未要求，無須補正給予陳述意見之機會，不影響行政處分之效力　(D)應以證書作成之行政處分而未給予證書者，該處分無效。（101地四）

（　）6.依行政程序法，具下列何種瑕疵之行政處分無法於訴願前補正，而屬自始無效？　(A)須記明理由而未記明理由者　(B)應以證書方式作成而未給予證書者　(C)應給予當事人陳述意見之機會而未給予者　(D)須經當事人申請始得作成之行政處分，而當事人尚未申請者。（100地三）

（　）7.倘若大學在授予大學學位時漏未發給學位證書，則該授予學位之行為具有何種效力？　(A)有效　(B)無效　(C)效力未定　(D)暫時生效。（96地三）

（　）8.下列何者為行政處分無效之原因？　(A)行政處分有誤寫、誤算顯然錯誤者　(B)須經申請始得作成之行政處分，當事人已於事後提出者　(C)處分機關未告知救濟期間者　(D)應以證書方式作成而未給予證書者。（101警）

（　）9.關於行政機關未經授權而違背法規有關專屬管轄之規定而作成之行政處分，下列敘述何者正確？　(A)自始不生效力　(B)得依申請補正　(C)違法而得撤銷　(D)得轉換為其他行政處分。（108高）

( )10. 依行政程序法規定，行政處分作成機關缺乏事務權限者，該處分之效力為：　(A)無效　(B)得撤銷　(C)得補正　(D)得轉換。（106移四）

( )11. 人民團體法第3條明定該法之中央主管機關為內政部，第8條規定人民團體之組織，應檢具相關文件，向主管機關申請許可。甲欲發起組織某一教育事務之全國性人民團體，檢具相關文件向教育部申請設立許可，若教育部作成許可決定，則此一許可決定之法律效果為何？　(A)違法無效　(B)違法得撤銷　(C)違法得補正　(D)合法。（102地四）

( )12. 有關法律優位原則之敘述，下列何者錯誤？　(A)又稱消極之依法行政　(B)法律之效力優於行政命令　(C)法律與憲法牴觸者無效　(D)行政處分牴觸法律即屬無效。（105地四）

( )13. 下列何種態樣屬於無效行政處分？　(A)行政處分記載處分機關為臺中市政府，但無該市政府首長之署名或簽章　(B)以口頭方式授予會計師資格　(C)作成行政處分之委員會組成未符合法定要件　(D)發給育兒津貼之處分未給予相對人陳述意見之機會。（107地四）

( )14. 下列何者不是行政處分無效之事由？　(A)內容係授予特定人利益　(B)不能由書面處分中得知處分機關　(C)內容對任何人均屬不能實現　(D)內容違背公序良俗。（100高）

( )15. 下列何種情形，行政處分並非當然無效？　(A)不能由書面處分中得知處分機關者　(B)未依據正當法律程序給予當事人陳述意見之機會者　(C)未經授權而明顯缺乏事務權限者　(D)具有重大明顯之瑕疵者。（101普）

答：1.(C)　2.(B)　3.(B)　4.(A)　5.(D)　6.(B)　7.(B)　8.(D)　9.(A)　10.(A)　11.(A)　12.(D)　13.(B)　14.(A)　15.(B)

第112條　行政處分一部分無效者，其他部分仍為有效。但除去該無效部分，行政處分不能成立者，全部無效。

( ) 1. 行政處分一部分無效者，除去該無效部分，行政處分即不能成立者外，其法律效果為何？　(A)其他部分仍為有效　(B)全部無效　(C)由行政機關依裁量決定　(D)由行政法院決定。（100普）

( ) 2. 關於行政處分效力之敘述，下列何者錯誤？　(A)書面之行政處分，原則上自送達相對人起，對其發生效力　(B)無效之行政處分，自始不生效力　(C)行政處分一部無效者，全部無效　(D)違法行政處分經撤銷後，原則上溯及既往失其效力。（102普）

答：1.(A)　2.(C)

第114條　違反程序或方式規定之行政處分，除依第110條規定而無效者外，因下列情形而補正：
一、須經申請始得作成之行政處分，當事人已於事後提出者。

二、必須記明之理由已於事後記明者。

三、應給予當事人陳述意見之機會已於事後給予者。

四、應參與行政處分作成之委員會已於事後作成決議者。

五、應參與行政處分作成之其他機關已於事後參與者。

前項第2款至第5款之補正行為，僅得於訴願程序終結前為之；得不經訴願程序者，僅得於向行政法院起訴前為之。

當事人因補正行為致未能於法定期間內聲明不服者，其期間之遲誤視為不應歸責於該當事人之事由，其回復原狀期間自該瑕疵補正時起算。

( ) 1. 關於行政處分補正之敘述，下列何者錯誤？　(A)補正之內容包含程序及實體瑕疵　(B)須經申請之處分因事後提出申請而補正　(C)應參與作成處分之其他機關因事後參與而補正　(D)須記明理由者因事後記明而補正。（103普）

( ) 2. 行政處分須經申請始得作成，未經申請之當事人於事後提出申請者，行政處分之效力如何？　(A)無效　(B)溯及無效　(C)經補正後有效　(D)一部有效，一部無效。（97普）

( ) 3. 應記明理由之行政處分而未記明者，其效力為何？　(A)自始不生效力　(B)得以事後記明理由而補正　(C)不得補正，僅能撤銷　(D)仍為無瑕疵。（97地四）

( ) 4. 瑕疵行政處分補正後，仍為有效，下列情形何者不屬於補正？　(A)具有重大明顯之瑕疵，經承諾補償者　(B)必須記明之理由已於事後記明者　(C)須經申請始得作成之行政處分，當事人已於事後提出者　(D)應參與行政處分作成之其他機關已於事後參與者。（98地四）

( ) 5. 直轄市主管機關辦理規定地價或重新規定地價，未依法提交地價評議委員會評議而逕行作成行政處分，該行政處分之效力如何？　(A)無效　(B)得補正　(C)應廢止之　(D)對該行政處分之效力不生影響。（103警）

( ) 6. 下列何種情形不生補正原行政處分瑕疵之效力？　(A)須經申請始得作成之行政處分，當事人已於事後提出者　(B)必須記明之理由已於事後記明者　(C)應給予當事人陳述意見之機會已於事後給予者　(D)應迴避之委員已於事後迴避者。（100警）

( ) 7. 下列何種情形不屬於有瑕疵行政處分之補正？　(A)必須記明之理由，已經於事後記明者　(B)沒有管轄權限機關所為之處分，事後轉由有處分權限機關為之者　(C)應參與行政處分作成之機關，已經於事後參與者　(D)必須經過申請始得作成之行政處分，當事人已經於事後提出者。（100地四）

(　) 8. 甲機關舉行聽證程序後，對乙作成書面行政處分，但並未記明處分之理由。甲機關若欲補正此一行政處分瑕疵，至遲應於何時為之？　(A)訴願程序終結前　(B)行政訴訟起訴前　(C)隨時均可補正　(D)該行政處分不得補正。（103警）

(　) 9. 關於違法行政處分，下列敘述何者錯誤？　(A)有重大明顯瑕疵之行政處分，自始無效　(B)行政機關在一定條件下，得依職權撤銷違法行政處分　(C)未經申請而作成之行政處分，得事後補正　(D)違法行政處分皆不得轉換為合法行政處分。（107普）

答：1.(A) 2.(C) 3.(B) 4.(A) 5.(B) 6.(D) 7.(B) 8.(B) 9.(D)

第115條　**行政處分違反土地管轄之規定者，除依第110條第6款規定而無效者外，有管轄權之機關如就該事件仍應為相同之處分時，原處分無須撤銷。**

(　) 1. 下列何者不屬於行政處分無效之情形？　(A)應以證書方式作成而未給予證書者　(B)違反土地管轄之規定者　(C)未經授權而違背法規有關專屬管轄之規定者　(D)許可之行為構成犯罪者。（105地四）

(　) 2. 下列書面行政處分，何者於未經撤銷、廢止或未因其他事由而失效前，其行政處分之效力繼續存在？　(A)該書面行政處分未載明處分機關者　(B)處分內容違背公序良俗或構成犯罪者　(C)處分未經合法送達者　(D)處分之作成缺乏專屬管轄以外之其他土地管轄權限者。（105普）

(　) 3. 行政處分違反土地管轄之規定者，如無行政程序法第111條第6款規定之情形，該行政處分之效力為何？　(A)得轉換　(B)得補正　(C)效力未定　(D)有管轄權之機關如就該事件仍應為相同之處分時，原處分無須撤銷。（108普）

(　) 4. 財政部中區國稅局對設籍於臺北市之納稅義務人為核定補繳所得稅之處分，如其金額及內容均無錯誤，則此土地管轄錯誤之行政處分，其效力為何？　(A)無效　(B)仍為有效　(C)效力未定　(D)溯及失效。（107地四）

答：1.(B) 2.(D) 3.(D) 4.(B)

第116條　**行政機關得將違法行政處分轉換為與原處分具有相同實質及程序要件之其他行政處分。但有下列各款情形之一者，不得轉換：**
一、違法行政處分，依第117條但書規定，不得撤銷者。
二、轉換不符作成原行政處分之目的者。
三、轉換法律效果對當事人更為不利者。
羈束處分不得轉換為裁量處分。
行政機關於轉換前應給予當事人陳述意見之機會。但有第103條之事由者，不在此限。

( )1.行政機關得將違法行政處分，更改為與原處分具有相同實質及程序要件之其他行政行為，此行為稱之為何？　(A)瑕疵行政處分的治癒　(B)違法行政處分的轉換　(C)無效行政處分的治癒　(D)無效行政處分的行政執行。（95普）

( )2.以下關於行政處分之轉換，何者錯誤？　(A)轉換必須符合原行政處分之目的　(B)轉換法律效果對當事人更為不利者，則不得轉換　(C)裁量處分及羈束處分得互相轉換　(D)轉換對公益有重大危害者，不得轉換。（98地四）

( )3.關於違法行政處分之轉換，下列敘述何者正確？　(A)羈束處分得轉換為裁量處分　(B)轉換對公益有重大危害者，仍得轉換　(C)轉換法律效果對當事人更為不利者，仍得轉換　(D)轉換前原則上應給予當事人陳述意見之機會。（108普）　　　　　　　　　　　　　答：1.(B) 2.(C) 3.(D)

第117條　**違法行政處分於法定救濟期間經過後，原處分機關得依職權為全部或一部之撤銷；其上級機關，亦得為之。但有下列各款情形之一者，不得撤銷：**
一、撤銷對公益有重大危害者。
二、受益人無第119條所列信賴不值得保護之情形，而信賴授予利益之行政處分，其信賴利益顯然大於撤銷所欲維護之公益者。

( )1.下列何者係屬得撤銷之行政處分？　(A)以不實資料向建築主管機關申請建築執照，該主管機關核准該執照　(B)國防部核發所屬軍官轉任公務員考試及格證書　(C)不利處分漏未記載救濟之教示　(D)應以證書作成之行政處分卻未給予證書者。（102普）

( )2.依行政程序法規定，關於行政機關依職權撤銷違法行政處分之敘述，下列何者錯誤？　(A)法定救濟期間經過後，不得撤銷　(B)原處分機關或其上級機關得依職權為全部或一部之撤銷　(C)撤銷對公益有重大危害者，不得撤銷　(D)該處分之受益人具備信賴保護要件，且其信賴利益顯然大於撤銷所欲維護之公益者，不得撤銷。（107普）

( )3.行政機關依職權決定是否撤銷違法之行政處分，毋須考慮下列那一項因素？　(A)處分相對人之企業規模　(B)撤銷對公益有無重大危害　(C)受益人之信賴利益是否值得保護　(D)信賴利益有無顯然大於撤銷所欲維護之公益。（105普）

( )4.依行政程序法規定，關於違法授益行政處分之撤銷，下列敘述何者正確？　(A)受益人之信賴值得保護時，即不得撤銷　(B)撤銷對公益有重大危害者，即不得撤銷　(C)受益人因重大過失而不知行政處分違法者，即不得撤銷　(D)撤銷所欲維護之公益大於受益人之信賴利益者，即不得撤銷。（107地四）

( )5.關於行政處分職權撤銷之敘述，下列何者錯誤？ (A)得於法定救濟期間經過後撤銷之 (B)對違法與合法行政處分均得為撤銷 (C)原處分機關得為全部之撤銷 (D)上級機關得為一部之撤銷。（106普）

答：1.(A) 2.(A) 3.(A) 4.(B) 5.(B)

第118條　違法行政處分經撤銷後，溯及既往失其效力。但為維護公益或為避免受益人財產上之損失，為撤銷之機關得另定失其效力之日期。

( )1.有關行政處分之敘述，下列何者正確？ (A)違法行政處分經廢止後，原則上溯及既往失效 (B)違法行政處分經撤銷後，原則上溯及既往失效 (C)合法行政處分經廢止後，原則上溯及既往失效 (D)合法行政處分經撤銷後，原則上溯及既往失效。（106地四）

( )2.違法之行政處分經撤銷後，其效力為何？ (A)原則上溯及既往失效，但為維護公益或避免受益人財產之損失，得另定失效日期 (B)一律溯及既往失去效力 (C)由行政機關裁量以定其失效日期 (D)原則上向未來失效，但為維護公益得另定失效日期。（102地四）　　答：1.(B) 2.(A)

第119條　受益人有下列各款情形之一者，其信賴不值得保護：
一、以詐欺、脅迫或賄賂方法，使行政機關作成行政處分者。
二、對重要事項提供不正確資料或為不完全陳述，致使行政機關依該資料或陳述而作成行政處分者。
三、明知行政處分違法或因重大過失而不知者。

( )1.授予利益之行政處分經撤銷後，在下列何種情形下，受益人之信賴利益不值得保護？ (A)行政機關非故意撤銷行政處分者 (B)受益人非本國國民 (C)此行政處分係屬具不確定本質之預測性的處分 (D)受益人因重大過失而不知行政處分違法者。（101地四）

( )2.行政處分之受益人具有下列何種情形者，其信賴利益值得保護？ (A)受益人以詐欺方法，使行政機關作成行政處分 (B)受益人賄賂相關承辦人，使行政機關作成行政處分 (C)受益人有一般抽象輕過失，而不知行政處分違法 (D)受益人對重要事項為不完全陳述，致行政機關依該陳述而作成行政處分。（102警）

( )3.下列何者屬於信賴值得保護之情形？ (A)以詐欺使行政機關作成行政處分者 (B)因情事變更致行政機關依據舊資料作成行政處分者 (C)對重要事項提供不正確資料，致使行政機關依該資料作成處分者 (D)明知行政處分違法者。（101普）

( ) 4.行政處分之受益人有下列何種情形時，其信賴仍屬值得保護？ (A)未出席行政機關所舉行之聽證 (B)以詐欺、脅迫或賄賂方法，使行政機關作成行政處分 (C)對重要事項提供不正確資料或為不完全陳述，致使行政機關依該資料或陳述而作成行政處分 (D)明知行政處分違法或因重大過失而不知。（100高）

( ) 5.違法行政處分之受益人，下列何者非屬信賴不值得保護的情形？ (A)以賄賂方法使原行政處分機關作成行政處分 (B)對重要事項為不完全陳述，致使原行政處分機關依該陳述而作成行政處分 (C)對原行政處分之違法因重大過失而不知 (D)原行政處分之撤銷或變更，對公共利益有重大危害。（104普） 答：1.(D) 2.(C) 3.(B) 4.(A) 5.(D)

第120條 授予利益之違法行政處分經撤銷後，如受益人無前條所列信賴不值得保護之情形，其因信賴該處分致遭受財產上之損失者，為撤銷之機關應給予合理之補償。
前項補償額度不得超過受益人因該處分存續可得之利益。
關於補償之爭議及補償之金額，相對人有不服者，得向行政法院提起給付訴訟。

( ) 1.授予利益之行政處分經撤銷後，如受益人信賴無法定不值得保護之情形，有關其因信賴該處分之敘述，下列何者正確？ (A)因信賴該處分致遭受財產上之損失者，為撤銷之機關應給予合理之賠償 (B)因信賴該處分致遭受之非財產上之損失者，為撤銷之機關應給予合理之補償 (C)因信賴該處分致遭受財產上之損失者，為撤銷之機關應給予合理之補償 (D)因信賴該處分致遭受之非財產上之損失者，為撤銷之機關應給予合理之賠償。（106地四）

( ) 2.依行政程序法之規定，下列何種行政處分，相對人得依據信賴保護原則請求補償？ (A)撤銷負擔行政處分 (B)因未履行負擔而廢止授益行政處分 (C)因違反法令而廢止授益行政處分 (D)撤銷違法授益行政處分。（106高）

( ) 3.行政處分經撤銷後，機關應予受益人合理之補償。該項補償之性質為何？ (A)公益徵收之補償 (B)信賴利益之補償 (C)違法侵害之補償 (D)社會衡平之補償。（104普）

( ) 4.關於行政處分撤銷之敘述，下列何者錯誤？ (A)不論是授益處分或負擔處分，凡撤銷對公益有重大危害者，均不得為之 (B)信賴利益顯然大於依法行政原則所欲維持之公益時，不得撤銷該授益處分 (C)信賴保護之前提為受益人須有信賴表現 (D)撤銷授益處分，無須給予相對人損失補償。（107地三） 答：1.(C) 2.(D) 3.(B) 4.(D)

第121條　第117條之撤銷權,應自原處分機關或其上級機關知有撤銷原因時起二年內為之。
　　　　前條之補償請求權,自行政機關告知其事由時起,因二年間不行使而消滅;自處分撤銷時起逾五年者,亦同。

( )1.依行政程序法之規定,違法行政處分於法定救濟期間經過後,原處分機關或其上級機關得撤銷之。應自知有撤銷原因時起最長多久之內為之?　(A)2年　(B)1年　(C)6個月　(D)2個月。（100地四）

( )2.行政處分之撤銷,應自原處分機關或其上級機關知有撤銷原因時起幾年內為之?　(A)二年　(B)三年　(C)四年　(D)五年。（91普、98普）

( )3.依行政程序法,違法行政處分於法定救濟期間經過後,原處分機關得於知有撤銷原因時起,至遲多久期間內予以撤銷?　(A)3個月　(B)6個月　(C)1年　(D)2年。（102警）

( )4.關於違法授益處分撤銷後之損失補償,下列敘述何者錯誤?　(A)須受益人無信賴不值得保護之情形　(B)相對人對補償金額不服者,得向行政法院提起給付訴訟　(C)補償請求權,自處分撤銷時起逾2年不行使而消滅　(D)補償額度不超過因該處分存續可得之利益。（105地四）

答：1.(A)　2.(A)　3.(D)　4.(C)

第122條　非授予利益之合法行政處分,得由原處分機關依職權為全部或一部之廢止。但廢止後仍應為同一內容之處分或依法不得廢止者,不在此限。

( )1.合法之行政處分,由於所根據之事實或法律狀態之變更,或因該處分之繼續存在已無實益,基於法律政策或事實上原因加以廢棄者,稱為行政處分之:　(A)廢止　(B)撤銷　(C)無效　(D)轉換。（97地四）

( )2.合法行政處分之廢止,由何者作成?　(A)原處分機關　(B)原處分機關之上級機關　(C)訴願管轄機關　(D)行政法院。（97地四）

答：1.(A)　2.(A)

第123條　授予利益之合法行政處分,有下列各款情形之一者,得由原處分機關依職權為全部或一部之廢止:
　　　　一、法規准許廢止者。
　　　　二、原處分機關保留行政處分之廢止權者。
　　　　三、附負擔之行政處分,受益人未履行該負擔者。
　　　　四、行政處分所依據之法規或事實事後發生變更,致不廢止該處分對公益將有危害者。
　　　　五、其他為防止或除去對公益之重大危害者。

( )1.A公司申請獲准設立一加油站，設立後因發生地震致地層下陷而有生公共安全之疑慮，主管機關遂依法將A公司之許可予以「撤照」。該撤照之法律性質為何？　(A)授益處分之撤銷　(B)授益處分之廢止　(C)負擔處分之撤銷　(D)負擔處分之廢止。（106地三）

( )2.下列何者不是廢止行政處分的理由？　(A)法規准許廢止　(B)行政處分違法　(C)附負擔之行政處分，受益人未履行該負擔　(D)原處分機關保留廢止權。（101普）

( )3.下列何者非屬合法授益處分得予以廢止之法定要件或情形？　(A)法規准許廢止　(B)原處分保留廢止權　(C)對處分相對人以外第三人構成危害　(D)附負擔之授益處分，受益人未履行負擔。（105警）

( )4.下列何者不屬於行政程序法所規定有關廢止授予利益合法行政處分之原因？　(A)對重要事項提供不正確資料或為不完全陳述，致使行政機關依該資料或陳述而作成行政處分者　(B)原處分機關保留行政處分之廢止權者　(C)行政處分所依據之法規或事實事後發生變更，致不廢止該處分對公益將有危害者　(D)附負擔之行政處分，受益人未履行該負擔者。（104普）

( )5.關於行政處分廢棄之敘述，下列何者錯誤？　(A)違法行處分之撤銷，旨在維護依法行政　(B)合法授益行政處分之相對人若有值得保護之信賴利益者，不得廢止　(C)行政處分於法定救濟期間經過後，行政機關得依相對人申請，將其廢棄　(D)行政處分經廢棄後，可溯及既往或嗣後失其效力。（104警）

( )6.依行政程序法規定，合法授益處分之廢止事由，不包括下列何者？　(A)法規准許廢止者　(B)原處分機關保留行政處分之廢止權者　(C)附負擔之行政處分，受益人未履行該負擔者　(D)原處分機關事後發現原處分作成時違法者。（108普）

( )7.下列何者非屬合法授益處分得廢止之法定原因？　(A)原處分機關保留行政處分之廢止權者　(B)行政處分所依據之法規或事實事後發生變更，致不廢止該處分對公益將有危害者　(C)附條件之行政處分，條件尚未成就者　(D)為防止或除去對公益之重大危害者。（106地三）

答：1.(B) 2.(B) 3.(C) 4.(A) 5.(B) 6.(D) 7.(C)

第124條　前條之廢止，應自廢止原因發生後二年內為之。

( )1.行政機關對行政處分有廢止權時，應自廢止原因發生後幾年內為之？　(A)7 年　(B)5 年　(C)3 年　(D)2 年。（105普）

（　）2.下列有關授予利益之合法行政處分廢止之說明，何者正確？　(A)得廢止之行政處分，以違法為限　(B)無補償財產損失之必要　(C)廢止僅得溯及既往失其效力　(D)廢止應自廢止原因發生後二年內為之。（95高）

答：1.(D) 2.(D)

第125條　合法行政處分經廢止後，自廢止時或自廢止機關所指定較後之日時起，失其效力。
但受益人未履行負擔致行政處分受廢止者，得溯及既往失其效力。

（　）1.如欲使合法行政處分失其效力，原處分機關應採取下列何種作為？(A)呈請上級機關核准後撤銷該行政處分　(B)送請法院裁定宣告該行政處分無效　(C)廢止該行政處分　(D)經相對人同意後，公告該行政處分失效。（102警）

（　）2.下列關於行政處分廢止之敘述，何者錯誤？　(A)行政處分廢止後，原則上溯及既往失其效力　(B)合法授益行政處分若附負擔，而處分相對人未履行該負擔，原處分機關得依職權廢止該行政處分　(C)行政處分之廢止，應自廢止原因發生後2年內為之　(D)授益行政處分之廢止，處分相對人未必均享有損失補償請求權。（104警）

（　）3.關於行政處分之敘述，下列何者正確？　(A)附負擔之行政分，受益人未履行該負擔，應由原處分機關為全部或一部之廢止　(B)合法行政處分經撤銷後，應自撤銷時或自撤銷機關所指定較後之日時起失其效力　(C)非授予利益之違法行政處分，應由原處分機關為全部或一部之廢止　(D)受益人未履行負擔致合法行政處分受廢止者，得溯及既往失其效力。（107地三）

（　）4.關於行政處分之撤銷及廢止，下列敘述何者錯誤？　(A)撤銷適用於處分違法之情形，廢止適用於處分合法之情形　(B)撤銷及廢止均有除斥期間2年之規定　(C)撤銷溯及既往失效，廢止一律向後失效　(D)撤銷及廢止均不待人民申請，而由行政機關依職權為之。（106地三）

（　）5.有關行政處分的敘述，下列何者正確？　(A)得撤銷的行政處分應為合法的行政處分　(B)被廢止的行政處分係因其屬非法的行政處分　(C)行政處分撤銷時，一律溯及既往失效　(D)行政處分廢止時，得溯及既往失效。（101地四）

（　）6.合法行政處分廢止之效力為何？　(A)合法行政處分經廢止後，自廢止時起失其效力　(B)合法行政處分經廢止後，一律溯及既往失其效力　(C)合法行政處分經廢止後，原處分效力不受影響　(D)合法行政處分經廢止後，原處分效力未定。（106移四）

答：1.(C)　2.(A)　3.(D)　4.(C)　5.(D)　6.(A)

第126條　原處分機關依第123條第4款、第5款規定廢止授予利益之合法行政處分者，對受益人因信賴該處分致遭受財產上之損失，應給予合理之補償。第120條第2項、第3項及第121條第2項之規定，於前項補償準用之。

(　) 1. 原處分機關廢止授予利益之合法行政處分後，應予受益人損失補償之情形，下列何者屬之？　(A)原處分機關保留行政處分之廢止權者　(B)法規准許廢止者　(C)為防止或除去對公益之重大危害者　(D)受益人未履行行政處分所附之負擔者。（105地四）

(　) 2. 有關合法授益行政處分之廢止，下列何者必須給予人民信賴補償？　(A)法規准許廢止者　(B)原處分機關保留行政處分之廢止權者　(C)行政處分所依據之法規或事實事後發生變更，致不廢止該處分對公益將有危害者　(D)附負擔之行政處分，受益人未履行該負擔者。（100普）

(　) 3. 授予利益之合法行政處分基於下列何種原因遭廢止者，受益人得請求合理之補償？　(A)法規准許廢止者　(B)原處分機關保留行政處分之廢止權者　(C)行政處分所依據之法規變更，不廢止原處分對公益將有危害者　(D)附負擔之行政處分，受益人未履行該負擔者。（98普）

答：1.(C) 2.(C) 3.(C)

第127條　授予利益之行政處分，其內容係提供一次或連續之金錢或可分物之給付者，經撤銷、廢止或條件成就而有溯及既往失效之情形時，受益人應追還因該處分所受領之給付。其行政處分經確認無效者，亦同。
前項追還範圍準用民法有關不當得利之規定。
行政機關依前二項規定請求返還時，應以書面行政處分確認返還範圍，並限期命受益人返還之。
前項行政處分未確定前，不得移送行政執行。

(　) 1. 授益處分若因撤銷而溯及既往失效時，受益人應負返還受領給付之義務。關於其返還之範圍應如何決定？　(A)應依據行政程序法有關公法上不當得利返還之明文規定　(B)應依據行政訴訟法一般給付訴訟之規定　(C)應依據行政程序法準用民法不當得利返還之規定　(D)應依據行政程序法準用民法損害賠償規定。（100地四）

(　) 2. 某甲偽造存款簿內頁申請社會救助，主管機關不察而核准，一年後主管機關發現事實，主管機關得採取何種措施？　(A)廢止該處分，並給予補償　(B)撤銷該行政處分，並請求返還過去所領得之社會救助　(C)基於信賴保護不得撤銷該處分　(D)撤銷該行政處分，但不得請求返還過去所領得之社會救助。（101警）

（　） 3. A公司向主管機關申請補助再生能源研究經費獲准，主管機關嗣後發現A公司提供不實資料，主管機關撤銷再生能源研究經費補助之處分，欲請求 A公司返還已發給之補助經費時，下列敘述何者正確？　(A)主管機關應向 A公司提起一般給付訴訟　(B)主管機關應移送行政執行　(C)主管機關應以書面行政處分向 A公司請求返還　(D)主管機關應與A公司訂定和解契約。（105地四）

（　） 4. 行政機關撤銷授予利益之行政處分，進而請求受益人返還原受領之給付時，下列敘述何者正確？　(A)行政機關請求返還之書函性質為觀念通知，得移送行政執行　(B)受益人拒絕返還時，行政機關應向行政法院提起一般給付訴訟　(C)行政機關應以書面行政處分確認返還範圍，並限期命其返還　(D)行政機關請求返還之書函性質為行政處分，且不論行政處分是否已確定，均得移送行政執行。（106普）

答：1.(C)　2.(B)　3.(C)　4.(C)

第128條　行政處分於法定救濟期間經過後，具有下列各款情形之一者，相對人或利害關係人得向行政機關申請撤銷、廢止或變更之。但相對人或利害關係人因重大過失而未能在行政程序或救濟程序中主張其事由者，不在此限：
　　一、具有持續效力之行政處分所依據之事實事後發生有利於相對人或利害關係人之變更者。
　　二、發生新事實或發現新證據者，但以如經斟酌可受較有利益之處分者為限。
　　三、其他具有相當於行政訴訟法所定再審事由且足以影響行政處分者。
　　前項申請，應自法定救濟期間經過後三個月內為之；其事由發生在後或知悉在後者，自發生或知悉時起算。但自法定救濟期間經過後已逾五年者，不得申請。

（　） 1. 下列何者不屬於行政程序法第128條得請求重開行政程序之法定事由？(A)具有持續效力之行政處分所依據之事實事後發生有利於相對人之變更者　(B)發現新證據者，但以如經斟酌可受較有利益之處分者為限(C)行政處分適用法規錯誤　(D)原處分就足以影響於處分之重要證物漏未斟酌。（101普）

（　） 2. 行政處分於法定救濟期間經過後，相對人依行政程序法第128條規定，針對行政處分作成後立即發現之新證據，而請求重開行政程序，至遲應自法定救濟期間經過後幾個月內為之？　(A)1個月　(B)2個月　(C)3個月　(D)5個月。（104警）

（　）3.關於人民依行政程序法第128條申請撤銷原處分之期間，下列敘述何者錯誤？　(A)原則上應於法定救濟期間經過後3個月內為之　(B)法定救濟期間經過後已逾5年者，不得申請　(C)申請事由知悉在法定救濟期間經過後者，應自知悉時起算3個月內為之　(D)申請事由發生在法定救濟期間經過後者，應自發生時起算5年內為之。（107普）

（　）4.人民依行政程序法第128條規定申請重開行政程序，其申請期間原則上為：(A)自處分書送達後二個月內　(B)自法定救濟期間經過後二個月內　(C)自處分書送達後三個月內　(D)自法定救濟期間經過後三個月內。（104普）

答：1.(C)　2.(C)　3.(D)　4.(D)

第130條　行政處分經撤銷或廢止確定，或因其他原因失其效力後，而有收回因該處分而發給之證書或物品之必要者，行政機關得命所有人或占有人返還之。
前項情形，所有人或占有人得請求行政機關將該證書或物品作成註銷之標示後，再予發還。但依物之性質不能作成註銷標示，或註銷標示不能明顯而持續者，不在此限。

（　）　行政機關以距離學校過近的原因，廢止已核發之加油站設置許可。下列敘述何者正確？　(A)行政機關作成授益處分後原則上即得廢止，故該廢止加油站設置許可之行為合法　(B)因加油站與學校間之距離為事實認定問題，故行政機關廢止權之行使為事實行為　(C)行政機關基於公益而廢止加油站設置許可，處分相對人不受信賴保護原則之保障　(D)加油站設置許可經廢止確定後，處分相對人負有繳回加油站設置許可執照之義務。（103高）　　答：(D)

第131條　公法上之請求權，於請求權人為行政機關時，除法律另有規定外，因五年間不行使而消滅；於請求權人為人民時，除法律另有規定外，因十年間不行使而消滅。
公法上請求權，因時效完成而當然消滅。
前項時效，因行政機關為實現該權利所作成之行政處分而中斷。

（　）1.公法上之請求權於請求權人為行政機關時，除法律別有規定外，依行政程序法規定最長於幾年內因不行使而消滅？　(A)一年　(B)二年　(C)三年　(D)五年。（103普、104普）

（　）2.依據行政程序法第131條第1項規定，公法上之請求權之消滅時效為下列何者？　(A)5年　(B)於請求權人為行政機關時，5年；於請求權人為人民時，10年　(C)10年　(D)於請求權人為行政機關時，10年；於請求權人為人民時，5年。（105地三）

( )　3. 依據行政程序法第131條關於公法上請求權時效之規定，下列敘述何者正確？　(A)公法上請求權，因時效完成而當然消滅　(B)請求權人為行政機關時，時效為 10年　(C)請求權人為人民時，時效為 5年　(D)請求權時效，不因機關作成行政處分而中斷。（105地四）

( )　4. 有關時效之敘述，下列何者正確？　(A)行政罰之裁處權，因1年期間之經過而消滅　(B)國家賠償請求權，自請求權人知有損害時起，因3年間不行使而消滅　(C)行政執行自處分確定之日起3年內未經執行者，不再執行　(D)人民對行政機關公法上請求權，因10年間不行使而消滅。（106地四）

( )　5. 有關公法上消滅時效及請求權之敘述，下列何者錯誤？　(A)公法上意思表示或觀念通知，得類推適用民法第129條以下之規定，作為時效中斷之事由　(B)公法上請求權時效之期間，一律為5年　(C)行政處分因撤銷而溯及既往失效時，自該處分失效時起，已中斷之時效視為不中斷　(D)時效消滅之法律效果，係採權利消滅主義。（106地三）

( )　6. 下列有關行政程序法消滅時效與除斥期間之敘述，何者錯誤？　(A)公法上之請求權，於請求權人為人民時，除法律另有規定外，因 2 年間不行使而消滅　(B)原處分機關於知有撤銷原因時起 2 年後，即不得依職權撤銷違法行政處分　(C)原處分機關於廢止原因發生後 2 年內，得依職權廢止授予利益之合法行政處分　(D)公法上之請求權，於請求權人為行政機關時，除法律另有規定外，因 5 年間不行使而消滅。（105普）

答：1.(D)　2.(B)　3.(A)　4.(D)　5.(B)　6.(A)

第135條　公法上法律關係得以契約設定、變更或消滅之。但依其性質或法規規定不得締約者，不在此限。

( )　1. 具有下列何種情形時，不得締結行政契約？　(A)雙方當事人皆為行政機關　(B)雙方當事人皆為人民　(C)依其性質不得締約者　(D)未得上級機關事先核准者。（98地三）

( )　2. 下列何者非行政契約？　(A)公立大學與教師間之聘約　(B)國立臺灣大學租借其禮堂給予唱片公司舉辦歌友會　(C)臺北市與新北市之間簽訂垃圾焚化爐合建契約　(D)全民健康保險醫事服務機構特約。（103警）

( )　3. 下列何者非行政契約？　(A)公立醫院與病患間之醫療契約　(B)對於公法上金錢債務所締結之抵銷契約　(C)國立醫學院公費生服務義務協議　(D)委託私人行使公權力之協議。（96地四）

( )4.關於行政契約之敘述，下列何者正確？　(A)公法上法律關係得以契約設定、變更或消滅之　(B)行政機關不得與人民和解，締結行政契約以代替行政處分　(C)行政契約中人民之給付與行政機關之給付不必有關聯性　(D)行政契約締結後不得調整或終止。（100地四）

( )5.下列公法上之法律關係，何者不得以行政契約為之？　(A)醫學院學生之公費待遇與服務　(B)對違法造成河川污染者之裁罰　(C)縣市共同整治河川　(D)要求影響環境業者養護公共道路。（105地三）

答：1.(C) 2.(B) 3.(A) 4.(A) 5.(B)

第136條　行政機關對於行政處分所依據之事實或法律關係，經依職權調查仍不能確定者，為有效達成行政目的，並解決爭執，得與人民和解，締結行政契約，以代替行政處分。

( )1.下列何者屬行政契約之和解契約？　(A)因違規車輛之駕駛人為何，無法查知，警察命同車之人確認　(B)警察命令違法集會之群眾立即解散，民眾隨即離開　(C)違法侵害他人權益者與被害人成立賠償協議　(D)因業者10年前之進口清單已滅失，徵納雙方就無法查得之課稅原因事實達成協議。（106高）

( )2.有關行政和解契約之敘述，下列何者正確？　(A)行政和解契約，係為替代行政處分，以有效達成行政目的，故任何行政處分皆得以行政契約代替　(B)因行政處分具單方強制力，為使行政處分內容有效實現，故以行政和解契約方式為之，但不影響其行政處分之本質，契約當事人有契約爭議，僅能提起訴願、撤銷訴訟救濟之　(C)若行政機關對於行政處分所依據之事實，經依職權調查者仍不能確定，得與人民締結行政和解契約　(D)有關法律關係之確定屬法律問題，只有對錯，行政必須作出認定，不得任由行政契約雙方和解同意認定。（101地四）

( )3.關於行政程序法上和解契約合法要件之敘述，下列何者錯誤？　(A)必須存在事實或法律關係不確定情形　(B)必須不確定情形無法經由職權調查予以排除　(C)和解契約目的在於更有效達成行政目的　(D)和解契約應經上級主管機關同意後始得締結。（105高）

答：1.(D) 2.(C) 3.(D)

第137條　行政機關與人民締結行政契約，互負給付義務者，應符合下列各款之規定：
一、契約中應約定人民給付之特定用途。
二、人民之給付有助於行政機關執行其職務。
三、人民之給付與行政機關之給付應相當，並具有正當合理之關聯。
行政處分之作成，行政機關無裁量權時，代替該行政處分之行政契約所

約定之人民給付，以依第93條第1項規定得為附款者為限。

第1項契約應載明人民給付之特定用途及僅供該特定用途使用之意旨。

( )1. 行政機關與人民締結雙務契約，應符合之要件為何？　(A)須行政機關與人民互負給付之義務　(B)契約中應約定行政機關給付之特定用途　(C)契約中應明載行政機關之給付僅供特定用途使用之意旨　(D)人民之給付與行政機關之給付間應相當，但無須任何關聯。（99地三）

( )2. 依據行政程序法第137條，行政機關與人民締結雙務契約應符合之規定，下列何者不屬之？　(A)雙方之給付應相當，並有正當合理之關聯　(B)行政契約須為代替行政處分　(C)契約應約定人民給付之用途　(D)人民之給付應有助於機關執行職務。（105地四）

( )3. 下列有關行政程序法所規定雙務行政契約之敘述，何者錯誤？　(A)關於行政事務，行政機關皆得與人民締結雙務契約以代替行政處分　(B)契約中應約定人民給付之特定用途　(C)人民之給付與行政機關之給付應相當，並具有正當合理之關聯　(D)契約應載明人民給付之特定用途及僅供該特定用途使用之意旨。（103警）

( )4. 關於行政契約之敘述，下列何者錯誤？　(A)行政契約之締結應以書面為之　(B)行政契約依約定內容履行將侵害第三人權利者，應經該第三人書面之同意，始生效力　(C)行政處分之作成，行政機關無裁量權時，不得作成代替行政處分之行政契約　(D)行政契約得約定自願接受執行，以該契約為強制執行之執行名義。（106普）

答：1.(A) 2.(B) 3.(A) 4.(C)

第138條　行政契約當事人之一方為人民，依法應以甄選或其他競爭方式決定該當事人時，行政機關應事先公告應具之資格及決定之程序。決定前，並應予參與競爭者表示意見之機會。

( )1. 教育部欲透過公費考試選拔學生給予公費赴國外深造，教育部與通過考試選拔之學生簽訂公費契約書之前，應遵守下列何種程序？　(A)教育部應事先公告欲參與選拔學生應具之資格及選拔決定之程序　(B)教育部在決定公費生前，必須給予所有參與公費考試選拔者聽證之機會　(C)教育部應事先公告公費契約書之內容　(D)教育部必須事先公告公費考試之舉行方式，且公告方式限於刊載於新聞紙或政府公報。（108普）

( )2. 行政契約當事人之一方為人民，依法應以甄選或其他競爭方式決定該當事人時，決定前是否應讓參與競爭者表示意見？　(A)應予參與競爭者表示意見之機會　(B)有必要時始予參與競爭者表示意見之機會　(C)參與競爭者提出申請始提供表示意見之機會　(D)為避免弊端，一律不予表示意見之機會。（100地四）

答：1.(A) 2.(A)

第139條　行政契約之締結，應以書面為之。但法規另有其他方式之規定者，依其規定。

（　）　法規未有特別規定者，行政契約應以何種方式締結？　(A)口頭或書面為之　(B)原則以書面，例外得以口頭為之　(C)應以書面為之　(D)應以口頭為之。（93初）　　　　　　　　　　　　　　　　　　　答：(C)

第140條　行政契約依約定內容履行將侵害第三人之權利者，應經該第三人書面之同意，始生效力。
　　　　　行政處分之作成，依法規之規定應經其他行政機關之核准、同意或會同辦理者，代替該行政處分而締結之行政契約，亦應經該行政機關之核准、同意或會同辦理，始生效力。

（　）1.依行政程序法之規定，行政契約依約定內容履行將侵害第三人權利者，該行政契約之效力如何？　(A)第三人提出異議前，契約仍有效力　(B)經上級機關首長簽署核定始生效力　(C)經締約之雙方當事人簽署即生效力　(D)應經該第三人書面之同意始生效力。（100地四）

（　）2.行政契約依約定內容履行將侵害第三人之權利者，在經該第三人以書面表示同意前，契約效力為何？　(A)無效　(B)得撤銷　(C)效力未定　(D)仍為有效，效力不受影響。（103普）

（　）3.行政契約依約定內容履行將侵害第三人之權利者，該契約於何時生效？　(A)經該第三人口頭同意後　(B)經該第三人書面同意後　(C)經該第三人聲明異議而被駁回時　(D)經該第三人提起訴願而獲得有理由決定時。（99普）

（　）4.依據行政程序法之相關規定，行政機關與人民締結行政契約，下列敘述何者正確？　(A)應一律以競爭方式決定締約對象　(B)得任意以書面及言詞方式為之　(C)無論契約內容為何，均容許締約　(D)契約履行將侵害第三人權利者，應經第三人書面同意。（102地四）

（　）5.下列關於行政契約之敘述，何者錯誤？　(A)行政契約當事人之一方為人民者，行政機關為防止或除去對公益之重大危害，得於必要範圍內調整契約內容　(B)行政契約締結後，因有重大情事變更非締約時所能預料，若依照原約定顯失公平者，當事人之一方得請求他方調整契約內容　(C)行政契約之締結，應以書面為之。但法規另有其他方式之規定者，從其規定　(D)契約內容若有侵害第三人時，於該第三人陳述意見後，該行政契約即可生效。（105普）

答：1.(D)　2.(C)　3.(B)　4.(D)　5.(D)

第141條　行政契約準用民法規定之結果為無效者，無效。
**　　　　行政契約違反第135條但書或第138條之規定者，無效。**

( )1.關於行政契約之效力，下列敘述何者正確？　(A)行政契約之一部無效
　　者，原則上其他部分仍有效　(B)行政契約準用民法規定之結果為無效
　　者，無效　(C)人民未履行行政契約之義務，契約即自始無效　(D)行
　　政機關未撤銷行政契約前，該契約絕對有效。（104普）

( )2.依法規規定不得締約，而仍締結行政契約者，其效力如何？　(A)契約
　　得撤銷　(B)契約無效　(C)應終止契約　(D)應調整契約。（105地四）

答：1.(B) 2.(B)

第142條　代替行政處分之行政契約，有下列各款情形之一者，無效：
**　　　　一、與其內容相同之行政處分為無效。**
**　　　　二、與其內容相同之行政處分，有得撤銷之違法原因，並為締約雙方所**
**　　　　　　明知者。**
**　　　　三、締結之和解契約，未符合第136條之規定者。**
**　　　　四、締結之雙務契約，未符合第137條之規定者。**

( )1.道路管理機關與私人約定，該機關核發公物特別利用之許可，但私人必
　　須給付五十萬元回饋金，以供教育主管機關補貼兒童營養午餐之用。就
　　上述法律關係，下列敘述何者正確？　(A)回饋金之給付有助於實施兒
　　童營養午餐，基於契約自由原則，該契約自屬合法且有效　(B)回饋金
　　之給付有助於實施兒童營養午餐，基於公益維護原則，該契約自屬合法
　　且有效　(C)回饋金之給付有違不當聯結禁止之原則，該契約自屬違法
　　且無效　(D)回饋金之給付有違不當聯結禁止之原則，但因有助於實施
　　兒童營養午餐，尚非屬無效。（100普）

( )2.行政契約無效之事由，不包括下列何者？　(A)代替行政處分之行政契
　　約，與其內容相同之行政處分為無效者　(B)代替行政處分之行政契
　　約，與其內容相同之行政處分，有得撤銷之違法原因，並為締約雙方所
　　明知者　(C)行政契約締結後，依原約定履行對公益有重大危害者　(D)
　　締結行政契約之意思表示因錯誤而撤銷者。（107地三）

( )3.下列何者非行政契約無效之原因？　(A)行政契約準用民法規定之結果
　　為無效者　(B)行政契約締結後，因有情事重大變更，非當時所得預
　　料，而依原約定顯失公平者　(C)代替行政處分之行政契約，與其內容
　　相同之行政處分為無效者　(D)締結之雙務契約，人民之給付與行政機
　　關之給付無正當合理之關聯者。（106普）　　答：1.(C) 2.(C) 3.(B)

第143條　行政契約之一部無效者，全部無效。但如可認為欠缺該部分，締約雙方亦將締結契約者，其他部分仍為有效。

( ) 1. 有關行政契約之效力，下列敘述何者正確？　(A)基於公益考量，行政契約準用民法規定之結果為無效者，其仍然有效　(B)依法應經公開甄選程序之行政契約，機關未辦理公開以及陳述意見等程序時，仍得予以補正之機會　(C)行政契約之一部無效者，原則上全部無效　(D)雙務契約未約定人民給付之特定用途者，人民得申請撤銷。（99地四）

( ) 2. 下列有關行政契約效力之敘述，何者錯誤？　(A)行政契約準用民法規定之結果為無效者，無效　(B)行政契約一部分無效者，其他部分仍為有效。但除去該無效部分，締約雙方認為該行政契約不能成立者，全部無效　(C)代替行政處分之行政契約，若與其內容相同之行政處分為無效者，該契約亦為無效　(D)代替行政處分之行政契約，若與其內容相同之行政處分有得撤銷之違法原因，並為締約雙方所明知者，亦為無效。（102地四）

( ) 3. 關於行政機關與人民締結，互負給付義務之雙務契約，下列敘述何者錯誤？　(A)人民之給付應與行政機關之給付相當　(B)人民之給付應與行政機關之給付有正當合理之關聯　(C)雙務契約必須締約之行政機關與人民意思表示一致，始能生效　(D)雙務契約原則上一部無效者，其他部分仍為有效。（103普）　　　　　　　　　　　　　答：1.(C) 2.(B) 3.(D)

第146條　行政契約當事人之一方為人民者，行政機關為防止或除去對公益之重大危害，得於必要範圍內調整契約內容或終止契約。
前項之調整或終止，非補償相對人因此所受之財產上損失，不得為之。
第1項之調整或終止及第2項補償之決定，應以書面敘明理由為之。
相對人對第1項之調整難為履行者，得以書面敘明理由終止契約。
相對人對第2項補償金額不同意時，得向行政法院提起給付訴訟。

( ) 1. 行政契約當事人一方為人民者，行政機關為防止或除去對公益之重大危害，得於必要範圍內調整契約內容或終止契約，惟行政機關調整或終止契約，須符合下列何項要件？　(A)報請上級機關同意　(B)補償相對人因此所受之財產上損失　(C)與相對人先行協議不成　(D)契約履行尚未達百分之五十者。（102警）

( ) 2. 行政契約當事人一方為人民者，行政機關為防止或除去對公益之重大危害，得於必要範圍內調整契約內容或終止契約。有關此調整或終止之敘述，下列何者正確？　(A)調整或終止，非補償相對人因此所受之財產上損失，不得為之　(B)調整或終止及補償決定，得以口頭敘明理由為之　(C)

相對人對調整難為履行者，無須敘明理由，得免為履行，並不視為違約
(D)相對人對補償金額不同意時，應依國家賠償法相關規定，請求給付。
（101地四）

(　) 3. 行政機關與人民締結行政契約，嗣後為防止公益之重大危害，行政機關
調整契約內容，並補償人民之財產上損失。若人民對此補償金額不同意
時，應如何救濟？　(A)向該行政機關之上級機關提起訴願　(B)向該行
政機關提起申訴　(C)向該行政機關請求協議，協議不成時，向普通法
院提起訴訟　(D)向行政法院提起給付訴訟。（98地四）

(　) 4. 有關當事人之一方為人民之行政契約，其內容調整之敘述，下列何者錯
誤？　(A)行政機關調整行政契約之內容，非補償相對人因此所受之財
產上損失，不得為之　(B)行政機關調整行政契約之內容，應以書面敘
明理由　(C)行政機關調整行政契約之內容難以履行者，人民仍不得終
止行政契約　(D)人民不同意行政機關之補償金額時，得向行政法院提
起給付訴訟。（108普）　　　　　　　　答：1.(B) 2.(A) 3.(D) 4.(A)

第147條　行政契約締結後，因有情事重大變更，非當時所得預料，而依原約定顯
失公平者，當事人之一方得請求他方適當調整契約內容。如不能調整，
得終止契約。
前項情形，行政契約當事人之一方為人民時，行政機關為維護公益，得
於補償相對人之損失後，命其繼續履行原約定之義務。
第1項之請求調整或終止與第2項補償之決定，應以書面敘明理由為之。
相對人對第2項補償金額不同意時，得向行政法院提起給付訴訟。

(　) 1. 下列有關情事變更對行政契約影響之敘述，何者最正確？　(A)行政契
約不適用因情事變更之法理　(B)行政契約締結後，有情事重大變更，
締約之人民請求適當調整契約內容時，行政機關只要補償其損失，無論
如何即可命其繼續履行原約定之義務　(C)情事變更原則在雙方當事人
均為行政機關之對等契約，以及一方為人民之從屬契約，均有適用
(D)人民對於行政機關因終止行政契約之補償不同意時，不得提起行政
訴訟。（101普）

(　) 2. 依據行政程序法，關於行政契約締結後調整契約內容，下列敘述何者正
確？　(A)行政機關得任意片面調整契約內容　(B)締結行政契約之雙方
當事人，因情事重大變更，得請求調整契約內容　(C)行政機關為防止
公益之重大危害，得片面調整契約內容，且無須補償相對人損失　(D)
法律未明文規定，故雙方當事人均無法以任何理由調整契約內容。
（106移四）

( ) 3.下列關於行政契約終止之敘述，何者錯誤？　(A)有民法上終止契約之事由者，原則上亦得終止行政契約　(B)為避免公共利益遭受重大危害，行政機關補償契約相對人之人民所遭受財產上之損失後，得終止契約　(C)因情事重大變更，行政機關為維護公益，得終止契約　(D)訂約後因法律變更直接影響契約之履行者，得終止契約。（107普）

答：1.(C) 2.(B) 3.(C)

第148條　行政契約約定自願接受執行時，債務人不為給付時，債權人得以該契約為強制執行之執行名義。
前項約定，締約之一方為中央行政機關時，應經主管院、部或同等級機關之認可；締約之一方為地方自治團體之行政機關時，應經該地方自治團體行政首長之認可；契約內容涉及委辦事項者，並應經委辦機關之認可，始生效力。
第一項強制執行，準用行政訴訟法有關強制執行之規定。

( ) 1.關於行政契約之敘述，下列何者正確？　(A)行政契約約定自願接受執行者，該契約得為強制執行之執行名義　(B)基於契約自由原則，行政機關締結行政契約可任意選擇締約對象　(C)基於維護公益之理由，行政機關得隨時終止行政契約　(D)行政機關就其無事務管轄權限之事項與人民締結行政契約，經有管轄權機關之承認始生效力。（101普）

( ) 2.人民不履行依行政契約所約定之金錢給付義務時，下列敘述何者正確？(A)債權人得以該契約為行政執行法上之執行名義，直接移送行政執行處對其財產強制執行　(B)行政契約有約定人民自願接受執行時，債權人方得以該契約為行政執行法上之執行名義，直接移送行政執行處對其財產強制執行　(C)債權人得以該契約為執行名義，準用行政訴訟法有關強制執行之規定，聲請對其財產強制執行　(D)行政契約有約定人民自願接受執行時，債權人方得以該契約為執行名義，準用行政訴訟法有關強制執行之規定，聲請對其財產強制執行。（100警）

( ) 3.高雄市政府環境保護局與人民簽訂行政契約，契約中有該局自願接受執行之約定。契約內容並無涉及委辦事項，請問此契約依法須經何者之認可？　(A)行政院環境保護署　(B)行政院　(C)高雄市政府　(D)高雄市市長。（104警）

( ) 4.行政契約約定自願接受執行時，其嗣後之強制執行，依行政程序法係準用下列何種規定？　(A)強制執行法之相關規定　(B)行政訴訟法有關強制執行之規定　(C)行政執行法之相關規定　(D)民事訴訟法之強制執行規定。（105高）

( ) 5. 下列有關行政契約之敘述，何者錯誤？　(A)行政契約一部無效者，全部無效　(B)行程序法未規定者，準用民法之規定　(C)高雄市政府與人民締結行政契約並約定自願接受執行，該約定應經行政院同意，始生效力　(D)行政契約之締結，應以書面為之。（106地四）

( ) 6. 甲就讀某軍事院校，因成績不佳而遭到退學，該軍事院校欲向甲追討須賠償之公費，由於其與甲簽訂之行政契約已約定自願接受執行之條款。下列何者正確？　(A)該軍事院校得移送行政執行署執行之　(B)該軍事院校得向該管行政法院聲請依強制執行法執行之　(C)該軍事院校得向該管行政法院聲請依行政訴訟法執行之　(D)該軍事院校須待取得勝訴判決方得聲請強制執行。（106高）

答：1.(A) 2.(D)　3.(D)　4.(B) 5.(C) 6.(C)

第149條　行政契約，本法未規定者，準用民法相關之規定。

( ) 1. 關於行政契約，行政程序法未規定者，應準用何種法規？　(A)民法　(B)刑法　(C)行政訴訟法　(D)公司法。（105普）

( ) 2. 行政機關委託私人經營管理不善之公立醫院，並簽訂行政契約，締約過程中並無下列何種法律之適用或準用？　(A)民法　(B)行政程序法　(C)行政罰法　(D)促進民間參與公共建設法。（103普）

答：1.(A) 2.(C)

第150條　本法所稱法規命令，係指行政機關基於法律授權，對多數不特定人民就一般事項所作抽象之對外發生法律效果之規定。
法規命令之內容應明列其法律授權之依據，並不得逾越法律授權之範圍與立法精神。

( ) 1. 行政機關基於法律授權，對多數不特定人民就一般事項所作抽象對外發生法律效果之規定為？　(A)行政規則　(B)自律規則　(C)法規命令　(D)自治條例。（98地四）

( ) 2. 法律授權明確，係指行政機關訂定下列何項行政行為，必須有法律明確之授權，包括授權的內容、目的與範圍？　(A)法規命令　(B)行政契約　(C)行政指導　(D)事實行為。（101地四）

( ) 3. 依據行政程序法第150條第1項之規定，所稱法規命令之概念要素，不包含下列何者？　(A)行政機關　(B)特定人民　(C)抽象規定　(D)對外發生法律效果。（98普）

( ) 4. 下列何者為法規命令？　(A)電信事業網路互連管理辦法　(B)臺灣電力公司營業規則　(C)機關檔案保管作業要點　(D)稅務違章案件裁罰金額或倍數參考表。（106地三）

（　）5.主管機關依全民健康保險法「調整保險費率」之法律性質為何？　(A)法規命令　(B)行政規則　(C)職權命令　(D)行政指導。（99普）

（　）6.下列何者為行政程序法第150條所稱之法規命令？　(A)民法施行法　(B)行政院暨所屬中央機關科長研習班實施計畫　(C)各機關職務代理應行注意事項　(D)水利法施行細則。（99地四）

（　）7.法律授權經濟部得訂定法規命令，但無明文授權轉委任時，經濟部可否逕行委由所屬機關訂定法規命令？　(A)可以，經濟部得基於指揮監督權限為之　(B)可以，經濟部得依權限委任之方式為之　(C)不可以，經濟部應先訂定法規命令，再由該命令授權所屬機關訂定之　(D)不可以，應有法律授權轉委任，始得為之。（108普）

（　）8.關於行政程序法所規定之法規命令，下列敘述何者正確？　(A)機關依職權訂定　(B)須有法律授權　(C)針對具體案件　(D)僅具機關內部效力。（100警）

（　）9.下列關於法規命令之敘述何者正確？　(A)法規命令之適用對象係針對可得特定之一般人民　(B)法規命令若無法律授權一律無效　(C)法規命令之位階與授權之母法相同　(D)法規命令應發布後始生效力。（99高）

（　）10.下列有關法規命令之敘述，何者錯誤？　(A)法規命令直接對外發生效力　(B)法規命令係規制個別事件之行政行為　(C)法規命令通常應有法律授權　(D)法規命令之適用對象為一般人民。（98普）

（　）11.有關法規命令與行政規則之區別，下列敘述何者錯誤？　(A)法規命令由立法院公布，行政規則由行政機關下達　(B)法規命令之廢止準用訂定程序之規定，行政規則得由原發布機關廢止之　(C)法規命令適用對象為一般人民，行政規則原則上適用對象為行政機關及所屬公務員　(D)法規命令應有法律之明確授權，行政規則基於法定職權得自行訂定。（101警）

答：1.(C) 2.(A) 3.(B) 4.(A) 5.(A) 6.(D) 7.(D) 8.(B) 9.(D) 10.(B) 11.(A)

第152條　法規命令之訂定，除由行政機關自行草擬者外，並得由人民或團體提議為之。
前項提議，應以書面敘明法規命令訂定之目的，依據及理由，並附具相關資料。

（　）1.依行政程序法，下列有關法規命令之敘述何者正確？　(A)法規命令係由憲法委託行政機關訂立之命令　(B)法規命令之訂定，雖屬行政機關之職權，但得由人民或團體提議為之　(C)為協助下級機關統一解釋法令而訂頒之解釋性規定，對人民權益顯有影響，故屬法規命令的一種　(D)法規命令之發布，應刊登政府公報並下達下級機關或屬官。（100地三）

( ) 2. 下列有關法規命令的敘述，何者正確？　(A)除由行政機關草擬外，人民得提議訂定法規命令　(B)行政機關訂定法規命令，應依職權舉行聽證　(C)法規命令訂定後，應請總統發布實施　(D)總統認為命令有窒礙難行者，應送覆議。（102警）

( ) 3. 關於法規命令，下列敘述何者錯誤？　(A)法規命令得設定、變更或消滅人民之權利義務　(B)人民不得提議訂定法規命令　(C)法規命令之訂定應經其他機關核准，而未經核准，該法規命令無效　(D)法規命令一部無效，原則上其他部分仍為有效。（102普）

( ) 4. 有關法規命令，下列敘述何者錯誤？　(A)抽象規範　(B)訂定法規命令，得依職權舉行聽證　(C)僅得由行政機關草擬，不得由人民提議為之　(D)應明列法律授權之依據。(105警)

( ) 5. 關於法規命令之訂定，下列敘述何者錯誤？　(A)法規命令僅得由行政機關自行草擬　(B)除情況急迫外，應將草案於政府公報或新聞紙公告　(C)法規命令之內容應明列授權依據　(D)行政機關得依職權舉行聽證。（105地四）

( ) 6. 關於法規命令之訂定，下列敘述何者錯誤？　(A)人民或團體得提議訂定法規命令　(B)人民或團體提議訂定法規命令，係創制權之具體實現，故形式不拘　(C)行政機關訂定法規命令，除應為公告外，並得以適當方法，將公告內容廣泛周知　(D)行政機關訂定法規命令，若依法舉行聽證，應於政府公報或新聞紙公告。（103警）

答：1.(B) 2.(A) 3.(B) 4.(C) 5.(A) 6.(B)

第154條　行政機關擬訂法規命令時，除情況急迫，顯然無法事先公告周知者外，應於政府公報或新聞紙公告，載明下列事項：
一、訂定機關之名稱，其依法應由數機關會同訂定者，各該機關名稱。
二、訂定之依據。
三、草案全文或其主要內容。
四、任何人得於所定期間內向指定機關陳述意見之意旨。
行政機關除為前項之公告外，並得以適當之方法，將公告內容廣泛周知。

( ) 1. 行政機關擬定法規命令時，依行政程序法規定，除情況緊急顯然無法公告周知者外，應將草案公告於政府公報或新聞紙。下列何者非屬公告時應載明之事項？　(A)受草案內容影響之相對人　(B)訂定機關之名稱　(C)草案之主要內容　(D)任何人得於所定期間向指定機關陳述意見之意旨。（107高）

( ) 2. 行政機關於擬定下列行政命令時，何者應事先於政府公報或新聞紙公告，載明草案全文或其主要內容等事項？ (A)稅務違章案件裁罰金額或倍數參考表 (B)警械許可定製售賣持有管理辦法 (C)內政部授權所屬機關代擬部稿發文注意事項 (D)歸化國籍之高級專業人才審查會設置要點。（106普）

( ) 3. 關於行政機關擬訂法規命令之敘述，下列何者正確？ (A)一律應舉行聽證 (B)原則上應將草案全文或主要內容公告，廣泛周知 (C)一律應經上級機關之核定 (D)僅能由行政機關自行草擬。（107普）

答：1.(A) 2.(B) 3.(B)

第155條 行政機關訂定法規命令，得依職權舉行聽證。

( ) 關於行政機關擬訂法規命令之程序，下列敘述何者正確？ (A)行政機關擬定法規命令時，無論情況是否急迫，均應公告於政府公報或新聞紙 (B)行政機關訂定法規命令，得依職權舉行聽證 (C)法規命令應經上級機關核定者，得於發布後核定 (D)僅利害關係人得於公告所定期間內向指定機關陳述意見。（107普） 答：(B)

第157條 法規命令依法應經上級機關核定者，應於核定後始得發布。
數機關會同訂定之法規命令，依法應經上級機關或共同上級機關核定者，應於核定後始得會銜發布。
法規命令之發布，應刊登政府公報或新聞紙。

( ) 1. 有關法規命令之敘述，下列何者正確？ (A)協助下級機關統一解釋法令而訂頒之解釋性規定為法規命令 (B)法規命令之發布，應刊登政府公報或新聞紙 (C)法規命令之訂定依法應經其他機關核准，而未經核准者，仍屬有效 (D)法規命令之修正，由行政院會同立法院辦理。（99地四）

( ) 2. 法規命令於政府網站上發布而未刊登於政府公報或新聞紙時，該法規命令之效力如何？ (A)不發生效力 (B)發生效力，且因已公告周知，故無需補正 (C)發生效力，但應事後刊登公報或新聞紙補正 (D)無效。（108普） 答：1.(B) 2.(A)

第158條 法規命令，有下列情形之一者，無效：
一、牴觸憲法、法律或上級機關之命令者。
二、無法律之授權而剝奪或限制人民之自由、權利者。
三、其訂定依法應經其他機關核准，而未經核准者。
法規命令之一部分無效者，其他部分仍為有效。但除去該無效部分，法規命令顯失規範目的者，全部無效。

(　) 1. 依行政程序法之規定，法規命令牴觸法律者，其效力為何？　(A)得撤銷　(B)得廢止　(C)無效　(D)得補正。（102普）

(　) 2. 依行政程序法之規定，法規命令因下列何種事由而無效？　(A)法規命令訂定前未經聽證程序　(B)法規命令之內容與同級行政機關之行政規則牴觸　(C)法規命令之發布未於網路上公告　(D)無法律之授權而剝奪或限制人民之自由、權利。（99地四）

(　) 3. 法規命令依法應經上級機關核定者，若未經核定即發布，則該法規命令之效力為？　(A)效力未定　(B)無效　(C)得撤銷　(D)得廢止。（99地三）

(　) 4. 下列何者為法規命令當然無效之原因？　(A)未經立法院行使追認同意之法規命令　(B)訂定法規命令未經聽證程序　(C)無法律之授權而授予利益之法規命令　(D)法規命令之訂定應經其他機關核准，未經核准。（103警）

(　) 5. 下列何者為有瑕疵，但仍屬有效之法規命令？　(A)法規命令草案公告後未給予適當時間供人民表示意見　(B)法規應經其他機關核准，未經核准即行發布　(C)無法律授權而限制人民權利　(D)內容牴觸憲法。（105普）

(　) 6. 下列何者不是法規命令無效之理由？　(A)牴觸憲法、法律或上級機關之命令者　(B)法規命令之訂定，未經聽證程序　(C)無法律之授權而剝奪或限制人民之自由、權利者　(D)其訂定依法應經其他機關核准，而未經核准者。（101警）

(　) 7. 關於法規命令無效之敘述，下列何者錯誤？　(A)法規命令若有一部無效之情形，原則上全部無效　(B)法規命令訂定應經其他機關核准者，未經核准者無效　(C)無法律之授權而限制人民之自由權利者，無效　(D)牴觸憲法或法律者，無效。（107普）

(　) 8. 有關法規命令之訂頒，下列敘述何者錯誤？　(A)法規命令之訂定須法律有授權，並應於該命令中明列授權之依據　(B)法律授權應明確，在概括授權情形，僅於細節性或執行性規定始被允許　(C)對人民之自由權利，法規命令之內容不得增加法律所無之限制　(D)某法規命令雖在母法授權範圍，但牴觸其他法律時，該命令仍屬無瑕疵。（102普）

答：1.(C) 2.(D) 3.(B) 4.(D) 5.(A) 6.(B) 7.(A) 8.(D)

第159條　本法所稱行政規則，係指上級機關對下級機關，或長官對屬官，依其權限或職權為規範機關內部秩序及運作，所為非直接對外發生法規效力之一般、抽象之規定。

行政規則包括下列各款之規定：

一、關於機關內部之組織、事務之分配、業務處理方式、人事管理等一般性規定。

二、為協助下級機關或屬官統一解釋法令、認定事實、及行使裁量權，而訂頒之解釋性規定及裁量基準。

( )1. 下列何者屬行政規則之性質？　(A)道路交通安全規則　(B)行政執行法施行細則　(C)行政執行處辦理拘提管收應行注意事項　(D)道路交通管理處罰條例。（99地四）

( )2. 關於行政規則之敘述，下列何者正確？　(A)須有法律之明確授權　(B)具有直接外部法效性　(C)包括機關內部組織之一般性規定　(D)得為處罰之直接依據。（107地四）

( )3. 行政機關內部分層負責的規定係屬何種性質？　(A)法律　(B)法規命令　(C)行政規則　(D)行政處分。（101普）

( )4. 下列何者屬於行政規則？　(A)社會救助法施行細則　(B)地方稅法通則　(C)中央行政機關法制作業應注意事項　(D)土地登記規則。（107地三）

( )5. 行政院環境保護署為協助其所屬下級機關依職權調查證據、認定事實之需，而統一訂定之「事業放流水採樣方法」，其性質為：　(A)法規命令　(B)行政規則　(C)職務命令　(D)行政指導。（101地三）

( )6. 警察機關協助屬官認定何謂騎乘機車未戴安全帽，因此訂頒相關解釋規定表示，雖有戴上安全帽但未扣上帽帶者，亦屬未戴安全帽。此解釋規定應為下列何種規定？　(A)法規命令　(B)行政規則　(C)緊急命令　(D)組織規程。（101地四）

( )7. 行政機關本於職權訂定「違章案件裁罰金額或倍數參考表」，係何種行政命令？　(A)替代法律之行政規則　(B)解釋性之行政規則　(C)裁量基準之行政規則　(D)業務處理方式之行政規則。（102地四）

( )8. 下列涉及醫療衛生行政之法源，何者具有行政機關內部法之性質？　(A)食品衛生管理法　(B)食品衛生管理法施行細則　(C)健康食品管理法施行細則　(D)臺北市政府衛生局處理違反健康食品管理法統一裁罰基準表。（102地四）

( )9. 關於行政命令，下列敘述何者正確？　(A)行政機關得依據職權制定法規命令，惟仍須送立法院審查通過後始能發布施行　(B)行政機關為協助下級機關或屬官統一解釋法令，得依職權訂頒解釋性規定之行政規則　(C)法規特定有施行日期，或以命令特定施行日期者，自發布之日起算至第3日起發生效力　(D)行政規則之廢止應由原發布機關之上級機關廢止之；無上級機關時，始由原發布機關廢止之。（102地四）

( )10. 下列何者為行政規則？　(A)財產保險商品審查應注意事項　(B)高空彈跳活動及其經營管理辦法　(C)船舶設備規則　(D)全民健康保險醫療服務給付項目及支付標準。（108高）

（　）11.關於解釋性行政規則，下列何者錯誤？　(A)僅為表達行政機關解釋及適用法律之見解，對人民不具有直接之拘束力　(B)對於法院而言，於解釋法律過程，得不受解釋性行政規則之拘束　(C)其目的在於協助下級機關或屬官統一解釋法令，僅須下達即可，不須登載於政府公報發布之　(D)解釋性行政規則生效後，原訂定機關必須受其拘束。（106高）

（　）12.關於行政程序法第159條之行政規則，下列敘述何者正確？　(A)機關依法律授權所訂定　(B)非直接對外發生法律效果　(C)效力僅及於可得特定之相對人　(D)具有拘束上級機關及法院之效力。（100警）

（　）13.下列何種行政命令之訂定應由首長簽署，並登載於政府公報發布之？(A)機關事務之分配　(B)機關業務處理方式　(C)機關人事管理　(D)機關解釋性規定。（106地四）

（　）14.上級機關對下級機關所頒布之解釋函令，其性質屬於：　(A)法規命令(B)行政規則　(C)行政指導　(D)行政處分。（108普）

（　）15.關於行政規則之敘述，下列何者正確？　(A)行政規則須對外發布始具有拘束下級機關之效力　(B)法官審判案件須受到行政規則之拘束　(C)行政規則之訂定無須法律授權　(D)行政規則之內容均不涉及人民之自由權利。（107普）

（　）16.有關行政規則之敘述，下列何者錯誤？　(A)行政規則係由行政機關依職權所訂定，不需法律授權　(B)行政規則得具有間接對外效力　(C)行政規則得為裁罰構成要件及額度之規定　(D)行政規則得為執行法律有關之技術性、細節性規定。（102普）

（　）17.關於行政規則之敘述，下列何者錯誤？　(A)行政規則具有直接的對外效力　(B)解釋性行政規則具有間接的對外效力　(C)行政規則以公務員為規範對象　(D)行政規則無須法律授權。（100警）

　　答：1.(C)　2.(C)　3.(C)　4.(C)　5.(B)　6.(B)　7.(C)　8.(D)　9.(B)　10.(A)　11.(C)　12.(B)　13.(D)　14.(B)　15.(C)　16.(C)　17.(A)

第160條　行政規則應下達下級機關或屬官。
行政機關訂定前條第2項第2款之行政規則，應由其首長簽署，並登載於政府公報發布之。

（　）1.訂定行政規則之程序規定為何？　(A)除由行政機關自行草擬外，並得由人民或團體提議為之　(B)行政規則應下達下級機關或屬官　(C)人事管理行政規則應由首長簽署，並刊登於政府公報發布　(D)規定業務處理方式之行政規則應由首長簽署，並刊登於政府公報發布。（97高）

( )2.內政部發布「戶籍罰鍰處罰金額基準表」，應自何時起生效？ (A)下達下級機關或屬官 (B)登載於政府公報發布時 (C)送達立法院 (D)經立法院院會同意備查。（106普）

( )3.有關行政規則，下列敘述何者錯誤？ (A)指上級機關對下級機關，或長官對屬官，依其權限或職權為規範機關內部秩序及運作，所為非直接對外發生法規範效力之一般、抽象之規定 (B)其中包含解釋性規定、認定事實之基準及裁量基準 (C)皆須下達並由首長簽署發布始生效力 (D)不須法律授權。（105普）

( )4.下列有關行政規則之敘述，何者錯誤？ (A)行政規則應下達下級機關或屬官 (B)行政規則皆無須公告 (C)法官若認為行政規則違法，並不受其拘束，得不適用之 (D)行政規則得由原發布機關廢止之。（102地四）

( )5.下列何種行政規則不必對外發布？ (A)解釋性規則 (B)裁量基準 (C)裁罰倍數參考表 (D)事務分配規則。（100警）

答：1.(B) 2.(A) 3.(C) 4.(B) 5.(D)

第161條 有效下達之行政規則，具有拘束訂定機關、其下級機關及屬官之效力。

( )1.依據行政程序法規定，有效下達之何項行為，具有拘束訂定機關、其下級機關及屬官之效力？ (A)行政調查 (B)行政規則 (C)行政處分 (D)行政契約。（101地四）

( )2.有效下達之行政規則，對下列何者不具有拘束效力？ (A)訂定機關 (B)訂定機關之下級機關 (C)訂定機關之上級機關 (D)訂定機關之屬官。（106移四）

( )3.關於行政規則之效力，下列敘述何者正確？ (A)具有拘束訂定機關、其下級機關及屬官之內部效力 (B)法官於審判時，應受各機關所訂行政規則之拘束 (C)行政規則對人民發生直接法拘束力 (D)所有行政規則均須登載政府公報與發布才生效。（107高）

( )4.解釋性行政規則雖經下達，但未登載於政府公報發布者，其效力如何？ (A)不發生效力 (B)仍發生效力 (C)無效 (D)效力未定。（108高）

( )5.關於行政規則拘束力之敘述，下列何者錯誤？ (A)行政規則必須有效下達始生效力 (B)行政規則具有拘束上級機關之效力 (C)行政規則具有拘束訂定機關之效力 (D)行政規則具有拘束屬官之效力。（106普）

( )6.有關行政規則之敘述，下列何者錯誤？ (A)行政規則僅拘束下級機關及屬官 (B)為一般、抽象之規定 (C)規定目的係為規範機關內部秩序及運作 (D)僅得於權限範圍內規定。（103高）

答：1.(B) 2.(C) 3.(A) 4.(B) 5.(B) 6.(A)

第162條　行政規則得由原發布機關廢止之。行政規則之廢止，適用第160條規定。

（　）　依行政程序法第162條之規定，行政規則得由何機關廢止之？　(A)行政法院　(B)原發布機關　(C)訴願審議委員會　(D)立法院。（96普）

答：(B)

第163條　本法所稱行政計畫，係旨行政機關為將來一定期限內達成特定之目的或實現一定之構想，事前就達成該目的或實現該構想有關之方法、步驟或措施等所為之設計與規劃。

（　）　行政機關為達成特定之公共任務，於事前所作之設計與規畫，一般稱為？　(A)行政契約　(B)行政規則　(C)行政計畫　(D)行政程序。（92地）

答：(C)

第164條　行政計畫有關一定地區土地之特定利用或重大公共設施之設置，涉及多數不同利益之人及多數不同行政機關權限者，確定其計畫之裁決，應經公開及聽證程序，並得有集中事權之效果。
前項行政計畫之擬訂、確定、修訂及廢棄之程序，由行政院另定之。

（　）1. 依行政程序法規定，下列何者於作成前應舉辦聽證？　(A)作成侵益性之行政處分　(B)發布法規命令　(C)重大公共設施之設置計畫　(D)締結替代行政處分之和解契約。（99地四）

（　）2. 依據行政程序法第164條規定，行政計畫有關重大公共設施之設置，涉及多數不同利益之人及多數不同機關之權限者，確定計畫之裁決，應經過那一種行政程序？　(A)公開及說明程序　(B)公開及聽證程序　(C)言詞辯論程序　(D)資訊公開程序。（99高）

（　）3. 行政計畫有關一定地區土地之特定利用或重大公共設施之設置，涉及多數不同利益之人及多數不同行政機關權限者，確定其計畫之裁決，應經何種程序？　(A)調解　(B)異議　(C)行政指導　(D)公開及聽證。（99普）

（　）4. 下列何種程序應經聽證程序？　(A)訂定行政規則　(B)締結行政契約　(C)行政計畫有關一定區域土地之特定利用或重大公共設施之設置，涉及多數不同利益之人及多數不同行政機關權限者　(D)處理陳情。（101警）

（　）5. 依據行政程序法第164條規定，行政計畫有關一定地區土地之特定利用或重大公共設施之設置，涉及多數不同利益之人及多數不同行政機關權限者，確定其計畫之裁決，應踐行何種程序，並得有集中事權之效果？　(A)迴避　(B)資訊公開　(C)聽證　(D)送達。（102普）

答：1.(C)　2.(B)　3.(D)　4.(C)　5.(C)

第165條　本法所稱行政指導，謂行政機關在其職權或所掌事務範圍內，為實現一定之行政目的，以輔導、協助、勸告、建議或其他不具法律上強制力之方法促請特定人為一定作為或不作為之行為。

( ) 1.依據行政程序法規定，行政機關在其職權或所掌事務範圍內，為實現一定之行政目的，以輔導、協助、勸告、建議或其他不具法律上強制力之方法，促請特定人為一定作為或不作為之行為，稱之為：　(A)行政調查　(B)行政指導　(C)行政處分　(D)行政契約。（101地四）

( ) 2.交通主管機關為下列何種行政行為時，不需要有法規範之依據？　(A)對汽車駕駛人攔停，施以酒測　(B)對於路口停等紅燈之機車駕駛人宣導行人優先路權之觀念　(C)對於紅線違停車輛進行拖吊　(D)於易肇事路段進行違規攔停舉發。（105高）

( ) 3.鑑於禽流感疫情似有擴大跡象，主管機關促請業者不要販賣現宰禽類，以降低國民傳染風險，此種作為屬於下列何種行政行為？　(A)法規命令的訂定　(B)行政處分　(C)行政強制　(D)行政指導。（102警）

( ) 4.中央銀行對於某民營金融機構房貸比例過高提出勸告之性質為何？　(A)行政處分　(B)行政命令　(C)行政計畫　(D)行政指導。（100地四）

( ) 5.下列那一種行政行為，不具法律上拘束力？　(A)行政處分　(B)行政契約　(C)法規命令　(D)行政指導。（101普）

( ) 6.下列何者為行政指導？　(A)直轄市政府主管機關對販賣經稽查或檢驗為偽藥、禁藥者，依法登報公告其商號及負責人姓名　(B)稅捐稽徵機關調查人員為調查課稅資料，依法要求納稅義務人提示有關文件　(C)主管機關函請有線電視系統業者配合政策規劃時程將有線電視系統數位化　(D)直轄市環境保護機關於空氣品質有嚴重惡化之虞時，依空氣污染防制法規定發布空氣品質惡化警告。（108高）

( ) 7.有關行政指導之敘述，下列何者正確？　(A)屬行政事實行為之一、(B)具有法律上之強制力　(C)拒絕指導者，得課予行政罰　(D)相對人不服指導者，得提起訴願及行政訴訟。（101警）

( ) 8.關於行政指導之敘述，下列何者錯誤？　(A)行政指導不具有法律上拘束力　(B)行政指導之相對人不因拒絕指導而受法律上制裁　(C)行政指導如有違法而侵害人民權利，有國家賠償問題　(D)交通指揮為行政程序法第165條所規定之行政指導行為。（102普）

( ) 9.關於行政程序法規定之行政指導，下列敘述何者錯誤？　(A)係屬不具法律上強制力之行政事實行為　(B)相對人明確拒絕指導時，行政機關應即停止　(C)不適用行政行為明確性原則　(D)目的在於促請特定人為一定作為或不作為。（108普）

(　)10.下列何者不屬於行政指導之特徵？　(A)行政機關在所掌事務範圍內所為之行為　(B)為實現一定之行政目的所為之行為　(C)以具法律上強制力之方法所為之行為　(D)促請特定人為一定不作為之行為。（106普）

答：1.(B) 2.(B) 3.(D) 4.(D) 5.(D) 6.(C) 7.(A) 8.(D) 9.(C) 10.(C)

第166條　行政機關為行政指導時，應注意有關法規規定之目的，不得濫用。
相對人明確拒絕指導時，行政機關應即停止，並不得據此對相對人為不利之處置。

(　)1.關於行政指導之敘述，下列何者正確？　(A)人民不服從行政指導者，得提起撤銷之訴　(B)以書面為之者，具有法律上拘束力　(C)相對人明確拒絕行政指導時，行政機關即應停止　(D)行政機關得對非職權範圍之事務為行政指導。（101普）

(　)2.行政程序法關於相對人明確拒絕行政機關之行政指導時，行政機關應如何處理？　(A)應行協議程序　(B)得對相對人為不利之處置　(C)呈請上級指示辦理　(D)應即停止行政指導。（100普）

(　)3.我國行政程序法上有關行政指導之規定，下列敘述何者正確？　(A)行政機關為行政指導時，其應明示之事項不包括負責指導者　(B)相對人如果明確拒絕指導時，行政機關應即停止　(C)行政指導必須以書面為之　(D)行政指導係行政機關針對特定人或不特定人提供建議，促請其為一定作為或不作為。（102地四）

(　)4.下列有關行政指導之敘述，何者正確？　(A)於現行法中，無任何有關行政指導之明文規定　(B)於現行法中，人民對機關所作之行政指導不服者，得提起訴願　(C)行政機關為行政指導時，應以書面為之　(D)行政機關為行政指導時，相對人明確拒絕指導，行政機關應即停止。（102警）

(　)5.關於行政指導之敘述，下列何者錯誤？　(A)行政指導不具有法律上之強制力　(B)行政指導可針對特定相對人之特定作為或不作為　(C)行政指導原則上得以口頭為之，但相對人有要求者亦得以書面為之　(D)相對人不接受行政指導時，行政機關得基於公益，要求其作出承諾。（105地三）

答：1.(C) 2.(D) 3.(B) 4.(D) 5.(D)

第167條　行政機關對相對人為行政指導時，應明示行政指導之目的、內容、及負責指導者等事項。
前項明示，得以書面、言詞或其他方式為之。如相對人請求交付文書時，除行政上有特別困難外，應以書面為之。

（　）1. 對於行政指導之描述，下列何者正確？　(A)應以書面為之　(B)不限方式但相對人得請求交付文書　(C)對不遵循勸導者得施以強制執行　(D)不服者得提起訴願。（101普）

（　）2. 關於行政指導，下列敘述何者錯誤？　(A)行政指導皆應以書面為之　(B)行政指導係以不具法律上強制力之方法為之　(C)相對人明確拒絕指導時，行政機關應即停止　(D)行政指導時，應明示行政指導之目的、內容、及負責指導者等事項。（95地三）　　　　　　答：1.(B) 2.(A)

第168條　**人民對於行政興革之建議、行政法令之查詢、行政違失之舉發或行政上權益之維護，得向主管機關陳情。**

（　）　人民對於行政興革之建議、行政法令之查詢、行政違失之舉發或行政上權益之維護，得向主管機關為？　(A)申請復查　(B)陳情　(C)訴願　(D)申訴。（99普）　　　　　　　　　　　　　　　　　答：(B)

第171條　**受理機關認為人民之陳情有理由者，應採取適當之措施：認為無理由者，應通知陳情人，並說明其意旨。**
受理機關認為陳情之重要內容不明確或有疑義者，得通知陳情人補陳之。

（　）　行政機關受理人民陳情案，有下列何種情形時，受理機關應繼續採取適當之措施？　(A)非主管陳情內容之機關，接獲陳情人以同一事由分向各機關陳情　(B)無具體之內容　(C)受理機關認為人民之陳情有理由　(D)同一事由，經予適當處理，並已明確答覆後，而仍一再陳情。（103普）　　　　　　　　　　　　　　　　　　　　　答：(C)

第172條　**人民之陳情應向其他機關為之者，受理機關應告知陳情人。但受理機關認為適當時，應即移送其他機關處理，並通知陳情人。**
陳情之事項，依法得提起訴願、訴訟或請求國家賠償者，受理機關應告知陳情人。

（　）　人民就應提起訴訟之事項陳情時，受理機關應如何？　(A)協調法院解決　(B)代為申請調解　(C)告知陳情人得提起訴訟　(D)逕予退件。（93普）　　　　　　　　　　　　　　　　　　　　　　　答：(C)

第173條　**人民陳情案有下列情形之一者，得不予處理：**
一、無具體之內容或未具真實姓名或住址者。
二、同一事由，經予適當處理，並已明確答覆後，而仍一再陳情者。
三、非主管陳情內容之機關，接獲陳情人以同一事由分向各機關陳情者。

（　）1. 行政程序法有關陳情之規定，下列之敘述何者最正確？　(A)無具體內容之陳情，應予處理　(B)陳情之方式限於書面　(C)行政興革建議非陳情之範圍　(D)未具真實姓名之陳情，得不予處理。（101普）

（　）2. 依行政程序法第173條規定陳情得不予處理之情形，下列何者不屬之？(A)人民依法應提起訴願之事項　(B)未具真實姓名者　(C)同一事由，已經明確答覆，仍一再陳情者　(D)無具體內容者。（101警）

（　）3. 行政機關對於人民陳情案有同一事由，經予適當處理，並已明確答覆後，而仍一再陳情者，其不予處理之函覆性質為何？　(A)行政處分(B)觀念通知　(C)行政規則　(D)行政契約。（99地四）

答：1.(D)　2.(A)　3.(B)

第174條　**當事人或利害關係人不服行政機關於行政程序中所為之決定或處置，僅得於對實體決定聲明不服時一併聲明之。但行政機關之決定或處置得強制執行或本法或其他法規另有規定者，不在此限。**

（　）1. 不服行政機關於行政程序中所為之程序決定，其救濟方法原則上，應？(A)單獨提出　(B)與不服實體決定一併提出　(C)提民事訴訟　(D)視申請上級解釋之結果。（100地三）

（　）2. 當事人或利害關係人不服行政機關於行政程序中所為之決定或處置，僅得於對實體決定聲明不服時一併聲明，但何種決定不在此限？　(A)拒絕當事人陳述意見之決定　(B)拒絕當事人閱覽卷宗之決定　(C)拒絕公開資訊之決定　(D)得強制執行之決定。（93地）

（　）3. 甲涉嫌違反環保法規，在行政程序中，甲申請閱卷，為行政機關拒絕，甲不服時應如何尋求救濟？　(A)甲得直接提起訴願　(B)甲僅得於對該處罰決定聲明不服時一併聲明之　(C)甲不得對此表示不服　(D)甲得直接提起行政訴訟。（93地）

答：1.(B)　2.(D)　3.(B)

chapter 09　行政執行與行政罰

本章依據出題頻率區分，屬：**A**頻率高

課前導讀

1.行政執行法89年7月1日起實施新制，全文共44條，考題非常多，由於新制與舊制大不相同，能把舊制完全忘掉是最好，最怕新舊不分，那就慘了。本書「行政執行法題庫」是獨家秘方，一服見效，一試便知。
2.行政罰法94.2.5公布，自95.2.5施行，要特別留意。

一、行政執行的意義

行政執行指行政機關對於不履行義務之相對人（或稱義務人），以強制手段使其履行義務，或產生與履行義務相同之事實狀態而言。析言之：

(一)**行政執行係以執行相對人因行政處分所負擔之義務為原則**：形成處分及確認處分，無待強制執行，隨行政處分之生效而當然產生效力，有待執行者僅限於相對人因下命處分而負有作為、不作為或忍受之義務的情形。行政處分通常於確定後，方始執行，但情況急迫或有其他必要情事，不待確定亦可先行執行，而行政爭訟之提起，並無阻斷執行之效力，復為法律所明定。除行政處分所課予之義務外，直接依法令所生之義務及法院裁定所之義務（限於金錢給付），亦屬行政機關得以強制手段促其實現之範圍。

(二)**行政執行係行政機關自行實施之強制執行程序**：國家機關之行政行為係基於公權力之意思表示，與私人間之意思表示不同；私人間所為之各種意思表示或法律行為，如他造不願履行其義務，除符合自助行為（民法第151條）之要件外，必須經由國家機關之公權力方可實現，換言之，須取得法院之確定判決，並請求法院依民事強制執行程序予以實現。行政機關則得以本身之公權力，實現行政行為之內容，無須藉助於民事法院之執行程序，此乃行政執行之特質所在。

(三)**行政執行除強制相對人（即義務人）履行其義務外，亦包括以其他方法產生與履行義務同一事實狀態在內**：相對人所負義務如係無可代替之性質，除強制履

行外，別無他法；如相對人之義務性質上可由他人代為履行，則執行機關自可使他人代其履行義務，然後再向該相對人取償，此在舊法稱為代執行，新法仿外國立法例改稱為代履行。

二、行政執行的一般規定

(一) **比例原則**：新法第3條規定：「行政執行，應依公平合理之原則，兼顧公共利益與人民權益之維護，以適當之方法為之，不得逾達成執行目的之必要限度。」比例原則就行政執行事件之適用而言，包括下列三項層次：1.須考慮義務人之個人法益與公益之均衡，亦即法條所稱「兼顧公共利益與人民權益之維護」，執行機關在作目的與手段之判斷時，應以此作為準則。2.執行機關於有多種執行手段可供選擇時，應採用對義務人造成損害最輕微之手段為之，唯其如此，始能確保「不逾達成執行目的之必要限度」。3.假定僅有一種手段可供使用，但若其侵害程度過甚，則執行人員仍不應採用。

(二) **執行之時間限制**：「行政執行不得於夜間、星期日或其他休息日為之。但執行機關認為情況急迫或徵得義務人同意者，不在此限。日間已開始執行者，得繼續至夜間。」（第5條）前述規定僅於直接強制或代履行有其適用，蓋科予怠金通常均於行政機關上班時間內，以公文書為之，即時強制則於事故發生時行之，無所謂夜間或休息日之區別。

(三) **人員之身分識別**：第5條第3項：「執行人員於執行時，應對義務人出示足以證明身分之文件；必要時得命義務人或利害關係人提出國民身分證或其他文件。」本項規定旨在使執行人員及義務人或利害關係人，在執行開始時互相識別身分。公務員執行職務通常均應以適當方法，表明自己之身分，執行人員出示身分識別文件更屬必要，至於義務人或利害關係人執行時或有忍受之義務，或有主張權利之可能，均有辨明人別之必要。又關於公法上金錢給付之執行，既有準用強制執行法之規定（第26條），則必要時尚得傳訊當事人（強制執行法第9條），固不限於命其出示身分證或其他文件而已。

(四) **職務協助**：行政機關行使職權有相互協助之義務，行政執行法第6條：「執行機關遇有下列情形之一者，得於必要時請求其他機關協助之：一、須在管轄區域外執行者。二、無適當之執行人員者。三、執行時有遭遇抗拒之虞者。四、執行目的有難於實現之虞者。五、執行事項涉及其他機關者。被請求協助機關非有正當理由，不得拒絕；其不能協助者，應附理由即時通知請求機關。被請求機關因協助執行所支出之費用，由請求機關負擔之。」

(五) **執行之期間規定**：法律如無特別規定，行政執行五年內未經執行者，不再執行，其期間自行政處分、裁定確定之日或其他依法令負有義務經通知限期履行之文書所定期間屆滿之日起計算。如於五年期間屆滿前已開始執行者，仍得繼續執行。但五年期間屆滿之日起已逾五年尚未執行終結者，不得再執行（第7條）。

(六) **執行之開始及終止**：行政執行之開始指執行機關依執行名義（處分或確定之裁定）或對其他依法令負有義務者，為執行程序之謂。民事強制執行採當事人進行主義為原則，故其開始須依當事人之聲請；行政執行則採職權進行主義。行為或不行為義務之執行，應由執行機關依職權發動，而公法上金錢給付義務之執行，新法由專設之行政執行處為執行機關，行政執行處亦須俟該管機關之移送，始得為之。該管機關之移送除不合法定要件，經執行機關不予受理外，應認為執行之開始（第11條第1項）。

關於執行程序之終止，依第8條第1項之規定，其事由如下：「一、義務已全部履行或執行完畢者；二、行政處分或裁定經撤銷或變更確定者；三、義務之履行經證明為不可能者。但行政處分或裁定僅部分撤銷或變更確定者，終止執行亦僅於該部分為限，未經撤銷或變更者，仍應繼續執行（同條第2項）。」

(七) **救濟途徑**：新法第9條：「義務人或利害關係人對執行命令、執行方法、應遵守之程序或其他侵害利益之情事，得於執行程序終結前，向執行機關聲明異議。」（第1項）得提起異議之事項固以程序上之措施為限，惟不限於符合行政處分概念之措施，事實行為或觀念通知均可為異議之對象。例如義務人或利害關係人依前述規定，申請終止執行程序，遭執行機關駁回者，即可依本條聲明異議；又如執行方法違反比例原則等，亦屬異議之對象。

執行機關對於異議處理方式有三：1.認為異議有理由者，停止執行，並撤銷或更正已為之執行行為；2.無理由者，應於十日內加具意見，送直接上級機關；3.有無理由未便逕予判斷者，先停止執行，但不撤銷或更正已為之執行行為（同條第2、3項），俟直接上級機關之決定。直接上級機關於收受執行機關移送之異議聲明後，應於三十日內決定對異議之處理，法理上應準用訴願法之規定；在決定前，該上級機關如認有必要，自亦可先令飭執行機關停止執行。

(八) **賠償規定**：行政執行之措施（即時強制措施亦同），性質上為行使公權力之事實行為，除第9條及第17條第3項之聲明不服外，並無其他救濟方法，當事人或第三人如因違法之執行而受損害者，僅得於事後請求國家賠償（第10條）。

☆☆三、行政執行的種類（106高、普）

行政執行法第2條規定：「本法所稱行政執行，指公法上金錢給付義務、行為或不行為義務之強制執行及即時強制。」故行政執行，分為公法上金錢給付義務之執行、行為或不行為義務之執行及即時強制三種。分述之：

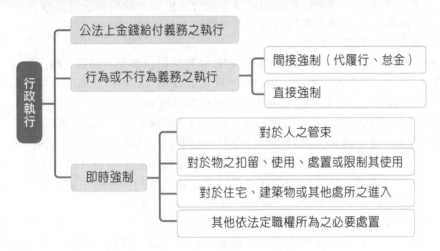

(一) 公法上金錢給付義務之執行

1. **執行名義**（106地四、108普）：公法上金錢給付義務之執行名義，通常為以金錢給付為內容之行政處分（例如課稅處分、罰鍰處分、怠金處分及代履行費用之處分等均屬之）及法院就公法上金錢給付義務所為之假扣押、假處分裁定（第11條第2項）。又此處所稱法院所為之假扣押、假處分裁定，原指民事法院之裁定而言，在新行政訴訟法施行後，不排除行政法院所作成之相關裁定。

   除行政處分及法院裁定外，依行政程序法第148條第1項規定，行政契約約定自願接受執行者，債務人不為執行時，債權人得以該契約為執行名義：其執行程序，依同條第3項準用行政訴訟法有關強制執行之規定。而行政訴訟法第306條第2項則稱：「執行程序，除本法別有規定外，應視執行機關為法院或行政機關而分別準用強制執行法或行政執行法之規定。故行政契約得作為行政執行之執行名義。

2. **執行機關**（106地四、108地三）：**公法上金錢給付義務之執行，以法務部行政執行署及其所屬行政執行處為執行機關，行政執行署及所屬行政執行處之組織，由法律另行規定（第4條）。**執行人員則為上述機關所設置之行政執行官、執行書記官及執行員（第12條）。

3.**執行要件**：公法上金錢給付義務之執行，其要件如下（第11條）：
(1)須有以金錢給付為內容之行政處分或法院之裁定作為執行名義。
(2)須義務人之給付義務已屆履行期間。此一履行期間或見諸處分書或裁定書之本身，或由法規所明定；若執行名義本身未定期間，又無法定履行期間者，應由主管機關以書面限期催告履行（依法令負有義務者亦同）。
(3)須經限期催告後，義務人逾期仍不履行。
(4)須經主管機關之移送。

4.**執行手續**（106地四、107高、地四）：行政執行法第14條至第26條，規定對義務人執行金錢給付之各項手續，但其內容除管收涉及人身自由之限制，規定較為詳細（與管收條例大致相同）外，其餘部分頗為簡略，凡本法未自行規定者，概依第26條準用強制執行法有關條文。以下就自行規定部分，加以說明：
(1)調查財產：義務人之財產如已由移送機關調查完竣者，執行機關自可不必再行調查，否則應為必要之調查，包括通知義務人報告其財產狀況，或為必要之陳述。執行機關自亦可逕行通知義務人到場清繳應納金額，義務人自願履行，則可省去各項調查及其他進一步之手續。
(2)查封、拍賣及變賣：查封亦稱扣押，在執行過程中，除義務人自願到場清償外，查封乃就義務人之財產取償必經之手續，其目的在保全金錢給付得以實現。義務人之動產或不動產經查封之後，即屬執行之標的物，義務人對之喪失處分之權能。拍賣謂將查封之動產或不動產，以公開競爭方式售賣，以拍定之價金清償義務人之金錢給付義務。至於變賣僅適用於動產，謂不經拍賣程序，將查封之動產以相當之價格賣卻。查封為執行行為之第一步，標的物若未先經依法查封，則拍賣或變賣等執行方法均無從實施。查封及其他執行行為均以義務人之財產為標的，如於行政執行程序開始後，發生義務人死亡者，本法第15條明定：「義務人死亡遺有財產者，行政執行處得逕對其遺產強制執行」。關於查封有所謂優先清償主義及不再查封主義二項原則，前者謂先聲請查封者對標的物有優先受償權，後者指不分聲請之先後，後聲請查封者亦有權對查封之財產參與分配。本法第16條採不再查封主義，與民事之強制執行同一原則。是故「執行人員於查封前，發現義務人之財產業經其他機關查封者，不得再行查封」，「行政執行處已查封之財產，其他機關不得再行查封」（第16條），所稱其他機關，包括民事強制執行之執行法院在內。
(3)參與分配：參與分配乃多數債權人，就強制執行所得金額，公平分配之謂。無論由行政執行機關依本法或法院依強制執行法為強制執行，其所得之金額，如有多數債權人參與分配時，均應依強制執行法關於參與分配

之規定辦理分配事宜。主管機關對義務人有公法上金錢債權，依行政執行法得移送執行者，在民事強制執行程序中，既不得重複查封拍賣，只須檢具證明文件，聲明參與分配即可。反之，由行政執行機關依本法所得之金額，私法上之債務人有執行名義者，亦得申請參與分配。

(4) 異議之訴：異議之訴與聲明異議均屬強制執行救濟方法，異議之訴係就實體上法律關係有所主張，聲明異議則係就程序上之執行行為有所不服，兩者性質不同，其適用之程序亦不一致。執行程序中異議之訴，包括債務人異議之訴、第三人異議之訴、債權人異議之訴、參與分配異議之訴、分配表異議之訴等，行政訴訟法第307條規定：「債務人異議之訴，由高等行政法院受理；其餘有關強制執行之訴，由普通法院受理。」所謂其餘有關強制執行之訴訟，除上開各種異議之訴外，尚有債權人所提起之許可執行之訴（強制執行法第14條之1第2項）。

(5) 拘提管收之事由：拘提管收為實現金錢給付義務之間接強制方法，係對義務人之人身所為的執行，法律特詳其規定，以尊重憲法保障人身自由之意旨。拘提與管收法條常作連用，然並不相同；拘提係以強制到場為目的，拘束行動自由為時較短，管收係長期（但總共不得逾六個月）限制自由，管收通常應先經拘提，而拘提之結果並非必須管收。

行政執行法第17條第1項規定，義務人有下列各款情形之一者，行政執行處得命其提供相當擔保，限期履行，並得限制其住居：
A.顯有履行義務之可能，故不履行。
B.顯有逃匿之虞。
C.就應供強制執行之財產有隱匿或處分之情事。
D.於調查執行標的物時，對於執行人員拒絕陳述。
E.經命其報告財產狀況，不為報告或為虛偽之報告。
F.經合法通知，無正當理由而不到場。

現行法對拘提、管收事由的規定如下：
A.拘提事由：「義務人經行政執行處依第一項規定命其提供相當擔保，限期履行，屆期不履行亦未提供相當擔保，有下列情形之一，而有強制其到場之必要者，行政執行處得聲請法院裁定拘提之：一、顯有逃匿之虞。二、經合法通知，無正當理由而不到場。」（第17條第3項）
B.管收事由：義務人經拘提到場，行政執行官應即訊問其人有無錯誤，並應命義務人據實報告其財產狀況或為其他必要調查。行政執行官訊問義務人後，認有下列各款情形之一，而有管收必要者，行政執行處應自拘提時起二十四小時內，聲請法院裁定管收之：一、顯有履行義務之可能，故不履

行。二、顯有逃匿之虞。三、就應供強制執行之財產有隱匿或處分之情事。四、已發現之義務人財產不足清償其所負義務，於審酌義務人整體收入、財產狀況及工作能力，認有履行義務之可能，別無其他執行方法，而拒絕報告其財產狀況或為虛偽之報告。其屬義務人自動到場者，行政執行官訊問後，認有前開各款情形之一，而有管收必要者，得暫予留置，其訊問及留置時間合計不得逾二十四小時（第17條第5、6、7項）。

(6)拘提管收之對象：本法第24條凡下列應為義務人履行義務之人，均適用關於義務人拘提管收及應負義務之規定：

　　A.義務人為未成年人或受監護宣告之人者，其法定代理人。

　　B.商號之經理人或清算人；合夥之執行業務合夥人。

　　C.非法人團體之代表人或管理人。

　　D.公司或其他法人之負責人。

　　E.義務人死亡者，其繼承人、遺產管理人或遺囑執行人。

(7)拘提管收之手續：

　　A.拘提管收之管轄為行政執行處所在地之地方法院（第17條第7項）。

　　B.法院受理行政執行處之聲請後，應即訊問義務人並為裁定，必要時並得通知執行人員到庭陳述。對於拘提之裁定，應於受理後五日內為之，其情況急迫者，應即時裁定（同條第8項及第3項），所謂情況急迫指若不迅即拘提，義務人將逃匿無蹤或難予執行拘提，至於管收之裁定法條並無日數之限制，僅要求法院即予訊問及裁定。

　　C.對於准予拘提、管收之裁定，義務人得提起抗告，對於駁回聲請之裁定，行政執行處得提起抗告，期間為裁定宣示或送達後十日內為之，其程序，準用民事訴訟法有關抗告之規定。

　　D.抗告不停止拘提或管收之執行。但拘提、管收之裁定經抗告法院裁定廢棄者，應即停止執行，並將被拘提、管收人釋放（同條第10項）。

　　E.除本法另有規定外，準用強制執行法、管收條例及刑事訴訟法有關訊問、拘提、羈押之規定（同條第11項）。

　　F.法院為拘提裁定後，應將拘票交由行政執行處執行（第19條第1項），管收裁定後，執行處執行員應持管收票將管收人送交管收所；法院核發管收票時，義務人不在場者，執行員得持管收票強制義務人同行並送交管收所（同條第13項）。

(8)管收之限制：管收期限，自管收之日起算，不得逾三個月。有管收新原因發生或停止管收原因消滅時，行政執行處仍得聲請該管法院裁定再行管收。但以一次為限（第19條第4項）。義務人或其他依法得管收之人，依第21條規定，有下列情形之一者，不得管收，如執行機關提出聲請時，法院應予駁回：

A.因管收而其一家生計有難以維持之虞者；

B.懷胎五月以上或生產後二月未滿者；

C.現罹疾病，恐因管收而不能治療者。

其情形發生於管收後者，行政執行處應以書面通知管收所停止管收，並將被管收之人釋放。

(9)管收中執行機關之義務：行政執行處應隨時提詢被管收人，每月不得少於三次（第20條第1項）。管收目的為促使被管收人儘速清繳應納金額，毫無羈禁或報復之用意，故執行機關應隨時提詢催促，並注意其管收中之生活起居。「提詢或送返被管收人時，應以書面通知管收所」（同條第2項）。又「行政執行處執行拘提管收之結果，應向裁定法院提出報告。提詢、停止管收及釋放被管收人時，亦同」（第23條）。

(10)管收之終止：管收之終止與前述管收之停止，其結果均應釋放被管收人，但停止原因消滅時，對於原被管收人，仍得聲請法院裁定再行管收。管收之終止則為執行事件之終結，無所謂再行管收之可言。行政執行法第22條規定，有下列情形之一者，行政執行處應即以書面通知管收所釋放被管收人：

A.義務已全部履行或執行完畢者。

B.行政處分或裁定經撤銷或變更確定致不得繼續執行者。

C.管收期限屆滿者。

D.義務人就義務之履行已提供確實之擔保者。

(11)擔保人之義務：擔保人指在執行程序中為義務人作保而言，本法第18條規定：「擔保人於擔保書狀載明義務人逃亡或不履行義務由其負清償責任者，行政執行處於義務人逾前條第一項之限期仍不履行時，得逕就擔保人之財產執行之。」

(12)費用負擔：行政執行係以公權力實現公法上金錢給付及其他義務，行政執行法第25條規定，不徵收執行費。但執行費以外因強制執行所支出之必要費用，例如估價、查詢、登報及保管等費用，均係因義務人不履行給付而生，應由義務人負擔，不應由國庫支付。

(二) 行為或不行為義務之執行（106高、地四）

1.執行要件：關於行為、不行為（包括忍受）義務之執行，其要件如下：

(1)須依行政處分或直接依法令有行為或不行為義務。

(2)須處分書或另以書面限定相當期間履行，且載明不依限履行時，將予強制執行之意旨。

(3)逾期仍不履行（第27條）。

2.**執行方法**（107普、108普、地四、109普）：**執行方法分為間接強制及直接強制。間接強制指代履行及怠金；直接強制理論上包括一切能達到執行目的之合理方法**，第28條第2項特別對直接強制方法作例示性規定：

(1)扣留、收取交付、解除占有、處置、使用或限制使用動產、不動產。

(2)進入、封閉、拆除住宅、建築物或其他處所。

(3)收繳、註銷證照。

(4)斷絕營業所必須之自來水、電力或其他能源。

(5)其他以實力直接實現與履行義務同一內容狀態之方法。

3.**代履行之執行**：代履行適用於負有行為義務而不作為，其行為能由他人代為履行者，執行機關應委託第三人或指定人員代履行之。代履行之費用，由執行機關估計其數額，命義務人繳納。其繳納數額與實支不一致時，退還其餘額或追繳其差額（第29條）。代履行與直接強制有時不易分辨，例如搭建違章建築者，經主管機關通知限期自行拆除否則強制執行，義務人逾期仍不履行，此項義務自屬能由他人代為履行之性質。如執行機關命其所屬拆除隊予以拆除，應視為直接強制，不生繳納費用之問題，如執行機關雇工拆除，則屬代履行，雇工之費用應向義務人徵收。代履行之費用亦屬公法上之金錢給付，依第34條規定，得移送行政執行處依法執行之。

4.**怠金之執行**：怠金係負有行為義務而不為，或負有不行為義務而為之，其行為或不行為不能由他人代為履行者，由行政機關所科處一定數額之金錢。第30條依違反義務情節之輕重，處新臺幣五千元以上三十萬元以下之怠金。怠金科處之後，「仍不履行其義務者，執行機關得連續處以怠金」（本法第31條第1項）。惟連續處以怠金前「仍應依第27條之規定以書面限期履行。但法律另有特別規定者，不在此限」（同條第2項）。

5.**執行方法之變換**：選擇執行方法係執行機關之權限，在法律規定之限度內，執行機關本有裁量之自由。惟不同種類之執行方法間，亦有其先後順序，**如能以間接強制達成執行目的，自應優先以間接強制行之，須間接強制無效，始得變換為直接強制**。但「因情況急迫，如不及時執行，顯難達成執行目的時，執行機關得依直接強制方法執行之」（第32條）。

(三)**即時強制**（106普、107普、地三、地四）

1.**即時強制之概念**：即時強制乃行政機關為阻止犯罪、危害之發生或避免急迫危險，而有即時處置之必要時，所採取之強制措施（第36條第1項）。即時強制之方法依同條第2項，包括：

(1)**對於人之管束。**

(2)**對於物之扣留、使用、處置或限制其使用。**

(3)**對於住宅、建築物或其他處所之進入。**

(4)**其他依法定職權所為之必要處置。**

其中第四款為此次修正所加列之概括規定，以因應實際之需要，例如主管機關為避免危害之發生，對於交通之管制是也。

2.**對於人之管束**（109普）：對人強制之措施為管束，其期間長短以實現看管約束目的為準，惟最長不得逾二十四小時（第37條第2項）。管束之原因限於下列四種：

(1)瘋狂或酗酒泥醉，非管束不能救護其生命、身體之危險，及預防他人生命、身體之危險者。

(2)意圖自殺，非管束不能救護其生命者。

(3)暴行或鬥毆，非管束不能預防其傷害者。

(4)其他認為必須救護或有害公共安全之虞，非管束不能救護或不能預防危害者（第37條第1項）。

3.**對於物之扣留**：得扣留之物依第38條第1項之規定，指軍器、凶器及其他危險物。扣留之物，除依法應沒收、沒入、毀棄或應變價發還者外，其扣留期間不得逾三十日。但扣留之原因未消失時，得延長之，延長期間不得逾兩個月。扣留之物無繼續扣留必要者，應即發還；於一年內無人領取或無法發還者，其所有權歸屬國庫；其應變價發還者，亦同（同條第2項及第3項）。

4.**對於物之其他處置**：遇有天災、事變或交通上、衛生上或公共安全上有危害情形，非使用或處置其土地、住宅、建築物、物品或限制其使用，不能達防護之目的時，得使用、處置或限制其使用（第39條）。

5.**對於處所之進入**：對於住宅、建築物或其他處所之進入，以人民之生命、身體、財產有迫切之危害，非進入不能救護者為限（第40條）。

6.**損失補償**：本法第41條規定：「人民因執行機關依法實施即時強制，致其生命、身體或財產遭受特別損失時，得請求補償。但因可歸責於該人民之事由者，不在此限。前項損失補償，應以金錢為之，並以補償實際所受之特別損失為限。對於執行機關所為損失補償之決定不服者，得依法提起訴願及行政訴訟。損失補償，應於知有損失後，二年內向執行機關請求之。但自損失發生後，經過五年者，不得為之。」本法所定之其他直接或間接強制措施，多屬事實行為，因行使公權力之事實行為違法造成人民之權利受損害，其符合國家賠償之要件者，人民自得依法請求國家賠償。本條係專就適法之即時強制措施，所生之損失補償而為規定，但並非謂行政機關如有違法之即時強制措施，亦免負國家賠償責任。本條第3項所定，得提起行政爭訟，係指對損失補償之決定有所不服之情形而言。

四、行政罰的意義

(一)**行政罰乃為維持行政上之秩序，達成國家行政之目的，對違反行政上義務者，所科之制裁，行政罰又稱秩序罰**。行政罰制裁之對象為一般人民，亦即所謂一般權力關係下之個人；科處行政罰之機關通常為行政機關，僅在若干例外情形，如依社會秩序維護法規定，影響人民權益較為重大之制裁如拘留及勒令歇業等，由地方法院之簡易庭裁罰。

(二)行政罰與懲戒罰不同，懲戒罰指公務員或從事專門職業之執業人員（例如律師、會計師等），因為違背職務上義務之行為，所受之制裁，與為一般人民違反行政上義務而設之行政罰，無論在處罰對象、目的以及程序上均有區別。

(三)吳庚老師指出：坊間教科書有採廣義行政罰之概念者，主張行政罰尚包括違反行政上義務，科以刑法上所定刑名之制裁者，稱為行政刑罰，惟行政刑罰無非特別刑法之一種，應屬刑法之範圍，不在行政法研究之列。

五、行政罰的要件

(一)**須違反行政上或行政法上義務**：除行政法律之外，非屬於行政法範疇的法律，如公司法，亦有行政上義務之規定，應包括在行政上義務之內。

(二)**須對人民而為**：所制裁之對象為一般人民，亦即傳統的一般權力關係下之個人（包括法人），不包括特別權力關係下的軍人、公務員等當事人。

(三)**為對過去違反行政義務之制裁**：行政罰係對於過去違反行政義務之處罰，與執行罰不同。執行罰為在行政執行程序中，對於不履行義務者所施加的強制手段，本質上並非處罰。

(四)**處罰的主體通常為行政機關**：行政罰的處罰主體，主要為行政機關及地方自治團體，僅在若干例外情形，如稅法上之罰鍰，須由主管機關送交法院裁定。又依社會秩序維護法之規定，影響人民權益較為重大之制裁（如拘留及勒令歇業等），改由地方法院之簡易法庭裁定。

六、行政罰與執行罰的關係

(一)**行政罰與執行罰的異同**

1.相同點：

(1)均屬在行政法關係上所採對違反義務者之廣義制裁方法。

(2)均以行政機關為行使制裁權之主體。

(3) 均以違反行政法上義務者為制裁之客體。

(4) 就制裁後的救濟方法而言，在原則上均得為提起訴願及行政訴訟之標的。

2. **相異點：**

(1) 依據不同：科處執行罰，係以行政執行法為依據；行政罰則係以行政罰法及各種專業行政法規為依據。

(2) 性質不同：執行罰係對於不履行行政義務者，所施加之強制手段，本質上並非處罰，而是使義務人屈服之手段；行政罰則為對於違反行政上義務者，所科之制裁。

(3) 要件不同：科處執行罰，以義務人不履行他人不能代為之作為義務，或違反其不作為義務為其處罰要件，其要件乃屬一般性規定；行政罰係以行政罰法及各種專業行政法規所定之要件為依據，其要件乃屬個別特殊性規定。

(4) 目的不同：執行罰的採行乃是對違反行政義務者，以強制其履行義務為目的之手段；行政罰則係對違反行政法義務者，加以制裁為目的，不問義務人履行其義務與否，於處罰後，有關此一特定事件的處理即告結束。

(5) 程序不同：執行罰，係依行政執行法所定之強制程序科處怠金，且須以書面預為告戒；科處行政罰，係依個別行政法規的規定，對具備處罰要件者，可逕行處罰，並無預為告戒程序之限制。

(6) 罰則不同：依行政執行法之規定，執行罰的罰則，僅有怠金一種，其法定數額為五千元以上三十萬元以下；行政罰之罰則，係以行政罰法及各種專業行政法規所定者為依據，其種類及數額無統一規定。

(7) 處罰裁量範圍不同：執行罰的科處與否，行政機關得以廣泛的自由裁量權決定之；行政罰因其目的即在制裁行政客體的違法行為，故違反義務的情事本身，即已構成其處罰要件，行政機關僅得就法定的罰則種類或罰鍰的數額內予以裁量，而無權就應否處罰作裁量，其行使裁量權的範圍較小。

(8) 處罰次數不同：執行罰之目的，僅在強制義務人履行其義務，於一次處罰後，如未實現其目的，可反覆處罰，至義務履行為止，不適用「一事不再理原則」；行政罰因目的僅在對違反義務者予以制裁，一旦處罰即已達到制裁目的，故適用「一事不再理」原則，不能就同一事件多次處罰。

(二) **行政罰與執行罰的併科：**關於行政罰與執行罰得否併科的問題，學者見解不一，可分為肯定說、否定說與折衷說。行政罰與執行罰究竟可否合併科，在實務上應視各種有關法規之規定以為斷。惟釋字第503號解釋（89.4.20）云：「納稅義務人違反作為義務而被處行為罰，僅須其有違反作為義務之行為即應受處罰；而逃漏稅捐之被處罰漏稅罰者，則須具有處罰法定要件之漏稅事實方得為之。二者處罰目的及處罰要件雖不相同，惟其行為如同時符合行為罰及漏

稅罰之處罰要件時，除處罰之性質與種類不同，必須採用不同之處罰方法或手段，以達行政目的所必要者外，不得重複處罰，乃現代民主法治國家之基本原則。是違反作為義務之行為，同時構成漏稅行為之一部或係漏稅行為之方法而處罰種類相同者，如從其一重處罰已足達成行政目的時，即不得再就其他行為併予處罰，始符憲法保障人民權利之意旨。」相關法律之規定如違503號解釋之意旨應停止適用。

☆☆七、行政罰法

行政罰法於94年2月5日公布，自95年2月5日起施行，茲摘錄其主要內容如下：

(一)**法例**（106地三、地四、107高、地四、108普、地三）

1.**違反行政法上義務而受罰鍰、沒入或其他種類行政罰之處罰時，適用本法。但其他法律有特別規定者，從其規定。**

2.**本法所稱其他種類行政罰，指下列裁罰性之不利處分：**

　(1)**限制或禁止行為之處分。**　　(2)**剝奪或消滅資格、權利之處分。**

　(3)**影響名譽之處分。**　　　　　(4)**警告性處分。**

3.本法所稱行為人，係指實施違反行政法上義務行為之自然人、法人、設有代表人或管理人之非法人團體、中央或地方機關或其他組織。

4.**違反行政法上義務之處罰，以行為時之法律或自治條例有明文規定者為限。**

5.**行為後法律或自治條例有變更者，適用行政機關最初裁處時之法律或自治條例。但裁處前之法律或自治條例有利於受處罰者，適用最有利於受處罰者之規定。**

6.在中華民國領域內違反行政法上義務應受處罰者，適用本法。

7.在中華民國領域外之中華民國船艦、航空器或依法得由中華民國行使管轄權之區域內違反行政法上義務者，以在中華民國領域內違反論。

8.違反行政法上義務之行為或結果，有一在中華民國領域內者，為在中華民國領域內違反行政法上義務。

(二)**責任**（106高、地四、108地四、109普）

1.**違反行政法上義務之行為非出於故意或過失者，不予處罰。**

2.不得因不知法規而免除行政處罰責任。但按其情節，得減輕或免除其處罰。

3.**未滿十四歲人之行為，不予處罰。十四歲以上未滿十八歲人之行為，得減輕處罰。**

4.行為時因精神障礙或其他心智缺陷，致不能辨識其行為違法或欠缺依其辨識而行為之能力者，不予處罰。

5.行為時因前項之原因，致其辨識行為違法或依其辨識而行為之能力，顯著減低者，得減輕處罰。

6. 前二項規定，於因故意或過失自行招致者，不適用之。
7. 對於違反行政法上義務事實之發生，依法有防止之義務，能防止而不防止者，與因積極行為發生事實者同。
8. 因自己行為致有發生違反行政法上義務事實之危險者，負防止其發生之義務。
9. 依法令之行為，不予處罰。
10. 依所屬上級公務員職務命令之行為，不予處罰。但明知職務命令違法，而未依法定程序向該上級公務員陳述意見者，不在此限。
11. 對於現在不法之侵害，而出於防衛自己或他人權利之行為，不予處罰。但防衛行為過當者，得減輕或免除其處罰。
12. 因避免自己或他人生命、身體、自由、名譽或財產之緊急危難而出於不得已之行為，不予處罰。但避難行為過當者，得減輕或免除其處罰。

(三) 共同違法及併同處罰（106地四）

1. 故意共同實施違反行政法上義務之行為者，依其行為情節之輕重，分別處罰之。
2. 前項情形，因身分或其他特定關係成立之違反行政法上義務行為，其無此身分或特定關係者，仍處罰之。
3. 因身分或其他特定關係致處罰有重輕或免除時，其無此身分或特定關係者，仍處以通常之處罰。
4. **私法人之董事或其他有代表權之人，因執行其職務或為私法人之利益為行為，致使私法人違反行政法上義務應受處罰者，該行為人如有故意或重大過失時，除法律或自治條例另有規定外，應並受同一規定罰鍰之處罰。**
5. 私法人之職員、受僱人或從業人員，因執行其職務或為私法人之利益為行為，致使私法人違反行政法上義務應受處罰者，私法人之董事或其他有代表權之人，如對該行政法上義務之違反，因故意或重大過失，未盡其防止義務時，除法律或自治條例另有規定外，應並受同一規定罰鍰之處罰。
6. 依前2項並受同一規定處罰之罰鍰，不得逾新臺幣一百萬元。但其所得之利益逾新臺幣一百萬元者，得於其所得利益之範圍內裁處之。

(四) 裁處之審酌加減及擴張（108普）

1. 裁處罰鍰，應審酌違反行政法上義務行為應受責難程度、所生影響及因違反行政法上義務所得之利益，並得考量受處罰者之資力。
2. 前項所得之利益超過法定罰鍰最高額者，得於所得利益之範圍內酌量加重，不受法定罰鍰最高額之限制。
3. 依本法規定減輕處罰時，裁處之罰鍰不得逾法定罰鍰最高額之二分之一，亦不得低於法定罰鍰最低額之二分之一；同時有免除處罰之規定者，不得逾法定罰

鍰最高額之三分之一,亦不得低於法定罰鍰最低額之三分之一。但法律或自治
條例另有規定者,不在此限。

4.其他種類行政罰,其處罰定有期間者,準用前項之規定。

5.違反行政法上義務應受法定最高額新臺幣三千元以下罰鍰之處罰,其情節輕
微,認以不處罰為適當者,得免予處罰。前項情形,得對違反行政法上義務者
施以糾正或勸導,並作成紀錄,命其簽名。

6.為他人利益而實施行為,致使他人違反行政法上義務應受處罰者,該行為人因
其行為受有財產上利益而未受處罰時,得於其所受財產上利益價值範圍內,酌
予追繳。

7.行為人違反行政法上義務應受處罰,他人因該行為受有財產上利益而未受處罰
時,得於其所受財產上利益價值範圍內,酌予追繳。

8.前二項追繳,由為裁處之主管機關以行政處分為之。

9.沒入之物,除本法或其他法律另有規定者外,以屬於受處罰者所有為限。

10.不屬於受處罰者所有之物,因所有人之故意或重大過失,致使該物成為違反行
政法上義務行為之工具者,仍得裁處沒入。物之所有人明知該物得沒入,為規
避沒入之裁處而取得所有權者,亦同。

11.得沒入之物,受處罰者或前條物之所有人於受裁處沒入前,予以處分、使用或
以他法致不能裁處沒入者,得裁處沒入其物之價額;其致物之價值減損者,得
裁處沒入其物及減損之差額。

12.得沒入之物,受處罰者或前條物之所有人於受裁處沒入後,予以處分、使用或
以他法致不能執行沒入者,得追徵其物之價額;其致物之價值減損者,得另追
徵其減損之差額。

(五) 單一行為及數行為之處罰（106普、地四、107高）

1.一行為違反數個行政法上義務規定而應處罰鍰者,依法定罰鍰額最高之規定裁
處。但裁處之額度,不得低於各該規定之罰鍰最低額。

2.前項違反行政法上義務行為,除應處罰鍰外,另有沒入或其他種類行政罰之處
罰者,得依該規定併為裁處。但其處罰種類相同,如從一重處罰已足以達成行
政目的者,不得重複裁處。

3.一行為違反社會秩序維護法及其他行政法上義務規定而應受處罰,如已裁處拘
留者,不再受罰鍰之處罰。

4.數行為違反同一或不同行政法上義務之規定者,分別處罰之。

5.一行為同時觸犯刑事法律及違反行政法上義務規定者,依刑事法律處罰之。
但其行為應處以其他種類行政罰或得沒入之物而未經法院宣告沒收者,亦得
裁處之。

6. 前項行為如經不起訴處分、緩起訴處分確定或為無罪、免訴、不受理、不付審理、不付保護處分、免刑、緩刑之裁判確定者，得依違反行政法上義務規定裁處之。

(六) **時效**（107地三）

1. **行政罰之裁處權，因三年期間之經過而消滅。**
2. 前項期間，自違反行政法上義務之行為終了時起算。但行為之結果發生在後者，自該結果發生時起算。
3. 裁處權時效，因天災、事變或依法律規定不能開始或進行裁處時，停止其進行。
4. 前項時效停止，自停止原因消滅之翌日起，與停止前已經過之期間一併計算。

(七) **管轄機關**（108地四）

1. 違反行政法上義務之行為，由行為地、結果地、行為人之住所、居所或營業所、事務所或公務所所在地之主管機關管轄。
2. 在中華民國領域外之中華民國船艦或航空器內違反行政法上義務者，得由船艦本籍地、航空器出發地或行為後在中華民國領域內最初停泊地或降落地之主管機關管轄。
3. 在中華民國領域外之外國船艦或航空器於依法得由中華民國行使管轄權之區域內違反行政法上義務者，得由行為後其船艦或航空器在中華民國領域內最初停泊地或降落地之主管機關管轄。
4. 在中華民國領域外依法得由中華民國行使管轄權之區域內違反行政法上義務者，不能依前三項規定定其管轄機關時，得由行為人所在地之主管機關管轄。
5. 故意共同實施違反行政法上義務之行為，其行為地、行為人之住所、居所或營業所、事務所或公務所所在地不在同一管轄區內者，各該行為地、住所、居所或所在地之主管機關均有管轄權。
6. **一行為違反同一行政法上義務，數機關均有管轄權者，由處理在先之機關管轄。不能分別處理之先後者，由各該機關協議定之；不能協議或有統一管轄之必要者，由其共同上級機關指定之。**
7. **一行為違反數個行政法上義務而應處罰鍰，數機關均有管轄權者，由法定罰鍰額最高之主管機關管轄。法定罰鍰額相同者，依前項規定定其管轄。**
8. 一行為違反數個行政法上義務，應受沒入或其他種類行政罰者，由各該主管機關分別裁處。但其處罰種類相同者，如從一重處罰已足以達成行政目的者，不得重複裁處。

9.一行為同時觸犯刑事法律及違反行政法上義務規定者,應將涉及刑事部分移送
　該管司法機關。

10.前項移送案件,司法機關就刑事案件為不起訴處分、緩起訴處分確定或為無罪、
　免訴、不受理、不付審理、不付保護處分、免刑、緩刑、撤銷緩刑之裁判確定,
　或撤銷緩起訴處分後經判決有罪確定者,應通知原移送之行政機關。

(八)裁處程序（106普、地四）

1.**行政機關執行職務之人員,應向行為人出示有關執行職務之證明文件或顯示足
　資辨別之標誌,並告知其所違反之法規。**

2.**行政機關對現行違反行政法上義務之行為人,得為下列之處置:**
　(1)即時制止其行為。　　　　　　(2)製作書面紀錄。
　(3)為保全證據之措施。　　　　　(4)確認其身分。

3.行為人對於行政機關依前條所為之強制排除抗拒保全證據或強制到指定處所查
　證身分不服者,得向該行政機關執行職務之人員,當場陳述理由表示異議。

4.行政機關執行職務之人員,認前項異議有理由者,應停止或變更強制排除抗拒
　保全證據或強制到指定處所查證身分之處置;認無理由者,得繼續執行。經行
　為人請求者,應將其異議要旨製作紀錄交付之。

5.得沒入或可為證據之物,得扣留之。

6.易生危險之扣留物,得毀棄之。

7.扣留物之應受發還人所在不明,或因其他事故不能發還者,應公告之;自公告
　之日起滿六個月,無人申請發還者,以其物歸屬公庫。

8.行政機關於裁處前,應給予受處罰者陳述意見之機會。

9.行政機關為第2條第1款及第2款（限制或禁止行為之處分、剝奪或消滅資格、
　權利之處分）之裁處前,應依受處罰者之申請,舉行聽證。

10.行政機關裁處行政罰時,應作成裁處書,並為送達。

歷年試題總覽

( )　1.行政主體對於不履行行政法上之義務者，以強制方法使其履行，或使其實現與履行有同一狀態之行政行為，稱之為何？　(A)行政執行　(B)行政罰　(C)懲戒罰　(D)行政指導。（93地）

( )　2.下列何種強制行為，原則上不以有履行義務行政處分之存在為前提？　(A)直接強制　(B)代履行　(C)怠金　(D)即時強制。（92地、95普）

( )　3.交通警察拖吊違規停放車輛之行為，係屬於下列何者？　(A)行政處罰　(B)行政指導　(C)行政強制執行　(D)行政計畫。（101移四）

( )　4.下列何者不屬於行政執行之方法？　(A)查封義務人之不動產　(B)管收義務人　(C)沒收　(D)對於義務人連續處以怠金。（105普）

( )　5.下列行政機關之行為，何者不適用行政執行法之規定？　(A)人民未於法定期間內繳納之稅款，行政機關要求人民依法繳納　(B)商家未於限定期限內停止違法營業行為，行政機關進行斷水斷電　(C)人民應於期限內自行拆除違建卻未拆除，行政機關強制拆除違建　(D)行政機關要求簽訂BOT契約之廠商，應依契約約定履行義務。（101地三）

( )　6.下列何種關於行政執行法上管收之要件，經大法官解釋已逾越憲法第23條之必要程度？　(A)顯有逃匿之虞者　(B)經合法通知，無正當理由而不到場者　(C)就應供強制執行之財產有隱匿或處分之情事者　(D)顯有履行義務之可能，故不履行者。（97普）

( )　7.下列何者不得作為行政機關施以行政罰之法律依據？　(A)法律　(B)法律授權之法規命令　(C)自治條例　(D)行政規則。（101普）

( )　8.關於行政罰，下列敘述何者錯誤？　(A)行政罰乃是對於違反行政法上義務者，所作之制裁　(B)又稱為懲戒罰　(C)對象為一般人民　(D)不得為空白處罰。（98地四）

( )　9.有關行政秩序罰的敘述，下列何者正確？　(A)係對過去違反行政法上義務者之制裁　(B)係以處罰方法為促其將來實現義務之手段　(C)係對防止未來違反行政法之告戒　(D)係屬懲戒罰的一種。（93普）

( )　10.以下何者，非屬行政罰之種類？　(A)扣留　(B)罰金　(C)罰鍰　(D)沒入。（95地四）

( )　11. 行政罰法所稱之行政罰，就其性質應係指下列何者？　(A)行政秩序罰 (B)行政刑罰　(C)執行罰　(D)懲戒罰。（95地四）

( )　12. 行政秩序罰與行政執行罰競合時，如何處罰？　(A)僅得罰以行政秩序罰 (B)擇一從重處罰　(C)因個案而異　(D)得合併處罰。（93普）

( )　13. 下列關於怠金之敘述，何者錯誤？　(A)對已科處之怠金，逾期未繳納者，移送法務部行政執行署所屬行政執行處強制執行　(B)經處以怠金，仍不履行其義務者，執行機關得連續處以怠金　(C)連續處以怠金，仍應經告誡程序　(D)依一行為不兩罰原則，怠金不得與罰鍰併科。（100地四）

( )　14. 行為罰與漏稅罰競合時，處罰性質與種類並無不同，依大法官解釋，應如何處罰？　(A)一事兩罰　(B)擇一從重處罰　(C)因個案而異　(D)合併處罰。（93普）

( )　15. 下列何種行政罰之處罰主體為法院？　(A)社會秩序維護法之罰鍰　(B)社會秩序維護法之拘留　(C)道路交通管理處罰條例之吊扣汽車牌照 (D)公務人員保障法之罰鍰。（97普）

( )　16. 下列何者不屬於行政罰之裁罰程序？　(A)告知受處罰者得選任辯護人 (B)確認違反義務之行為人的身分　(C)執行職務之人員出示職務證件 (D)通知受處罰者陳述意見。（101警）

( )　17. 下列有關我國現行行政罰法之敘述，何者正確？　(A)該法採取過失推定主義　(B)該法之適用，除罰鍰外，亦及於非裁罰性之不利處分　(C)該法兼具總則性與分則性之規定　(D)該法不適用於行政法學上所謂的「執行罰」。（98地四）

( )　18. 關於行政罰裁處之敘述，下列何者錯誤？　(A)行為人須有故意或過失 (B)行為人實施違反行政法上義務之行為，即可視為有過失　(C)行政機關應就行為人故意過失負舉證責任　(D)法人之代表人、職員、受僱人或從業人員之故意、過失，推定為法人之故意、過失。（101警）

( )　19. 下列有關行政罰之敘述，何者錯誤？　(A)行政罰為針對違反行政法義務者，依法所為之處罰　(B)行政罰之裁處必須透過法院為之　(C)行政罰之處罰對象可為一般民眾及行政機關　(D)對於行政罰，被處罰之行政機關可以提起行政爭訟。（97普）

解答及解析

1. **A**　　2. **D**　　3. **C**　　4. **C**

5. **D**　自從行政程序法施行以來，政府機關以行政契約方式與民間廠商達成協議，推動公共事務日漸增多，儼然成為行政處分之外，規則具體事件另一重要之作用方式。最引起各方討論者，乃台北高等行政法院認定國道高速公路局與廠商訂定之高速公路電子收費系統（ETC）的BOT為行政契約，其判決理由主要認為：契約之內容既涉及公益，目的又在完成公共建設，且依促進民間參與公共建設法規定，契約條款列有明顯可見之公權力介入及特許性質，故這一建置及營運契約應屬行政契約。有關行政契約之履行，如有爭議，應屬向行政院提起之公法事件，進而藉強制執行以貫徹契約請求權。

6. **B**

7. **D**　行政罰上之處罰法定主義與刑罰之罪刑法定主義相當。在我國憲法並無明文規定，但解釋上應認為這是法治國家基於法律保留、法律明確性原則及制度性保障，當然不可或缺的一環。行政罰法第4條：「違反行政法上義務之處罰，以行為時之法律或自治條例有明文規定者為限」，就是揭櫫這一原則。應處罰法定主義所指的法，除法律以外是否尚包括法規（法規命令）？在德奧法制上都採肯定見解。前述第4條將法律與自治條例並列，其中自治條例乃行政命令的層次，故本法並不限於法律而已。至於有明確授權之法規命令，在法律所定效果之下，補充規定特定罰則之構成要件，亦不違背處罰法定主義。

8. **B**　　9. **A**　　10. **B**　　11. **A**　　12. **D**　　13. **D**　　14. **B**　　15. **B**

16. **A**　行政罰法並無「受處罰者得選任辯護人」之規定。

17. **D**

18. **B**　釋字第275號解釋：「人民違反法律上之義務而應受行政罰之行為，法律無特別規定時，雖不以出於故意為必要，仍須以過失為其責任條件。但應受行政罰之行為，僅須違反禁止規定或作為義務，而不以發生損害或危險為其要件者，推定為有過失，於行為人不能舉證證明自己無過失時，即應受處罰。」

19. **B**

行政執行法題庫

第2條　本法所稱行政執行，指公法上金錢給付義務、行為或不行為義務之強制執行及即時強制。

（　）1.下列何者非屬行政執行法所規定之行政執行？　(A)公法上金錢給付義務之強制執行　(B)公法上行為、不行為義務之強制執行　(C)即時強制(D)將煙毒犯送戒治處所強制戒治。（101普）

（　）2.行政執行法所稱之行政執行，原則上不包括下列何者？　(A)行為義務之強制執行　(B)即時強制　(C)都市更新　(D)公法上金錢給付義務。（106高）

答：1.(D)　2.(C)

第3條　行政執行，應依公平合理之原則，兼顧公共利益與人民權益之維護，以適當之方法為之，不得逾達成執行目的之必要限度。

（　）1.行政執行法第3條規定：「行政執行，應依公平合理之原則，兼顧公共利益與人民權益之維護，以適當之方法為之，不得逾達成執行目的之必要限度」，吾人稱此為何種原則？　(A)法律保留原則　(B)法律優位原則(C)信賴保護原則　(D)比例原則。（92地）

（　）2.行政執行法第3條規定，行政執行，應以適當之方法為之，不得逾達成執行目的之必要限度。此即何一法律原則之表現？　(A)比例原則　(B)不利益變更禁止原則　(C)法律保留原則　(D)平等原則。（100警）

答：1.(D)　2.(A)

第4條　行政執行，由原處分機關或該管行政機關為之。但公法上金錢給付義務逾期不履行者，移送法務部行政執行署所屬行政執行處執行之。
法務部行政執行署及其所屬行政執行處之組織，另以法律定之。

（　）1.公法上金錢給付義務之強制執行，應以何機關為執行機關？　(A)法務部行政執行署所屬各分署　(B)原行政處分機關　(C)該管行政機關(D)原行政處分機關之上級機關。（105普）

（　）2.罰鍰處分相對人不履行該處分限期繳納罰鍰（金錢給付）義務時，處分機關應如何為之？　(A)再行課處相同罰鍰　(B)移送法務部行政執行署各地執行分署強制執行　(C)自行強制執行　(D)再通知限期繳納。（105警）

（　）3.下列何者為公法上金錢給付義務之強制執行機關？　(A)地方法院行政庭　(B)高等行政法院　(C)原處分機關或該管行政機關　(D)法務部行政執行署所屬行政執行分署。（106地四）

（　）4.在現行法制中，公法上金錢給付義務之執行機關係隸屬於何機關之下？　(A)法務部　(B)行政院　(C)高等行政法院　(D)地方法院行政訴訟庭。（105高）

（　）5.公法上金錢給付義務逾期不履行者，移送下列何項機關執行之？　(A)行政執行分署　(B)地方法院執行處　(C)財政部　(D)內政部。（103警）

答：1.(A)　2.(B)　3.(D)　4.(A)　5.(A)

第5條　行政執行不得於夜間、星期日或其他休息日為之。但執行機關認為情況急迫或徵得義務人同意者，不在此限。
日間已開始執行者，得繼續至夜間。
執行人員於執行時，應對義務人出示足以證明身分之文件；必要時得命義務人或利害關係人提出國民身分證或其他文件。

（　）1.依行政執行法，下列敘述何者正確？　(A)公法上金錢給付義務逾期不履行者，由原處分機關執行之　(B)公法上金錢給付義務之執行，於義務人死亡後，不得對其遺產加以強制執行　(C)若行政執行機關認為情況急迫，即使當事人不同意，亦得於夜間、星期日或其他休息日加以執行　(D)行政執行不受非法或不當干涉，故僅能由行政法院裁定後方得停止執行。（100地三）

（　）2.有關行政執行程序之進行，下列敘述何者正確？　(A)無論任何情形，行政執行不得於夜間為之　(B)執行人員於執行時，應對義務人出示足以證明身分之文件　(C)行政執行，自處分、裁定確定之日，3年內未經執行者，不再執行　(D)被請求協助機關因協助執行所支出之費用，由行政執行分署負擔之。（103警）

答：1.(C)　2.(B)

第7條　行政執行，自處分、裁定確定之日或其他依法令負有義務經通知限期履行之文書所定期間屆滿之日起，五年內未經執行者，不再執行；其於五年期間屆滿前已開始執行者，仍得繼續執行。但自五年期間屆滿之日起已逾五年尚未執行終結者，不得再執行。
前項規定，法律有特別規定者，不適用之。
第1項所稱已開始執行，如已移送執行機關者，係指下列情形之一：
一、通知義務人到場或自動清繳應納金額、報告其財產狀況或為其他必要之陳述。
二、已開始調查程序。
第3項規定，於本法中華民國九十六年三月五日修正之條文施行前移送執行尚未終結之事件，亦適用之。

（　）1.依行政執行法規定，下列何者非屬得申請終止執行之事由？　(A)未經許可之廣告招牌已經拆除　(B)命拆除違建之行政處分已經撤銷確定　(C)義務人已死亡，且該義務不能被繼承　(D)罰鍰已逾5年未執行。（107普）

（　）2.行政機關對於違反行政法律規定之民眾科處罰鍰，已作成書面處分並合法送達後，當事人逾期仍未繳納時，此時應起算：　(A)行政程序法第131條公法上請求權之法定期間　(B)行政罰法第27條之裁罰期間　(C)行政執行法第7條之執行期間　(D)訴願法第14條之訴願期間。（101高）

（　）3.依行政執行法有關行政執行期間之規定，下列敘述何者錯誤？　(A)原則上，行政執行自處分確定之日起5年內未經執行者，不再執行　(B)原則上，若行政執行自處分確定之日起5年屆滿前已開始執行者，仍得繼續執行　(C)若行政執行自處分確定之日起5年屆滿前已開始執行者，仍得繼續執行，但自5年屆滿之日起已逾5年尚未執行終結者，不得再執行　(D)為保障人民權益，行政執行法有關行政執行期間之規定，其他法律不得另為特別規定。（100地三）

（　）4.關於行政執行之敘述，下列何者錯誤？　(A)行政執行，指公法上金錢給付義務、行為或不行為義務之強制執行及即時強制　(B)代履行與怠金為行政執行法之間接強制方法　(C)行政執行，自處分、裁定確定之日或其他依法令負有義務經通知限期履行之文書所定期間屆滿之日起，3年內未經執行者，不再執行　(D)行政執行分署應隨時提詢被管收人，每月不得少於3次。（101警）　　　　　　　答：1.(D) 2.(C) 3.(D) 4.(C)

第8條　**行政執行有下列情形之一者，執行機關應依職權或因義務人、利害關係人之申請終止執行：**
一、義務已全部履行或執行完畢者。
二、行政處分或裁定經撤銷或變更確定者。
三、義務之履行經證明為不可能者。
行政處分或裁定經部分撤銷或變更確定者，執行機關應就原處分或裁定經撤銷或變更部分終止執行。

（　）1.下列關於行政執行之敘述，何者正確？　(A)公法上金錢給付義務逾期不履行者，得由原處分機關自行執行之　(B)行政執行，自處分、裁定確定之日或其他依法令負有義務經通知限期履行之文書所定期間屆滿之日起，三年內未經執行者，不再執行　(C)執行期間屆滿前已開始執行者，於執行期間屆滿後即應停止執行　(D)義務之履行經證明為不可能者，執行機關應依職權或因義務人、利害關係人之申請終止執行。（99地三）

（　）2.行政執行法關於執行之時間及終止規定，下列敘述何者正確？　(A)行政執行亦得於星期日或其他休息日為之，並無條件限制　(B)日間已開始執行者，不得繼續至夜間　(C)行政處分或裁定經部分撤銷或變更確定者，執行機關應就原處分或裁定全部終止執行　(D)行政執行有義務之履行經證明為不可能者，執行機關應依職權或因義務人、利害關係人之申請終止執行。（99普）

（ ）3. 下列何者非屬行政執行終結之情形？ (A)義務人已全部自動履行其義務 (B)義務之履行經證明為不可能 (C)行政處分經撤銷或變更確定 (D)事實上或法律上停止執行行為。（104高） 答：1.(D) 2.(D) 3.(D)

第9條 義務人或利害關係人對執行命令、執行方法、應遵守之程序或其他侵害利益之情事，得於執行程序終結前，向執行機關聲明異議。

前項聲明異議，執行機關認其有理由者，應即停止執行，並撤銷或更正已為之執行行為；認其無理由者，應於十日內加具意見，送直接上級主管機關於三十日內決定之。

行政執行，除法律另有規定外，不因聲明異議而停止執行。但執行機關因必要情形，得依職權或申請停止之。

（ ）1. 依據行政執行法，義務人對於執行機關採取間接強制方法不服時，如何提起救濟？ (A)向執行機關提起復審 (B)向原處分機關提起申訴 (C)向執行機關聲明異議 (D)向原處分機關提起再申訴。（106移四）

（ ）2. 依行政執行法第9條之規定，義務人或利害關係人對執行機關之執行命令、執行方法等，如有侵害其利益之情事，得提起何種救濟程序？ (A)向訴願管轄機關提起訴願 (B)向執行機關聲明異議 (C)向管轄行政法院提起行政訴訟 (D)向管轄地方法院提起民事訴訟。（102警）

（ ）3. A公司因違規增建廠房遭主管機關下命自行拆除，A公司未自行拆除而由主管機關派員拆除，A公司對拆除方式有所爭執時，其得如何提起行政救濟？ (A)向主管機關提起異議 (B)向主管機關之上級機關提起訴願 (C)直接向地方法院行政訴訟庭提起行政訴訟 (D)直接向高等行政法院提起行政訴訟。（105地四）

（ ）4. 針對行政執行之執行命令、執行方法有不服時，義務人或利害關係人應如何處理？ (A)提起復審 (B)提起申訴 (C)聲明異議 (D)逕行提起行政訴訟。（103警）

（ ）5. 行政執行法關於義務人或利害關係人聲明異議之規定，下列敘述何者正確？ (A)向執行機關的直接上級機關聲明異議 (B)執行程序終結後，得聲明異議 (C)執行機關認其聲明異議無理由者，逕予駁回 (D)行政執行，原則上不因聲明異議而停止執行。（105普）

答：1.(C) 2.(B) 3.(A) 4.(C) 5.(D)

第11條 義務人依法令或本於法令之行政處分或法院之裁定，負有公法上金錢給付義務，有下列情形之一，逾期不履行，經主管機關移送者，由行政執行處就義務人之財產執行之：

一、其處分文書或裁定書定有履行期間或有法定履行期間者。

二、其處分書或裁定書未定履行期間，經以書面限期催告履行者。

三、依法令負有義務，經以書面通知限期履行者。
法院依法律規定就公法上金錢給付義務為假扣押、假處分之裁定經主管
機關移送者，亦同。

( ) 1. 下列何者無法作為行政執行公法上金錢給付之執行名義？　(A)依法令
(B)本於法令之行政處分　(C)法院之裁定　(D)行政契約約定自願接受
執行。（105地四）

( ) 2. 對於欠稅人逾期拒不繳納稅款之強制執行，下列敘述何者正確？　(A)應
由稅務機關移送法院強制執行　(B)拘提管收依規定須由行政執行官為最
終之決定　(C)統一由管轄之行政執行分署為之　(D)經管收執行完畢
者，得免除其繳納義務。（101高）　　　　　　　　　答：1.(D) 2.(C)

**第12條　公法上金錢給付義務之執行事件，由行政執行處之行政執行官、執行書
記官督同執行員辦理之，不受非法或不當之干涉。**

( )　　下列何者非司法官？　(A)普通法院法官　(B)行政法院法官　(C)公務員
懲戒委員會委員　(D)行政執行官。（95普）　　　　　　　　答：(D)

**第14條　行政執行處為辦理執行事件，得通知義務人到場或自動清繳應納金額、
報告其財產狀況或為其他必要之陳述。**

( )　　有關公法上金錢給付義務之執行，下列敘述何者正確？　(A)義務人死
亡遺有財產者，行政執行處不得逕對其遺產強制執行，應經繼承人同意
始得為之　(B)執行人員於查封前，發見義務人之財產業經其他機關查
封者，得再行查封　(C)由原處分機關之會計人員負責辦理行政執行
(D)為辦理行政執行事件，得通知義務人到場為必要之陳述。（103普）
答：(D)

第15條　義務人死亡遺有財產者，行政執行處得逕對其遺產強制執行。

( ) 1. 公法上金錢給付義務之強制執行時，義務人死亡遺有遺產者，行政執行處
應如何處理？　(A)行政執行處應終止強制執行　(B)行政執行處得逕對其
遺產強制執行　(C)行政執行處得經法院同意後，逕對其遺產強制執行
(D)行政執行處得經行政執行署同意後，逕對其遺產強制執行。（100警）

( ) 2. 依據行政執行法第15條之規定，義務人死亡遺有財產者，行政執行處得
如何處置？　(A)逕行就其遺產強制執行　(B)向該管法院聲請參與分
配　(C)向該管法院聲請強制執行　(D)改向其繼承人財產強制執行。
（105地四）

（　）3. 行為人受行政罰鍰之處分後，於執行前死亡者，依行政執行法規定，下列敘述何者正確？　(A)義務人死亡後，罰鍰義務消滅，執行機關不再執行　(B)義務人有繼承人者，執行機關得就繼承人之固有財產執行之　(C)義務人有配偶者，執行機關得就配偶之婚前財產執行之　(D)義務人遺有財產者，執行機關得就其遺產執行之。（107高）

（　）4. 行政執行之義務人死亡遺有財產時，有關行政執行的敘述，下列何者正確？　(A)行政執行應即終止　(B)行政執行機關得逕對義務人之遺產執行　(C)行政執行機關應向法院確認能否對義務人之遺產執行　(D)行政執行機關須獲遺產繼承人同意後方得繼續執行。（106地四）

答：1.(B)　2.(A)　3.(D)　4.(B)

第16條　執行人員於查封前，發見義務人之財產業經其他機關查封者，不得再行查封。行政執行處已查封之財產，其他機關不得再行查封。

（　）1. 行政執行人員於查封財產前，發見義務人之財產業經其他機關查封時，應如何處置？　(A)得再行查封　(B)不得再行查封　(C)通知該他機關後合併查封　(D)移請該管行政機關處理。（95地四）

（　）2. 有關行政強制執行之相關規定，下列何者錯誤？　(A)行政執行處之執行人員於查封前，發現義務人之財產業經其他機關查封者，必要時得再行查封　(B)執行時間之限制規定，僅於直接強制或代履行時有其適用，不適用於即時強制　(C)公法上金錢給付義務逾期不履行者，不得由原處分機關直接強制執行之　(D)債務人對執行名義之實體法律關係有爭議時，應另提異議之訴，而非聲明異議。（102高）　答：1.(B)　2.(A)

第17條　義務人有下列情形之一者，行政執行處得命其提供相當擔保，限期履行，並得限制其住居：

一、顯有履行義務之可能，故不履行。

二、顯有逃匿之虞。

三、就應供強制執行之財產有隱匿或處分之情事。

四、於調查執行標的物時，對於執行人員拒絕陳述。

五、經命其報告財產狀況，不為報告或為虛偽之報告。

六、經合法通知，無正當理由而不到場。

前項義務人有下列情形之一者，不得限制住居：

一、滯欠金額合計未達新臺幣十萬元。但義務人已出境達二次者，不在此限。

二、已按其法定應繼分繳納遺產稅款、罰鍰及加繳之滯納金、利息。但其繼承所得遺產超過法定應繼分，而未按所得遺產比例繳納者，不在此限。

義務人經行政執行處依第一項規定命其提供相當擔保,限期履行,屆期不履行亦未提供相當擔保,有下列情形之一,而有強制其到場之必要者,行政執行處得聲請法院裁定拘提之:
一、顯有逃匿之虞。
二、經合法通知,無正當理由而不到場。
法院對於前項聲請,應於五日內裁定,其情況急迫者,應即時裁定。
義務人經拘提到場,行政執行官應即訊問其人有無錯誤,並應命義務人據實報告其財產狀況或為其他必要調查。
行政執行官訊問義務人後,認有下列各款情形之一,而有管收必要者,行政執行處應自拘提時起二十四小時內,聲請法院裁定管收之:
一、顯有履行義務之可能,故不履行。
二、顯有逃匿之虞。
三、就應供強制執行之財產有隱匿或處分之情事。
四、已發見之義務人財產不足清償其所負義務,於審酌義務人整體收入、財產狀況及工作能力,認有履行義務之可能,別無其他執行方法,而拒絕報告其財產狀況或為虛偽之報告。
義務人經通知或自行到場,經行政執行官訊問後,認有前項各款情形之一,而有聲請管收必要者,行政執行處得將義務人暫予留置;其訊問及暫予留置時間合計不得逾二十四小時。
拘提、管收之聲請,應向行政執行處所在地之地方法院為之。
法院受理管收之聲請後,應即訊問義務人並為裁定,必要時得通知行政執行處指派執行人員到場為一定之陳述或補正。
行政執行處或義務人不服法院關於拘提、管收之裁定者,得於十日內提起抗告;其程序準用民事訴訟法有關抗告程序之規定。
抗告不停止拘提或管收之執行。但准拘提或管收之原裁定經抗告法院裁定廢棄者,其執行應即停止,並將被拘提或管收人釋放。
拘提、管收,除本法另有規定外,準用強制執行法、管收條例及刑事訴訟法有關訊問、拘提、羈押之規定。

( ) 1. 行政執行官訊問義務人後,認為義務人顯有履行義務之可能,而故不履行,因有將義務人管收必要時,行政執行官可為如何處置? (A)得自行決定將義務人送至管收所 (B)應向行政執行處所在地之地方法院聲請將義務人管收 (C)應向行政執行處所在地之高等行政法院聲請將義務人管收 (D)應向法務部行政執行署聲請將義務人管收。〔100地四〕

( ) 2. 下列何者非屬行政執行法上管收義務人之法定要件? (A)顯有履行義務之可能,故不履行 (B)顯有逃匿之虞 (C)就應供強制執行之財產有隱匿或處分之情事 (D)於調查執行標的物時,對於執行人員拒絕陳述。〔105地三〕

( )　3. 下列何者屬行政執行法所明定義務人屆期不履行亦未提供擔保，有強制到場之必要，而得聲請法院裁定拘提之事由？　(A)經合法通知，無正當理由而不到場　(B)於調查執行標的物時，對於執行人員拒絕陳述　(C)經命其報告財產狀況，不為報告或為虛偽之報告　(D)就應供強制執行之財產有贈與他人之情事。（100地四）

( )　4. 依行政執行法規定，下列何者非屬聲請法院對義務人裁定管收之事由？　(A)義務人顯有逃匿之虞　(B)義務人顯有履行義務之可能，故不履行　(C)義務人經合法通知，無正當理由而不到場　(D)義務人就應供強制執行之財產有隱匿或處分之情事。（107地四）

( )　5. 行政執行法有關管收與管束之規定，下列敘述何者正確？　(A)管收由地方法院裁定；管束由執行機關依職權決定　(B)管收期限不得逾24小時；管束期限則不得逾3個月　(C)兩者皆須以公法上義務不履行為前提　(D)兩者執行前皆須經告戒程序。（103警）

( )　6. 關於行政執行上管收之敘述，下列何者錯誤？　(A)係對公法上金錢給付義務顯有履行可能而不履行之義務人，促其履行義務之強制手段　(B)須聲請法院裁定管收　(C)行政執行官確知義務人有履行能力而不為者，即可聲請管收，不以曾訊問義務人為必要　(D)義務人公法上金錢給付義務不因管收而免除。（99地四）

答：1.(B)　2.(D)　3.(A)　4.(C)　5.(A)　6.(C)

第17條之1　義務人為自然人，其滯欠合計達一定金額，已發現之財產不足清償其所負義務，且生活逾越一般人通常程度者，行政執行處得依職權或利害關係人之申請對其核發下列各款之禁止命令，並通知應予配合之第三人：

一、禁止購買、租賃或使用一定金額以上之商品或服務。
二、禁止搭乘特定之交通工具。
三、禁止為特定之投資。
四、禁止進入特定之高消費場所消費。
五、禁止贈與或借貸他人一定金額以上之財物。
六、禁止每月生活費用超過一定金額。
七、其他必要之禁止命令。

前項所定一定金額，由法務部定之。

行政執行處依第一項規定核發禁止命令前，應以書面通知義務人到場陳述意見。義務人經合法通知，無正當理由而不到場者，行政執行處關於本條之調查及審核程序不受影響。

行政執行處於審酌義務人之生活有無逾越一般人通常程度而核發第一項之禁止命令時，應考量其滯欠原因、滯欠金額、清償狀況、移送機關之意見、利害關係人申請事由及其他情事，為適當之決定。

行政執行處於執行程序終結時，應解除第一項之禁止命令，並通知應配合之第三人。

義務人無正當理由違反第一項之禁止命令者，行政執行處得限期命其清償適當之金額，或命其報告一定期間之財產狀況、收入及資金運用情形；義務人不為清償、不為報告或為虛偽之報告者，視為其顯有履行義務之可能而故不履行，行政執行處得依前條規定處理。

(　) 1. 關於行政執行法規定之禁止命令，下列敘述何者正確？　(A)公司欠稅達一定金額者，得禁止其為特定之投資　(B)義務人之財產不足清償其所負之義務時，得禁止其進入特定之高消費場所消費　(C)公司之資產不足清償其所負之義務時，得禁止其借貸他人一定金額以上財物　(D)公司之資產不足清償其所負之義務時，得禁止其為捐贈行為。〔107地四〕

(　) 2. 行政執行分署依法得對被執行人核發的所謂禁奢令，下列何者不屬之？　(A)禁止搭乘特定之交通工具　(B)禁止與同為被執行之特定人接觸　(C)禁止為特定之投資　(D)禁止進入特定之高消費場所消費。〔106普〕

答：1.(B)　2.(B)

第21條　義務人或其他依法得管收之人有下列情形之一者，不得管收；其情形發生管收後者，行政執行處應以書面通知管收所停止管收：
一、因管收而其一家生計有難以維持之虞者。
二、懷胎五月以上或生產後二月未滿者。
三、現罹疾病，恐因管收而不能治療者。

(　) 1. 依行政執行法規定，下列何者非屬不得管收義務人之情形？　(A)懷胎5月以上　(B)因管收而有難以繼續就學或工作之虞　(C)現罹疾病，恐因管收而不能治療者　(D)因管收而其一家生計有難以維持之虞。〔107地四〕

(　) 2. 依行政執行法之管收規定，下列何者非屬對於義務人不得管收之原因？　(A)因管收而其事業有難以維持之虞　(B)懷胎5月以上　(C)因管收而其一家生計有難以維持之虞　(D)現罹疾病，恐因管收而不能治療。〔105普〕

答：1.(B)　2.(A)

第22條　有下列情形之一者，行政執行處即以書面通知管收所釋放被管收人：
一、義務已全部履行或執行完畢者。
二、行政處分或裁定經撤銷或變更確定致不得繼續執行者。
三、管收期限屆滿者。
四、義務人就義務之履行已提供確實之擔保者。

（　）　行政執行法有關管收之規定，下列敘述何者最正確？　(A)管收之聲請，應向檢察總長為之　(B)管收期限，自管收之日起算，不得逾5日　(C)義務人所負公法上金錢給付義務，因管收而免除　(D)被管收人就義務之履行已提供確實之擔保者，應即釋放被管收人。（101普）　答：(D)

第24條　關於義務人拘提管收及應負義務之規定，於下列各款之人亦適用之：
一、義務人為未成年人或受監護宣告之人者，其法定代理人。
二、商號之經理人或清算人；合夥之執行業務合夥人。
三、非法人團體之代表人或管理人。
四、公司或其他法人之負責人。
五、義務人死亡者，其繼承人、遺產管理人或遺囑執行人。

（　）1.下列何者不是行政執行時，所得拘提管收之對象？　(A)義務人　(B)商號之經理人　(C)公司之負責人　(D)擔保人。（102地四）

（　）2.關於義務人拘提管收及應負義務之規定，於下列何者不適用？　(A)義務人為未成年人時之法定代理人　(B)合夥之執行業務合夥人　(C)義務人死亡者，其繼承人、遺產管理人或遺囑執行人　(D)破產管理人。（101地三）　　　　　　　　　　　　　　　答：1.(D) 2.(D)

第26條　關於本章之執行，除本法另有規定外，準用強制執行法之規定。

（　）1.關於公法上金錢給付義務不履行之執行，除依行政執行法之規定外，準用下列何法之規定？　(A)行政訴訟法　(B)民事訴訟法　(C)刑事訴訟法　(D)強制執行法。（95地四）

（　）2.公法上金錢給付義務之執行，除行政執行法另有規定外，準用下列何者之規定？　(A)動產擔保交易法　(B)行政訴訟法　(C)行政程序法　(D)強制執行法。（101普）　　　　　　　　　　　　　　　答：1.(D) 2.(D)

第27條　依法令或本於法令之行政處分，負有行為或不行為義務，經於處分書或另以書面限定相當期間履行，逾期仍不履行者，由執行機關依間接強制或直接強制方法執行之。
前項文書，應載明不依限履行時將予強制執行之意旨。

（　）1.下列有關怠金之敘述，何者正確？　(A)屬直接強制方法之一　(B)不得連續科處　(C)科處前應經告誡程序　(D)按行政機關層級決定金額高低。（98高）

（　）2.依據行政執行法規定，有關代履行之敘述，下列何者錯誤？　(A)義務人依法令等負有作為義務而不為者　(B)行政機關對於依法令負有作為義務者，可以不經告戒程序直接為代履行　(C)該等義務為他人可以代為履行者　(D)義務人須支付相關代履行所需費用。（104警）

( ) 3. 行政機關對於違反行政法義務之人民作成命限期改正之處分,屆期相對人仍不改正,該管機關應如何,下列敘述何者錯誤? (A)若命改正之內容為可由他人履行者,處分機關得委託第三人代履行之 (B)若命改正之內容為不能由他人代為履行者,處分機關得處一定金錢之怠金 (C)直接對義務人之人身或財產施以強制力 (D)若間接強制不能達執行目的時,得施直接強制。(105警)

( ) 4. 關於怠金之敘述,下列何者錯誤? (A)係針對不可替代性行政法上義務之間接強制方法 (B)課處前應踐行告誡程序 (C)怠金之課處不以書面為必要 (D)依行政執行法規定,怠金金額為五千元以上三十萬元以下。(103普)

答:1.(C) 2.(B) 3.(C) 4.(C)

第28條 前條所稱之間接強制方法如下:一、代履行。二、怠金。
　　　　前條所稱之直接強制方法如下:
　　　　一、扣留、收取交付、解除占有、處置、使用或限制使用動產、不動產。
　　　　二、進入、封閉、拆除住宅、建築物或其他處所。
　　　　三、收繳、註銷證照。
　　　　四、斷絕營業所必須之自來水、電力或其他能源。
　　　　五、其他以實力直接實現與履行義務同一內容狀態之方法。

( ) 1. 依行政執行法之規定,下列何者屬執行方法中之間接強制? (A)限制使用不動產 (B)收繳、註銷證照 (C)科處怠金 (D)科處罰鍰。(102警)

( ) 2. 下列何者係屬行政執行法上之間接強制方法? (A)扣留 (B)註銷證照 (C)進入住宅 (D)怠金。(105普)

( ) 3. 下列何者為行政執行手段? (A)禁止出入港口 (B)斷絕營業所必須之自來水及電力 (C)命令歇業 (D)公布照片。(104高)

( ) 4. 依行政執行法規定,關於行政執行之方法,下列敘述何者正確? (A)對人之管束為代履行之方法 (B)收繳證照為直接強制之方法 (C)負有行為義務而不為,其行為能由他人代為履行,得處以怠金 (D)拘留為不行為義務之執行方法。(107普)

( ) 5. 警察對於非法集會遊行而不遵循解散命令之群眾,採取噴水強制驅離之措施,其法律性質為何? (A)直接強制 (B)即時強制 (C)代履行 (D)行政處分。(105高)

( ) 6. 依據行政執行法,下列何者非屬例示之直接強制執行方法? (A)斷絕營業所必須之電力 (B)註銷營業證照 (C)對人之管束 (D)封閉建築物。(106移四)

( ) 7.下列何者非屬行政執行法中之直接強制方法？ (A)斷絕營業所必須之自來水、電力或其他能源 (B)拆除建築物 (C)徵收土地 (D)限制使用不動產。（105警） 答：1.(C) 2.(D) 3.(B) 4.(B) 5.(A) 6.(C) 7.(C)

第29條 依法令或本於法令之行政處分，負有行為義務而不為，其行為能由他人代為履行者，執行機關得委託第三人或指定人員代履行之。
前項代履行之費用，由執行機關估計其數額，命義務人繳納；其繳納數額與實支不一致時，退還其餘額或追繳其差額。

( ) 1.依行政執行法規定，負有行為義務而不為，其行為能由他人代為履行者，得以下列何種方法執行之？ (A)代履行 (B)怠金 (C)管收 (D)罰金。（108普）

( ) 2.建築主管機關委託拆除業者拆除違建，並向屋主收取費用。此措施屬於何種行政行為？ (A)緊急強制 (B)直接強制 (C)代履行 (D)即時強制。（106地四）

( ) 3.下列何者得以代履行手段強制執行？ (A)罰鍰處分 (B)勒令停工處分 (C)命自行拆除違章建築之處分 (D)對於違法集會命令解散之處分。（105普）

( ) 4.行政執行法上關於代履行之規定，下列敘述何者錯誤？ (A)機關須以書面限定時間預先為告戒 (B)代履行與怠金皆為間接強制之方式 (C)得代履行之行為應具可替代性 (D)代履行之費用由執行機關負擔。（105地四）

( ) 5.有關行政執行法上代履行之敘述，下列何者錯誤？ (A)得為代履行者，僅限於可替代之行為 (B)其行為能由他人代為履行者，得由行政機關指定人員為之 (C)代履行之執行，亦得委由第三人執行之 (D)代履行係基於公益考量，不得向義務人收取任何費用。（106高）

答：1.(A) 2.(C) 3.(C) 4.(D) 5.(D)

第30條 依法令或本於法令之行政處分，負有行為義務而不為，其行為不能由他人代為履行者，依其情節輕重處新臺幣五千元以上三十萬元以下怠金。
依法令或本於法令之行政處分，負有不行為義務而為之者，亦同。

( ) 1.處怠金之要件為何？ (A)不能藉由直接強制達成執行目的 (B)不能由他人代為履行之行為義務 (C)報經行政執行分署核可 (D)經管收而無效果。（102地三）

( ) 2.下列關於怠金之敘述，何者錯誤？ (A)違反行為義務，該行為無法以他人代為履行時，得科處之 (B)性質上屬於直接強制 (C)得連續科處 (D)依法最高額度為30萬元。（106地四） 答：1.(B) 2.(B)

第31條 經依前條規定處以怠金，仍不履行其義務者，執行機關得連續以怠金。依前項規定，連續處以怠金前，仍應依第27條之規定以書面限期履行。但法律另有特別規定者，不在此限。

( ) 依行政執行法之規定，下列有關怠金之敘述，何者錯誤？ (A)其適用於依法令或本於法令之行政處分，負有行為義務而不為，其行為不得由他人代為履行者 (B)其屬於間接強制之方法 (C)其亦可適用於依法或本於法令之行政處分，負有不行為義務而為之者 (D)執行機關得連續處以怠金，無須另以書面限期履行。（91普） 答：(D)

第32條 經間接強制不能達成執行目的，或因情況急迫，如不及時執行，顯難達成執行目的，執行機關得依直接強制方法執行之。

( ) 1.市府辦晚會，封鎖街道，摩托車騎士甲強行騎車進入，被警察以強制力驅離現場，其性質為何？ (A)甲違反特定行政上義務，且直接被以強制力排除其以機動車輛進入會場，故屬直接強制 (B)此驅離行為係為間接實現市府封閉道路辦理晚會為目的，故為間接強制 (C)因當時情形急迫，屬即時強制 (D)甲違反不得騎機車進入會場之義務，故屬公法上課予給付義務之強制執行。（105普）

( ) 2.下列有關行為或不行為義務之行政執行，何者敘述錯誤？ (A)機關應於處分書或另以書面，限定當事人於相當期間內履行 (B)行政執行之方式有間接強制及直接強制 (C)機關得依職權採取直接強制或間接強制 (D)代履行之費用，應由義務人繳納。（101警） 答：1.(A) 2.(C)

第34條 代履行費用或怠金，逾期未繳納者，移送行政執行處依第二章之規定執行之。

( ) 依行政執行法第34條規定，代履行費用或怠金，逾期未繳納者，應如何處理？ (A)立即限制出境 (B)移送行政執行處依第二章（公法上金錢給付義務之執行）之規定執行之 (C)公告姓名 (D)由原行政機關依第四章（即時強制）之規定執行之。（95高） 答：(B)

第36條 行政機關為阻止犯罪、危害之發生或避免急迫危險，而有即時處理之必要時，得為即時強制。
即時強制方法如下：
一、對於人管束。
二、對於物之扣留、使用、處置或限制其使用。
三、對於住宅、建築物或其他處所之進入。
四、其他依職權所為之必要處置。

（　）1. 下列何者並非事實行為？　(A)清潔隊員打掃街道行為　(B)氣象局發布之颱風警報　(C)主管機關對於特定土石流危險地區要求居民撤離　(D)衛生局公告可能有害健康之食品添加物。（105高）

（　）2. 下列何者屬行政執行法所明定之即時強制方法？　(A)對於人之管束　(B)斷絕營業所必須之自來水　(C)註銷證照　(D)處以高額怠金。（104普）

（　）3. 針對「即時強制」發動之要件，下列敘述何者錯誤？　(A)為阻止犯罪、危害之發生　(B)避免急迫危險　(C)基於法定職權之行為　(D)以人民違反行政法上義務為前提。（102地四）

（　）4. 下列何者非行政執行法中之即時強制方法？　(A)對於汽車駕駛人進行酒精濃度測試檢定　(B)對於人之管束　(C)對於物之扣留、使用、處置或限制其使用　(D)對於住宅、建築物或其他處所之進入。（105警）

（　）5. 下列何者非屬行政執行法規定即時強制得使用之方法？　(A)怠金　(B)對於人之管束　(C)對於物之扣留　(D)對於建築物之進入。（107普）

（　）6. 依行政執行法規定，下列何者非屬公法上金錢給付義務之執行方法？　(A)管收　(B)拘提　(C)查封　(D)管束。（108普）

答：1.(C)　2.(A)　3.(D)　4.(A)　5.(A)　6.(D)

第37條　對於人之管束，以合於下列情形之一者為限：
一、瘋狂或酗酒泥醉，非管束不能救護其生命、身體之危險及預防他人生命、身體之危險者。
二、意圖自殺，非管束不能救護其生命者。
三、暴行或鬥毆，非管束不能預防其傷害者。
四、其他認為必要救護或有害公共之虞，非管束不能救護或不能預防危害者。
前項管束，不得逾二十四小時。

（　）1. 有關行政執行法中對於人之管束，下列敘述何者錯誤？　(A)瘋狂或酗酒泥醉，非管束不能救護其生命、身體之危險，及預防他人生命、身體之危險者　(B)意圖自殺，非管束不能救護其生命者　(C)暴行或鬥毆，非管束不能預防其傷害者　(D)管束，不得逾 24小時；但必要時得經法院同意延長 24小時。（105警）

（　）2. 行政機關為阻止犯罪、危害之發生或避免急迫危險，而有即時處置之必要時，得為即時強制，其中對於人之管束，最長不得超過幾小時？　(A)6小時　(B)12小時　(C)18小時　(D)24小時。（100普）

（　）3.瘋狂或酗酒泥醉，非管束不能救護其生命、身體之危險，及預防他人生
命、身體之危險者，此種對人之管束，其期間最長不得逾多久？　(A)
六小時　(B)十二小時　(C)十八小時　(D)二十四小時。（104普）

答：1.(D) 2.(D) 3.(D)

第38條　軍器、凶器及其他危險物，為預防危害之必要，得扣留之。
扣留之物，除依法應沒收、沒入、毀棄或應變價發還者外，其扣留期間不得
逾三十日。但扣留之原因未消失時，得延長之，延長期間不得逾兩個月。
扣留之物無繼續扣留必要者，應即發還；於一年內無人領取或無法發還
者，其所有權歸屬國庫；其應變價發還者，亦同。

（　）1.行政執行時，對扣留之物，除依法應沒收、沒入、毀棄或應變價發還者
外，其扣留期間不得逾多久？　(A)24小時　(B)10日　(C)15日　(D)30
日。（104警）

（　）2.依行政執行法之規定，關於即時強制之敘述，下列何者正確？　(A)以人
民依法令或本於法令之行政處分負有行為或不行為義務，經限期履行，
逾期仍不履行為執行要件　(B)行政機關於進行即時強制時，如義務人之
行為不能由他人代為履行者，得處以怠金　(C)行政機關經採間接強制方
法仍不能達成執行之目的時，方可採取即時強制之執行方法　(D)為預防
危險之必要，執行機關得將凶器予以扣留，但扣留期間原則上不得逾30
日。（107地四）

（　）3.依行政執行法規定，關於物之扣留，下列敘述何者錯誤？　(A)物之扣
留為即時強制方法之一　(B)軍器不得扣留　(C)扣留之物無繼續扣留
必要者，應即發還　(D)應發還之扣留之物，一年內無人領取時，其所
有權歸屬國庫。（107地四）

答：1.(D) 2.(D) 3.(B)

第41條　人民因執行機關依法實施即時強制，致其生命、身體或財產遭受特別損
失時，得請求補償。但因可歸責於該人民之事由者，不在此限。
前項損失補償，應以金錢為之，並以補償實際所受之特別損失為限。
對於執行機關所為損失補償之決定不服者，得依法提起訴願及行政訴訟。
損失補償，應於知有損失後，二年內向執行機關請求之。但自損失發生
後，經過五年者，不得為之。

（　）1.人民因行政執行機關依法實施即時強制致其財產遭受特別損失時，有何
權利可主張？　(A)得請求損失補償　(B)得請求社會救助　(C)得請求
國家賠償　(D)得請求損害賠償。（106普）

(　) 2. 人民對於執行機關合法即時強制而受到生命、身體或財產之損失時，可以獲得救濟。下列相關敘述何者錯誤？　(A)所受損失可以請求補償　(B)可以依照國家賠償法，向執行機關要求金錢賠償　(C)對於損失補償有所不服者，尚可提起訴願及行政訴訟　(D)自損失發生後經過5年者不得為損失補償之請求。（105普）

(　) 3. 行政執行法第41條關於即時強制損失補償之規定，下列敘述何者錯誤？　(A)損失補償應以金錢為之　(B)請求範圍包含所受損害及所失利益　(C)機關所為補償決定之性質為行政處分　(D)損失補償應於知有損失後2年內請求之。（105地四）

(　) 4. 人民因執行機關依法實施即時強制，致其生命、身體或財產遭受特別損失時，得請求補償。前述損失補償，應自知有損失後，至遲多久期間內向執行機關請求之？　(A)2個月　(B)6個月　(C)1年　(D)2年。（105普）

(　) 5. 關於行政執行法所定即時強制之敘述，下列何者正確？　(A)採取即時強制措施之前，應先經直接強制措施　(B)怠金為即時強制方法之一　(C)人民之財產因合法即時強制而遭受特別損失時，對不可歸責於其事由之損失，得請求補償　(D)對於即時強制不服時，人民得提起抗告。（107地三）

(　) 6. 行政執行法對於人民因執行機關依法實施即時強制遭受損失之補償規定，下列敘述何者錯誤？　(A)損失補償，應以金錢為之　(B)以補償實際所受之特別損失為限　(C)應於知有損失後，五年內向執行機關請求之　(D)因可歸責於該人民之事由致其生命、身體或財產遭受損失，不得請求補償。（106移四）　　　答：1.(A) 2.(B) 3.(B) 4.(D) 5.(C) 6.(C)

行政罰法題庫

第1條 違反行政法上義務而受罰鍰、沒入或其他種類行政罰之處罰時，適用本法，但其他法律有特別規定者，從其規定。

(　) 1. 下列何者非屬行政執行法規定之執行方法？　(A)沒入　(B)管收　(C)處以怠金　(D)斷絕營業所必須之水電。（106普）

(　) 2. 公法上金錢給付義務之執行，其執行方式不包括下列何者？　(A)查封　(B)拘提　(C)沒入　(D)管收。（106地四）

（　）3. 關於行政罰法規定之行政罰，下列敘述何者正確？　(A)公務員因違失而受懲戒亦屬之　(B)個別行政法規中「罰則」章規定之作用，性質上均屬行政罰　(C)行政法規中關於違反相關作為或不作為義務規定而科「罰金」者，非屬行政罰　(D)行政罰僅對自然人適用，對法人不適用。（105警）

（　）4. 下列何者不是行政罰？　(A)道路交通安全講習　(B)授益處分之廢止　(C)違法出版品之沒入　(D)命令歇業。（104高）

（　）5. 依行政罰法之規定，下列何者非行政罰之種類？　(A)罰鍰　(B)沒入　(C)命令歇業　(D)怠金。（105普）

（　）6. 下列何種處罰應由法院為之？　(A)沒入　(B)拘留　(C)廢止營業許可　(D)公布姓名。（105地三）

（　）7. 下列何者非屬行政罰？　(A)對違法排放水之工廠命停工　(B)對違法失職之公務員命停職　(C)對違反勞動基準法者公布雇主姓名　(D)對違反環境教育法之業者命講習。（106移四）

　　　　　　　　　答：1.(A)　2.(C)　3.(C)　4.(B)　5.(D)　6.(B)　7.(B)

第2條　本法所稱其他種類行政罰，指下列裁罰性之不利處分：
一、限制或禁止行為之處分：限制或停止營業、吊扣證照、命令停工或停止使用、禁止行駛、禁止出入港口、機場或特定場所、禁止製造、販賣、輸出入、禁止申請或其他限制或禁止為一定行為之處分。
二、剝奪或消滅資格、權利之處分：命令歇業、命令解散、撤銷或廢止許可或登記、吊銷證照、強制拆除或其他剝奪或消滅一定資格或權利之處分。
三、影響名譽之處分：公布姓名或名稱、公布照片或其他相類似之處分。
四、警告性處分：警告、告誡、記點、記次、講習、輔導教育或其他相類似之處分。

（　）1. 依據行政罰法規定，吊扣證照係屬下列何項類型之行政罰？　(A)限制之處分　(B)剝奪之處分　(C)影響名譽之處分　(D)警告性處分。（101地四）

（　）2. 下列何者為行政罰的手段？　(A)交通安全講習　(B)拆除違建　(C)危險物之扣留　(D)對於未依法申請許可之室外集會命令解散。（105警）

（　）3. 下列何者不屬於行政罰法第2條所規定的裁罰性之不利處分？　(A)對公務員停職　(B)公布姓名或名稱　(C)輔導教育　(D)吊扣證照。（104警）

（　）4. 下列何者不屬行政罰法所謂罰鍰、沒入以外之「其他種類行政罰」？　(A)公布姓名　(B)警告、記點　(C)吊銷證照　(D)限期改善。（106地四）

（　）5.下列何者，不屬於行政罰法規定之行政罰？　(A)警告　(B)怠金　(C)停止營業　(D)公布姓名。（103高）

（　）6.下列何者非屬行政罰法上剝奪或消滅資格、權利之處分？　(A)撤銷登記　(B)命令歇業　(C)吊銷證照　(D)限制營業。（107地四）

（　）7.下列何者非屬行政罰法第2條規定之裁罰性不利處分？　(A)講習　(B)公布照片　(C)吊銷證照　(D)怠金。（108普）

（　）8.下列關於行政罰法之裁罰性不利處分的敘述，何者錯誤？　(A)公布姓名或名稱、公布照片或其他相類似之處分者，均屬行政罰　(B)醫師法第8條之1第1項第3款規定，罹患精神疾病或身心狀況違常，經主管機關認定不能執行業務者，得廢止其執業執照，亦屬行政罰　(C)依政府採購法規定追繳投標廠商押標金，性質上應屬管制性不利處分，並非裁罰性不利處分　(D)關於擅自建造建築物者，除處以罰鍰外，依建築法規定，尚可勒令停工或強制拆除，並非裁罰性不利處分。（104高）

（　）9.下列何者為行政罰法規定之行政罰？　(A)因欠稅而遭限制出境　(B)行政檢查時扣留相關文件　(C)菸害防制法所規定之戒菸教育　(D)會計師因違法遭受懲戒處分。（105地三）

（　）10.下列何者屬於行政罰法規定之行政罰？　(A)怠金　(B)限制出境　(C)管收　(D)吊扣證照。（106地三）

答：1.(A) 2.(A) 3.(A) 4.(D) 5.(B) 6.(D) 7.(D) 8.(B) 9.(C) 10.(D)

第4條　違反行政法上義務之處罰，以行為時之法律或自治條例有明文規定者為限。

（　）1.依據處罰法定原則，違反行政法上義務之處罰，以行為時之法律或下列何項規範有明文規定者為限？　(A)行政契約　(B)行政規則　(C)自治規則　(D)自治條例。（101地四）

（　）2.關於行政罰之敘述，下列何者正確？　(A)違反行政法上義務之處罰，以行為時之法律或自治條例有明文規定者為限　(B)行政罰上所稱行為人，限於實施違反行政法上義務行為之自然人　(C)應受行政罰之行為，以違反禁止規定或作為義務，並以發生損害或危險為其要件　(D)地方政府就違反委辦事項之情事，得以直轄市法規處以新臺幣10萬元以下罰鍰。（107高）

答：1.(D) 2.(A)

第5條　行為後法律或自治條例有變更者，適用行政機關最初裁處時之法律或自治條例。但裁處前之法律或自治條例有利於受處罰者，適用最有利於受處罰者之規定。

( ) 1.某甲違規，依行為時之法律得裁處五萬元以下罰鍰，而依裁處時之法律得裁處十萬元以下罰鍰，某甲對原處分機關之裁處不服提出訴願時，法律又修正為得裁處三萬元以下罰鍰，若原處分經訴願決定撤銷並令原處分機關重為處分，則原處分機關應依何規定重為處分？　(A)得裁處五萬元以下罰鍰之規定　(B)得裁處十萬元以下罰鍰之規定　(C)得裁處三萬元以下罰鍰之規定　(D)得由原處分機關在十萬元以下、三萬元以上之範圍內裁處。（101高）

( ) 2.有關行政罰法之裁處罰鍰依比例原則，下列何者錯誤？　(A)審酌違反行政法上義務行為應受責難程度　(B)審視裁處前之法律或自治條例，有利於受處罰者，適用最有利於受處罰者之規定　(C)審酌因違反行政法上義務所得之利益多寡　(D)考量受處罰者之資力高低。（102高）

答：1.(A) 2.(B)

第6條　在中華民國領域內違反行政法上義務應受處罰者，適用本法。
在中華民國領域外之中華民國船艦、航空器或依法得由中華民國行使管轄權之區域內違反行政法上義務者，以在中華民國領域內違反論。
違反行政法上義務之行為或結果，有一在中華民國領域內者，為在中華民國領域內違反行政法上義務。

( )　有關行政罰法之敘述，下列何者正確？　(A)外國人在我國領域內，過失違反我國行政法上義務之行為不予處罰　(B)外國人在外國領域內，故意違反我國行政法上義務之行為予以處罰　(C)違反行政法上義務之行為或結果須皆在我國領域內，否則不予處罰　(D)違反行政法上義務之行為或結果，有一在我國領域內者即予以處罰。（106地四）　答：(D)

第7條　違反行政法上義務之行為非出於故意或過失者，不予處罰。
法人、設有代表人或管理人之非法人團體、中央或地方機關或其他組織違反行政法上義務者，其代表人、管理人、其他有代表權之人或實際行為之職員、受僱人或從業人員之故意、過失，推定為該等組織之故意、過失。

( ) 1.下列敘述何者為行政罰法不予處罰之事由？　(A)14歲以上未滿18歲人之行為　(B)違反行政法上義務之行為非出於故意或過失者　(C)行為時因精神障礙或其他心智缺陷，致其辨識行為違法或依其辨識而行為之能力，顯著減低者　(D)對於現在不法之侵害，而出於防衛自己或他人權利之行為，但防衛行為過當者。（105警）

(　) 2. 依行政罰之規定，關於行政罰之責任條件，採何種立法原則？　(A)故意責任　(B)過失責任　(C)推定過失責任　(D)無過失責任。〔105普〕

(　) 3. 法人違反行政法上之義務時，該法人代表人的故意，效果歸屬為何？　(A)推定為該法人之過失　(B)推定為該法人之故意　(C)視為該法人之過失　(D)不得作為判斷該法人有無故意過失之依據。〔102普〕

答：1.(B)　2.(B)　3.(B)

第8條　**不得因不知法規而免除行政處罰責任。但按其情節，得減輕或免除其處罰。**

(　) 1. 下列關於行政罰法規定之敘述，何者錯誤？　(A)違反行政法上義務之行為非出於故意或過失者，不予處罰　(B)違反行政法上義務之處罰，以行為時之法律或自治條例有明文規定者為限　(C)不知相關法規之存在，應免除行政處罰責任　(D)對於現在不法之侵害，出於防衛自己或他人權利之行為，不予處罰。〔103普〕

(　) 2. 關於違反行政法義務之處罰，下列敘述何者正確？　(A)不知法規者，均減輕法定責任　(B)不知法規者，一律不得免除行政處罰責任　(C)不知法規者，得按其情節，減輕或免除其處罰　(D)不知法規者，均免除行政處罰責任。〔102普〕

(　) 3. 關於行政罰法之敘述，下列何者正確？　(A)行政罰之責任係屬無過失責任　(B)公務人員遵守長官監督範圍內所發命令之行為，一概不罰　(C)若違反行政法上義務之行為人不知法規而其情可憫，得敘明理由減輕或免除其處罰　(D)行為人違反行政法上義務之行為係屬防衛過當者，仍得阻卻違法。〔105普〕

答：1.(C)　2.(C)　3.(C)

第9條　**未滿十四歲人之行為，不予處罰。**
十四歲以上未滿十八歲人之行為，得減輕處罰。
行為時因精神障礙或其他心智缺陷，致不能辨識其行為違法或欠缺依其辨識而行為之能力者，不予處罰。
行為時因前項之原因，致其辨識行為違法或依其辨識而行為之能力，顯著減低者，得減輕處罰。
前二項規定，於因故意或過失自行招致者，不適用之。

(　) 1. 依據行政罰法之規定，至少幾歲以上之人具有行政罰法之責任能力？　(A)18歲　(B)16歲　(C)14歲　(D)20歲。〔101普〕

(　) 2. 依行政罰法之規定，未滿幾歲之行為人違反行政法上義務之行為，不予處罰？　(A)14歲　(B)16歲　(C)18歲　(D)20歲。〔102警〕

(　) 3. 依行政罰法之規定，對於未滿幾歲之人，不得處以行政罰？　(A)14歲　(B)16歲　(C)18歲　(D)20歲。〔104警〕

（　）4.依行政罰法之規定，下列何種條件下，行為人不得免除行政罰？　(A)違反行政法上義務之行為並非出於故意或過失者　(B)依法令之行為　(C)行為人未滿18歲　(D)未過當之正當防衛或緊急避難行為。（106地四）

（　）5.下列何者不是行政罰法規定之得減輕或免除處罰事由？　(A)過失　(B)防衛行為過當　(C)避難行為過當　(D)不知法規且情節可憫。（106移四）

（　）6.依據行政罰法，關於責任，下列敘述何者錯誤？　(A)違反行政法上義務之行為，非出於故意或過失者，不罰　(B)未滿十四歲人之行為，不罰　(C)八十歲以上人之行為，不罰　(D)行為時因精神障礙，致不能辨識其行為違法者，不罰。（106移四）

（　）7.行政罰法上關於責任之規定，下列敘述何者正確？　(A)僅就故意違反行政法上義務之行為加以處罰　(B)未滿18歲人之行為，不予處罰　(C)因精神障礙致不能辨識其行為違法者，不予處罰　(D)對不知法規者，機關應減輕或免除其處罰。（105地四）

（　）8.關於行政罰責任之敘述，下列何者正確？　(A)未滿14歲人之行為，不予處罰　(B)滿80歲人之行為，不予處罰　(C)過失之行為，減輕處罰　(D)消極不作為，減輕處罰。（105普）

答：1.(C)　2.(A)　3.(A)　4.(C)　5.(A)　6.(C)　7.(C)　8.(A)

第11條 依法令之行為，不予處罰。依所屬上級公務員職務命令之行為，不予處罰。但明知職務命令違法，而未依法定程序向該上級公務員陳述意見者，不在此限。

（　）依行政罰法第11條規定，依所屬上級公務員職務命令之行為，不予處罰。但明知該職務命令違法，應如何處理，始得免責？　(A)逕向最高行政機關長官報告　(B)依法定程序向該上級公務員陳述意見　(C)依法定程序向監察院報請備查　(D)自行評估其合法性後，再為執行。（105高）

答：(B)

第13條 因避免自己或他人生命、身體、自由、名譽或財產之緊急危難而出於不得已之行為，不予處罰。但避難行為過當者，得減輕或免除其處罰。

（　）駕駛人行車於高速公路，因同車之友人突發重病須緊急送醫，於是超速行駛路肩，對其超速及行駛路肩之行為應如何處理？　(A)依法定罰鍰額最高之規定裁處　(B)依法定罰鍰額最低之規定裁處　(C)不予處罰　(D)得減輕處罰。（106高）

答：(C)

第14條　故意共同實施違反行政法上義務之行為者，依其行為情節之輕重，分別
　　　　處罰之。
　　　　前項情形，因身分或其他特定關係成立之違反行政法上義務行為，其無
　　　　此身分或特定關係者，仍處罰之。
　　　　因身分或其他特定關係致處罰有重輕或免除時，其無此身分或特定關係
　　　　者，仍處以通常之處罰。
（　）　甲、乙、丙兄弟三人未經申請水土保持機關之許可，即擅自聯手開闢其
　　　　共有之山坡地並興建農舍，依規定應科處新臺幣六萬元以上三十萬元以
　　　　下之罰鍰，試問主管機關應如何處斷，方屬合法？　(A)擇一處罰　(B)
　　　　科處一罰鍰由兄弟三人共同負責　(C)依其行為情節之輕重，分別處罰
　　　　之　(D)基於平等原則分別科處相同之處罰。（99高）　　　　答：(C)

第15條　私法人之董事或其他有代表權之人，因執行其職務或為私法人之利益為行
　　　　為，致使私法人違反行政法上義務應受處罰者，該行為人如有故意或重大
　　　　過失時，除法律或自治條例另有規定外，應並受同一規定罰鍰之處罰。
　　　　私法人之職員、受僱人或從業人員，因執行其職務或為私法人之利益為
　　　　行為，致使私法人違反行政法上義務應受處罰者，私法人之董事或其他
　　　　有代表權之人，如對該行政法上義務之違反，因故意或重大過失，未盡
　　　　其防止義務時，除法律或自治條例另有規定外，應並受同一規定罰鍰之
　　　　處罰。
　　　　依前2項並受同一規定處罰之罰鍰，不得逾新臺幣一百萬元。但其所得
　　　　之利益逾新臺幣一百萬元者，得於其所得利益之範圍內裁處之。
（　）1.依行政罰法第15條之規定，某公司董事長因執行其職務之行為致使該公
　　　　司受處罰者，則下列何者正確？　(A)基於一行為不二罰原則，僅處罰
　　　　該公司，不得處罰董事長　(B)處罰該公司，但如係董事長故意所為
　　　　者，改罰董事長　(C)僅處罰董事長　(D)處罰該公司，但如董事長有重
　　　　大過失時，併罰之。（97普）
（　）2.私法人之董事因執行職務，致使私法人違反行政法上義務應受處罰時，
　　　　該董事是否應並受同一規定罰鍰處罰？　(A)該董事如有故意，原則上
　　　　應並受同一規定罰鍰處罰　(B)該董事雖無過失，原則上應並受同一規
　　　　定罰鍰處罰　(C)該董事不論是否有故意或過失，原則上應並受同一規
　　　　定罰鍰處罰　(D)該董事因執行職務，故個人不會因此並受同一規定罰
　　　　鍰處罰，否則有違一事不二罰原則。（101地四）
（　）3.下列何者為行政罰法兩罰制可能適用的對象？　(A)機關及其公務員
　　　　(B)私法人及其職員　(C)公法人及其董事　(D)私法人及其董事。（106
　　　　地四）　　　　　　　　　　　　　　　　　　　答：1.(D)　2.(A)　3.(D)

第17條 中央或地方機關或其他公法組織違反行政法上義務者，依各該法律或自治條例規定處罰之。

（　） 公法人與行政機關是否得為行政罰之對象，行政罰法採何規定？　(A)原則上公法人與行政機關不得作為行政罰之對象，但若各該法律或自治規章另有規定時不在此限　(B)公法人與行政機關不得作為行政罰之對象　(C)原則上公法人與行政機關得作為行政罰之對象，但實際裁罰須依照法律或自治條例之規範為之　(D)行政罰法對此未為規範。（104普）

答：(C)

第18條 裁處罰鍰，應審酌違反行政法上義務行為應受責難程度、所生影響及因違反行政法上義務所得之利益，並得考量受處罰者之資力。
前項所得之利益超過法定罰鍰最高額者，得於所得利益之範圍內酌量加重，不受法定罰鍰最高額之限制。
依本法規定減輕處罰時，裁處之罰鍰不得逾法定罰鍰最高額之二分之一，亦不得低於法定罰鍰最低額之二分之一；同時有免除處罰之規定者，不得逾法定罰鍰最高額之三分之一，亦不得低於法定罰鍰最低額之三分之一。但法律或自治條例另有規定者，不在此限。
其他種類行政罰，其處罰定有期間者，準用前項之規定。

（　）1. 依行政罰法第18條之規定，於裁處罰鍰應審酌之事項中，下列何者不屬之？　(A)受處罰者之資力　(B)違反義務行為所生影響　(C)因違反行政法上義務所得之利益　(D)違反義務行為之應受責難程度。（103高）

（　）2. 依行政罰法規定，人民違反行政法上義務所得之利益超過法定罰鍰最高額者，得如何裁罰？　(A)所得利益沒入之　(B)得於所得利益範圍內酌量加重罰鍰，不受法定罰鍰最高額之限制　(C)得於法定罰鍰最高額加計所得利益範圍內酌量加重罰鍰，不受法定罰鍰最高額之限制　(D)裁處罰鍰，受法定罰鍰最高額之限制，不受所得利益金額高低影響。（106普）

（　）3. 下列何者屬於行政機關裁量權之行使？　(A)依姓名條例規定，審酌申請改名之原名是否字義粗俗不雅　(B)依地方制度法規定，審酌有無延期辦理里長改選之特殊事故　(C)依行政罰法規定，審酌違章行為是否獲有不法利益，決定罰鍰額度　(D)依教師法規定，審酌教師是否不能勝任工作，為不續聘之決定。（107普）

答：1.(A) 2.(B) 3.(C)

第19條　違反行政法上義務應受法定最高額新臺幣三千元以下罰鍰之處罰，其情節輕微，認以不處罰為適當者，得免予處罰。
　　　　前項情形，得對違反行政法上義務者施以糾正或勸導，並作成紀錄，命其簽名。

（　）1. 違反行政法上義務應受法定最高額新臺幣多少元以下罰鍰之處罰，其情節輕微，認以不處罰為適當者，得免予處罰？　(A)三萬元　(B)一萬元　(C)五千元　(D)三千元。（97地四）

（　）2. 行政罰法第19條所規定之免予處罰，以法定最高額新臺幣多少元以下罰鍰為要件？　(A)5000元　(B)3000元　(C)1500元　(D)1000元。（101普）

答：1.(D)　2.(B)

第20條　為他人利益而實施行為，致使他人違反行政法上義務應受處罰者，該行為人因其行為受有財產上利益而未受處罰時，得於其所受財產上利益價值範圍內，酌予追繳。
　　　　行為人違反行政法上義務應受處罰，他人因該行為受有財產上利益而未受處罰時，得於其所受財產上利益價值範圍內，酌予追繳。
　　　　前二項追繳，由為裁處之主管機關以行政處分為之。

（　）　行政罰法第20條規定，為他人利益而實施行為，致使他人違反行政法上義務應受處罰者，該行為人因其行為受有財產上利益而未受處罰時，得於其所受財產上利益價值範圍內，酌予追繳。以下關於此處追繳之敘述，何者正確？　(A)屬於行政處罰之一種　(B)為行政處分　(C)屬於行政強制執行　(D)屬於公法請求權之行使。（101移四）　　答：(B)

第24條　一行為違反數個行政法上義務規定而應處罰鍰者，依法定罰鍰額最高之規定裁處。但裁處之額度，不得低於各該規定之罰鍰最低額。
　　　　前項違反行政法上義務行為，除應處罰鍰外，另有沒入或其他種類行政罰之處罰者，得依該規定併為裁處。但其處罰種類相同，如從一重處罰已足以達成行政目的者，不得重複裁處。
　　　　一行為違反社會秩序維護法及其他行政法上義務規定而應受處罰，如已裁處拘留者，不再受罰鍰之處罰。

（　）1. 一行為違反數個行政法上義務而應處罰鍰，數機關均有管轄權而法定罰鍰額不相同時，應由何機關管轄？　(A)由處理在先之機關管轄　(B)由法定罰鍰額最高之主管機關管轄　(C)由各該機關協議定之　(D)由其共同上級機關指定之。（101高）

( ) 2. 一行為違反數個行政法上義務規定而應處罰鍰者，應如何裁處？　(A)依各該規定之法定罰鍰額之加總裁處。但裁處之額度，不得低於各該規定之罰鍰最低額之加總　(B)依各該規定之法定罰鍰額之加總裁處。但裁處之額度，不得低於各該規定之罰鍰最低額　(C)依法定罰鍰額最高之規定裁處。但裁處之額度，不得低於各該規定之罰鍰最低額之加總　(D)依法定罰鍰額最高之規定裁處。但裁處之額度，不得低於各該規定之罰鍰最低額。（106普）

( ) 3. 下列有關行政罰之敘述，何者正確？　(A)一行為違反數個行政法上之義務規定而應處罰鍰者，依法定罰鍰額最高之規定裁處　(B)數行為違反同一或不同行政法上義務之規定者，從一重處罰　(C)一行為同時觸犯刑事法律及違反行政法上義務之規定者，依一事不二罰原則，僅依刑法處罰　(D)一行為同時觸犯刑事法律及違反行政法上義務之規定，刑事部分獲不起訴處分確定者，亦不得再以違反行政法上義務之規定裁處。（106地四）

( ) 4. 下列敘述何者正確？　(A)對於同一行為得併科罰鍰與罰金　(B)一行為同時觸犯刑事處罰規定與行政處罰規定時，依照「先行政，後司法」原則辦理　(C)對於違反行政法上義務之人，已裁處拘留者，便不再科處罰鍰　(D)一行為同時觸犯刑事處罰與行政處罰規定時，若經法院判決無罪確定時，距其當初違法行為終了之日已逾三年者，行政機關便不得再行對該行為裁處。（101高）

( ) 5. 依行政罰法之規定，下列敘述何者正確？　(A)一行為違反數個行政法上義務規定而應處罰鍰者，依法定罰鍰額最高之規定裁處　(B)違反行政法上義務行為，若處以罰鍰，不得併為裁處沒入或其他種類行政罰　(C)一行為違反社會秩序維護法及其他行政法上義務規定而應受處罰，如已裁處拘留者，得再處以罰鍰　(D)一行為同時觸犯刑事法律及違反行政法上義務規定者，依行政法處罰之。（103普）

( ) 6. 設一行為同時違反A法與B法之行政法上義務規定，A法規定應裁處新臺幣1,200元以上6,000元以下之罰鍰，B法規定應裁處罰鍰新臺幣1,500元以上3,600元以下之罰鍰。試問：主管機關應如何處罰？　(A)應依A法處罰　(B)應依B法處罰　(C)應裁處新臺幣1,500元以上6,000元以下之罰鍰　(D)應分別依A法及B法處罰。（103警）

( ) 7. 一行為違反數個行政法上義務規定而應受處罰，如已裁處拘留者，依行政罰法應如何處置？　(A)仍依違反法規之規定裁處罰鍰　(B)依法定罰鍰最高額之規定處罰　(C)依機關所訂之裁量基準處罰　(D)不得再處以罰鍰。（105地四）

（　）8. 關於行政罰之敘述，下列何者錯誤？　(A)違反行政法上義務應受法定最高額新臺幣3千元以下罰鍰之處罰，其情節輕微，認以不處罰為適當者，得免予處罰　(B)未滿14歲人之行為，不予處罰　(C)一行為違反數個行政法上義務規定而應處罰鍰者，依法定罰鍰額加總裁處　(D)違反行政法上義務之行為非出於故意或過失者，不予處罰。（107高）

答：1.(B)　2.(D)　3.(A)　4.(C)　5.(A)　6.(C)　7.(B)　8.(C)

第25條　數行為違反同一或不同行政法上義務之規定者，分別處罰之。

（　）19歲之王五中了大樂透三億彩金後，購買進口賓士休旅車，一路從台北飆車至高雄向其女朋友炫耀，沿途在新竹、台中、嘉義、台南等地被測速相機分別拍到違規超速情景，則依法對王五應如何處罰？　(A)裁處不受法定罰鍰最高3000元之限制　(B)裁處之罰鍰不得逾罰鍰最高額之二分之一、(C)裁處之罰鍰不得逾罰鍰最高額之三分之一、(D)四次違規分別處罰。（97地三）　　　　　　　　　　答：(D)

第26條　一行為同時觸犯刑事法律及違反行政法上義務規定者，依刑事法律處罰之。但其行為應處以其他種類行政罰或得沒入之物而未經法院宣告沒收者，亦得裁處之。
前項行為如經不起訴處分、緩起訴處分確定或為無罪、免訴、不受理、不付審理、不付保護處分、免刑、緩刑之裁判確定者，得依違反行政法上義務規定裁處之。
第1項行為經緩起訴處分或緩刑宣告確定且經命向公庫或指定之公益團體、地方自治團體、政府機關、政府機構、行政法人、社區或其他符合公益目的之機構或團體，支付一定之金額或提供義務勞務者，其所支付之金額或提供之勞務，應於依前項規定裁處之罰鍰內扣抵之。
前項勞務扣抵罰鍰之金額，按最初裁處時之每小時基本工資乘以義務勞務時數核算。
依第二項規定所為之裁處，有下列情形之一者，由主管機關依受處罰者之申請或依職權撤銷之，已收繳之罰鍰，無息退還：
一、因緩起訴處分確定而為之裁處，其緩起訴處分經撤銷，並經判決有罪確定，且未受免刑或緩刑之宣告。
二、因緩刑裁判確定而為之裁處，其緩刑宣告經撤銷確定。

（　）1. 一行為同時觸犯刑事法律及違反行政法上義務規定時，原則上應如何處罰？　(A)依刑事法律處罰之　(B)依違反行政法上義務規定裁處之　(C)先處以行政罰再處以刑罰　(D)同時處以罰金與罰鍰。（106普）

（　）2. 一行為同時觸犯刑事法律及違反行政法上義務規定者，依刑事法律處罰，而該行為如經緩起訴處分確定，得依下列何者處理？　(A)得易科罰金　(B)得處予拘留　(C)得裁處行政罰　(D)得移付行政執行。（104警）

( ) 3.一行為同時觸犯刑事法律及違反行政法上義務規定者，下列何者之處罰組合，違反行政罰法之規定？ (A)有期徒刑＋吊銷證照 (B)有期徒刑＋罰鍰 (C)有期徒刑＋沒入 (D)緩起訴＋罰鍰。（104普）

( ) 4.有關行政罰法上處罰競合之敘述，下列何者錯誤？ (A)一行為同時觸犯刑法及違反行政法上義務者，由於兩者性質不同得併予處罰 (B)一行為違反數個行政法上義務而應處罰鍰者，依法定罰鍰額最高之規定裁處 (C)一行為違反數個行政法上義務而應處罰鍰及其他種類之處罰者，得併予裁處 (D)數行為違反數個行政法上規定者，應分別處罰之。（105高）

( ) 5.對行政秩序罰之敘述，下列何者錯誤？ (A)行政秩序罰科處之對象不限於自然人 (B)未滿14歲人之行為不予處罰 (C)一行為同時觸犯刑事法律與違反行政法上義務時，應同時處罰 (D)保護管束並非行政秩序罰的種類。（101警）

( ) 6.有關行政罰法之規定，下列敘述何者錯誤？ (A)數行為違反同一或不同行政法上義務之規定者，分別處罰之 (B)一行為同時觸犯刑事法律及違反行政法上義務規定者，依行政法規及刑事法律分別處罰之 (C)一行為違反同一行政法上義務，數機關均有管轄權者，由處理在先之機關管轄 (D)依法令之行為，不予處罰。（102警）

答：1.(A) 2.(C) 3.(B) 4.(A) 5.(C) 6.(B)

第27條 行政罰之裁處權，因三年期間之經過而消滅。
前項期間，自違反行政法上義務之行為終了時起算。但行為之結果發生在後者，自該結果發生時起算。
前條第2項之情形，第1項期間自不起訴處分、緩起訴處分確定或無罪、免訴、不受理、不付審理、不付保護處分、免刑、緩刑之裁判確定日起算。
行政罰之裁處因訴願、行政訴訟或其他救濟程序經撤銷而須另為裁處者，第1項期間自原裁處被撤銷確定之日起算。

( ) 1.關於行政罰之裁處權時效，下列敘述何者正確？ (A)行政罰之裁處權時效自違反行政法上義務之行為開始時起算 (B)行政罰之裁處權時效，因5年期間之經過而消滅 (C)行政罰之裁處因訴願程序經撤銷而須另為裁處者，裁處權時效自原裁處被撤銷確定之日起算 (D)行為人違反行政法應作為義務而不作為者，自課予義務時起算裁處權時效。（107地三）

( ) 2.行政罰之裁處權，因幾年期間之經過而消滅？ (A)6 個月 (B)1 年 (C)2 年 (D)3 年。（105普）

（　）3.有關行政罰裁處權時效之起算，下列敘述何者最正確？　(A)自違反行政法上義務之行為終了時，或行為之結果發生時，選擇對當事人最有利之時點起算　(B)自違反行政法上義務之行為終了時起算，但行為之結果發生在後者，自該結果發生時起算　(C)不論違反行政法上義務之行為終了為何時，自行為之結果發生時起算　(D)不論行為之結果是否發生在後，自違反行政法上義務之行為終了時起算。（101普）

（　）4.下列關於行政罰3年裁處權時效期間起算之敘述，何者錯誤？　(A)原則上應自違反行政法義務之行為終了時起算　(B)行為之結果發生在後者，自該結果發生時起算　(C)行為曾經不起訴處分者，自不起訴處分確定日起算　(D)行政罰之裁處因行政爭訟經撤銷而須另為裁處者，自原裁處時起算。（104警）

（　）5.有關行政罰裁處權時效，下列敘述何者錯誤？　(A)行政罰之裁處權，因 3年期間之經過而消滅　(B)行政罰裁處權之時效，原則上自違反行政法上義務之行為終了時起算　(C)行政罰裁處權之時效，若行為之結果發生在行為終了之後，應自該結果發生時起算　(D)行政罰之裁處因訴願、行政訴訟或其他救濟程序經撤銷而須另為裁處者，行政罰裁處權之時效原則上仍自違反行政法上義務之行為終了時起算。（105警）

（　）6.行政罰法對於裁處權期間之規定，下列敘述何者錯誤？　(A)行政罰之裁處權，因三年期間之經過而消滅　(B)裁罰期間，自違反行政法上義務之行為發生時起算　(C)一行為同時觸犯刑事法，經法院裁判緩刑，自裁判確定日起算　(D)行政罰之裁處，因訴願程序經撤銷而須另為裁處者，自原裁處被撤銷確定之日起算。（106移四）

答：1.(C)　2.(D)　3.(B)　4.(D)　5.(D)　6.(B)

第29條　違反行政法上義務之行為，由行為地、結果地、行為人之住所、居所或營業所、事務所或公務所所在地之主管機關管轄。

在中華民國領域外之中華民國船艦或航空器內違反行政法上義務者，得由船艦本籍地、航空器出發地或行為後在中華民國領域內最初停泊地或降落地之主管機關管轄。

在中華民國領域外之外國船艦或航空器於依法得由中華民國行使管轄權之區域內違反行政法上義務者，得由行為後其船艦或航空器在中華民國領域內最初停泊地或降落地之主管機關管轄。

在中華民國領域外依法得由中華民國行使管轄權之區域內違反行政法上義務者，不能依前三項規定定其管轄機關時，得由行為人所在地之主管機關管轄。

（　）1.依據行政罰法之規定，行政罰之裁處，由下列何機關為之？　(A)刑事
　　　法院　(B)行政機關　(C)行政法院　(D)監察機關。（98普）

（　）2.下列那一項行為無行政罰法之適用？　(A)台北人在美國加州開車闖紅燈
　　　(B)美國人在台北天母地區的公車站牌違法張貼以英文書寫的廣告單
　　　(C)宜蘭人在長榮航空飛越西伯利亞時，吸食非麻醉藥品之迷幻物品
　　　(D)泰國人在華航飛往普吉島的途中謾罵喧鬧，不聽禁止。（98地三）

　　　　　　　　　　　　　　　　　　　　　　　　　　答：1.(B)　2.(A)

第31條　一行為違反同一行政法上義務，數機關均有管轄權者，由處理在先之機
　　　　關管轄。不能分別處理之先後者，由各該機關協議定之；不能協調或有
　　　　統一管轄之必要者，由其共同上級機關指定之。
　　　　　一行為違反數個行政法上義務而應處罰鍰，數機關均有管轄權者，由
　　　　法定罰鍰額最高之主管機關管轄。法定罰鍰額相同者，依前項規定定
　　　　其管轄。
　　　　　一行為違反數個行政法上義務，應受沒入或其他種類行政罰者，由各該
　　　　主管機關分別裁處。但其處罰種類相同者，如從一重處罰已足以達成行
　　　　政目的者，不得重複裁處。
　　　　　第1項及第2項情形，原有管轄權之其他機關於必要之情形時，應為必
　　　　要之職務行為，並將有關資料移送為裁處之機關；為裁處之機關應於調
　　　　查終結前，通知原有管轄權之其他機關。

（　）　　　一行為違反數個行政法上義務而應處罰鍰，數機關均有管轄權者，應由
　　　　何機關管轄？　(A)先由行為地、結果地之主管機關管轄　(B)由處理在
　　　　先之機關管轄　(C)由法定罰鍰最高額之主管機關管轄，法定罰鍰額相
　　　　同者，由處理在先之機關管轄　(D)由處理在先之主管機關管轄，不能
　　　　分別先後者，由法定罰鍰最高額之主管機關管轄。（102高）　　答：(C)

第34條　行政機關對現行違反行政法上義務之行為人，得為下列之處置：
　　　　一、即時制止其行為。
　　　　二、製作書面紀錄。
　　　　三、為保全證據之措施。遇有抗拒保全證據之行為且情況急迫者，得使
　　　　　　用強制力排除其抗拒。
　　　　四、確認其身分。其拒絕或規避身分之查證，經勸導無效，致確實無法
　　　　　　辨認其身分且情況急迫者，得令其隨同到指定處所查證身分；其不
　　　　　　隨同到指定處所接受身分查證者，得會同警察人員強制為之。
　　　　前項強制，不得逾越保全證據或確認身分目的之必要程度。

（　）　　　行政機關對於現行違反行政法上義務之行為人，不得為下列何項處置？
　　　　(A)即時制止其行為　(B)製作書面紀錄　(C)裁處不受法定最高額限制
　　　　之罰鍰　(D)確認其身分。（106普）　　　　　　　　　　　答：(C)

第36條 得沒入或可為證據之物，得扣留之。
前項可為證據之物之扣留範圍及期間，以供檢查、檢驗、鑑定或其他為保全證據之目的所必要者為限。

( ) 1. 依行政罰法第36條之規定，下列何者行政機關扣留之標的？ (A)限於犯罪所得始得扣留 (B)限於犯罪工具始得扣留 (C)限於違禁物始得扣留 (D)得沒入或可為證據之物即得扣留之。（104警）

( ) 2. 下列何者非屬行政罰之裁處程序？ (A)原則上應給予陳述意見之機會 (B)應作成裁處書，並為送達 (C)對可為證據之物加以扣押 (D)對強制查證身分不服，得當場表示異議。（106移四）

答：1.(D) 2.(C)

第41條 物之所有人、持有人、保管人或利害關係人對扣留不服者，得向扣留機關聲明異議。
前項聲明異議，扣留機關認有理由者，應發還扣留物或變更扣留行為；認無理由者，應加具意見，送直接上級機關決定之。
對於直接上級機關之決定不服者，僅得於對裁處案件之實體決定聲明不服時一併聲明之。但第1項之人依法不得對裁處案件之實體決定聲明不服時，得單獨對第一項之扣留，逕行提起行政訴訟。
第1項及前項但書情形，不影響扣留或裁處程序之進行。

( ) 1. 依行政罰法第41條之規定，物之所有人對於行政機關之扣留處分不服時，應如何救濟？ (A)只能向扣留機關聲明異議 (B)只能向普通法院聲明異議 (C)只能向高等行政法院聲明異議 (D)得先向扣留機關聲明異議，例外時亦得針對扣留處分單獨提起行政訴訟。（103普）

( ) 2. 依行政罰法得單獨對物之扣留逕行提起行政訴訟時，應提起何種訴訟？ (A)撤銷訴訟 (B)課予義務訴訟 (C)確認訴訟 (D)一般給付訴訟。（98地四）

答：1.(D) 2.(D)

第42條 行政機關於裁處前，應給予受處罰者陳述意見之機會。但有下列情形之一者，不在此限：
一、已依行政程序法第39條規定，通知受處罰者陳述意見。
二、已依職權或依第43條規定，舉行聽證。
三、大量作成同種類之裁處。
四、情況急迫，如給予陳述意見之機會，顯然違背公益。
五、受法定期間之限制，如給予陳述意見之機會，顯然不能遵行。
六、裁處所根據之事實，客觀上明白足以確認。
七、法律有特別規定。

( )　依行政罰法規定，關於行政罰之敘述，下列何者正確？　(A)地方政府僅能依中央法律對人民裁處罰鍰　(B)行政罰裁處前，原則上應給予受處罰者陳述意見之機會　(C)行政罰之要件，一律應以法律定之　(D)行政罰之裁處，不以書面為要件。（108普）　　　　　　　　答：(B)

第43條　行政機關為第2條第1款及第2款之裁處前，應依受處罰者之申請，舉行聽證。但有下列情形之一者，不在此限：
一、有前條但書各款情形之一。
二、影響自由或權利之內容及程度顯屬輕微。
三、經依行政程序法第104條規定，通知受處罰者陳述意見，而未於期限內陳述意見。

( ) 1.下列何種行政罰，原則上行政機關應依受處罰者之申請，舉行聽證？(A)剝奪或消滅資格、權利之處分　(B)影響名譽之處分　(C)警告性處分　(D)沒入。（96地四）

( ) 2.下列何種行政罰，原則上行政機關應依受處罰者之申請，舉行聽證？(A)罰鍰　(B)沒入　(C)影響名譽之處分　(D)限制或禁止行為之處分。（100地四）

( ) 3.依行政罰法規定，關於行政罰裁處權之行使，下列敘述何者錯誤？(A)行政機關為公布姓名或照片等影響名譽之處分時，依受處罰者之申請，應舉行聽證　(B)已依行政程序法規定，通知受處罰者陳述意見，行政機關於裁處前，無須再給予其陳述意見之機會　(C)行政機關裁處行政罰時，應作成裁處書，並為送達　(D)行政罰之裁處權，自違反行政法上義務之行為終了時起算3年期間而消滅。（107高）

答：1.(A)　2.(D)　3.(A)

第44條　行政機關裁處行政罰時，應作成裁處書，並為送達。

( )　行政機關裁處行政罰時，應以下列何種方式為之？　(A)作成口頭裁處　(B)作成裁處書　(C)應依具體情形決定口頭裁處或作成裁處書　(D)應由裁處對象決定行政機關作成口頭裁處或裁處書。（106地四）　答：(B)

第四篇　行政救濟法

Chapter

10 行政爭訟制度

本章依據出題頻率區分，屬：**C 頻率低**

課前導讀

1. 訴願法比行政訴訟法重要。訴願法有101條，行政訴訟法有308條，不必一條一條背，只要挑重要條文背就夠了。
2. 建議讀完本章課文，就直接看〈訴願法題庫〉、〈行政訴訟法題庫〉，可以節省90%以上的時間。

一、行政救濟的意義

(一) 行政救濟係指一般人民因行政機關的違法不當措施，使其權益直接遭受損害，而向國家申訴請求予以補救的方法或制度。

(二) 行政救濟乃是人民依法就侵害其權益的違法不當措施，主動向國家提出申訴的制度，可視為係人民與行政機關間就有關事件所發生的爭議，故行政救濟又稱為行政爭訟制度。

二、行政救濟的方法

在我國現行法制下，人民向國家請求行政救濟的方式共有多種，如申訴、聲明異議、請願、訴願與行政訴訟等均是。此外，尚可依民事訴訟程序，請求對因不法行政所致損害予以賠償，或因行政機關的適法行為所致損失，請求予以補償。然大陸法系國家大都以訴願及行政訴訟為主要方式，兩者結合而為我國正規的行政爭訟制度。

☆三、損害賠償與損失補償（108地四）

(一) **損害賠償的意義**：所謂行政上的損害賠償，係指人民因行政機關的違法行為，致使其權益受到損害，由受害人向國家請求賠償，從而使國家對其負擔損害賠償的責任而言。

(二) **損失補償的意義**：所謂行政上的損失補償，係指人民因行政機關行使職權所作適法行政行為，致使其權益受到損害，由受害人向國家請求救濟，從而使

國家對其所受損失設法予以補償；或由主管機關主動本於職權對其提供補償而言。

(三)損害賠償與損失補償的比較：

1.原因不同：損害賠償責任的發生，乃是由於人民因行政機關的違法行為，致使其權益遭受損害為原因；損失補償則以人民因行政機關的適法行為，致使其權益受到損失為原因。

2.責任要件不同：損害賠償以有故意或過失的情形為責任要件；損失補償則不以故意或過失為責任要件。

3.範圍不同：損害賠償，除法令或契約有特別規定外，應以填補受害人所受損害及所失利益為範圍；損失補償則僅限於填補人民現實直接所受之損失，故損失補償範圍較小。

4.管轄機關不同：損害賠償的本質屬民事範圍，除在行政訴訟中合併請求損害賠償應由行政法院判決外，依國家賠償法規定，人民應向賠償義務機關提出賠償請求，雙方協議不成時，始得提起賠償之訴，由普通法院管轄；損失補償則全屬行政範圍，在原則上均由行政機關管轄，以雙方協議、行政裁量或行政爭訟方法處理之。

5.性質不同：損害賠償由普通法院及行政法院管轄，故屬司法性質；損失補償通常係由行政機關與人民間以協議行之，協議不成以裁量行之，或按爭訟程序處理，故屬行政性質。

✿✿✿ **四、訴願**（107普、108地三、地四）

(一)**訴願的意義**：訴願是最典型的行政救濟制度，也是一種要式的行政救濟制度，何謂訴願？可由各種不同的角度，為相異之定義。**就我國而言，訴願係指人民因行政機關違法或不當行政處分，致其權益受到損害時，依訴願法向原處分機關之上級機關或原處分機關請求審查該處分，並決定予以救濟的方式。**

(二)**訴願與聲明異議的異同**：所謂聲明異議，亦稱「申請複查」或「申請覆核」，係指人民不服行政機關所作侵害其權益的行政處分，而向原處分機關提出不同意見或理由，並請求救濟的方法。其與訴願之異同得分述如下：

1.**相同之點**：

(1)制度性質相同：兩者均為人民因行政措施侵害權益，表示不服，而請求救濟的方法。

(2)效力相同：兩者均係依法行之，行政機關負有受理審查並作決定的義務。

2.**相異之處**：

(1)受理機關：聲明異議係向原處分機關提出，亦即以原處分機關為受理機關；訴願則以原處分機關之上級機關為其受理機關。

(2)提出時限：聲明異議係根據各別法規的規定，其時限長短不一；而訴願的時限為處分書到達或公告期滿之次日起三十日內。

(3)提出方式：聲明異議的提出方式，法令並無限制；而訴願則須以法定方式書面提出。

(4)實質案情：技術性專門性較低之行政處分，通常適用聲明異議救濟；具有高度專業技術性之行政處分，通常適用訴願制度救濟。

(三)**訴願與請願的異同**：所謂請願，係指人民對國家政策、公共利害或其權益的維護，向職權所屬之中央與地方民意機關或主管行政機關等，陳述意見，提出請求的方法。其與訴願制度之異同得分述如下：

1.**相同之點**：

(1)憲法依據：請願與訴願均為人民的公法權利，在憲法第 16 條中有直接明文規定。

(2)方式相同：兩者均應具備書面文件，請願應具備請願書，訴願則須具備訴願書。

2.**相異之點**：

(1)當事人不同：一般人民均可提出請願；訴願則必須因行政機關之行政處分，致權益受損害的人民始得提起。

(2)標的不同：請願得以國家政策、公共利益或私人權益的維護等事項為標的，其標的範圍甚廣；而訴願則僅以與當事人有利害關係的具體行政處分為標的，故其標的具體確定。

(3)內容不同：請願的內容係以陳述願望或提出請求為主旨，多於事前為之；訴願則係就過去的行政處分請求救濟為主旨，須於事後行之。

(4)期限與程序不同：請願無嚴格期限與程序限制；訴願則有較嚴格的期限與程序規定。

(5)受理機關不同：人民得對任何民意機關或行政機關就其職權事項範圍提出請願；而訴願的受理機關則僅以屬於法定管轄等級的行政機關為限。

(6)拘束效力不同：請願對有關機關只能陳述其願望，並無請求受理機關作成一定行政決定的權利；訴願則具有法律拘束力，有關機關負有受理及決定的義務。

(7)事件性質不同：人民對政府機關提出請願，主要在陳述願望，並不足以構成其與政府機關間的一定法律關係；而訴願則可視為人民與行政機關間所發生的行政爭訟法律關係。

(四)**訴願與行政訴訟的異同**：所謂行政訴訟，係人民因不服行政機關的處分，而向行政法院提起訴訟，請求救濟的訴訟行為。訴願與行政訴訟之異同得分述如下：

　1.**相同之點**：

　　(1)**憲法依據**：訴願與行政訴訟同為人民的公權，在憲法第16條有明文規定。

　　(2)**目的相同**：兩者之目的均為針對行政機關的處分尋求救濟。

　　(3)**效力相同**：兩者在受理機關未作決定前，均以不停止原處分的執行為原則；且審理結果，均可能就原處分加以維持撤銷或變更。

　2.**相異之點**：

　　(1)**受理機關**：訴願以由原處分機關的上級機關受理為原則，例外情形則係由原處分機關受理，惟均屬行政機關；行政訴訟則僅能由行政法院受理。

　　(2)**爭訟原因**：提起訴願的原因，係以行政處分違法或不當致使人民權利受到損害為原因；公法上爭議，除法律別有規定外，均得提起行政訴訟。

　　(3)**審級多寡**：訴願係採一級制，僅有訴願一級；行政訴訟則為三級二審。

　　(4)**程序繁簡**：行政訴訟因係採用司法程序，故其程序較訴願為繁複，且當事人答辯機會亦較訴願為多。

　　(5)**審查範圍**：訴願之審查範圍為行政處分有無違法或不當，不得合併請求損害賠償；行政訴訟的審理範圍為行政作用有無違法，得合併提出損害賠償請求。

　　(6)**時間限制**：提起訴願，除法令有特別規定外，自行政機關之處分書或決定書到達之次日起，應於三十日內為之；提出行政訴訟則因訴訟種類之不同而有不同之時限規定。

　　(7)**作用性質**：訴願係行政上的程序，故訴願在性質上屬行政權作用；行政訴訟則由司法機關之行政法院管轄，依司法程序審理，故在性質上屬司法權作用。

(五)**訴願的要件**（107地三、地四、108高、地三、109普）

　1.**訴願的主體**：

　　(1)**訴願的主體以人民為原則：包括本國人及外國人，除自然人之外，法人或非法人團體均得提起訴願。**

　　(2)**公法人亦得提起訴願：直轄市、縣（市）、鄉（鎮、市）為公法人，均得提起訴願。**省政府已改制為行政院派出機關，惟省尚未完全喪失公法人地位，理論上非不得為訴願人，然實際上可能性極微。

　　(3)**行政機關在例外情形亦得作為訴願人**：近年許可行政機關提起爭訟之情形有三：

　　A. 法律規定以主管機關作為行政罰之對象者，受罰機關得提起訴願。

　　B. 國有財產管理機關經法院指定為「遺產管理人」，申請為土地所有權登記，如為主管土地登記機關駁回，得提起訴願。

　　C. 台灣省菸酒公賣局不服商標註冊核駁事件，得向經濟部提起訴願。

2. 訴願之客體：

(1) 須為違法或不當之行政處分或違反作為義務之消極行為。

(2) 須損害相對人或第三人之權利或利益。

3. 受理訴願機關：

(1) 訴願須向有管轄權之機關提起。

(2) 訴願人誤向訴願管轄機關或原行政處分機關以外之機關作不服原行政處分之表示者，視為自始向訴願管轄機關提起訴願。

4. 訴願之程式：

(1) 須於法定期間內提起。

(2) 須依一定程式提出。

5. 其他要件（106高、107地四、108高、普）：

(1) **有先行程序者應經該程序：現行法律中規定不服行政處分之當事人，提起訴願之前應經先行程序者，為數甚多。凡屬於此類事件，當事人應用盡先行程序之救濟途徑，仍有不服始得提起訴願，若不經此程序受理訴願機關應為訴願不合法之不受理決定。**先行程序之種類名稱繁多，幾乎不勝枚舉，例如稅捐稽徵法及各種稅法上之複查，關稅法、海關緝私條例及貿易法之聲明異議，專利法之再審查，商標法之異議或評定，藥事法（即原藥物藥商管理法）及兵役法施行法之複核等。

(2) **須不屬於應循其他取代訴願途徑救濟之事件：取代訴願之程序與前述先行程序應予區別。取代訴願程序係指性質上屬於不服行政處分，本得提起訴願，因法律另有規定應依其他途徑救濟，但最後均得提起行政訴訟而言。現行法制上公務人員保障法所設之復審程序；會計師法所定之會計師懲戒程序；教師法規定之申訴、再申訴程序均屬之。惟教師法之申訴及再申訴與訴願係並行關係，教師不服學校或教育主管機關之公權力措施，可選擇提起訴願或循申訴再申訴謀求救濟，最後則得依法提起行政訴訟。**除上述取代訴願之救濟程序外，我國法制上尚有許多免除訴願而允許直接提起行政訴訟之事件。諸如依行政程序法經聽證作成之行政處分，免除訴願及其先行程序；交通裁決事件不服裁決者，直接向地方法院行政訴訟庭聲明不服；不服移民署之處置無須訴願，逕向行政訴訟庭請求救濟，是為行政收容聲請事件。

(六)**訴願之管轄**（106普、地三、地四、107地四、108地三）：**關於訴願管轄，訴願法第4條至第13條設有規定，類別繁多，分述如下：**

1.**基本管轄**：訴願法之基本管轄（或稱一般管轄）本有原則可循，即訴願以原處分機關之上級機關管轄為常態，如原處分機關為最高級之機關時，則以該機關為訴願管轄機關。為期明確，本法採列舉方式於第4條規定：「一、不服鄉（鎮、市）公所之行政處分者，向縣（市）政府提起訴願。二、不服縣（市）政府所屬各級機關之行政處分者，向縣（市）政府提起訴願。三、不服縣（市）政府之行政處分者，向中央主管部、會、行、處、局、署提起訴願。四、不服直轄市政府所屬各級機關之行政處分者，向直轄市政府提起訴願。五、不服直轄市政府之行政處分者，向中央主管部、會、行、處、局、署提起訴願。六、不服中央各部、會、行、處、局、署所屬機關之行政處分者，向各部、會、行、處、局、署提起訴願。七、不服中央各部、會、行、處、局、署之行政處分者，向主管院提起訴願。八、不服中央各院之行政處分者，向原院提起訴願。」。

2.**比照管轄等級：人民對於前述以外機關之行政處分提起訴願時，依訴願法第5條，應比照前述規定，以定其管轄等級。**此項比照管轄等級之適用，以判別政府組織中為獨立之機關或內部單位為其先決條件，在縣及省轄市之層次，警察局、衛生局及環保局均為獨立機關，其餘如民政、財政建設、教育、工務等業務單位雖有設局或科之分，惟依其組織形態，仍均為縣市政府之內部單位，自不能受理訴願，如對人民有所處分，自應認為各該縣市政府之處分，依訴願法規定，由中央主管部、會、處、局、署受理訴願。

3.**共同處分之管轄**：所謂共同處分界定為兩個以上機關共為行政處分，或先後參與作成之行政處分。其情形又可分三種：

(1)有共同直接上級機關者：例如國際貿易局與標準檢驗局（原商品檢驗局）之共同直接上級機關為經濟部，若兩局共為行政處分則提起訴願應向經濟部為之。

(2)共為行政處分之二以上機關，不同隸屬或為不同層級之機關時：即訴願法第6條所規定之情形，應向其共同之上級機關提起訴願。譬如台北市政府與新北市政府共為處分，不服者應向有事物管轄之部、會、處、局、署提起訴願。

(3)二以上機關先後參與作成處分：其情形有如多階段處分，原則上「原行政處分機關之認定，以實施行政處分時之名義為準」（第13條前段），實施行政處分之機關，即相當於多階段處分中作成最後階段行為之機關。但上級機關已本於法定職權作成行政處分，交由下級機關執行者，以該上級

機關為原處分機關（第13條但書）。若先由下級機關呈經上級機關指示辦法遵照奉行之事件，在實施處分時，既以下級機關之名義行之，應認為下級機關之行政處分。

4. **委託事件之管轄**（109普）：

(1) **無隸屬關係之機關辦理受託事件所為之行政處分，應視為委託機關之行政處分，比照第4條之規定，向原委託機關或其直接上級機關提起訴願。** 所謂比照第4條之規定，即係指以原委託機關為原處分機關，而定其訴願管轄等級。

(2) 本條所規定之委託事件的訴願管轄，原本以適用於行政機關相互間有委託事務關係者為限，但自釋字第269條解釋公布之後，依法設立團體受委託行使公權力，就該特定事項之範圍，亦有作成行政處分之權能。為解決此類事件發生爭執時之管轄，訴願法第10條規定：「依法受中央或地方機關委託行使公權力之團體或個人，以其團體或個人名義所為之行政處分，其訴願之管轄，向原委託機關提起訴願。」除受主管機關委託行使公權力外，尚有直接依法令受委託行使公權力之情形，例如釋字第382號及第462號解釋中之私立學校，對學生實施獎懲或教師升等作成評審決定，均視同行使公權力之官署，不服其處分行為者，應比照第4條基本管轄規定，向教育主管機關提起訴願，例如不服大專院校處分者，向教育部訴願，不服台北市各中等學校處分者，則以台北市政府為訴願管轄機關。

5. **委任事件之管轄：有隸屬關係之下級機關依法辦理上級機關委任事件所為之行政處分，為受委任機關之行政處分，其訴願之管轄，比照第4條之規定，向受委任機關或其直接上級機關提起訴願（第8條）。**

6. **委辦事件之管轄：直轄市政府、縣（市）政府或其所屬機關及鄉（鎮、市）公所依法辦理上級政府或其所屬機關委辦事件所為之行政處分，為受委辦機關之行政處分，其訴願之管轄，比照第4條之規定，向受委辦機關之直接上級機關提起訴願（第9條）。** 本條所謂委辦事件，在解釋上非僅指性質上非自治事項原屬中央機關權限內之事務而言，且形式上須經過具體的委辦之手續，若依法令規定各級地方政府所承辦之抽象或概括的委辦事項，則不包括在內，故縣市政府應依法辦理各項中央公職人員之選舉或罷免，即非本條所謂之委辦。設如內政部委由台北市政府辦理某項事件，依本條規定其訴願應向受委辦之台北市政府的直接上級機關，即行政院提起；若受內政部委辦事件為縣政府，則訴願即應由內政部管轄。

7. **承受管轄：** 承受管轄目的在解決原處分機關作成行政處分之後或在受理訴願案件中，遭裁撤或改組所生之問題，訴願法第11條所設規定如下：原行政處分機

關裁撤或改組，應以承受其業務之機關視為原行政處分機關，比照前7條之規定，向承受其業務之機關或其直接上級機關提起訴願。

(七)訴願審議委員會

1.委員會之組成及性質（106普）：

(1)訴願審議委員會為受理訴願機關之內部單位，不具有機關之地位，其職責為專門處理訴願事件。依照訴願法之整體精神，尤其委員會之決定採多數決而毫無例外，機關首長無論對本機關職員之兼任委員者，或自外界遴聘之委員，均不得影響其獨立判斷。

(2)訴願審議委員會採取混合組成方式，係兼顧業務專長及客觀公正而設計。新法除維持所有委員均應具有法制專長為原則外（第52條第1項），將外聘之社會公正人士、學者、專家人數自不得少於三分之一提高為不得少於二分之一（同條第2項），以增強訴願決定之公信力。

2.委員會之決議（106地四、107普）：

(1)訴願決定之作成應經訴願審議委員會之決議，其可決人數依訴願法第53條規定，以委員過半數之出席，出席委員過半數之同意行之。可否同數時，宜依一般會議常規，取決於主席。

(2)委員會審議訴願事件，應指定人員製作審議紀錄附卷，委員於審議中所持與決議不同之意見，經其請求者，應列入紀錄（第54條第1項）。

3.職員之迴避：訴願法第55條僅對審議委員會主任委員及委員對於訴願事件利害關係者，應自行迴避之規定，對其他承辦事件之職員應否迴避則付諸闕如，且所謂有利害關係亦嫌籠統，似宜準用行政程序法，以資補救。

(八)訴願程序

1.訴願提起之程式及相關事項（107高）：

(1)提起訴願應具訴願書，由訴願人或代理人簽名或蓋章，訴願書記載之內容，依訴願法第56條第1項規定，包括下列各點：「一、訴願人之姓名、出生年月日、住、居所、身分證明文件字號。如係法人或其他設有管理人或代表人之團體，其名稱、事務所或營業所及管理人或代表人之姓名、出生年月日、住、居所。二、有訴願代理人者，其姓名、出生年月日、住、居所、身分證明文件字號。三、原行政處分機關。四、訴願請求事項。五、訴願之事實及理由。六、收受或知悉行政處分之年、月、日。七、受理訴願之機關。八、證據。其為文書者，應添具繕本或影本。九、年、月、日。」提出訴願書尚應附原行政處分書影本（同條第2項）。如因主管機關消極不作為而依訴願法第2條第1項規定提起訴願者，前述第三點及第六點所

列事項，改為載明應為行政處分之機關、提出申請之年月日，並附原申請書之影本及受理申請機關收受證明。

(2)訴願人備妥訴願書及相關附件後，可經由原行政處分機關向訴願管轄機關提起訴願（訴願法第 58 條第 1 項），亦可直接向受理訴願機關提出（第59 條前段）。故原處分機關收受訴願書後應先行重新審查原處分是否合法妥當，認其有理由者，得自行撤銷或變更原處分，並陳報訴願管轄機關（第58 條第 2 項）。原處分機關認訴願不合法或無理由，不能應訴願人之請求撤銷或變更原處分者，應儘速附具答辯書，並將必要之關係文件，諸如作成原處分相關之卷宗送於訴願管轄機關（同條第 3 項），原處分機關檢卷答辯時，應將答辯書抄送訴願人（同條第 4 項）。若訴願人逕向訴願管轄機關提起訴願，管轄機關於受理訴願後，亦應依上述程序處理，予原處分機關自行撤銷或變更之機會，或單純檢卷答辯（第 59 條）。

(3)訴願提起後，於訴願決定書送達前，訴願人得隨時撤回之，訴願經撤回後，不得就同一事件重複提起訴願（訴願法第 60 條）。訴願決定書縱已經決議定案，受理訴願機關收受撤回之通知日期，早於訴願人收到決定書者，仍生撤回效力。對於不合法定程式之訴願書，應命訴願人於二十日內補正，此項職權專屬於受理訴願機關（同法第 62 條）。

2.**訴願事件之審議**（106普、地四）：

(1)書面審查及言詞辯論：訴願法第 63 條第 1 項揭櫫書面審查之原則，此外，第 2 項及第 3 項規定：「受理訴願機關必要時得通知訴願人、參加人或利害關係人到達指定處所陳述意見」；「訴願人或參加人請求陳述意見而有正當理由者，應予到達指定處所陳述意見之機會。」對於上述人員之陳述意見，訴願審議委員會應由主任委員或其指定之委員聽取之（同法第 64 條）。由此可知，在書面審查之外，新法明定以言詞陳述意見亦為審議訴願事件之方式，且訴願人或參加人有正當理由提出請求時，訴願審議委員會不得拒絕。訴願法尚有第三種方式：言詞辯論。關於言詞辯論，第 65 條規定：「受理訴願機關應依訴願人、參加人之申請或於必要時，得依職權通知訴願人、參加人或其代表人、訴願代理人、輔佐人及原行政處分機關派員於指定期日到達指定處所言詞辯論。」

(2)調查證據：受理訴願機關應依職權或囑託有關機關或人員，實施調查、檢驗或勘驗，不受訴願人主張之拘束。受理訴願機關應依訴願人或參加人之聲請，調查證據。但就其聲請調查之證據中認為不必要者，不在此限。受理訴願機關依職權或依聲請調查證據之結果，非經賦予訴願人及參加人表示意見之機會，不得採為對之不利之訴願決定之基礎（第 67 條）。

(3)受理訴願機關之審查範圍及決定權限（107 高）：

A.**對一般事件之審查及決定**：訴願提起後，除由原處分機關自行撤銷或變更原處分外，受理訴願機關就訴願事件為全面性之審查，並依「先程序後實體」先審查其提起訴願是否合法，不完全之訴願書能否補正，以認定應否受理。一旦進入實體審查，則應以作成訴願決定之際為基準時，就事實及法律之層次審酌的原處分之合法性及合目的性。訴願受理機關對於符合受理要件之事件，應就審查結果其無理由者，駁回訴願；有理由者，分別為撤銷原處分、撤銷發回重為處分、撤銷並自為決定。

B.**對地方自治事務之審查權限**：訴願事件涉及地方自治團體之地方自治事務者，其受理訴願之上級機關僅就原行政處分之合法性進行審查決定（第 79 條第 3 項）。是故受理訴願，對自治團體之行政機關所為涉及地方自治事務之處分，除法律另有明文得依其規定予以處理外，僅有撤銷之權限，撤銷後如有重為處分之必要時，亦只能發回由原處分機關，另為適法處分，而不得自行變更。

C.**對違反作為義務之審查權限**：訴願法第 82 條第 1 項規定：「對於依第 2 條第 1 項提起之訴願，受理訴願機關認為有理由者，應指定相當期間，命應作為之機關速為一定之處分。」是故對於原受理申請機關之消極不作為違法或不當者，受理訴願機關應命有作為義務之機關，於指定期間內為一定內容之行政處分。違反作為義務之情形，可能出現於多階段處分，例如向直轄市建設局申請特定營業執照，依作業手續應先送交主管目的之事業之警察局審核，須有後者同意之公文，建設局始核發執照，通常以後階段行為即建設局之准駁視為行政處分，但在例外情形實務上已承認先前階段行為亦屬行政處分，故對警察局不予同意之公文，原申請人得逕行提起爭訟；若警察局並非不同意，而是逾期不表示意見，致建設局無從對申請為准駁，遇此情形，應認為申請人亦得以警察局違反作為義務提起訴願。

D.**不得為更不利益變更之限制**：訴願法第 81 條第 1 項明定訴願決定得變更原處分，「但於訴願人表示不服之範圍內，不得為更不利益之變更或處分」（同條項但書），是為訴願法上之禁止不利益變更條款。所謂不利益變更指使訴願處分更不利之法律上地位，不僅適用於自為變更之訴願決定，發回重為處分亦受其拘束。

E.**受理訴願機關法理上應受之其他限制**：

　a.**學生退學或類此處分之訴願事件**：自司法院作成釋字第 382 號解釋後，開除學籍或勒令退學等處分，在用盡學校內部申訴途徑後，均可提起訴願及行政訴訟，且處分之原因事實屬於操行或學業成績皆

在所不問。釋字第784號解釋云：「本於憲法第16條保障人民訴訟權之意旨，各級學校學生認其權利因學校之教育或管理等公權力措施而遭受侵害時，即使非屬退學或類此之處分，亦得按相關措施之性質，依法提起相應之行政爭訟程序以為救濟，無特別限制之必要。於此範圍內，本院釋字第382號解釋應予變更。」就此類事件而言，受理訴願機關審查權限所受限制，與行政法院無異。

b.**對學術著作評量之涉訟事件**：即司法院釋字第462號解釋所指之大學教師升等評審事項，此號解釋之主旨在確認學校及教育主管機關對教師升等資格之審定，均為行政處分，申請升等之教師得提起行政爭訟。解釋文並指明各大專院校所設之教師評審委員會，應尊重依據學術專業就申請人之專業知識及學術成就所作評量，而「受理此類事件之行政救濟機關及行政法院自得據以審查其是否遵守相關之程序，或其判斷、評量有無違法或顯然不當之情事。」換言之，行政救濟機關及行政法院對申請升等者之著作是否符合學術水準，應避免涉入審查。

c.**關於考試評分事件**：依據釋字第319號解釋，各種國家考試應「尊重閱卷委員所為之學術評價」。不論此項評分之法律性質歸類為行政機關裁量權之行使，或認為屬於適用不確定法律概念之判斷餘地，其他機關及行政法院均不得以自己之判斷，代替典試或閱卷委員評定之分數。

(4)訴願決定：

　A.合併審議：訴願審議之過程在確定法律及事實關係，最終作成訴願決定，俾訴願事件之爭執獲致解決。故訴願事件雖以逐案審議逐案決定為原則，但為經濟及便捷計，依訴願法第78條規定，不問是否相同之訴願人分別提起之數宗訴願，如基於同一或同種類之事實上或法律上原因者，受理訴願機關得合併審議，例如為興辦某公共事業主管機關分別徵收數筆土地，其所有權人先後提起之訴願之情形屬之，合併審議之事件常合併決定，但因訴願人或原處分機關非屬同一，決定書製作有所不便，合併審議後仍得分別決定。

　B.訴願決定之期限：「訴願之決定，自收受訴願書之次日起，應於三個月內為之；必要時，得予延長，並通知訴願人及參加人。延長以一次為限，最長不得逾二個月。」前項期間，於依第57條但書規定補送訴願書者，自補送之次日起算，未為補送者，自補送期間屆滿之次日起算；其依第62條規定通知補正者，自補正之次日起算；未為補正者，自補正期間屆滿之次日起算（第85條）。

C.訴願決定書之格式：受理訴願機關終結訴願程序，應製作訴願決定書。若對於訴願未作成決定書，而以其他方式諸如批示或命令答覆者，視為訴願程序尚未終結，仍須補作決定書。訴願決定書屬要式行為，其記載事項訴願法第 89 條定有格式。訴願決定書之正本，應於決定後十五日內送達訴願人、參加人及原行政處分機關。又依訴願法第 90 條規定，「訴願決定書應附記，如不服決定，得於決定書送達之次日起二個月內向行政法院提起行政訴訟」，此稱為法律救濟途徑之告知。對於得提起行政訴訟之訴願決定，因訴願決定機關附記錯誤，向非管轄機關提起行政訴訟，該機關應於十日內將行政訴訟書狀連同有關資料移送管轄行政法院，並即通知原提起行政訴訟之人。」有前項規定之情形，行政訴訟書狀提出於非管轄機關者，視為自始向有管轄權之行政法院提起行政訴訟（第 91 條）。訴願決定書附記之告知（教示）錯誤者，應由訴願決定機關以通知更正之，並自更正通知送達之日起，計算法定期間；訴願決定機關未依第 90 條規定為附記，或附記錯誤而未依前項規定通知更正，致原提起行政訴訟之人遲誤行政訴訟期間者，如自訴願決定書送達之日起一年內提起行政訴訟，視為於法定期間內提起（第 92 條）。

D.**訴願決定之類別**（107 普、地四）：

　a.**不受理之決定**：訴願不受理之決定指訴願之提起不合法，應從程序上駁回者而言，與以裁定駁回原告之訴的情形相當。訴願法第 77 條規定，下列各款情形應為不受理決定：「一、訴願書不合法定程式不能補正或經通知補正逾期不補正者。二、提起訴願逾法定期間或未於第 57 條但書所定期間內補送訴願書者。三、訴願人不符合第 18 條之規定者。四、訴願人無訴願能力而未由法定代理人代為訴願行為，經通知補正逾期不補正者。五、地方自治團體、法人、非法人之團體，未由代表人或管理人為訴願行為，經通知補正逾期不補正者。六、行政處分已不存在者。七、對已決定或已撤回之訴願事件重行提起訴願者。八、對於非行政處分或其他依法不屬訴願救濟範圍內之事項提起訴願者。」

　b.**訴願無理由之決定**：受理訴願機關審理訴願事件之結果，認其無理由者，應以決定駁回之（訴願法第 79 條第 1 項），所稱無理由謂訴願指摘原處分違法或不當在法律上並不成立。駁回訴願之理由，受理訴願機關有自行斟酌之權，不受原處分所憑理由或原處分機關答辯時之陳述所偏限。原處分所憑理由雖屬不當，但依其他理由認為正當者，應以訴願為無理由（同條第 2 項）。

c. **訴願有理由之決定**：認訴願有理由者，亦即原處分有違法或不當情形，應於訴願人所聲明之範圍內，撤銷原處分，但不受其主張之理由或證據之拘束，訴願理由雖無可採，但依其他理由認為原處分有撤銷原因者，仍應以訴願為有理由。撤銷原處分不限於全部撤銷，亦可為一部撤銷，一部駁回之決定（第81條第1項前段）。訴願人對原處分未聲明不服部分，依法產生形式的存續力（確定力），除非與已聲明不服之部分有不可分之關係，受理訴願機關不得予以審查。撤銷原處分時，並得視事件之情節，逕為變更之決定或發回原處分機關另為處分（同條中段）。又受理訴願機關撤銷原處分，發回原處分機關另為處分時，應指定相當期間命其為之（第81條第2項）。

d. **依職權撤銷或變更原處分**：依職權撤銷或變更，依訴願法第80條規定，指「提起訴願因逾法定期間而為不受理決定時，原行政處分顯屬違法或不當者，原行政處分機關得依職權撤銷或變更之。但有下列情形之一者，不得為之：一、撤銷或變更對公益有重大危害者。二、行政處分受益人信賴利益顯然較行政處分撤銷或變更所欲維護之公益更值得保護者。行政處分受益人有下列情形之一者，其信賴不值得保護；一、以詐欺脅迫或賄賂方法，使原行政處分機關作成行政處分者。二、對重要事項提供不正確資料或為不完全陳述，致使原行政處分機關依該資料或陳述而作成行政處分者。三、明知原行政處分違法或因重大過失而不知者。行政處分之受益人值得保護之信賴利益，因原行政處分機關或其上級機關依第一項規定撤銷或變更原行政處分而受有損失者，應予補償。但其補償額度不得超過受益人因該處分存續可得之利益。」

e. **情況裁決**：情況裁決與行政訴訟法第198條之情況判決相當，皆為來自日本之制度。訴願法就情況裁決規定如下：「**受理訴願機關發現原行政處分雖屬違法或不當，但其撤銷或變更於公益有重大損害，經斟酌訴願人所受損害、賠償程度、防止方法及其他一切情事，認原行政處分之撤銷或變更顯與公益相違背時，得駁回其訴願。**」（第83條第1項）前項情形，訴願決定書全文仍應載明原處分違法或不當（同條第2項）成為情況裁決對象之原處分係屬違法，並不因主文有駁回訴願之字樣而改變，故因此處分遭受損害者，本可請求國家賠償。訴願法第84條特賦予該管機關介入之權限：「受理訴願機關為前條決定時，得斟酌訴願人因違法或不當處分所受損害，於決定理由中載明由原行政處分機關與訴願人進行協議（第1項），「前項協議與國家賠償法之協議有同一效力」（第2項）。

E.訴願決定之效力：訴願決定亦為行政處分之一種，行政處分所具有之效力包括存續力（確定力）、構成要件效力、確認效力等在訴願決定自亦具備。訴願法第 95 條規定：「訴願之決定確定後，就其事件，有拘束各關係機關之效力；就其依第 10 條提起訴願之事件，對於受委託行使公權力之團體或個人，亦有拘束力」。又第 96 條規定：「原行政處分經撤銷後，原行政處分機關須重為處分者，應依訴願決定意旨為之，並將處理情形以書面告知受理訴願機關。」具有加強訴願決定拘束力之作用，原處分機關重為處分，除有在訴願決定作成時未發現之新事證，或訴願決定明顯預留餘地外，不得為與已撤銷之原處分內容相同的處分。

(5)停止執行（106 普）：不服行政處分提起訴願及行政訴訟，不停止原處分之執行，乃吾國法制向來之原則。**訴願法第 93 條規定：「原行政處分之執行，除法律另有規定外，不因提起訴願而停止。原行政處分之合法性顯有疑義者，或原行政處分之執行將發生難以回復之損害，且有急迫情事，並非為維護重大公共利益所必要者，受理訴願機關或原行政處分機關得依職權或依申請，就原行政處分之全部或一部，停止執行。前項情形，行政法院亦得依聲請，停止執行。」**

(6)再審：訴願原本無再審制度，新法於第 97 條予以增設，其規定如下：「於有下列各款情形之一者，訴願人、參加人或其他利害關係人得對於確定訴願決定，向原訴願決定機關申請再審。但訴願人、參加人或其他利害關係人已依行政訴訟主張其事由或知其事由而不為主張者，不在此限。一、適用法規顯有錯誤者。二、決定理由與主文顯有矛盾者。三、決定機關之組織不合法者。四、依法令應迴避之委員參與決定者。五、參與決定之委員關於該訴願違背職務，犯刑事上之罪者。六、訴願之代理人，關於該訴願有刑事上應罰之行為，影響於決定者。七、為決定基礎之證物，係偽造或變造者。八、證人、鑑定人或通譯就為決定基礎之證言、鑑定為虛偽陳述者。九、為決定基礎之民事、刑事或行政訴訟判決或行政處分已變更者。十、發見未經斟酌之證物或得使用該證物者。前項申請再審，應於三十日內提起。前項期間，自訴願決定確定時起算。但再審之事由發生在後或知悉在後者，自知悉時起算。」

☆☆五、行政訴訟

(一)行政訴訟的意義：行政訴訟係指人民因不服行政機關的處分，而向行政法院提起訴訟，請求救濟的訴訟行為。

(二) 行政法院審判權及其除外

1. 審判權與管轄權不同，審判權是指不同種類審判機關（法院）間之權限劃分。我國採多元審判系統，故民事事件歸民事法院審判，行政事件屬行政法院審判；管轄權則指同種類法院間受理案件的權限，管轄權又分土地管轄（目前設有三所高等行政法院，各有其土地管轄範圍）、事物管轄又可稱功能管轄（高等行政法院為第一審法院、最高行政法院為終審法院）、專屬管轄（依行政訴訟法第 15 條規定，因不動產而生之公法爭訟，專屬不動產所在地之高等行政法院管轄）。由上述所述，審判權是上位概念，管轄權乃下位概念。

2. 我國行政法院審判權一向採概括主義，本法第 2 條：「公法上之爭議，除法律別有規定外，得依本法提起行政訴訟」，就是揭櫫審判權的概括條款。依現行法制，下列公法爭議事件排除於行政法院審判權之外，即本條所稱的法律別有規定之情形：

   (1) 憲法爭議事件：目前由司法院大法官審理，未來憲法訴訟法完成立法程序，歸憲法法庭審判。

   (2) 公務員懲戒：與行政訴訟關係密切之公務員懲戒事件歸懲戒法院審理。

   (3) 選舉（罷免）訴訟：屬各級民事法院審判。

   (4) 違警事件：違反社會秩序維護法處拘留、勒令歇業、罰鍰等事件，由地方法院或警察機關裁罰，並以普通法院作為救濟之審級。

   (5) 律師懲戒事件：依律師法規定律師懲戒委員會及覆審委員會分別附設於高等法院或最高法院，其性質相當於職業法院，依釋字第 378 號解釋，不服懲戒處分不得再向行政法院起訴。

   (6) 冤獄賠償事件：冤獄賠償為我國法制最早承認之公法上損害賠償，其請求程序依冤獄賠償法第 4 條及第 5 條之規定，以地方法院（刑事庭）為決定機關，不服其決定者，向司法院冤獄賠償覆議委員會（設於最高法院）聲明不服，均不屬行政爭訟事件。戒嚴時期人民受損權利回復條例及戒嚴時期不當叛亂暨匪諜審判案件補償條例，其救濟程序，亦比照上開冤獄賠償事件處理。

   (7) 國家賠償事件：國賠事件乃公法上之損害賠償事件，現行國家賠償法採雙軌制，除於提起行政訴訟時合併請求外，亦可循民事訴訟途徑求償，故亦為上開行政訴訟法第 2 條法律特別規定之事項。

(三) 智慧財產案件之審理

1. 智財法院管轄之行政訴訟事件：因專利法、商標法、著作權法、光碟管理條例、積體電路電路布局保護法、植物品種及種苗法及公平交易法涉及智慧財產權所生之第一審行政訴訟事件歸智慧財產法院管轄，其相關之強制執行事件亦同。又其他行政訴訟與前開訴訟合併起訴或為訴之追加時，亦向智財法院為之。

2.**智財案件之特別規定**：智財法院審理原屬各高等行政法院管轄之智財案件，此際智財法院已充當第一審行政法院，審理程序當然適用行政訴訟法。惟依智慧財產案件審理法規定，仍有下列與一般行政訴訟程序不同之特別規定：

(1)設置技術審查官，協助法官審理案件，並得參與訴訟程序。

(2)智財案件審理中，審判長或受命法官應向當事人曉諭爭點，並適時公開心證。與一般訴訟中，法官須在終結程序，作成裁判時，才公開心證，頗不相同。

(3)智慧財產案件審理中，涉及營業秘密事項，得不公開審判，並得限制訴訟資料及卷證之閱覽、抄錄或攝影。

(4)訴訟進行中，持有文書或勘驗物之當事人或第三人，無正當理由不從法院之命提出證據者，得處以罰鍰，必要時並得命為強制處分。

(5)智財案件審理法引進日本之秘密保持命令制度，適用於行政及民刑事訴訟。對於營業秘密，法院得依當事人或第三人之聲請，對訴訟關係人發秘密保持命令，命其僅能在訴訟目的下使用，且不得洩漏。所謂營業秘密，即營業秘密法第 2 條所稱的秘密。對違反命令者並訂有徒刑作為罰則。

(6)關於撤銷、廢止商標註冊或撤銷專利權之行政訴訟中，當事人於言詞辯論終結前就同一撤銷或廢止理由提出之新證據，智財法院仍應審酌。

(7)智財案件之證據保全程序中，相對人無正當理由拒絕保全之實施時，法院得以強制力排除之，必要時並得請警察機關協助。

(8)智財案件聲請定暫時狀態處分之請求，對於有保全必要之事實，應充分釋明之，釋明不充分者，法院應駁回聲請。

(四)**行政訴訟的實體判決要件**（106普、地三、107高、地四、108高、普）：行政訴訟之實體判決要件，可分為一般實體判決要件及特別實體判決要件。前者指訴訟事件均應具備之合法要件，相當於民事訴訟通常所稱之訴訟要件；後者指提起種類不同訴訟須各自具備之要件，為行政訴訟理論中之核心部分。以下就新制各種不同訴訟列舉其特別實體判決要件如下：

1.**撤銷訴訟**（108地四）：

(1)須有行政處分存在。

(2)原告須主張行政處分違法並損害其權利或法律上利益。

(3)須經訴願程序而未獲救濟。

(4)須於法定期間內提起。

2.**怠為處分之訴**（107普）：

(1)原告所申請作為者須屬行政處分或特定內容之行政處分。

(2)須該管機關於法定期間內應作為而不作為。

(3)須先經訴願程序。

(4)原告須主張損害其權利或法律上利益。

(5)須未逾越起訴之期間。

3.**拒絕申請之訴**（106普、地四、108地三、地四）：

 (1)新行政訴訟法第 5 條第 2 項之課予義務訴訟，用語頗見分歧，有稱為拒絕
  處分之訴、否准之訴或駁回處分之訴等，吳庚老師主張以稱「拒絕申請之
  訴」為宜。

 (2)拒絕申請之訴與怠為處分之訴實體判決要件之差別，僅在起訴前該管行政
  機關有無處分行為而已，其餘之要件與怠為處分之訴相同。

4.**確認行政處分無效或違法之訴**（106普、地三、108普）：

 (1)確認之對象須為行政處分之無效或違法。

 (2)確認行政處分無效須先經行政程序。

 (3)須有即受確認判決之法律上利益。

 (4)須已不得提其他訴訟。

5.**確認法律關係成立或不成立之訴**（108高）：

 (1)確認對象須為公法上法律關係之成立或不成立。

 (2)須有即受確認判決之法律上利益。

 (3)須已不得提起其他訴訟。

6.**一般給付訴訟（第8條第1項）**（106高、107地三、地四）：

 (1)須因公法上原因發生之給付。

 (2)須限於財產上之給付或請求作成行政處分以外之其他非財產上之給付。

 (3)須主張給付義務之違反損害原告之權利。

 (4)須不屬於得在撤銷訴訟中併為請求之給付。

(五)**其他類型訴訟**（108普、109高）：

1.本法對訴訟類型之規定，並無列舉窮盡之意，此觀本法第9條及第10條之規定，
 甚為明顯。

2.第 9 條稱：「人民為維護公益，就無關自己權利及法律上利益之事項，對於行
 政機關之違法行為，得提起行政訴訟。但以法律有特別規定者為限。」係以法
 律特別規定為條件，承認民眾訴訟制度，在現行法律之中，已有新近重新修正
 通過之空氣污染防制法 74 條、水污染防治法第 72 條及環境評估法第 23 條等
 設有所謂「公民訴訟條款」，其性質較為近似。真正屬於民眾訴訟者則為公民
 投票法所規定之訴訟程序，該法第 55 條規定：對公投案經審議委員會否決者
 領銜提案人得提起撤銷訴訟；公投案經審議委員會核定者，全國性公投立法
 委員現有總額三分之一以上，地方性公投各該直轄市、縣（市）議會議員現有
 總額二分之一以上認為有違憲或違法之情事均得提起爭訟，性質上亦屬撤銷訴
 訟。公共設施重大政策之公投案，該設施之設置或管理機構亦得提起上述訴訟。
 其餘尚有公投無效之訴及公投效力確認之訴，公投提案之領銜人、檢察官得分
 別依該法第 56 條、第 58 條以辦理公投之該管選舉委員會為被告提起行政訴訟。

因為作為原告之當事人並非關於自己權益之事項而涉訟，故屬於民事訴訟亦稱客觀訴訟。

3. **此外，行政訴訟法第 10 條規定**：「選舉罷免事件之爭議，除法律別有規定外，得依本法提起行政訴訟。」所謂法律別有規定，指公職人員選舉罷免法、總統副總統選舉罷免法之規定而言，但並非謂除上開法律以外之一切公法上之選罷事件皆可向行政法院提起選舉（罷免）無效或當選無效之訴。得依本條訴請救濟者應符合下列條件：

(1)須有法律上之依據，即依法辦理之選舉罷免始有其適用。

(2)須非屬傳統上屬民事法院管轄之選罷事件，例如不具公法人資格之公益社團（俗稱人民團體），其選舉爭訟便屬於民事事件。

(3)須無行政處分之介入，若選舉罷免之爭議因主管機關依法介入，而作成行政處分時，利害關係人自得提起撤銷訴訟，亦無第 10 條適用之餘地，例如主管機關不承認人民團體理監事之當選資格，受影響之當事人對否定其當選之行政處分並非不得聲明不服，遇有此種情形，尚應注意可能發生兩種法院之權限衝突。

(4)非屬於議會自律之事項，若為議會自律事項亦不應訴由行政法院裁判，例如立法院之內部選舉爭議，宜循其內部程序解決，司法權若動輒介入此類爭議，則有違權力分立原則。

(六) **行政訴訟的當事人：訴訟之當事人，係當事人關係之主體，以自己名義向法院起訴之人及其相對人而言。**在民事訴訟上，為法律關係之當事人，同時亦即訴訟程序之當事人，故在訴訟上立於原告、被告之地位，常以權利之主體為限（學理上稱當事人訴訟）。而在行政訴訟之當事人，未必對於訴訟系爭之標的，皆有實質之利害關係，而僅係在訴訟程序上，互為不同之主張，是為訴訟程序之當事人，未必即為法律關係之當事人，故立於原告、被告之地位者，不以權利主體為限（學理上稱抗告訴訟），此外，尚有利害關係之參加人。故行政訴訟法第23條規定：「行政訴訟之當事人，謂原告、被告及依第41條與第42條參加訴訟之人。」惟所謂當事人又得委任他人代理；而無論是自然人、法人、行政機關、非法人團體，皆有當事人能力，除自然人外，應由其代表人或管理人為訴訟行為。是以「行政訴訟之當事人」，有頗為複雜的內涵。分述之：

1. **原告：原告係指具有當事人能力，依法有起訴權，而且係實際上起訴之人。**其範圍包含：

(1)以自然人及本國國民為主，亦包括法人及其他非法人團體；後者在訴訟程序中，由代表人或管理人行之。而外國人，如有條約之依據或法令之許可，亦得為行政訴訟之原告。

(2)政府機關，除立於財產權主體，或準私人地位外，不得為行政訴訟之原告。至於公務員，如受免職處分，依司法院釋字第 243 號解釋得提起行政訴訟。

(3)現行行政訴訟法增設四種訴訟，除確認及給付之訴外，撤銷之訴與請求應為行政處分之訴，為人民對政府機關之訴訟，行政機關自不得提起，即不得為原告。

2.**被告：**

(1)**被告，係指在行政訴訟上與原告處於對立地位之相對當事人，或稱對造。行政訴訟原係人民不服政府機關的違法處分而提起，故其被告應為政府機關。而所稱政府機關，依行政訴訟法第 24 條規定（一般撤銷之訴），包括下列機關：**

　A.**駁回訴願時之原處分機關：即受理訴願機關，認原處分為有理由，而駁回訴願之案件時，提起行政訴訟，仍以原處分機關為被告。**

　B.**撤銷或變更原處分時，為撤銷或變更之機關：即受理訴願機關撤銷或變更原處分時，以該受理訴願機關為被告。**

(2)除以上原則規定外，被告機關之認定，尚有以下原則：

　A.在委託行政的情形下，以委託機關為被告機關。

　B.因機關組織變更或裁併，以承受其業務之機關，或對系爭事件有決定權限之機關為被告。

　C.如係行政訴訟之四種訴訟，則分別認定：

　　a.請求為行政處分之訴：因為中央或地方機關不依法就申請案件有所作為，故以該原受理申請案件之機關為被告。

　　b.確認之訴：如涉及確認行政處分無效，因須經向原處分機關請求宣告無效未被許可，或於三十日內尚未作答，方可提起，故應以該處分之原處分機關為被告機關。若確認已執行完畢或其他事由而消滅之行政處分為違法之訴訟，自以消滅前之最終處分為對象，故應比照撤銷訴訟之被告機關的規定辦理。

　　c.給付之訴中，公法上財產給付之訴，以負有給付義務者為被告機關。亦即，以公法原因發生時，有權限決定負擔公法上財產給付義務之機關，並已成立該給付義務者，即為被告機關。

　　d.給付之訴中，因行政（公法）契約而發生之給付，除公法契約另有約定給付義務人外，以締約之權責機關之一方，為被告機關。

3.**參加人**（106高）：

(1)**參加人，係指在原告、被告以外，就他人所提起之行政訴訟事件，具有利害關係，而於該訴訟繫屬中，參加訴訟的第三人。**由於行政訴訟之審判，其結果可能導致第三人之權利受到影響，為求審判之確實與公允，乃有使

利害關係人參加訴訟之必要。再者,參加人在訴訟上與原告有同一的權能,得為獨立的主張,其參加訴訟,不一定是在輔助當事人之一方,故與民事訴訟之參加人不同。行政訴訟之參加人,應可視同訴訟之當事人。

(2) 行政訴訟法第 42 條第 1 項:「行政法院認為撤銷訴訟之結果,第三人之權利或法律上利益將受損害者,得依職權命其獨立參加訴訟,並得因該第三人之聲請,裁定允許其參加。」可知,行政訴訟是否許可利害關係人參加,其情形如次:

  A. 在撤銷之訴,法院如認為審判之結果,將使第三人之權利或法律上之利益受損者,得依職權命其參加訴訟,亦可因第三人之聲請,允許其參加。因此,我國行政訴訟係兼採強制參加與聲請參加雙重制度。

  B. 如行政訴訟有任何利害關係者,固然皆可聲請參加訴訟;如行政法院認定其他行政機關有輔助一造之必要者,得命該機關參加,是為「強制輔助參加」。

(七) **行政訴訟提起的效力**:行政訴訟案件經提出於行政法院之後,即開始由該法院管轄,發生繫屬於該法院的效力。從而對於該法院、當事人、參加人及原處分或決定,均分別產生法律上效果。分述之:

1. 行政訴訟經提起後,如合乎法定程序與要件,則行政法院即負有審理及判決的義務,當事人不得就同一事件,再另行提出行政訴訟。如不合乎法定要件或程序,則視情形,或限期要求當事人補正,或以裁定駁回。

2. 原處分或決定的執行,不因提起行政訴訟而停止,但行政法院或為處分或決定之機關,得依職權或依原告之請求而停止之。此即「訴訟不中止行政執行」之原則。

3. 原告於提起行政訴訟之後,在行政法院判決之前,得隨時聲請撤回該案件。

(八) **行政訴訟的審理**:行政訴訟的審理,包括形式要件的審查、進行言詞辯論、職權調查證據等之程序。

1. **形式要件的審查**:行政訴訟的初審階段,係就形式要件加以審查,以決定是否應予受理、駁回或補正。依目前作業,其要點是:

(1) 行政法院關於受理訴訟之權限,以職權裁定之。

(2) 行政法院認為不應提起行政訴訟或違背法定程序者,應附具理由以裁定駁回之;如係僅訴狀不合法定程序,有補正之必要者,應由審判長限定期間,命其補正。

(3) 如為撤銷之訴,在判決確定前,原告得撤回其訴之全部或一部,但被告已為本案之言詞辯論者,應得其同意(行政訴訟法第 123 條第 1 項)。

2.**言詞辯論**：行政訴訟經提起後，除依法裁定駁回（如欠缺形式要件），或法院就起訴之事實認為在法律上顯無理由，而逕予判決駁回者外，必須進行言詞辯論。其程序如下：

(1)為進行言詞辯論，高等行政法院應將訴狀送達被告，並得命被告答辯。

(2)原處分或訴願受理機關，應於未逾就審期間二分之一以前，提出答辯狀。

(3)審判長認為已適合言詞辯論時，應指定辯論期日。

3.**職權調查證據**：行政訴訟採職權審理主義，不受當事人陳述及所提證據之拘束，得基於職權自由獨立調查事實及證據，作為裁判之依據。

(九)**行政訴訟的裁判**：行政法院的裁判，廣義言之，包括裁定與判決。狹義言之，僅指判決之意。所謂裁定，係指訴訟程序上的裁判，亦即指在形式上的審理所作的決定。所謂判決，則指就所訴之事實的裁判，亦即在實體內容上所作之裁斷。

1.**裁判的依據**：行政訴訟之裁判原則，與民事訴訟相類似。行政訴訟，應斟酌辯論意旨及調查證據之結果，依論理及經驗（證據）法則，判斷事實之真偽，但別有規定者，不在此限；行政法院依上述判斷而得自由心證之理由，如同民事訴訟，應說明於判決。

2.**判決的程式與手續**

(1)依行政訴訟（第 218 條）規定，該法未規定者，準用民事訴訟法；行政訴訟判決書應即按民事訴訟判決書之程式製作。

(2)行政訴訟之判決，係要式行為，亦為須受領行為。故判決應由參與判決之法官於判決書內簽名，判決原本，應自宣示判決之日起，於五日內交付行政法院書記官。自法院書記官收領判決原本時起，至遲應於十日內，以判決書正本送達於當事人。判決書正本或節本，應分別記明之，由行政法院書記官簽名，並蓋用行政法院印信。

3.**判決的種類**

(1)**以訴訟程序區分**：行政訴訟之判決，可分為以下三種形態（參行政訴訟法第 190 條至第 192 條）：

A.終局判決：行政訴訟達於可為裁判之程度者，行政法院應為終局判決（第190 條）。

B.一部終局判決：訴訟標的之一部，或以一訴主張之數項標的，其一達於可為裁判之程度者，行政法院得為一部之終局判決；前項規定，於命合併辯論之數宗訴訟，其一達於可為裁判之程度者，準用之（第 191 條）。

C.中間判決：各種獨立之攻擊或防禦方法，達於可為裁判之程度者，行政法院得為中間判決；請求之原因及數額俱有爭執時，行政法院以其原因為正當者，亦同（第 192 條）。

(2)**以判決的結果區分**：行政法院認為起訴有理由者，應以判決撤銷或變更原處分或決定。其附帶請求損害賠償者，並應為判決。如認為起訴為無理由者，應以判決駁回之。其附帶請求損害賠償者亦同。此外，訴訟之判決，如係變更原處分或決定者，不得為較原處分或決定不利於原告之判決。因此，行政訴訟之判決，可區分為兩種類型：

　A.請求駁回的判決：行政法院認為起訴無理由，亦即認為原處分或原決定並無違法情事，應以判決將起訴駁回。

　B.請求容認的判決：行政法院如認為起訴有理由，亦即認為原處分或原決定確有違法情事，而對原告之請求予以容認的判決，此種判決，或為將原處分或原決定宣告無效之判決，或為撤銷之判決，或為將其違法部分更正之變更判決。

4.**行政訴訟判決的效力**：行政訴訟經判決後，即取得確定力、拘束力及執行力，茲分述之。

確定力

行政訴訟的判決，具有確定力（行政訴訟法第 213 條），亦稱既判力或不可變力。行政法院之判決，即於上訴期間屆滿時確定。詳言之，行政訴訟自判決確定後，即類似其他訴訟之判決，形式上，成為終局判決，不得再行訴訟。實質上，任何機關對已判決之事件，不得再予變更。可知，就行政訴訟而言，所謂「一事不再理」之原則，即是指判決的確定力。又，比較言之，行政訴訟之判決，較一般行政處分更具有實質的確定力。

拘束力

行政訴訟法規定，行政法院之判決，就其事件有拘束各有關機關之效力（參照第216 條）。判決經宣示後，為該判決之行政法院、法官受其拘束，行政機關亦然。即普通法院應受此種判決之拘束。基於此一效力，各有關機關均不得違反其判決，就已判決之事件採取與該判決內容不同的處置。再者，原告等亦不得就同一事件提出與判決不同的請求。

執行力

一般行政處分，因具有執行力，原則上不因行政爭訟而停止執行，惟如行政訴訟判決確定，則即對該行政處分取得執行力，「由行政法院報請司法院轉有關機關執行之」，被告機關負有依判決執行之義務。而此一執行工作，除囑託有關機關（如普通法院或行政機關）代為執行外，行政法院亦得自行執行（高等行政法院設有執行處掌理；參行政訴訟法第 306 條）。如為一定數額的給付判決，行政法院即可為執行名義。

(十) 行政訴訟程序的重要原則

1. **處分主義**：行政訴訟係人民權利因公權力措施遭受損害，或公法上權利義務關係發生爭議，經由行政法院之裁判，以獲致救濟之程序，故行政訴訟之發動首須人民有尋求救濟之表示。換言之，就具體事件是否請求法律救濟以及請求之範圍如何，應取決於利害關係人之主觀意願，此稱之為處分主義。基於處分主義行政法院須受當事人聲明之拘束，不得依職權為之，亦即訴訟標的之決定以及程序之開始或終了，乃操之於當事人。

2. **職權調查及闡明義務**：是否提起行政訴訟以及起訴之範圍，固以當事人之意願為準，然一旦起訴則在當事人聲明之範圍內，行政法院即有依法審判之義務，並受職權調查主義（或稱職權探知主義）之支配。所謂職權調查主義係指法院對於涉及裁判之重要事實關係，得自行確定不受當事人聲明或主張之拘束，即當事人未提供之訴訟資料，法院亦得依職權取得之。

   在職權調查主義主導下，行政法院為使訴訟順利進行或迅速終結，尤其為發現真實，審判長或受命法官自有闡明義務，本法第 125 條規定：審判長應注意使當事人得為事實上及法律上適當完全之辯論；審判長應向當事人發問或告知，令其陳述事實、聲明證據、或為其他必要之聲明之陳述，其所聲明或陳述有不明瞭或不完足者，應令其敘明或補充之（第 2 項及第 3 項），即屬關於闡明義務之法定涵義。

3. **言詞直接及公開審理**：本法第188條第1項：「行政訴訟除別有規定外，應本於言詞辯論而為裁判」；同條第2項：「法官非參與裁判基礎之辯論者，不得參與裁判」，係分別就言詞審理主義及直接審理主義所為之規定。

   公開審理即行政法院行準備程序、言詞辯論及宣示裁判時，應於公開法庭為之，並許一般人到場旁聽之審理方式，反之則為秘密審理。法院應公開審理乃現代文明社會共同遵守之原則，本法雖未專設規定，但第 243 條第 2 項第 5 款以「違背言詞辯論公開之規定」作為判決當然違背法令之理由，可知遵守公開原則與否，對判決之合法性有絕對的影響。

4. **正當法律程序**：正當法律程序係起源於英國大憲章之法律概念，歷年以來，在我國憲法下，大法官之解釋亦反覆釋示正當法律程序或實質正當之法律程序，作為訴訟上應遵循之原則，釋字第418號解釋則正式以正當法律程序，作為行政訴訟應遵循之原則。本法下列規定可視為此項原則之要者：當事人有委任律師或其他適當人員代理訴訟之權利（第49條）、當事人有利用訴訟文書之權利（第96條）、審判長應盡其闡明義務，使當事人得就事實上及法律上為適當完全之辯論或陳述（第125條）、對調查證據之結果當事人應有辯論機會（第141條）、當事人之發問權（第154條）、法院之判決應以辯論及證據為基礎（第189條）。

5. **自由心證**：自由心證乃指各種證據之證明力，由法院自由判斷。與自由心證主義相反者為法定證據主義，乃指訴訟程序中之證據，何者可採信，何者不容許，何者證據力較強，何者較弱，悉依法律之規定。我國與其他大陸法系國家一樣，各種訴訟程序及行政程序均採自由心證為原則，殆無疑問。本法第189條第1項規定：「行政法院為裁判時，應斟酌全辯論意旨及調查證據之結果，依論理及經驗法則判斷事實之真偽。但別有規定者，不在此限。」所謂自由心證即係法院對證據力之判斷，不受一成不變之各種法則的拘束，惟仍應綜合全辯論意旨及調查證據之結果，加以斟酌，依據論理法則及經驗法則判斷事實真偽。至上述但書之規定，則屬少數兼採法定證據之例外情形，諸如當事人之選定、更換及增減應以文書證之（本法第34條），言詞辯論所定程序之遵守，專以筆錄證之（本法第132條準用民事訴訟法第219條），公文書推定其為真正（本法第176條準用民事訴訟法第355條第1項）。又本法第189條第2項之規定，課法院在制作判決書時，應將判斷得心證之理由，記明於判決書的義務，亦所以防止假自由心證之名而擅斷，俾當事人對判決折服，倘未記載或記載矛盾，則構成理由不備或理由矛盾之違法。

✿✿ 六、行政訴訟新制

(一)**行政訴訟改採三級二審**（107地四）：地方法院設立行政訴訟庭審理簡易訴訟程序及交通裁決等事件

1. 配合司法院規劃將行政訴訟由二級二審改為三級二審，於地方法院設立行政訴訟庭審理簡易訴訟程序及交通裁決等事件，立法院分別三讀通過行政訴訟法、行政訴訟法施行法、智慧財產案件審理法、智慧財產法院組織法、法院組織法、行政法院組織法及道路交通管理處罰條例等 7 項法律修正案。上開修正之法律均於 101 年 9 月 6 日施行。

2. 我國行政訴訟法於 89 年大幅修正施行，改採二級二審制，並增加確認訴訟、課予義務訴訟、一般給付訴訟及維護公益訴訟等類型，使民眾權益更有保障。惟改制以來，辦理第一審行政訴訟之法院僅有臺北、臺中及高雄高等行政法院 3 所，民眾就審或尋求訴訟輔導並不便利，尤其花東地區及外島居民，提起行政訴訟，更須舟車勞頓。此外，具有公法性質之爭議事件，例如違反道路交通管理處罰條例之交通裁決救濟事件，囿於行政法院人力不足，仍由普通法院交通法庭準用刑事訴訟程序審理，致迭受外界批評。

3. 為便利民眾訴訟，並使公法爭議事件能回歸適用行政訴訟程序審判，使實務與學理歸於一致，司法院經審慎評估後，將行政訴訟改制為三級二審，於地方法院設置行政訴訟庭，辦理行政訴訟簡易程序、保全證據、保全程序及強制執行等事件，並將不服交通裁決之事件，改由地方法院行政訴訟庭依行政訴訟程序審理。

4. 司法院及行政院於99年9月起，分別將行政訴訟法相關修正案及道路交通管理處罰條例修正案送請立法院審議，經立法院司法及法制委員會、交通委員會於100年3、4月間審查完竣，並於5月、6月及10月間分別召開多次朝野黨團協商，終於在10月19日及25日2次協商達成共識，於100年11月1日及4日分別完成三讀程序。

(二) 制度簡介

1. **三級二審**

(1) 完備行政救濟制度：人民權利受到侵害，必須有完善的訴訟制度作為後盾，予以救濟。為便利民眾訴訟，就近使用法院，行政訴訟改採三級二審，在原有的高等行政法院及最高行政法院外，於地方法院設置行政訴訟庭，辦理行政訴訟之地方法院行政訴訟庭，亦為行政訴訟法所稱之行政法院。

(2) **各級行政法院審理範圍：地方法院行政訴訟庭審理簡易程序事件之第一審、收容異議事件之第一審、交通裁決事件之第一審、保全證據、保全程序及行政訴訟強制執行等事件。高等行政法院審理通常程序事件之第一審、簡易程序與交通裁決之上訴及抗告等事件。最高行政法院除審理通常程序之上訴及抗告事件外，於有統一法律見解必要時，亦受理由高等行政法院裁定移送之簡易程序及交通裁決之上訴或抗告事件。**

(3) 配套修正相關組織法規：修正法院組織法，明定地方法院增設行政訴訟庭，並增置行政訴訟庭長；地方法院法官之年度司法事務分配，在民事及刑事訴訟外，增列行政訴訟。此外，配合本次修法設置地方法院行政訴訟庭審理簡易程序事件之第一審，刪除行政法院組織法有關高等行政法院就簡易程序行獨任制之規定，並修正高等行政法院管轄事件範圍。

2. **簡易訴訟程序事件**（108 地三、108 地四）：**在簡易訴訟程序事件部分，以地方法院行政訴訟庭為第一審管轄法院，高等行政法院為第二審管轄法院，並定位為法律審。**為避免以高等行政法院為終審衍生裁判見解不一之問題，如高等行政法院審理時，認為其見解與其他法院見解不一致，有統一法律見解之

必要者，應以裁定移送最高行政法院裁判。又考量言詞辯論為訴訟權行使、正當程序之重要內涵，本次修法刪除現行簡易訴訟程序得不經言詞辯論之規定，換言之，簡易訴訟程序事件仍以經言詞辯論為原則。此外，本次修法放寬上訴、抗告要件，由現行許可上訴、抗告制（許可，以訴訟事件所涉及之法律見解具有原則性為限），改為以原裁判違背法令為由，即得上訴、抗告。

3. 交通裁決事件（108地三）

(1) 審理得不經言詞辯論，創設「重新審查」制度：交通裁決事件採二審終結，由地方法院行政訴訟庭為第一審法院，高等行政法院為第二審法院，並準用前述簡易訴訟程序相關規定，高等行政法院為法律審，亦得為統一見解之故而移送最高行政法院裁判。 交通裁決事件因質輕量多，如事證已臻明確，其裁判得不經言詞辯論為之。再者，本次修法創設「重新審查」制度，被告機關於收受起訴狀繕本後，應重新審查，如審查結果認原裁決違法或不當，即應自行撤銷或變更原裁決並陳報法院。如不依原告請求處置者，須附具重新審查紀錄及原處分卷，提出答辯狀於法院。被告機關已完全依原告請求處置者，視為原告撤回起訴，法院應依職權退還裁判費。

為使地方法院行政訴訟庭於審理交通裁決事件，命被告機關重新審查時，能有統一之審查標準，司法院已研擬完成「重新審理紀錄表」，以利實務運作。

(2) 管轄及裁判費之特別規定： 為方便民眾起訴，在管轄部分，本次修法特別規定受罰人除可向裁決機關所在地之地方法院行政訴訟庭起訴外，亦可向住所地、居所地、所在地或違規行為地之地方法院行政訴訟庭起訴。在裁判費部分，考量交通裁決事件相較於其他行政訴訟事件，其裁罰金額較低，爰規定交通裁決事件之起訴裁判費，按件徵收新臺幣 300 元。

4. 聲請保全證據、保全程序及行政訴訟強制執行事件（108地四）：明定保全證據之聲請，在起訴前，向受訊問人住居地或證物所在地之地方法院行政訴訟庭為之；於起訴後遇有急迫情形時，亦同。在保全程序部分，假扣押之聲請，由管轄本案之行政法院或假扣押標的所在地之地方法院行政訴訟庭管轄；假處分之聲請，如遇急迫情形時，得例外由請求標的所在地之地方法院行政訴訟庭管轄。至於行政訴訟強制執行事件部分，則改由地方法院行政訴訟庭辦理；行政訴訟庭得囑託民事執行處或行政機關代為執行。

(三) 為何要改採三級二審，設立地方法院行政訴訟庭

1. **便利民眾訴訟**：目前高等行政法院只設在臺北、臺中及高雄3個地區，其他距離法院所在地比較遠的民眾，想要提起行政訴訟，其實並不便利。尤其是外島、花東地區的民眾要和政府打官司，實在不方便，成本太高了！司法改革應貼近民眾、傾聽民眾的聲音、瞭解民眾的需求，所以要在各地方法院設立行政訴訟庭，讓民眾可以就近向被告機關所在地的地方法院行政訴訟庭提起行政訴訟。

2. **民眾可就近獲得諮詢服務**：因目前僅3所高等行政法院設置之訴訟輔導科，受理行政訴訟之諮詢，對民眾而言並不便利。各地方法院設置行政訴訟庭後，各地方法院的訴訟輔導科亦會增加行政訴訟的訴訟輔導諮詢業務，民眾即可就近諮詢利用，更能明瞭及保障自身的公法上權利。

3. **保障民眾訴訟權益**：言詞辯論及直接審理，是正確且有效率裁判的要件之一，目前高等行政法院審理通常訴訟程序事件，以經言詞辯論為原則，惟審理簡易訴訟程序事件時，其裁判得不經言詞辯論，係因考量目前高等行政法院僅有3所，民眾訴訟不便。各地方法院均設置行政訴訟庭，則訴訟不便的問題已不存在，故簡易訴訟程序事件將改為須經言詞辯論，以妥適保障民眾的訴訟權益。

(四) 行政訴訟法修正重點

行政訴訟「三級二審制」：所謂「三級」，係指行政法院有最高行政法院、高等行政法院及地方法院行政訴訟庭三級，負責審理行政訴訟事件。所謂「二審」，係指簡易訴訟程序事件、收容異議事件、交通裁決事件之第一審由地方法院行政訴訟庭審理，其第二審原則由高等行政法院審理，並為終審法院；又通常訴訟程序事件第一審係由高等行政法院審理，其第二審則由最高行政法院審理，並為終審法院。

1. **交通裁決事件**：係指不服裁決所（監理所）作成之裁決，向地方法院行政訴訟庭提起訴訟之事件。

2. **簡易訴訟程序事件**：係指訴訟標的之金額或價額在新臺幣40萬元以下，或因不服行政機關所為告誡、警告、記點、記次或其他相類之輕微處分，依法得向地方法院行政訴訟庭提起訴訟之事件。

3. **通常訴訟程序事件**：係指交通裁決事件及簡易訴訟程序事件以外之公法上爭議，依法得向高等行政法院提起訴訟之事件。

歷年試題總覽

( )　1.下列關於徵收之敘述，何者錯誤？　(A)須以公共福祉為目的，且須予以補償　(B)須依法律以行政處分為之　(C)既成道路之所有權人對土地即使已無從自由使用收益，國家仍有徵收補償義務　(D)交通事業單位除交通建設所需之土地外，另徵收鄰近地區進行土地開發並不違憲。（106地四）

( )　2.人民因公共利益而須受到特別犧牲時，國家應給予該受犧牲之人民：(A)國家賠償　(B)損失補償　(C)道義賠償　(D)完全賠償。（102地三）

( )　3.針對國家依法行使公權力致人民之財產權遭受損失，若逾越社會責任所應忍受之範圍，國家應如何填補其損失？　(A)完全補償　(B)合理補償　(C)任意補償　(D)應為賠償而非補償。（102地四）

( )　4.關於具有公用地役關係之既成道路，下列敘述何者錯誤？　(A)既成道路所有權人不得妨礙公眾之通行　(B)國家應依法律規定辦理徵收補償　(C)一般民眾無使用既成道路之公法上權利　(D)既成道路未經辦理徵收者，一律應廢止其公用。（107高）

( )　5.依司法院大法官解釋意旨，國家依法行使公權力，雖未剝奪人民之土地所有權，但仍應就其財產權使用限制予以補償，係基於下列何種理論基礎？　(A)國家賠償責任理論　(B)公益特別犧牲理論　(C)信賴利益補償理論　(D)準徵收侵害之理論。（107地三）

( )　6.關於騎樓，下列敘述何者錯誤？　(A)其有公用地役關係之存在　(B)騎樓具有道路(人行道)之特性，騎樓所有權人不得於騎樓設置任何地上物，以免妨礙公眾通行或安全　(C)其所有人於建築之初即負有供公眾通行之義務，原則上未經許可即不得擺設攤位　(D)減免其地價稅。（105地四）

( )　7.有關行政上之損失補償制度，下列敘述何者正確？　(A)應依據國家賠償法規定辦理　(B)係針對國家違法行為造成之損失所設　(C)憲法已明文規定損失補償之要件　(D)補償通常係針對為公共利益而特別之犧牲。（104普）

( )　8.下列有關區別國家賠償與損失補償之敘述，何者正確？　(A)國家賠償以公務員之行為對人民造成特別犧牲為前提，損失補償以公務員不法

侵害人民為前提　(B)國家賠償以公務員怠於執行職務為前提，損失補償以公有公共設施因設置或管理有欠缺為前提　(C)國家賠償以公務員之不法侵害為要件，如因公營事業人員之不法行為致人民遭受損害，則屬於損失補償問題　(D)國家賠償以人民受有不法之侵害為要件，如因公務員之適法行為而遭受損害，則屬於損失補償問題。（105高）

( )　9. 有關行政損失補償之成立要件，下列敘述何者正確？　(A)損失補償之成立不限於公權力行為，亦包括國家與私人間成立之私法行為　(B)國家機關依法行使公權力剝奪人民之所有權，國家應予合理補償　(C)公權力致人民權利遭受損失，未達到特別犧牲之程度，亦得請求損失補償　(D)造成損失補償之公權力行為，毋須基於公益目的之必要性。（107高）

( )　10. 假釋之撤銷屬刑事裁判執行之一環，為廣義之司法行政處分，如有不服，其救濟程序為何？　(A)向當初諭知該刑事裁判之法院聲明異議　(B)向法務部提起訴願　(C)向高等行政法院提起撤銷訴訟　(D)向高等行政法院提起課予義務訴訟。（100高）

( )　11. 下列何者得為訴願之標的？　(A)行政機關之私經濟行為　(B)法規命令　(C)警察機關對於犯罪之偵查　(D)足以改變公務人員身分之人事決定。（102地四）

( )　12. 人民不服下列何項決定，得提起訴願？　(A)稅捐稽徵法規定之復查　(B)公務人員保障法規定之復審　(C)會計師法規定之懲戒覆審　(D)社會秩序維護法規定之聲明異議裁定。（107地三）

( )　13. 行政救濟制度中，訴願之目的為何？　(A)作為確認訴訟之先行程序　(B)矯正違法或不當之行政處分　(C)發布行政命令之先行程序　(D)審查事實行為之合法性。（100警）

( )　14. 有關訴願制度之敘述，下列何者錯誤？　(A)為一種要式的行政救濟制度　(B)為行政機關內部具自我審查功能之救濟程序　(C)訴願機關不得為行政處分之適當性審查　(D)為實現人民依憲法第16條保障之司法受益權。（107普）

( )　15. 關於訴願，下列敘述何者錯誤？　(A)對於所有行政行為不服，於行政訴訟前應履踐之行政救濟程序　(B)對於行政處分不服，才得提起之行政救濟程序　(C)公法人對於上級監督機關之不利益處分，亦得提起訴願　(D)處分相對人或法律上利害關係人才得提起。（105警）

（　）16. 下列何者為行政救濟類型？　(A)訴願　(B)請願　(C)陳情　(D)偵查。（104高）

（　）17. 關於行政救濟法制特色，下列敘述何者正確？　(A)訴願僅具「適法性監督」功能　(B)行政訴訟兼具有「適法性監督」與「妥當性監督」雙重功能　(C)國家賠償訴訟準用行政訴訟程序審理　(D)訴願是由「行政機關」依一定程序重新審理、裁斷。（106移四）

（　）18. 下列有關訴願主體之敘述，何者錯誤？　(A)訴願主體以人民為原則　(B)國立中正文化中心亦可得為訴願主體　(C)在第三人效力處分中第三人亦得提起訴願　(D)行政機關縱成為行政罰對象亦不得為訴願主體。（99高）

（　）19. 有關訴願的敘述，下列何者正確？　(A)就撤銷行政處分之救濟類型而言，訴願制度審查之範圍大於行政訴訟　(B)行政機關所作成之行政處分皆可成為訴願之標的　(C)提起訴願，按件徵收審查費新臺幣 4,000 元　(D)訴願未向正確管轄機關提起者，無效。（105警）

（　）20. 下列何者非訴願之先行程序？　(A)稅捐稽徵法之復查　(B)公務人員保障法之復審　(C)專利法之再審查　(D)貿易法之聲明異議。（108普）

（　）21. 下列何者非屬相當於訴願之程序？　(A)公務人員保障法之復審程序　(B)稅捐稽徵法之復查程序　(C)會計師法之懲戒覆審程序　(D)政府採購法之爭議審議判斷程序。（100地四）

（　）22. 就未踐行法定先行程序而提起之訴願，受理訴願機關應為如何之處理？　(A)應通知訴願人補正踐行先行程序　(B)應為訴願不合法之不受理決定　(C)應裁定停止訴願程序並移送先行程序　(D)應為訴願無理由之駁回決定。（107地四）

（　）23. 下列何者在提起訴願前須經先行程序？　(A)納稅義務人不服財政部國稅局之補繳稅款核定　(B)土地所有權人不服主管機關之命繳納代履行費處分　(C)建物所有人不服主管機關之命拆除處分　(D)工廠不服環保機關之勒令停工處分。（107地四）

（　）24. 訴願程序之前，特別法定有異議或類似之程序，若未經相關程序不得提起訴願，亦即所謂訴願之先行程序。下列何者非屬訴願之先行程序？　(A)稅捐稽徵法上之申請復查程序　(B)專利法之申請再審查程序　(C)教師法之申訴、再申訴程序　(D)海關緝私條例之異議程序。（108高）

( )　25. 下列何者爭議，得提起行政訴訟？　(A)國家賠償法之國家賠償訴訟
　　　(B)公職人員選舉罷免法之當選無效訴訟　(C)地方自治團體立法機關內
　　　部自律決議　　(D)不服依道路交通管理處罰條例所為之交通裁決。
　　　（104高）

( )　26. 針對下列何者，享有訴權而得提起行政訴訟？　(A)請求行政機關拆除
　　　全市之違章建築　(B)一般消費者請求公平交易委員會取締誇大不實的
　　　廣告　(C)公務人員申請退休金，未獲發給。　(D)請求設置社區公園。
　　　（104警）

( )　27. A為公立學校教師，其遭學校依教師法第14條第1項第7款「行為不檢有
　　　損師道」之規定予以解聘，學校於解聘通知書上註明A不服解聘時，得
　　　依教師法第29條第1項及第33條規定提出救濟。按教師法第29條第1項
　　　係規定：「教師對主管教育行政機關或學校有關其個人之措施，認為
　　　違法或不當，致損其權益者，得向各級教師申訴評議委員會提出申
　　　訴」，同法第33條則規定：「教師不願申訴或不服申訴、再申訴決定
　　　者，得按其性質依法提起訴訟或依訴願法或行政訴訟法或其他保障法
　　　律等有關規定，請求救濟」。請問關於A不服學校解聘措施所提出之法
　　　律救濟，下列敘述何者正確？　(A)A依法提起訴訟前，應先提起教師
　　　申訴　(B)教師申訴之標的限於非屬行政處分者，A不服學校之解聘處
　　　分，依法只能提起訴願　(C)A不服申訴、再申訴決定者，可直接提起
　　　行政訴訟　(D)A應同時提起教師申訴與請求國家賠償。（101地三）

( )　28. 下列何種訴訟不是由行政法院審理？　(A)處分撤銷之訴　(B)義務之訴
　　　(C)處分無效確認之訴　(D)人員選舉之當選無效之訴。（104高）

( )　29. 下列何項敘述非屬於行政爭訟之規範範圍？　(A)國家與人民間之公權
　　　力行使爭議案件　(B)商標專利申請之爭議案件　(C)全民健康保險給付
　　　爭議案件　(D)全民健康保險被保險人與特約醫事服務機構之醫療爭議
　　　案件。（100高）

( )　30. 下列何爭議不得向行政法院提起訴訟？　(A)行政機關辦公大樓承攬契
　　　約尾款之給付　(B)行政機關辦公大樓招標之採購爭議　(C)公務員免職
　　　處分　(D)所得稅課稅爭議。（100地四）

( )　31. 下列何種行為不得提起行政訴訟？　(A)國宅承租契約之解除　(B)命
　　　拆除違章建築的處分　(C)公物的一般使用　(D)公務員的任命。
　　　（100地四）

( )　32. 下列何者並非行政法院所得審查之行政處分？　(A)高等法院否准律師
登錄之申請　(B)立法機關首長對所屬職員之免職處分　(C)對於外國派
遣之使節予以拒絕　(D)監察院對於違反公職人員財產申報義務公務員
之罰鍰。（101地三）

( )　33. 不服經濟部就商標註冊事件所為之訴願決定，應向何法院請求救濟？
(A)最高行政法院　(B)高等行政法院　(C)地方法院　(D)智慧財產法
院。（101高）

( )　34. 中央健康保險局為執行其法定之職權，就辦理全民健康保險醫療服務有
關事項，與醫事服務機構締結全民健康保險特約醫事服務機構合約，
約定由特約醫事服務機構提供被保險人醫療保健服務，締約雙方如對
契約內容發生爭議，其應提起何種行政救濟？　(A)審議程序　(B)訴願
程序　(C)撤銷訴訟　(D)給付訴訟。（100高）

( )　35. 下列何者，依現行法制，行政法院有審理之權限？　(A)公民投票提案
是否成立事件　(B)社會秩序維護法事件　(C)公職人員選舉無效訴訟事
件　(D)政黨違憲之解散事件。（101普）

( )　36. 下列何者屬於行政法院之審判權限？　(A)違反社會秩序維護法之事件
(B)冤獄賠償事件　(C)公務人員因考績被免職事件　(D)國家賠償事
件。（99地四）

( )　37. 下列何者得對之提起行政訴訟？　(A)警察機關依社會秩序維護法裁處
罰鍰之處分　(B)公務人員保障暨培訓委員會再申訴決定　(C)會計師懲
戒覆審委員會之覆審決定　(D)律師懲戒覆審委員會之覆審決定。
（101高）

( )　38. 下列何者不屬於行政法院審判權之範圍？　(A)公務員懲處事件　(B)公
務員懲戒事件　(C)公務員退休金請求事件　(D)公務員撫卹事件。
（102地四）

( )　39. 下列案件，公務員於依公務人員保障法提起救濟後，何者不得提起行政
訴訟？　(A)因記二大過致年終考績為丁等而免職　(B)經認定不符辦理
退休優惠存款之資格　(C)請求調任同一機關之其他單位　(D)有侵占公
款之嫌已提起公訴而被停職。（104警）

( )　40. 下列有關訴願與行政訴訟之敘述，何者錯誤？　(A)訴願管轄機關原則
上為原處分機關之上級機關，或該機關本身；行政訴訟則由行政法院
審理　(B)訴願與行政訴訟均屬於司法權作用　(C)撤銷訴願之審理範圍
為行政處分之違法或不當；撤銷訴訟之審理範圍為行政處分之違法
(D)撤銷訴願與撤銷訴訟之提起均有法定時間之限制。（103警）

( )　41.下列何者為行政訴訟及訴願制度共同採取之制度？　(A)均採先實體後程序之審理方式　(B)均以書面審查為原則　(C)均得委任代理人　(D)事件之終結均以判決為之。（100警）

( )　42.關於行政訴訟所採取之基本原則，下列何者正確？　(A)採當事人進行原則，由當事人主導訴訟之進行　(B)採職權原則，由法院決定訴訟標的及訴訟程序之開始與終結　(C)採職權調查原則，訴訟資料之取得由行政法院依職權為之　(D)採書狀審理原則，當事人之主張須向法院提出書狀始為有效。（100警）

( )　43.關於行政訴訟程序之審理原則，下列敘述何者錯誤？　(A)行政訴訟第一審程序原則上採取言詞審理　(B)行政訴訟程序原則上採取自由心證主義　(C)行政訴訟程序原則上採取公開審理　(D)行政法院之裁判無需說明理由。（101普）

( )　44.關於行政訴訟上證據敘述，下列何者錯誤？　(A)行政訴訟原則上採法定證據主義　(B)行政法院於撤銷訴訟，應依職權調查證據　(C)行政法院得囑託行政機關調查證據　(D)行政訴訟亦有聲請保全證據之制度。（103普）

( )　45.A因違規停車而遭到警察機關委託之民間業者拖吊，A不服違規停車之罰鍰處分，A應如何救濟？　(A)提起訴願　(B)依行政執行法第9條聲明異議　(C)提起行政訴訟　(D)向地方法院聲明異議。（101地三）

( )　46.關於最高行政法院之敘述，下列何者錯誤？　(A)設於中央政府所在地　(B)隸屬於最高法院　(C)其審判以法官5人合議行之　(D)判決不經言詞辯論為之。（103普）

( )　47.現行行政訴訟之審級制為何？　(A)三級三審　(B)三級二審　(C)二級三審　(D)二級二審。（105普）

( )　48.依行政訴訟法規定，現行之審級制度為何？　(A)三級三審制　(B)三級二審制　(C)二級二審制　(D)二級一審制。（107地四）

( )　49.現行之行政訴訟採三級二審，在地方法院設置下列何者？　(A)交通法庭　(B)行政訴訟庭　(C)財政稅務庭　(D)環境事件庭。（105地三）

( )　50.行政訴訟採三級二審制，下列敘述何者錯誤？　(A)三級係指最高行政法院、高等行政法院及地方法院行政訴訟庭　(B)簡易訴訟程序係以地方法院行政訴訟庭為第一審，並得上訴至最高行政法院　(C)第一審採事實審，第二審則為法律審　(D)通常訴訟程序事件係以高等行政法院為第一審，並得上訴至最高行政法院。（107普）

( )｜51.關於行政訴訟制度之敘述，下列何者正確？　(A)採處分權主義　(B)不採情況判決　(C)一律採間接審理主義　(D)一律不採言詞審理主義。（107地四）

解答及解析

1. **D**

2. **B**　釋字第440號解釋：「人民之財產權應予保障，憲法第15條設有明文。國家機關依法行使公權力致人民之財產遭受損失，若逾其社會責任所應忍受之範圍，形成個人之特別犧牲者，國家應予合理補償。」

3. **B**

4. **D**　釋字第400解釋：「既成道路符合一定要件而成立公用地役關係者，其所有權人對土地既已無從自由使用收益，形成因公益而特別犧牲其財產上之利益，國家自應依法律之規定辦理徵收給予補償，各級政府如因經費困難，不能對上述道路全面徵收補償，有關機關亦應訂定期限籌措財源逐年辦理或以他法補償。」

5. **B**　　6. **A**　　　7. **D**　　　8. **D**

9. **B**　釋字第440號解釋：「人民之財產權應予保障，憲法第15條設有明文。國家機關依法行使公權力致人民之財產遭受損失，若逾其社會責任所應忍受之範圍，形成個人之特別犧牲者，國家應予合理補償。」

10. **A**

11. **D**　釋字第243號解釋：「中央或地方機關依公務人員考績法或相關法規之規定，對公務員所為之免職處分，直接影響其憲法所保障之服公職權利，受處分之公務員自得行使憲法第16條訴願及訴訟之權。」

12. **A**　　　13. **B**

14. **C**　訴願是最典型的行政救濟制度，也是一種要式的行政救濟制度，何謂訴願？可由各種不同的角度，為相異之定義。就我國而言，訴願係指人民因行政機關違法或不當行政處分，致其權益受到損害時，依訴願法向原處分機關之上級機關或原處分機關請求審查該處分，並決定予以救濟的方式，訴願之審查範圍為行政處分有無違法或不當。

15. **A**　16. **A**　17. **D**　18. **D**　19. **A**

20. **B**　21. **B**　22. **B**　23. **A**　24. **C**

25. **D**　26. **C**

27. **C**　教師法第 33 條：「教師不願申訴或不服申訴、再申訴決定者，得按其性質依法提起訴訟或依訴願法或行政訴訟法或其他保障法律等有關規定，請求救濟。」據此，本題 A 不服申訴、再申訴決定者，可直接提起行政訴訟。

28. **D**　29. **D**　30. **A**　31. **A**

32. **C**　行政機關之行為中，外觀上相當於具體的單方行政行為，但由於其具有高度的政治性，而不屬於公共行政之層次應視為憲法上之作為；或者此種國家機關之行為涉及對外關係，應受國際法之支配，均非行政法院所得審查之行政處分，前者事例甚多：如總統對行政院院長、內閣閣員之任命及免職、或如總統依憲法第 57 條第 2 款之核可行為；後者如對外國派遣使節之接受或拒絕、對外國使領館之外交領事官員命其限時離境等措施。此二類一般通說認為屬於排除司法機關管轄之行為，在德奧稱為不受法院管轄之高權行為，日本學者統稱為統治行為。本題「對於外國使節予已拒絕」即屬統治行為，並非行政法院所得審查之行政處分。

33. **D**　因專利法、商標法、著作權法、光碟管理條例、積體電路電路布局保護法、植物品種及種苗法及公平交易法涉及智慧財產權所生之第一審行政訴訟事件歸智慧財產法院管轄，其相關之強制執行事件亦同。又其他行政訴訟與前開訴訟合併起訴或為訴之追加時，亦向智財法院為之。

34. **D**　35. **A**　36. **C**

37. **C**　釋字第 295 號解釋：「財政部會計師懲戒覆審委員會計師所為懲戒處分之覆審決議，實質上相當於最終之訴願決定，不得再對之提起訴願、再訴願。被懲戒人如因該項決議違法，認為損害其權利者，應許其逕行提起行政訴訟，以符憲法保障人民訴訟權之意旨。」

38. **B**　依公務員懲戒法之規定，公務員之懲戒係由懲戒法院審理，不屬於行政法院審判權之範圍。

39. **C**

40. **B**　訴願屬行政權作用，而行政訴訟則屬司法權作用。

41. **C**　42. **C**

43. **D**　行政訴訟法第 209 條第 1 項：「判決應作判決書記載下列各款事項：……七、理由。」

44. **A**　自由心證乃指各種證據之證明力，由法院自由判斷。與自由心證主義相反者為法定證據主義，乃指訴訟程序中之證據，何者可採信，何者不容許，何者證據力較強，何者較弱，悉依法律之規定。我國與其他大陸法系國家一樣，各種訴訟程序及行政程序均採自由心證為原則。

行政訴訟法第 189 條第 1 項規定：「行政法院為裁判時，應斟酌全辯論意旨及調查證據之結果，依論理及經驗法則判斷事實之真偽。但別有規定者，不在此限。」所謂自由心證即係法院對證據力之判斷，不受一成不變之各種法則的拘束，惟仍應綜合全辯論意旨及調查證據之結果，加以斟酌，依據論理法則及經驗法則判斷事實真偽。

45. **C**　自 101 年 9 月 6 日起行政訴訟改採「三級二審」新制。地方法院行政訴訟庭審理簡易程序事件之第一審、交通裁決事件之第一審、保全證據、保全程序及行政訴訟強制執行等事件。高等行政法院審理通常程序事件之第一審、簡易程序與交通裁決之上訴及抗告等事件。最高行政法院除審理通常程序之上訴及抗告事件外，於有統一法律見解必要時，亦受理由高等行政法院裁定移送之簡易程序及交通裁決之上訴或抗告事件。

46. **B**　最高行政法院隸屬司法院，是行政訴訟的終審法院。

47. **B**　配合司法院規劃將行政訴訟由二級二審改為三級二審，於地方法院設立行政訴訟庭，立法院分別三讀通過行政訴訟法、行政訴訟法施行法、智慧財產案件審理法、智慧財產法院組織法、法院組織法、行政法院組織法及道路及道路交通管理處罰條例等 7 項法律修正案。上開新修正之法律均於 101 年 9 月 6 日施行。

48. **B**　　49. **B**

50. **B**　在簡易訴訟程序事件，以地方法院行政訴訟庭為第一審管轄法院，高等行政法院為第二審管轄法院，並定位為法律審。

51. **A**

訴願法題庫

第1條 人民對中央或地方機關之行政處分，認為違法或不當，致損害其權利或利益者，得依本法提起訴願。但法律另有規定者，從其規定。
各級地方自治團體或其他公法人對上級監督機關之行政處分，認為違法或不當，致損害其權利或利益者，亦同。

（　）1. 下列何者不得作為提起訴願之程序標的？　(A)罰鍰　(B)怠金　(C)環境講習　(D)自治規則。（108高）

（　）2. 有關訴願之敘述，下列何者正確？　(A)訴願之程序標的不包括消極之不作為　(B)訴願之程序標的包括行政事實行為　(C)訴願之程序標的包括不當之行政處分　(D)人民得提起訴願請求確認行政處分違法。（104普）

（　）3. 對於下列行政行為，何者不得提起訴願？　(A)中央或地方機關之違法或不當行政處分　(B)中央或地方機關對人民依法申請之案件，於法定期間內應作為而不作為　(C)地方自治上級監督機關對地方自治團體或其他公法人所為之違法或不當行政處分　(D)已經原行政處分機關職權撤銷而不存在之行政處分。（102地三）　　　　答：1.(D)　2.(C)　3.(D)

第2條 人民因中央或地方機關對其依法申請之案件，於法定期間內應作為而不作為，認為損害其權利或利益者，亦得提起訴願。
前項期間，法令未規定者，自機關受理申請之日起為二個月。

（　）1. 人民因中央或地方機關對其依法申請之案件，於法定期間內應作為而不作為，認為損害其權利或利益者，得提起訴願。依訴願法規定，上述期間，法令未規定者，自機關受理申請之日起為時多久？　(A)1個月　(B)2個月　(C)3個月　(D)6個月。（106普）

（　）2. 下列何種情況，人民得提起訴願作為救濟手段？　(A)不滿警察對其集會遊行進行錄影蒐證　(B)不滿行政機關對其營業執照之申請案置之不理　(C)不滿市政府通過酒醉駕車防制自治條例　(D)不滿房價持續飆升。（103警）　　　　答：1.(B)　2.(B)

第4條 訴願之管轄如下：
一、不服鄉（鎮、市）公所之行政處分者，向縣（市）政府提起訴願。
二、不服縣（市）政府所屬各級機關之行政處分者，向縣（市）政府提起訴願。
三、不服縣（市）政府之行政處分者，向中央主管部、會、行、處、局、署提起訴願。

四、不服直轄市政府所屬各級機關之行政處分者，向直轄市政府提起訴願。

五、不服直轄市政府之行政處分者，向中央主管部、會、行、處、局、署提起訴願。

六、不服中央各部、會、行、處、局、署所屬機關之行政處分者，向各部、會、行、處、局、署提起訴願。

七、不服中央各部、會、行、處、局、署之行政處分者，向主管院提起訴願。

八、不服中央各院之行政處分者，向原院提起訴願。

( ) 1. 人民不服鄉、鎮、市公所所為之行政處分而提起訴願，其訴願管轄機關為何？　(A)中央該管部、會　(B)縣、市政府　(C)原處分機關　(D)縣、市政府所屬機關。（97普）

( ) 2. 不服臺北市政府工務局之行政處分者，應向何一機關提起訴願？　(A)臺北市政府　(B)臺灣省政府　(C)內政部　(D)行政院。（96普）

( ) 3. 高雄市某化學工廠排放有毒氣體，遭高雄市政府環境保護局查獲後罰款3萬元。工廠負責人不服該行政處分，依法得向何機關提起訴願？　(A)高雄市政府　(B)高雄高等行政法院　(C)高雄地方法院　(D)行政院環境保護署。（106地四）

( ) 4. 不服中央各部、會、局、署所屬機關之行政處分，何者為訴願管轄機關？　(A)中央各部、會、局、署　(B)中央主管院　(C)各部、會、局、署之所屬機關　(D)中央主管院或中央各部、會、局、署。（100警）

( ) 5. 不服中央各部、會之行政處分者，應向下列何機關提起訴願？　(A)中央各部、會　(B)主管院　(C)一律向行政院　(D)總統府。（102普）

( ) 6. 公平交易委員會為獨立機關，對於其作成之行政處分不服，訴願管轄機關為：　(A)公平交易委員會　(B)行政院　(C)經濟部　(D)財政部。（103警）

( ) 7. 甲參加公務員考試，經錄取後參加訓練，經公務人員保障暨培訓委員會（保訓會）核定訓練成績不及格。甲不服，關於救濟途徑之敘述，下列何者正確？　(A)向保訓會提起復審，未獲救濟後向行政法院提起訴訟　(B)向行政院提起訴願，未獲救濟後向行政法院提起訴訟　(C)向訓練機關提起申訴，未獲救濟後向保訓會提起再申訴　(D)向考試院提起訴願，未獲救濟後向行政法院提起訴訟。（108高）

( ) 8. 依訴願法第4條規定，不服下列何機關之行政處分，得向行政院提起訴願？　(A)行政院勞工委員會　(B)彰化縣政府勞工局　(C)臺北市政府環境保護局　(D)經濟部智慧財產局。（99普）

( )　9.關於國道新建工程局（下稱國工局）為興建北宜高速公路某路段工程需要，需用宜蘭縣內數筆土地及其土地改良物，報經內政部土地徵收審議委員會會議通過，並經內政部函核准徵收，宜蘭縣政府公告徵收。地主A如認本案違法強行徵收，未踐行協議價購程序，又徵收補償價額太低，不服徵收處分，欲提起訴願。依法應向下列何者提起？　(A)國工局　(B)內政部　(C)宜蘭縣　(D)行政院。（102高）

( )　10.下列有關行政救濟之敘述，何者正確？　(A)國中教師騎機車未戴安全帽，與員警發生爭執遭記過，得依公務人員保障法提起申訴、再申訴　(B)高雄市公共車船管理處職工管理規則所僱用之技工遭資遣，得依公務人員保障法提起復審　(C)法院書記官報名中醫師考試，經考選部認定應考資格不符，應予退件，得依訴願法向考試院提起訴願　(D)臺中市政府公務員之土地因地政人員登記錯誤請求國家賠償遭拒，得依訴願法向臺中市政府提起訴願。（105高）

( )　11.對於行政院所為之行政處分不服者，應向下列何者提起訴願？　(A)總統府　(B)行政法院　(C)行政院　(D)監察院。（102警）

( )　12.人民因不服考試院所為之行政處分欲提訴願時，應向下列何者提起訴願？　(A)總統府　(B)行政法院　(C)行政院　(D)考試院。（106地四）

( )　13.有關訴願之管轄，下列敘述何者正確？　(A)不服臺北市政府衛生局依食品安全衛生管理法處以罰鍰之處分，向行政院提起訴願　(B)不服公平交易委員會禁止事業結合之處分，向經濟部提起訴願　(C)不服苗栗縣政府依爆竹煙火管理條例所為之罰鍰處分，向內政部提起訴願　(D)不服臺北市政府內湖區公所審認不符合低收入戶資格，向內政部提起訴願。（106地三）

答：1.(B)　2.(A)　3.(A)　4.(A)　5.(B)　6.(B)　7.(D)　8.(A)　9.(D)　10.(C)　11.(C)　12.(D)　13.(C)

第6條　對於二以上不同隸屬或不同層級之機關共為之行政處分，應向其共同之上級機關提起訴願。

( )　1.不服二以上不同隸屬或不同層級之機關共為之行政處分，應向何機關提起訴願？　(A)其共同之上級機關所指定之機關　(B)其共同之上級機關　(C)層級較高之機關　(D)由訴願人自行選擇之機關。（92初、92地、97普）

( )　2.對於二以上不同隸屬或不同層級之機關共為之行政處分，應向下列何機關提起訴願？　(A)其共同之上級機關　(B)原處分機關　(C)其中任何一機關之上級機關　(D)共為行政處分之機關。（102普）答：1.(B)　2.(A)

第 7 條　無隸屬關係之機關辦理受託事件所為之行政處分，視為委託機關之行政處分，其訴願之管轄，比照第四條之規定，向原委託機關或其直接上級機關提起訴願。

( )　1.依訴願法第7條之規定，無隸屬關係之機關辦理受託事件所為之行政處分，其效果如何？　(A)視為委託機關之行政處分　(B)應向受委託機關之上級機關提起訴願　(C)於受託行使公權力之範圍，視為行政機關　(D)為受託機關之行政處分。（105地四）

( )　2.甲機關為中央二級機關，因業務上之需要，將其權限之一部分交由不相隸屬乙機關執行，則於不服乙機關之處分而提起訴願時，訴願管轄機關為？　(A)甲機關　(B)甲機關之上級機關　(C)乙機關　(D)乙機關之上級機關。（101移三）

( )　3.下列有關訴願法第7條權限委託之敘述，何者錯誤？　(A)權限委託乃無隸屬關係之機關辦理受託事件　(B)原委託機關依法視為處分機關　(C)應以受託機關或其直接上級機關為訴願管轄機關　(D)應以原委託機關或其直接上級機關為訴願管轄機關。（104警）　　　　答：1.(A) 2.(B) 3.(C)

第 8 條　有隸屬關係之下級機關依法辦理上級機關委任事件所為之行政處分，為受委任機關之行政處分，其訴願之管轄，比照第四條之規定，向受委任機關或其直接上級機關提起訴願。

( )　1.有隸屬關係之下級機關辦理上級機關委任事項所為之行政處分，其訴願之管轄？　(A)向受委任機關或其直接上級機關提起　(B)向受委任機關提起　(C)向委任機關或其直接上級機關提起　(D)向行政法院提起。（101警）

( )　2.人民不服臺北市政府衛生局辦理臺北市政府委任事件所為之行政處分，訴願應由何機關管轄？　(A)臺北市政府衛生局　(B)臺北市政府　(C)衛生福利部　(D)內政部。（102地四）　　　　答：1.(A) 2.(B)

第 9 條　直轄市政府、縣（市）政府或其所屬機關及鄉（鎮、市）公所依法辦理上級政府或其所屬機關委辦事件所為之行政處分，為受委辦機關之行政處分，其訴願之管轄，比照第四條之規定，向受委辦機關之直接上級機關提起訴願。

( )　1.人民不服直轄市政府、縣（市）政府或其所屬機關及鄉（鎮、市）公所依法辦理上級政府或其所屬機關委辦事件所為之行政處分，應向何者提起訴願？　(A)受委辦機關　(B)受委辦機關之直接上級機關　(C)原委辦機關　(D)原委辦機關之直接上級機關。（106普）

( )　2. 直轄市政府甲，依法律之規定辦理經濟部委辦事項，下列敘述何者錯誤？　(A)甲辦理該委辦事項時締結之行政契約，應經經濟部之認可，始生效力　(B)甲辦理該委辦事項，得依法律之授權而訂定委辦規則　(C)甲辦理該委辦事項，欲作成行政處分，應以甲自己之名義為之　(D)甲辦理該委辦事項，作成行政處分，處分相對人若對該行政處分不服，應向該直轄市政府提起訴願。（104警）　　　　　　　　答：1.(B) 2.(D)

第 10 條　依法受中央或地方機關委託行使公權力之團體或個人，以其團體或個人名義所為之行政處分，其訴願之管轄，向原委託機關提起訴願。

( )　1. 受託行使公權力之團體或個人，以其名義所為之行政處分，應向下列何者提起訴願？　(A)該受託之團體或個人　(B)原委託機關　(C)原委託機關或原委託機關之上級機關　(D)原委託機關之上級機關。（101普）

( )　2. 依訴願法之規定，受機關委託行使公權力之團體或個人，以其團體或個人名義所為之行政處分，其訴願管轄，應向下列何者提起？　(A)原委託機關　(B)原委託機關之上級機關　(C)受託行使公權力之團體或個人　(D)行政院。（102警）

( )　3. 依法受中央或地方機關委託行使公權力之團體或個人，以其團體或個人名義所為之行政處分，其訴願之管轄機關應為下列何者？　(A)原委託機關　(B)該受託之團體或個人　(C)法務部或地方法制機關　(D)行政院或地方政府。（101地四）

( )　4. 臺北市政府委託甲民間團體行使公權力，致人民權益受侵害而提起訴願，其訴願管轄機關為何？　(A)甲民間團體　(B)臺北市政府　(C)中央主管機關　(D)行政院。（106地三）

( )　5. 總公司設於臺北市的豪邁機動車有限公司南投分公司，受行政院環境保護署委託檢驗汽機車排放廢氣量，試問受驗車輛車主不服檢測結果時，依訴願法之規定何者為訴願管轄機關？　(A)豪邁機動車臺北總公司　(B)豪邁機動車南投分公司　(C)行政院　(D)行政院環境保護署。（101地三）

( )　6. 依訴願法及行政訴訟法有關管轄及當事人之規定，下列敘述何者正確？　(A)依法受中央機關委託行使公權力之團體，以其團體名義所為之行政處分，其訴願之管轄，向原委託機關提起訴願　(B)人民與受委託行使公權力之團體，因受託事件涉訟者，以委託之機關為行政訴訟之被告　(C)不服中央各院之行政處分者，向總統府提起訴願　(D)被告中央機關經裁撤者，無論其是否有業務承受機關，皆應以其原所屬院為行政訴訟之被告。（100地三）　　答：1.(B) 2.(A) 3.(A) 4.(B) 5.(D) 6.(A)

第 14 條 訴願之提起，應自行政處分達到或公告期滿之次日起三十日內為之。
利害關係人提起訴願者，前項期間自知悉時起算。但自行政處分達到或公告期滿後，已逾三年者，不得提起。
訴願之提起，以原行政處分機關或受理訴願機關收受訴願書之日期為準。
訴願人誤向原行政處分機關或受理訴願機關以外之機關提起訴願者，以該機關收受之日，視為提起訴願之日。

( ) 1.訴願之提起，至遲應自行政處分達到或公告期滿之次日起幾日內為之？
(A)30日　(B)45日　(C)60日　(D)3個月。（102普、104普）

( ) 2.住在臺北市的甲，於某年1月26日收受財政部臺北市國稅局之復查決定書，如擬提起訴願，訴願期間之末日為：　(A)2月25日　(B)2月26日　(C)3月25日　(D)3月26日。（103普）

( ) 3.依據訴願法規定，利害關係人提起訴願者，訴願期間自行政處分達到或公告期滿後，已逾下列何項時間，不得提起？　(A)一年　(B)二年　(C)三年　(D)無時間限制，皆能提起。（101地四）

( ) 4.有關訴願之提起，依訴願法第14條之規定，下列敘述何者正確？　(A)以訴願書上記載之日期為準　(B)以原處分機關或受理訴願機關收受訴願書之日期為準　(C)以受理訴願機關承辦人收受訴願書之日期為準　(D)以訴願書交郵當日之郵戳為準。（103高）

( ) 5.下列敘述何者錯誤？　(A)受處分人提起訴願，應自行政處分達到之次日起30日內為之　(B)利害關係人提起訴願，應自知悉行政處分之次日起30日內為之　(C)有關訴願期間是否遵守，以原行政處分機關或受理訴願機關收受訴願書之日期為準　(D)訴願之提起，訴願人誤向原行政處分機關或受理訴願機關以外之機關提起訴願者，以該機關移轉原行政處分機關或受理訴願機關之日為準。（103普）

答：1.(A)　2.(A)　3.(C)　4.(B)　5.(D)

第 15 條 訴願人因天災或其他不應歸責於己之事由，至遲誤前條之訴願期間者，於其原因消滅後十日內，得以書面敘明理由向受理訴願機關申請回復原狀。但遲誤訴願期間已逾一年者，不得為之。
申請回復原狀，應同時補行期間內應為之訴願行為。

( ) 訴願人因天災或其他不可歸責於己之事由，致遲誤訴願期間者，於原因消滅後幾日內，得以書面敘明理由向受理訴願機關申請回復原狀：
(A)10日　(B)15日　(C)20日　(D)30日。（95地三）　　答：(A)

第 17 條 期間之計算，除法律另有規定外，依民法之規定。

( ) 下列有關訴願期日與期間之敘述，何者正確？ (A)訴願之提起，應自行政處分達到或公告期滿之次日起3個月內為之 (B)利害關係人提起訴願者，自行政處分達到或公告期滿後，已逾1年者，不得提起 (C)訴願人因天災或其他不應歸責於己之事由，致遲誤訴願期間者，於其原因消滅後30日內，得以書面敘明理由，向受理訴願機關申請回復原狀 (D)期間之計算，除法律另有規定外，依民法之規定。（106地四） 答：(D)

第 21 條 二人以上得對於同一原因事實之行政處分，共同提起訴願。
前項訴願之提起，以同一機關管轄者為限。

( ) 1.下列關於共同訴願之敘述何者正確？ (A)二人以上對於同一原因事實之行政處分，以同一機關管轄者為限，得共同提起訴願 (B)共同提起訴願，得選定其中一人至五人為代表人 (C)共同提起訴願，未選定代表人者，受理訴願機關得依職權指定之 (D)代表人經選定或指定後，由其代表全體訴願人為訴願行為。但撤回訴願，非經全體代表人書面同意，不得為之。（99地三）

( ) 2.依訴願法之規定，下列有關共同訴願之敘述，何者錯誤？ (A)共同訴願，得對不同機關管轄之事件提起 (B)共同訴願，得選定其中1人至3人為代表人 (C)共同訴願，經選定代表人者，非經全體訴願人書面同意，代表人不得撤回 (D)共同訴願，代表人有2人以上者，均得單獨代表共同訴願人為訴願行為。（102警） 答：1.(A) 2.(A)

第 25 條 代表人經選定或指定後，仍得更換或增減之。
前項代表人之更換或增減，非以書面通知受理訴願機關，不生效力。

( ) 關於共同訴願制度，下列敘述何者正確？ (A)共同訴願人得選定其中四至五名為代表人 (B)代表人經選定後，仍得更換或增減之 (C)若訴願人死亡，其代表人之代表權隨之消滅 (D)代表人可直接撤回訴願，毋須經全體訴願人之書面同意。（96地三） 答：(B)

第 28 條 與訴願人利害關係相同之人，經受理訴願機關允許，得為訴願人之利益參加訴願。受理訴願機關認有必要時，亦得通知其參加訴願。
訴願決定因撤銷或變更原處分，足以影響第三人權益者，受理訴願機關應於作成訴願決定之前，通知其參加訴願程序，表示意見。

( ) 1.下列關於訴願之參加之敘述，何者正確？ (A)與訴願人利害關係相同之人得為參加人 (B)訴願參加應得訴願人之同意 (C)得為利害關係人之利益參加訴願 (D)受理訴願機關不得主動通知訴願人以外之人參加訴願。（106普）

（　）2.依訴願法第28條第1項之規定，下列有關與訴願人利害關係相同之人參
　　　加訴願之敘述，何者錯誤？　(A)須經受理訴願機關之允許　(B)得為訴
　　　願人之利益參加訴願　(C)亦得為自己之利益參加訴願　(D)受理訴願機
　　　關亦得通知其參加訴願。（97普）　　　　　　　　答：1.(A)　2.(C)

第32條　訴願人或參加人得委任代理人進行訴願。每一訴願人或參加人委任之訴
　　　　願代理人不得超過三人。

（　）　下列關於訴願人的敘述，何者正確？　(A)訴願之提起為高度個人性之
　　　事務，未成年人與禁治產人，亦應獨立為之，惟原處分機關應給予必要
　　　之協助　(B)多數人對於同一原因事實之行政處分，提起訴願時，僅有
　　　當事人得選定代表人，不得由受理訴願機關指定　(C)訴願人或參加人
　　　得委任代理人進行訴願，但每一訴願人或參加人委任之訴願代理人不得
　　　超過三人　(D)輔佐人到場所為之陳述，訴願人、參加人或訴願代理人
　　　不得撤銷或更正，其陳述視為訴願人等所自為。（99普）　　答：(C)

第36條　訴願代理人有二人以上者，均得單獨代理訴願人。
　　　　違反前項規定而為委任者，其訴願代理人仍得單獨代理。

（　）　關於訴願代理，下列敘述何者錯誤？　(A)每一訴願人委任之代理人不
　　　得超過三人　(B)訴願代理人最初為訴願行為時，應向受理訴願機關提
　　　出委任書　(C)代理人撤回訴願應受特別委任　(D)訴願代理人有二人以
　　　上者，應共同代理訴願。（98地四）　　　　　　　　　答：(D)

第49條　訴願人、參加人或訴願代理人得向受理訴願機關請求閱覽、抄錄、影印
　　　　或攝影卷內文書，或預納費用請求付與繕本、影本或節本。
　　　　前項之收費標準，由主管院定之。

（　）　下列何者無向受理訴願機關申請閱覽卷宗之權利？　(A)訴願輔佐人
　　　(B)訴願代理人　(C)訴願參加人　(D)訴願人本人。（108普）　答：(A)

第50條　第三人經訴願人同意或釋明有法律上之利害關係，經受理訴願機關許可
　　　　者，亦得為前條之請求。

第51條　下列文書，受理訴願機關應拒絕前二條之請求：
　　　　一、訴願決定擬辦之文稿。
　　　　二、訴願決定之準備或審議文件。
　　　　三、為第三人正當權益有保密之必要者。
　　　　四、其他依法律或基於公益，有保密之必要者。

（　）　對於訴願卷宗，下列敘述何者正確？　(A)僅訴願代理人始得請求閱覽
　　　(B)第三人不得請求閱覽訴願卷宗　(C)訴願卷宗全部均得請求閱覽　(D)
　　　請求受理訴願機關付予卷宗影本，申請人應支付費用。（99高）　答：(D)

第 52 條　各機關辦理訴願事件，應設訴願審議委員會，組成人員以具有法制專長者為原則。
訴願審議委員會委員，由本機關高級職員及遴聘社會公正人士、學者、專家擔任之；
其中社會公正人士、學者，專家人數不得少於二分之一。
訴願審議委員會組織規程及審議規則，由主管院定之。

(　) 1. 訴願審議委員會委員，應由本機關高級職員及遴聘社會公正人士、學者、專家擔任之，其中社會公正人士、學者、專家人數至少不得少於：(A)二分之一、(B)三分之一、(C)三分之二、(D)四分之三。（102地四）

(　) 2. 有關訴願審議委員會之敘述，下列何者正確？　(A)訴願審議委員會具有機關之地位　(B)遴聘社會公正人士、學者、專家人數不得少於二分之一、(C)訴願決定之決議，以委員過半數之出席，出席委員三分之二之同意行之　(D)訴願管轄機關之長官，得逕自變更訴願審議之決定。（105普）

(　) 3. 關於訴願審議委員會之敘述，下列何者錯誤？　(A)組成人員以具有法制專長者為原則　(B)全體委員應由本機關遴聘社會公正人士、學者、專家擔任之　(C)訴願決定應經訴願審議委員會會議之決議，其決議以委員過半數之出席，出席委員過半數之同意行之　(D)委員於審議中所持與決議不同之意見，經其請求者，應列入紀錄。（106普）

答：1.(A) 2.(B) 3.(B)

第 53 條　訴願決定應經訴願審議委員會會議之決議，其決議以委員過半數之出席，出席委員過半數之同意行之。

(　) 1. 依訴願法規定，訴願審議委員會為訴願決定時，應符合下列何者要件，始得作成？　(A)四分之三委員出席，出席委員四分之三同意　(B)三分之二委員出席，出席委員三分之二同意　(C)二分之一委員出席，出席委員三分之二同意　(D)二分之一委員出席，出席委員二分之一同意。（107普）

(　) 2. 有關訴願審議委員會會議訴願決定之決議的敘述，下列何者正確？(A)須以委員過半數之出席，出席委員過半數之同意行之　(B)須以委員半數以上（含半數）之出席，出席委員半數以上（含半數）之同意行之(C)須以委員過三分之二之出席，出席委員過三分之二之同意行之　(D)須以委員三分之二以上（含三分之二）出席，出席委員三分之二以上（含三分之二）之同意行之。（106地四）

答：1.(D) 2.(A)

第 55 條 訴願審議委員會主任委員或委員對於訴願事件有利害關係者，應自行迴避，不得參與審議。

( ) 1. 以下對訴願審議委員會之說明，何者正確？ (A)組成人員應皆具有法制專長 (B)社會公正人士、專家、學者人數不得少於三分之一、(C)訴願決定應經委員過半數出席，出席委員三分之二同意行之 (D)訴願審議委員對於訴願事件有利害關係者，應自行迴避。（96高）

( ) 2. 各機關辦理訴願事件，應設訴願審議委員會。下列相關敘述，何者正確？ (A)組成委員中，社會公正人士、學者、專家人數不得少於三分之一、(B)訴願決定其決議以委員過半數之出席，出席委員三分之二之同意行之 (C)委員對於有利害關係之訴願事件應自行迴避，不得參與 (D)委員於審議中所持與決議不同之意見，即使經其請求，亦可不必列入紀錄。（98普）

答：1.(D) 2.(C)

第 58 條 訴願人應繕具訴願書經由原行政處分機關向訴願管轄機關提起訴願。
原行政處分機關對於前項訴願應先行重新審查原處分是否合法妥當，其認訴願為有理由者，得自行撤銷或變更原行政處分，並陳報訴願管轄機關。
原行政處分機關不依訴願人之請求撤銷或變更原行政處分者，應儘速附具答辯書，並將必要之關係文件，送於訴願管轄機關。
原行政處分機關檢卷答辯時，應將前項答辯書抄送訴願人。

( ) 1. 依訴願法第58條第1項規定，訴願人應繕具訴願書經由何者向訴願管轄機關提起訴願？ (A)原行政處分機關 (B)行政法院 (C)普通法院 (D)行政執行處。（98普）

( ) 2. A企業申請赴大陸地區投資，遭經濟部予以否准，A企業提起訴願後，依訴願法第58條第2項規定，下列何者應重新審查原處分是否合法妥當？ (A)經濟部 (B)經濟部訴願審議委員會 (C)行政院 (D)行政院訴願審議委員會。（100普、100地四）

( ) 3. 某甲為市議員，因具有雙重國籍身分違反公職人員選舉罷免法規定，遭中央選舉委員會撤銷其當選資格，下列有關其救濟程序敘述何者錯誤？ (A)甲得繕具訴願書，經由中央選舉委員會向行政院提起訴願 (B)中央選舉委員會應先行重新審查其原處分是否合法妥當，若認訴願有理由者，仍不得自行撤銷或變更原處分，須陳報行政院處置 (C)中央選舉委員會不依甲所提出之訴願請求撤銷或變更原處分者，應附具答辯書與必要關係文件送交行政院 (D)甲直接向行政院提起訴願者，行政院應將訴願書影本或副本送交中央選舉委員會，俾利其自行審查是否撤銷變更或答辯。（101普）

( ) 4. 關於訴願程序之敘述，下列何者正確？　(A)訴願人經由原行政處分機關提起訴願時，原行政處分機關應重新審查原行政處分是否合法妥當　(B)訴願人提起訴願後，除法律另有規定外，原行政處分之執行即因而停止　(C)受理訴願機關於訴願程序進行中所為之程序上處置，訴願人應立即提出異議，不得於行政訴訟中主張　(D)訴願人向受理訴願機關提起訴願者，受理訴願機關應即進行訴願程序，並作成決定，無須將訴願書副本送交原行政處分機關。（107高）

( ) 5. 關於訴願之提起，下列敘述何者錯誤？　(A)訴願人在法定期間內向訴願管轄機關表示不服原行政處分者，視為已在期間內提起訴願　(B)訴願提起後，於決定書送達前，訴願人得撤回之　(C)訴願人向受理訴願機關提起訴願者，應即受理訴願並直接進行審議程序　(D)訴願人誤向訴願管轄機關以外之機關為不服表示者，視為自始向訴願管轄機關提起訴願。（105地四）　　　　　　　　　　答：1.(A) 2.(A) 3.(B) 4.(A) 5.(C)

第 61 條 訴願人誤向訴願管轄機關或原行政處分機關以外之機關作不服原行政處分之表示者，視為自始向訴願管轄機關提起訴願。
前項收受之機關應於十日內向將該事件移送於原行政處分機關，並通知訴願人。

( ) 1. 訴願人誤向訴願管轄機關或原行政處分機關以外之機關作不服原行政處分之表示者，依訴願法之規定，收受之機關應於幾日內將該事件移送於原行政處分機關？　(A)10日　(B)20日　(C)30日　(D)40日。（102警）

( ) 2. 誤向原行政處分機關或訴願管轄機關以外之機關提起訴願，關於其法律效果，下列何者錯誤？　(A)以該機關收受之日，視為提起訴願之日　(B)以該機關之收受，視為自始向訴願管轄機關提起訴願　(C)收受之機關應通知訴願人於30日內補送訴願書於原行政處分機關　(D)收受之機關應於10日內將該事件移送原行政處分機關，並通知訴願人。（100警）

( ) 3. 下列何者非屬訴願事件應為不受理決定之情形？　(A)提起訴願逾法定期間　(B)提起訴願者不具當事人適格　(C)誤向訴願管轄機關或原行政處分機關以外之機關提起訴願　(D)不服之行政處分已不存在。（105警）　　　　　　　　　　答：1.(A) 2.(C) 3.(C)

第 62 條 受理訴願機關認為訴願書不合法定程式，而其情形可補正者，應通知訴願人於二十日內補正。

( ) 　提起訴願後，下列何者屬不能補正之事項？　(A)訴願提起已逾法定期限　(B)訴願書不合法定程式　(C)誤繕日期　(D)文字錯誤。（92高）

答：(A)

第 63 條 **訴願就書面審查決定之。**

受理訴願機關必要時得通知訴願人、參加人或利害關係人到達指定處所陳述意見。

訴願人或參加人請求陳述意見而有正當理由者，應予到達指定處所陳述意見之機會。

( ) 1. 訴願審議應如何進行？　(A)應經言詞辯論程序　(B)以書面審查決定為原則　(C)受理訴願機關應通知訴願人陳述意見　(D)訴願參加人無須請求即得到場陳述意見。（106普）

( ) 2. 下列有關訴願之敘述，何者正確？　(A)原則上，訴願就書面審查決定之　(B)訴願有理由者，受理訴願機關僅能撤銷原處分，不得逕為變更原行政處分　(C)訴願須經原處分機關同意後方得提起　(D)訴願人未經由原行政處分機關而直接向受理訴願機關提起訴願者，受理訴願機關應為不受理之決定。（102警）

( ) 3. 關於訴願審理原則，下列敘述何者錯誤？　(A)書面審理原則　(B)言詞審理原則　(C)職權探知原則　(D)自由心證原則。（105警）

( ) 4. 訴願審議期間，下列何者必定發生？　(A)訴願人到指定場所陳述意見　(B)鑑定人陳述意見　(C)書面審查　(D)原行政處分停止執行。（106地四）

答：1.(B) 2.(A) 3.(B) 4.(C)

第 65 條 **受理訴願機關應依訴願人、參加人之申請或於必要時，得依職權通知訴願人、參加人或其代表人、訴願代理人、輔佐人及原行政處分機關派員於指定期日到達指定處所言詞辯論。**

( )　訴願程序依訴願法之規定：　(A)採言詞審理為原則　(B)得以言詞提起，毋須書面　(C)得主動到場陳述意見　(D)必要時得進行言詞辯論。（102地三）

答：(D)

第 69 條 **受理訴願機關得依職權或依訴願人、參加人之申請，囑託有關機關、學校、團體或有專門知識經驗者為鑑定。**

受理訴願機關認無鑑定之必要，而訴願人或參加人願自行負擔鑑定費用時，得向受理訴願機關請求准予交付鑑定。受理訴願機關非有正當理由不得拒絕。

鑑定人由受理訴願機關指定之。

鑑定人有數人者，得共同陳述意見，但意見不同者，受理訴願機關應使其分別陳述意見。

( ) 1. 下列關於訴願程序中鑑定之敘述，何者正確？　(A)鑑定人由受理訴願機關指定之，但應得訴願人之同意　(B)鑑定人有數人者，應共同出具鑑定意見書　(C)鑑定人因行鑑定得請求受理訴願機關或原處分機關調

查證據　(D)受理訴願機關認無鑑定之必要，而訴願人或參加人願自行負擔鑑定費用時，得向受理訴願機關請求准予交付鑑定。受理訴願機關非有正當理由不得拒絕。（99地三）

(　) 2. 針對訴願事件的審議，下列敘述何者正確？　(A)訴願人不可到場陳述意見　(B)訴願事件不可進行言詞辯論　(C)鑑定所需費用由訴願人負擔　(D)鑑定人原則上由受理訴願機關指定之。（103普）　　　答：1.(D) 2.(D)

第 76 條 訴願人或參加人對受理訴願機關於訴願程序進行中所為之程序上處置不服者，應併同訴願決定提起行政訴訟。

(　)　訴願人或參加人對於受理訴願機關於訴願程序進行中所為之程序上處置不服者，應如何處理？　(A)應聲明異議　(B)應就該處置提起訴願　(C)應就該處置提起行政訴訟　(D)應併同訴願決定提起行政訴訟。（99普）

答：(D)

第 77 條 訴願事件有下列各款情形之一者，應為不受理之決定：
一、訴願書不合法定程式不能補正或經通知補正逾期不補正者。
二、提起訴願逾法定期間或未於第 57 條但書所定期間內補送訴願書者。
三、訴願人不符合第 18 條之規定者。
四、訴願人無訴願能力而未由法定代理人代為訴願行為，經通知補正逾期不補正者。
五、地方自治團體、法人、非法人之團體，未由代表人或管理人為訴願行為，經通知補正逾期不補正者。
六、行政處分已不存在者。
七、對已決定或已撤回之訴願事件重行提起訴願者。
八、對於非行政處分或其他依法不屬訴願救濟範圍內之事項提起訴願者。

(　) 1. 受理訴願機關認為訴願書不合法定程式而不能補正者，應如何處理？　(A)為不受理之決定　(B)通知訴願人於20日內補正　(C)以無理由決定駁回　(D)停止訴願程序之進行。（102普）

(　) 2. 下列何者訴願管轄機關得作成不受理之決定？　(A)應以他機關為訴願管轄機關　(B)訴願顯無理由　(C)訴願書不合法定程式，經通知補正逾期不補正　(D)非法人團體提起訴願。（100警）

(　) 3. 下列關於訴願程序與訴願決定之敘述，何者正確？　(A)訴願書不合法定程式不能補正或經通知補正逾期不補正者，應裁定駁回　(B)訴願程序進行中，請求撤銷之行政處分已不存在者，應為訴願無理由之決定　(C)訴願人向原處分機關表示不服原行政處分，而未於三十日期間內補送訴願書者，訴願管轄機關應為不受理之決定　(D)對於依法不屬訴願救濟範圍內之事項提起訴願者，訴願管轄機關應將案件移送至管轄機關。（99地三）

（　）4. 下列何者非屬訴願不受理決定之事由？　(A)因違反噪音管制法而遭主管機關科處罰鍰，於繳納完畢後，對該罰鍰提起之訴願　(B)因違反集會遊行法而遭警察機關命令解散，於強制驅離後，對解散命令提起之訴願　(C)對考選部否准應考試資格之決定，於提起訴願時，該考試已舉行完畢　(D)對考選部拒絕變更考試規則之決定，於考試前提起之訴願。（107普）

（　）5. 甲賴以維生之農地被徵收，甲不服該徵收處分，提起訴願。訴願程序進行中，原處分機關撤銷原處分。此時受理訴願機關應如何處理？　(A)作成「訴願駁回」之決定　(B)作成「訴願不受理」之決定　(C)作成「確認原處分違法」之決定　(D)裁定停止訴願程序。（102地四）

（　）6. 對於非行政處分而提起訴願者，訴願機關應如何處理？　(A)進行實體審查　(B)應自動轉換成為請願案　(C)應為不受理之決定　(D)以訴願無理由駁回。（99地四）　　　　答：1.(A) 2.(C) 3.(C) 4.(A) 5.(B) 6.(C)

第 79 條 **訴願無理由者，受理訴願機關應以決定駁回之。**
原行政處分所憑理由雖屬不當，但依其他理由認為正當者，應以訴願為無理由。
訴願事件涉及地方自治團體之地方自治事務者，其受理訴願之上級機關僅就原行政處分之合法性進行審查決定。

（　）1. 原處分所憑理由雖屬不當，但依其他理由認為正當者，受理訴願機關應為如何之訴願決定？　(A)訴願不受理　(B)訴願駁回　(C)決定撤銷原行政處分並發回原行政處分機關另為適法之處分　(D)情況決定。（102普）

（　）2. 甲向某市政府申請核發營業執照，遭否准，甲不服，提起訴願。於訴願審議中，該市政府撤銷原否准決定，為核發營業執照之處分。此時訴願審議委員會依法應為如何之決定？　(A)訴願不受理　(B)以訴願不合法駁回　(C)以訴願無理由駁回　(D)撤銷原處分，自為核定處分。（107地三）

（　）3. 訴願事件涉及地方自治團體之地方自治事務，受理訴願機關應如何審議？　(A)須就原行政處分之妥當性進行審查　(B)尊重地方自治事務權，僅就程序審查　(C)僅就原行政處分之合法性進行審查決定　(D)僅就原行政處分之合目的性進行審查決定。（105高）

答：1.(B) 2.(C) 3.(C)

第 80 條 **提起訴願因逾法定期間而為不受理決定時，原行政處分顯屬違法或不當者，原行政處分機關或其上級機關得依職權撤銷或變更之。但有左列情形之一者，不得為之：**

一、其撤銷或變更對公益有重大危害者。

二、行政處分受益人之信賴利益顯然較行政處分撤銷或變更所欲維護之公益更值得保護者。

行政處分受益人有左列情形之一者，其信賴不值得保護：

一、以詐欺、脅迫或賄賂方法，使原行政處分機關作成行政處分者。

二、對重要事項提供不正確資料或為不完全陳述，致使原行政處分機關依該資料或陳述而作成行政處分者。

三、明知原行政處分違法或因重大過失而不知者。

行政處分之受益人值得保護之信賴利益，因原行政處分機關或其上級機關依第一項規定撤銷或變更原行政處分而受有損失者，應予補償。但其補償額度不得超過受益人因該處分存續可得之利益。

( )1.某甲因提供不實資料，致原處分機關作成對其不利之違法行政處分，甲一開始自認理虧，以致未在法定救濟期間內提起訴願，但因該行政處分顯屬違法，實在不甘心，雖然提起訴願期間已過，仍然提出，試問原處分機關之上級機關得為如何之處理？　(A)作成駁回決定並結案　(B)作成駁回決定，並依職權撤銷原處分　(C)作成不受理決定，並依職權撤銷原處分　(D)作成不受理決定，並發回原處分機關另為處分。（102高）

( )2.依訴願法規定，提起訴願雖已逾法定期間，原處分顯屬違法或不當者，訴願管轄機關仍得依職權撤銷或變更之，但違反下列何種原則時，即不得為之？　(A)平等原則　(B)比例原則　(C)信賴保護原則　(D)行政行為明確性原則。（100普）　　　　　　　　　　答：1.(C) 2.(C)

第 81 條 訴願有理由者，受理訴願機關應以決定撤銷原行政處分之全部或一部，並得視事件之情節，逕為變更之決定或發回原行政處分機關另為處分。但於訴願人表示不服之範圍內，不得為更不利益之變更或處分。

前項訴願決定撤銷原行政處分，發回原行政處分機關另為處分時，應指定相當期間命其為之。

( )1.行政處分之相對人應為甲，處分書卻誤載為乙，乙據以提起訴願時，依法應為下列何種訴願決定？　(A)不受理決定　(B)撤銷原處分　(C)撤銷原處分並另為處分　(D)情況決定。（103普）

( )2.訴願人不服原處分機關命其工廠停工之行政處分，提起訴願。受理機關認為訴願有理由，應如何處理？　(A)撤銷原處分　(B)命原處分機關撤銷原處分　(C)訴願不受理　(D)駁回訴願。（104警）

( )3.受理訴願機關認為訴願有理由時，不得為何種內容之決定？　(A)撤銷原處分之全部並逕為變更之決定　(B)撤銷原處分發回原處分機關另為處分　(C)代替應作為機關逕為一定內容之處分　(D)命應作為機關限期內速為一定之處分。（102高）

（　）4.下列何者非屬訴願有理由時，訴願管轄機關可能作成之決定類型？
(A)單純撤銷原處分　(B)確認原行政處分無效　(C)撤銷原處分，並發
回原處分機關，命另為處分　(D)撤銷原處分，並自為決定。（104警）

（　）5.甲遭 3 萬元罰鍰之處罰，提起訴願。受理訴願機關變更罰鍰額度為 5 萬
元，違反下列何種原則？　(A)不當聯結禁止原則　(B)不利益變更禁止
原則　(C)裁量濫用禁止原則　(D)誠實信用原則。（107高）

答：1.(B)　2.(A)　3.(C)　4.(B)　5.(B)

第83條 **受理訴願機關發現原行政處分雖屬違法或不當，但其撤銷或變更於公益**
有重大損害，經斟酌訴願人所受損害、賠償程度、防止方法及其他一切
情事，認原行政處分之撤銷或變更顯與公益相違背時，得駁回其訴願。
前項情形，應於決定主文中載明原行政處分違法或不當。

（　）　受理訴願機關認定原處分違法，但撤銷原處分顯與公益相違背時，應作
成下列何種訴願決定？　(A)訴願不受理之決定，因訴願欠缺權利保護
必要性　(B)駁回訴願之決定，並於主文中載明原處分違法之意旨　(C)
駁回訴願之決定，並於理由中說明不應撤銷原處分之原因　(D)訴願有
理由之決定，撤銷原處分並發回原處分機關另為處分。（103高）

答：(B)

第84條 **受理訴願機關為前條決定時，得斟酌訴願人因違法或不當處分所受損**
害，於決定理由中載明由原行政處分機關與訴願人進行協議。
前項協議，與國家賠償法之協議有同一效力。

（　）　受理訴願機關若認為撤銷或變更原處分於公益有重大損害而為情況決定
時，得斟酌訴願人因違法或不當處分所受損害，於決定理由中載明由原
行政處分機關與訴願人進行何事項？　(A)協議　(B)民事訴訟法之給付
訴願　(C)行政訴訟法之給付訴願　(D)撤銷原處分。（92普）　答：(A)

第85條 **訴願之決定，自收受訴願書之次日起，應於三個月內為之；必要時，得予**
延長，並通知訴願人及參加人。延長以一次為限，最長不得逾二個月。
前項期間，於依第 57 條但書規定補送訴願書者，自補送之次日起算，
未為補送者，自補送期間屆滿之次日起算；其依第 62 條規定通知補正
者，自補正之次日起算；未為補正者；自補正期間屆滿之次日起算。

（　）1.依訴願法之規定，訴願之決定，排除必要時得予延長之期間，收受訴願
書之次日起，至遲應於多久期間內為之？　(A)1個月　(B)2個月　(C)3
個月　(D)4個月。（102警）

（　）2.訴願之決定，自收受訴願書之次日起，何等期限內完成審議？　(A)應
於三個月內為之，不得予延長　(B)應於一個月內為之，必要時得延長

二次　(C)應於三個月內為之，必要時得予延長一次二個月　(D)應於六個月內為之，不得延長。（98普）　　答：1.(C) 2.(C)

第 87 條　訴願人死亡者，由其繼承人或其他依法得繼受原行政處分所涉權利或利益之人，承受其訴願。
法人因合併而消滅者，由因合併而另立或合併後存續之法人，承受其訴願。
依前二項規定承受訴願者，應於事實發生之日起三十日內，向受理訴願機關檢送因死亡繼受權利或合併事實之證明文件。

（　）依訴願法第87條規定承受訴願者，至遲應於事實發生之日起幾日內，向受理訴願機關檢送得依法承受訴願之證明文件？　(A)十日　(B)二十日　(C)三十日　(D)四十日。（98地三）　　答：(C)

第 89 條　訴願決定書，應載明左列事項：
一、訴願人姓名、出生年月日、住、居所、身分證明文件字號。如係法人或其他設有管理人或代表人之團體，其名稱、事務所或營業所，管理人或代表人之姓名、出生年月日、住、居所、身分證明文件字號。
二、有法定代理人或訴願代理人者，其姓名、出生年月日、住、居所、身分證明文件字號。
三、主文、事實及理由。其係不受理決定者，得不記載事實。
四、決定機關及其首長。
五、年、月、日。
訴願決定書之正本，應於決定後十五日內送達訴願人、參加人及原行政處分機關。

（　）1.下列有關訴願與行政訴訟之敘述，何者正確？　(A)訴願審議時，僅審議行政處分是否違法，而不論究行政處分是否不當　(B)行政法院審查撤銷行政處分之訴訟時，應審查系爭行政處分之合法性與妥當性　(C)訴願決定書以本機關名義行之，而非以訴願審議委員會名義行之　(D)不服訴願結果得提再訴願，不服再訴願結果，得向高等行政法院提起行政訴訟，不服高等行政法院判決者，應向最高行政法院提起上訴。（100地三）

（　）2.關於訴願決定書，下列敘述何者錯誤？　(A)應載明主文、事實及理由　(B)應載明決定機關及其首長　(C)應附記救濟教示　(D)應載明未依職權停止執行之理由。（100警）　　答：1.(C) 2.(D)

第 90 條　訴願決定書應附記，如不服決定，得於決定書送達之次日起二個月內向行政法院提起行政訴訟。

（　）1.訴願決定書應附記，如不服決定，得於決定書送達之次日起至遲幾個月內向行政法院提起行政訴訟？　(A)一、(B)二、(C)三、(D)四。（95普）

( ) 2.不服訴願決定者，至遲得於決定書送達之次日起幾個月內提起行政訴訟？
(A)一個月　(B)二個月　(C)三個月　(D)六個月。（96地四）

答：1.(B) 2.(B)

第93條 原行政處分之執行，除法律另有規定外，不因提起訴願而停止。
原行政處分之合法性顯有疑義者，或原行政處分之執行將發生難以回復之損害，且有急迫情事，並非為維護重大公共利益所必要者，受理訴願機關或原行政處分機關得依職權或依申請，就原行政處分之全部或一部，停止執行。
前項情形，行政法院亦得依聲請，停止執行。

( ) 1.提起訴願對於原行政處分之執行有何影響？　(A)除法律另有規定外，不因提起訴願而停止　(B)除法律另有規定外，因提起訴願而停止　(C)僅原處分機關於必要時，得依職權就原行政處分之全部停止執行　(D)必要時，行政法院亦得依職權停止執行。（106普）

( ) 2.原行政處分之執行與訴願的關係，下列敘述何者正確？　(A)原行政處分之執行，應立刻停止　(B)原行政處分之執行，除法律另有規定外，不因提起訴願而停止　(C)限於原行政處分之合法性或妥當性顯有疑義者，受理訴願機關始得依職權就原行政處分停止執行　(D)訴願法規定若有急迫情事，受理訴願機關即應依職權停止執行。（100普）

( ) 3.下列何者，非屬受理訴願機關或原行政處分機關得依職權或依申請停止原行政處分全部或一部執行之要件？　(A)原行政處分之合法性顯有疑義　(B)原行政處分之執行將發生難以回復之損害　(C)有急迫情事　(D)原行政處分為維護重大公共利益所必要。（101高）

( ) 4.受理訴願機關對於違法行政處分之可能處理情形，下列何者錯誤？　(A)提起訴願逾法定期間，則為不受理決定　(B)以訴願無理由駁回，但發回原行政處分機關就原行政處分之全部或一部停止執行　(C)以訴願有理由，撤銷原行政處分之全部並逕為變更　(D)撤銷或變更將對公益有重大損害，則以決定駁回訴願，並於主文載明原行政處分違法。（102普）

( ) 5.依據訴願法，訴願之提起，例外得請求停止執行原處分，下列何者非屬停止執行之要件？　(A)原處分之合法性顯有疑義　(B)原處分之執行將發生難以回復之損害　(C)受侵害利益重大但情事非屬急迫　(D)非為維護重大公共利益所必要。（106移四）

( ) 6.有關行政處分之停止執行，下列敘述何者錯誤？　(A)原行政處分之執行，一律因提起行政救濟而停止　(B)得向原處分機關申請　(C)得向行政法院聲請　(D)得向受理訴願機關申請。（108普）

答：1.(A) 2.(B) 3.(D) 4.(B) 5.(C) 6.(A)

第 95 條 訴願之決定確定後，就其事件，有拘束各關係機關之效力；就其依第 10 條提起訴願之事件，對於受委託行使公權力之團體或個人，亦有拘束力。

（　　）　有關訴願之敘述，下列何者正確？　(A)與訴願人利害關係相同之人，經受理訴願機關允許，得提起共同訴願　(B)與訴願人利害關係相反之人，經受理訴願機關允許，得提起訴願　(C)訴願決定因撤銷或變更原處分，足以影響第三人權益者，受理訴願機關應通知該第三人提起訴願　(D)訴願決定之拘束力及於依訴願法第28條第2項之參加訴願人。（106地三）

答：(D)

第 97 條 於有下列各款情形之一者，訴願人、參加人或其他利害關係人得對於確定訴願決定，向原訴願決定機關申請再審。但訴願人、參加人或其他利害關係人已依行政訴訟主張其事由或知其事由而不為主張者，不在此限：
一、適用法規顯有錯誤者。
二、決定理由與主文顯有矛盾者。
三、決定機關之組織不合法者。
四、依法令應迴避之委員參與決定者。
五、參與決定之委員關於該訴願違背職務，犯刑事上之罪者。
六、訴願之代理人，關於該訴願有刑事上應罰之行為，影響於決定者。
七、為決定基礎之證物，係偽造或變造者。
八、證人、鑑定人或通譯就為決定基礎之證言、鑑定為虛偽陳述者。
九、為決定基礎之民事、刑事或行政訴訟判決或行政處分已變更者。
十、發見未經斟酌之證物或得使用該證物者。
前項聲請再審，應於三十日內提起。
前項期間，自訴願決定確定時起算。但再審之事由發生在後或知悉在後者，自知悉時起算。

（　　）1.對於已確定之訴願決定，該決定基礎之民事、刑事及行政訴訟判決已變更者，訴願人得提起下列何種救濟？　(A)再審　(B)上訴審　(C)抗告　(D)撤銷訴訟。（93普）

（　　）2.對於確定訴願決定，訴願人得基於法定事由向原訴願決定機關為如何之行為？　(A)聲請再審　(B)聲請再議　(C)提起再訴願　(D)提起申訴。（95地四）

（　　）3.下列何者不得作為申請訴願再審之事由？　(A)適用法規顯有錯誤者　(B)決定機關之組織不合法者　(C)為決定基礎之證物，係偽造或變造者　(D)決定機關於訴願決定後經裁撤者。（97地四）　　答：1.(A) 2.(A) 3.(D)

行政訴訟法題庫

第2條　公法上之爭議，除法律別有規定外，得依本法提起行政訴訟。

( )　人民與行政機關之間的公法爭議，除法律別有規定外，應如何救濟？
(A)提起民事訴訟　(B)提起行政訴訟　(C)聲請解釋憲法　(D)提起刑事
訴訟。（101普）

答：(B)

第3條　前條所稱之行政訴訟，指撤銷訴訟、確認訴訟及給付訴訟。

( )　1.關於行政訴訟之敘述，下列何者正確？　(A)人民對於行政處分不服
時，應直接向行政法院提起訴訟　(B)行政法院僅有高等行政法院及最
高行政法院　(C)行政法院隸屬於行政院　(D)行政訴訟之訴訟類型不僅
只有撤銷訴訟一種。（103普）

( )　2.行政訴訟法規定之訴訟類型為：　(A)撤銷訴訟、家事訴訟及給付訴訟
(B)職權訴訟、確認訴訟及給付訴訟　(C)撤銷訴訟、確認訴訟及給付訴
訟　(D)撤銷訴訟、確認訴訟及家事訴訟。（105普）

( )　3.依據現行行政訴訟法規定，不包括下列何種訴訟類型？　(A)撤銷訴訟
(B)給付訴訟　(C)確認訴訟　(D)機關訴訟。（105警）

答：1.(D)　2.(C)　3.(D)

**第4條　人民因中央或地方機關之違法行政處分，認為損害其權利或法律上之利
益，經依訴願法提起訴願而不服其決定，或提起訴願逾三個月不為決定，
或延長訴願決定期間逾二個月不為決定者，得向行政法院提起撤銷訴訟。
逾越權限或濫用權力之行政處分，以違法論。
訴願人以外之利害關係人，認為第一項訴願決定，損害其權利或法律上
之利益者，得向行政法院提起撤銷訴訟。**

( )　1.下列何者須先經訴願程序方可提起撤銷訴訟或課與義務訴訟？　(A)受
免職處分之公務員已依法向該管機關申請復審謀求救濟　(B)經聽證程
序作成之行政處分　(C)公益團體依據空氣污染防制法第81條向主管機
關檢舉甲企業違反空氣污染請求裁罰，該機關於收受書面通知逾 60日
仍未執行之案件　(D)機車未實施廢氣排放定期檢驗遭到罰鍰之行政處
分。（105地三）

( )　2.下列何者不屬於人民得向行政法院提起撤銷訴訟之案件類型？　(A)經
依請願法提起請願而不服其決定　(B)針對中央機關濫用權力作成之行
政處分　(C)針對地方機關逾越權限作成之行政處分　(D)利害關係人認
為訴願決定損害其法律上之利益。（106普）

（　）3. 對主管機關下令拆除建築物之行政處分，在尚未執行完畢前，應以下列何種訴訟類型請求救濟？　(A)撤銷訴訟　(B)課予義務訴訟　(C)確認行政處分違法訴訟　(D)一般給付訴訟。（107地四）

（　）4. 下列何種情形應提起撤銷訴訟以資救濟？　(A)甲依稅捐稽徵法申請退還因計算錯誤溢繳之稅款遭駁回　(B)乙依法取得營業執照之加油站，經主管機關認為妨害公安而遭廢止營業執照　(C)縣政府因農地重劃土地分配結果，向地主催繳差額地價遭拒絕　(D)牙醫師請求撤銷牙醫師公會關於收取會員費用事項之決議未果。（106地三）

（　）5. 關於撤銷訴訟之提起，下列敘述何者錯誤？　(A)須對行政處分提起　(B)原告須主張其權利受有損害　(C)一律須經訴願程序　(D)須於法定不變期間內提起。（108高）

（　）6. 依行政訴訟法規定，關於撤銷訴訟之敘述，下列何者正確？　(A)須客觀上有行政處分存在　(B)應於訴願決定書送達訴願人後3個月內提起訴訟　(C)原告所為訴之聲明，應提出其權利確實受到侵害之證明　(D)原處分基礎事實之認定違背經驗法則，僅屬不當，尚無涉違法問題。（107高）

（　）7. 有關向行政法院提起撤銷訴訟之要件，下列敘述何者正確？　(A)針對行政機關違法或不當行政處分之事件　(B)須先經撤銷訴願之程序　(C)提起撤銷訴願已逾2個月期間，不為決定　(D)延長訴願決定期間已逾1個月期間，不為決定。（104警）

（　）8. 行政機關就工廠違規排放廢水命其停工，工廠負責人不服，應提起何種訴訟？　(A)一般給付訴訟　(B)撤銷訴訟　(C)確認法律關係不成立訴訟　(D)課予義務訴訟。（108普）

（　）9. 行政處分相對人不服行政處分而提起訴願，訴願決定撤銷原處分，原處分之利害關係人不服該決定時，應如何救濟？　(A)針對訴願決定再提起訴願　(B)針對原處分再提起訴願　(C)不經訴願程序，向高等行政法院提起撤銷訴訟　(D)經訴願審理機關許可後，向高等行政法院提起撤銷訴訟。（100普）

答：1.(D)　2.(A)　3.(A)　4.(B)　5.(C)　6.(A)　7.(B)　8.(B)　9.(C)

第5條　人民因中央或地方機關對其依法申請之案件，於法令所定期間內應作為而不作為，認為其權利或法律上利益受損害者，經依訴願程序後，得向行政法院提起請求該機關應為行政處分或應為特定內容之行政處分之訴訟。

人民因中央或地方機關對其依法申請之案件，予以駁回，認為其權利或法律上利益受違法損害者，經依訴願程序後，得向行政法院提起請求該機關應為行政處分或應為特定內容之行政處分之訴訟。

( )　1. A市市民甲隔鄰之房屋，因風災而嚴重受損有傾倒之虞，甲據此請求A市政府命該屋主拆除，遭A市政府拒絕。試問甲得提起何種類型之行政訴訟？　(A)一般給付訴訟　(B)課予義務訴訟　(C)撤銷訴訟　(D)確認訴訟。（106地四）

( )　2. 下列何者屬於課予義務訴訟之程序合法要件？　(A)原告須請求作出行政處分或事實行為　(B)已踐行訴願前置程序而未獲救濟　(C)原告須證明自己權利或法律上利益確實遭受侵害　(D)應於訴願決定書送達後三個月內之不變期間內提起之。（104普）

( )　3. 下列事件所生之爭議，何者應由行政法院審理？　(A)內政部警政署購買之防彈背心有瑕疵　(B)臺灣電力公司追繳長期未繳交之電費　(C)臺北市政府追討公有市場攤位之管理費　(D)新北市政府認定不具申請社會住宅資格。（103高）

( )　4. 土地所有權人甲，請求主管機關命相鄰地之工廠停工遭拒。甲應提起何種訴訟救濟？　(A)撤銷訴訟　(B)課予義務訴訟　(C)確認訴訟　(D)一般給付訴訟。（108普）

( )　5. 甲因失業向市政府社會局申請失業救濟金遭駁回，甲可向行政法院提起何種類型之訴訟？　(A)確認行政處分無效之訴　(B)一般給付之訴　(C)撤銷訴訟　(D)課予義務訴訟。（101普）

( )　6. 下列何種訴訟提起前，須經訴願程序？　(A)一般給付訴訟　(B)確認訴訟　(C)選舉無效訴訟　(D)課予義務訴訟。（103警）

( )　7. 某甲依據政府資訊公開法向某行政機關請求提供特定文件遭受拒絕，甲不服欲提起行政救濟，請問甲應提起何種行政訴訟類型？　(A)撤銷訴訟　(B)課予義務訴訟　(C)確認訴訟　(D)一般給付訴訟。（106普）

( )　8. 關於行政訴訟法第5條所定課予義務訴訟，下列敘述何者錯誤？　(A)僅針對行政機關於法定期間應作為而不作為之情形　(B)針對怠為處分，應於作為期間屆滿後，始得經訴願程序後，提起課予義務訴訟　(C)原告須聲明請求判命作成行政處分或特定內容之行政處分　(D)原告須主張行政機關不作為造成其權利或法律上利益受有損害。（107普）

答：1.(B)　2.(B)　3.(D)　4.(B)　5.(D)　6.(D)　7.(B)　8.(A)

第6條　確認行政處分無效及確認公法上法律關係成立或不成立之訴訟，非原告有即受確認判決之法律上利益者，不得提起之。其確認已執行而無回復原狀可能之行政處分或已消滅之行政處分為違法之訴訟，亦同。
　　　　確認行政處分無效之訴訟，須已向原處分機關請求確認其無效未被允許，或經請求後於三十日內不為確答者，始得提起之。

　　確認訴訟，於原告得提起或可得提起撤銷訴訟、課予義務訴訟或一般給付訴訟者，不得提起之。但確認行政處分無效之訴訟，不在此限。
　　應提起撤銷訴訟、課予義務訴訟，誤為提起確認行政處分無效之訴訟，其未經訴願程序者，行政法院應以裁定將該事件移送於訴願管轄機關，並以行政法院收受訴狀之時，視為提起訴願。

( )1. 有關行政訴訟確認之訴之敘述，下列何者正確？　(A)得就行政契約存在與否予以確認　(B)得就行政處分存在與否予以確認　(C)得就行政處分無效予以確認　(D)得就法規存在與否予以確認。（105地三）

( )2. 關於確認行政處分無效訴訟，下列敘述何者最正確？　(A)已向原處分機關請求確認其無效未被允許，即得提起之　(B)須經依訴願法提起訴願而不服其決定，始得提起之　(C)須已提起撤銷訴訟，遭駁回確定者，始得提起之　(D)以各地方法院為第一審管轄法院。（101普）

( )3. 確認公法上法律關係存否之訴，下列那一項不屬於其要件？　(A)確認對象為公法上法律關係之成立或不成立　(B)須有即受確認判決之法律上利益　(C)須先經機關確認之程序　(D)須已不得提起撤銷之訴。（99地三）

( )4. 甲申請於國慶日在凱達格蘭大道集會遊行，行政機關不予許可。國慶日之後，甲不服該不予許可時，應提起何種訴訟？　(A)撤銷訴訟　(B)課予義務訴訟　(C)一般給付訴訟　(D)確認行政處分違法訴訟。（108普）

( )5. 主管機關對甲公司作成停業處分，甲公司尚未及提起行政救濟，主管機關即發現該處分違法而自行撤銷，惟甲公司之商譽已受損，欲請求國家賠償，下列敘述何者正確？　(A)甲公司得向行政法院提起撤銷訴訟　(B)甲公司得向行政法院提起課予義務訴訟　(C)甲公司得向行政法院提起違法確認訴訟　(D)甲公司得向行政法院提起給付訴訟。（106地三）

( )6. 關於確認訴訟之提起，下列敘述何者錯誤？　(A)非原告有即受確認判決之法律上利益者，不得提起之　(B)經依訴願法提起訴願而不服其決定，或提起訴願逾3個月不為決定，或延長訴願決定期間逾2個月不為決定者，始得提起之　(C)確認行政處分無效之訴訟，須已向原處分機關請求確認其無效未被允許，或經請求後於30日內不為確答者，始得提起之　(D)除確認行政處分無效之訴訟外，於原告得提起或可得提起撤銷訴訟、課予義務訴訟或一般給付訴訟者，不得提起之。（106普）

( )7. 有關行政訴訟法第6條所定之確認訴訟，下列敘述何者錯誤？　(A)提起確認訴訟，須有即受確認判決之法律上利益　(B)確認行政處分無效之訴訟，須先向原處分機關請求確認，始得提起之　(C)確認訴訟，於原

告得提起或可得提起撤銷訴訟者，不得提起之 (D)應提起撤銷訴訟，誤為提起確認行政處分無效之訴訟，行政法院應以裁定駁回其訴。（108普）

( ) 8. 國稅局寄發之核課處分通知書未合法送達，該處分是否具有效力發生爭議，應提起何種訴訟？ (A)撤銷之訴 (B)一般給付之訴 (C)公法上法律關係確認之訴 (D)課予義務之訴。（108高）

答：1.(C) 2.(A) 3.(C) 4.(D) 5.(C) 6.(B) 7.(D) 8.(C)

第8條 人民與中央或地方機關間，因公法上原因發生財產上之給付或請求作成行政處分以外之其他非財產上之給付，得提起給付訴訟。因公法上契約發生之給付，亦同。
前項給付訴訟之裁判，以行政處分應否撤銷為據者，應於依第4條第1項或第3項提起撤銷訴訟時，併為請求。原告未為請求者，審判長應告以得為請求。

( ) 1. 依行政訴訟法第8條之意旨，因公法上契約發生之紛爭，得提起下列何種訴訟？ (A)撤銷訴訟 (B)課予義務訴訟 (C)一般給付訴訟 (D)確認訴訟。（102警）

( ) 2. 甲雖不服某機關之罰鍰處分，但恐遭行政執行，遂先繳納罰鍰後再提起訴願，終獲撤銷原處分之決定。如甲欲請求返還已繳納之罰鍰，應提起何種訴訟？ (A)撤銷訴訟 (B)一般給付訴訟 (C)課予義務訴訟 (D)確認訴訟。（101移三）

( ) 3. 人民請求機關作成行政處分以外之其他非財產上之給付，應提起何種行政訴訟？ (A)撤銷訴訟 (B)一般給付訴訟 (C)課予義務訴訟 (D)確認訴訟。（105地四）

( ) 4. 因行政契約發生給付紛爭，應提起何種行政訴訟？ (A)課予義務之訴 (B)一般給付之訴 (C)確認公法法律關係成立或不成立之訴 (D)撤銷訴訟。（105警）

( ) 5. 有關以行政處分為程序標的之行政訴訟種類不一，下列何者無關？ (A)一般給付之訴 (B)撤銷訴訟 (C)課予義務訴訟 (D)確認處分無效或違法之訴。（105警）

( ) 6. 教育部向公費留學生提起行政訴訟，求償違約應返還之公費，其訴訟種類為何？ (A)撤銷訴訟 (B)課予義務訴訟 (C)確認訴訟 (D)一般給付訴訟。（102地四）

( ) 7. 某軍事院校公費生甲因故遭退學處分，該校乃通知甲限期償還公費及已受領之津貼。甲未遵限償還，該校可尋求下列何種程序實現債權？

(A)移送行政執行分署執行 (B)向行政法院聲請裁定移送執行 (C)向行政法院提起確認債權關係存在訴訟 (D)向行政法院提起一般給付訴訟。（107地三）

( ) 8.甲廠商預知乙機關將發布新聞稿報導其商業上不利之訊息，為阻止乙機關發布新聞稿，得提起何種行政訴訟，以資救濟？ (A)撤銷訴訟 (B)課予義務訴訟 (C)確認處分無效訴訟 (D)一般給付訴訟。（108普）

( ) 9.勞工保險給付經主管機關核定金額後，發生遲未入帳之爭議，勞工應提起何種類型之行政訴訟以資救濟？ (A)課予義務訴訟 (B)確認行政處分無效之訴 (C)一般給付訴訟 (D)撤銷訴訟。（107地四）

( )10.A有土地一筆，經 B市政府依法定程序予以徵收， A不滿補償費過低，而向 B市政府請求加發補償費遭到拒絕，A不服而提起行政訴訟時，應適用下列何種訴訟類型？ (A)撤銷訴訟 (B)課予義務訴訟 (C)確認訴訟 (D)一般給付訴訟。（105地四）

( )11.不服原處分機關對撤銷違法授益處分損失補償決定之數額者，應提起何種類型之行政訴訟？ (A)撤銷訴訟 (B)課予義務訴訟 (C)確認訴訟 (D)一般給付訴訟。（105地四）

( )12.關於行政訴訟之敘述，下列何者正確？ (A)公職人員選舉罷免法所定選舉或罷免無效之訴，得依行政訴訟法第6條規定提起確認無效訴訟 (B)保險醫事服務機構因全民健康保險特約醫事服務機構合約所生之履約爭議，得依行政訴訟法第8條規定提起一般給付訴訟 (C)私立學校基於學籍規則或懲處規定而對學生作成申誡處分，得依行政訴訟法第4條規定提起撤銷訴訟 (D)受懲戒之律師不服律師懲戒覆審委員會所為之決議，得依行政訴訟法第4條規定提起撤銷訴訟。（107高）

　　　　答：1.(C) 2.(B) 3.(B) 4.(B) 5.(A) 6.(D) 7.(D) 8.(D) 9.(C) 10.(B) 11.(D) 12.(B)

第9條　人民為維護公益，就無關自己權利及法律上利益之事項，對於行政機關之違法行為，得提起行政訴訟。但以法律有特別規定者為限。

( ) 1.依行政訴訟法之規定，下列何種訴訟以法律有特別規定者為限，始得提起？ (A)確認訴訟 (B)撤銷訴訟 (C)公益訴訟 (D)給付訴訟。（103警）

( ) 2.人民為維護公益，對行政機關之違法行為，就無關自己權利及法律上利益事項，得提起行政訴訟，但應符合何種前提？ (A)案件情節重大 (B)涉及親人利益 (C)法律特別規定 (D)經過法院認可。（104普）

( ) 3.關於行政訴訟法的敘述，下列何者錯誤？ (A)公法上之爭議，除法律別有規定外，得依行政訴訟法提起行政訴訟 (B)人民為維護公益，就

無關自己權利及法律上利益之事項，對於行政機關之違法行為，得提起行政訴訟，無須法律有特別規定　(C)人民與中央或地方機關間，因公法上原因發生財產上之給付或請求作成行政處分以外之其他非財產上之給付，得提起給付訴訟　(D)確認行政處分無效及確認公法上法律關係成立或不成立之訴訟，非原告有即受確認判決之法律上利益者，不得提起之。（100警）

答：1.(C)　2.(C)　3.(B)

第 10 條　選舉罷免事件之爭議，除法律別有規定外，得依本法提起行政訴訟。

（　　）1. 依目前現制，選舉罷免事件之爭議，由何種法院審理？　(A)普通法院　(B)行政法院　(C)憲法法院　(D)公務員懲戒委員會。（95地四）

（　　）2. 下列何者公法上之爭議，不得依行政訴訟法提起行政訴訟？　(A)公務員受記大過二次之免職爭議事件　(B)學生受退學處分爭議事件　(C)民意代表選舉訴訟事件　(D)道路交通管理處罰爭議事件。（102高）

答：1.(A)　2.(C)

第 12 條　民事或刑事訴訟之裁判，以行政處分是否無效或違法為據者，應依行政爭訟程序確定之。
前項行政爭訟程序已經開始者，於其程序確定前，民事或刑事法院應停止其審判程序。

（　　）　依行政訴訟法第12條之規定，民事或刑事訴訟之裁判，若以行政處分是否無效或違法為據者，應如何處理？　(A)行政爭訟程序雖已經開始，刑事法院不得停止其審判程序　(B)行政爭訟程序確定後，民事法院應予不受理　(C)民事法院僅得繼續審判　(D)應依行政爭訟程序確定之。（95高）

答：(D)

第 12 條之 2　行政法院認其有受理訴訟權限而為裁判經確定者，其他法院受該裁判之羈束。
行政法院認其無受理訴訟權限者，應依職權以裁定將訴訟移送至有受理訴訟權限之管轄法院。數法院有管轄權而原告有指定者，移送至指定之法院。
移送之裁定確定時，受移送之法院認其亦無受理訴訟權限者，應以裁定停止訴訟程序，並聲請司法院大法官解釋。
受移送之法院經司法院大法官解釋無受理訴訟權限者，應再行移送至有受理訴訟權限之法院。
當事人就行政法院有無受理訴訟權限有爭執者，行政法院應先為裁定。
前項裁定，得為抗告。
行政法院為第 2 項及第 5 項之裁定前，應先徵詢當事人之意見。

(　) 1. 公務員懲戒委員會通知公務員甲之原任職機關長官，對甲停職，甲不服，而向行政法院提起撤銷訴訟，行政法院應如何處理？　(A)裁定停止訴訟程序，聲請釋憲　(B)以未經訴願程序裁定駁回訴訟　(C)以無審判權為由移送公務員懲戒委員會　(D)移送案件至公務人員保障暨培訓委員會復審。（103警）

(　) 2. 有關案件管轄權之爭議，下列敘述何者錯誤？　(A)案件若向行政法院起訴，行政法院認為無受理訴訟權限者，應依職權裁定將本案移送普通法院　(B)案件若向普通法院起訴，普通法院認為無受理訴訟權限者，應依職權裁定將本案移送行政法院　(C)案件若向普通法院起訴，普通法院認為無受理訴訟權限者，應以無管轄權為理由裁定駁回　(D)案件若向普通法院起訴，普通法院認為無受理訴訟權限者，於依職權裁定將本案移送行政法院，而該行政法院認為亦無受理訴訟權限者，應以裁定停止訴訟，聲請司法院大法官解釋。（105普）　　　　　答：1.(C) 2.(C)

第 15 條之 1　關於公務員職務關係之訴訟，得由公務員職務所在地之行政法院管轄。

(　) 1. 關於行政訴訟之管轄，下列敘述何者正確？　(A)因公法上之保險事件涉訟者，以投保單位為被告時，得由其主事務所或主營業所所在地之行政法院管轄　(B)以公法人之機關為被告時，由其所屬公法人之公務所所在地之行政法院管轄　(C)因不動產徵收之訴訟，得由不動產所在地之行政法院管轄　(D)關於公務員職務關係之訴訟，得由公務員職務所在地之行政法院管轄。（108普）

(　) 2. 關於行政法院之管轄，下列敘述何者錯誤？　(A)對於公法人之訴訟，由其公務所所在地之行政法院管轄　(B)關於公務員職務關係之訴訟，得由公務員住所地之行政法院管轄　(C)因公法上之保險事件涉訟者，得由受益人之住居所地之行政法院管轄　(D)因不動產徵收之訴訟，專屬不動產所在地之行政法院管轄。（105地三）　　答：1.(D) 2.(B)

第 17 條　定行政法院之管轄以起訴時為準。

(　)　下列何者為行政訴訟法上之「管轄權恆定」原則內涵？　(A)行政訴訟由被告住所之行政法院管轄　(B)訴訟標的之法律關係不得移轉第三人　(C)行政訴訟之管轄不得協議定之　(D)定行政法院之管轄以起訴時為準。（102普）　　　　答：(D)

第 22 條　自然人、法人、中央及地方機關、非法人之團體，有當事人能力。

(　)　下列何者無行政訴訟當事人能力？　(A)25歲之台南市市民　(B)中華民國電梯協會　(C)教育部　(D)未設管理人之佛教團體。（97地三）　　　　答：(D)

第 23 條 訴訟當事人謂原告、被告及依第 41 條與第 42 條參加訴訟之人。

( )　下列何者非行政訴訟之當事人？　(A)原告　(B)被告　(C)參加訴訟之人 (D)輔助參加之機關。（100地四）　　　　　　　　　　　　　　答：(D)

第 24 條 經訴願程序之行政訴訟，其被告為下列機關：
一、駁回訴願時之原處分機關。
二、撤銷或變更原處分時，為撤銷或變更之機關。

( )　甲對乙私立大學所為之退學處分不服，經向教育部提起訴願後仍遭到駁 回。甲依行政訴訟法提起撤銷訴訟時，被告為何？　(A)教育部　(B)行 政院　(C)乙私立大學　(D)高教司。（101普）　　　　　　　　答：(C)

第 25 條 人民與受委託行使公權力之團體或個人，因受託事件涉訟者，以受託之 團體或個人為被告。

( )　1.人民不服受託行使公權力之團體所為之行政處分，訴願未果後，擬提起 行政訴訟。此際應以何人為被告？　(A)受託行使公權力之團體　(B)委 託機關　(C)訴願管轄機關　(D)訴願管轄機關之上級機關。（107地四）

( )　2.關於行政委託之敘述，下列何者正確？　(A)行政機關得逕依行政程序法 中關於行政委託之規定，將其權限之一部分委託民間團體或個人辦理 (B)行政機關僅得以作成行政處分之方式，將其權限之一部分，委託民間 團體或個人辦理　(C)人民若與受委託行使公權力之民間團體因受託事件 而涉訟者，應以該民間團體為被告提起行政訴訟　(D)受委託行使公權力 之個人於執行職務行使公權力，生有國家賠償責任之事由時，其應自負 國家賠償責任。（108高）　　　　　　　　　　　　答：1.(A) 2.(C)

第 29 條 多數有共同利益之人得由其中選定 1 人至 5 人為全體起訴或被訴。
訴訟標的對於多數有共同利益之人，必須合一確定而未為前項選定者，
行政法院得限期命為選定，逾期未選定者，行政法院得依職權指定之。
訴訟繫屬後經選定或指定當事人者，其他當事人脫離訴訟。

( )　行政訴訟中，多數有共同利益之人得由其中選定1人至最多幾人為全體 起訴或被訴？　(A)2人　(B)3人　(C)5人　(D)7人。（95地三）

答：(C)

第 41 條 訴訟標的對於第三人及當事人一造必須合一確定者，行政法院應以裁定 命該第三人參加訴訟。

( )　訴訟標的對於當事人及第三人須合一確定，行政法院命第三人參加訴 訟，此為：　(A)獨立參加　(B)必要參加　(C)輔助參加　(D)告知參 加。（103警）　　　　　　　　　　　　　　　　　　　　　答：(B)

第 44 條 行政法院認其他行政機關有輔助一造之必要者，得命其參加訴訟。
前項行政機關或有利害關係之第三人亦得聲請參加。

( )　行政法院認其他行政機關有輔助一造之必要者，得命其為何種行為？
(A)提供資料　(B)參與鑑定　(C)參加訴訟　(D)提出答辯。（100普）

　　　　　　　　　　　　　　　　　　　　　　　　　　　答：(C)

第 49 條 當事人得委任代理人為訴訟行為。但每一當事人委任之訴訟代理人不得
逾三人。
行政訴訟應以律師為訴訟代理人。非律師具有下列情形之一者，亦得為
訴訟代理人：
一、稅務行政事件，具備會計師資格。
二、專利行政事件，具備專利師資格或依法得為專利代理人。
三、當事人為公法人、中央或地方機關、公法上之非法人團體時，其所
　　屬專任人員辦理法制、法務、訴願業務或與訴訟事件相關業務。
四、交通裁決事件，原告為自然人時，其配偶、三親等內之血親或二親
　　等內之姻親；原告為法人或非法人團體時，其所屬人員辦理與訴訟
　　事件相關業務。
委任前項之非律師為訴訟代理人者，應得審判長許可。
第 2 項之非律師為訴訟代理人，審判長許其為本案訴訟行為者，視為已
有前項之許可。
前二項之許可，審判長得隨時以裁定撤銷之，並應送達於為訴訟委任
之人。
訴訟代理人委任複代理人者，不得逾一人。前四項之規定，於複代理人
適用之。

( ) 1. 依行政訴訟法規定，稅務行政事件除律師外，下列何者亦得為訴訟代
理人？　(A)會計師　(B)記帳士　(C)地政士　(D)保險經紀人。（102
地四）

( ) 2. 在稅務行政訴訟事件，下列何者不得為訴訟代理人？　(A)律師　(B)會
計師　(C)當事人為私法人時，其所屬專任法務人員　(D)當事人為行政
機關時，其所屬專任法務人員。（102普）

( ) 3. 依行政訴訟法規定，下列何者不得為行政訴訟之訴訟代理人？　(A)律
師　(B)稅務行政訴訟中之會計師　(C)專利行政訴訟之專利師　(D)土
地行政訴訟之地政士。（103普）

( ) 4. 下列何者不得為行政訴訟之訴訟代理人？　(A)於土地行政事件中之律
師　(B)於專利行政事件中之專利師　(C)於建築行政事件中之建築師
(D)於稅捐行政事件中之會計師。（105普）　　答：1.(A) 2.(C) 3.(D) 4.(C)

第 57 條 當事人書狀，除別有規定外，應記載下列各款事項：
　　一、當事人姓名、性別、年齡、身分證明文件字號、職業及住所或居所；
　　　　當事人為法人、機關或其他團體者，其名稱及所在地、事務所或營
　　　　業所。
　　二、有法定代理人、代表人或管理人者，其姓名、性別、年齡、身分證明
　　　　文件字號、職業、住所或居所，及其與法人、機關或團體之關係。
　　三、有訴訟代理人者，其姓名、性別、年齡、身分證明文件字號、職業、
　　　　住所或居所。
　　四、應為之聲明。　　　　　　五、事實上及法律上之陳述。
　　六、供證明或釋明用之證據。　七、附屬文件及其件數。
　　八、行政法院。　　　　　　　九、年、月、日。

（　）　依行政訴訟法第57條之規定，年滿二十歲之甲欲自行訴訟，下列何者係其
　　　　當事人書狀應記載之事項？　(A)法定代理人姓名　(B)當事人性別　(C)
　　　　訴訟代理人職業　(D)當事人所屬公司所在地。（96高）　　　答：(B)

第 73 條 送達不能依前二條規定為之者，得將文書寄存於送達地之自治或警察機
　　　　關，並作送達通知書二份，一份黏貼於應受送達人住居所、事務所或營
　　　　業所門首，一份交由鄰居轉交或置於應受送達人之信箱或其他適當之處
　　　　所，以為送達。
　　　　前項情形，如係以郵務人員為送達人者，得將文書寄存於付近之郵政機構。
　　　　寄存送達，自寄存之日起，經十日發生效力。寄存之文書自寄存之日起，
　　　　寄存機關或機構應保存三月。

（　）　依行政訴訟法第73條第3項規定，寄存送達自寄存之日起，經幾日發生
　　　　效力？　(A)自寄存當日　(B)3日　(C)5日　(D)10日。（102普）
　　　　　　　　　　　　　　　　　　　　　　　　　　　　　答：(D)

第 78 條 對於駐在外國之中華民國大使、公使、領事或其他駐外人員為送達者，
　　　　應囑託外交部為之。

（　）　行政訴訟文書之送達，對於駐在外國之中華民國領事，應如何實施？
　　　　(A)送交其在臺家屬　(B)以航空郵件寄送　(C)囑託外交部行之　(D)請
　　　　求外國政府協助。（103普）　　　　　　　　　　　　　答：(C)

第 104 條之 1　適用通常訴訟程序之事件，以高等行政法院為第一審管轄法院。

（　）　依現行行政訴訟法之規定，下列事件，何者以高等行政法院為第一審管
　　　　轄法院：　(A)適用簡易訴訟程序之事件　(B)交通裁決事件　(C)適用通
　　　　常訴訟程序之事件　(D)行政訴訟強制執行事件。（101地三）

　　　　　　　　　　　　　　　　　　　　　　　　　　　　　答：(C)

第 106 條　第 4 條及第 5 條訴訟之提起，除本法別有規定外，應於訴願決定書送達後二個月之不變期間內為之。但訴願人以外之利害關係人知悉在後者，自知悉時起算。

第 4 條及第 5 條之訴訟，自訴願決定書送達後，已逾三年者，不得提起。

不經訴願程序即得提起第 4 條或第 5 條第 2 項之訴訟者，應於行政處分達到或公告後二個月之不變期間內為之。

不經訴願程序即得提起第 5 條第 1 項之訴訟者，於應作為期間屆滿後，始得為之。但於期間屆滿後，已逾三年者，不得提起。

( )　1. 依行政訴訟法之規定，提起撤銷訴訟，應於訴願決定書送達後多久內之期間為之？　(A)一個月　(B)二個月　(C)六個月　(D)一年。（93普）

( )　2. 撤銷訴訟之提起，至遲應於訴願決定書送達後幾個月之不變期間內為之？　(A)一個月　(B)二個月　(C)三個月　(D)四個月。（98高）

( )　3. 下列那一個行政訴訟類型應受二個月起訴期間之限制？　(A)違法確認之訴　(B)撤銷訴訟　(C)一般給付訴訟　(D)法律關係確認之訴。（97高）

答：1.(B)　2.(B)　3.(B)

第 113 條　原告於判決確定前得撤回訴之全部或一部。但於公益之維護有礙者，不在此限。

前項撤回，被告已為本案之言詞辯論者，應得其同意。

訴之撤回，應以書狀為之。但於期日得以言詞為之。

以言詞所為之撤回，應記載於筆錄，如他造不在場，應將筆錄送達。

訴之撤回，被告於期日到場，未為同意與否之表示者，自該期日起；其未於期日到場或係以書狀撤回者，自前項筆錄或撤回書狀送達之日起，十日內未提出異議者，視為同意撤回。

( )　　關於行政訴訟撤回之規定，下列敘述何者錯誤？　(A)原告於判決確定前得撤回訴之全部或一部　(B)行政法院就訴之撤回認有礙公益之維護者，應以裁定不予准許　(C)訴之撤回，應以言詞為之　(D)訴之撤回，於本案之言詞辯論前，無須被告同意。（107普）　　答：(C)

第 114 條　行政法院就前條訴之撤回認有礙公益之維護者，應以裁定不予准許。

前項裁定不得抗告。

( )　1. 有關行政訴訟之撤回，下列敘述何者正確？　(A)訴訟之撤回，在本案言詞辯論終結之前，無須獲得被告之同意　(B)行政法院認訴訟撤回有礙公益之維護者，應以裁定不予准許　(C)對於行政法院不予准許訴訟撤回之裁定不服，仍得提起抗告　(D)訴之撤回，得隨時以言詞為之。（105警）

( ) 2.行政訴訟法中有關訴之撤回，有何種限制？　(A)開始審判者，不得撤回　(B)違反公益者，不得撤回　(C)已參與答辯者，不得撤回　(D)已選定當事人者，不得撤回。（98地四）　　　　　　　答：1.(B) 2.(B)

第116條 原處分或決定之執行，除法律另有規定外，不因提起行政訴訟而停止。
行政訴訟繫屬中，行政法院認為原處分或決定之執行，將發生難於回復之損害，且有急迫情事者，得依職權或依聲請裁定停止執行。但於公益有重大影響，或原告之訴在法律上顯無理由者，不得為之。
於行政訴訟起訴前，如原處分或決定之執行將發生難於回復之損害，且有急迫情事者，行政法院亦得依受處分人或訴願人之聲請，裁定停止執行。但於公益有重大影響者，不在此限。
行政法院為前二項裁定前，應先徵詢當事人之意見。如原處分或決定機關已依職權或依聲請停止執行者，應為駁回聲請之裁定。
停止執行之裁定，得停止原處分或決定之效力、處分或決定之執行或程序之續行之全部或部份。

( ) 1.關於行政處分之執行，下列敘述何者正確？　(A)行政處分之執行，因提起上訴而停止　(B)行政處分之執行，因提起再審而停止　(C)行政處分之停止執行，得向行政法院聲請之　(D)行政法院不得依職權停止行政處分之執行。（104警）

( ) 2.下列何種訴訟，行政法院得依職權或依聲請裁定停止執行？　(A)行政契約之給付訴訟　(B)行政處分之撤銷訴訟　(C)拒為處分之課予義務訴訟　(D)怠為處分之課予義務訴訟。（107地四）

( ) 3.裁罰處分相對人提起確認行政處分無效訴訟時，欲聲請暫時性權利保護，通常應採取下列何種手段？　(A)停止執行　(B)假扣押　(C)假處分　(D)假執行。（104普）

( ) 4.有關行政訴訟繫屬中，原處分之執行的敘述，下列何者錯誤？　(A)原處分之執行，除法律另有規定外，不因提起行政訴訟而停止　(B)於符合法定要件時，行政法院得依聲請裁定停止執行，但不得依職權而為裁定(C)行政法院為停止執行裁定前，應先徵詢當事人意見　(D)對於停止執行之裁定，得為抗告。（101地四）　　　答：1.(C) 2.(B) 3.(A) 4.(B)

第138條 行政法院得囑託普通法院或其他機關、學校、團體調查證據。

( )　依行政訴訟法規定，行政法院不得囑託下列何者調查證據？　(A)普通法院　(B)團體　(C)學校　(D)訴訟代理人。（107普）　　　答：(D)

第 151 條 以下列各款之人為證人者，得不令其具結：
一、證人為當事人之配偶、前配偶或四親等內之血親、三親等內之姻親或曾有此親屬關係或與當事人訂有婚約。
二、有第 145 條情形而不拒絕證言。
三、當事人之受雇人或同居人。

( )　下列何人為證人時，行政法院得不令其具結？　(A)公務員　(B)會計師　(C)當事人之未婚夫　(D)宗教師。（96地三）　　　　　答：(C)

第 178 條 行政法院就其受理訴訟之權限，如與普通法院確定裁判之見解有異時，應以裁定停止訴訟程序，並聲請司法院大法官解釋。

( ) 1. 行政法院就其受理訴訟之權限，認為與普通法院確定裁判之見解有異時，應如何處置？　(A)裁定停止訴訟程序，並聲請司法院大法官解釋　(B)裁定駁回訴訟　(C)依職權將本案移送普通法院　(D)裁定停止訴訟程序，並曉諭原告向大法官聲請解釋。（98高）

( ) 2. 行政法院就其受理訴訟之權限，認其與普通法院確定裁判之見解有異時，應如何處理？　(A)裁定駁回訴訟　(B)依職權將本案移送最高行政法院　(C)裁定停止訴訟程序，並聲請司法院解釋　(D)由上級法院協議定之。（101地三）　　　　　答：1.(A) 2.(C)

第 188 條 行政訴訟除別有規定外，應本於言詞辯論而為裁判。
法官非參與裁判基礎之辯論者，不得參與裁判。
裁定得不經言詞辯論為之。
裁定前不行言詞辯論者，除別有規定外，得命關係人以書狀或言詞為陳述。

( ) 1. 高等行政法院之行政訴訟案件，除法律別有規定外，應本於下列何種方式作裁判？　(A)書面審查　(B)公開聽證　(C)言詞辯論　(D)交互詰問。（98普）

( ) 2. 行政訴訟之審理除另有法律規定外，應如何進行？　(A)第一審應本於言詞辯論而為裁判　(B)第一審應採書面審理　(C)最高行政法院之判決應經言詞辯論為之　(D)最高行政法院得指定當事人到達指定處所陳述意見。（99普）　　　　　答：1.(C) 2.(A)

第 189 條 行政法院為裁判時，應斟酌全辯論意旨及調查證據之結果，依論理及經驗法則判斷事實之真偽。但別有規定者，不在此限。
當事人已證明受有損害而不能證明其數額或證明顯有重大困難者，法院應審酌一切情況，依所得心證定其數額。得心證之理由，應記明於判決。

( )　行政訴訟中，原告已證明受有損害但一時不能計算其數額，行政法院應為如何之裁判？　(A)依所得心證定其數額　(B)判決駁回原告之訴　(C)裁定不受理　(D)判命原告與被告進行協商。（105普）　　　　　答：(A)

第196條 行政處分已執行者，行政法院為撤銷行政處分判決時，經原告聲請，並
認為適當者，得於判決中命行政機關為回復原狀之必要處置。
撤銷訴訟進行中，原處分已執行而無回復原狀可能或已消滅者，於原告
有即受確認判決之法律上利益時，行政法院得依聲請，確認該行政處分
為違法。

( )　撤銷訴訟進行中，違法之原行政處分已執行而無回復原狀可能或已消滅
者，行政法院應如何處理？　(A)得依原告聲請，判決確認該行政處分
為違法　(B)判決撤銷原處分，並經原告聲請，命行政機關為回復原狀
之必要處置　(C)判決變更原處分，且不得較原處分更不利於原告　(D)
為情況判決而駁回原告之訴。（100地四）　　　　　　　　答：(A)

第198條 行政法院受理撤銷訴訟，發現原處分或決定雖屬違法，但其撤銷或變更
於公益有重大損害，經斟酌原告所受損害、賠償程度、防止方法及其他
一切情事，認原處分或決定之撤銷或變更顯與公益相違背時，得駁回原
告之訴。
前項情形，應於判決主文中諭知原處分或決定違法。

( )1.行政處分雖屬違法，但行政法院斟酌一切情事後，仍然駁回原告之訴，
而在主文中諭知原處分違法之判決，稱為？　(A)維護公益判決　(B)情
況判決　(C)客觀判決　(D)自為決定判決。（92地、98普）

( )2.行政法院受理撤銷訴訟，發現原處分或決定雖屬違法，但其撤銷或變更
於公益有重大損害，經斟酌原告所受損害、賠償程度、防止方法及其他
一切情事，認原處分或決定之撤銷或變更顯與公益相違背時，得駁回原
告之訴。此種判決稱為？　(A)代替判決　(B)衡平判決　(C)公益判決
(D)情況判決。（96普）　　　　　　　　　　　　答：1.(B) 2.(D)

第200條 行政法院對於人民依第5條規定請求應為行政處分或應為特定內容之行
政處分之訴訟，應為下列方式之裁判：
一、原告之訴不合法者，應以裁定駁回之。
二、原告之訴無理由者，應以判決駁回之。
三、原告之訴有理由，且案件事證明確者，應判命行政機關作成原告所
　　申請內容之行政處分。
四、原告之訴雖有理由，惟案件事證尚未臻明確或涉及行政機關之行政
　　裁量決定者，應判命行政機關遵照其判決之法律見解對於原告作成
　　決定。

( )1.有關課予義務訴訟，當原告之訴有理由，且案件事證明確者，行政法院
應為下列何者之裁判？　(A)命行政機關撤銷原處分　(B)命行政機關為
回復原狀之必要處置　(C)命行政機關作成原告所申請內容之行政處分
(D)命行政機關遵照其判決之法律見解另行調查。（102警）

( ) 2. 某甲為銷售電機之公司，因認某乙公司屢藉網路等新聞媒體，陳述並散布不實報導，誣指某甲侵害他人專利權情事，足以損害某甲營業信譽，嚴重妨礙公平競爭及交易秩序，違反公平交易法第19條、第22條及第24條規定，向公平交易委員會檢舉。案經公平交易委員會調查結果，以本案依現有事證，尚難認某乙有違公平交易法情事，乃函文某甲其檢舉不成立。甲循序提起撤銷訴訟，請問行政法院應如何處理？ (A)檢舉不成立之函文屬行政處分，行政法院應命原告變更訴訟為一般給付訴訟 (B)檢舉不成立之函文非屬行政處分，行政法院得以不合法裁定駁回其訴 (C)檢舉不成立之函文非屬行政處分，行政法院應續行撤銷訴訟 (D)檢舉不成立之函文屬行政處分，惟原告不具訴訟權能，行政法院應以不合法裁定駁回其訴。（101地三）

( ) 3. 依行政訴訟法，行政法院對於課予義務訴訟之裁判，下列敘述何者正確？ (A)原告之訴有理由，案件事證尚未臻明確者，行政法院得自行作成原告所申請內容之行政處分 (B)原告之訴有理由，案件事證尚未臻明確或涉及行政機關之行政裁量決定者，應以判決駁回之 (C)原告之訴有理由，且案件事證明確者，應判命行政機關作成原告所申請內容之行政處分 (D)原告之訴不合法者，應以判決駁回之。（100地四）

( ) 4. 人民提起課予義務訴訟，而行政法院認為行政機關之不作為雖屬違法，但就人民所請求之行政處分的作成尚有裁量空間時，應如何裁判？ (A)判命行政機關遵照行政法院判決之法律見解對於原告作成決定 (B)判命行政機關作成原告所申請內容之行政處分 (C)認原告之訴為無理由，判決駁回 (D)認原告之訴為不合法，裁定駁回。（101警）

答：1.(C) 2.(B) 3.(C) 4.(A)

第201條 行政機關依裁量權所為之行政處分，以其作為或不作為逾越權限或濫用權力者為限，行政法院得予撤銷。

( ) 關於行政裁量之司法審查，下列敘述何者錯誤？ (A)行政法院可以審查行政裁量是否違反法律授權之目的 (B)行政法院可以審查行政機關是否怠於行使裁量權 (C)行政法院可以審查行政裁量是否逾越法律授權之界限 (D)行政法院不可以審查行政機關於特殊事件中裁量權之行使。（107地四）

答：(D)

第219條 當事人就訴訟標的具有處分權且其和解無礙公益之維護者，行政法院不問訴訟程度如何，得隨時試行和解。受命法官或受託法官，亦同。
第三人經行政法院之許可，得參加和解。行政法院認為必要時，得通知第三人參加。

(　)　下列何項並非行政訴訟程序中和解之要件？　(A)和解標的為訴訟標的
之全部或一部　(B)由訴訟當事人為之　(C)應經法官試行和解後，始得
為之　(D)雙方互相讓步。（100地四）　　　　　　　　　答：(C)

第229條 適用簡易訴訟程序之事件，以地方法院行政訴訟庭為第一審管轄法院。
下列各款行政訴訟事件，除本法別有規定外，適用本章所定之簡易程序：
一、關於稅捐課徵事件涉訟，所核課之稅額在新臺幣四十萬元以下者。
二、因不服行政機關所為新臺幣四十萬元以下罰鍰處分而涉訟者。
三、其他關於公法上財產關係之訴訟，其標的之金額或價額在新臺幣
四十萬元以下者。
四、因不服行政機關所為告誡、警告、記點、記次、講習、輔導教育或其他
相類之輕微處分而涉訟者。
五、關於內政部入出國及移民署（以下簡稱入出國及移民署）之行政收容事
件涉訟，或合併請求損害賠償或其他財產上給付者。
六、依法律之規定應適用簡易訴訟程序者。
前項所定數額，司法院得因情勢需要，以命令減為新臺幣二十萬元或增
至新臺幣六十萬元。
第二項第五款之事件，由受收容人受收容或曾受收容所在地之地方法院
行政訴訟庭管轄，不適用第十三條之規定。但未曾受收容者，由被告機
關所在地之地方法院行政訴訟庭管轄。

(　)　1. 依行政訴訟法之規定，適用簡易訴訟程序之事件，以下列何者為第一審
管轄法院？　(A)地方法院民事庭　(B)地方法院簡易庭　(C)地方法院
行政訴訟庭　(D)高等行政法院。（102警）

(　)　2. 依行政訴訟法之規定，下列何者不適用簡易訴訟程序？　(A)稅捐機關核
定應納稅額為新臺幣35萬元之課稅事件　(B)不服行政機關吊銷證照之裁
罰處分　(C)不服行政機關命應繳納罰鍰新臺幣20萬元　(D)向公務員請
求返還溢領薪俸新臺幣3萬元。（101警）

(　)　3. 下列何者案件類型，不適用行政訴訟之簡易訴訟程序？　(A)關於稅捐
課徵事件涉訟，所核課之稅額在新臺幣40萬元以下者　(B)因不服行政
機關所為告誡、警告、記點、記次或其他相類之輕微處分而涉訟者
(C)因不服行政機關所為新臺幣40萬元以下罰鍰處分而涉訟者　(D)因定
公物或公共設施之不動產之界線或設置界標而涉訟者。（103警）

(　)　4. 下列事件，何者不適用行政訴訟法規定之簡易訴訟程序？　(A)因不服
行政機關所為新臺幣40萬元以下罰鍰處分而涉訟者　(B)關於稅捐課徵
事件涉訟，所核課之稅額在新臺幣40萬元以下者　(C)關於社會秩序維
護法事件涉訟，罰鍰金額在新臺幣1萬元以下者　(D)因不服行政機關所
為告誡、警告、記點、記次、講習、輔導教育而涉訟者。（107普）

答：1.(C) 2.(B) 3.(D) 4.(C)

第 232 條 簡易訴訟程序在獨任法官前行之。

（　）　關於行政訴訟之簡易訴訟程序，下列敘述何者錯誤？　(A)交通裁決事件不以言詞辯論為必要　(B)起訴得以言詞為之　(C)其審判以法官 3 人合議行之　(D)對簡易案件判決提起上訴，應主張判決違背法令。
（105普）　　　　　　　　　　　　　　　　　　　　　　答：(C)

第 237 條之 2　交通裁決事件，得由原告住所地、居所地、所在地或違規行為地之地方法院行政訴訟庭管轄。

（　）　有關交通裁決事件，下列敘述何者正確？　(A)不服交通裁決，應先提起訴願　(B)交通裁決事件之行政訴訟程序應經言詞辯論　(C)交通裁決事件得由原告住所地地方法院行政訴訟庭管轄　(D)交通裁決事件之訴訟類型為撤銷訴訟及課予義務訴訟。（105高）　　　　　　答：(C)

第 237 條之 3　交通裁決事件訴訟之提起，應以原處分機關為被告，逕向管轄之地方法院行政訴訟庭為之。
交通裁決事件中撤銷訴訟之提起，應於裁決書送達後三十日之不變期間內為之。
前項訴訟，因原處分機關未為告知或告知錯誤，致原告於裁決書送達三十日內誤向原處分機關遞送起訴狀者，視為已遵守起訴期間，原處分機關並應即將起訴狀移送管轄法院。

（　）1. 依行政訴訟法之規定，有關交通罰鍰事件之救濟程序，下列敘述何者正確？　(A)無須經過訴願程序，直接向地方法院行政訴訟庭提起行政訴訟　(B)無須經過訴願程序，直接向高等行政法院提起行政訴訟　(C)必須經過訴願程序，如有不服再向地方法院交通法庭提起行政訴訟　(D)必須經過訴願程序，如有不服再向高等行政法院提起行政訴訟。（103高）

（　）2. 有關交通裁決事件及其救濟程序之敘述，下列何者錯誤？　(A)交通裁決事件，一律以警察機關作為被告機關　(B)交通裁決事件，得由違規行為地之地方法院行政訴訟庭管轄　(C)交通裁決事件之裁判，得不經言詞辯論為之　(D)針對交通裁決事件之第一審判決不服，得上訴於管轄之高等行政法院。（107地三）

（　）3. 因下列事件而提起之訴訟，何者應由臺北地方法院行政訴訟庭審理？　(A)因欠稅達一百萬元而被內政部入出國及移民署限制出境　(B)因食品標示不實而被衛生主管機關裁處罰鍰五十萬元　(C)旅行業因記點滿四次而被交通部停止從事業務一個月　(D)駕駛人因超速被監理站裁處罰鍰並接受道路安全講習。（103高）　　　答：1.(A) 2.(A) 3.(D)

第 237 條之 7 交通裁決事件之裁判，得不經言詞辯論為之。

( ) 有關交通裁決事件，下列敘述何者正確？ (A)得不經言詞辯論為之 (B)應以原處分機關為被告，向高等行政法院提起訴訟 (C)交通裁決事件所提起之行政訴訟，不予徵收裁判費 (D)準用行政訴訟法通常訴訟程序之規定。（105 地三） 答：(A)

第 237 條之 11 收容聲請事件，以地方法院行政訴訟庭為第一審管轄法院。
前項事件，由受收容人所在地之地方法院行政訴訟庭管轄，不適用第 13 條之規定。

( ) 有關行政訴訟制度之敘述，下列何者正確？ (A)確認訴訟採訴願前置主義 (B)有關農會選舉訴訟由行政法院審理 (C)外國人收容聲請事件由行政法院審理 (D)智慧財產法院為商標爭議案件之第二審行政法院。（107 高） 答：(C)

第 238 條 對於高等行政法院之終局判決，除本法或其他法律別有規定外，得上訴於最高行政法院。於上訴審程序，不得為訴之變更、追加或提起反訴。

( ) 關於行政訴訟之上訴審程序，下列敘述何者正確？ (A)於上訴審程序，不得為訴之變更、追加或提起反訴 (B)提起上訴，應於高等行政法院判決送達後 30 日之不變期間內為之 (C)最高行政法院審查上訴的範圍包含事實審與法律審 (D)對於高等行政法院判決上訴，上訴人一律得自行決定是否委任律師為訴訟代理人。（105 警） 答：(A)

第 243 條 判決不適用法規或適用不當者，為違背法令。
有下列各款情形之一者，其判決當然違背法令：
一、判決法院之組織不合法。
二、依法律或裁判應迴避之法官參與裁判。
三、行政法院於權限之有無辨別不當或違背專屬管轄之規定。
四、當事人於訴訟未經合法代理或代表。
五、違背言詞辯論公開之規定。
六、判決不備理由或理由矛盾。

( ) 下列何者非屬對高等行政法院判決得提起上訴之理由？ (A)判決法院之組織不合法 (B)依法律或裁判應迴避之法官參與裁判 (C)行政法院違背土地管轄之規定 (D)判決不備理由或理由矛盾。（107 高） 答：(C)

第 264 條 對於裁定得為抗告。但別有不許抗告之規定者，不在此限。

( ) 對於行政法院之裁定不服者，應如何救濟？ (A)提起上訴 (B)提起抗告 (C)聲明異議 (D)提起再審。（98 普） 答：(B)

第265條 訴訟程序進行中所為之裁定，除別有規定外，不得抗告。

( )　行政訴訟法「抗告」之規定，下列何者錯誤？　(A)抗告，由最高行政法院裁定　(B)應於裁定送達後十日之不變期間內提起抗告　(C)除別有規定外，對於裁定得為抗告　(D)除別有規定外，訴訟程序進行中所為之裁定得為抗告。（98地三）　　　　　　　　　答：(D)

第266條 受命法官或受託法官之裁定，不得抗告。但其裁定如係受訴行政法院所為而依法得為抗告者，得向受訴行政法院提出異議。
前項異議，準用對於行政法院同種裁定抗告之規定。
受訴行政法院就異議所為之裁定，得依本編之規定抗告。
繫屬於最高行政法院之事件，受命法官、受託法官所為之裁定，得向受訴行政法院提出異議。其不得上訴最高行政法院之事件，高等行政法院受命法官、受託法官所為之裁定，亦同。

( )　行政訴訟法有關抗告之規定，下列敘述何者錯誤？　(A)對於受命法官之裁定不服者，得提起抗告　(B)提起抗告，應於裁定送達後10日之不變期間內為之　(C)抗告，由直接上級行政法院裁定　(D)對於抗告法院之裁定，原則上不得再為抗告。（103警）　　　　　　答：(A)

第268條 提起抗告，應於裁定送達後十日之不變期間內為之。但送達前之抗告亦有效力。

( )　對行政法院裁定不服者，應於裁定送達後幾日內提起抗告？　(A)十　(B)二十　(C)三十　(D)二個月。（93普）　　　　　　　　　答：(A)

第273條 有下列各款情形之一者，得以再審之訴對於確定終局判決聲明不服。但當事人已依上訴主張其事由或知其事由而不為主張者，不在此限：
一、適用法規顯有錯誤。
二、判決理由與主文顯有矛盾。
三、判決法院之組織不合法。
四、依法律或裁判應迴避之法官參與裁判。
五、當事人於訴訟未經合法代理或代表。
六、當事人知他造之住居所，指為所在不明而與涉訟。但他造已承認其訴訟程序者，不在此限。
七、參與裁判之法官關於該訴訟違背職務，犯刑事上之罪。
八、當事人之代理人、代表人、管理人或他造或其代理人、代表人、管理人關於該訴訟有刑事上應罰之行為，影響於判決。
九、為判決基礎之證物係偽造或變造。
十、證人、鑑定人或通譯就為判決基礎之證言、鑑定或通譯為虛偽陳述。
十一、為判決基礎之民事或刑事判決及其他裁判或行政處分，依其後之確定裁判或行政處分已變更。

十二、當事人發現就同一訴訟標的在前已有確定判決或和解或得使用該
　　　判決或和解。
十三、當事人發現未經斟酌之證物或得使用該證物。但以如經斟酌可受
　　　較有利益之裁判者為限。
十四、原判決就足以影響於判決之重要證物漏未斟酌。
確定終局判決所適用之法律或命令，經司法院大法官依當事人之聲請解
釋為牴觸憲法者，其聲請人亦得提起再審之訴。
第1項第7款至第10款情形，以宣告有罪之判決已確定，或其刑事訴
訟不能開始或續行非因證據不足者為限，得提起再審之訴。

( )1.下列何者非屬行政訴訟再審之事由？　(A)依法律或裁判應迴避之法官
參與裁判　(B)適用法規顯有錯誤　(C)當事人之代理人曾犯刑事上之罪
(D)判決法院之組織不合法。（107地四）

( )2.下列何者非屬行政訴訟法規定再審之事由？　(A)適用法規顯有錯誤
(B)依法律應迴避之法官參與裁判　(C)為判決基礎之證物係偽造　(D)
參與裁判之法官言行不檢。（108高）

( )3.確定終局判決後，當事人發現為判決基礎之證物係偽造或變造者，依據
行政訴訟法可以提起何種救濟？　(A)抗告　(B)重新審理　(C)特別上
訴　(D)再審。（101普）　　　　　　　　　　答：1.(C) 2.(D) 3.(D)

第276條 再審之訴應於三十日之不變期間內提起。
前項期間自判決確定時起算，判決於送達前確定者，自送達時起算；其
再審之理由發生或知悉在後者，均自知悉時起算。
依第273條第2項提起再審之訴者，第1項期間自解釋公布當日起算。
再審之訴自判決確定時起，如已逾五年者，不得提起。但以第273條
第1項第5款、第6款或第12款情形為再審之理由者，不在此限。
對於再審確定判決不服，復提起再審之訴者，前項所定期間，自原判決
確定時起算。但再審之訴有理由者，自該再審判決確定時起算。

( )　依據行政訴訟法第276條規定，再審之訴至遲應於幾日內之不變期間提
起？　(A)10日　(B)15日　(C)20日　(D)30日。（104普）　　答：(D)

第284條 因撤銷或變更原處分或決定之判決，而權利受損害之第三人，如非可歸
責於己之事由，未參加訴訟，致不能提出足以影響判決結果之攻擊或防
禦方法者，得對於確定終局判決聲請重新審理。
前項聲請，應於知悉確定判決之日起三十日之不變期間內為之。但自判
決確定之日起已逾一年者，不得聲請。

( )　行政訴訟法規定，因撤銷或變更原處分或決定之判決，而權利受損害之
第三人，如非可歸責於己之事由，未參加訴訟，致不能提出足以影響判
決結果之攻擊或防禦方法者，得對於確定終局判決如何救濟？　(A)聲

明異議 (B)提起非常上訴 (C)聲請保全程序 (D)聲請重新審理。
（100普） 答：(D)

第293條 **為保全公法上金錢給付之強制執行，得聲請假扣押。**
前項聲請，就未到履行期之給付，亦得為之。

( ) 1. 依據行政訴訟法第293條規定，為保全公法上金錢給付之強制執行，得聲請下列何種措施？ (A)假處分 (B)停止執行 (C)暫緩處分 (D)假扣押。（100普）

( ) 2. 下列何者屬行政訴訟法上之保全程序？ (A)假扣押 (B)機關借用 (C)逕予執行 (D)由保全公司暫為處置。（97普） 答：1.(D) 2.(A)

第298條 **公法上之權利因現狀變更，有不能實現或甚難實現之虞者，為保全強制執行，得聲請假處分。**
於爭執之公法上法律關係，為防止發生重大之損害或避免急迫之危險而有必要時，得聲請為定暫時狀態之處分。
前項處分，得命先為一定之給付。
行政法院為假處分裁定前，得訊問當事人、關係人或為其他必要之調查。

( ) 1. 非金錢債權之公法上權利，因現狀變更，有不能實現或甚難實現之虞者，為保全強制執行，得聲請： (A)假執行 (B)假扣押 (C)假處分 (D)停止執行。（102地四）

( ) 2. 依據行政訴訟法規定，公法上之權利因現狀變更，有不能實現或甚難實現之虞者，為保全強制執行，得聲請： (A)停止執行 (B)假處分 (C)假扣押 (D)強制執行。（101地四）

( ) 3. 下列何種情形，行政法院得定暫時狀態之處分？ (A)為保全公法上金錢給付之強制執行 (B)於爭執之公法上法律關係，為防止發生重大損害或避免急迫危險而有必要 (C)原處分或決定之執行，將發生難於回復之損害，且有急迫情事 (D)囑託普通法院或其他機關、學校、團體調查證據時。（105高）

( ) 4. 鄰人請求主管機關取締違法之相鄰房屋建造工程遭拒，其得向法院聲請下列何種保護措施？ (A)定暫時狀態之假處分 (B)保全強制執行之假處分 (C)假扣押 (D)停止執行。（102地四）

( ) 5. 甲報名參加今年度律師考試，遭考選部以資格不符為由駁回。甲對該駁回處分經訴願程序而提起行政訴訟時，可主張何種暫時權利保護制度，以參加今年度之律師考試？ (A)停止執行 (B)假執行 (C)假處分 (D)假扣押。（107地三）

答：1.(C) 2.(B) 3.(B) 4.(A) 5.(C)

第305條 行政訴訟之裁判命債務人為一定之給付,經裁判確定後,債務人不為給付者,債權人得以之為執行名義,聲請地方法院行政訴訟庭強制執行。地方法院行政訴訟庭應先定相當期間通知債務人履行;逾期不履行者,強制執行。

債務人為中央或地方機關或其他公法人者,並應通知其上級機關督促其如期履行。

依本法成立之和解,及其他依本法所為之裁定得為強制執行者,或科處罰鍰之裁定,均得為執行名義。

( ) 1. 依行政訴訟法之規定,行政訴訟給付裁判確定後,債務人不為給付者,應向下列何者聲請強制執行? (A)行政執行處 (B)地方法院行政訴訟庭 (C)最高行政法院 (D)民事執行處。(104普)

( ) 2. 下列何者非屬行政訴訟法規定得聲請強制執行之執行名義? (A)最高行政法院之發回判決 (B)行政法院之假扣押裁定 (C)訴訟上和解 (D)行政法院之確定給付判決。(107普) 答:1.(B) 2.(A)

Note

Chapter 11　國家賠償制度

本章依據出題頻率區分，屬：**B** 頻率中

課前導讀

1. 國家賠償法只有17個條文，卻考過許多次，就投資報酬率而言，實在是太划算了，一定要拿滿分，否則太可惜了。
2. 早年考題很多，近年已較少出現，可以看完本章課文後就直接研讀〈國家賠償法題庫〉。

一、國家賠償的概念

(一) **廣義的國家賠償**：廣義的國家賠償可以分成國內法意義的國家賠償及國際法意義的國家賠償兩種。

　1. **國內法意義的國家賠償**：指國家因為公權力的行使，致使人民的權利遭到損害，而由國家擔負賠償責任。

　2. **國際法意義的國家賠償**：指國家以國際法人為主體，對國際事件所擔負之賠償責任。如戰爭結束後的戰爭賠償，國家對外國人民的侵權所負之賠償義務。惟此種屬於外交事項之國家賠償，多為政治問題，並非行政法之問題。

(二) **狹義的國家賠償**：狹義的國家賠償是只限於國家執行權力之侵權責任，主要是行政權及司法權之侵權，而排除立法權及統帥權之侵權在外，同時也限於國內法之侵權責任。

　我國憲法第24條規定：**「凡公務員違法侵害人民之自由或權利者，除依法律受懲戒外，應負刑事及民事責任。被害人民就其所受損害，並得依法律向國家請求賠償。」** 憲法第24條樹立了國家應負「公務員」違法侵權的賠償責任。其中強調「公務員」之侵權，可知是採狹義的國家賠償之概念。

☆二、國家賠償法的主要內容

(一) **國家賠償法制定的依據**：國家賠償法第1條規定：「本法依中華民國憲法第24條制定之。」

(二)國家賠償責任發生的原因與要件

1. **公務員違法行為之國家賠償責任**（107普、地四、108地四、109高）：**國家賠償法第2條第2項規定：「公務員於執行職務行使公權力時，因故意或過失不法侵害人民自由或權利者，國家應負損害賠償責任。公務員怠於執行職務，致人民自由或權利遭受損害者，亦同。」**依此規定，國家或其他公法中之公務員違法行為之國家賠償責任，其構成要件如下：

   (1) **須為公務員之行為**：所謂公務員，國家賠償法採最廣義之規定：**「本法所稱公務員者，謂依法令從事於公務之人員」**（第2條第1項）。又**「受委託行使公權力之團體，其執行職務之人於行使公權力時，視同委託機關之公務員。受委託行使公權力之個人，於執行職務行使公權力時亦同」**（第4條）。

   (2) **須為執行職務行使公權力之行為**：

   　A. 所稱執行職務，只須「形式上」認定為已足，亦即只須以公務員之侵權行為，在外觀上足認為是在執行職務即可，不必「實質上」真正在執行職務。蓋形式上認定，較合常理並能確保人民權利。

   　B. 公務員除了執行職務外，尚須行使公權力行為始有賠償責任，國家賠償法第2條所規定之「公權力」，據最高法院80年臺上字525號判決：「係指公務員基於國家機關之地位，行使統治權作用之行為而言，並包括運用命令及強制手段，干預人民自由及權利之行為，以及提供給付、服務、救濟等方法增進公共及社會成員之利益以達成國家任務之行為。」

   (3) **須行為違法**：所謂違法包括違反法律、法規命令、行政規則，現仍有效之解釋、判例等而言，違反上級長官合法之職務命令亦應包括在內。法規允許行政機關裁量之事項，如濫用裁量權限，或逾越裁量範圍，或者行政機關對不確定法律概念之解釋及適用雖無錯誤，而認定事實違背經驗法則或論理法則者，亦應視為違法。

   (4) **須行為人有故意或過失**：本法採過失責任主義，故須行為人（公務員及受委託行使公權力之人員）有故意或過失，始足相當。所謂故意及過失，刑法第13條及第14條分別所作之界定，可供解釋時之參考。關於過失之舉證責任分配，究應由被害人負擔或由賠償義務機關負擔？說法不一，依民法第184條第2項，違反保護他人之法律者，推定其有過失，國家賠償法第5條既有適用民法之規定，則自可用以解決此項問題。申言之，公務員違法行為，當然為違反保護他人之法律，如欲免除賠償責任，應由賠償義務機關及公務員舉出反證，俾推翻法律之推定。

   (5) **須侵害人民之自由或權利**：自由或權利乃個人法的地位之總稱。凡足以減損憲法或法律所保障各項自由及權利，暨自由及權利所構成之法的地位者，均得請求國家賠償，不問其為財產上之損害或非財產上之損害。

(6) **須違法行為與損害結果之間有因果關係**：此之所謂因果關係與一般侵權行為所採者係同一標準，即所謂相當因果關係說。申言之，無此項違法行為，即不生此種損害，有此項違法行為，通常即足生此種損害者，謂之有相當因果關係。

公務員消極之不作為，亦即國家賠償法第 2 條第 2 項所稱公務員怠於執行職務之情形，符合違法性、歸責性（故意過失）及因果關係致人民自由或權利遭受損害之要件時，與積極作為同樣成立國家賠償責任。

2. **公共設施瑕疵之國家賠償責任**（106地四、107高、普、108地四、109高、普）：**國家賠償法第3條第1項：「公有公共設施因設置或管理有欠缺，致人民生命、身體、人身自由或財產受損害者，國家應負損害賠償責任。」其構成要件析述如下：**

(1) **須為公有公共設施**：公共設施指供公共目的使用之物件或設備而言，舉凡道路、橋樑、公園、停車場、飛機場、政府機關之辦公房舍等均屬之。公共設施非以專供公眾使用者為限，例如禁止公眾使用之軍事設施造成損害者，亦有本條之適用。至於私法人組織之公營事業所有之設施，如臺灣電力公司之輸電設施則非公共設施，其損害賠償應適用民法之規定。

(2) **須設置或管理有欠缺**：所謂公共設施之設置及管理有欠缺，前者指公共設施「自始」即有欠缺，是指公共設施在「設計、施工」上存有瑕疵。而「管理」有欠缺，乃指後天之管理不良，致使人民造成損害而言。惟所謂之「管理」，包括提供一切使該公共設施達到「設定目的」及維持這種目的之行為。故這種「管理行為」應該包括公共設施的本體，例如馬路、橋樑的維護、管修行為。但若是該管理應配置人員藉人力以維護之時，例如鐵路平交道應配置看守人，公立游泳池應置救生員，則此種人員之配置，亦構成此要件，可請求國家賠償。本條採國家賠償無過失責任制度，只要因公共設施肇致之損害，可歸責於該公共設施的設置或管理有瑕疵者，即構成國家賠償之要件。如因天災而肇致洪水爆發，公有堤防卻因施工不良，迅即崩潰造成之損害，國家仍必須因該公物堤防之設置或管理不當，而負賠償責任。

(3) **須人民之生命、身體、人身自由或財產遭受損害**：損害之法益限於生命、身體、人身自由或財產四項，與第 2 條之泛指自由或權利者顯有不同，蓋物之瑕疵所造成之損害，通常亦多屬致人於死亡、身體受傷、人身自由或財產受損。

(4) **須公共設施之瑕疵與損害發生之間有相當因果關係**：若損害之發生係出於天災地變等不可抗力者，即與公共設施之瑕疵無因果關係可言。

※ 國家賠償法第三條修正條文對照表：（標示底線處為增修內容）

新修正條文	原條文
第三條 公共設施因設置或管理有欠缺，致人民生命、身體、**人身自由**或財產受損害者，國家應負損害賠償責任。 **前項設施委託民間團體或個人管理時，因管理欠缺致人民生命、身體、人身自由或財產受損害者，國家應負損害賠償責任。** **前二項情形，於開放之山域、水域等自然公物，經管理機關、受委託管理之民間團體或個人已就使用該公物為適當之警告或標示，而人民仍從事冒險或具危險性活動，國家不負損害賠償責任。** **第一項及第二項情形，於開放之山域、水域等自然公物內之設施，經管理機關、受委託管理之民間團體或個人已就使用該設施為適當之警告或標示，而人民仍從事冒險或具危險性活動，得減輕或免除國家應負之損害賠償責任。** **第一項、第二項**及前項情形，就損害原因有應負責任之人時，賠償義務機關對之有求償權。	第三條 **公有**公共設施因設置或管理有欠缺，致人民生命、身體或財產受損害者，國家應負損害賠償責任。 前項情形，就損害原因有應負責任之人時，賠償義務機關對之有求償權。

說明：
一、所謂「公有公共設施」，依現行實務，包括「由國家設置且管理，或雖非其設置，但事實上由其管理」，且「直接供公共或公務目的使用」者，即有本法之適用。原第一項限於「公有」之公共設施，方有本法之適用，限縮成立國家賠償責任之範圍，與現行實務不符，易生誤解，爰將原第一項「公有公共設施」之「公有」二字刪除。
二、原第一項責令設置或管理機關應確保公共設施之客觀安全性，且避免賠償範圍過大，乃明定限於人民之生命、身體或財產受損害，始有本法之適用。惟考量公共設施設置或管理之欠缺亦可能使人民之人身自由受到損害，爰將本條之保護客體擴及「人身自由」，於第一項增列「人身自由」之文字。
三、國家如將公共設施委託民間團體或個人管理，涉及權限（即公物管理權）之移轉，雖非由國家直接支配或管理，惟該等設施仍係供公共或公務目的使用，如因管理欠缺致人民生命、身體、人身自由或財產受損害者，國家仍應負損害賠償責任，爰於第二項明定之，以杜爭議。另第二項損害之發生，乃直接肇因於民間團體或個人之管理欠缺所致，是以，人民對該受委託之民間團體或個人依其他法律關係之損害賠償請求權，與本條國家賠償請求權，構成請求權競合，除所受損害已獲得填補外，自不因國家負損害賠償責任而受影響，併予敘明。
四、由國家設置或管理，直接供公共或公務目的使用之公共設施，其範圍包括自然公物，例如：開放之山域或水域等。然利用大自然山域、水域等從事野外活動，本質上即具有多樣及相當程度危險性，人民親近大自然，本應知悉從事該等活動之危險性，且無法苛求全無風險、萬無一失。是以，就人民利用山域、水域等自行從事之危險活動，在國家賠償責任上應有不同之考量與限制。就山域、水域等自然公物，各主管機關之管理目的多係以維持原有生態、地形與地貌為管理原則，故

　　無法全面性地設置安全輔助設施，亦不宜或難以人為創造或改正除去風險，此與一般人工設置之公共設施（例如：公園、道路、學校、建物等），係由國家等設計、施作或管理，以供人民為該特定目的使用者，性質上仍有差異。因此，對此二類公共設施之課責程度亦應有所不同。爰增訂第三項規定，就開放之山域、水域等自然公物（例如：國家公園、森林遊樂區、海岸、沙灘、野溪及天然湖泊等），業經管理機關、受委託管理之民間團體或個人為適當之警告或標示，而人民仍從事冒險或具危險性活動情事者，國家於此狀況下不負損害賠償責任。至於管理機關、受委託管理之民間團體或個人應以何種方式為警告或標示乙節，考量各開放之山域、水域等所在場域位置之天候、地理條件各有不同，人民可能從事之活動，亦有差異，故所為之警告或標示，並不以實體方式（例如：標示牌、遊園須知告示、門票、入園申請書、登山入口處等適當處所警告或標示）為限，宜進一步考量景觀維持、環境保護、警告或標示之有效性、後續警告或標示維護等因素，綜合決定採用一種或數種方式，或於管理機關之網站為警告或標示，亦無不可。

五、另關於第三項所定「從事冒險或具危險性活動」情形，鑑於人民進入之地區、場域，所從事之活動、時間、天候狀況、環境條件，個人從事活動所需具備之專業知識、基本體能、技術、攜帶之器材裝備等情事，皆有不同，因而其行為是否具冒險或危險性，宜就具體事實，依一般社會通念及生活經驗等綜合判斷之。

六、於開放之山域、水域等自然公物區域範圍內，亦有可能設置其他直接供公眾使用之人工設施，例如：人工棧道、階梯、護欄、吊橋、觀景台、涼亭、遊客中心、停車場等，惟因該等設施坐落於開放之山域、水域內，使用該設施之風險未必皆能由管理機關等予以完全掌握控制，是以，如經管理機關等已就使用該人工設施為適當之警告或標示，而人民仍從事冒險或具危險性活動所致生之損害，不能完全歸責於國家，爰增訂第四項，於此情況下，得減輕或免除國家應負之損害賠償責任。

七、又第三項及第四項規定不負或減免損害賠償責任規定，其適用範圍僅限於開放之山域、水域等自然公物，及該等自然公物內之人工設施。至於非屬開放山域、水域等自然公物及其設施，仍應依具體個案事實，適用第一項、第二項規定，認定國家是否符合損害賠償要件；至請求權人如有與有過失之情形，則依第五條適用民法第二百十七條規定辦理。

八、於第二項情形國家將公共設施委託民間團體或個人管理時，因受託之民間團體或個人管理欠缺致人民生命、身體、人身自由或財產受損害者，國家仍應負損害賠償責任，惟因損害之發生，乃直接肇因於民間團體或個人之管理欠缺所致，倘因國家賠償之後，民間團體或個人即可免責，亦非事理之平。是以，賠償義務機關於對人民為賠償後，自應依法向應負責任之民間團體或個人求償。又第四項之情形，人民於開放之山域、水域等自然公物內之設施從事冒險或具危險性活動發生意外，致生國家賠償，具體個案事實倘賠償義務機關不能免責，且有其他應負責任之人時，賠償義務機關於對人民為賠償之後，亦應依法行使求償權，爰將原第二項移列至第五項，並酌作文字修正。

3.**偵審人員之國家賠償責任**（106普、108普）：國家賠償法第13條規定：「有審判或追訴職務之公務員，因執行職務侵害人民自由或權利，就其參與審判或追訴案件犯職務上之罪，經判決有罪確定者，適用本法規定。」其要件得分析如左：

(1)須為有審判職務之公務員：其所指公務員之範圍，主要應以普通法院之法官、檢察官及行政法院之法官為限。

(2)須因執行職務侵害人民之自由或權利：其執行之職務係指審判及追訴職務。在審判方面，包括各級法院審理之民、刑事及非訟事件，與行政法院之行政訴訟事件；追訴則係指就犯罪事實偵查起訴而言。

(3)須參與審判或追訴案件犯職務上之罪：此即指此等公務員因職務特殊，故其不法侵權行為亦具有特性。所謂犯職務上之罪，乃是指其有違背職務之犯罪行為而言。

(4)有關人員須經判決有罪確定：所謂判決有罪，係指經終局判決確定其有罪，並諭知科刑者而言，因如此即可確認其有犯罪行為造成損害，遂使國家負責賠償。

(三)**國家賠償的範圍及方法**（106普、地四、107地四）

1.**國家賠償之賠償方法以金錢賠償為原則，回復原狀為例外。賠償之範圍應適用民法之規定，包括積極性之所受損害及消極性之所失利益。**

2.依國家賠償法第 5、6、7 條之規定，國家賠償原則上是適用民法規定。惟民事賠償以回復原狀為原則，金錢賠償為例外。

(四)**國家賠償請求權的行使**

1.賠償請求權人：賠償請求權人通常為法益被損害之人，除自然人之外，法人亦包括在內，但專屬於自然人之法益，如生命、健康等則非法人所得請求。外國人則「以依條約或其本國法令或慣例，中華民國人得在該國與該國人享受同等權利者為限」（國家賠償法第15條），亦得以被害人身分而請求，即所謂相互保障主義。

2.賠償義務機關（108地四）：**賠償義務機關指代表國家或其他公法人負賠償責任之機關而言。**至國家賠償義務機關之認定，國家賠償法就三種不同情形，而為規定：

(1)**依第 2 條第 2 項請求損害賠償者，以該公務員所屬機關為賠償義務機關（第 9 條第 1 項）。**

(2)**依第 3 條第 1 項請求損害賠償者，以該公共設施之設置或管理機關為賠償義務機關。**

(3) **依第 3 條第 2 項請求損害賠償者，以委託機關為賠償義務機關（第 9 條第 2 項）。**

前 2 項賠償義務機關經裁撤或改組者，以承受其業務之機關為賠償義務機關。無承受其業務之機關者，以其上級機關為賠償義務機關（第 9 條第 3 項）。

不能依前 3 項確定賠償義務機關，或於賠償義務機關有爭議時，得請求其上級機關確定之。其上級機關自被請求之日起逾二十日不為確定者，得逕以該上級機關為賠償義務機關（第 9 條第 4 項）。

3. **請求程序**（107高、普、地四、108普、地三）：**國家賠償法關於請求程序，採雙軌制，即可循民事訴訟途徑或行政訴訟請求，在實務上人民多利用民事訴訟請求**，因為此一途徑較便捷而直接。無論循何種訴訟請求，就同一原因事實，均不得再行起訴（國家賠償法第11條第1項但書）。

循民事訴訟程序請求者，應先以書面向賠償義務機關請求（同法第 10 條第 1 項），此稱為「協議先行主義」，賠償義務機關對於前項請求，應即與請求權人協議。協議之結果有下列四種可能（參照同法第 11 條第 1 項）：

(1) 協議成立應作成協議書，協議書得為執行名義（同法第 10 條第 2 項）。

(2) 拒絕賠償。

(3) 自請求之日起逾三十日不開始協議。

(4) 自協議開始之日起六十日協議不成立。

後三種情形，請求權人均得提起民事訴訟。

請求權人依上述程序提起民事訴訟請求損害賠償者，法院得依聲請為假處分，命賠償義務機關暫先支付醫療或喪葬費用（同法第 11 條第 2 項）。

4. **消滅時效：關於賠償請求權之時效，國家賠償法第8條第1項規定：「賠償請求權，自請求權人知有損害時起，因二年間不行使而消滅；自損害發生時起，逾五年者亦同」。**

(五) **國家的求償權**（109普）：國家或其他公法人於對被害人履行其賠償義務後，對公務員或其他應負責任之團體或個人，自有求償之權。惟為避免公務員或受委託行使公權力之團體的人員，因擔心國家之求償而遇事畏縮，不肯勇於執行職務，國家賠償法採日本、韓國及奧國之立法例，於第2條第2項、第3條第5項及第4條第2項均規定，以執行職務之公務員或受委託執行職務之人，有故意或重大過失為限，賠償義務機關對該公務員、該個人或其隸屬之團體有求償權。若因公共設施之瑕疵而致之損害賠償，國家或其他公法人對有應負責任之人者，亦有求償權（同法第3條第2項）。前述求償權之時效期間，依國家賠償法第8條第2項之規定，均因二年間不行使而消滅。

三、國家賠償訴訟與行政訴訟的關係

(一)二者的差異

1. **目的方面**：提起行政訴訟，旨在請求撤銷或變更行政機關之處分，是以糾正行政機關之違法為目的；提起國家賠償之訴，是以填補因不法行為或公共設施之欠缺所生損害為目的。

2. **對象方面**：提起行政訴訟，原則上以行政處分為對象；提起國家賠償之訴，則以所有之公權力之行使以及公共設施為對象，較為廣泛。

3. **客體方面**：行政訴訟，僅得對作成行政處分之行政機關提起；國家賠償之訴，則除對行政機關外，還得對受委託行使公權力之團體或個人提起。

4. **損害範圍方面**：提起行政訴訟，僅得因權利受侵害而提起；至於國家賠償則在權利或利益受損害時，皆得提起。

(二)二者的關係：

雖然提起行政訴訟與國家賠償訴訟之原因不同，原則上二者可以分別併行提起，但是依行政訴訟法之規定，提起行政訴訟時，可以對因行政處分所造成之損害請求賠償，故二者併行提起，應於一定情形下始得為之。申言之：

1. 依國家賠償法第 11 條第 1 項但書：「已依行政訴訟法規定，附帶請求損害賠償者，就同一原因事實，不得更行起訴。」因此，國家賠償訴訟之提起，以行政訴訟程序中，未曾合併請求損害賠償者為限。

2. 依法理解釋，行政訴訟之提起，如擬請求賠償，則以未曾就同一原因事實，提起國家賠償之訴訟為限。

歷年試題總覽

( )　1. 憲法第24條規定公務員違法侵害人民之自由或權利，人民得依法律向國家請求賠償，下列何項敘述非屬國家賠償之範圍？　(A)公務員於執行職務行使公權力時，因故意或過失不法侵害人民自由或權利者　(B)公務員怠於執行職務，致人民自由或權利遭受損害者　(C)公有公共設施因設置或管理有欠缺，致人民生命、身體或財產受損害者　(D)颱風來襲，氣象報告不準確。（100高）

( )　2. 因公有公共設施瑕疵所生之國家賠償責任，國家應負何種過失責任？　(A)無過失責任　(B)具體輕過失責任　(C)抽象輕過失責任　(D)重大過失責任。（92普）

( )　3. 公有公共設施瑕疵所致之國家賠償責任，係採何種責任？　(A)無過失責任　(B)輕過失責任　(C)故意責任　(D)重大過失責任。（92高）

( )　4. 甲騎機車經過乙市政府施工路段，由於路上坑洞太大，造成甲機車倒下並摔傷右腿，甲如向乙市政府提出救濟，下列何者最適當？　(A)依訴願法向乙市政府提起訴願　(B)依國家賠償法對乙市政府提起損害賠償之訴　(C)依行政訴訟法提起確認行政處分違法之訴　(D)依行政訴訟法提起一般給付之訴。（100普）

( )　5. 依國家賠償法所為之協議（前者），與依訴願法以情況決定所為之協議（後者），二者之比較，在於：　(A)二者均為私法契約　(B)二者均為行政契約　(C)前者為私法契約，後者為行政契約　(D)前者為行政契約，後者為私法契約。（92普）

( )　6. 下列何者為國家賠償責任之特別立法？　(A)民法　(B)行政程序法　(C)行政執行法　(D)冤獄賠償法。（92普）

( )　7. 請求冤獄賠償之程序，應先向何機關為之？　(A)地方法院　(B)高等行政法院　(C)法務部　(D)內政部。（92普）

( )　8. 下列何者不屬於國家賠償適用之範圍？　(A)警察執行職務過當而傷及民眾　(B)公務員因故意過失不法怠於執行職務致人民權利受損　(C)國道路面破損致使人民駕車發生車禍導致傷亡　(D)作為採購契約債務人之行政機關未履約而被請求賠償。（104高）

解答

1. **D**　　2. **A**　　3. **A**　　4. **B**　　5. **B**　　6. **D**　　7. **A**　　8. **D**

國家賠償法題庫

第 1 條　本法依中華民國憲法第 24 條制定之。

（　）　我國國家賠償法之立法依據為何？　(A)憲法　(B)民法　(C)刑法　(D)公務員服務法。（92地）
答：(A)

第 2 條　本法所稱公務員者，謂依法令從事於公務之人員。

公務員於執行職務行使公權力時，因故意或過失不法侵害人民自由或權利者，國家應負損害賠償責任。公務員怠於執行職務，致人民自由或權利遭受損害者亦同。

前項情形，公務員有故意或重大過失時，賠償義務機關對之有求償權。

（　）1. 依法令從事於公務之人員，係屬何種法律所稱之公務員？　(A)公務員服務法　(B)國家賠償法　(C)公務員懲戒法　(D)公務人員任用法。（100警）

（　）2. 下列何者非依國家賠償法第2條請求國家賠償之法定要件？　(A)須公務員侵害人民自由或權利　(B)須公務員執行職務行使公權力　(C)須公務員因故意或過失侵害人民自由或權利　(D)公務員不論有無違法侵害人民自由或權利。（104普）

（　）3. 下列何者非屬國家賠償法上所稱之公務員？　(A)考選部薦任科長　(B)臺北市市長　(C)交通部臺灣鐵路管理局列車長　(D)受政府委託經營市立運動中心之民間業者員工。（107普）

（　）4. 關於公務員執行職務行使公權力行為所生國家賠償責任，下列敘述何者錯誤？　(A)執行職務之公務員須有故意或過失　(B)執行職務之積極作為或消極不作為，均包含在內　(C)系爭行使公權力行為與損害間具有相當因果關係　(D)不問公權力行為客觀上是否違法。（105警）

（　）5. 公務員怠於執行職務國家賠償責任之成立，不以下列何者為必要條件？　(A)被害人對於公務員應為職務行為有公法上之請求權　(B)被害人之損害與公務員怠於執行職務有相當因果關係　(C)公務員故意或過失怠於執行職務　(D)公務員依法有執行該職務之義務。（102地三）

( ) 6. 根據國家賠償法規定，一般公務員主觀上具備下列何要件而不法侵害人民權益時，賠償義務機關對之有求償權？　(A)故意或過失　(B)故意或重大過失　(C)抽象過失　(D)具體過失。（103普）

( ) 7. 依國家賠償法規定，於國家應負損害賠償責任時，賠償義務機關在下列何種情形下，對執行職務之公務員有求償權？　(A)該公務員於執行職務時所得在國民平均所得以上　(B)該公務員於執行職務時有故意或重大過失　(C)該公務員於執行職務時為薦任以上公務員　(D)該公務員於執行職務時為主管。（102警）

( ) 8. 關於國家賠償之敘述，下列何者錯誤？　(A)公務員因故意或重大過失致生國家賠償者，賠償義務機關對其有求償權　(B)請求權人限於不可歸責於自己之事由，始得提起損害賠償之訴　(C)請求國家賠償，程序上應先與賠償義務機關協議　(D)賠償義務機關與請求權人達成協議時，所作成之協議書得為執行名義。（107地四）

( ) 9. 下列何種情形，非屬國家賠償責任之範圍？　(A)指揮交通之警員，因精神不濟錯誤指揮，致小客車駕駛對撞而受有損害　(B)行政機關總務人員辦理員工尾牙餐敘，與餐廳簽訂契約後無故取消，致餐廳遭受損害　(C)行道樹明顯有枝幹掉落之危險，擔任巡查行道樹之人員未進行通報，致路人遭枝幹砸傷　(D)公路因大雨後落石不斷，養護人員未進行封路等安全措施，致行經該路段之駕駛人汽車受損。（107地四）

答：1.(B) 2.(D) 3.(D) 4.(D) 5.(A) 6.(B) 7.(B) 8.(B) 9.(B)

第 3 條　**公有公共設施因設置或管理有欠缺，致人民生命、身體、人身自由或財產受損害者，國家應負損害賠償責任。**
前項設施委託民間團體或個人管理時，因管理欠缺致人民生命、身體、人身自由或財產受損害者，國家應負損害賠償責任。
前 2 項情形，於開放之山域、水域等自然公物，經管理機關、受委託管理之民間團體或個人已就使用該公物為適當之警告或標示，而人民仍從事冒險或具危險性活動，國家不負損害賠償責任。
第 1 項及第 2 項情形，於開放之山域、水域等自然公物內之設施，經管理機關、受委託管理之民間團體或個人已就使用該設施為適當之警告或標示，而人民仍從事冒險或具危險性活動，得減輕或免除國家應負之損害賠償責任。
第 1 項、第 2 項及前項情形，就損害原因有應負責任之人時，賠償義務機關對之有求償權。

( ) 1. 依現行國家賠償法之規定，因公共設施設置管理有欠缺所生國家賠償責任之性質為：　(A)過失責任　(B)無過失責任　(C)犧牲補償責任　(D)事變責任。（102地四）

（　）2. 國家賠償事件成立，賠償義務機關賠償被害人之後行使求償權時，何者不以被求償者具有故意或重大過失為要件？　(A)公務員執行職務成立國家賠償之事件　(B)公務員怠於執行職務成立國家賠償之事件　(C)公共設施因設置或管理有欠缺成立國家賠償之事件　(D)受委託行使公權力團體執行職務成立國家賠償之事件。（102高）

（　）3. 下列事件何者應向普通法院請求救濟？　(A)甲在太魯閣國家公園因地面濕滑而跌倒受傷　(B)乙向新北市政府申請建築執照，因要件不符而遭否准　(C)丙所獲取之公費留學獎學金，遭行政機關追討　(D)私立大學學生丁，不服學校對其所為之退學通知。（107普）

（　）4. 下列何者該當國家賠償法所稱之公共設施設置或管理有欠缺？　(A)供公眾使用之橋樑耐震度符合規定，因不可預期之強烈地震致橋墩斷裂　(B)正常驗收之腳踏車引道因重型機車為緊急避難而行駛於上，致路面產生裂縫　(C)道路使用一段時間後產生坑洞，道路主管機關未能及時修補，又未設警告標示　(D)供公眾通行道路上之人孔蓋，因突發之強降雨壓力不平均而彈開掉落（107高）

（　）5. 甲所有之土地自日據時期起即供公共通行，迄今未被徵收，為維持公共通行，由公路總局管理維護。日前因路面維護不當，導致機車騎士嚴重摔傷，下列敘述何者正確？　(A)甲應依民法侵權行為規定負責　(B)甲應與公路總局共同負民事共同侵權行為之損害賠償責任　(C)由公路總局負國家賠償責任　(D)民事（侵權行為）及國家賠償之請求權，由受害之騎士自由選擇。（105普）

答：1.(B) 2.(C) 3.(A) 4.(C) 5.(C)

第 4 條　受委託行使公權力之團體，其執行職務之人於行使公權力時，視同委託機關之公務員。受委託行使公權力之個人，於執行職務行使公權力時亦同。前項執行職務之人有故意或重大過失時，賠償義務機關對受委託之團體或個人有求償權。

（　）1. 下列何種公權力受託人於行使公權力時，視同委託機關的公務員？　(A)依船員法維持船上治安的船長　(B)依學位授予法授予學位之私立學校　(C)依所得稅法扣取納稅義務人稅款之人　(D)受託辦理汽車定期檢驗的汽車修理廠。（105地四）

（　）2. 甲機關依法規將其權限之一部分，委託私人乙辦理，如因此發生國家賠償爭議，應以何機關為國家賠償義務機關：　(A)甲機關　(B)私人乙　(C)以甲機關及私人乙為共同賠償義務機關　(D)依甲、乙間之委託契約定之。（102地四）

答：1.(D) 2.(A)

第 5 條　國家損害賠償，除依本法規定外，適用民法規定。

( )1.依據國家賠償法第5條之規定，何者為國家損害賠償之補充法？　(A)行政
程序法　(B)訴願法　(C)民法　(D)民事訴訟法。〔104警〕

( )2.民法係屬國家賠償法之何種法律？　(A)特別法　(B)補充法　(C)基本法
(D)限時法。〔95高〕　　　　　　　　　　　　　　　答：1.(C) 2.(B)

第 6 條　國家損害賠償，本法及民法以外其他法律有特別規定者，適用其他法律。

( )1.國家賠償所應適用之法律，依國家賠償法第5條及第6條之規定，除國家賠
償法本身外，尚有民法及其他特別法；其適用順序為何？　(A)先適用國家
賠償法，再適用民法，最後適用特別法　(B)先適用特別法，再適用民法，
最後適用國家賠償法　(C)先適用國家賠償法，再適用特別法，最後適用民
法　(D)先適用特別法，再適用國家賠償法，最後適用民法。〔99普〕

( )2.關於國家賠償法與其他法律之適用關係，下列敘述何者錯誤？　(A)國
家賠償訴訟，除依國家賠償法外，適用行政訴訟法規定　(B)國家賠償
訴訟，除依國家賠償法外，適用民事訴訟法規定　(C)國家損害賠償，
除國家賠償法規定外，適用民法規定　(D)國家損害賠償，國家賠償法
及民法以外其他法律有特別規定者，適用其他法律。〔105警〕

答：1.(D) 2.(A)

**第 7 條　國家負損害賠償責任者，應以金錢為之。但以回復原狀為適當者，得依
請求，回復損害發生前原狀。
前項賠償所需經費，應由各級政府編列預算支應之。**

( )1.國家賠償應採何種方法？　(A)應以金錢賠償為原則　(B)應以回復原狀
為原則　(C)由賠償義務機關依職權決定　(D)由賠償義務機關與請求權
人協議定之。〔106普〕

( )2.依據國家賠償法第7條規定，國家賠償責任的賠償方法為何？　(A)以回
復原狀為原則，金錢賠償為例外　(B)以金錢賠償為原則，回復原狀為
例外　(C)由賠償義務機關與請求權人協議為之　(D)由賠償義務機關單
方決定賠償方法。〔106移四〕

( )3.關於國家賠償之敘述，下列何者正確？　(A)公有公共設施因設置欠缺
而造成人民身體受損害者，須以設置機關之公務員有故意或過失為限
(B)公有公共設施因設置欠缺而造成人民身體受損害者，須以設置機關
之公務員有故意或重大過失為限　(C)國家賠償責任，以金錢賠償為原
則　(D)以公有公共設施因設置或管理有欠缺為由而請求損害賠償者，
不以書面向賠償義務機關請求為必要。〔104普〕

(　) 4. 有關國家負損害賠償責任之敘述，下列何者正確？　(A)原則上應以金錢為之，例外時依請求，回復損害發生前原狀　(B)原則上應依請求，回復損害發生前原狀，例外時依請求以金錢為之　(C)一律以金錢為之　(D)一律回復損害發生前原狀。（106地四）

(　) 5. 有關國家賠償之敘述，下列何者正確？　(A)不以公務員執行職務時有故意過失為要件　(B)賠償範圍限於生命、身體或財產所受之損害　(C)請求權之消滅時效，若以知有損害時起算者，為5年　(D)國家負損害賠償者，以金錢賠償為原則，回復原狀為例外。（107地四）

答：1.(A)　2.(B)　3.(C)　4.(A)　5.(D)

第8條 賠償請求權，自請求權人知有損害時起，因二年間不行使而消滅；自損害發生時起，逾五年者亦同。
第2條第3項、第3條第5項及第4條第2項之求償權，自支付賠償金或回復原狀之日起，因二年間不行使而消滅。

(　) 1. 國家賠償法第8條第1項規定，國家賠償請求權，自請求權人知有損害時起，因2年間不行使而消滅。所謂「知有損害時」應如何認定？　(A)只須知有損害事實即可　(B)須知有損害事實及確認損害之範圍　(C)須知有損害事實及國家賠償責任之原因事實　(D)應視個案而定。（101警）

(　) 2. 國家賠償法第2條第2項規定，公務員於執行職務行使公權力時，因故意或過失不法侵害人民自由或權利者，國家應負損害賠償責任。下列敘述何者錯誤？　(A)應以該公務員所屬機關為賠償義務機關　(B)應先以書面向賠償義務機關請求之　(C)公務員有故意或重大過失時，賠償義務機關對之有求償權　(D)賠償請求權，自請求權人知有損害時起，至遲因5年間不行使而消滅。（104警）

(　) 3. 國家賠償請求權，在請求權人不知有損害之情事時，自損害發生時起，逾幾年期間而消滅？　(A)2年　(B)3年　(C)4年　(D)5年。（102警）

(　) 4. 甲所有之房屋，於2016年4月1日遭行政機關違法拆除造成損害。關於甲之國家賠償請求權時效，下列敘述何者正確？　(A)若甲於2016年4月1日即知有損害，其請求權於2017年4月1日以前不行使而消滅　(B)若甲於2016年4月1日即知有損害，其請求權於2018年3月31日以前不行使而消滅　(C)若甲不知有損害，其請求權於2020年3月31日以前不行使而消滅　(D)若甲不知有損害，其請求權於2021年4月1日以前不行使而消滅。（108高）

答：1.(C)　2.(D)　3.(D)　4.(D)

第 9 條　依第 2 條第 2 項請求損害賠償者，以該公務員所屬機關為賠償義務機關。
　　　　依第 3 條第 1 項請求損害賠償者，以該公共設施之設置或管理機關為賠償義務機關；依第 3 條第 2 項請求損害賠償者，以委託機關為賠償義務機關。
　　　　前 2 項賠償義務機關經裁撤或改組者，以承受其業務之機關為賠償義務機關。無承受其業務之機關者，以其上級機關為賠償義務機關。
　　　　不能依前 3 項確定賠償義務機關，或於賠償義務機關有爭議時，得請求其上級機關確定之。其上級機關自被請求之日起逾二十日不為確定者，得逕以該上級機關為賠償義務機關。

(　) 1. 依據國家賠償法之規定，賠償義務機關係指下列何項機關？　(A)公務員所屬機關　(B)公務員所屬機關之上級機關　(C)糾舉公務員之監察機關　(D)公務人員權利保障機關。（101地四）

(　) 2. 鄉公所之公務員因執行職務行使公權力不法侵害人民之權利，人民如請求損害賠償時，應以下列何者為賠償義務機關？　(A)該公務員　(B)該鄉公所　(C)該鄉公所所屬縣政府　(D)內政部。（97地四）

(　) 3. 因公務員之故意或過失不法侵害人民之自由或權利致生國家賠償責任時，賠償義務應由下列何者承擔？　(A)由國家承擔，但由中央政府支應　(B)由為侵害行為之公務員個人承擔　(C)由為侵害行為之公務員所屬機關承擔　(D)由公務員個人與所屬機關連帶負責。（102普）

(　) 4. 關於我國國家賠償制度，下列敘述何者錯誤？　(A)以公務員之違法有責行為為要件　(B)國家對於故意或重大過失之公務員有求償權　(C)公共設施因設置或管理有欠缺，致人民受有損害時，國家不得主張已善盡防止損害發生之注意而免責　(D)市政府工務局進行柏油鋪設工程，因未確實設置警告標誌，致市民甲騎機車路過時摔傷。甲依法請求國家賠償，賠償義務應由市政府與包商共同承擔。（106地四）

(　) 5. 因公共設施之設置或管理有欠缺請求損害賠償時，應向何者請求？　(A)該公共設施之設置或管理機關　(B)該公共設施設置或管理機關之上級機關　(C)對該公共設施之設置或管理有過失之公務員　(D)對該公共設施設置或管理有過失公務員之監督機關。（99地四）

(　) 6. 經濟部標準檢驗局依商品檢驗法第4條第2項之規定，將檢驗業務及檢驗合格證書之核發，委託民間團體辦理，下列敘述何者錯誤？　(A)受託之民間團體在核發檢驗合格證書時，具有行政機關之地位　(B)受託之民間團體得以自己之名義核發檢驗合格證書　(C)受託之民間團體拒絕核發檢驗合格證書，處分相對人應以受託之民間團體為被告，提起行政

訴訟 (D)違法拒絕核發檢驗合格證書而權利受侵害之人，欲提起國家賠償訴訟時，應以該受託之民間團體為被告。（103普）

答：1.(A) 2.(B) 3.(C) 4.(D) 5.(A) 6.(D)

第10條 依本法請求損害賠償時，應先以書面向賠償義務機關請求之。
賠償義務機關對於前項請求，應即與請求權人協議。協議成立時，應作成協議書，該項協議書得為執行名義。

( ) 1. 依據國家賠償法，關於國家賠償程序，下列敘述何者正確？ (A)應直接向法院提起撤銷訴訟附帶損害賠償 (B)應向地方調解委員會提起調解 (C)應先向造成損害之公務員請求損害賠償 (D)應先以書面向賠償義務機關請求賠償。（106移四）

( ) 2. 公務員因執法過當打傷人民。受害人應先以何種方式，向賠償義務機關請求國家賠償？ (A)口頭表示 (B)電話方式 (C)登報方式 (D)書面方式。（103普）

( ) 3. 請求國家賠償時，應先以書面向賠償義務機關請求之。賠償義務機關對此項請求，應如何處理？ (A)應即移轉訴願審理機關 (B)應即與請求權人協議 (C)應即移送法院審理 (D)應即經請求權人同意，提起訴訟。（101普）

( ) 4. 國家賠償法第10條第2項規定，賠償義務機關與請求權人協議成立時，應作成協議書，該項協議書之法律性質為何？ (A)私法契約 (B)行政契約 (C)行政處分 (D)行政計畫。（100地四）

( ) 5. 國家賠償法第10條第2項規定，賠償義務機關與請求權人協議成立時，應作成協議書，該項協議書得為執行名義。如嗣後對協議之有效性發生爭議，則應適用下列何種法律處理？ (A)民事訴訟法 (B)行政訴訟法 (C)行政執行法 (D)強制執行法。（102普）

( ) 6. 依國家賠償法，下列敘述何者正確？ (A)賠償義務機關為隸屬行政院之國家賠償審議委員會 (B)損害賠償請求權，自請求權人知有損害時起，因5年間不行使而消滅 (C)賠償義務機關拒絕賠償者，應送國家賠償調解委員會調解，調解不成者，請求權人始得提出國家賠償訴訟 (D)賠償義務機關與請求權人就損害賠償達成協議，作成協議書時，該協議書得為執行名義。（100地三）

( ) 7. 關於國家賠償訴訟之敘述下列何者正確？ (A)國家賠償訴訟僅得由行政法院審理 (B)國家賠償訴訟僅得由民事法院審理 (C)國家賠償訴訟須經訴願前置程序 (D)請求損害賠償時，應先以書面向賠償義務機關請求之。（100地四）

( ) 8. 依國家賠償法之規定，下列敘述何者正確？ (A)國家賠償方式是以回復原狀為原則 (B)請求損害賠償時，應先以書面向賠償義務機關請求之 (C)損害賠償之訴，除依本法規定外，適用行政訴訟法之規定 (D)國家賠償法於其他私法人準用之。（97普）

答：1.(D) 2.(D) 3.(B) 4.(B) 5.(B) 6.(D) 7.(D) 8.(B)

第 11 條 賠償義務機關拒絕賠償，或自提出請求之日起逾三十日不開始協議，或自開始協議之日起逾六十日協議不成立時，請求權人得提起損害賠償之訴。但已依行政訴訟法規定，附帶請求損害賠償者，就同一原因事實，不得更行起訴。
依本法請求損害賠償時，法院得依聲請為假處分，命賠償義務機關暫先支付醫療或喪葬費。

( ) 1. 國家賠償請求權人何時得提起損害賠償之訴？ (A)賠償請求權人提出請求，賠償義務機關拒絕賠償 (B)賠償請求權人提出請求，賠償義務機關自請求之日起逾20日不開始協議 (C)賠償請求權人提出請求，自開始協議之日起逾30日協議不成立 (D)賠償請求權人提出請求，自請求之日起逾30日協議不成立。（107高）

( ) 2. 有關國家賠償制度之敘述，下列何者錯誤？ (A)國家負損害賠償責任者，原則上應以金錢為之 (B)請求損害賠償時，應先以書面向賠償義務機關為之 (C)應直接向高等行政法院提起國家賠償訴訟 (D)國家賠償事件之公務員，係指依法令從事公務之人員。（103普）

( ) 3. 依國家賠償法規定，提起國家賠償訴訟應向下列何者為之？ (A)高等行政法院 (B)最高行政法院 (C)地方法院行政訴訟庭 (D)地方法院民事庭。（108普）

( ) 4. 有關請求國家賠償之程序，下列敘述何者錯誤？ (A)採協議先行原則 (B)請求國家賠償須以書面為之 (C)機關拒絕賠償時，請求權人得提起行政訴訟 (D)協議書得為執行名義。（105地四）

( ) 5. 依國家賠償法請求損害賠償時，法院得依聲請為假處分，命賠償義務機關暫先支付下列何種費用？ (A)醫療費 (B)財損費 (C)工作損失費 (D)精神損失費。（106地四）

( ) 6. 依國家賠償法規定，有關國家賠償請求程序之敘述，下列何者正確？ (A)國家賠償請求，得由被害人逕依民事訴訟法規定，向法院提起國家賠償之訴 (B)國家賠償請求，起訴前應先以書面向賠償義務機關之上級機關提出賠償請求 (C)被害人得依行政訴訟法規定，就同一原因事實，合併請求國家賠償 (D)於賠償義務機關有爭議時，得逕以其上級機關為賠償義務機關。（107普） 答：1.(A) 2.(C) 3.(D) 4.(C) 5.(A) 6.(C)

第 12 條 損害賠償之訴，除依本法規定外，適用民事訴訟法之規定。

( ) 1. 國家損害賠償之訴，除依國家賠償法規定外，適用下列何種法律之規定？　(A)訴願法　(B)行政訴訟法　(C)民事訴訟法　(D)司法院大法官案件審理法。（106地四）

( ) 2. 行政事件原則上由行政法院審判，但下列何者依法仍得由普通法院審判？　(A)環保行政罰事件　(B)逃漏稅處罰　(C)公務員免職、停職事件　(D)國家賠償事件。（104普）　　　　　　　　　　答：1.(C) 2.(D)

第 13 條 有審判或追訴職務之公務員，因執行職務侵害人民自由或權利，就其參與審判或追訴案件犯職務上之罪，經判決有罪確定者，適用本法規定。

( ) 1. 有關法官與檢察官等司法人員之行為是否會構成國家賠償責任的問題，下列敘述何者正確？　(A)法官就審判職務之行為，不會成立國家賠償之責任　(B)檢察官就追訴職務之行使，不會成立國家賠償責任　(C)法官參與審判之判決被上級審法院撤銷時，成立國家賠償責任　(D)檢察官之追訴行為經判決有罪確定時，成立國家賠償責任。（106普）

( ) 2. 依國家賠償法規定，下列何種情形，國家不負損害賠償責任？　(A)行政執行官因過失違法查封他人不動產　(B)調查局調查官因過失違法查扣人民財物　(C)法院司法事務官因過失違法拍賣他人動產　(D)地檢署檢察官因過失違法起訴他人。（108普）

( ) 3. 有關國家賠償法之敘述，何者錯誤？　(A)公務員因故意或重大過失致生國家賠償者，賠償義務機關賠償後得對其求償　(B)法官裁准羈押張三因案涉訟，嗣獲判決無罪確定，原裁准羈押張三之法官即須負國家賠償責任　(C)請求國家賠償者，在程序上應先與賠償義務機關協議　(D)國家賠償案件性質上屬於公法爭議。（100地三）　　答：1.(D) 2.(D) 3.(B)

第 15 條 本法於外國人為被害人時，以依條約或其本國法令或慣例，中華民國人得在該國與該國人享受同等權利者為限，適用之。

( )　外國人為被害人時，可否依我國國家賠償法請求國家賠償？　(A)所有外國人皆適用我國國家賠償法　(B)僅與我國有正式邦交國之外國人，始適用我國國家賠償法　(C)外國人，不適用我國國家賠償法　(D)我國人民依法得在該外國享受同等權利時，外國人始適用我國國家賠償法。（99地四）　　　　　　　　　　答：(D)

第五篇　相關法規彙整

一、中央法規標準法
民國 93 年 5 月 19 日修正公布

第一章　總則
第 1 條　中央法規之制定、施行、適用、修正及廢止，除憲法規定外，依本法之規定。

第 2 條　法律得定名為法、律、條例或通則。

第 3 條　各機關發布之命令，得依其性質，稱規程、規則、細則、辦法、綱要、標準或準則。

第二章　法規之制定
第 4 條　法律應經立法院通過，總統公布。

第 5 條　左列事項應以法律定之：
一、憲法或法律有明文規定，應以法律定之者。
二、關於人民之權利、義務者。
三、關於國家各機關之組織者。
四、其他重要事項之應以法律定之者。

第 6 條　應以法律規定之事項，不得以命令定之。

第 7 條　各機關依其法定職權或基於法律授權訂定之命令，應視其性質分別下達或發布，並即送立法院。

第 8 條　法規條文應分條書寫，冠以「第某條」字樣，並得分為項、款、目。項不冠數字，低二字書寫，款冠以一、二、三等數字，目冠以（一）、（二）、（三）等數字，並應加具標點符號。
前項所定之目再細分者，冠以 1.2.3 等數字，並稱為第某目之 1.2.3。

第 9 條　法規內容繁複或條文較多者，得劃分為第某編、第某章、第某節、第某款、第某目。

第 10 條　修正法規廢止少數條文時，得保留所廢條文之條次，並於其下加括弧，註明「刪除」二字。
修正法規增加少數條文時，得將增加之條文，列在適當條文之後，冠以前條「之一」、「之二」等條次。
廢止或增加編、章、節、款、目時準用前二項之規定。

第 11 條　法律不得牴觸憲法，命令不得牴觸憲法或法律，下級機關訂定之命令不得牴觸上級機關之命令。

第三章　法規之施行
第 12 條　法規應規定施行日期，或授權以命令規定施行日期。

第 13 條　法規明定自公布或發布日施行者，自公布或發布之日起算至第三日起發生效力。

第 14 條　法規特定有施行日，期或以命令特定施行日期者，自該特定日起發生效力。

第 15 條　法規定有施行區域或授權以命令規定施行區域者，於該特定區域內發生效力。

第四章　法規之適用
第 16 條　法規對其他法規所規定之同一事項而為特別之規定者，應優先適用之。其他法規修正後，仍應優先適用。

第 17 條　法規對某一事項規定適用或準用其他法規之規定者，其他法規修正後，適用或準用修正後之法規。

第 18 條　各機關受理人民聲請許可案件適用法規時，除依其性質應適用行為時之法規外，如在處理程序終結前，據以准許之法規有變更者，適用新法規。但舊法規有利於當事人而新法規未廢除或禁止所聲請之事項者，適用舊法規。

第 19 條　法規因國家遭遇非常事故，一時不能適用者，得暫停適用其一部或全部。
法規停止或恢復適用之程序，準用本法有關法規廢止或制定之規定。

第五章　法規之修正與廢止
第 20 條　法規有左列情形之一者，修正之：
一、基於政策或事實之需要，有增減內容之必要者。
二、因有關法規之修正或廢止而應配合修正者。
三、規定之主管機關或執行機關已裁併或變更者。
四、同一事項規定於二以上之法規，無分別存在之必要者。

法規修正之程序，準用本法有關法規制定之規定。

第21條　法規有左列情形之一者，廢止之：

一、機關裁併，有關法規無保留之必要者。

二、法規規定之事項已執行完畢，或因情勢變遷，無繼續施行之必要者。

三、法規因有關法規之廢止或修正致失其依據，而無單獨施行之必要者。

四、同一事項已定有新法規，並公布或發布施行者。

第22條　法律之廢止，應經立法院通過，總統公布。

命令之廢止，由原發布機關為之。

依前二項程序廢止之法規，得僅公布或發布其名稱及施行日期；並自公布或發布之日起，算至第三日起失效。

第23條　法規定有施行期限者，期滿當然廢止，不適用前條之規定。但應由主管機關公告之。

第24條　法律定有施行期限，主管機關認為需要延長者，應於期限屆滿一個月前送立法院審議。但其期限在立法院休會期內屆滿者，應於立法院休會一個月前送立法院。

命令定有施行期限，主管機關認為需要延長者，應於期限屆滿一個月前，由原發布機關發布之。

第25條　命令之原發布機關或主管機關已裁併者，其廢止或延長，由承受其業務之機關或其上級機關為之。

第六章　附　則

第26條　本法自公布日施行。

二、中央行政機關組織基準法

民國99年2月3日修正公布

第一章　總　則

第1條　為建立中央行政機關組織共同規範，提升施政效能，特制定本法。

第2條　本法適用於行政院及其所屬各級機關（以下簡稱機關）。但國防組織、外交駐外機構、警察機關組織、檢察機關、調查機關及海岸巡防機關組織法律另有規定者，從其規定。

行政院為一級機關，其所屬各級機關依層級為二級機關、三級機關、四級機關。但得依業務繁簡、組織規模定其層級，明定隸屬指揮監督關係，不必逐級設立。

第3條　本法用詞定義如下：

一、機關：就法定事務，有決定並表示國家意思於外部，而依組織法律或命令（以下簡稱組織法規）設立，行使公權力之組織。

二、獨立機關：指依據法律獨立行使職權，自主運作，除法律另有規定外，不受其他機關指揮監督之合議制機關。

三、機構：機關依組織法規將其部分權限及職掌劃出，以達成其設立目的之組織。

四、單位：基於組織之業務分工，於機關內部設立之組織。

第4條　下列機關之組織以法律定之，其餘機關之組織以命令定之：

一、一級機關、二級機關及三級機關。

二、獨立機關。

前項以命令設立之機關，其設立、調整及裁撤，於命令發布時，應即送立法院。

第二章　機關組織法規及名稱

第5條　機關組織以法律定之者，其組織法律定名為法，但業務相同而轄區不同或權限相同而管轄事務不同之機關，其共同適用之組織法律定名為通則。

機關組織以命令定之者，其組織命令定名為規程。但業務相同而轄區不同或權限相同而管轄事務不同之機關，其共同適用之組織命令定名為準則。

本法施行後，除本法及各機關組織法規外，不得以作用法或其他法規規定機關之組織。

第6條　行政機關名稱定名如下：

一、院：一級機關用之。

二、部：二級機關用之。

三、委員會：二級機關或獨立機關用之。

四、署、局：三級機關用之。

五、分署、分局：四級機關用之。

機關因性質特殊，得另定名稱。

第7條　機關組織法規，其內容應包括下列事項：

一、機關名稱。

二、機關設立依據或目的。

三、機關隸屬關係。

四、機關權限及職掌。

五、機關首長、副首長之職稱、官職等及員額。

六、機關置政務職務者，其職稱、官職等及員額。

七、機關置幕僚長者，其職稱、官職等。

八、機關依職掌有設置次級機關者，其名稱。

九、機關有存續期限者，其期限。

十、屬獨立機關者，其合議之議決範圍、議事程序及決議方法。

第8條　機關組織以法律制定者，其內部單位之分工職掌，以處務規程定之；機關組織以命令定之者，其內部單位之分工職掌，以辦事細則定之。

各機關為分層負責，逐級授權，得就授權範圍訂定分層負責明細表。

第三章　機關設立、調整及裁撤

第9條　有下列各款情形之一者，不得設立機關：

一、業務與現有機關職掌重疊者。

二、業務可由現有機關調整辦理者。

三、業務性質由民間辦理較適宜者。

第10條　機關及其內部單位具有下列各款情形之一者，應予調整或裁撤：

一、階段性任務已完成或政策已改變者。

二、業務或功能明顯萎縮或重疊者。

三、管轄區域調整裁併者。

四、職掌應以委託或委任方式辦理較符經濟效益者。

五、經專案評估績效不佳應予裁併者。

六、業務調整或移撥至其他機關或單位者。

第11條　機關組織依本法規定以法律定之者，其設立依下列程序辦理：

一、一級機關：逕行提案送請立法院審議。

二、二級機關、三級機關、獨立機關，由其上級機關或上級指定之機關擬案，報請一級機關轉請立法院審議。機關之調整或裁撤由本機關或上級機關擬案，循前項程序辦理。

第12條　機關組織依本法規定以命令定之者，其設立、調整及裁撤依下列程序辦理：

一、機關之設立或裁撤：由上級機關或上級指定之機關擬案，報請一級機關核定。

二、機關之調整：由本機關擬案，報請上級機關核轉一級機關核定。

第13條　一級機關應定期辦理組織評鑑，作為機關設立、調整或裁撤之依據。

第四章　機關權限、職掌及重要職務設置

第14條　上級機關對所隸屬機關依法規行使指揮監督權。

不相隸屬機關之指揮監督，應以法規有明文規定者為限。

第15條　二級機關及三級機關於其組織法律規定之權限、職掌範圍內，基於管轄區域及基層服務需要，得設地方分支機關。

第16條　機關於其組織法規規定之權限、職掌範圍內，得設附屬之實（試）驗、檢驗、研究、文教、醫療、社福、矯正、收容、訓練等機構。

前項機構之組織，準用本法之規定。

第17條　機關首長綜理本機關事務，對外代表本機關，並指揮監督所屬機關及人員。

第18條　**首長制機關之首長稱長或主任委員，合議制機關之首長稱主任委員。但機關性質特殊者，其首長職稱得另定之。一級、二級機關首長列政務職務；三級機關首長除性質特殊且法律有規定得列政務職務外，其餘應為常務職務；四級機關首長列常務職務。機關首長除因性質特殊法規另有規定者外，應為專任。**

第19條　一級機關置副首長一人，列政務職務。二級機關得置副首長一人至三人，其中一人應列常任職務，其餘列政務職務。三級機關以下得置副首長一人或二人，均列常任職務。

第20條　一級機關置幕僚長，稱秘書長，列

政務職務；二級以下機關得視需要，置主任秘書或秘書，綜合處理幕僚事務。

一級機關得視需要置副幕僚長一至三人，稱副秘書長；其中一人或二人得列政務職務，至少一人應列常任職務。

第 21 條　獨立機關合議制之成員，均應明定其任職期限、任命程序、停職、免職之規定及程序。但相當二級機關之獨立機關，其合議制成員中屬專任者，應先經立法院同意後任命之；其他獨立機關合議制成員由一級機關首長任命之。

一級機關首長為前項任命時，應指定成員中之一人為首長，一人為副首長。

第 1 項合議制之成員，除有特殊需要外，其人數以五人至十一人為原則，具有同一黨籍者不得超過一定比例。

第五章　內部單位

第 22 條　機關內部單位應依職能類同、業務均衡、權責分明、管理經濟、整體配合及規模適中等原則設立或調整之。

第 23 條　機關內部單位分類如下：
一、業務單位：係指執行本機關職掌事項之單位。
二、輔助單位：係指辦理秘書、總務、人事、主計、研考、資訊、法制、政風、公關等支援服務事項之單位。

第 24 條　政府機關內部單位之名稱，除職掌範圍為特定區者得以地區命名外，餘均應依其職掌內容定之。

第 25 條　機關之內部單位層級分為一級、二級，得定名如下：
一、一級內部單位：
(一) 處：一級機關、相當二級機關之獨立機關及二級機關委員會之業務單位用之。
(二) 司：二級機關之業務單位用之。
(三) 組：三級機關業務單位用之。
(四) 科：四級機關業務單位用之。
(五) 處、室：各級機關輔助單位用之。
二、二級內部單位：科。
機關內部單位層級之設立，得因機關性質及業務需求彈性調整，不必逐級設立，但四級

機關內部單位之設立，除機關業務繁重、組織規模龐大者，得於科下分股辦事外，以設立一級為限。

機關內部單位因性質特殊者，得另定名稱。

第 26 條　輔助單位依機關組織規模、性質及層級設立，必要時其業務得合併於同一單位辦理。輔助單位工作與本機關職掌相同或兼具業務單位性質，報經該管一級機關核定者，不受前項規定限制，或得視同業務單位。

第 27 條　一級機關、二級機關及三級機關，得依法設立掌理調查、審議、訴願等單位。

第 28 條　機關得視業務需要設任務編組，所需人員，應由相關機關人員派充或兼任。

第六章　機關規模與建制標準

第 29 條　行政院依下列各款劃分各部主管事務：
一、以中央行政機關應負責之主要功能為主軸，由各部分別擔任綜合性、統合性之政策業務。
二、基本政策或功能相近之業務，應集中由同一部擔任；相對立或制衡之業務，則應由不同部擔任。
三、各部之政策功能及權限，應盡量維持平衡。
部之總數以十四個為限。

第 30 條　各部組織規模建制標準如下：
一、業務單位設六司至八司為原則。
二、各司設四科至八科為原則。
前項司之總數以一百一十二個為限。

第 31 條　行政院基於政策統合需要得設委員會。各委員會組織規模建制標準如下：
一、業務單位以四處至六處為原則。
二、各處以三科至六科為原則。
第 1 項委員會之總數以八個為限。

第 32 條　相當二級機關之獨立機關組織規模建制標準如下：
一、業務單位以四處至六處為原則。
二、各處以三科至六科為原則。
前項獨立機關總數以三個為限。
第 1 項以外之獨立機關，其內部單位之設立，依機關掌理事務之繁簡定之。

第 33 條　二級機關為處理技術性或專門性業務需要得設附屬之機關署、局。

署、局之組織規模建制標準如下：
一、業務單位以四組至六組為原則。
二、各組以三科至六科為原則。
相當二級機關之獨立機關為處理第 1 項業務需要得設附屬之機關，其組織規模建制標準準用前項規定。
第 1 項及第 3 項署、局之總數除地方分支機關外，以七十個為限。

第 34 條　行政院及各級機關輔助單位不得超過六個處、室，每單位以三科至六科為原則。

第七章　附則

第 35 條　行政院應於本法公布後三個月內，檢討調整行政院組織法及行政院功能業務與組織調整暫行條例，函送立法院審議。
本法公布後，其他各機關之組織法律或其他相關法律，與本法規定不符者，由行政院限期修正，並於行政院組織法修正公布後一年內函送立法院審議。

第 36 條　一級機關為因應突發、特殊或新興之重大事務，得設臨時性、過渡性之機關，其組織以暫行組織規程定之，並應明定其存續期限。
二級機關及三級機關得報經一級機關核定後，設立前項臨時性、過渡性之機關。

第 37 條　為執行特定公共事務，於國家及地方自治團體以外，得設具公法性質之行政法人，其設立、組織、營運、職能、監督、人員進用及其現職人員隨同移轉前、後之安置措施及權益保障等，應另以法律定之。

第 38 條　本法於行政院以外之中央政府機關準用之。

第 39 條　本法自公布日施行。
本法中華民國九十九年一月十二日修正之條文，其施行日期由行政院定之。

三、公務員服務法
民國 89 年 7 月 19 日修正公布

第 1 條　公務員應遵守誓言，忠心努力，依法律命令所定，執行其職務。

第 2 條　長官就其監督範圍以內所發命令，屬官有服從之義務。但屬官對於長官所發命令，如有意見，得隨時陳述。

第 3 條　公務員對於兩級長官同時所發命令，以上級長官之命令為準。主管長官與兼管長官同時所發命令，以主管長官之命令為準。

第 4 條　公務員有絕對保守政府機關機密之義務，對於機密事件，無論是否主管事務，均不得洩漏，退職後亦同。
公務員未得長官許可，不得以私人或代表機關名義，任意發表有關職務之談話。

第 5 條　公務員應誠實清廉，謹慎勤勉，不得有驕恣貪情，奢侈放蕩，及冶遊賭博，吸食煙毒等，足以損失名譽之行為。

第 6 條　公務員不得假借權力，以圖本身或他人之利益，並不得利用職務上之機會，加損害於人。

第 7 條　公務員執行職務，應力求切實，不得畏難規避，互相推諉，或無故稽延。

第 8 條　公務員接奉任狀後，除程期外，應於一個月內就職，但具有正當事由，經主管高級長官特許者，得延長之，其延長期間以一個月為限。

第 9 條　公務員奉派出差，至遲應於一星期內出發，不得藉故遲延，或私自回籍，或往其他地方逗留。

第 10 條　公務員未奉長官核准，不得擅離職守，其出差者，亦同。

第 11 條　公務員辦公，應依法定時間，不得遲到早退，其有特別職務經長官許可者，不在此限。
公務員每週應有二日之休息，作為例假。業務性質特殊之機關，得以輪休或其他彈性方式行之。
前項規定自九十年一月一日起實施，其辦法由行政院會同考試院訂立。

第 12 條　公務員除因婚喪、疾病、分娩或其他正當事由外，不得請假。
公務員請假規則，以命令定之。

第 13 條　公務員不得經營商業或投機事業。但投資於非屬其服務機關監督之農、工、礦、交通或新聞出版事業，為股份有限公司股東，兩合公司之有限責任股東，或非執行業務之

有限公司股東，而其所有股份總額未超過其所投資公司總額百分之十者，不在此限。

公務員非依法不得兼公營事業機關或公司代表官股之董事或監察人。

公務員利用權力、公款或公務上之秘密消息而圖利者，依刑法第131條處斷，其他法令有特別處罰規定者，依其規定。其離職者，亦同。

公務員違反第1項、第2項或第3項之規定者，應先予撤職。

第14條　公務員除法令所規定外，不得兼任他項公職或業務。其依法令兼職者，不得兼薪及兼領公費。

依法令或經指派兼職者，於離去本職時，其兼職亦同時免兼。

第14條之1　公務員於其離職後三年內，不得擔任與其離職前五年內之職務直接相關之營利事業董事、監察人、經理、執行業務之股東或顧問。

第14條之2　公務員兼任非以營利為目的之事業或團體之職務，受有報酬者，應經服務機關許可。機關首長應經上級主管機關許可。

前項許可辦法，由考試院定之。

第14條之3　公務員兼任教學或研究工作或非以營利為目的之事業或團體之職務，應經服務機關許可。機關首長應經上級主管機關許可。

第15條　公務員對於屬官不得推薦人員，並不得就其主管事件，有所關說或請託。

第16條　公務員有隸屬關係者，無論涉及職務與否，不得贈受財物。

第17條　公務員執行職務時，遇有涉及本身或其家族之利害事件，應行迴避。

第18條　公務員不得利用視察調查等機會，接受地方官民之招待或餽贈。

第19條　公務員非因職務之需要，不得動用公物或支用公款。

第20條　公務員職務上所保管之文書財物，應盡善良保管之責，不得毀損變換私用或借給他人使用。

第21條　公務員對於左列各款，與其職務有關係者，不得私相借貸，訂定互利契約，或享受其他不正利益：

一、承辦本機關或所屬機關之工程者。

二、經營本機關或所屬事業來往款項之銀行錢莊。

三、承辦本機關或所屬事業公用物品之商號。

四、受有官署補助費者。

第22條　公務員有違反本法者，應按情節輕重，分別予以懲處，其觸犯刑事法令者，並依各該法令處罰。

第22條之1　離職公務員違反本法第14條之一者，處二年以下有期徒刑，得併科新臺幣一百萬元以下罰金。

犯前項之罪者，所得之利益沒收之。如全部或一部不能沒收時，追徵其價額。

第23條　公務員有違反本法之行為，該管長官知情而不依法處置者，應受懲處。

第24條　本法於受有俸給之文武職公務員，及其他公營事業機關服務人員，均適用之。

第25條　本法自公布日施行。

四、公務員懲戒法

民國109年6月10日修正公布
民國109年7月17日施行

第一章　總則

第1條　公務員非依本法不受懲戒。但法律另有規定者，從其規定。

本法之規定，對退休（職、伍）或其他原因離職之公務員於任職期間之行為，亦適用之。

第2條　公務員有下列各款情事之一，有懲戒之必要者，應受懲戒：

一、違法執行職務、怠於執行職務或其他失職行為。

二、非執行職務之違法行為，致嚴重損害政府之信譽。

第3條　公務員之行為非出於故意或過失者，不受懲戒。

第4條　公務員有下列各款情形之一者，其職務當然停止：

一、依刑事訴訟程序被通緝或羈押。

二、依刑事確定判決，受褫奪公權之宣告。

三、依刑事確定判決，受徒刑之宣告，在監所執行中。

第5條　懲戒法庭對於移送之懲戒案件，認為情節重大，有先行停止職務之必要者，得裁定先行停止被付懲戒人之職務，並通知被付懲戒人所屬主管機關。

前項裁定於送達被付懲戒人所屬主管機關之翌日起發生停止職務效力。

主管機關對於所屬公務員，依第 24 條規定送請監察院審查或懲戒法院審理而認為有免除職務、撤職或休職等情節重大之虞者，亦得依職權先行停止其職務。

懲戒法庭第一審所為第一項之裁定，得為抗告。

第6條　依前二條規定停止職務之公務員，在停職中所為之職務上行為，不生效力。

第7條　依第 4 條第 1 款或第 5 條規定停止職務之公務員，於停止職務事由消滅後，未經懲戒法庭判決或經判決未受免除職務、撤職或休職處分，且未在監所執行徒刑中者，得依法申請復職。服務機關或其上級機關，除法律另有規定外，應許其復職，並補給其停職期間之本俸（年功俸）或相當之給與。

前項公務員死亡者，應補給之本俸（年功俸）或相當之給與，由依法得領受撫卹金之人具領之。

第8條　公務員經依第 23 條、第 24 條移送懲戒，或經主管機關送請監察院審查者，在不受懲戒、免議、不受理判決確定、懲戒處分生效或審查結束前，不得資遣或申請退休、退伍。

監察院或主管機關於依第 23 條、第 24 條第 1 項辦理移送懲戒或送請審查時，應通知銓敘部或該管主管機關。

第二章　懲戒處分

第9條　公務員之懲戒處分如下：

一、免除職務。

二、撤職。

三、剝奪、減少退休（職、伍）金。

四、休職。

五、降級。

六、減俸。

七、罰款。

八、記過。

九、申誡。

前項第 3 款之處分，以退休（職、伍）或其他原因離職之公務員為限。

第 1 項第 7 款得與第 3 款、第 6 款以外之其餘各款併為處分。

第 1 項第 4 款、第 5 款及第 8 款之處分於政務人員不適用之。

第10條　懲戒處分時，應審酌一切情狀，尤應注意下列事項，為處分輕重之標準：

一、行為之動機。

二、行為之目的。

三、行為時所受之刺激。

四、行為之手段。

五、行為人之生活狀況。

六、行為人之品行。

七、行為人違反義務之程度。

八、行為所生之損害或影響。

九、行為後之態度。

第11條　免除職務，免其現職，並不得再任用為公務員。

第12條　撤職，撤其現職，並於一定期間停止任用；其期間為一年以上、五年以下。

前項撤職人員，於停止任用期間屆滿，再任公務員者，自再任之日起，二年內不得晉敘、陞任或遷調主管職務。

第13條　剝奪退休（職、伍）金，指剝奪受懲戒人離職前所有任職年資所計給之退休（職、伍）或其他離職給與；其已支領者，並應追回之。

減少退休（職、伍）金，指減少受懲戒人離職前所有任職年資所計給之退休（職、伍）或其他離職給與百分之十至百分之二十；其已支領者，並應追回之。

前二項所定退休（職、伍）金，應按最近一次退休（職、伍）或離職前任職年資計算。但公教人員保險養老給付、軍人保險退伍給付、公務員自行繳付之退撫基金費用本息或自提儲金本息，不在此限。

第14條　休職，休其現職，停發俸（薪）給，並不得申請退休、退伍或在其他機關任職；其期間為六個月以上、三年以下。

休職期滿，許其回復原職務或相當之其他職務。自復職之日起，二年內不得晉敍、陞任或遷調主管職務。

前項復職，得於休職期滿前三十日內提出申請，並準用公務人員保障法之復職規定辦理。

第 15 條　降級，依受懲戒人現職之俸（薪）級降一級或二級改敍；自改敍之日起，二年內不得晉敍、陞任或遷調主管職務。

受降級處分而無級可降者，按每級差額，減其月俸（薪）；其期間為二年。

第 16 條　減俸，依受懲戒人現職之月俸（薪）減百分之十至百分之二十支給；其期間為六個月以上、三年以下。自減俸之日起，一年內不得晉敍、陞任或遷調主管職務。

第 17 條　罰款，其金額為新臺幣一萬元以上、一百萬元以下。

第 18 條　記過，得為記過一次或二次。自記過之日起一年內，不得晉敍、陞任或遷調主管職務。一年內記過累計三次者，依其現職之俸（薪）級降一級改敍；無級可降者，準用第 15 條第 2 項之規定。

第 19 條　申誡，以書面為之。

第 20 條　應受懲戒行為，自行為終了之日起，至案件繫屬懲戒法院之日止，已逾十年者，不得予以休職之懲戒。

應受懲戒行為，自行為終了之日起，至案件繫屬懲戒法院之日止，已逾五年者，不得予以減少退休（職、伍）金、降級、減俸、罰款、記過或申誡之懲戒。

前二項行為終了之日，指公務員應受懲戒行為終結之日。但應受懲戒行為係不作為者，指公務員所屬服務機關或移送機關知悉之日。

第 21 條　受降級或減俸處分而在處分執行前或執行完畢前離職者，於其再任職時，依其再任職之級俸執行或繼續執行之。

第 22 條　同一行為，不受懲戒法院二次懲戒。

同一行為已受刑罰或行政罰之處罰者，仍得予以懲戒。其同一行為不受刑罰或行政罰之處罰者，亦同。

同一行為經主管機關或其他權責機關為行政懲處處分後，復移送懲戒，經懲戒法院為懲戒處分、不受懲戒或免議之判決確定者，原行政懲處處分失其效力。

第三章　審判程序

第一節　第一審程序

第 23 條　監察院認為公務員有第 2 條所定情事，應付懲戒者，應將彈劾案連同證據，移送懲戒法院審理。

第 24 條　各院、部、會首長，省、直轄市、縣（市）行政首長或其他相當之主管機關首長，認為所屬公務員有第 2 條所定情事者，應由其機關備文敍明事由，連同證據送請監察院審查。但對於所屬薦任第九職等或相當於薦任第九職等以下之公務員，得逕送懲戒法院審理。

依前項但書規定逕送懲戒法院審理者，應提出移送書，記載被付懲戒人之姓名、職級、違法或失職之事實及證據，連同有關卷證，一併移送，並應按被付懲戒人之人數，檢附移送書之繕本。

第 25 條　同一違法失職案件，涉及之公務員有數人，其隸屬同一主管機關者，移送監察院審查或懲戒法院審理時，應全部移送；其隸屬不同主管機關者，由共同上級機關全部移送；無共同上級機關者，由各主管機關分別移送。

第 26 條　懲戒法庭認移送之懲戒案件無受理權限者，應依職權以裁定移送至有受理權限之機關。

當事人就懲戒法院有無受理權限有爭執者，懲戒法庭應先為裁定。

前二項裁定作成前，懲戒法庭得先徵詢當事人之意見。

第 27 條　除法律別有規定外，法官有下列情形之一者，應自行迴避，不得執行職務：

一、為被付懲戒人受移送懲戒行為之被害人。

二、現為或曾為被付懲戒人或被害人之配偶、八親等內之血親、五親等內之姻親或家長、家屬。

三、與被付懲戒人或被害人訂有婚約。

四、現為或曾為被付懲戒人或被害人之法定代理人。

五、曾為該懲戒案件被付懲戒人之代理人或辯護人，或監察院之代理人。

六、曾為該懲戒案件之證人或鑑定人。

七、曾參與該懲戒案件相牽涉之彈劾、移送懲戒或公務人員保障法、公務人員考績法相關程序。

八、曾參與該懲戒案件相牽涉之民、刑事或行政訴訟裁判。

九、曾參與該懲戒案件再審前之裁判。但其迴避以一次為限。

十、曾參與該懲戒案件之前審裁判。

法官曾參與懲戒法庭第二審確定判決者，於就該確定判決提起之再審訴訟，毋庸迴避。

第 28 條　有下列情形之一者，被付懲戒人或移送機關得聲請法官迴避：

一、法官有前條所定之情形而不自行迴避。

二、法官有前條所定以外之情形，足認其執行職務有偏頗之虞。

當事人如已就該案件有所聲明或陳述後，不得依前項第 2 款聲請法官迴避。但聲請迴避之原因發生在後或知悉在後者，不在此限。

第 29 條　聲請迴避，應以書狀舉其原因向懲戒法院為之。但於審理期日或受訊問時，得以言詞為之。

聲請迴避之原因及前條第 2 項但書之事實，應釋明之。

被聲請迴避之法官，得提出意見書。

法官被聲請迴避者，在該聲請事件終結前，應停止審理程序。但其聲請違背第 1 項、第 2 項，或前條第 2 項之規定，或顯係意圖延滯審理程序而為者，不在此限。

依前項規定停止審理程序中，如有急迫情形，仍應為必要處分。

第 30 條　法官迴避之聲請，由懲戒法庭裁定之。被聲請迴避之法官，不得參與裁定。其因不足法定人數不能合議者，由並任懲戒法院院長之法官裁定之。

被聲請迴避之法官，以該聲請為有理由者，毋庸裁定，應即迴避。

聲請法官迴避經懲戒法庭第一審裁定駁回者，得為抗告。其以聲請為正當者，不得聲明不服。

第 31 條　法官有第 28 條第 1 項第 2 款之情形者，經懲戒法院院長同意，得迴避之。

第 32 條　法官迴避之規定，於書記官及通譯準用之。

第 33 條　移送機關於懲戒案件，得委任下列之人為代理人：

一、律師。

二、所屬辦理法制、法務或與懲戒案件相關業務者。

第 34 條　被付懲戒人得選任辯護人為其辯護。辯護人應由律師充之。但經審判長許可者，亦得選任非律師為辯護人。

每一被付懲戒人選任辯護人，不得逾三人。

辯護人有數人者，送達文書應分別為之。

第 35 條　被付懲戒人應親自到場。但經審判長許可者，得委任代理人一人到場。

前項代理人，準用前條第 2 項之規定。

第 36 條　選任辯護人，應向懲戒法庭提出委任書。

前項規定，於代理人準用之。

第 37 條　懲戒法庭收受移送案件後，應將移送書繕本送達被付懲戒人，並命其於十日內提出答辯狀。但應為免議或不受理之判決者，不在此限。

言詞辯論期日，距移送書之送達，至少應有十日為就審期間。但有急迫情形時，不在此限。

移送機關、被付懲戒人、代理人及辯護人，得聲請閱覽、抄錄、重製或攝影卷證。

第 38 條　被付懲戒人因精神障礙或其他心智缺陷，無法答辯者，懲戒法庭應於其回復前，裁定停止審理程序。

被付懲戒人因疾病不能到場者，懲戒法庭應於其能到場前，裁定停止審理程序。

被付懲戒人顯有應為不受懲戒、免議或不受理判決之情形，或依第 35 條委任代理人者，不適用前二項之規定。

第 39 條　同一行為，在刑事偵查或審判中者，不停止審理程序。但懲戒處分牽涉犯罪是否成立者，懲戒法庭認有必要時，得裁定於第一審刑事判決前，停止審理程序。

依前項規定停止審理程序之裁定，懲戒法庭得依聲請或依職權撤銷之。

第 40 條　審判長指定期日後，書記官應作通知書，送達於移送機關、被付懲戒人、代理人、辯護人或其他人員。但經審判長面告以所定之期日命其到場，或其曾以書狀陳明屆期到場者，與送達有同一之效力。

前項通知書，應記載下列事項：
一、案由。
二、應到場人姓名、住居所。
三、應到場之原因。
四、應到之日、時、處所。
第1項之期日為言詞辯論期日者，通知書並應記載不到場時之法律效果。
第 41 條 訊問被付懲戒人、證人、鑑定人及通譯，應當場製作筆錄，記載下列事項：
一、對於受訊問人之訊問及其陳述。
二、證人、鑑定人或通譯如未具結者，其事由。
三、訊問之年、月、日及處所。
前項筆錄應向受訊問人朗讀或令其閱覽，詢以記載有無錯誤。
受訊問人請求將記載增、刪、變更者，應將其陳述附記於筆錄。
筆錄應命受訊問人緊接其記載之末行簽名、蓋章或按指印。
第 42 條 懲戒法庭審理案件，應依職權自行調查之，並得囑託法院或其他機關調查。受託法院或機關應將調查情形以書面答覆，並應附具調查筆錄及相關資料。
第 43 條 懲戒法庭審理案件，必要時得向有關機關調閱卷宗，並得請其為必要之說明。
第 44 條 懲戒法庭審理案件，應公開法庭行之。但有妨害國家安全或當事人聲請不公開並經許可者，不在此限。
前項規定，於第 42 條囑託調查證據時，準用之。
第 45 條 移送機關於第一審判決前，得撤回移送案件之全部或一部。
前項撤回，被付懲戒人已為言詞辯論者，應得其同意。
移送案件之撤回，應以書狀為之。但在期日得以言詞為之。
於期日所為之撤回，應記載於筆錄，如被付懲戒人不在場，應將筆錄送達。
移送案件之撤回，被付懲戒人於期日到場，未為同意與否之表示者，自該期日起；其未於期日到場或係以書狀撤回者，自前項筆錄或撤回書狀送達之日起，十日內未提出異議者，視為同意撤回。
案件經撤回者，同一移送機關不得更行移送。

第 46 條 懲戒法庭應本於言詞辯論而為判決。但就移送機關提供之資料及被付懲戒人書面或言詞答辯，已足認事證明確，或應為不受懲戒、免議或不受理之判決者，不在此限。
前項情形，經被付懲戒人、代理人或辯護人請求進行言詞辯論者，不得拒絕。
第 47 條 審判長於必要時，得指定受命法官先行準備程序，為下列各款事項之處理：
一、闡明移送懲戒效力所及之範圍。
二、訊問被付懲戒人、代理人或辯護人。
三、整理案件及證據重要爭點。
四、調查證據。
五、其他與審判有關之事項。
第 48 條 第 34 條第 2 項、第 35 條第 1 項、第 37 條第 1 項、第 40 條第 1 項、第 42 條至第 44 條關於懲戒法庭或審判長權限之規定，於受命法官行準備程序時準用之。
第 49 條 言詞辯論期日，以朗讀案由為始。
審判長訊問被付懲戒人後，移送機關應陳述移送要旨。
陳述移送要旨後，被付懲戒人應就移送事實為答辯。
被付懲戒人答辯後，審判長應調查證據，並應命依下列次序，就事實及法律辯論之：
一、移送機關。
二、被付懲戒人。
三、辯護人。
已辯論者，得再為辯論；審判長亦得命再行辯論。
審判長於宣示辯論終結前，最後應訊問被付懲戒人有無陳述。
第 50 條 言詞辯論終結後，宣示判決前，如有必要得命再開言詞辯論。
第 51 條 言詞辯論期日應由書記官製作言詞辯論筆錄，記載下列事項及其他一切程序：
一、辯論之處所及年、月、日。
二、法官、書記官之姓名及移送機關或其代理人、被付懲戒人或其代理人並辯護人、通譯之姓名。
三、被付懲戒人未到場者，其事由。
四、如不公開審理，其理由。
五、移送機關陳述之要旨。
六、辯論之意旨。

七、證人或鑑定人之具結及其陳述。

八、向被付懲戒人提示證物或文書。

九、當場實施之勘驗。

十、審判長命令記載及依訴訟關係人聲請許可記載之事項。

十一、最後曾予被付懲戒人陳述之機會。

十二、判決之宣示。

第 41 條第 2 項、第 3 項之規定，於前項言詞辯論筆錄準用之。

第 52 條　言詞辯論期日，當事人之一造無正當理由不到場者，得依到場之聲請，由其一造辯論而為判決；不到場者，經再次通知而仍不到場，並得依職權由一造辯論而為判決。如以前已為辯論或證據調查或未到場人有準備書狀之陳述者，為前項判決時，應斟酌之；未到場人以前聲明證據，其必要者，並應調查之。

第 53 條　有下列各款情形之一者，懲戒法庭應以裁定駁回前條聲請，並延展辯論期日：

一、不到場之當事人未於相當時期受合法之通知。

二、當事人之不到場，可認為係因天災或其他正當理由。

三、到場之當事人於懲戒法庭應依職權調查之事項，不能為必要之證明。

四、到場之當事人所提出之聲明、事實或證據，未於相當時期通知他造。

第 54 條　當事人於辯論期日到場拒絕辯論者，得不待其陳述，依他造當事人之聲請，由其一造辯論而為判決。

第 55 條　被付懲戒人有第 2 條情事之一，並有懲戒必要者，應為懲戒處分之判決；其無第 2 條情事或無懲戒必要者，應為不受懲戒之判決。

第 56 條　懲戒案件有下列情形之一者，應為免議之判決：

一、同一行為，已受懲戒法院之判決確定。

二、受褫奪公權之宣告確定，認已無受懲戒處分之必要。

三、已逾第 20 條規定之懲戒處分行使期間。

第 57 條　懲戒案件有下列各款情形之一者，應為不受理之判決。但其情形可補正者，審判長應定期間先命補正：

一、移送程序或程式違背規定。

二、被付懲戒人死亡。

三、違背第 45 條第 6 項之規定，再行移送同一案件。

第 58 條　判決應公告之；經言詞辯論之判決，應宣示之，但當事人明示於宣示期日不到場或於宣示期日未到場者，不在此限。

宣示判決應於辯論終結之期日或辯論終結時指定之期日為之。

前項指定之宣示期日，自辯論終結時起，不得逾三星期。但案情繁雜或有特殊情形者，不在此限。

宣示判決不以參與審理之法官為限；不問當事人是否在場，均有效力。

公告判決，應於懲戒法院公告處或網站公告其主文，書記官並應作記載該事由及年、月、日、時之證書附卷。

第 59 條　判決書應分別記載主文、事實、理由及適用法條。但不受懲戒、免議及不受理之判決，毋庸記載事實。

第 60 條　判決原本，應於判決宣示後，當日交付書記官；其於辯論終結之期日宣示判決者，應於五日內交付之。

書記官應於判決原本內，記明收領期日並簽名。

第 61 條　判決書正本，書記官應於收領原本時起十日內送達移送機關、被付懲戒人、代理人及辯護人，並通知銓敘部及該管主管機關。

前項移送機關為監察院者，應一併送達被付懲戒人之主管機關。

第 1 項判決書，主管機關應送登公報或以其他適當方式公開之。但其他法律另有規定者，依其規定。

第 62 條　判決，於上訴期間屆滿時確定。但於上訴期間內有合法之上訴者，阻其確定。

第 63 條　經言詞辯論之裁定，應宣示之。但當事人明示於宣示期日不到場或於宣示期日未到場者，以公告代之。

終結訴訟之裁定，應公告之。

第 58 條第 2 項至第 5 項、第 60 條、第 61 條第 1 項、第 2 項規定，於裁定準用之。

第二節　上訴審程序

第 64 條　當事人對於懲戒法庭第一審之終局

判決不服者，得於判決送達後二十日之不變期間內，上訴於懲戒法庭第二審。但判決宣示或公告後送達前之上訴，亦有效力。

第 65 條　當事人於懲戒法庭第一審判決宣示、公告或送達後，得捨棄上訴權。

捨棄上訴權應以書狀向原懲戒法庭為之，書記官應速通知他造當事人。

捨棄上訴權者，喪失其上訴權。

第 66 條　對於懲戒法庭第一審判決之上訴，非以判決違背法令為理由，不得為之。

判決不適用法規或適用不當者，為違背法令。

有下列各款情形之一者,其判決當然違背法令:

一、判決懲戒法庭之組織不合法。

二、依法律或裁判應迴避之法官參與審判。

三、懲戒法庭對於權限之有無辨別不當。

四、當事人於訴訟未經合法辯護、代理或代表。

五、判決不備理由或理由矛盾，足以影響判決之結果。

第 67 條　提起上訴，應以上訴狀表明下列各款事項，提出於原懲戒法庭為之：

一、當事人。

二、第一審判決，及對於該判決上訴之陳述。

三、對於第一審判決不服之程度，及應如何廢棄或變更之聲明。

四、上訴理由。

前項上訴理由應表明下列各款事項：

一、原判決所違背之法令及其具體內容。

二、依訴訟資料合於該違背法令之具體事實。

第 1 項上訴狀內並應添具關於上訴理由之必要證據。

第 68 條　上訴狀內未表明上訴理由者，上訴人應於提起上訴後二十日內提出理由書於原懲戒法庭；未提出者，毋庸命其補正，由原懲戒法庭以裁定駁回之。

判決宣示或公告後送達前提起上訴者，前項期間應自判決送達後起算。

第 69 條　上訴不合法而其情形不能補正者，原懲戒法庭應以裁定駁回之。

上訴不合法而其情形可以補正者，原懲戒法庭應定期間命其補正；如不於期間內補正，原懲戒法庭應以裁定駁回之。

第 70 條　上訴未經依前條規定駁回者，原懲戒法庭應速將上訴狀送達被上訴人。

被上訴人得於上訴狀或第 68 條第 1 項理由書送達後十五日內，提出答辯狀於原懲戒法庭。

原懲戒法庭送交訴訟卷宗於懲戒法庭第二審，應於收到答辯狀或前項期間已滿，及各當事人之上訴期間已滿後為之。

第 71 條　被上訴人在懲戒法庭第二審未判決前得提出答辯狀及其追加書狀於懲戒法庭第二審，上訴人亦得提出上訴理由追加書狀。

懲戒法庭第二審認有必要時，得將前項書狀送達於他造。

第 72 條　上訴不合法者，懲戒法庭第二審應以裁定駁回之。但其情形可以補正者，審判長應定期間先命補正。

上訴不合法之情形，已經原懲戒法庭命其補正而未補正者，得不行前項但書之程序。

第 73 條　懲戒法庭第二審調查原判決有無違背法令，不受上訴理由之拘束。

第 74 條　懲戒法庭第二審之判決，應經言詞辯論為之。但懲戒法庭第二審認為不必要者，不在此限。

前項言詞辯論實施之辦法，由懲戒法院定之。

第 75 條　除別有規定外，懲戒法庭第二審應以懲戒法庭第一審判決確定之事實為判決基礎。

以違背訴訟程序之規定為上訴理由時，所舉違背之事實，及以違背法令確定事實或遺漏事實為上訴理由時，所舉之該事實，懲戒法庭第二審得斟酌之。

依前條規定行言詞辯論所得闡明或補充訴訟關係之資料，懲戒法庭第二審亦得斟酌之。

第 76 條　懲戒法庭第二審認上訴為無理由者，應為駁回之判決。

原判決依其理由雖屬不當，而依其他理由認為正當者，應以上訴為無理由。

第 77 條　懲戒法庭第二審認上訴為有理由者，應廢棄原判決。

因違背訴訟程序之規定廢棄原判決者，其違背之訴訟程序部分，視為亦經廢棄。

第 78 條　除第 66 條第 3 項之情形外，懲戒法庭第一審判決違背法令而不影響裁判之結果者，不得廢棄。

第79條　經廢棄原判決而有下列各款情形之一者，懲戒法庭第二審應就該案件自為判決：
一、因基於確定之事實或依法得斟酌之事實，不適用法規或適用不當廢棄原判決，而案件已可依該事實為裁判。
二、原判決就訴不合法之案件誤為實體判決。
第80條　除別有規定外，經廢棄原判決者，懲戒法庭第二審應將該案件發回懲戒法庭第一審。
前項發回判決，就懲戒法庭第一審應調查之事項，應詳予指示。
懲戒法庭第一審應以懲戒法庭第二審所為廢棄理由之法律上判斷為其判決基礎。
第81條　上訴人於終局判決宣示或公告前得將上訴撤回。
撤回上訴者，喪失其上訴權。
上訴之撤回，應以書狀為之。但在言詞辯論時，得以言詞為之。
於言詞辯論時所為上訴之撤回，應記載於言詞辯論筆錄，如他造不在場，應將筆錄送達。
第82條　懲戒法庭第二審判決，於宣示時確定；不宣示者，於公告主文時確定。
除本節別有規定外，第一節之規定，於上訴審程序準用之。

第三節　抗告程序

第83條　對於懲戒法庭第一審案件之裁定得提起抗告。但別有不許抗告之規定者，不在此限。
訴訟程序進行中所為之裁定，除別有規定外，不得抗告。
提起抗告，應於裁定送達後十日之不變期間內為之。但送達前之抗告亦有效力。
關於捨棄上訴權及撤回上訴之規定，於抗告準用之。
第84條　抗告，由懲戒法庭第二審裁定。
對於懲戒法庭第二審之裁定，不得再為抗告。
行政訴訟法第266條、第269條、第271條、第272條之規定，於本節準用之。

第四章　再審

第85條　有下列各款情形之一者，原移送機關或受判決人得提起再審之訴，對於確定終局判決聲明不服。但原移送機關或受判決人已依上訴主張其事由或知其事由而不為主張者，不在此限：
一、適用法規顯有錯誤。
二、判決懲戒法庭之組織不合法。
三、依法律或裁定應迴避之法官參與裁判。
四、參與裁判之法官關於該訴訟違背職務，犯刑事上之罪已經證明，或關於該訴訟違背職務受懲戒處分，足以影響原判決。
五、原判決所憑之證言、鑑定、通譯或證物，已證明係虛偽或偽造、變造。
六、同一行為其後經不起訴處分確定，或為判決基礎之民事或刑事判決及其他裁判或行政處分，依其後之確定裁判或行政處分已變更。
七、發現確實之新證據，足認應變更原判決。
八、就足以影響原判決之重要證據，漏未斟酌。
九、確定判決所適用之法律或命令，經司法院大法官解釋為牴觸憲法。
前項第4款及第5款情形之證明，以經判決確定，或其刑事訴訟不能開始或續行非因證據不足者為限，得提起再審之訴。
判決確定後受判決人已死亡者，其配偶、直系血親、三親等內之旁系血親、二親等內之姻親或家長、家屬，得為受判決人之利益，提起再審之訴。
再審之訴，於原判決執行完畢後，亦得提起之。
第86條　提起再審之訴，應於下列期間內為之：
一、依前條第1項第1款至第3款、第8款為理由者，自原判決確定之翌日起三十日內。但判決於送達前確定者，自送達之翌日起算。
二、依前條第1項第4款至第6款為理由者，自相關之裁判或處分確定之翌日起三十日內。但再審之理由知悉在後者，自知悉時起算。
三、依前條第1項第9款為理由者，自發現新證據之翌日起三十日內。
四、依前條第1項第9款為理由者，自解釋公布之翌日起三十日內。
再審之訴自判決確定時起，如已逾五年者，不得提起。但以前條第1項第4款至第7款、

第 9 款情形為提起再審之訴之理由者，不在此限。

對於再審判決不服，復提起再審之訴者，前項所定期間，自原判決確定時起算。但再審之訴有理由者，自該再審判決確定時起算。

第 87 條 再審之訴，專屬為判決之原懲戒法庭管轄。

對於懲戒法庭就同一事件所為之第一審、第二審判決提起再審之訴者，由第二審合併管轄之。

對於懲戒法庭之第二審判決，本於第 85 條第 1 項第 5 款至第 8 款事由聲明不服者，雖有前二項之情形，仍專屬懲戒法庭第一審管轄。

第 88 條 再審之訴，應以訴狀表明下列各款事項，並添具確定判決繕本，提出於懲戒法院為之：

一、當事人。

二、聲明不服之判決及提起再審之訴之陳述。

三、再審理由及關於再審理由並遵守不變期間之證據。

第 89 條 懲戒法庭受理再審之訴後，應將書狀繕本及附件，函送原移送機關或受判決人於指定期間內提出意見書或答辯狀。但認其訴為不合法者，不在此限。

原移送機關或受判決人無正當理由，逾期未提出意見書或答辯狀者，懲戒法庭得逕為裁判。

第 90 條 懲戒法庭認為再審之訴不合法者，應以裁定駁回之。

懲戒法庭認為再審之訴無理由者，以判決駁回之；如認為顯無再審理由者，得不經言詞辯論為之。

懲戒法庭認為再審之訴有理由者，應廢棄原判決更為判決。但再審之訴雖有理由，如認原判決為正當者，應以判決駁回之。

再審判決變更原判決應予復職者，適用第 7 條之規定。其他有減發俸（薪）給之情形者，亦同。

第 91 條 受判決人已死亡者，為其利益提起再審之訴之案件，應不行言詞辯論，於通知監察院或主管機關於一定期間內陳述意見後，即行判決。受判決人於再審判決前死亡者，亦同。

為受判決人之不利益提起再審之訴，受判決人於再審判決前死亡者，關於本案視為訴訟終結。

第 92 條 為受判決人之利益提起再審之訴，為懲戒處分之判決，不得重於原判決之懲戒處分。

第 93 條 再審之訴，於懲戒法庭判決前得撤回之。

再審之訴，經撤回或判決者，不得更以同一事由提起再審之訴。

第 94 條 提起再審之訴，無停止懲戒處分執行之效力。

第 95 條 再審之訴，除本章規定外，準用第三章關於各該審級訴訟程序之規定。

裁定已經確定，而有第 85 條第 1 項之情形者，得準用本章之規定，聲請再審。

第五章 執行

第 96 條 懲戒法庭第一審懲戒處分之判決，因上訴期間屆滿、未經合法之上訴、當事人捨棄上訴或撤回上訴而確定者，書記官應即製作判決確定證明書，於送達受懲戒人主管機關之翌日起發生懲戒處分效力。

懲戒法庭第二審懲戒處分之判決，於送達受懲戒人主管機關之翌日起發生懲戒處分效力。

受懲戒人因懲戒處分之判決而應為金錢之給付，經主管機關定相當期間催告，逾期未履行者，主管機關得以判決書為執行名義，移送行政執行機關準用行政執行法強制執行。

主管機關收受剝奪或減少退休（職、伍）金處分之判決後，應即通知退休（職、伍）金之支給機關（構），由支給機關（構）依前項規定催告履行及移送強制執行。

第 3 項及前項情形，於退休（職、伍）或其他原因離職人員，並得對其退休（職、伍）金或其他原因離職之給與執行。受懲戒人死亡者，就其遺產強制執行。

第 97 條 受懲戒人因懲戒處分之判決而應為金錢之給付，自懲戒處分生效之日起，五年內未經行政執行機關執行者，不再執行；其於五年期間屆滿前已開始執行者，仍得繼續執行。但自五年期間屆滿之日起已逾五年尚未執行終結者，不得再執行。

第 98 條　公務員懲戒判決執行辦法，由司法院會同行政院、考試院定之。

第六章　附則

第 99 條　行政訴訟法之規定，除本法別有規定外，與懲戒案件性質不相牴觸者，準用之。

第 100 條　本法中華民國一百零九年五月二十二日修正之條文施行前已繫屬於公務員懲戒委員會之懲戒案件，於修正施行時尚未終結者，除法律別有規定外，由懲戒法庭第一審適用第一審程序繼續審理。但修正施行前已依法進行之程序，其效力不受影響。

本法中華民國一百零九年五月二十二日修正之條文施行後，被付懲戒人之應付懲戒事由、懲戒種類及其他實體規定，依行為時之規定。但修正施行後之規定有利於被付懲戒人者，依最有利於被付懲戒人之規定。

第 101 條　本法中華民國一百零九年五月二十二日修正之條文施行後，對本法修正施行前公務員懲戒委員會之議決或裁判提起再審之訴，由懲戒法庭依修正施行後之程序審理。

前項再審之訴，不適用本法第 27 條第 1 項第 9 款之迴避事由。

第一項再審之訴，其再審期間及再審事由依議決或原判決時之規定。

第 102 條　本法中華民國一百零四年五月一日修正之條文施行前，公務員懲戒委員會之議決，未經執行或尚未執行終結者，依該次修正施行前之規定執行。

第 103 條　本法施行日期，由司法院定之。

五、行政執行法

民國 99 年 2 月 3 日修正公布

第一章　總則

第 1 條　行政執行，依本法之規定；本法未規定者，適用其他法律之規定。

第 2 條　本法所稱行政執行，指公法上金錢給付義務、行為或不行為義務之強制執行及即時強制。

第 3 條　行政執行，應依公平合理之原則，兼顧公共利益與人民權益之維護，以適當之方法為之，不得逾達成執行目的之必要限度。

第 4 條　行政執行，由原處分機關或該管行政機關為之。但公法上金錢給付義務逾期不履行者，移送法務部行政執行署所屬行政執行處執行之。

法務部行政執行署及其所屬行政執行處之組織，另以法律定之。

第 5 條　行政執行不得於夜間、星期日或其他休息日為之。但執行機關認為情況急迫或徵得義務人同意者，不在此限。

日間已開始執行者，得繼續至夜間。

執行人員於執行時，應對義務人出示足以證明身分之文件，必要時得命義務人或利害關係人提出國民身份證或其他文件。

第 6 條　執行機關遇有下列情形之一者，得於必要時請求其他機關協助之：

一、須在管轄區域外執行者。

二、無適當之執行人員者。

三、執行時有遭遇抗拒之虞者。

四、執行目的有難於實現之虞者。

五、執行事項涉及其他機關者。

被請求協助機關非有正常理由，不得拒絕；其不能協助者，應附理由即時通知請求機關。

被請求協助機關因協助執行所支出之費用，由請求機關負擔之。

第 7 條　行政執行，自處分、裁定確定之日或其他依法令負有義務經通知限期履行之文書所定期間屆滿之日起，五年內未經執行者，不再執行；其於五年期間屆滿前已開始執行者，仍得繼續執行。但自五年期間屆滿之日起已逾五年尚未執行終結者，不得再執行。

前項規定，法律有特別規定者，不適用之。

第 1 項所稱已開始執行，如已移送執行機關者，係指下列情形之一：

一、通知義務人到場或自動清繳應納金額、報告其財產狀況或為其他必要之陳述。

二、已開始調查程序。

第 3 項規定，於本法中華民國九十六年三月五日修正之條文施行前移送執行尚未終結之

事件，亦適用之。

第8條　行政執行有下列情形之一者，執行機關應依職權或因義務人、利害關係人之申請終止執行：

一、義務已全部履行或執行完畢者。

二、行政處分或裁定經撤銷或變更確定者。

三、義務之履行經證明為不可能者。

行政處分或裁定經部分撤銷或變更確定者，執行機關應就原處分或裁定經撤銷或變更部分終止執行。

第9條　義務人或利害關係人對執行命令、執行方法、應遵守之程序或其他侵害利益之情事，得於執行程序終結前，向執行機關聲明異議。

前項聲明異議，執行機關認其有理由者，應即停止執行，並撤銷或更正已為之執行行為；認其無理由者，應於十日內加具意見，送直接上級主管機關於三十日內決定之。

行政執行，除法律另有規定外，不因聲明異議而停止執行。但執行機關因必要情形，得依職權或申請停止之。

第10條　行政執行，有國家賠償法所定國家應負賠償責任之情事者，受損害人得依該法請求損害賠償。

第二章　公法上金錢給付義務之執行

第11條　義務人依法令或本於法令之行政處分或法院之裁定，負有公法上金錢給付義務，有下列情形之一，逾期不履行，經主管機關移送者，由行政執行處就義務人之財產執行之：

一、其處分文書或裁定書定有履行期間或有法定履行期間者。

二、其處分書或裁定書未定履行期間，經以書面限期催告履行者。

三、依法令負有義務，經以書面通知限期履行者。

法院依法律規定就公法上金錢給付義務為假扣押、假處分之裁定經主管機關移送者，亦同。

第12條　公法上金錢給付義務之執行事件，由行政執行處之行政執行官、執行書記官督同執行員辦理之，不受非法或不當干涉。

第13條　移送機關於移送行政執行處執行時，應檢附下列文件：

一、移送書。

二、處分文書、裁定書或義務人依法令負有義務之證明文件。

三、義務人之財產目錄。但移送機關不知悉義務人之財產者，免予檢附。

四、義務人經限期履行而逾期仍不履行之證明文件。

五、其他相關文件。

前項第1款移送書應載明義務人姓名、年齡、性別、職業、住居所，如係法人或其他設有管理人或代表人之團體，其名稱、事務所或營業所，及管理人或代表人之姓名、性別、年齡、職業、住居所;義務發生之原因及日期;應納金額。

第14條　行政執行處為辦理執行事件，得通知義務人到場或自動清繳應納金額、報告其財產狀況或為其他必要之陳述。

第15條　義務人死亡遺有財產者，行政執行處得逕對其遺產強制執行。

第16條　執行人員於查封前，發現義務人之財產業經其他機關查封者，不得再行查封。

行政執行處已查封之財產，其他機關不得再行查封。

第17條　義務人有下列情形之一者，行政執行處得命其提供相當擔保，限期履行，並得限制其住居：

一、顯有履行義務之可能，故不履行。

二、顯有逃匿之虞。

三、就應供強制執行之財產有隱匿或處分之情事。

四、於調查執行標的物時，對於執行人員拒絕陳述。

五、經命其報告財產狀況，不為報告或為虛偽之報告。

六、經合法通知，無正當理由而不到場。

前項義務人有下列情形之一者，不得限制住居：

一、滯欠金額合計未達新臺幣十萬元。但義務人已出境達二次者，不在此限。

二、已按其法定應繼分繳納遺產稅款、罰鍰及加徵之滯納金、利息。但其繼承所得

遺產超過法定應繼分，而未按所得遺產比例繳納者，不在此限。

義務人經行政執行處依第 1 項規定命其提供相當擔保，限期履行，屆期不履行亦未提供相當擔保，有下列情形之一，而有強制其到場之必要者，行政執行處得聲請法院裁定拘提之：

一、顯有逃匿之虞。

二、經合法通知，無正當理由而不到場。

法院對於前項聲請，應於五日內裁定，其情況急迫者，應即時裁定。

義務人經拘提到場，行政執行官應即訊問其人有無錯誤，並應命義務人據實報告其財產狀況或為其他必要調查。

行政執行官訊問義務人後，認有下列各款情形之一，而有管收必要者，行政執行處應自拘提時起二十四小時內，聲請法院裁定管收之：

一、顯有履行義務之可能，故不履行。

二、顯有逃匿之虞。

三、就應供強制執行之財產有隱匿或處分之情事。

四、已發見之義務人財產不足清償其所負義務，於審酌義務人整體收入、財產狀況及工作能力，認有履行義務之可能，別無其他執行方法，而拒絕報告其財產狀況或為虛偽之報告。

義務人經通知或自行到場，經行政執行官訊問後，認有前項各款情形之一，而有聲請管收必要者，行政執行處得將義務人暫予留置；其訊問及暫予留置時間合計不得逾二十四小時。

拘提、管收之聲請，應向行政執行處所在地之地方法院為之。

法院受理管收之聲請後，應即訊問義務人並為裁定，必要時得通知行政執行處指派執行人員到場為一定之陳述或補正。

行政執行處或義務人不服法院關於拘提、管收之裁定者，得於十日內提起抗告；其程序準用民事訴訟法有關抗告程序之規定。

抗告不停止拘提或管收之執行。但准拘提或管收之原裁定經抗告法院裁定廢棄者，其執行應即停止，並將被拘提或管收人釋放。

拘提、管收，除本法另有規定外，準用強制執行法、管收條例及刑事訴訟法有關訊問、拘提、羈押之規定。

第 17 條之 1　義務人為自然人，其滯欠合計達一定金額，已發現之財產不足清償其所負義務，且生活逾越一般人通常程度者，行政執行處得依職權或利害關係人之申請對其核發下列各款之禁止命令，並通知應予配合之第三人：

一、禁止購買、租賃或使用一定金額以上之商品或服務。

二、禁止搭乘特定之交通工具。

三、禁止為特定之投資。

四、禁止進入特定之高消費場所消費。

五、禁止贈與或借貸他人一定金額以上之財物。

六、禁止每月生活費用超過一定金額。

七、其他必要之禁止命令。

前項所定一定金額，由法務部定之。

行政執行處依第 1 項規定核發禁止命令前，應以書面通知義務人到場陳述意見。義務人經合法通知，無正當理由而不到場者，行政執行處關於本條之調查及審核程序不受影響。

行政執行處於審酌義務人之生活有無逾越一般人通常程度而核發第 1 項之禁止命令時，應考量其滯欠原因、滯欠金額、清償狀況、移送機關之意見、利害關係人申請事由及其他情事，為適當之決定。

行政執行處於執行程序終結時，應解除第 1 項之禁止命令，並通知應配合之第三人。

義務人無正當理由違反第 1 項之禁止命令者，行政執行處得限期命其清償適當之金額，或命其報告一定期間之財產狀況、收入及資金運用情形；義務人不為清償、不為報告或為虛偽之報告者，視為其顯有履行義務之可能而故不履行，行政執行處得依前條規定處理。

第 18 條　擔保人於擔保書狀載明義務人逃亡或不履行義務由其負清償責任者，行政執行處於義務人逾前條第 1 項之限期不履行時，得逕就擔保人之財產執行之。

第 19 條　法院為拘提之裁定後，應將拘票交由行政執行處派執行員執行拘提。

拘提後，有下列情形之一者，行政執行處應即釋放義務人：
一、義務已全部履行。
二、義務人就義務之履行已提供相當擔保。
三、不符合聲請管收之要件。
法院為管收之裁定後，應將管收票交由行政執行處派執行員將被管收人送交管收所；法院核發管收票時義務人不在場者，行政執行處得派執行員持管收票強制義務人同行並送交管收所。
管收期限，自管收之日起算，不得逾三個月。有管收新原因發生或停止管收原因消滅時，行政執行處仍得聲請該管法院裁定再行管收。但以一次為限。
義務人所負公法上金錢給付義務，不因管收而免除。
第 20 條　行政執行處應隨時提詢被管收人，每月不得少於三次。
提詢或送返被管收人時，應以書面通知管收所。
第 21 條　義務人或其他依法得管收之人有下列情形之一者，不得管收；其情形發生管收後者，行政執行處應以書面通知管收所停止管收：
一、因管收而其一家生計有難以維持之虞者。
二、懷胎五月以上或生產後二月未滿者。
三、現罹疾病，恐因管收而不能治療者。
第 22 條　有下列情形之一者，行政執行處應即以書面通知管收所釋放被管收人：
一、義務已全部履行或執行完畢者。
二、行政處分或裁定經撤銷或變更確定致不得繼續執行者。
三、管收期限屆滿者。
四、義務人就義務之履行已提供確實之擔保者。
第 23 條　行政執行處執行拘提管收之結果，應向裁定法院提出報告。提詢、停止管收及釋放被管收人時，亦同。
第 24 條　關於義務人拘提管收及應負義務之規定，於下列各款之人亦適用之：
一、義務人為未成年人或受監護宣告之人者，其法定代理人。
二、商號之經理人或清算人；合夥之執行業務合夥人。

三、非法人團體之代表人或管理人。
四、公司或其他法人之負責人。
五、義務人死亡者，其繼承人、遺產管理人或遺囑執行人。
第 25 條　有關本章之執行，不徵收執行費。但因強制執行所支出之必要費用，由義務人負擔之。
第 26 條　關於本章之執行，除本法另有規定外，準用強制執行法之規定。

第三章　行為或不行為義務之執行

第 27 條　依法令或本於法令之行政處分，負有行為或不行為義務，經於處分書或另以書面限定相當期間履行，逾期仍不履行者，由執行機關依間接強制或直接強制方法執行之。
前項文書，應載明不依限履行時將予強制執行之意旨。
第 28 條　前條所稱之間接強制方法如下：
一、代履行。　二、怠金。
前條所稱之直接強制方法如下：
一、扣留、收取交付、解除占有、處置、使用或限制使用動產、不動產。
二、進入、封閉、拆除住宅、建築物或其他處所。
三、收繳、註銷證照。
四、斷絕營業所必須之自來水、電力或其他能源。
五、其他以實力直接實現與履行義務同一內容狀態之方法。
第 29 條　依法令或本於法令之行政處分，負有行為義務而不為，其行為能由他人代為履行者，執行機關得委託第三人或指定人員代履行之。
前項代履行之費用，由執行機關估計其數額，命義務人繳納；其繳納數額與實支不一致時，退還其餘額或追繳其差額。
第 30 條　依法令或本於法令之行政處分，負有行為義務而不為，其行為不能由他人代為履行者，依其情節輕重處新臺幣五千元以上三十萬元以下怠金。
依法令或本於法令之行政處分，負有不行為義務而為之者，亦同。

第 31 條　經依前條規定處以怠金，仍不履行
其義務者，執行機關得連續處以怠金。

依前項規定，連續處以怠金前，仍應依第 27
條之規定以書面限期履行。但法律另有特別
規定者，不在此限。

第 32 條　經間接強制不能達成執行目的，或
因情況急迫，如不及時執行，顯難達成執行
目的，執行機關得依直接強制方法執行之。

第 33 條　關於物之交付義務之強制執行，依
本章之規定。

第 34 條　代履行費用或怠金，逾期未繳納者，
移送行政執行處依第二章之規定執行之。

第 35 條　強制執行法第三章、第四章之規定
於本章準用之。

第四章　即時強制

第 36 條　行政機關為阻止犯罪、危害之發生
或避免急迫危險，而有即時處理之必要時，
得為即時強制。

即時強制方法如下：

一、對於人之管束。

二、對於物之扣留、使用、處置或限制其使用。

三、對於住宅、建築物或其他處所之進入。

四、其他依職權所為之必要處置。

第 37 條　對於人之管束，以合於下列情形之
一者為限：

一、瘋狂或酗酒泥醉，非管束不能救護其生
命、身體之危險及預防他人生命、身體
之危險者。

二、意圖自殺，非管束不能救護其生命者。

三、暴行或鬥毆，非管束不能預防其傷害者。

四、其他認為必要救護或有害公共之虞，非
管束不能救護或不能預防危害者。

前項管束，不得逾二十四小時。

第 38 條　軍器、凶器及其他危險物，為預防
危害之必要，得扣留之。

扣留之物，除依法應沒收、沒入、毀棄或應
變價發還者外，其**扣留期間不得逾三十日。**
但扣留之原因未消失時，得延長之，延長期
間不得逾兩個月。

扣留之物無繼續扣留必要者，應即發還；於

一年內無人領取或無法發還者，其所有權歸
屬國庫；其應變價發還者，亦同。

第 39 條　遇有天災、事變或交通上、衛生上
或公共安全上有危害情形，非使用或處置其
土地、住宅、建築物、物品或限制其使用，
不能達防護之目的時，得使用、處置或限制
其使用。

第 40 條　對於住宅、建築物或其他處所之進
入，以人民之生命、身體、財產有迫切之危
害，非進入不能救護者為限。

第 41 條　**人民因執行機關依法實施即時強制，
致其生命、身體或財產遭受特別損失時，得
請求補償。**但因可歸責於該人民之事由者，
不在此限。

前項損失補償，應以金錢為之，並以補償實
際所受之特別損失為限。

對於執行機關所為損失補償之決定不服者，
得依法提起訴願及行政訴訟。

損失補償，應於知有損失後，二年內向執行
機關請求之。但自損失發生後，經過五年者，
不得為之。

第五章　附　則

第 42 條　法律有公法上金錢給付義務移送法
院強制執行之規定者自本法修正條文施行之
日起，不適用之。

本法修正施行前之行政執行事件，未經執行
或尚未執行終結者，自本法修正條文施行之
日起，依本法之規定執行之；其為公法上金
錢給付義務移送法院強制執行之事件，移送
該管行政執行處繼續執行之。

前項關於第 7 條規定之執行期間，自本法修
正施行日起算。

第 43 條　本法施行細則，由行政院定之。

第 44 條　本法自公布日施行。

本法修正條文之施行日期，由行政院以命令定
之。但中華民國九十八年十二月十五日修正之
條文，自九十八年十一月二十三日施行。

※100 年 12 月 16 日行政院公告，行政執行
處之職責事項，自 101 年 1 月 1 日起改由
行政執行分署管轄。

六、行政罰法

民國 100 年 11 月 23 日修正公布

第一章　法例

第1條　違反行政法上義務而受罰鍰、沒入或其他種類行政罰之處罰時,適用本法。但其他法律有特別規定者,從其規定。

第2條　本法所稱其他種類行政罰,指下列裁罰性之不利處分:

一、限制或禁止行為之處分:限制或停止營業、吊扣證照、命令停工或停止使用、禁止行駛、禁止出入港口、機場或特定場所、禁止製造、販賣、輸出入、禁止申請或其他限制或禁止為一定行為之處分。

二、剝奪或消滅資格、權利之處分:命令歇業、命令解散、撤銷或廢止許可或登記、吊銷證照、強制拆除或其他剝奪或消滅一定資格或權利之處分。

三、影響名譽之處分:公布姓名或名稱、公布照片或其他相類似之處分。

四、警告性處分:警告、告誡、記點、記次、講習、輔導教育或其他相類似之處分。

第3條　本法所稱行為人,係指實施違反行政法上義務行為之自然人、法人、設有代表人或管理人之非法人團體、中央或地方機關或其他組織。

第4條　違反行政法上義務之處罰,以行為時之法律或自治條例有明文規定者為限。

第5條　行為後法律或自治條例有變更者,適用行政機關最初裁處時之法律或自治條例。但裁處前之法律或自治條例有利於受處罰者,適用最有利於受處罰者之規定。

第6條　在中華民國領域內違反行政法上義務應受處罰者,適用本法。

在中華民國領域外之中華民國船艦、航空器或依法得由中華民國行使管轄權之區域內違反行政法上義務者,以在中華民國領域內違反論。

違反行政法上義務之行為或結果,有一在中華民國領域內者,為在中華民國領域內違反行政法上義務。

第二章　責任

第7條　違反行政法上義務之行為非出於故意或過失者,不予處罰。

法人、設有代表人或管理人之非法人團體、中央或地方機關或其他組織違反行政法上義務者,其代表人、管理人、其他有代表權之人或實際行為之職員、受僱人或從業人員之故意、過失,推定為該等組織之故意、過失。

第8條　不得因不知法規而免除行政處罰責任。但按其情節,得減輕或免除其處罰。

第9條　未滿十四歲人之行為,不予處罰。

十四歲以上未滿十八歲人之行為,得減輕處罰。

行為時因精神障礙或其他心智缺陷,致不能辨識其行為違法或欠缺依其辨識而行為之能力者,不予處罰。

行為時因前項之原因,致其辨識行為違法或依其辨識而行為之能力,顯著減低者,得減輕處罰。

前2項規定,於因故意或過失自行招致者,不適用之。

第10條　對於違反行政法上義務事實之發生,依法有防止之義務,能防止而不防止者,與因積極行為發生事實者同。

因自己行為致有發生違反行政法上義務事實之危險者,負防止其發生之義務。

第11條　依法令之行為,不予處罰。

依所屬上級公務員職務命令之行為,不予處罰。但明知職務命令違法,而未依法定程序向該上級公務員陳述意見者,不在此限。

第12條　對於現在不法之侵害,而出於防衛自己或他人權利之行為,不予處罰。但防衛行為過當者,得減輕或免除其處罰。

第13條　因避免自己或他人生命、身體、自由、名譽或財產之緊急危難而出於不得已之行為,不予處罰。但避難行為過當者,得減輕或免除其處罰。

第三章　共同違法及併同處罰

第14條　故意共同實施違反行政法上義務之行為者,依其行為情節之輕重,分別處罰之。

前項情形,因身分或其他特定關係成立之違反行政法上義務行為,其無此身分或特定關

係者，仍處罰之。

因身分或其他特定關係致處罰有重輕或免除時，其無此身分或特定關係者，仍處以通常之處罰。

第 15 條　私法人之董事或其他有代表權之人，因執行其職務或為私法人之利益為行為，致使私法人違反行政法上義務應受處罰者，該行為人如有故意或重大過失時，除法律或自治條例另有規定外，應並受同一規定罰鍰之處罰。

私法人之職員、受僱人或從業人員，因執行其職務或為私法人之利益為行為，致使私法人違反行政法上義務應受處罰者，私法人之董事或其他有代表權之人，如對該行政法上義務之違反，因故意或重大過失，未盡其防止義務時，除法律或自治條例另有規定外，應並受同一規定罰鍰之處罰。

依前 2 項並受同一規定處罰之罰鍰，不得逾新臺幣一百萬元。但其所得之利益逾新臺幣一百萬元者，得於其所得利益之範圍內裁處之。

第 16 條　前條之規定，於設有代表人或管理人之非法人團體，或法人以外之其他私法組織，違反行政法上義務者，準用之。

第 17 條　中央或地方機關或其他公法組織違反行政法上義務者，依各該法律或自治條例規定處罰。

第四章　裁處之審酌加減及擴張

第 18 條　裁處罰鍰，應審酌違反行政法上義務行為應受責難程度、所生影響及因違反行政法上義務所得之利益，並得考量受處罰者之資力。

前項所得之利益超過法定罰鍰最高額者，得於所得利益之範圍內酌量加重，不受法定罰鍰最高額之限制。

依本法規定減輕處罰時，裁處之罰鍰不得逾法定罰鍰最高額之二分之一，亦不得低於法定罰鍰最低額之二分之一；同時有免除處罰之規定者，不得逾法定罰鍰最高額之三分之一，亦不得低於法定罰鍰最低額之三分之一。但法律或自治條例另有規定者，不在此限。

其他種類行政罰，其處罰定有期間者，準用前項之規定。

第 19 條　違反行政法上義務應受法定最高額新臺幣三千元以下罰鍰之處罰，其情節輕微，認以不處罰為適當者，得免予處罰。

前項情形，得對違反行政法上義務者施以糾正或勸導，並作成紀錄，命其簽名。

第 20 條　為他人利益而實施行為，致使他人違反行政法上義務應受處罰者，該行為人因其行為受有財產上利益而未受處罰時，得於其所受財產上利益價值範圍內，酌予追繳。

行為人違反行政法上義務應受處罰，他人因該行為受有財產上利益而未受處罰時，得於其所受財產上利益價值範圍內，酌予追繳。

前 2 項追繳，由為裁處之主管機關以行政處分為之。

第 21 條　沒入之物，除本法或其他法律另有規定者外，以屬於受處罰者所有為限。

第 22 條　不屬於受處罰者所有之物，因所有人之故意或重大過失，致使該物成為違反行政法上義務行為之工具者，仍得裁處沒入。

物之所有人明知該物得沒入，為規避沒入之裁處而取得所有權者，亦同。

第 23 條　得沒入之物，受處罰者或前條物之所有人於受裁處沒入前，予以處分、使用或以他法致不能裁處沒入者，得裁處沒入其物之價額；其致物之價值減損者，得裁處沒入其物及減損之差額。

得沒入之物，受處罰者或前條物之所有人於受裁處沒入後，予以處分、使用或以他法致不能執行沒入者，得追徵其物之價額；其致物之價值減損者，得另追徵其減損之差額。

前項追徵，由為裁處之主管機關以行政處分為之。

第五章　單一行為及數行為之處罰

第 24 條　一行為違反數個行政法上義務規定而應處罰鍰者，依法定罰鍰額最高之規定裁處。但裁處之額度，不得低於各該規定之罰鍰最低額。

前項違反行政法上義務行為，除應處罰鍰外，另有沒入或其他種類行政罰之處罰者，得依該規定併為裁處。但其處罰種類相同，如從一重處罰已足以達成行政目的者，不得重複裁處。

一行為違反社會秩序維護法及其他行政法上義務規定而應受處罰，如已裁處拘留者，不再受罰鍰之處罰。

第 25 條　數行為違反同一或不同行政法上義務之規定者，分別處罰之。

第 26 條　一行為同時觸犯刑事法律及違反行政法上義務規定者，依刑事法律處罰之。但其行為應處以其他種類行政罰或得沒入之物而未經法院宣告沒收者，亦得裁處之。

前項行為如經不起訴處分、緩起訴處分確定或為無罪、免訴、不受理、不付審理、不付保護處分、免刑、緩刑之裁判確定者，得依違反行政法上義務規定裁處之。

第 1 項行為經緩起訴處分或緩刑宣告確定且經命向公庫或指定之公益團體、地方自治團體、政府機關、政府機構、行政法人、社區或其他符合公益目的之機構或團體，支付一定之金額或提供義務勞務者，其所支付之金額或提供之勞務，應於依前項規定裁處之罰鍰內扣抵之。

前項勞務扣抵罰鍰之金額，按最初裁處時之每小時基本工資乘以義務勞務時數核算。

依第 2 項規定所為之裁處，有下列情形之一者，由主管機關依受處罰者之申請或依職權撤銷之，已收繳之罰鍰，無息退還：

一、因緩起訴處分確定而為之裁處，其緩起訴處分經撤銷，並經判決有罪確定，且未受免刑或緩刑之宣告。

二、因緩刑裁判確定而為之裁處，其緩刑宣告經撤銷確定。

第六章　時　效

第 27 條　行政罰之裁處權，因三年期間之經過而消滅。

前項期間，自違反行政法上義務之行為終了時起算。但行為之結果發生在後者，自該結果發生時起算。

前條第 2 項之情形，第 1 項期間自不起訴處分、緩起訴處分確定或無罪、免訴、不受理、不付審理、不付保護處分、免刑、緩刑之裁判確定日起算。

行政罰之裁處因訴願、行政訴訟或其他救濟程序經撤銷而須另為裁處者，第 1 項期間自原裁處被撤銷確定之日起算。

第 28 條　裁處權時效，因天災、事變或依法律規定不能開始或進行裁處時，停止其進行。

前項時效停止，自停止原因消滅之翌日起，與停止前已經過之期間一併計算。

第七章　管轄機關

第 29 條　違反行政法上義務之行為，由行為地、結果地、行為人之住所、居所或營業所、事務所或公務所所在地之主管機關管轄。

在中華民國領域外之中華民國船艦或航空器內違反行政法上義務者，得由船艦本籍地、航空器出發地或行為後在中華民國領域內最初停泊地或降落地之主管機關管轄。

在中華民國領域外之外國船艦或航空器於依法得由中華民國行使管轄權之區域內違反行政法上義務者，得由行為後其船艦或航空器在中華民國領域內最初停泊地或降落地之主管機關管轄。

在中華民國領域外依法得由中華民國行使管轄權之區域內違反行政法上義務者，不能依前三項規定定其管轄機關時，得由行為人所在地之主管機關管轄。

第 30 條　故意共同實施違反行政法上義務之行為，其行為地、行為人之住所、居所或營業所、事務所或公務所所在地不在同一管轄區內者，各該行為地、住所、居所或所在地之主管機關均有管轄權。

第 31 條　一行為違反同一行政法上義務，數機關均有管轄權者，由處理在先之機關管轄。不能分別處理之先後者，由各該機關協議定之；不能協議或有統一管轄之必要者，由其共同上級機關指定之。

一行為違反數個行政法上義務而應處罰鍰，數機關均有管轄權者，由法定罰鍰額最高之主管機關管轄。法定罰鍰額相同者，依前項規定定其管轄。

一行為違反數個行政法上義務，應受沒入或其他種類行政罰者，由各該主管機關分別裁處。但其處罰種類相同者，如從一重處罰已足以達成行政目的者，不得重複裁處。

第 1 項及第 2 項情形，原有管轄權之其他機

關於必要之情形時，應為必要之職務行為，並將有關資料移送為裁處之機關；為裁處之機關應於調查終結前，通知原有管轄權之其他機關。

第 32 條　一行為同時觸犯刑事法律及違反行政法上義務規定者，應將涉及刑事部分移送該管司法機關。

前項移送案件，司法機關就刑事案件為不起訴處分、緩起訴處分確定或為無罪、免訴、不受理、不付審理、不付保護處分、免刑、緩刑、撤銷緩刑之裁判確定，或撤銷緩起訴處分後經判決有罪確定者，應通知原移送之行政機關。

前二項移送案件及業務聯繫之辦法，由行政院會同司法院定之。

第八章　裁處程序

第 33 條　行政機關執行職務之人員，應向行為人出示有關執行職務之證明文件或顯示足資辨別之標誌，並告知其所違反之法規。

第 34 條　行政機關對現行違反行政法上義務之行為人，得為下列之處置：

一、即時制止其行為。

二、製作書面紀錄。

三、為保全證據之措施。遇有抗拒保全證據之行為且情況急迫者，得使用強制力排除其抗拒。

四、確認其身分。其拒絕或規避身分之查證，經勸導無效，致確實無法辨認其身分且情況急迫者，得令其隨同到指定處所查證身分；其不隨同到指定處所接受身分查證者，得會同警察人員強制為之。

前項強制，不得逾越保全證據或確認身分目的之必要程度。

第 35 條　行為人對於行政機關依前條所為之強制排除抗拒保全證據或強制到指定處所查證身分不服者，得向該行政機關執行職務之人員，當場陳述理由表示異議。

行政機關執行職務之人員，認前項異議有理由者，應停止或變更強制排除抗拒保全證據或強制到指定處所查證身分之處置；認無理由者，得繼續執行。經行為人請求者，應將其異議要旨製作紀錄交付之。

第 36 條　得沒入或可為證據之物，得扣留之。

前項可為證據之物之扣留範圍及期間，以供檢查、檢驗、鑑定或其他為保全證據之目的所必要者為限。

第 37 條　對於應扣留物之所有人、持有人或保管人，得要求其提出或交付；無正當理由拒絕提出、交付或抗拒扣留者，得用強制力扣留之。

第 38 條　扣留，應作成紀錄，記載實施之時間、處所、扣留物之名目及其他必要之事項，並由在場之人簽名、蓋章或按指印；其拒絕簽名、蓋章或按指印者，應記明其事由。

扣留物之所有人、持有人或保管人在場或請求時，應製作收據，記載扣留物之名目，交付之。

第 39 條　扣留物，應加封緘或其他標識，並為適當之處置；其不便搬運或保管者，得命人看守或交由所有人或其他適當之人保管。得沒入之物，有毀損之虞或不便保管者，得拍賣或變賣而保管其價金。

易生危險之扣留物，得毀棄之。

第 40 條　扣留物於案件終結前無留存之必要，或案件為不予處罰或未為沒入之裁處者，應發還之；其經依前條規定拍賣或變賣而保管其價金或毀棄者，發還或償還其價金。但應沒入或為調查他案應留存者，不在此限。

扣留物之應受發還人所在不明，或因其他事故不能發還者，應公告之；自公告之日起滿六個月，無人申請發還者，以其物歸屬公庫。

第 41 條　物之所有人、持有人、保管人或利害關係人對扣留不服者，得向扣留機關聲明異議。

前項聲明異議，扣留機關認有理由者，應發還扣留物或變更扣留行為；認無理由者，應加具意見，送直接上級機關決定之。

對於直接上級機關之決定不服者，僅得於對裁處案件之實體決定聲明不服時一併聲明之。但第 1 項之人依法不得對裁處案件之實體決定聲明不服時，得單獨對第 1 項之扣留，逕行提起行政訴訟。

第 1 項及前項但書情形，不影響扣留或裁處程序之進行。

第 42 條　行政機關於裁處前，應給予受處罰者陳述意見之機會。但有下列情形之一者，

不在此限：

一、已依行政程序法第 39 條規定，通知受
　　處罰者陳述意見。

二、已依職權或依第 43 條規定，舉行聽證。

三、大量作成同種類之裁處。

四、情況急迫，如給予陳述意見之機會，顯
　　然違背公益。

五、受法定期間之限制，如給予陳述意見之
　　機會，顯然不能遵行。

六、裁處所根據之事實，客觀上明白足以
　　確認。

七、法律有特別規定。

第 43 條　行政機關為第 2 條第 1 款及第 2 款
之裁處前，應依受處罰者之申請，舉行聽證。
但有下列情形之一者，不在此限：

一、有前條但書各款情形之一。

二、影響自由或權利之內容及程度顯屬輕微。

三、經依行政程序法第 104 條規定，通知受處
　　罰者陳述意見，而未於期限內陳述意見。

第 44 條　行政機關裁處行政罰時，應作成裁
處書，並為送達。

第九章　附　則

第 45 條　本法施行前違反行政法上義務之行
為應受處罰而未經裁處，於本法施行後裁處
者，除第 15 條、第 16 條、第 18 條第 2 項、
第 20 條及第 22 條規定外，均適用之。

前項行政罰之裁處權時效，自本法施行之日起算。

本法中華民國一百年十一月八日修正之第 26
條第 3 項至第 5 項規定，於修正施行前違反
行政法上義務之行為同時觸犯刑事法律，經
緩起訴處分確定，應受行政罰之處罰而未經
裁處者，亦適用之；曾經裁處，因訴願、行
政訴訟或其他救濟程序經撤銷，而於修正施
行後為裁處者，亦同。

本法中華民國一百年十一月八日修正施行前
違反行政法上義務之行為同時觸犯刑事法
律，於修正施行後受免刑或緩刑之裁判確定
者，不適用修正後之第 26 條第 2 項至第 5 項、
第 27 條第 3 項及第 32 條第 2 項之規定。

第 46 條　本法自公布後一年施行。

本法修正條文自公布日施行。

七、訴願法
民國 101 年 6 月 27 日修正公布

第一章　總　則

第一節　訴願事件

第 1 條　人民對於中央或地方機關之行政處
分，認為違法或不當，致損害其權利或利益
者，得依本法提起訴願。但法律另有規定者，
從其規定。

各級地方自治團體或其他公法人對上級監督
機關之行政處分，認為違法或不當，致損害
其權利或利益者，亦同。

第 2 條　人民因中央或地方機關對其依法申請
之案件，於法定期間內應作為而不作為，認
為損害其權利或利益者，亦得提起訴願。

前項期間，法令未規定者，自機關受理申請
之日起為二個月。

第 3 條　本法所稱行政處分，係指中央或地方
機關就公法上具體事件所為之決定或其他公
權力措施而對外直接發生法律效果之單方行
政行為。

前項決定或措施之相對人雖非特定，而依一
般性特徵可得確定其範圍者，亦為行政處
分。有關公物之設定、變更、廢止或一般使
用者，亦同。

第二節　管　轄

第 4 條　訴願之管轄如左：

一、不服鄉（鎮、市）公所之行政處分者，
　　向縣（市）政府提起訴願。

二、不服縣（市）政府所屬各級機關之行政
　　處分者，向縣（市）政府提起訴願。

三、不服縣（市）政府之行政處分者，向中央
　　主管部、會、行、處、局、署提起訴願。

四、不服直轄市政府所屬各級機關之行政處
　　分者，向直轄市政府提起訴願。

五、不服直轄市政府之行政處分者，向中
　　央主管部、會、行、處、局、署提起
　　訴願。

六、不服中央各部、會、行、處、局、署所
　　屬機關之行政處分者，向各部、會、行、

處、局、署提起訴願。

七、不服中央各部、會、行、處、局、署之行政處分者，向主管院提起訴願。

八、不服中央各院之行政處分者，向原院提起訴願。

第5條　人民對於前條以外之中央或地方機關之行政處分提起訴願時，應按其管轄等級，比照前條之規定為之。

訴願管轄，法律另有規定依其業務監督定之者，從其規定。

第6條　對於二以上不同隸屬或不同層級之機關共為之行政處分，應向其共同之上級機關提起訴願。

第7條　無隸屬關係之機關辦理受託事件所為之行政處分，視為委託機關之行政處分，其訴願之管轄，比照第4條之規定，向原委託機關或其直接上級機關提起訴願。

第8條　有隸屬關係之下級機關依法辦理上級機關委任事件所為之行政處分，為受委任機關之行政處分，其訴願之管轄，比照第四條之規定，向受委任機關或其直接上級機關提起訴願。

第9條　直轄市政府、縣（市）政府或其所屬機關及鄉（鎮、市）公所依法辦理上級政府或其所屬機關委辦事件所為之行政處分，為受委辦機關之行政處分，其訴願之管轄，比照第4條之規定，向受委辦機關之直接上級機關提起訴願。

第10條　依法受中央或地方機關委託行使公權力之團體或個人，以其團體或個人名義所為之行政處分，其訴願之管轄，向原委託機關提起訴願。

第11條　原行政處分機關裁撤或改組，應以承受其業務之機關視為原行政處分機關，比照前七條之規定，向承受其業務之機關或其直接上級機關提起訴願。

第12條　數機關於管轄權有爭議或因管轄不明致不能辨明有管轄權之機關者，由其共同之直接上級機關確定之。

無管轄權之機關就訴願所為決定，其上級機關應依職權或依申請撤銷之，並命移送於有管轄權之機關。

第13條　原行政處分機關之認定，以實施行政處分時之名義為準。但上級機關本於法定職權所為之行政處分，交由下級機關執行者，以該上級機關為原行政處分機關。

第三節　期日及期間

第14條　訴願之提起，應自行政處分達到或公告期滿之次日起三十日內為之。

利害關係人提起訴願者，前項期間自知悉時起算。但自行政處分達到或公告期滿後，已逾三年者，不得提起。

訴願之提起，以原行政處分機關或受理訴願機關收受訴願書之日期為準。

訴願人誤向原行政處分機關或受理訴願機關以外之機關提起訴願者，以該機關收受之日，視為提起訴願之日。

第15條　訴願人因天災或其他不應歸責於己之事由，致遲誤前條之訴願期間者，於其原因消滅後十日內，得以書面敘明理由向受理訴願機關申請回復原狀。但遲誤訴願期間已逾一年者，不得為之。

申請回復原狀，應同時補行期間內應為之訴願行為。

第16條　訴願人不在受理訴願機關所在地住居者，計算法定期間，應扣除其在途期間。但有訴願代理人住居受理訴願機關所在地，得為期間內應為之訴願行為者，不在此限。

前項扣除在途期間辦法，由行政院定之。

第17條　期間之計算，除法律另有規定外，依民法之規定。

第四節　訴願人

第18條　自然人、法人、非法人之團體或其他受行政處分之相對人及利害關係人得提起訴願。

第19條　能獨立以法律行為負義務者，有訴願能力。

第20條　無訴願能力人應由其法定代理人代為訴願行為。

地方自治團體、法人、非法人之團體應由其代表人或管理人為訴願行為。

關於訴願之法定代理，依民法規定。

第21條　二人以上得對於同一原因事實之行政處分，共同提起訴願。

前項訴願之提起，以同一機關管轄者為限。

第22條　共同提起訴願，得選定其中一人至三人為代表人。

選定代表人應於最初為訴願行為時，向受理訴願機關提出文書證明。

第23條　共同提起訴願，未選定代表人者，受理訴願機關得限期通知其選定；逾期不選定者，得依職權指定之。

第24條　代表人經選定或指定後，由其代表全體訴願人為訴願行為。但撤回訴願，非經全體訴願人書面同意，不得為之。

第25條　代表人經選定或指定後，仍得更換或增減之。

前項代表人之更換或增減，非以書面通知受理訴願機關，不生效力。

第26條　代表人有二人以上者，均得單獨代表共同訴願人為訴願行為。

第27條　代表人之代表權不因其他共同訴願人死亡、喪失行為能力或法定代理變更而消滅。

第28條　與訴願人利害關係相同之人，經受理訴願機關允許，得為訴願人之利益參加訴願。受理訴願機關認有必要時，亦得通知其參加訴願。

訴願決定因撤銷或變更原處分，足以影響第三人權益者，受理訴願機關應於作成訴願決定之前，通知其參加訴願程序，表示意見。

第29條　申請參加訴願，應以書面向受理訴願機關為之。

參加訴願應以書面記載下列事項：

一、本訴願及訴願人。

二、參加人與本訴願之利害關係。

三、參加訴願之陳述。

第30條　通知參加訴願，應記載訴願意旨、通知參加之理由及不參加之法律效果，送達於參加人，並副知訴願人。

受理訴願機關為前項之通知前，得通知訴願人或得參加訴願之第三人以書面陳述意見。

第31條　訴願決定對於參加人亦有效力。經受理訴願機關通知其參加或允許其參加而未參加者，亦同。

第32條　訴願人或參加人得委任代理人進行訴願。每一訴願人或參加人委任之訴願代理人不得超過三人。

第33條　左列之人，得為訴願代理人：

一、律師。

二、依法令取得與訴願事件有關之代理人資格者。

三、具有該訴願事件之專業知識者。

四、因業務或職務關係為訴願人之代理人者。

五、與訴願人有親屬關係者。

前項第三款至第5款之訴願代理人，受理訴願機關認為不適當時，得禁止之，並以書面通知訴願人或參加人。

第34條　訴願代理人應於最初為訴願行為時，向受理訴願機關提出委任書。

第35條　訴願代理人就其受委任之事件，得為一切訴願行為。但撤回訴願，非受特別委任不得為之。

第36條　訴願代理人有二人以上者，均得單獨代理訴願人。

違反前項規定而為委任者，其訴願代理人仍得單獨代理。

第37條　訴願代理人事實上之陳述，經到場之訴願人本人即時撤銷或更正者，不生效力。

第38條　訴願代理權不因訴願人本人死亡、破產或喪失訴願能力而消滅。法定代理有變更、機關經裁撤、改組或公司、團體經解散、變更組織者，亦同。

第39條　訴願委任之解除，應由訴願人、參加人或訴願代理人以書面通知受理訴願機關。

第40條　訴願委任之解除，由訴願代理人提出者，自為解除意思表示之日起十五日內，仍應為維護訴願人或參加人權利或利益之必要行為。

第41條　訴願人、參加人或訴願代理人經受理訴願機關之許可，得於期日偕同輔佐人到場。

受理訴願機關認為必要時，亦得命訴願人、參加人或訴願代理人偕同輔佐人到場。

前2項之輔佐人，受理訴願機關認為不適當時，得廢止其許可或禁止其續為輔佐。

第42條　輔佐人到場所為之陳述，訴願人、參加人或訴願代理人不即時撤銷或更正者，視為其所自為。

第五節　送達

第43條　送達除別有規定外，由受理訴願機關依職權為之。

第 44 條　對於無訴願能力人為送達者,應向
其法定代理人為之;未經陳明法定代理人者,
得向該無訴願能力人為送達。
　對於法人或非法人之團體為送達者,應向其
代表人或管理人為之。
　法定代理人、代表人或管理人有二人以上
者,送達得僅向其中一人為之。

第 45 條　對於在中華民國有事務所或營業所
之外國法人或團體為送達者,應向其在中華
民國之代表人或管理人為之。
　前項代表人或管理人有二人以上者,送達得
僅向其中一人為之。

第 46 條　訴願代理人除受送達之權限受有限
制者外,送達應向該代理人為之。但受理訴
願機關認為必要時,得送達於訴願人或參加
人本人。

第 47 條　訴願文書之送達,應註明訴願人、
參加人或其代表人、訴願代理人住、居所、
事務所或營業所,交付郵政機關以訴願文書
郵務送達證書發送。
　訴願文書不能為前項送達時,得由受理訴願
機關派員或囑託原行政處分機關或該管警察
機關送達,並由執行送達人作成送達證書。
　訴願文書之送達,除前 2 項規定外,準用行
政訴訟法第 67 條至第 69 條、第 71 條至第
83 條之規定。

第六節　訴願卷宗

第 48 條　關於訴願事件之文書,受理訴願機
關應保存者,應由承辦人員編為卷宗。

第 49 條　**訴願人、參加人或訴願代理人得向
受理訴願機關請求閱覽、抄錄、影印或攝影
卷內文書,或預納費用請求付與繕本、影本
或節本。**
　前項之收費標準,由主管院定之。

第 50 條　第三人經訴願人同意或釋明有法律
上之利害關係,經受理訴願機關許可者,亦
得為前條之請求。

第 51 條　左列文書,受理訴願機關應拒絕前
二條之請求:
一、訴願決定擬辦之文稿。
二、訴願決定之準備或審議文件。
三、為第三人正當權益有保密之必要者。

四、其他依法律或基於公益,有保密之必要者。

第二章　訴願審議委員會

第 52 條　**各機關辦理訴願事件,應設訴願審議
委員會,組成人員以具有法制專長者為原則。
訴願審議委員會委員,由本機關高級職員及
遴聘社會公正人士、學者、專家擔任之;其
中社會公正人士、學者、專家人數不得少於
二分之一。**
　訴願審議委員會組織規程及審議規則,由主
管院定之。

第 53 條　**訴願決定應經訴願審議委員會會議
之決議,其決議以委員過半數之出席,出席
委員過半數之同意行之。**

第 54 條　訴願審議委員會審議訴願事件,應
指定人員製作審議紀錄附卷。委員於審議中
所持與決議不同之意見,經其請求者,應列
入紀錄。
　訴願審議經言詞辯論者,應另行製作筆錄,
編為前項紀錄之附件,並準用民事訴訟法
212 條至第 219 條之規定。

第 55 條　訴願審議委員會主任委員或委員對
於訴願事件有利害關係者,應自行迴避,不
得參與審議。

第三章　訴願程序

第一節　訴願之提起

第 56 條　訴願應具訴願書,載明左列事項,
由訴願人或代理人簽名或蓋章:
一、訴願人之姓名、出生年月日、住、居所、
　身分證明文件字號。如係法人或其他設
　有管理人或代表人之團體,其名稱、事
　務所或營業所及管理人或代表人之姓
　名、出生年月日、住、居所。
二、有訴願代理人者,其姓名、出生年月日、
　住、居所、身分證明文件字號。
三、原行政處分機關。
四、訴願請求事項。
五、訴願之事實及理由。
六、收受或知悉行政處分之年、月、日。
七、受理訴願之機關。
八、證據。其為文書者,應添具繕本或影本。

九、年、月、日。

訴願應附原行政處分書影本。

依第 2 條第 1 項規定提起訴願者，第 1 項第 3 款、第 6 款所列事項，載明應為行政處分之機關、提出申請之年、月、日，並附原申請書之影本及受理申請機關收受證明。

第 57 條　訴願人在第 14 條第 1 項所定期間向訴願管轄機關或原行政處分機關作不服原行政處分之表示者，視為已在法定期間內提起訴願。但應於三十日內補送訴願書。

第 58 條　**訴願人應繕具訴願書經由原行政處分機關向訴願管轄機關提起訴願。**

原行政處分機關對於前項訴願應先行重新審查原處分是否合法妥當，其認訴願為有理由者，得自行撤銷或變更原行政處分，並陳報訴願管轄機關。

原行政處分機關不依訴願人之請求撤銷或變更原行政處分者，應盡速附具答辯書，並將必要之關係文件，送於訴願管轄機關。

原行政處分機關檢卷答辯時，應將前項答辯書抄送訴願人。

第 59 條　訴願人向受理訴願機關提起訴願者，受理訴願機關應將訴願書影本或副本送交原行政處分機關依前條第 2 項至第 4 項規定辦理。

第 60 條　訴願提起後，於決定書送達前，訴願人得撤回之。

訴願經撤回後，不得復提起同一之訴願。

第 61 條　**訴願人誤向訴願管轄機關或原行政處分機關以外之機關作不服原行政處分之表示者，視為自始向訴願管轄機關提起訴願。**

前項收受之機關應於十日內將該事件移送於原行政處分機關，並通知訴願人。

第 62 條　**受理訴願機關認為訴願書不合法定程式，而其情形可補正者，應通知訴願人於二十日內補正。**

第二節　訴願審議

第 63 條　**訴願就書面審查決定之。**

受理訴願機關必要時得通知訴願人、參加人或利害關係人到達指定處所陳述意見。

訴願人或參加人請求陳述意見而有正當理由者，應予到達指定處所陳述意見之機會。

第 64 條　訴願審議委員會主任委員得指定委員聽取訴願人、參加人或利害關係人到場之陳述。

第 65 條　受理訴願機關應依訴願人、參加人之申請或於必要時，得依職權通知訴願人、參加人或其代表人、訴願代理人、輔佐人及原行政處分機關派員於指定期日到達指定處所言詞辯論。

第 66 條　言詞辯論之程序如左：

一、受理訴願機關陳述事件要旨。

二、訴願人、參加人或訴願代理人就事件為事實上及法律上之陳述。

三、原行政處分機關就事件為事實上及法律上之陳述。

四、訴願或原行政處分機關對他方之陳述或答辯，為再答辯。

五、受理訴願機關對訴願人及原行政處分機關提出詢問。

前項辯論未完備者，得再為辯論。

第 67 條　受理訴願機關應依職權或囑託有關機關或人員，實施調查、檢驗或勘驗，不受訴願人主張之拘束。

受理訴願機關應依訴願人或參加人之申請，調查證據。但就其申請調查之證據中認為不必要者，不在此限。

受理訴願機關依職權或依申請調查證據之結果，非經賦予訴願人及參加人表示意見之機會，不得採為對之不利之訴願決定之基礎。

第 68 條　訴願人或參加人得提出證據書類或證物。但受理訴願機關限定於一定期間內提出者，應於該期間內提出。

第 69 條　受理訴願機關得依職權或依訴願人、參加人之申請，囑託有關機關、學校、團體或有專門知識經驗者為鑑定。

受理訴願機關認無鑑定之必要，而訴願人或參加人願自行負擔鑑定費用時，得向受理訴願機關請求准予交付鑑定。受理訴願機關非有正當理由不得拒絕。

鑑定人由受理訴願機關指定之。

鑑定人有數人者，得共同陳述意見。但意見不同者，受理訴願機關應使其分別陳述意見。

第 70 條　鑑定人應具鑑定書陳述意見。必要時，受理訴願機關得請鑑定人到達指定處所說明。

第71條 鑑定所需資料在原行政處分機關或受理訴願機關者，受理訴願機關應告知鑑定人准其利用。但其利用之範圍及方法得限制之。

鑑定人因行鑑定得請求受理訴願機關調查證據。

第72條 鑑定所需費用由受理訴願機關負擔，並得依鑑定人之請求預行酌給之。

依第69條第2項規定交付鑑定所得結果，據為有利於訴願人或參加人之決定或裁判時，訴願人或參加人得於訴願或行政訴訟確定後三十日內，請求受理訴願機關償還必要之鑑定費用。

第73條 受理訴願機關得依職權或依訴願人、參加人之申請，命文書或其他物件之持有人提出該物件，並得留置之。

公務員或機關掌管之文書或其他物件，受理訴願機關得調取之。

前項情形，除有妨害國家機密者外，不得拒絕。

第74條 受理訴願機關得依職權或依訴願人、參加人之申請，就必要之物件或處所實施勘驗。

受理訴願機關依前項規定實施勘驗時，應將日、時、處所通知訴願人、參加人及有關人員到場。

第75條 原行政處分機關應將據以處分之證據資料提出於受理訴願機關。

對於前項之證據資料，訴願人、參加人或訴願代理人得請求閱覽、抄錄或影印之。受理訴願機關非有正當理由，不得拒絕。

第1項證據資料之閱覽、抄錄或影印，受理訴願機關應指定日、時、處所。

第76條 訴願人或參加人對受理訴願機關於訴願程序進行中所為之程序上處置不服者，應併同訴願決定提起行政訴訟。

第三節　訴願決定

第77條 訴願事件有左列各款情形之一者，應為不受理之決定：

一、訴願書不合法定程式不能補正或經通知補正逾期不補正者。

二、提起訴願逾法定期間或未於第57條但書所定期間內補送訴願書者。

三、訴願人不符合第18條之規定者。

四、訴願人無訴願能力而未由法定代理人代為訴願行為，經通知補正逾期不補正者。

五、地方自治團體、法人、非法人之團體，未由代表人或管理人為訴願行為，經通知補正逾期不補正者。

六、行政處分已不存在者。

七、對已決定或已撤回之訴願事件重行提起訴願者。

八、對於非行政處分或其他依法不屬訴願救濟範圍內之事項提起訴願者。

第78條 分別提起之數宗訴願係基於同一或同種類之事實上或法律上之原因者，受理訴願機關得合併審議，並得合併決定。

第79條 訴願無理由者，受理訴願機關應以決定駁回之。

原行政處分所憑理由雖屬不當，但依其他理由認為正當者，應以訴願為無理由。

訴願事件涉及地方自治團體之地方自治事務者，其受理訴願之上級機關僅就原行政處分之合法性進行審查決定。

第80條 **提起訴願因逾法定期間而為不受理決定時，原行政處分顯屬違法或不當者，原行政處分機關或其上級機關得依職權撤銷或變更之。但有左列情形之一者，不得為之：**

一、其撤銷或變更對公益有重大危害者。

二、行政處分受益人之信賴利益顯然較行政處分撤銷或變更所欲維護之公益更值得保護者。

行政處分受益人有下列情形之一者，其信賴不值得保護：

一、以詐欺、脅迫或賄賂方法，使原行政處分機關作成行政處分者。

二、對重要事項提供不正確資料或為不完全陳述，致使原行政處分機關依該資料或陳述而作成行政處分者。

三、明知原行政處分違法或因重大過失而不知者。

行政處分之受益人值得保護之信賴利益，因原行政處分機關或其上級機關依第1項規定撤銷或變更原行政處分而受有損失者，應予補償。但其補償額度不得超過受益人因該處分存續可得之利益。

第81條 訴願有理由者，受理訴願機關應以決定撤銷原行政處分之全部或一部，並得視事件之情節，逕為變更之決定或發回原行政處分機關另為處分。但於訴願人表示不服之範圍內，不得為更不利益之變更或處分。

前項訴願決定撤銷原行政處分，發回原行政處分機關另為處分時，應指定相當期間命其為之。

第82條 對於依第2條第1項提起之訴願，受理訴願機關認為有理由者，應指定相當期間，命應作為之機關速為一定之處分。

受理訴願機關未為前項決定前，應作為之機關已為行政處分者，受理訴願機關應認訴願為無理由，以決定駁回之。

第83條 受理訴願機關發現原行政處分雖屬違法或不當，但其撤銷或變更於公益有重大損害，經斟酌訴願人所受損害、賠償程度、防止方法及其他一切情事，認原行政處分之撤銷或變更顯與公益相違背時，得駁回其訴願。

前項情形，應於決定主文中載明原行政處分違法或不當。

第84條 受理訴願機關為前條決定時，得斟酌訴願人因違法或不當處分所受損害，於決定理由中載明由原行政處分機關與訴願人進行協議。

前項協議，與國家賠償法之協議有同一效力。

第85條 訴願之決定，自收受訴願書之次日起，應於三個月內為之；必要時，得予延長，並通知訴願人及參加人。延長以一次為限，最長不得逾二個月。

前項期間，於依第57條但書規定補送訴願書者，自補送之次日起算，未為補送者，自補送期間屆滿之次日起算；其依第62條規定通知補正者，自補正之次日起算；未為補正者，自補正期間屆滿之次日起算。

第86條 訴願之決定以他法律關係是否成立為準據，而該法律關係在訴訟或行政救濟程序進行中者，於該法律關係確定前，受理訴願機關得停止訴願程序之進行，並即通知訴願人及參加人。

受理訴願機關依前項規定停止訴願程序之進行者，前條所定訴願決定期間，自該法律關係確定之日起，重行起算。

第87條 訴願人死亡者，由其繼承人或其他依法得繼受原行政處分所涉權利或利益之人，承受其訴願。

法人因合併而消滅者，由因合併而另立或合併後存續之法人，承受其訴願。

依前二項規定承受訴願者，應於事實發生之日起三十日內，向受理訴願機關檢送因死亡繼受權利或合併事實之證明文件。

第88條 受讓原行政處分所涉權利或利益之人，得檢具受讓證明文件，向受理訴願機關申請許其承受訴願。

第89條 訴願決定書，應載明下列事項：

一、訴願人姓名、出生年月日、住、居所、身分證明文件字號。如係法人或其他設有管理人或代表人之團體，其名稱、事務所或營業所，管理人或代表人之姓名、出生年月日、住、居所、身分證明文件字號。

二、有法定代理人或訴願代理人者，其姓名、出生年月日、住、居所、身分證明文件字號。

三、主文、事實及理由。其係不受理決定者，得不記載事實。

四、決定機關及其首長。

五、年、月、日。

訴願決定書之正本，應於決定後十五日內送達訴願人、參加人及原行政處分機關。

第90條 訴願決定書應附記，如不服決定，得於決定書送達之次日起二個月內向行政法院提起行政訴訟。

第91條 對於得提起行政訴訟之訴願決定，因訴願決定機關附記錯誤，向非管轄機關提起行政訴訟，該機關應於十日內將行政訴訟書狀連同有關資料移送管轄行政法院，並即通知原提起行政訴訟之人。

有前項規定之情形，行政訴訟書狀提出於非管轄機關者，視為自始向有管轄權之行政法院提起行政訴訟。

第92條 訴願決定機關附記提起行政訴訟期間錯誤時，應由訴願決定機關以通知更正之，並自更正通知送達之日起，計算法定期間。

訴願決定機關未依第90條規定為附記，或附記錯誤而未依前項規定通知更正，致原

提起行政訴訟之人遲誤行政訴訟期間者，如自訴願決定書送達之日起一年內提起行政訴訟，視為於法定期間內提起。

第93條　原行政處分之執行，除法律另有規定外，不因提起訴願而停止。

原行政處分之合法性顯有疑義者，或原行政處分之執行將發生難以回復之損害，且有急迫情事，並非為維護重大公共利益所必要者，受理訴願機關或原行政處分機關得依職權或依申請，就原行政處分之全部或一部，停止執行。

前項情形，行政法院亦得依聲請，停止執行。

第94條　停止執行之原因消滅，或有其他情事變更之情形，受理訴願機關或原行政處分機關得依職權或依申請撤銷停止執行。

前項情形，原裁定停止執行之行政法院亦得依聲請，撤銷停止執行之裁定。

第95條　訴願之決定確定後，就其事件，有拘束各關係機關之效力；就其依第10條提起訴願之事件，對於受委託行使公權力之團體或個人，亦有拘束力。

第96條　原行政處分經撤銷後，原行政處分機關須重為處分者，應依訴願決定意旨為之，並將處理情形以書面告知受理訴願機關。

第四章　再審程序

第97條　於有左列各款情形之一者，訴願人、參加人或其他利害關係人得對於確定訴願決定，向原訴願決定機關申請再審。但訴願人、參加人或其他利害關係人已依行政訴訟主張其事由或知其事由而不為主張者，不在此限：

一、適用法規顯有錯誤者。

二、決定理由與主文顯有矛盾者。

三、決定機關之組織不合法者。

四、依法令應迴避之委員參與決定者。

五、參與決定之委員關於該訴願違背職務，犯刑事上之罪者。

六、訴願之代理人，關於該訴願有刑事上應罰之行為，影響於決定者。

七、為決定基礎之證物，係偽造或變造者。

八、證人、鑑定人或通譯就為決定基礎之證言、鑑定為虛偽陳述者。

九、為決定基礎之民事、刑事或行政訴訟判決或行政處分已變更者。

十、發見未經斟酌之證物或得使用該證物者。

前項聲請再審，應於三十日內提起。

前項期間，自訴願決定確定時起算。但再審之事由發生在後或知悉在後者，自知悉時起算。

第五章　附　則

第98條　依本法規定所為之訴願、答辯及應備具之書件，應以中文書寫；其科學名詞之譯名以國立編譯館規定者為原則，並應附註外文原名。

前項書件原係外文者，並應檢附原外文資料。

第99條　本法修正施行前，尚未終結之訴願事件，其以後之訴願程序，依修正之本法規定終結之。

本法修正施行前，尚未終結之再訴願案件，其以後之再訴願程序，準用修正之本法有關訴願程序規定終結之。

第100條　公務人員因違法或不當處分，涉有刑事或行政責任者，由最終決定之機關於決定後責由該管機關依法辦理。

第101條　本法自公布日施行。

本法修正條文之施行日期，由行政院以命令定之。

八、行政訴訟法
民國109年1月15日修正公布

第一編　總則
第一章　行政訴訟事件

第1條　行政訴訟以保障人民權益，確保國家行政權之合法行使，增進司法功能為宗旨。

第2條　公法上之爭議，除法律別有規定外，得依本法提起行政訴訟。

第3條　前條所稱之行政訴訟，指撤銷訴訟、確認訴訟及給付訴訟。

第3條之1　辦理行政訴訟之地方法院行政訴訟庭，亦為本法所稱之行政法院。

第4條　人民因中央或地方機關之違法行政處分，認為損害其權利或法律上之利益，經依訴願法提起訴願而不服其決定，或提起訴願逾三個月不為決定，或延長訴願決定期間逾二個月不為決定者，得向行政法院提起撤銷訴訟。

逾越權限或濫用權力之行政處分，以違法論。

訴願人以外之利害關係人，認為第1項訴願決定，損害其權利或法律上之利益者，得向行政法院提起撤銷訴訟。

第5條　人民因中央或地方機關對其依法申請之案件，於法令所定期間內應作為而不作為，認為其權利或法律上利益受損害者，經依訴願程序後，得向行政法院提起請求該機關應為行政處分或應為特定內容之行政處分之訴訟。

人民因中央或地方機關對其依法申請之案件，予以駁回，認為其權利或法律上利益受違法損害者，經依訴願程序後，得向行政法院提起請求該機關應為行政處分或應為特定內容之行政處分之訴訟。

第6條　確認行政處分無效及確認公法上法律關係成立或不成立之訴訟，非原告有即受確認判決之法律上利益者，不得提起之。其確認已執行而無回復原狀可能之行政處分或已消滅之行政處分為違法之訴訟，亦同。

確認行政處分無效之訴訟，須已向原處分機關請求確認其無效未被允許，或經請求後於三十日內不為確答者，始得提起之。

確認訴訟，於原告得提起或可得提起撤銷訴訟、課予義務訴訟或一般給付訴訟者，不得提起之。但確認行政處分無效之訴訟，不在此限。

應提起撤銷訴訟、課予義務訴訟，誤為提起確認行政處分無效之訴訟，其未經訴願程序者，行政法院應以裁定將該事件移送於訴願管轄機關，並以行政法院收受訴狀之時，視為提起訴願。

第7條　提起行政訴訟，得於同一程序中，合併請求損害賠償或其他財產上給付。

第8條　人民與中央或地方機關間，因公法上原因發生財產上之給付或請求作成行政處分以外之其他非財產上之給付，得提起給付訴訟。因公法上契約發生之給付，亦同。

前項給付訴訟之裁判，以行政處分應否撤銷為據者，應於依第4條第1項或第3項提起撤銷訴訟時，併為請求。原告未為請求者，審判長應告以得為請求。

第9條　人民為維護公益，就無關自己權利及法律上利益之事項，對於行政機關之違法行為，得提起行政訴訟。但以法律有特別規定者為限。

第10條　選舉罷免事件之爭議，除法律別有規定外，得依本法提起行政訴訟。

第11條　前二條訴訟依其性質，準用撤銷、確認或給付訴訟有關之規定。

第12條　民事或刑事訴訟之裁判，以行政處分是否無效或違法為據者，應依行政爭訟程序確定之。

前項行政爭訟程序已經開始者，於其程序確定前，民事或刑事法院應停止其審判程序。

第12條之1　起訴時法院有受理訴訟權限者，不因訴訟繫屬後事實及法律狀態變更而受影響。

訴訟繫屬於行政法院後，當事人不得就同一事件向其他不同審判權之法院更行起訴。

第12條之2　行政法院認其有受理訴訟權限而為裁判經確定者，其他法院受該裁判之羈束。

行政法院認其無受理訴訟權限者，應依職權以裁定將訴訟移送至有受理訴訟權限之管轄法院。數法院有管轄權而原告有指定者，移送至指定之法院。

移送之裁定確定時，受移送之法院認其亦無受理訴訟權限者，應以裁定停止訴訟程序，並聲請司法院大法官解釋。

受移送之法院經司法院大法官解釋無受理訴訟權限者，應再行移送至有受理訴訟權限之法院。

當事人就行政法院有無受理訴訟權限有爭執者，行政法院應先為裁定。

前項裁定，得為抗告。

行政法院為第2項及第5項之裁定前，應先徵詢當事人之意見。

第12條之3　移送訴訟前如有急迫情形，行政法院應依當事人聲請或依職權為必要之處分。

移送訴訟之裁定確定時，視為該訴訟自始即

繫屬於受移送之法院。

前項情形,行政法院書記官應速將裁定正本附入卷宗,送交受移送之法院。

第12條之4　行政法院將訴訟移送至其他法院者,依受移送法院應適用之訴訟法定其訴訟費用之徵收。移送前所生之訴訟費用視為受移送法院訴訟費用之一部分。

應行徵收之訴訟費用,行政法院未加徵收、徵收不足額或溢收者,受移送法院應補行徵收或退還溢收部分。

第12條之5　其他法院將訴訟移送至行政法院者,依本法定其訴訟費用之徵收。移送前所生之訴訟費用視為行政法院訴訟費用之一部分。

應行徵收之訴訟費用,其他法院未加徵收、徵收不足額或溢收者,行政法院應補行徵收或退還溢收部分。

第二章　行政法院

第一節　管轄

第13條　對於公法人之訴訟,由其公務所所在地之行政法院管轄。其以公法人之機關為被告時,由該機關所在地之行政法院管轄。

對於私法人或其他得為訴訟當事人之團體之訴訟,由其主事務所或主營業所所在地之行政法院管轄。

對於外國法人或其他得為訴訟當事人之團體之訴訟,由其在中華民國之主事務所或主營業所所在地之行政法院管轄。

第14條　前條以外之訴訟,由被告住所地之行政法院管轄,其住所地之行政法院不能行使職權者,由其居所地之行政法院管轄。

被告在中華民國現無住所或住所不明者,以其在中華民國之居所,視為其住所;無居所或居所不明者,以其在中華民國最後之住所,視為其住所;無最後住所者,以中央政府所在地,視為其最後住所地。

訴訟事實發生於被告居所地者,得由其居所地之行政法院管轄。

第15條　因不動產徵收、徵用或撥用之訴訟,專屬不動產所在地之行政法院管轄。

除前項情形外,其他有關不動產之公法上權利或法律關係涉訟者,得由不動產所在地之行政法院管轄。

第15條之1　關於公務員職務關係之訴訟,得由公務員職務所在地之行政法院管轄。

第15條之2　因公法上之保險事件涉訟者,得由為原告之被保險人、受益人之住居所地或被保險人從事職業活動所在地之行政法院管轄。

前項訴訟事件於投保單位為原告時,得由其主事務所或主營業所所在地之行政法院管轄。

第16條　有下列各款情形之一者,直接上級行政法院應依當事人之聲請或受訴行政法院之請求,指定管轄:

一、有管轄權之行政法院因法律或事實不能行審判權者。

二、因管轄區域境界不明,致不能辨別有管轄權之行政法院者。

三、因特別情形由有管轄權之行政法院審判,恐影響公安或難期公平者。

前項聲請得以向受訴行政法院或直接上級行政法院為之。

第17條　定行政法院之管轄以起訴時為準。

第18條　民事訴訟法第3條、第6條、第15條、第17條、第20條至第22條、第28條第1項、第3項、第29條至第31條之規定,於本節準用之。

第二節　法官之迴避

第19條　法官有下列情形之一者,應自行迴避,不得執行職務:

一、有民事訴訟法第32條第1款至第6款情形之一。

二、曾在中央或地方機關參與該訴訟事件之行政處分或訴願決定。

三、曾參與該訴訟事件相牽涉之民刑事裁判。

四、曾參與該訴訟事件相牽涉之公務員懲戒事件議決。

五、曾參與該訴訟事件之前審裁判。

六、曾參與該訴訟事件再審前之裁判。但其迴避以一次為限。

第20條　民事訴訟法第33條至第38條之規定,於本節準用之。

第 21 條　前二條規定於行政法院之司法事務官、書記官及通譯準用之。

第三章　當事人

第一節　當事人能力及訴訟能力

第 22 條　自然人、法人、中央及地方機關、非法人之團體，有當事人能力。

第 23 條　訴訟當事人謂原告、被告及依第 41 條與第 42 條參加訴訟之人。

第 24 條　經訴願程序之行政訴訟，其被告為下列機關：

一、駁回訴願時之原處分機關。

二、撤銷或變更原處分時，為撤銷或變更之機關。

第 25 條　人民與受委託行使公權力之團體或個人，因受託事件涉訟者，以受託之團體或個人為被告。

第 26 條　被告機關經裁撤或改組者，以承受其業務之機關為被告機關；無承受其業務之機關者，以其直接上級機關為被告機關。

第 27 條　能獨立以法律行為負義務者，有訴訟能力。

法人、中央及地方機關、非法人之團體，應由其代表人或管理人為訴訟行為。

前項規定於依法令得為訴訟上行為之代理人準用之。

第 28 條　民事訴訟法第 46 條至第 49 條、第 51 條之規定，於本節準用之。

第二節　選定當事人

第 29 條　多數有共同利益之人得由其中選定一人至五人為全體起訴或被訴。

訴訟標的對於多數有共同利益之人，必須合一確定而未為前項選定者，行政法院得限期命為選定，逾期未選定者，行政法院得依職權指定之。

訴訟繫屬後經選定或指定當事人者，其他當事人脫離訴訟。

第 30 條　多數有共同利益之人於選定當事人或由行政法院依職權指定當事人後，得經全體當事人之同意更換或增減之。

行政法院依前條第 2 項指定之當事人，如有

必要，得依職權更換或增減之。

依前兩項規定更換或增減者，原被選定或指定之當事人喪失其資格。

第 31 條　被選定或被指定之人中有因死亡或其他事由喪失其資格者，他被選定或被指定之人得為全體為訴訟行為。

第 32 條　第 29 條及第 30 條訴訟當事人之選定、指定及其更換、增減應通知他造當事人。

第 33 條　被選定人非得全體之同意，不得為捨棄、認諾、撤回或和解。但訴訟標的對於多數有共同利益之各人非必須合一確定，經原選定人之同意，就其訴之一部為撤回或和解者，不在此限。

第 34 條　訴訟當事人之選定及其更換、增減，應以文書證之。

第 35 條　以公益為目的之社團法人，於其章程所定目的範圍內，由多數有共同利益之社員，就一定之法律關係，授與訴訟實施權者，得為公共利益提起訴訟。

前項規定於以公益為目的之非法人之團體準用之。

前二項訴訟實施權之授與，應以文書證之。

第 33 條之規定，於第 1 項之社團法人或第 2 項之非法人之團體，準用之。

第 36 條　民事訴訟法第 48 條、第 49 條之規定，於本節準用之。

第三節　共同訴訟

第 37 條　二人以上於下列各款情形，得為共同訴訟人，一同起訴或一同被訴：

一、為訴訟標的之行政處分係二以上機關共同為之者。

二、為訴訟標的之權利、義務或法律上利益，為其所共同者。

三、為訴訟標的之權利、義務或法律上利益，於事實上或法律上有同一或同種類之原因者。

依前項第 3 款同種類之事實上或法律上原因行共同訴訟者，以被告之住居所、公務所、機關、主事務所或主營業所所在地在同一行政法院管轄區域內者為限。

第 38 條　共同訴訟中，一人之行為或他造對於共同訴訟人中一人之行為及關於其一人所

生之事項，除別有規定外，其利害不及於他共同訴訟人。

第 39 條　訴訟標的對於共同訴訟之各人，必須合一確定者，適用下列各款之規定：
一、共同訴訟人中一人之行為有利益於共同訴訟人者，其效力及於全體；不利益者，對於全體不生效力。
二、他造對於共同訴訟人中一人之行為，其效力及於全體。
三、共同訴訟人中之一人，生有訴訟當然停止或裁定停止之原因者，其當然停止或裁定停止之效力及於全體。

第 40 條　共同訴訟人各有續行訴訟之權。
行政法院指定期日者，應通知各共同訴訟人到場。

第四節　訴訟參加

第 41 條　訴訟標的對於第三人及當事人一造必須合一確定者，行政法院應以裁定命該第三人參加訴訟。

第 42 條　行政法院認為撤銷訴訟之結果，第三人之權利或法律上利益將受損害者，得依職權命其獨立參加訴訟，並得因該第三人之聲請，裁定允許其參加。
前項參加，準用第 39 條第 3 款規定。參加人並得提出獨立之攻擊或防禦方法。
前二項規定，於其他訴訟準用之。
訴願人已向行政法院提起撤銷訴訟，利害關係人就同一事件再行起訴者，視為第 1 項之參加。

第 43 條　第三人依前條規定聲請參加訴訟者，應向本訴訟繫屬之行政法院提出參加書狀，表明下列各款事項：
一、本訴訟及當事人。
二、參加人之權利或法律上利益，因撤銷訴訟之結果將受如何之損害。
三、參加訴訟之陳述。
行政法院認前項聲請不合前條規定者，應以裁定駁回之。
關於前項裁定，得為抗告。
駁回參加之裁定未確定前，參加人得為訴訟行為。

第 44 條　行政法院認其他行政機關有輔助一造之必要者，得命其參加訴訟。
前項行政機關或有利害關係之第三人亦得聲請參加。

第 45 條　命參加之裁定應記載訴訟程度及命參加理由，送達於訴訟當事人。
行政法院為前項裁定前，應命當事人或第三人以書狀或言詞為陳述。
對於命參加訴訟之裁定，不得聲明不服。

第 46 條　第 41 條之參加訴訟，準用第 39 條之規定。

第 47 條　判決對於經行政法院依第 41 條及第 42 條規定，裁定命其參加或許其參加而未為參加者，亦有效力。

第 48 條　民事訴訟法第 59 條至第 61 條、第 63 條至第 67 條之規定，於第 44 條之參加訴訟準用之。

第五節　訴訟代理人及輔佐人

第 49 條　當事人得委任代理人為訴訟行為。但每一當事人委任之訴訟代理人不得逾三人。
行政訴訟應以律師為訴訟代理人。非律師具有下列情形之一者，亦得為訴訟代理人：
一、稅務行政事件，具備會計師資格。
二、專利行政事件，具備專利師資格或依法得為專利代理人。
三、當事人為公法人、中央或地方機關、公法上之非法人團體時，其所屬專任人員辦理法制、法務、訴願業務或與訴訟事件相關業務。
四、交通裁決事件，原告為自然人時，其配偶、三親等內之血親或二親等內之姻親；原告為法人或非法人團體時，其所屬人員辦理與訴訟事件相關業務。
委任前項之非律師為訴訟代理人者，應得審判長許可。
第 2 項之非律師為訴訟代理人，審判長許其為本案訴訟行為者，視為已有前項之許可。
前二項之許可，審判長得隨時以裁定撤銷之，並應送達於訴訟委任之人。
訴訟代理人委任複代理人者，不得逾一人。
前四項之規定，於複代理人適用之。

第 50 條　訴訟代理人應於最初為訴訟行為時提出委任書。但由當事人以言詞委任經行政法院書記官記明筆錄者，不在此限。

第 51 條　訴訟代理人就其受委任之事件，有為一切訴訟行為之權。但捨棄、認諾、撤回、和解、提起反訴、上訴或再審之訴及選任代理人，非受特別委任不得為之。

關於強制執行之行為或領取所爭物，準用前項但書之規定。

如於第 1 項之代理權加以限制者，應於前條之委任書或筆錄內表明。

第 52 條　訴訟代理人有二人以上者，均得單獨代理當事人。

違反前項之規定而為委任者，仍得單獨代理之。

第 53 條　訴訟代理權不因本人死亡、破產或訴訟能力喪失而消滅。法定代理有變更或機關經裁撤、改組者，亦同。

第 54 條　訴訟委任之終止，應以書狀提出於行政法院，由行政法院送達於他造。

由訴訟代理人終止委任者，自為終止之意思表示之日起十五日內，仍應為防衛本人權利所必要之行為。

第 55 條　當事人或訴訟代理人經審判長之許可，得於期日偕同輔佐人到場。但人數不得逾二人。

審判長認為必要時亦得命當事人或訴訟代理人偕同輔佐人到場。

前二項之輔佐人，審判長認為不適當時，得撤銷其許可或禁止其續為訴訟行為。

第 56 條　民事訴訟法第 72 條、第 75 條及第 77 條之規定，於本節準用之。

第四章　訴訟程序

第一節　當事人書狀

第 57 條　當事人書狀，除別有規定外，應記載下列各款事項：
一、當事人姓名、性別、年齡、身分證明文件字號、職業及住所或居所；當事人為法人、機關或其他團體者，其名稱及所在地、事務所或營業所。
二、有法定代理人、代表人或管理人者，其姓名、性別、年齡、身分證明文件字號、職業、住所或居所，及其與法人、機關或團體之關係。
三、有訴訟代理人者，其姓名、性別、年齡、身分證明文件字號、職業、住所或居所。
四、應為之聲明。
五、事實上及法律上之陳述。
六、供證明或釋明用之證據。
七、附屬文件及其件數。
八、行政法院。
九、年、月、日。

第 58 條　當事人、法定代理人、代表人、管理人或訴訟代理人應於書狀內簽名或蓋章；其以指印代簽名者，應由他人代書姓名，記明其事由並簽名。

第 59 條　民事訴訟法第 116 條第 3 項、第 118 條至第 121 條之規定，於本節準用之。

第 60 條　於言詞辯論外，關於訴訟所為之聲明或陳述，除依本法應用書狀者外，得於行政法院書記官前以言詞為之。

前項情形，行政法院書記官應作筆錄，並於筆錄內簽名。

前項筆錄準用第 57 條及民事訴訟法第 118 條至第 120 條之規定。

第二節　送達

第 61 條　送達除別有規定外，由行政法院書記官依職權為之。

第 62 條　送達由行政法院書記官交執達員或郵務機構行之。

由郵務機構行送達者，以郵務人員為送達人；其實施辦法由司法院會同行政院定之。

第 63 條　行政法院得向送達地之地方法院為送達之囑託。

第 64 條　對於無訴訟能力人為送達者，應向其全體法定代理人為之。但法定代理人有二人以上，如其中有應為送達處所不明者，送達得僅向其餘之法定代理人為之。

對於法人、中央及地方機關或非法人之團體為送達者，應向其代表人或管理人為之。

代表人或管理人有二人以上者，送達得僅向其中一人為之。

無訴訟能力人為訴訟行為，未向行政法院陳明其法定代理人者，於補正前，行政法院得向該無訴訟能力人為送達。

第65條　對於在中華民國有事務所或營業所之外國法人或團體為送達者，應向其在中華民國之代表人或管理人為之。

前項代表人或管理人有二人以上者，送達得僅向其中一人為之。

第66條　訴訟代理人除受送達之權限受有限制者外，送達應向該代理人為之。但審判長認為必要時，得命送達於當事人本人。

第67條　當事人或代理人經指定送達代收人，向受訴行政法院陳明者，應向該代收人為送達。但審判長認為必要時，得命送達於當事人本人。

第68條　送達代收人經指定陳明後，其效力及於同地之各級行政法院。但該當事人或代理人別有陳明者，不在此限。

第69條　當事人或代理人於中華民國無住所、事務所及營業所者，應指定送達代收人向受訴行政法院陳明。

第70條　當事人或代理人未依前條規定指定送達代收人者，行政法院得將應送達之文書交付郵務機構以掛號發送。

第71條　送達，於應受送達人之住居所、事務所或營業所行之。但在他處會晤應受送達人時，得於會晤處所行之。

對於法人、機關、非法人之團體之代表人或管理人為送達者，應向其事務所、營業所或機關所在地行之。但必要時亦得於會晤之處所或其住居所行之。

應受送達人有就業處所者，亦得向該處所為送達。

第72條　送達於住居所、事務所、營業所或機關所在地不獲會晤應受送達人者，得將文書付與有辨別事理能力之同居人、受雇人或願代為收受而居住於同一住宅之主人。

前條所定送達處所之接收郵件人員，視為前項之同居人或受雇人。

如同居人、受雇人、居住於同一住宅之主人或接收郵件人員為他造當事人者，不適用前二項之規定。

第73條　送達不能依前二條規定為之者，得將文書寄存於送達地之自治或警察機關，並作送達通知書二份，一份黏貼於應受送達人住居所、事務所或營業所門首，一份交由鄰居轉交或置於應受送達人之信箱或其他適當之處所，以為送達。

前項情形，如係以郵務人員為送達人者，得將文書寄存於附近之郵政機構。

寄存送達，自寄存之日起，經十日發生效力。

寄存之文書自寄存之日起，寄存機關或機構應保存三個月。

第74條　應受送達人拒絕收領而無法律上理由者，應將文書置於送達處所，以為送達。

前項情形，如有難達留置情事者，準用前條之規定。

第75條　送達，除由郵務機構行之者外，非經審判長或受命法官、受託法官或送達地地方法院法官之許可，不得於星期日或其他休息日或日出前、日沒後為之。但應受送達人不拒絕收領者，不在此限。

前項許可，書記官應於送達之文書內記明。

第76條　行政法院書記官於法院內將文書付與應受送達人者，應命受送達人提出收據附卷。

第77條　**於外國或境外為送達者，應囑託該國管轄機關或駐在該國之中華民國使領館或其他機構、團體為之。**

不能依前項之規定為囑託送達者，得將應送達之文書交郵務機構以雙掛號發送，以為送達。

第78條　**對於駐在外國之中華民國大使、公使、領事或其他駐外人員為送達者，應囑託外交部為之。**

第79條　對於在軍隊或軍艦服役之軍人為送達者，應囑託該管軍事機關或長官為之。

第80條　對於在監所人為送達者，應囑託該監所長官為之。

第81條　**行政法院對於當事人之送達，有下列情形之一者，得依聲請或依職權為公示送達：**

一、應為送達之處所不明。

二、於有治外法權人住居所或事務所為送達而無效。

三、於外國為送達，不能依第77條之規定辦理或預知雖依該條規定辦理而無效。

第 82 條　公示送達，自將公告或通知書黏貼牌示處之日起公告於法院網站者，自公告日起，其登載公報或新聞紙者，自最後登載之日起，經二十日發生效力；於依前條第 3 款為公示送達者，經六十日發生效力。但對同一當事人仍為公示送達者，自黏貼牌示處之翌日起發生效力。

第 83 條　民事訴訟法第 126 條、第 131 條、第 135 條、第 141 條、第 142 條、第 144 條、第 148 條、第 151 條、第 153 條及第 153 條之 1 之規定，於本節準用之。

第三節　期日及期間

第 84 條　期日，除別有規定外，由審判長依職權定之。

期日，除有不得已之情形外，不得於星期日或其他休息日定之。

第 85 條　審判長定期日後，行政法院書記官應作通知書，送達於訴訟關係人。但經審判長面告以所定之期日命其到場，或訴訟關係人曾以書狀陳明屆期到場者，與送達有同一之效力。

第 86 條　期日應為之行為於行政法院內為之。但在行政法院內不能為或為之而不適當者，不在此限。

第 87 條　期日，以朗讀案由為始。

期日，如有重大理由，得變更或延展之。

變更或延展期日，除別有規定外，由審判長裁定之。

第 88 條　期間，除法定者外，由行政法院或審判長酌量情形定之。

行政法院或審判長所定期間，自送達定期間之文書時起算，無庸送達者，自宣示定期間之裁判時起算。

期間之計算，依民法之規定。

第 89 條　當事人不在行政法院所在地住居者，計算法定期間，應扣除其在途之期間，但有訴訟代理人住居行政法院所在地，得為期間內應為之訴訟行為者，不在此限。

前項應扣除之在途期間，由司法院定之。

第 90 條　期間，如有重大理由得伸長或縮短之。但不變期間不在此限。

伸長或縮短期間由行政法院裁定。但期間係審判長所定者，由審判長裁定。

第 91 條　因天災或其他不應歸責於己之事由，致遲誤不變期間者，於其原因消滅後一個月內，如該不變期間少於一個月者，於相等之日數內，得聲請回復原狀。

前項期間不得伸長或縮短之。

遲誤不變期間已逾一年者，不得聲請回復原狀，遲誤第 106 條之起訴期間已逾三年者，亦同。

第 1 項之聲請應以書狀為之，並釋明遲誤期間之原因及其消滅時期。

第 92 條　因遲誤上訴或抗告期間而聲請回復原狀者，向為裁判之原行政法院為之；遲誤其他期間者，向管轄該期間內應為之訴訟行為之行政法院為之。

聲請回復原狀，應同時補行期間內應為之訴訟行為。

第 93 條　回復原狀之聲請，由受聲請之行政法院與補行之訴訟行為合併裁判之。但原行政法院認其聲請應行許可，而將上訴或抗告事件送交上級行政法院者，應由上級行政法院合併裁判。

因回復原狀而變更原裁判者，準用第 282 條之規定。

第 94 條　受命法官或受託法官關於其所為之行為，得定期日及期間。

第 84 條至第 87 條、第 88 條第 1 項、第 2 項及第 90 條之規定，於受命法官或受託法官定期日及期間者，準用之。

第四節　訴訟卷宗

第 95 條　當事人書狀、筆錄、裁判書及其他關於訴訟事件之文書，行政法院應保存者，應由行政法院書記官編為卷宗。

卷宗滅失事件之處理，準用民刑事訴訟卷宗滅失案件處理法之規定。

第 96 條　當事人得向行政法院書記官聲請閱覽、抄錄、影印或攝影卷內文書，或預納費用請求付與繕本、影本或節本。

第三人經當事人同意或釋明有法律上之利害關係，而為前項之聲請者，應經行政法院裁定許可。

當事人、訴訟代理人、第 44 條之參加人及

其他經許可之第三人之閱卷規則，由司法院定之。

第 97 條　裁判草案及其準備或評議文件，除法律別有規定外，不得交當事人或第三人閱覽、抄錄、影印或攝影，或付與繕本、影本或節本；裁判書在宣示或公告前，或未經法官簽名者，亦同。

第五節　訴訟費用

第 98 條　訴訟費用指裁判費及其他進行訴訟之必要費用，由敗訴之當事人負擔。但為第 198 條之判決時，由被告負擔。

起訴，按件徵收裁判費新臺幣四千元。適用簡易訴訟程序之事件，徵收裁判費新臺幣二千元。

第 98 條之 1　以一訴主張數項標的，或為訴之變更、追加或提起反訴者，不另徵收裁判費。

第 98 條之 2　上訴，依第 98 條第 2 項規定，加徵裁判費二分之一。

發回或發交更審再行上訴，或依第 257 條第 2 項為移送，經判決後再行上訴者，免徵裁判費。

第 98 條之 3　再審之訴，按起訴法院之審級，依第 98 條第 2 項及前條第 1 項規定徵收裁判費。

對於確定之裁定聲請再審者，徵收裁判費新臺幣一千元。

第 98 條之 4　抗告，徵收裁判費新臺幣一千元。

第 98 條之 5　聲請或聲明，不徵收裁判費。

但下列聲請，徵收裁判費新臺幣一千元：

一、聲請參加訴訟或駁回參加。

二、聲請回復原狀。

三、聲請停止執行或撤銷停止執行之裁定。

四、起訴前聲請證據保全。

五、聲請重新審理。

六、聲請假扣押、假處分或撤銷假扣押、假處分之裁定。

七、第 237 條之 30 聲請事件。

第 98 條之 6　下列費用之徵收，除法律另有規定外，其項目及標準由司法院定之：

一、影印費、攝影費、抄錄費、翻譯費、運送費、公告法院網站費及登載公報新聞紙費。

二、證人及通譯之日費、旅費。

三、鑑定人之日費、旅費、報酬及鑑定所需費用。

四、其他進行訴訟及強制執行之必要費用。

郵電送達費及行政院人員於法院外為訴訟行為之食、宿、交通費，不另徵收。

第 98 條之 7　交通裁決事件之裁判費，第二編第三章別有規定者，從其規定。

第 99 條　因可歸責於參加人之事由致生無益之費用者，行政法院得命該參加人負擔其全部或一部。

依第 44 條參加訴訟所生之費用，由參加人負擔。但他造當事人依第 98 條第 1 項及準用民事訴訟法第 79 條至第 84 條規定應負擔之訴訟費用，仍由該當事人負擔。

第 100 條　裁判費除法律別有規定外，當事人應預納之。其未預納者，審判長應定期命當事人繳納；逾期未納者，行政法院應駁回其訴、上訴、抗告、再審或其他聲請。

進行訴訟之必要費用，審判長得定期命當事人預納。逾期未納者，由國庫墊付，並於判決確定後，依職權裁定，向應負擔訴訟費用之人徵收之。

前項裁定得為執行名義。

第 101 條　當事人無資力支出訴訟費用者，行政法院應依聲請，以裁定准予訴訟救助。但顯無勝訴之望者，不在此限。

第 102 條　聲請訴訟救助，應向受訴行政法院為之。

聲請人無資力支出訴訟費用之事由應釋明之。

前項釋明，得由受訴行政法院管轄區域內有資力之人出具保證書代之。

前項保證書內，應載明具保證書人於聲請訴訟救助人負擔訴訟費用時，代繳暫免之費用。

第 103 條　准予訴訟救助者，暫行免付訴訟費用。

第 104 條　民事訴訟法第 77 條之 26、第 79 條至第 85 條、第 87 條至第 94 條、第 95 條、第 96 條至第 106 條、第 108 條、第 109 條之 1、第 111 條至第 113 條、第 114 條第 1 項及第 115 條之規定，於本節準用之。

第 104 條之 1　適用通常訴訟程序之事件，以高等行政法院為第一審管轄法院。

第二編　第一審程序
第一章　高等行政法院通常訴訟程序
第一節　起訴

第 105 條　起訴，應以訴狀表明下列各款事項，提出於行政法院為之：
一、當事人。
二、起訴之聲明。
三、訴訟標的及其原因事實。
訴狀內宜記載適用程序上有關事項、證據方法及其他準備言詞辯論之事項；其經訴願程序者，並附具決定書。

第 106 條　第 4 條及第 5 條訴訟之提起，除本法別有規定外，應於訴願決定書送達後二個月之不變期間內為之。但訴願人以外之利害關係人知悉在後者，自知悉時起算。
第 4 條及第 5 條之訴訟，自訴願決定書送達後，已逾三年者，不得提起。
不經訴願程序即得提起第 4 條或第 5 條第 2 項之訴訟者，應於行政處分達到或公告後二個月之不變期間內為之。
不經訴願程序即得提起第 5 條第 1 項之訴訟者，於應作為期間屆滿後，始得為之。但於期間屆滿後，已逾三年者，不得提起。

第 107 條　原告之訴，有下列各款情形之一者，行政法院應以裁定駁回之。但其情形可以補正者，審判長應定期間先命補正：
一、訴訟事件不屬行政訴訟審判之權限者。但本法別有規定者，從其規定。
二、訴訟事件不屬受訴行政法院管轄而不能請求指定管轄，亦不能為移送訴訟之裁定者。
三、原告或被告無當事人能力者。
四、原告或被告未由合法之法定代理人、代表人或管理人為訴訟行為者。
五、由訴訟代理人起訴，而其代理權有欠缺者。
六、起訴逾越法定期限者。
七、當事人就已起訴之事件，於訴訟繫屬中更行起訴者。
八、本案經終局判決後撤回其訴，復提起同一之訴者。
九、訴訟標的為確定判決或和解之效力所及者。
十、起訴不合程式或不備其他要件者。
撤銷訴訟及課予義務訴訟，原告於訴狀誤列被告機關者，準用第 1 項規定。
原告之訴，依其所訴之事實，在法律上顯無理由者，行政法院得不經言詞辯論，逕以判決駁回之。

第 108 條　行政法院除依前條規定駁回原告之訴或移送者外，應將訴狀送達於被告。並得命被告以答辯狀陳述意見。
原處分機關、被告機關或受理訴願機關經行政法院通知後，應於十日內將卷證送交行政法院。

第 109 條　審判長認已適於為言詞辯論時，應速定言詞辯論期日。
前項言詞辯論期日，距訴狀之送達，至少應有十日為就審期間。但有急迫情形者，不在此限。

第 110 條　訴訟繫屬中，為訴訟標的之法律關係雖移轉於第三人，於訴訟無影響。但第三人如經兩造同意，得代當事人承當訴訟。
前項情形，僅他造不同意者，移轉之當事人或第三人得聲請行政法院以裁定許第三人承當訴訟。
前項裁定得為抗告。
行政法院知悉訴訟標的有移轉者，應即以書面將訴訟繫屬情形通知第三人。
訴願決定後，為訴訟標的之法律關係移轉於第三人者，得由受移轉人提起撤銷訴訟。

第 111 條　訴狀送達後，原告不得將原訴變更或追加他訴。但經被告同意或行政法院認為適當者，不在此限。
被告於訴之變更或追加無異議，而為本案之言詞辯論者，視為同意變更或追加。
有下列情形之一者，訴之變更或追加，應予准許：
一、訴訟標的對於數人必須合一確定，追加其原非當事人之人為當事人。
二、訴訟標的之請求雖有變更，但其請求之基礎不變。
三、因情事變更而以他項聲明代最初之聲明。
四、應提起確認訴訟，誤為提起撤銷訴訟。
五、依第 197 條或其他法律之規定，應許為訴之變更或追加。

前三項規定，於變更或追加之新訴為撤銷訴訟而未經訴願程序者不適用之。

對於行政法院以訴為非變更追加，或許訴之變更追加之裁判，不得聲明不服。但撤銷訴訟，主張其未經訴願程序者，得隨同終局判決聲明不服。

第 112 條 被告於言詞辯論終結前，得在本訴繫屬之行政法院提起反訴。但對於撤銷訴訟及課予義務訴訟，不得提起反訴。

原告對於反訴，不得復行提起反訴。

反訴之請求如專屬他行政法院管轄，或與本訴之請求或其防禦方法不相牽連者，不得提起。

被告意圖延滯訴訟而提起反訴者，行政法院得駁回之。

第 113 條 原告於判決確定前得撤回訴之全部或一部。但於公益之維護有礙者，不在此限。

前項撤回，被告已為本案之言詞辯論者，應得其同意。

訴之撤回，應以書狀為之。但於期日得以言詞為之。

以言詞所為之撤回，應記載於筆錄，如他造不在場，應將筆錄送達。

訴之撤回，被告於期日到場，未為同意與否之表示者，自該期日起；其未於期日到場或係以書狀撤回者，自前項筆錄或撤回書狀送達之日起，十日內未提出異議者，視為同意撤回。

第 114 條 行政法院就前條訴之撤回認有礙公益之維護者，應以裁定不予准許。

前項裁定不得抗告。

第 114 條之 1 適用通常訴訟程序之事件，因訴之變更或一部撤回，致其訴之全部屬於簡易訴訟程序或交通裁決事件訴訟程序之範圍者，高等行政法院應裁定移送管轄之地方法院行政訴訟庭。

第 115 條 民事訴訟法第 245 條、第 246 條、第 248 條、第 252 條、第 253 條、第 257 條、第 261 條、第 263 條及第 264 條之規定，於本節準用之。

第二節 停止執行

第 116 條 原處分或決定之執行，除法律另有規定外，不因提起行政訴訟而停止。

行政訴訟繫屬中，行政法院認為原處分或決定之執行，將發生難於回復之損害，且有急迫情事者，得依職權或依聲請裁定停止執行。但於公益有重大影響，或原告之訴在法律上顯無理由者，不得為之。

於行政訴訟起訴前，如原處分或決定之執行將發生難於回復之損害，且有急迫情事者，行政法院亦得依受處分人或訴願人之聲請，裁定停止執行。但於公益有重大影響者，不在此限。

行政法院為前二項裁定前，應先徵詢當事人之意見。如原處分或決定機關已依職權或依聲請停止執行者，應為駁回聲請之裁定。

停止執行之裁定，得停止原處分或決定之效力、處分或決定之執行或程序之續行之全部或部分。

第 117 條 前條規定，於確認行政處分無效之訴訟準用之。

第 118 條 停止執行之原因消滅，或有其他情事變更之情形，行政法院得依職權或依聲請撤銷停止執行之裁定。

第 119 條 關於停止執行或撤銷停止執行之裁定，得為抗告。

第三節 言詞辯論

第 120 條 原告因準備言詞辯論之必要，應提出準備書狀。

被告因準備言詞辯論，宜於未逾就審期間二分之一以前，提出答辯狀。

第 121 條 行政法院因使辯論易於終結，認為必要時，得於言詞辯論前，為下列各款之處置：

一、命當事人、法定代理人、代表人或管理人本人到場。

二、命當事人提出圖案、表冊、外國文文書之譯本或其他文書、物件。

三、行勘驗、鑑定或囑託機關、團體為調查。

四、通知證人或鑑定人，及調取或命第三人提出文書、物件。

五、使受命法官或受託法官調查證據。

行政法院因闡明或確定訴訟關係，於言詞辯論時，得為前項第 1 款至第 3 款之處置，並得將當事人或第三人提出之文書、物件暫留置之。

第 122 條 言詞辯論，以當事人聲明起訴之事

項為始。

當事人應就訴訟關係為事實上及法律上之陳述。

當事人不得引用文件以代言詞陳述。但以舉文件之辭句為必要時,得朗讀其必要之部分。

第 123 條　行政法院調查證據,除別有規定外,於言詞辯論期日行之。

當事人應依第二編第一章第四節之規定,聲明所用之證據。

第 124 條　審判長開始、指揮及終結言詞辯論,並宣示行政法院之裁判。

審判長對於不服從言詞辯論之指揮者,得禁止發言。

言詞辯論須續行者,審判長應速定其期日。

第 125 條　**行政法院應依職權調查事實關係,不受當事人主張之拘束。**

審判長應注意使當事人得為事實上及法律上適當完全之辯論。

審判長應向當事人發問或告知,令其陳述事實、聲明證據,或為其他必要之聲明及陳述;其所聲明或陳述有不明瞭或不完足者,應令其敘明或補充之。

陪席法官告明審判長後,得向當事人發問或告知。

第 125 條之 1　行政法院為使訴訟關係明確,必要時得命司法事務官就事實上及法律上之事項,基於專業知識對當事人為說明。

行政法院因司法事務官提供而獲知之特殊專業知識,應予當事人辯論之機會,始得採為裁判之基礎。

第 126 條　凡依本法使受命法官為行為者,由審判長指定之。

行政法院應為之囑託,除別有規定外,由審判長行之。

第 127 條　分別提起之數宗訴訟係基於同一或同種類之事實上或法律上之原因者,行政法院得命合併辯論。

命合併辯論之數宗訴訟,得合併裁判之。

第 128 條　行政法院書記官應作言詞辯論筆錄,記載下列各款事項:

一、辯論之處所及年、月、日。

二、法官、書記官及通譯姓名。

三、訴訟事件。

四、到場當事人、法定代理人、代表人、管理人、訴訟代理人、輔佐人及其他經通知到場之人姓名。

五、辯論之公開或不公開;如不公開者,其理由。

第 129 條　言詞辯論筆錄內,應記載辯論進行之要領,並將下列各款事項記載明確:

一、訴訟標的之捨棄、認諾、自認及訴之撤回。

二、證據之聲明或撤回,及對於違背訴訟程序規定之異議。

三、當事人所為其他重要聲明或陳述,及經告知而不為聲明或陳述之情形。

四、依本法規定應記載筆錄之其他聲明或陳述。

五、證人或鑑定人之陳述,及勘驗所得之結果。

六、審判長命令記載之事項。

七、不作裁判書附卷之裁判。

八、裁判之宣示。

第 130 條　筆錄或筆錄內所引用附卷或作為附件之文書內所記前條第 1 款至第 6 款事項,應依聲請於法庭向關係人朗讀或令其閱覽,並於筆錄內附記其事由。

關係人對於筆錄所記有異議者,行政法院書記官得更正或補充之。如以異議為不當,應於筆錄內附記其異議。

以機器記錄言詞辯論之進行者,其實施辦法由司法院定之。

第 130 條之 1　當事人、代理人之所在處所或所在地法院與行政法院間,有聲音及影像相互傳送之科技設備而得直接審理者,行政法院認為適當時,得依聲請或依職權以該設備審理之。

前項情形,其期日通知書記載之應到處所為該設備所在處所。

依第 1 項進行程序之筆錄及其他文書,須陳述人簽名者,由行政法院傳送至陳述人所在處所,經陳述人確認內容並簽名後,將筆錄及其他文書以電信傳真或其他科技設備傳回行政法院。

第 1 項之審理及前項文書傳送之辦法,由司法院定之。

第 131 條　第 49 條第 3 項至第 6 項、第 55

條、第 66 條但書、第 67 條但書、第 100 條第 1 項前段、第 2 項、第 107 條第 1 項但書、第 110 條第 4 項、第 121 條第 1 項第 1 款至第 4 款、第 2 項、第 124 條、第 125 條、第 130 條之 1 及民事訴訟法第 49 條、第 75 條第 1 項、第 120 條第 1 項、第 121 條第 1 項、第 2 項、第 200 條、第 207 條、第 208 條、第 213 條第 2 項、第 213 條之 1、第 214 條、第 217 條、第 268 條、第 268 條之 1 第 2 項、第 3 項、第 268 條之 2 第 1 項、第 371 條第 1 項、第 2 項及第 372 條關於法院或審判長權限之規定，於受命法官行準備程序時準用之。

第 132 條　民事訴訟法第 195 條至第 197 條、第 200 條、第 201 條、第 204 條、第 206 條至第 208 條、第 210 條、第 211 條、第 214 條、第 215 條、第 217 條至第 219 條、第 265 條至第 268 條之 1、第 268 條之 2、第 270 條至第 271 條之 1、第 273 條至第 276 條之規定，於本節準用之。

第四節　證據

第 133 條　行政法院於撤銷訴訟，應依職權調查證據；於其他訴訟，為維護公益者，亦同。

第 134 條　前條訴訟，當事人主張之事實，雖經他造自認，行政法院仍應調查其他必要之證據。

第 135 條　當事人因妨礙他造使用，故意將證據滅失、隱匿或致礙難使用者，行政法院得審酌情形認他造關於該證據之主張或依該證據應證之事實為真實。

前項情形，於裁判前應令當事人有辯論之機會。

第 136 條　除本法有規定者外，民事訴訟法第 277 條之規定於本節準用之。

第 137 條　習慣及外國之現行法為行政法院所不知者，當事人有舉證之責任。但行政法院得依職權調查之。

第 138 條　行政法院得囑託普通法院或其他機關、學校、團體調查證據。

第 139 條　行政法院認為適當時，得使庭員一人為受命法官或囑託他行政法院指定法官調查證據。

第 140 條　受訴行政法院於言詞辯論前調查證據，或由受命法官、受託法官調查證據者，行政法院書記官應作調查證據筆錄。

第 128 條至第 130 條之規定，於前項筆錄準用之。

受託法官調查證據筆錄，應送交受訴行政法院。

第 141 條　調查證據之結果，應告知當事人為辯論。

於受訴行政法院外調查證據者，當事人應於言詞辯論時陳述其調查之結果。但審判長得令行政法院書記官朗讀調查證據筆錄代之。

第 142 條　除法律別有規定外，不問何人，於他人之行政訴訟有為證人之義務。

第 143 條　證人受合法之通知，無正當理由而不到場者，行政法院得以裁定處新臺幣三萬元以下罰鍰。

證人已受前項裁定，經再次通知仍不到場者，得再處新臺幣六萬元以下罰鍰，並得拘提之。

拘提證人，準用刑事訴訟法關於拘提被告之規定；證人為現役軍人者，應以拘票囑託該管長官執行。

處證人罰鍰之裁定，得為抗告，抗告中應停止執行。

第 144 條　以公務員、中央民意代表或曾為公務員、中央民意代表之人為證人，而就其職務上應守秘密之事項訊問者，應得該監督長官或民意機關之同意。

前項同意，除有妨害國家高度機密者外，不得拒絕。

以受公務機關委託承辦公務之人為證人者，準用前二項之規定。

第 145 條　證人恐因陳述致自己或下列之人受刑事訴追或蒙恥辱者，得拒絕證言：

一、證人之配偶、前配偶或四親等內之血親、三親等內之姻親或曾有此親屬關係或與證人訂有婚約者。

二、證人之監護人或受監護人。

第 146 條　證人有下列各款情形之一者，得拒絕證言：

一、證人有第 144 條之情形。

二、證人為醫師、藥師、藥商、助產士、宗
　　教師、律師、會計師或其他從事相類業
　　務之人或其業務上佐理人或曾任此等職
　　務之人，就其因業務所知悉有關他人秘
　　密之事項受訊問。
三、關於技術上或職業上之秘密受訊問。
　前項規定，於證人秘密之責任已經免除者，
不適用之。
第147條　依前二條規定，得拒絕證言者，審
判長應於訊問前或知有該項情形時告知之。
第148條　**證人不陳明拒絕之原因事實而拒絕
證言，或以拒絕為不當之裁定已確定而仍拒
絕證言者，行政法院得以裁定處新臺幣三萬
元以下罰鍰。**
　前項裁定得為抗告，抗告中應停止執行。
第149條　審判長於訊問前，應命證人各別具
結。但其應否具結有疑義者，於訊問後行之。
　審判長於證人具結前，應告以具結之義務及
偽證之處罰。
　證人以書狀為陳述者，不適用前二項之規
定。
第150條　**以未滿十六歲或因精神障礙不解具
結意義及其效果之人為證人者，不得令其具
結。**
第151條　以下列各款之人為證人者，得不令
其具結：
一、證人為當事人之配偶、前配偶或四親等
　　內之血親、三親等內之姻親或曾有此親
　　屬關係或與當事人訂有婚約。
二、有第145條情形而不拒絕證言。
三、當事人之受雇人或同居人。
第152條　證人就與自己或第145條所列之
人有直接利害關係之事項受訊問者，得拒絕
具結。
第153條　第148條之規定，於證人拒絕具結
者準用之。
第154條　當事人得就應證事實及證言信用之
事項，聲請審判長對於證人為必要之發問，
或向審判長陳明後自行發問。
　前項之發問，與應證事實無關、重複發問、
誘導發問、侮辱證人或有其他不當情形，審
判長得依聲請或依職權限制或禁止。
　關於發問之限制或禁止有異議者，行政法院

應就其異議為裁定。
第155條　行政法院應發給證人法定之日費及
旅費；證人亦得於訊問完畢後請求之。
但被拘提或無正當理由拒絕具結或證言者，
不在此限。
　前項關於日費及旅費之裁定，得為抗告。
　證人所需之旅費，得依其請求預行酌給之。
第156條　鑑定，除別有規定外，準用本法關
於人證之規定。
第157條　從事於鑑定所需之學術、技藝或職
業，或經機關委任有鑑定職務者，於他人之
行政訴訟有為鑑定人之義務。
第158條　鑑定人不得拘提。
第159條　鑑定人拒絕鑑定，雖其理由不合於
本法關於拒絕證言之規定，如行政法院認為
正當者，亦得免除其鑑定義務。
第160條　鑑定人於法定之日費、旅費外，得
請求相當之報酬。
　鑑定所需費用，得依鑑定人之請求預行酌
給之。
　關於前二項請求之裁定，得為抗告。
第161條　行政法院依第138條之規定，囑
託機關、學校或團體陳述鑑定意見或審查之
者，準用第160條及民事訴訟法第335條至
第337條之規定。其鑑定書之說明，由該機
關、學校或團體所指定之人為之。
第162條　行政法院認有必要時，得就訴訟
事件之專業法律問題徵詢從事該學術研究之
人，以書面或於審判期日到場陳述其法律上
意見。
　前項意見，於裁判前應告知當事人使為辯論。
　第1項陳述意見之人，準用鑑定人之規定。
但不得令其具結。
第163條　下列各款文書，當事人有提出之
義務：
一、該當事人於訴訟程序中曾經引用者。
二、他造依法律規定，得請求交付或閱覽者。
三、為他造之利益而作者。
四、就與本件訴訟關係有關之事項所作者。
五、商業帳簿。
第164條　公務員或機關掌管之文書，行政法
院得調取之。如該機關為當事人時，並有提
出之義務。

前項情形，除有妨害國家高度機密者外，不得拒絕。

第 165 條　當事人無正當理由不從提出文書之命者，行政法院得審酌情形認他造關於該文書之主張或依該文書應證之事實為真實。

前項情形，於裁判前應令當事人有辯論之機會。

第 166 條　聲明書證係使用第三人所執之文書者，應聲請行政法院命第三人提出或定由舉證人提出之期間。

民事訴訟法第 342 條第 2 項、第 3 項之規定，於前項聲請準用之。

文書為第三人所執之事由及第三人有提出義務之原因，應釋明之。

第 167 條　行政法院認應證之事實重要且舉證人之聲請正當者，應以裁定命第三人提出文書或定由舉證人提出文書之期間。

行政法院為前項裁定前，應使該第三人有陳述意見之機會。

第 168 條　關於第三人提出文書之義務，準用第 144 條至第 147 條及第 163 條第 2 款至第 5 款之規定。

第 169 條　第三人無正當理由不從提出文書之命者，行政法院得以裁定處新臺幣三萬元以下罰鍰；於必要時，並得為強制處分。

前項強制處分之執行，適用第 306 條規定。

第 1 項裁定得為抗告，抗告中應停止執行。

第 170 條　第三人得請求提出文書之費用。

第 155 條之規定，於前項情形準用之。

第 171 條　文書之真偽，得依核對筆跡或印跡證之。

行政法院得命當事人或第三人提出文書，以供核對。核對筆跡或印跡，適用關於勘驗之規定。

第 172 條　無適當之筆跡可供核對者，行政法院得指定文字，命該文書之作成名義人書寫，以供核對。

文書之作成名義人無正當理由不從前項之命者，準用第 165 條或第 169 條之規定。

因供核對所書寫之文字應附於筆錄；其他供核對之文件不須發還者，亦同。

第 173 條　本法關於文書之規定，於文書外之物件，有與文書相同之效用者，準用之。

文書或前項物件，須以科技設備始能呈現其內容或提出原件有事實上之困難者，得僅提出呈現其內容之書面並證明其內容與原件相符。

第 174 條　第 164 條至第 170 條之規定，於勘驗準用之。

第 175 條　保全證據之聲請，在起訴後，向受訴行政法院為之；在起訴前，向受訊問人住居地或證物所在地之地方法院行政訴訟庭為之。

遇有急迫情形時，於起訴後，亦得向前項地方法院行政訴訟庭聲請保全證據。

第 175 條之 1　行政法院於保全證據時，得命司法事務官協助調查證據。

第 176 條　民事訴訟法第 215 條、第 217 條至第 219 條、第 278 條、第 281 條、第 282 條、第 282 條之 1、第 284 條至第 286 條、第 291 條至第 293 條、第 295 條、第 296 條、第 296 條之 1、第 298 條至第 301 條、第 304 條、第 305 條、第 309 條、第 310 條、第 313 條、第 313 條之 1、第 316 條至第 319 條、第 321 條、第 322 條、第 325 條至第 327 條、第 331 條至第 337 條、第 339 條、第 341 條至第 343 條、第 352 條至第 358 條、第 361 條、第 364 條至第 366 條、第 368 條、第 370 條至第 376 條之 2 之規定，於本節準用之。

第五節　訴訟程序之停止

第 177 條　行政訴訟之裁判須以民事法律關係是否成立為準據，而該法律關係已經訴訟繫屬尚未終結者，行政法院應以裁定停止訴訟程序。

除前項情形外，有民事、刑事或其他行政爭訟牽涉行政訴訟之裁判者，行政法院在該民事、刑事或其他行政爭訟終結前，得以裁定停止訴訟程序。

第 178 條　行政法院就其受理訴訟之權限，如與普通法院確定裁判之見解有異時，應以裁定停止訴訟程序，並聲請司法院大法官解釋。

第 178 條之 1　行政法院就其受理事件，對所適用之法律，確信有牴觸憲法之疑義時，得聲請司法院大法官解釋。

前項情形，行政法院應裁定停止訴訟程序。

第 179 條　本於一定資格，以自己名義為他人任訴訟當事人之人，喪失其資格或死亡者，訴訟程序在有同一資格之人承受其訴訟以前當然停止。

依第 29 條規定，選定或指定為訴訟當事人之人全體喪失其資格者，訴訟程序在該有共同利益人全體或新選定或指定為訴訟當事人之人承受其訴訟以前當然停止。

第 180 條　第 179 條之規定，於有訴訟代理人時不適用之。但行政法院得酌量情形裁定停止其訴訟程序。

第 181 條　訴訟程序當然停止後，依法律所定之承受訴訟之人，於得為承受時，應即為承受之聲明。

他造當事人亦得聲明承受訴訟。

第 182 條　訴訟程序當然或裁定停止間，行政法院及當事人不得為關於本案之訴訟行為。但於言詞辯論終結後當然停止者，本於其辯論之裁判得宣示之。

訴訟程序當然或裁定停止者，期間停止進行；自停止終竣時起，其期間更始進行。

第 183 條　**當事人得以合意停止訴訟程序。但於公益之維護有礙者，不在此限。**

前項合意，應由兩造向受訴行政法院陳明。

行政法院認第 1 項之合意有礙公益之維護者，應於兩造陳明後，一個月內裁定續行訴訟。

前項裁定不得聲明不服。

不變期間之進行不因第1項合意停止而受影響。

第 184 條　除有前條第 3 項之裁定外，合意停止訴訟程序之當事人，自陳明合意停止時起，如於四個月內不續行訴訟者，視為撤回其訴；續行訴訟而再以合意停止訴訟程序者，以一次為限。如再次陳明合意停止訴訟程序，視為撤回其訴。

第 185 條　當事人兩造無正當理由遲誤言詞辯論期日，除有礙公益之維護者外，視為合意停止訴訟程序。如於四個月內不續行訴訟者，視為撤回其訴。但行政法院認有必要時，得依職權續行訴訟。

行政法院依前項但書規定續行訴訟，兩造如無正當理由仍不到者，視為撤回其訴。

行政法院認第 1 項停止訴訟程序有礙公益之維護者，除別有規定外，應自該期日起，一個月內裁定續行訴訟。

前項裁定不得聲明不服。

第 186 條　民事訴訟法第 168 條至第 171 條、第 173 條、第 174 條、第 176 條至第 181 條、第 185 條至第 187 條之規定，於本節準用之。

第六節　裁判

第 187 條　裁判，除依本法應用判決者外，以裁定行之。

第 188 條　**行政訴訟除別有規定外，應本於言詞辯論而為裁判。**

法官非參與裁判基礎之辯論者，不得參與裁判。

裁定得不經言詞辯論為之。

裁定前不行言詞辯論者，除別有規定外，得命關係人以書狀或言詞為陳述。

第 189 條　**行政法院為裁判時，應斟酌全辯論意旨及調查證據之結果，依論理及經驗法則判斷事實之真偽。但別有規定者，不在此限。**

當事人已證明受有損害而不能證明其數額或證明顯有重大困難者，法院應審酌一切情況，依所得心證定其數額。

得心證之理由，應記明於判決。

第 190 條　行政訴訟達於可為裁判之程度者，行政法院應為終局判決。

第 191 條　訴訟標的之一部，或以一訴主張之數項標的，其一達於可為裁判之程度者，行政法院得為一部之終局判決。

前項規定，於命合併辯論之數宗訴訟，其一達於可為裁判之程度者，準用之。

第 192 條　各種獨立之攻擊或防禦方法，達於可為裁判之程度者，行政法院得為中間判決；請求之原因及數額俱有爭執時，行政法院以其原因為正當者，亦同。

第 193 條　行政訴訟進行中所生程序上之爭執，達於可為裁判之程度者，行政法院得先為裁定。

第 194 條　行政訴訟有關公益之維護者，當事人兩造於言詞辯論期日無正當理由均不到場時，行政法院得依職權調查事實，不經言詞辯論，逕為判決。

第 195 條　行政法院認原告之訴為有理由者，除別有規定外，應為其勝訴之判決；認為無

理由者，應以判決駁回之。

撤銷訴訟之判決，如係變更原處分或決定者，不得為較原處分或決定不利於原告之判決。

第196條　行政處分已執行者，行政法院為撤銷行政處分判決時，經原告聲請，並認為適當者，得於判決中命行政機關為回復原狀之必要處置。

撤銷訴訟進行中，原處分已執行而無回復原狀可能或已消滅者，於原告有即受確認判決之法律上利益時，行政法院得依聲請，確認該行政處分為違法。

第197條　撤銷訴訟，其訴訟標的之行政處分涉及金錢或其他代替物之給付或確認者，行政法院得以確定不同金額之給付或以不同之確認代替之。

第198條　**行政法院受理撤銷訴訟，發現原處分或決定雖屬違法，但其撤銷或變更於公益有重大損害，經斟酌原告所受損害、賠償程度、防止方法及其他一切情事，認原處分或決定之撤銷或變更顯與公益相違背時，得駁回原告之訴。**

前項情形，應於判決主文中諭知原處分或決定違法。

第199條　**行政法院為前條判決時，應依原告之聲明，將其因違法處分或決定所受之損害，於判決內命被告機關賠償。**

原告未為前項聲明者，得於前條判決確定後一年內，向行政法院訴請賠償。

第200條　**行政法院對於人民依第5條規定請求應為行政處分或應為特定內容之行政處分之訴訟，應為下列方式之裁判：**

一、原告之訴不合法者，應以裁定駁回之。

二、原告之訴無理由者，應以判決駁回之。

三、原告之訴有理由，且案件事證明確者，應判命行政機關作成原告所申請內容之行政處分。

四、原告之訴雖有理由，惟案件事證尚未臻明確或涉及行政機關之行政裁量決定者，應判命行政機關遵照其判決之法律見解對於原告作成決定。

第201條　**行政機關依裁量權所為之行政處分，以其作為或不作為逾越權限或濫用權力者為限，行政法院得予撤銷。**

第202條　當事人於言詞辯論時為訴訟標的之捨棄或認諾者，以該當事人具有處分權及不涉及公益者為限，行政法院得本於其捨棄或認諾為該當事人敗訴之判決。

第203條　公法上契約成立後，情事變更，非當時所得預料，而依其原有效果顯失公平者，行政法院得依當事人聲請，為增、減給付或變更、消滅其他原有效果之判決。

為當事人之行政機關，因防止或免除公益上顯然重大之損害，亦得為前項之聲請。

前二項規定，於因公法上其他原因發生之財產上給付，準用之。

第204條　判決應公告之；經言詞辯論之判決，應宣示之，但當事人明示於宣示期日不到場或於宣示期日未到場者，不在此限。

宣示判決應於辯論終結之期日或辯論終結時指定之期日為之。

前項指定之宣示期日，自辯論終結時起，不得逾三星期。但案情繁雜或有特殊情形者，不在此限。

公告判決，應於行政法院公告處或網站公告其主文，行政法院書記官並應記載該事由及年、月、日、時之證書附卷。

第205條　宣示判決，不問當事人是否在場，均有效力。

判決經宣示或公告後，當事人得不待送達，本於該判決為訴訟行為。

第206條　判決經宣示後，為該判決之行政法院受其羈束；其不宣示者，經公告主文後，亦同。

第207條　經言詞辯論之裁定，應宣示之。但當事人明示於宣示期日不到場或於宣示期日未到場者，以公告代之。

終結訴訟之裁定，應公告之。

第208條　裁定經宣示後，為該裁定之行政法院、審判長、受命法官或受託法官受其羈束；不宣示者，經公告或送達後受其羈束。但關於指揮訴訟或別有規定者，不在此限。

第209條　判決應作判決書記載下列各款事項：

一、當事人姓名、性別、年齡、身分證明文件字號、住所或居所；當事人為法人、機關或其他團體者，其名稱及所在地、

事務所或營業所。

二、有法定代理人、代表人、管理人者，其姓名、住所或居所及其與法人、機關或團體之關係。

三、有訴訟代理人者，其姓名、住所或居所。

四、判決經言詞辯論者，其言詞辯論終結日期。

五、主文。　六、事實。　七、理由。

八、年、月、日。　九、行政法院。

事實項下，應記載言詞辯論時當事人之聲明及所提攻擊或防禦方法之要領；必要時，得以書狀、筆錄或其他文書作為附件。

理由項下，應記載關於攻擊或防禦方法之意見及法律上之意見。

第 210 條　判決，應以正本送達於當事人。

前項送達，自行政法院書記官收領判決原本時起，至遲不得逾十日。

對於判決得為上訴者，應於送達當事人之正本內告知其期間及提出上訴狀之行政法院。

前項告知期間有錯誤時，告知期間較法定期間為短者，以法定期間為準；告知期間較法定期間為長者，應由行政法院書記官於判決正本送達後二十日內，以通知更正之，並自更正通知送達之日起計算法定期間。

行政法院未依第 3 項規定為告知，或告知錯誤未依前項規定更正，致當事人遲誤上訴期間者，視為不應歸責於己之事由，得自判決送達之日起一年內，適用第 91 條之規定，聲請回復原狀。

第 211 條　不得上訴之判決，不因告知錯誤而受影響。

第 212 條　判決，於上訴期間屆滿時確定。但於上訴期間內有合法之上訴者，阻其確定。

不得上訴之判決，於宣示時確定；不宣示者，於公告主文時確定。

第 213 條　訴訟標的於確定之終局判決中經裁判者，有確定力。

第 214 條　確定判決，除當事人外，對於訴訟繫屬後為當事人之繼受人者及為當事人或其繼受人占有請求之標的物者，亦有效力。

對於為他人而為原告或被告者之確定判決，對於該他人亦有效力。

第 215 條　撤銷或變更原處分或決定之判決，對第三人亦有效力。

第 216 條　撤銷或變更原處分或決定之判決，就其事件有拘束各關係機關之效力。

原處分或決定經判決撤銷後，機關須重為處分或決定者，應依判決意旨為之。

前二項判決，如係指摘機關適用法律之見解有違誤時，該機關即應受判決之拘束，不得為相左或歧異之決定或處分。

前三項之規定，於其他訴訟準用之。

第 217 條　第 204 條第 2 項至第 4 項、第 205 條、第 210 條及民事訴訟法第 228 條規定，於裁定準用之。

第 218 條　民事訴訟法第 224 條、第 227 條、第 228 條、第 230 條、第 232 條、第 233 條、第 236 條、第 237 條、第 240 條、第 385 條至第 388 條、第 396 條第 1 項、第 2 項及第 399 條之規定，於本節準用之。

第七節　和解

第 219 條　**當事人就訴訟標的具有處分權且其和解無礙公益之維護者，行政法院不問訴訟程度如何，得隨時試行和解。**受命法官或受託法官，亦同。

第三人經行政法院之許可，得參加和解。行政法院認為必要時，得通知第三人參加。

第 220 條　因試行和解，得命當事人、法定代理人、代表人或管理人本人到場。

第 221 條　試行和解而成立者，應作成和解筆錄。

第 128 條至第 130 條、民事訴訟法第 214 條、第 215 條、第 217 條至第 219 條之規定，於前項筆錄準用之。

和解筆錄應於和解成立之日起十日內，以正本送達於當事人及參加和解之第三人。

第 222 條　和解成立者，其效力準用第 213 條、第 214 條及第 216 條之規定。

第 223 條　和解有無效或得撤銷之原因者，當事人得請求繼續審判。

第 224 條　請求繼續審判，應於三十日之不變期間內為之。

前項期間，自和解成立時起算。但無效或得撤銷之原因知悉在後者，自知悉時起算。

和解成立後經過三年者，不得請求繼續審判。但當事人主張代理權有欠缺者，不在此限。

第 225 條　請求繼續審判不合法者，行政法院應以裁定駁回之。

請求繼續審判顯無理由者，得不經言詞辯論，以判決駁回之。

第 226 條　因請求繼續審判而變更和解內容者，準用第 282 條之規定。

第 227 條　第三人參加和解成立者，得為執行名義。

當事人與第三人間之和解，有無效或得撤銷之原因者，得向原行政法院提起宣告和解無效或撤銷和解之訴。

前項情形，當事人得請求就原訴訟事件合併裁判。

第 228 條　第 224 條至第 226 條之規定，於前條第 2 項情形準用之。

第二章　地方法院行政訴訟庭簡易訴訟程序

第 229 條　適用簡易訴訟程序之事件，以地方法院行政訴訟庭為第一審管轄法院。

下列各款行政訴訟事件，除本法別有規定外，適用本章所定之簡易程序：

一、關於稅捐課徵事件涉訟，所核課之稅額在新臺幣四十萬元以下者。

二、因不服行政機關所為新臺幣四十萬元以下罰鍰處分而涉訟者。

三、其他關於公法上財產關係之訴訟，其標的之金額或價額在新臺幣四十萬元以下者。

四、因不服行政機關所為告誡、警告、記點、記次、講習、輔導教育或其他相類之輕微處分而涉訟者。

五、關於內政部入出國及移民署（以下簡稱入出國及移民署）之行政收容事件涉訟，或合併請求損害賠償或其他財產上給付者。

六、依法律之規定應適用簡易訴訟程序者。

前項所定數額，司法院得因情勢需要，以命令減為新臺幣二十萬元或增至新臺幣六十萬元。

第二項第五款之事件，由受收容人受收容或曾受收容所在地之地方法院行政訴訟庭管轄，不適用第十三條之規定。但未曾受收容者，由被告機關所在地之地方法院行政訴訟庭管轄。

第 230 條　前條第 2 項第 1 款至第 3 款之訴，因訴之變更，致訴訟標的之金額或價額逾新臺幣四十萬元者，其辯論及裁判改依通常訴訟程序之規定，地方法院行政訴訟庭並應裁定移送管轄之高等行政法院；追加之新訴或反訴，其訴訟標的之金額或價額逾新臺幣四十萬元，而以原訴與之合併辯論及裁判者，亦同。

第 231 條　起訴及其他期日外之聲明或陳述，概得以言詞為之。

以言詞起訴者，應將筆錄送達於他造。

第 232 條　簡易訴訟程序在獨任法官前行之。

第 233 條　言詞辯論期日之通知書，應與訴狀或第 231 條第 2 項之筆錄一併送達於他造。

簡易訴訟程序事件行言詞辯論終結者，指定宣示判決之期日，自辯論終結時起，不得逾二星期。但案情繁雜或有特殊情形者，不在此限。

第 234 條　判決書內之事實、理由，得不分項記載，並得僅記載其要領。

第 235 條　**對於簡易訴訟程序之裁判不服者，除本法別有規定外，得上訴或抗告於管轄之高等行政法院。**

前項上訴或抗告，非以原裁判違背法令為理由，不得為之。

對於簡易訴訟程序之第二審裁判，不得上訴或抗告。

第 235 條之 1　高等行政法院受理前條第 1 項訴訟事件，認有確保裁判見解統一之必要者，應以裁定移送最高行政法院裁判之。

前項裁定，不得聲明不服。

最高行政法院認高等行政法院裁定移送之訴訟事件，並未涉及裁判見解統一之必要者，應以裁定發回。受發回之高等行政法院，不得再將訴訟事件裁定移送最高行政法院。

第 236 條　簡易訴訟程序除本章別有規定外，仍適用通常訴訟程序之規定。

第 236 條之 1　對於簡易訴訟程序之裁判提起上訴或抗告，應於上訴或抗告理由中表明下列事由之一，提出於原地方法院行政訴訟庭為之：

一、原裁判所違背之法令及其具體內容。

二、依訴訟資料可認為原裁判有違背法令之具體事實。

第 236 條之 2　應適用通常訴訟程序之事件，第一審誤用簡易訴訟程序審理並為判決者，受理其上訴之高等行政法院應廢棄原判決，逕依通常訴訟程序為第一審判決。但當事人於第一審對於該程序誤用已表示無異議或無異議而就該訴訟有所聲明或陳述者，不在此限。

前項但書之情形，高等行政法院應適用簡易訴訟上訴審程序之規定為裁判。

簡易訴訟程序之上訴，除第 241 條之 1 規定外，準用第三編規定。

簡易訴訟程序之抗告、再審及重新審理，分別準用第四編至第六編規定。

第 237 條　民事訴訟法第 430 條、第 431 條及第 433 條之規定，於本章準用之。

第三章　交通裁決事件訴訟程序

第 237 條之 1　本法所稱交通裁決事件如下：

一、不服道路交通管理處罰條例第 8 條及第 37 條第 5 項之裁決，而提起之撤銷訴訟、確認訴訟。

二、合併請求返還與前款裁決相關之已繳納罰鍰或已繳送之駕駛執照、計程車駕駛人執業登記證、汽車牌照。

合併提起前項以外之訴訟者，應適用簡易訴訟程序或通常訴訟程序之規定。

第 237 條之 2、第 237 條之 3、第 237 條之 4 第 1 項及第 2 項規定，於前項情形準用之。

第 237 條之 2　交通裁決事件，得由原告住所地、居所地、所在地或違規行為地之地方法院行政訴訟庭管轄。

第 237 條之 3　交通裁決事件訴訟之提起，應以原處分機關為被告，逕向管轄之地方法院行政訴訟庭為之。

交通裁決事件中撤銷訴訟之提起，應於裁決書送達後三十日之不變期間內為之。

前項訴訟，因原處分機關未為告知或告知錯誤，致原告於裁決書送達三十日內誤向原處分機關遞送起訴狀者，視為已遵守起訴期間，原處分機關並應即將起訴狀移送管轄法院。

第 237 條之 4　地方法院行政訴訟庭收受前條起訴狀後，應將起訴狀繕本送達被告。

被告收受起訴狀繕本後，應於二十日內重新審查原裁決是否合法妥當，並分別為如下之處置：

一、原告提起撤銷之訴，被告認原裁決違法或不當者，應自行撤銷或變更原裁決。但不得為更不利益之處分。

二、原告提起確認之訴，被告認原裁決無效或違法者，應為確認。

三、原告合併提起給付之訴，被告認原告請求有理由者，應即返還。

四、被告重新審查後，不依原告之請求處置者，應附具答辯狀，並將重新審查之紀錄及其他必要之關係文件，一併提出於管轄之地方法院行政訴訟庭。

被告依前項第 1 款至第 3 款規定為處置者，應即陳報管轄之地方法院行政訴訟庭；被告於第一審終局裁判生效前已完全依原告之請求處置者，以其陳報管轄之地方法院行政訴訟庭時，視為原告撤回起訴。

第 237 條之 5　交通裁決事件，按下列規定徵收裁判費：

一、起訴，按件徵收新臺幣三百元。

二、上訴，按件徵收新臺幣七百五十元。

三、抗告，徵收新臺幣三百元。

四、再審之訴，按起訴法院之審級，依第 1 款、第 2 款徵收裁判費；對於確定之裁定聲請再審者，徵收新臺幣三百元。

五、本法第 98 條之五各款聲請，徵收新臺幣三百元。

依前條第 3 項規定，視為撤回起訴者，法院應依職權退還已繳之裁判費。

第 237 條之 6　因訴之變更、追加，致其訴之全部或一部，不屬於交通裁決事件之範圍者，地方法院行政訴訟庭應改依簡易訴訟程序審理；其應改依通常訴訟程序者，並應裁定移送管轄之高等行政法院。

第 237 條之 7　交通裁決事件之裁判，得不經言詞辯論為之。

第 237 條之 8　行政法院為訴訟費用之裁判時，應確定其費用額。

前項情形，行政法院得命當事人提出費用計算書及釋明費用額之文書。

第 237 條之 9　交通裁決事件，除本章別有規定外，準用簡易訴訟程序之規定。

交通裁決事件之上訴，準用第 235 條、第 235 條之 1、第 236 條之 1、第 236 條之 2 第 1 項至第 3 項及第 237 條之 8 規定。

交通裁決事件之抗告、再審及重新審理，分別準用第四編至第六編規定。

第四章　收容聲請事件程序

第 237 條之 10　本法所稱收容聲請事件如下：

一、依入出國及移民法、臺灣地區與大陸地區人民關係條例及香港澳門關係條例提起收容異議、聲請續予收容及延長收容事件。

二、依本法聲請停止收容事件。

第 237 條之 11　收容聲請事件，以地方法院行政訴訟庭為第一審管轄法院。

前項事件，由受收容人所在地之地方法院行政訴訟庭管轄，不適用第十三條之規定。

第 237 條之 12　行政法院審理收容異議、續予收容及延長收容之聲請事件，應訊問受收容人；入出國及移民署並應到場陳述。

行政法院審理前項聲請事件時，得徵詢入出國及移民署為其他收容替代處分之可能，以供審酌收容之必要性。

第 237 條之 13　行政法院裁定續予收容或延長收容後，受收容人及得提起收容異議之人，認為收容原因消滅、無收容必要或有得不予收容情形者，得聲請法院停止收容。

行政法院審理前項事件，認有必要時，得訊問受收容人或徵詢入出國及移民署之意見，並準用前條第二項之規定。

第 237 條之 14　行政法院認收容異議、停止收容之聲請為無理由者，應以裁定駁回之。認有理由者，應為釋放受收容人之裁定。

行政法院認續予收容、延長收容之聲請為無理由者，應以裁定駁回之。認有理由者，應為續予收容或延長收容之裁定。

第 237 條之 15　行政法院所為續予收容或延長收容之裁定，應於收容期間屆滿前當庭宣示或以正本送達受收容人。未於收容期間屆滿前為之者，續予收容或延長收容之裁定，視為撤銷。

第 237 條之 16　聲請人、受裁定人或入出國及移民署對地方法院行政訴訟庭所為收容聲請事件之裁定不服者，應於裁定送達後五日內抗告於管轄之高等行政法院。

對於抗告法院之裁定，不得再為抗告。

抗告程序，除依前項規定外，準用第四編之規定。

收容聲請事件之裁定已確定，而有第二百七十三條之情形者，得準用第五編之規定，聲請再審。

第 237 條之 17　行政法院受理收容聲請事件，不適用第一編第四章第五節訴訟費用之規定。但依第九十八條之六第一項第一款之規定徵收者，不在此限。

收容聲請事件，除本章別有規定外，準用簡易訴訟程序之規定。

第五章　都市計畫審查程序

第 237 之 18　人民、地方自治團體或其他公法人認為行政機關依都市計畫法發布之都市計畫違法，而直接損害、因適用而損害或在可預見之時間內將損害其權利或法律上利益者，得依本章規定，以核定都市計畫之行政機關為被告，逕向管轄之高等行政法院提起訴訟，請求宣告該都市計畫無效。

前項情形，不得與非行本章程序之其他訴訟合併提起。

第 237 之 19　前條訴訟，專屬都市計畫區所在地之高等行政法院管轄。

第 237 之 20　本章訴訟，應於都市計畫發布後一年之不變期間內提起。但都市計畫發布後始發生違法之原因者，應自原因發生時起算。

第 237 之 21　高等行政法院收受起訴狀後，應將起訴狀繕本送達被告。

被告收受起訴狀繕本後，應於二個月內重新檢討原告請求宣告無效之都市計畫是否合法，並分別依下列規定辦理：

一、如認其違反作成之程序規定得補正者，應為補正，並陳報高等行政法院。

二、如認其違法者，應將其違法情形陳報高等行政法院，並得為必要之處置。

三、如認其合法者，應於答辯狀說明其理由。

被告應附具答辯狀，並將原都市計畫與重新檢討之卷證及其他必要文件，一併提出於管轄之高等行政法院。如有與原告請求宣告無效之都市計畫具不可分關係者，亦應一併陳報。

第 237 之 22　高等行政法院受理都市計畫審查程序事件，不適用前編第三章第四節訴訟參加之規定。

第 237 之 23　高等行政法院認為都市計畫如宣告無效、失效或違法，第三人之權利或法律上利益將直接受損害者，得依職權命其參加訴訟，並得因該第三人之聲請，裁定允許其參加。

前項情形，準用第 42 條第 2 項、第 43 條、第 45 條及第 47 條規定。

依第 1 項參加訴訟之人為訴訟當事人。

第 237 之 24　都市計畫審查程序事件，高等行政法院認為具利害關係之第三人有輔助一造之必要者，得命其參加訴訟。有利害關係之第三人亦得聲請參加。

前項情形，準用民事訴訟法第 59 條至第 61 條及第 63 條至第 67 條之規定。

第 237 之 25　高等行政法院審理都市計畫審查程序事件，應依職權通知都市計畫之擬定機關及發布機關於期日到場陳述意見，並得通知權限受都市計畫影響之行政機關於期日到場陳述意見。權限受都市計畫影響之行政機關亦得聲請於期日到場陳述意見。

第 237 之 26　都市計畫審查程序事件已經訴訟繫屬尚未終結，同一都市計畫經聲請司法院大法官解釋者，高等行政法院在解釋程序終結前，得以裁定停止訴訟程序。

第 237 之 27　高等行政法院認都市計畫未違法者，應以判決駁回原告之訴。都市計畫僅違反作成之程序規定，而已於第一審言詞辯論終結前合法補正者，亦同。

第 237 之 28　高等行政法院認原告請求宣告無效之都市計畫違法者，應宣告該都市計畫無效。同一都市計畫中未經原告請求，而與原告請求宣告無效之部分具不可分關係，經法院審查認定違法者，併宣告無效。

前項情形，都市計畫發布後始發生違法原因者，應宣告自違法原因發生時起失效。

都市計畫違法，而依法僅得為違法之宣告者，應宣告其違法。

前三項確定判決，對第三人亦有效力。

第 1 項情形，高等行政法院認與原告請求宣告無效之部分具不可分關係之不同都市計畫亦違法者，得於判決理由中一併敘明。

第 237 之 29　都市計畫經判決宣告無效、失效或違法確定者，判決正本應送達原發布機關，由原發布機關依都市計畫發布方式公告判決主文。

因前項判決致刑事確定裁判違背法令者，得依刑事訴訟法規定提起非常上訴。

前項以外之確定裁判，其效力不受影響。但該裁判尚未執行或執行未完畢者，自宣告都市計畫無效或失效之判決確定之日起，於無效或失效之範圍內不得強制執行。

適用第 1 項受無效或失效宣告之都市計畫作成之行政處分確定者，其效力與後續執行準用前項之規定。

依前條第 3 項宣告都市計畫違法確定者，相關機關應依判決意旨為必要之處置。

第 237 之 30　於爭執之都市計畫，為防止發生重大之損害或避免急迫之危險而有必要時，得聲請管轄本案之行政法院暫時停止適用或執行，或為其他必要之處置。

前項情形，準用第 295 條至第 297 條、第 298 條第 3 項、第 4 項、第 301 條及第 303 條之規定。

行政法院裁定准許第 1 項之聲請者，準用前條第 1 項規定。該裁定經廢棄、變更或撤銷者，亦同。

第 237 之 31　都市計畫審查程序，除本章別有規定外，準用本編第一章之規定。

第三編　上訴審程序

第 238 條　對於高等行政法院之終局判決，除本法或其他法律別有規定外，得上訴於最高行政法院。

於上訴審程序，不得為訴之變更、追加或提起反訴。

第 239 條　前條判決前之裁判，牽涉該判決者，並受最高行政法院之審判。但依本法不得聲明不服或得以抗告聲明不服者，不在此限。

第 240 條　當事人於高等行政法院判決宣示、公告或送達後，得捨棄上訴權。

當事人於宣示判決時，以言詞捨棄上訴權者，應記載於言詞辯論筆錄；如他造不在場，應將筆錄送達。

第 241 條　**提起上訴，應於高等行政法院判決送達後二十日之不變期間內為之。**但宣示或公告後送達前之上訴，亦有效力。

第 241 條之 1　對於高等行政法院判決上訴，上訴人應委任律師為訴訟代理人。但有下列情形之一者，不在此限：

一、上訴人或其法定代理人具備律師資格或為教育部審定合格之大學或獨立學院公法學教授、副教授者。

二、稅務行政事件，上訴人或其法定代理人具備會計師資格者。

三、專利行政事件，上訴人或其法定代理人具備專利師資格或依法得為專利代理人者。

非律師具有下列情形之一，經最高行政法院認為適當者，亦得為上訴審訴訟代理人：

一、上訴人之配偶、三親等內之血親、二親等內之姻親具備律師資格者。

二、稅務行政事件，具備會計師資格者。

三、專利行政事件，具備專利師資格或依法得為專利代理人者。

四、上訴人為公法人、中央或地方機關、公法上之非法人團體時，其所屬專任人員辦理法制、法務、訴願業務或與訴訟事件相關業務者。

民事訴訟法第 466 條之 1 第 3 項、第 4 項、第 466 條之 2 及第 466 條之 3 之規定，於前二項準用之。

第 242 條　**對於高等行政法院判決之上訴，非以其違背法令為理由，不得為之。**

第 243 條　判決不適用法規或適用不當者，為違背法令。

有下列各款情形之一者，其判決當然違背法令：

一、判決法院之組織不合法。

二、依法律或裁判應迴避之法官參與裁判。

三、行政法院於權限之有無辨別不當或違背專屬管轄之規定。

四、當事人於訴訟未經合法代理或代表。

五、違背言詞辯論公開之規定。

六、判決不備理由或理由矛盾。

第 244 條　提起上訴，應以上訴狀表明下列各款事項，提出於原高等行政法院為之：

一、當事人。

二、高等行政法院判決，及對於該判決上訴之陳述。

三、對於高等行政法院判決不服之程度，及應如何廢棄或變更之聲明。

四、上訴理由。

前項上訴狀內並應添具關於上訴理由之必要證據。

第 245 條　上訴狀內未表明上訴理由者，上訴人應於提起上訴後二十日內提出理由書於原高等行政法院；未提出者，毋庸命其補正，由原高等行政法院以裁定駁回之。

判決宣示或公告後送達前提起上訴者，前項期間應自判決送達後起算。

第 246 條　上訴不合法而其情形不能補正者，原高等行政法院應以裁定駁回之。

上訴不合法而其情形可以補正者，原高等行政法院應定期間命其補正；如不於期間內補正，原高等行政法院應以裁定駁回之。

第 247 條　上訴未經依前條規定駁回者，高等行政法院應速將上訴狀送達被上訴人。

被上訴人得於上訴狀或第 245 條第 1 項理由書送達後十五日內，提出答辯狀於原高等行政法院。

高等行政法院送交訴訟卷宗於最高行政法院，應於收到答辯狀或前項期間已滿，及各當事人之上訴期間已滿後為之。

前項應送交之卷宗，如為高等行政法院所需者，應自備繕本、影本或節本。

第 248 條　被上訴人在最高行政法院未判決前得提出答辯狀及其追加書狀於最高行政法院，上訴人亦得提出上訴理由追加書狀。

最高行政法院認有必要時，得將前項書狀送達於他造。

第 249 條　上訴不合法者，最高行政法院應以裁定駁回之。但其情形可以補正者，審判長應定期間先命補正。

上訴不合法之情形，已經原高等行政法院命其補正而未補正者，得不行前項但書之程序。

第 250 條　上訴之聲明不得變更或擴張之。

第 251 條　最高行政法院應於上訴聲明之範圍內調查之。

最高行政法院調查高等行政法院判決有無違背法令，不受上訴理由之拘束。

第 252 條　（刪除）

第 253 條　**最高行政法院之判決不經言詞辯論為之。但有下列情形之一者，得依職權或依聲請行言詞辯論：**

一、法律關係複雜或法律見解紛歧，有以言詞辯明之必要。

二、涉及專門知識或特殊經驗法則，有以言詞說明之必要。

三、涉及公益或影響當事人權利義務重大，有行言詞辯論之必要。

言詞辯論應於上訴聲明之範圍內為之。

第 254 條　除別有規定外，最高行政法院應以高等行政法院判決確定之事實為判決基礎。

以違背訴訟程序之規定為上訴理由時，所舉違背之事實，及以違背法令確定事實或遺漏事實為上訴理由時，所舉之該事實，最高行政法院得斟酌之。

依前條第 1 項但書行言詞辯論所得闡明或補充訴訟關係之資料，最高行政法院亦得斟酌之。

第 255 條　最高行政法院認上訴為無理由者，應以駁回之判決。

原判決依其理由雖屬不當，而依其他理由認為正當者，應以上訴為無理由。

第 256 條　最高行政法院認上訴為有理由者，就該部分應廢棄原判決。

因違背訴訟程序之規定廢棄原判決者，其違背之訴訟程序部分，視為亦經廢棄。

第 256 條之 1　應適用簡易訴訟程序或交通裁決訴訟程序之事件，最高行政法院不得以高等行政法院行通常訴訟程序而廢棄原判決。

前項情形，應適用簡易訴訟或交通裁決訴訟上訴審程序之規定。

第 257 條　最高行政法院不得以高等行政法院無管轄權而廢棄原判決。但違背專屬管轄之規定者，不在此限。

因高等行政法院無管轄權而廢棄原判決者，應以判決將該事件移送於管轄行政法院。

第 258 條　除第 243 條第 2 項第 1 款至第 5 款之情形外，高等行政法院判決違背法令而不影響裁判之結果者，不得廢棄原判決。

第 259 條　經廢棄原判決而有下列各款情形之一者，最高行政法院應就該事件自為判決：

一、因基於確定之事實或依法得斟酌之事實，不適用法規或適用不當廢棄原判決，而事件已可依該事實為裁判。

二、因事件不屬行政法院之權限，而廢棄原判決。

三、依第 253 條第 1 項行言詞辯論。

第 260 條　除別有規定外，經廢棄原判決者，最高行政法院應將該事件發回原高等行政法院或發交其他高等行政法院。

前項發回或發交判決，就高等行政法院應調查之事項，應詳予指示。

受發回或發交之高等行政法院，應以最高行政法院所為廢棄理由之法律上判斷為其判決基礎。

第 261 條　為發回或發交之判決者，最高行政法院應速將判決正本附入卷宗，送交受發回或發交之高等行政法院。

第 262 條　上訴人於終局判決宣示或公告前得將上訴撤回。

撤回上訴者，喪失其上訴權。

上訴之撤回，應以書狀為之。但在言詞辯論時，得以言詞為之。

於言詞辯論時所為上訴之撤回，應記載於言詞辯論筆錄，如他造不在場，應將筆錄送達。

第 263 條　除本編別有規定外，前編第一章及第五章之規定，於上訴審程序準用之。

第四編　抗告程序

第 264 條　對於裁定得為抗告。但別有不許抗告之規定者，不在此限。

第 265 條　訴訟程序進行中所為之裁定，除別有規定外，不得抗告。

第 266 條　受命法官或受託法官之裁定，不得抗告。但其裁定如係受訴行政法院所為而依法得為抗告者，得向受訴行政法院提出異議。

前項異議，準用對於行政法院同種裁定抗告之規定。

受訴行政法院就異議所為之裁定，得依本編之規定抗告。

繫屬於最高行政法院之事件，受命法官、受託法官所為之裁定，得向受訴行政法院提出異議。其不得上訴最高行政法院之事件，高等行政法院受命法官、受託法官所為之裁定，亦同。

第 267 條　抗告，由直接上級行政法院裁定。對於抗告法院之裁定，不得再為抗告。

第 268 條　提起抗告，應於裁定送達後十日之不變期間內為之。但送達前之抗告亦有效力。

第 269 條　提起抗告，應向為裁定之原行政法院或原審判長所屬行政法院提出抗告狀為之。關於訴訟救助提起抗告，及由證人、鑑定人或執有證物之第三人提起抗告者，得以言詞為之。

第 270 條　關於捨棄上訴權及撤回上訴之規定，於抗告準用之。

第 271 條　依本編規定，應為抗告而誤為異議者，視為已提起抗告；應提出異議而誤為抗告者，視為已提出異議。

第 272 條　民事訴訟法第 490 條至第 492 條及第 495 條之 1 第 1 項之規定，於本編準用之。

第五編　再審程序

第 273 條　有下列各款情形之一者，得以再審之訴對於確定終局判決聲明不服。但當事人已依上訴主張其事由或知其事由而不為主張者，不在此限：

一、適用法規顯有錯誤。

二、判決理由與主文顯有矛盾。

三、判決法院之組織不合法。

四、依法律或裁判應迴避之法官參與裁判。

五、當事人於訴訟未經合法代理或代表。

六、當事人知他造之住居所，指為所在不明而與涉訟。但他造已承認其訴訟程序者，不在此限。

七、參與裁判之法官關於該訴訟違背職務，犯刑事上之罪。

八、當事人之代理人、代表人、管理人或他造或其代理人、代表人、管理人關於該訴訟有刑事上應罰之行為，影響於判決。

九、為判決基礎之證物係偽造或變造。

十、證人、鑑定人或通譯就為判決基礎之證言、鑑定或通譯為虛偽陳述。

十一、為判決基礎之民事或刑事判決及其他裁判或行政處分，依其後之確定裁判或行政處分已變更。

十二、當事人發現就同一訴訟標的在前已有確定判決或和解或得使用該判決或和解。

十三、當事人發現未經斟酌之證物或得使用該證物。但以如經斟酌可受較有利益之裁判為限。

十四、原判決就足以影響於判決之重要證物漏未斟酌。

確定終局判決所適用之法律或命令，經司法院大法官依當事人之聲請解釋為牴觸憲法者，其聲請人亦得提起再審之訴。

第 1 項第 7 款至第 10 款情形，以宣告有罪之判決已確定，或其刑事訴訟不能開始或續行非因證據不足為限，得提起再審之訴。

第 274 條　為判決基礎之裁判，如有前條所定之情形者，得據以對於該判決提起再審之訴。

第 274 條之 1　再審之訴，行政法院認無再審理由，判決駁回後，不得以同一事由對於原確定判決或駁回再審之訴之確定判決，更行提起再審之訴。

第 275 條　再審之訴專屬為判決之原行政法院管轄。

對於審級不同之行政法院就同一事件所為之判決提起再審之訴者，專屬上級行政法院合併管轄之。

對於最高行政法院之判決，本於第 273 條第 1 項第 9 款至第 14 款事由聲明不服者，雖有前二項之情形，仍專屬原高等行政法院管轄。

第 276 條　再審之訴應於三十日之不變期間內提起。

前項期間自判決確定時起算，判決於送達前確定者，自送達時起算；其再審之理由發生或知悉在後者，均自知悉時起算。

依第 273 條第 2 項提起再審之訴者，第 1 項期間自解釋公布當日起算。

再審之訴自判決確定時起，如已逾五年者，不得提起。但以第 273 條第 1 項第 5 款、第 6 款或第 12 款情形為再審之理由者，不在此限。

對於再審確定判決不服，復提起再審之訴者，前項所定期間，自原判決確定時起算。

但再審之訴有理由者，自該再審判決確定時起算。

第277條　再審之訴，應以訴狀表明下列各款事項，並添具確定終局判決繕本，提出於管轄行政法院為之：
一、當事人。
二、聲明不服之判決及提起再審之訴之陳述。
三、應於如何程度廢棄原判決及就本案如何判決之聲明。
四、再審理由及關於再審理由並遵守不變期間之證據。
再審訴狀內，宜記載準備本案言詞辯論之事項。

第278條　再審之訴不合法者，行政法院應以裁定駁回之。
再審之訴顯無再審理由者，得不經言詞辯論，以判決駁回之。

第279條　本案之辯論及裁判，以聲明不服之部分為限。

第280條　再審之訴雖有再審理由，行政法院如認原判決為正當者，應以判決駁回之。

第281條　除本編別有規定外，再審之訴訟程序準用關於各該審級訴訟程序之規定。

第282條　再審之訴之判決，對第三人因信賴確定終局判決以善意取得之權利無影響。但顯於公益有重大妨害者，不在此限。

第283條　裁定已經確定，而有第273條之情形者，得準用本編之規定，聲請再審。

第六編　重新審理

第284條　因撤銷或變更原處分或決定之判決，而權利受損害之第三人，如非可歸責於己之事由，未參加訴訟，致不能提出足以影響判決結果之攻擊或防禦方法者，得對於確定終局判決聲請重新審理。
前項聲請，應於知悉確定判決之日起三十日之不變期間內為之。但自判決確定之日起已逾一年者，不得聲請。

第285條　重新審理之聲請準用第275條第1項、第2項管轄之規定。

第286條　聲請重新審理，應以聲請狀表明下列各款事項，提出於管轄行政法院為之：
一、聲請人及原訴訟之兩造當事人。

二、聲請重新審理之事件，及聲請重新審理之陳述。
三、就本案應為如何判決之聲明。
四、聲請理由及關於聲請理由並遵守不變期間之證據。
聲請狀內，宜記載準備本案言詞辯論之事項。

第287條　聲請重新審理不合法者，行政法院應以裁定駁回之。

第288條　行政法院認為第284條第1項之聲請有理由者，應以裁定命為重新審理；認為無理由者，應以裁定駁回之。

第289條　聲請人於前二條裁定確定前得撤回其聲請。
撤回聲請者，喪失其聲請權。
聲請之撤回，得以書狀或言詞為之。

第290條　開始重新審理之裁定確定後，應即回復原訴訟程序，依其審級更為審判。
聲請人於回復原訴訟程序後，當然參加訴訟。

第291條　聲請重新審理無停止原確定判決執行之效力。但行政法院認有必要時，得命停止執行。

第292條　第282條之規定於重新審理準用之。

第七編　保全程序

第293條　為保全公法上金錢給付之強制執行，得聲請假扣押。
前項聲請，就未到履行期之給付，亦得為之。

第294條　假扣押之聲請，由管轄本案之行政法院或假扣押標的所在地之地方法院行政訴訟庭管轄。
管轄本案之行政法院為訴訟已繫屬或應繫屬之第一審法院。
假扣押之標的如係債權，以債務人住所或擔保之標的所在地，為假扣押標的所在地。

第295條　假扣押裁定後，尚未提起給付之訴者，應於裁定送達後十日內提起；逾期未起訴者，行政法院應依聲請撤銷假扣押裁定。

第296條　假扣押裁定因自始不當而撤銷，或因前條及民事訴訟法第530條第3項之規定而撤銷者，債權人應賠償債務人因假扣押或供擔保所受之損害。
假扣押所保全之本案請求已起訴者，前項賠

償，行政法院於言詞辯論終結前，應依債務人之聲明，於本案判決內命債權人為賠償；債務人未聲明者，應告以得為聲明。

第 297 條　民事訴訟法第 523 條、第 525 條至第 528 條及第 530 條之規定，於本編假扣押程序準用之。

第 298 條　公法上之權利因現狀變更，有不能實現或甚難實現之虞者，為保全強制執行，得聲請假處分。

於爭執之公法上法律關係，為防止發生重大之損害或避免急迫之危險而有必要時，得聲請為定暫時狀態之處分。

前項處分，得命先為一定之給付。

行政法院為假處分裁定前，得訊問當事人、關係人或為其他必要之調查。

第 299 條　得依第 116 條請求停止原處分或決定之執行者，不得聲請為前條之假處分。

第 300 條　假處分之聲請，由管轄本案之行政法院管轄。但有急迫情形時，得由請求標的所在地之地方法院行政訴訟庭管轄。

第 301 條　關於假處分之請求及原因，非有特別情事，不得命供擔保以代釋明。

第 302 條　除別有規定外，關於假扣押之規定，於假處分準用之。

第 303 條　民事訴訟法第 535 條及第 536 條之規定，於本編假處分程序準用之。

第八編　強制執行

第 304 條　撤銷判決確定者，關係機關應即為實現判決內容之必要處置。

第 305 條　行政訴訟之裁判命債務人為一定之給付，經裁判確定後，債務人不為給付者，債權人得以之為執行名義，聲請地方法院行政訴訟庭強制執行。

地方法院行政訴訟庭應先定相當期間通知債務人履行；逾期不履行者，強制執行。

債務人為中央或地方機關或其他公法人者，並應通知其上級機關督促其如期履行。

依本法成立之和解，及其他依本法所為之裁定得為強制執行者，或科處罰鍰之裁定，均得為執行名義。

第 306 條　地方法院行政訴訟庭為辦理行政訴訟強制執行事務，得囑託民事執行處或行政機關代為執行。

執行程序，除本法別有規定外，應視執行機關為法院或行政機關而分別準用強制執行法或行政執行法之規定。

債務人對第 1 項囑託代為執行之執行名義有異議者，由地方法院行政訴訟庭裁定之。

第 307 條　債務人異議之訴，依其執行名義係適用簡易訴訟程序或通常訴訟程序，分別由地方法院行政訴訟庭或高等行政法院受理；其餘有關強制執行之訴訟，由普通法院受理。

第 307 條之 1　民事訴訟法之規定，除本法已規定準用者外，與行政訴訟性質不相牴觸者，亦準用之。

第九編　附則

第 308 條　本法自公布日施行。

本法修正條文施行日期，由司法院以命令定之。

九、國家賠償法

民國 108 年 12 月 18 日修正公布

第 1 條　本法依中華民國憲法第 24 條制定之。

第 2 條　本法所稱公務員者，謂依法令從事於公務之人員。

公務員於執行職務行使公權力時，因故意或過失不法侵害人民自由或權利者，國家應負損害賠償責任。公務員怠於執行職務，致人民自由或權利遭受損害者亦同。

前項情形，公務員有故意或重大過失時，賠償義務機關對之有求償權。

第 3 條　公共設施因設置或管理有欠缺，致人民生命、身體、人身自由或財產受損害者，國家應負損害賠償責任。

前項設施委託民間團體或個人管理時，因管理欠缺致人民生命、身體、人身自由或財產受損害者，國家應負損害賠償責任。

前 2 項情形，於開放之山域、水域等自然公物，經管理機關、受委託管理之民間團體或個人已就使用該公物為適當之警告或標示，

而人民仍從事冒險或具危險性活動，國家不
負損害賠償責任。

第 1 項及第 2 項情形，於開放之山域、水域
等自然公物內之設施，經管理機關、受委託
管理之民間團體或個人已就使用該設施為適
當之警告或標示，而人民仍從事冒險或具危
險性活動，得減輕或免除國家應負之損害賠
償責任。

第 1 項、第 2 項及前項情形，就損害原因有應
負責任之人時，賠償義務機關對之有求償權。

第 4 條　受委託行使公權力之團體，其執行職
務之人於行使公權力時，視同委託機關之公
務員。受委託行使公權力之個人，於執行職
務行使公權力時亦同。

前項執行職務之人有故意或重大過失時，賠償
義務機關對受委託之團體或個人有求償權。

第 5 條　國家損害賠償，除依本法規定外，適
用民法規定。

第 6 條　國家損害賠償，本法及民法以外其他
法律有特別規定者，適用其他法律。

第 7 條　國家負損害賠償責任者，應以金錢為
之。但以回復原狀為適當者，得依請求，回
復損害發生前原狀。

前項賠償所需經費，應由各級政府編列預算
支應之。

第 8 條　賠償請求權，自請求權人知有損害時
起，因二年間不行使而消滅；自損害發生時
起，逾五年者亦同。

第 2 條第 3 項、第 3 條第 5 項及第 4 條第 2
項之求償權，自支付賠償金或回復原狀之日
起，因二年間不行使而消滅。

第 9 條　依第 2 條第 2 項請求損害賠償者，以
該公務員所屬機關為賠償義務機關。

依第 3 條第 1 項請求損害賠償者，以該公
共設施之設置或管理機關為賠償義務機關；
依第 3 條第 2 項請求損害賠償者，以委託
機關為賠償義務機關。

前 2 項賠償義務機關經裁撤或改組者，以承受
其業務之機關為賠償義務機關。無承受其業務
之機關者，以其上級機關為賠償義務機關。

不能依前 3 項確定賠償義務機關，或於賠
償義務機關有爭議時，得請求其上級機關

確定之。其上級機關自被請求之日起逾二十
日不為確定者，得逕以該上級機關為賠償義
務機關。

第 10 條　依法請求損害賠償時，應先以書面
向賠償義務機關請求之。

賠償義務機關對前項請求，應即與請求權人
協議。協議成立時，應作成協議書，該項協
議書得為執行名義。

第 11 條　賠償義務機關拒絕賠償，或自提出
請求之日起逾三十日不開始協議，或自開始
協議之日起逾六十日協議不成立時，請求權
人得提起損害賠償之訴。但已依行政訴訟法
規定，附帶請求損害賠償者，就同一原因事
實，不得更行起訴。

依本法請求損害賠償時，法院得依聲請為假處
分，命賠償義務機關暫先支付醫療費或喪葬費。

第 12 條　損害賠償之訴，除依本法規定外，
適用民事訴訟法之規定。

第 13 條　有審判或追訴職務之公務員，因執
行職務侵害人民自由或權利，就其參與審判
或追訴案件犯職務上之罪，經判決有罪確定
者，適用本法規定。

第 14 條　本法於其他公法人準用之。

第 15 條　本法於外國人為被害人時以依條約
或其本國法令或慣例，中華民國人得在該國
與該國人享受同等權利者為限，適用之。

第 16 條　本法施行細則，由行政院定之。

第 17 條　本法自中華民國七十年七月一日施行。
本法修正條文自公布日施行。

十、行政程序法

民國 104 年 12 月 30 日修正公布

第一章　總　則

第一節　法　例

第 1 條　為使行政行為遵循公正、公開與民主
之程序，確保依法行政之原則，以保障人民
權益，提高行政效能，增進人民對行政之信
賴，特制定本法。

第2條　本法所稱行政程序，係指行政機關作成行政處分、締結行政契約、訂定法規命令與行政規則、確定行政計畫、實施行政指導及處理陳情等行為之程序。

本法所稱行政機關，係指代表國家、地方自治團體或其他行政主體表示意思，從事公共事務，具有單獨法定地位之組織。

受委託行使公權力之個人或團體，於委託範圍內，視為行政機關。

第3條　行政機關為行政行為時，除法律另有規定外，應依本法規定為之。

下列機關之行政行為，不適用本法之程序規定：
一、各級民意機關。
二、司法機關。
三、監察機關。

下列事項，不適用本法之程序規定：
一、有關外交行為、軍事行為或國家安全保障事項之行為。
二、外國人出、入境、難民認定及國籍變更之行為。
三、刑事案件犯罪偵查程序。
四、犯罪矯正機關或其他收容處所為達成收容目的所為之行為。
五、有關私權爭執之行政裁決程序。
六、學校或其他教育機構為達成教育目的之內部程序。
七、對公務員所為之人事行政行為。
八、考試院有關考選命題及評分之行為。

第4條　行政行為應受法律及一般法律原則之拘束。

第5條　行政行為之內容應明確。

第6條　行政行為，非有正當理由，不得為差別待遇。

第7條　行政行為，應依下列原則為之：
一、採取之方法應有助於目的之達成。
二、有多種同樣能達成目的之方法時，應選擇對人民權益損害最少者。
三、採取之方法所造成之損害不得與欲達成目的之利益顯失均衡。

第8條　行政行為，應以誠實信用之方法為之，並應保護人民正當合理之信賴。

第9條　行政機關就該管行政程序，應於當事人有利及不利之情形，一律注意。

第10條　行政機關行使裁量權，不得逾越法定之裁量範圍，並應符合法規授權之目的。

第二節　管　轄

第11條　行政機關之管轄權，依其組織法規或其他行政法規定之。

行政機關之組織法規變更管轄權之規定，而相關行政法規所定管轄機關尚未一併修正時，原管轄機關得會同組織法規變更後之管轄機關公告或逐由其共同上級機關公告變更管轄之事項。

行政機關經裁併者，前項公告得僅由組織法規變更後之管轄機關為之。

前二項公告事項，自公告之日起算至第三日起發生移轉管轄權之效力。但公告特定有生效日期者，依其規定。

管轄權非依法規不得設定或變更。

第12條　不能依前條第1項定土地管轄權者，依下列各款順序定之：
一、關於不動產之事件，依不動產之所在地。
二、關於企業之經營或其他繼續性事業之事件，依經營企業或從事事業之處所，或應經營或應從事之處所。
三、其他事件，關於自然人者，依其住所地，無住所或住所不明者，依其居所地，無居所或居所不明者，依其最後所在地。關於法人或團體者，依其主事務所或會址所在地。
四、不能依前三款之規定定其管轄權或有急迫情形者，依事件發生之原因定之。

第13條　同一事件，數行政機關依前二條之規定均有管轄權者，由受理在先之機關管轄，不能分別受理之先後者，由各該機關協議定之，不能協議或有統一管轄之必要時，由其共同上級機關指定管轄。無共同上級機關時，由各該上級機關協議定之。

前項機關於必要之情形時，應為必要之職務行為，並即通知其他機關。

第14條　數行政機關於管轄權有爭議時，由其共同上級機關決定之，無共同上級機關時，由各該上級機關協議定之。

前項情形，人民就其依法規申請之事件，得

向共同上級機關申請指定管轄，無共同上級
機關者，得向各該上級機關之一為之。受理
申請之機關應自請求到達之日起十日內決
定之。

在前二項情形未經決定前，如有導致國家或
人民難以回復之重大損害之虞時，該管轄權
爭議之一方，應依當事人申請或依職權為緊
急之臨時處置，並應層報共同上級機關及通
知他方。

**人民對行政機關依本條所為指定管轄之決
定，不得聲明不服。**

**第 15 條　行政機關得依法規將其權限之一部
分，委任所屬下級機關執行之。**

行政機關因業務上之需要，得依法規將其權限
之一部分，委託不相隸屬之行政機關執行之。

前 2 項情形，應將委任或委託事項及法規依
據公告之，並刊登政府公報或新聞紙。

**第 16 條　行政機關得依法規將其權限之一部
分，委託民間團體或個人辦理。**

前項情形，應將委託事項及法規依據公告
之，並刊登政府公報或新聞紙。

第 1 項委託所需費用，除另有約定外，由行
政機關支付之。

**第 17 條　行政機關對事件管轄權之有無，應
依職權調查；其認無管轄權者，應即移送有
管轄權之機關，並通知當事人。**

人民於法定期間內提出申請，依前項規定移
送有管轄權之機關者，視同已在法定期間內
向有管轄權之機關提出申請。

**第 18 條　行政機關因法規或事實之變更而喪失
管轄權時，應將案件移送有管轄權之機關，並
通知當事人。但經當事人及有管轄權機關之同
意，亦得由原管轄機關繼續處理該案件。**

**第 19 條　行政機關為發揮共同一體之行政機
能，應於其權限範圍內互相協助。**

行政機關執行職務時，有下列情形之一者，得
向無隸屬關係之其他機關請求協助：

一、因法律上之原因，不能獨自執行職務者。

二、因人員、設備不足等事實上之原因，不
能獨自執行職務者。

三、執行職務所必要認定之事實，不能獨自
調查者。

四、執行職務所必要之文書或其他資料，為
被請求機關所持有者。

五、由被請求機關協助執行，顯較經濟者。

六、其他職務上有正當理由須請求協助者。

前項請求，除緊急情形外，應以書面為之。

被請求機關於有下列情形之一者，應拒絕之：

一、協助之行為，非其權限範圍或依法不得
為之者。

二、如提供協助，將嚴重妨害其自身職務之
執行者。

被請求機關認有正當理由不能協助者，得拒
絕之。

被請求機關認為無提供行政協助之義務或有
拒絕之事由時，應將其理由通知請求協助機
關。請求協助機關對此有異議時，由其共同
上級機關決定之，無共同上級機關時，由被
請求機關之上級機關決定之。

被請求機關得向請求協助機關要求負擔行政
協助所需費用。其負擔金額及支付方式，由
請求協助機關及被請求機關以協議定之；協
議不成時，由其共同上級機關定之。

第三節　當事人

第 20 條　本法所稱之當事人如下：

一、申請人及申請之相對人。

二、行政機關所為行政處分之相對人。

三、與行政機關締結行政契約之相對人。

四、行政機關實施行政指導之相對人。

五、對行政機關陳情之人。

六、其他依本法規定參加行政程序之人。

第 21 條　有行政程序之當事人能力者如下：

一、自然人。　　二、法人。

三、非法人之團體設有代表人或管理人者。

四、行政機關。

五、其他依法律規定得為權利義務之主體
者。

第 22 條　有行政程序之行為能力者如下：

一、依民法規定，有行為能力之自然人。

二、法人。

三、非法人之團體由其代表人或管理人為行
政程序行為者。

四、行政機關由首長或其代理人、授權之人
為行政程序行為者。

五、依其他法律規定者。

無行政程序行為能力者，應由其法定代理人代為行政程序行為。

外國人依其本國法律無行政程序之行為能力，而依中華民國法律有行政程序之行為能力者，視為有行政程序之行為能力。

第23條　因程序之進行將影響第三人之權利或法律上利益者，行政機關得依職權或依申請，通知其參加為當事人。

第24條　**當事人得委任代理人。但依法規或行政程序之性質不得授權者，不得為之。每一當事人委任之代理人，不得逾三人。**

代理權之授與，及於該行政程序有關之全部程序行為。

但申請之撤回，非受特別授權，不得為之。

行政程序代理人應於最初為行政程序行為時，提出委任書。

代理權授與之撤回，經通知行政機關後，始對行政機關發生效力。

第25條　**代理人有二人以上者，均得單獨代理當事人。**

違反前項規定而為委任者，其代理人仍得單獨代理。

代理人經本人同意得委任他人為複代理人。

第26條　代理權不因本人死亡或其行政程序行為能力喪失而消滅。法定代理有變更或行政機關經裁併或變更者，亦同。

第27條　**多數有共同利益之當事人，未共同委任代理人者，得選定其中一人至五人為全體為行政程序行為。**

未選定當事人，而行政機關認有礙程序之正常進行者，得定相當期限命其選定；逾期未選定者，得依職權指定之。

經選定或指定為當事人者，非有正當理由不得辭退。

經選定或指定當事人者，僅得由該當事人為行政程序行為，其他當事人脫離行政程序。

但申請之撤回、權利之拋棄或義務之負擔，非經全體有共同利益之人同意，不得為之。

第28條　選定或指定當事人有二人以上時，均得單獨為全體為行政程序行為。

第29條　多數有共同利益之當事人於選定或經指定當事人後，仍得更換或增減之。

行政機關對於其指定之當事人，為共同利益人之權益，必要時，得更換或增減之。

依前二項規定喪失資格者，其他被選定或指定之人得為全體為行政程序行為。

第30條　當事人之選定、更換或增減，非以書面通知行政機關不生效力。

行政機關指定、更換或增減當事人者，非以書面通知全體有共同利益之當事人，不生效力。但通知顯有困難者，得以公告代之。

第31條　當事人或代理人經行政機關之許可，得偕同輔佐人到場。

行政機關認為必要時，得命當事人或代理人偕同輔佐人到場。

前二項之輔佐人，行政機關認為不適當時，得撤銷其許可或禁止其陳述。

輔佐人所為之陳述，當事人或代理人未立即提出異議者，視為其所自為。

第四節　迴避

第32條　**公務員在行政程序中，有下列各款情形之一者，應自行迴避：**

一、本人或其配偶、前配偶、四親等內之血親或三親等內之姻親或曾有此關係者為事件之當事人時。

二、本人或其配偶、前配偶，就該事件與當事人有共同權利人或共同義務人之關係者。

三、現為或曾為該事件當事人之代理人、輔佐人者。

四、於該事件，曾為證人、鑑定人者。

第33條　公務員有下列各款情形之一者，當事人得申請迴避：

一、有前條所定之情形而不自行迴避者。

二、有具體事實，足認其執行職務有偏頗之虞者。

前項申請，應舉其原因及事實，向該公務員所屬機關為之，並應為適當之釋明；被申請迴避之公務員，對於該申請得提出意見書。

不服行政機關之駁回決定者，得於五日內提請上級機關覆決，受理機關除有正當理由外，應於十日內為適當之處置。

被申請迴避之公務員在其所屬機關就該申請
事件為准許或駁回之決定前，應停止行政程
序。但有急迫情形，仍應為必要處置。

公務員有前條所定情形不自行迴避，而未經
當事人申請迴避者，應由該公務員所屬機關
依職權命其迴避。

第五節　程序之開始

第 34 條　行政程序之開始，由行政機關依職
權定之。但依本法或其他法規之規定有開始
行政程序之義務，或當事人已依法規之規定
提出申請者，不在此限。

第 35 條　當事人依法向行政機關提出申請者，
除法規另有規定外，得以書面或言詞為之。
以言詞為申請者，受理之行政機關應作成紀
錄，經向申請人朗讀或使閱覽，確認其內容
無誤後由其簽名或蓋章。

第六節　調查事實及證據

第 36 條　行政機關應依職權調查證據，不受
當事人主張之拘束，對當事人有利及不利事
項一律注意。

第 37 條　當事人於行政程序中，除得自行提
出證據外，亦得向行政機關申請調查事實及
證據。但行政機關認為無調查之必要者，得
不為調查，並於第 43 條之理由中敘明之。

第 38 條　行政機關調查事實及證據，必要時
得據實製作書面紀錄。

第 39 條　行政機關基於調查事實及證據之必
要，得以書面通知相關之人陳述意見。通知
書中應記載詢問目的、時間、地點、得否委
託他人到場及不到場所生之效果。

第 40 條　行政機關基於調查事實及證據之必
要，得要求當事人或第三人提供必要之文
書、資料或物品。

第 41 條　行政機關得選定適當之人為鑑定。
以書面為鑑定者，必要時，得通知鑑定人到
場說明。

第 42 條　行政機關為瞭解事實真相，得實施
勘驗。
勘驗時應通知當事人到場。但不能通知者，
不在此限。

第 43 條　行政機關為處分或其他行政行為，
應斟酌全部陳述與調查事實及證據之結果，
依論理及經驗法則判斷事實之真偽，並將其
決定及理由告知當事人。

第七節　資訊公開

第 44 條　（刪除）

第 45 條　（刪除）

第 46 條　當事人或利害關係人得向行政機關申
請閱覽、抄寫、複印或攝影有關資料或卷宗。
但以主張或維護其法律上利益有必要者為限。
行政機關對前項之申請，除有下列情形之一
者外，不得拒絕：

一、行政決定前之擬稿或其他準備作業文件。

二、涉及國防、軍事、外交及一般公務機密，
　　依法規規定有保密之必要者。

三、涉及個人隱私、職業秘密、營業秘密，
　　依法規規定有保密之必要者。

四、有侵害第三人權利之虞者。

五、有嚴重妨礙有關社會治安、公共安全或
　　其他公共利益之職務正常進行之虞者。

前項第 2 款及第 3 款無保密必要之部分，仍
應准許閱覽。

當事人就第 1 項資料或卷宗內容關於自身之
記載有錯誤者，得檢具事實證明，請求相關
機關更正。

第 47 條　公務員在行政程序中，除基於職務
上之必要外，不得與當事人或代表其利益之
人為行政程序外之接觸。

公務員與當事人或代表其利益之人為行政程
序外之接觸時，應將所有往來之書面文件附
卷，並對其他當事人公開。

前項接觸非以書面為之者，應作成書面紀
錄，載明接觸對象、時間、地點及內容。

第八節　期日與期間

第 48 條　期間以時計算者，即時起算。

期間以日、星期、月或年計算者，其始日不
計算在內。但法律規定即日起算者，不在此
限。

期間不以星期、月或年之始日起算者，以最
後之星期、月或年與起算日相當日之前一日
為期間之末日。但以月或年定期間，而於最
後之月無相當日者，以其月之末日為期間之

末日。

期間之末日為星期日、國定假日或其他休息日者，以該日之次日為期間之末日；期間之末日為星期六者，以其次星期一上午為期間末日。

期間涉及人民之處罰或其他不利行政處分者，其始日不計時刻以一日論；其末日為星期日、國定假日或其他休息日者，照計。但依第2項、第四項規定計算，對人民有利者，不在此限。

第49條　基於法規之申請，以掛號郵寄方式向行政機關提出者，以交郵當日之郵戳為準。

第50條　因天災或其他不應歸責於申請人之事由，致基於法規之申請不能於法定期間內提出者，得於其原因消滅後十日內，申請回復原狀。如該法定期間少於十日者，於相等之日數內得申請回復原狀。

申請回復原狀，應同時補行期間內應為之行政程序行為。

遲誤法定期間已逾一年者，不得申請回復原狀。

第51條　**行政機關對於人民依法規之申請，除法規另有規定外，應按各事項類別，訂定處理期間公告之。**

未依前項規定訂定處理期間者，其處理期間為二個月。

行政機關未能於前二項所定期間內處理終結者，得於原處理期間之限度內延長之，但以一次為限。

前項情形，應於原處理期間屆滿前，將延長之事由通知申請人。

行政機關因天災或其他不可歸責之事由，致事務之處理遭受阻礙時，於該項事由終止前，停止處理期間之進行。

第九節　費用

第52條　**行政程序所生之費用，由行政機關負擔。但專為當事人或利害關係人利益所支出之費用，不在此限。**

因可歸責於當事人或利害關係人之事由，致程序有顯著之延滯者，其因延滯所生之費用，由其負擔。

第53條　證人或鑑定人得向行政機關請求法定之日費及旅費，鑑定人並得請求相當之報酬。

前項費用及報酬，得請求行政機關預行酌給之。

第1項費用，除法規另有規定外，其標準由行政院定之。

第十節　聽證程序

第54條　依本法或其他法規舉行聽證時，適用本節規定。

第55條　行政機關舉行聽證前，應以書面記載下列事項，並通知當事人及其他已知之利害關係人，必要時並公告之：
一、聽證之事由與依據。
二、當事人之姓名或名稱及其住居所、事務所或營業所。
三、聽證之期日及場所。
四、聽證之主要程序。
五、當事人得選任代理人。
六、當事人依第61條所得享有之權利。
七、擬進行預備程序者，預備聽證之期日及場所。
八、缺席聽證之處理。
九、聽證之機關。

依法規之規定，舉行聽證應預先公告者，行政機關應將前項所列各款事項，登載於政府公報或以其他適當方法公告之。

聽證期日及場所之決定，應視事件之性質，預留相當期間，便利當事人或其代理人參與。

第56條　行政機關得依職權或當事人之申請，變更聽證期日或場所，但以有正當理由為限。

行政機關為前項之變更者，應依前條規定通知並公告。

第57條　**聽證，由行政機關首長或其指定人員為主持人，必要時得由律師、相關專業人員或其他熟諳法令之人員在場協助之。**

第58條　行政機關為使聽證順利進行，認為必要時，得於聽證期日前，舉行預備聽證。

預備聽證得為下列事項：
一、議定聽證程序之進行。
二、釐清爭點。
三、提出有關文書及證據。

四、變更聽證之期日、場所與主持人。

預備聽證之進行，應作成紀錄。

第 59 條　聽證，除法律另有規定外，應公開以言詞為之。

有下列各款情形之一者，主持人得依職權或當事人之申請，決定全部或一部不公開：

一、公開顯然有違背公益之虞者。

二、公開對當事人利益有造成重大損害之虞者。

第 60 條　聽證以主持人說明案由為始。

聽證開始時，由主持人或其指定之人說明事件之內容要旨。

第 61 條　當事人於聽證時，得陳述意見、提出證據，經主持人同意後並得對機關指定之人員、證人、鑑定人、其他當事人或其代理人發問。

第 62 條　主持人應本中立公正之立場，主持聽證。

主持人於聽證時，得行使下列職權：

一、就事實或法律問題，詢問當事人、其他到場人，或促其提出證據。

二、依職權或當事人之申請，委託相關機關為必要之調查。

三、通知證人或鑑定人到場。

四、依職權或申請，通知或允許利害關係人參加聽證。

五、許可當事人及其他到場人之發問或發言。

六、為避免延滯程序之進行，禁止當事人或其他到場之人發言；有妨礙聽證程序而情節重大者，並得命其退場。

七、當事人一部或全部無故缺席者，逕行開始、延期或終結聽證。

八、當事人曾於預備聽證中提出有關文書者，得以其所載內容視為陳述。

九、認為有必要時，於聽證期日結束前，決定繼續聽證之期日及場所。

十、如遇天災或其他事故不能聽證時，得依職權或當事人之申請，中止聽證。

十一、採取其他為順利進行聽證所必要之措施。

主持人依前項第九款決定繼續聽證之期日及場所者，應通知未到場之當事人及已知之利害關係人。

第 63 條　當事人認為主持人於聽證程序進行中所為之處置違法或不當者，得即時聲明異議。

主持人認為異議有理由者，應即撤銷原處置，認為無理由者，應即駁回異議。

第 64 條　聽證，應作成聽證紀錄。

前項紀錄，應載明到場人所為陳述或發問之要旨及其提出之文書、證據，並記明當事人於聽證程序進行中聲明異議之事由及主持人對異議之處理。聽證紀錄，得以錄音、錄影輔助之。

聽證紀錄當場製作完成者，由陳述或發問人簽名或蓋章；未當場製作完成者，由主持人指定日期、場所供陳述或發問人閱覽，並由其簽名或蓋章。

前項情形，陳述或發問人拒絕簽名、蓋章或未於指定日期、場所閱覽者，應記明其事由。

陳述或發問人對聽證紀錄之記載有異議者，得即時提出。主持人認異議有理由者，應予更正或補充；無理由者，應記明其異議。

第 65 條　主持人認當事人意見經充分陳述，而事件已達可為決定之程度者，應即終結聽證。

第 66 條　聽證終結後，決定作成前，行政機關認為必要時，得再為聽證。

第十一節　送達

第 67 條　送達，除法規另有規定外，由行政機關依職權為之。

第 68 條　送達由行政機關自行或交由郵政機關送達。

行政機關之文書依法規以電報交換、電傳文件、傳真或其他電子文件行之者，視為自行送達。

由郵政機關送達者，以一般郵遞方式為之。但文書內容對人民權利義務有重大影響者，應為掛號。

文書由行政機關自行送達者，以承辦人員或辦理送達事務人員為送達人；其交郵政機關送達者，以郵務人員為送達人。

前項郵政機關之送達準用依民事訴訟法施行法第 3 條訂定之郵政機關送達訴訟文書實施辦法。

第 69 條　對於無行政程序之行為能力人為送達者，應向其法定代理人為之。

對於機關、法人或非法人之團體為送達者，應向其代表人或管理人為之。

法定代理人、代表人或管理人有二人以上者，送達得僅向其中之一人為之。

無行政程序之行為能力人為行政程序之行為，未向行政機關陳明其法定代理人者，於補正前，行政機關得向該無行為能力人為送達。

第 70 條 對於在中華民國有事務所或營業所之外國法人或團體為送達者，應向其在中華民國之代表人或管理人為之。

前條第三項規定，於前項送達準用之。

第 71 條 行政程序之代理人受送達之權限未受限制者，送達應向該代理人為之。但行政機關認為必要時，得送達於當事人本人。

第 72 條 送達，於應受送達人之住居所、事務所或營業所為之。

但在行政機關辦公處所或他處會晤應受送達人時，得於會晤處所為之。

對於機關、法人、非法人之團體之代表人或管理人為送達者，應向其機關所在地、事務所或營業所行之。但必要時亦得於會晤之處所或其住居所行之。

應受送達人有就業處所者，亦得向該處所為送達。

第 73 條 於應受送達處所不獲會晤應受送達人時，得將文書付與有辨別事理能力之同居人、受雇人或應送達處所之接收郵件人員。

前項規定於前項人員與應受送達人在該行政程序上利害關係相反者，不適用之。

應受送達人或其同居人、受雇人、接收郵件人員無正當理由拒絕收領文書時，得將文書留置於應送達處所，以為送達。

第 74 條 送達，不能依前二條規定為之者，得將文書寄存送達地之地方自治或警察機關，並作送達通知書兩份，一份黏貼於應受送達人住居所、事務所、營業所或其就業處所門首，另一份交由鄰居轉交或置於該送達處所信箱或其他適當位置，以為送達。

前項情形，由郵政機關為送達者，得將文書寄存於送達地之郵政機關。

寄存機關自收受寄存文書之日起，應保存三個月。

第 75 條 行政機關對於不特定人之送達，得以公告或刊登政府公報或新聞紙代替之。

第 76 條 送達人因證明之必要，得製作送達證書，記載下列事項並簽名：

一、交送達之機關。

二、應受送達人。

三、應送達文書之名稱。

四、送達處所、日期及時間。

五、送達方法。

除電子傳達方式之送達外，送達證書應由收領人簽名或蓋章；如拒絕或不能簽名或蓋章者，送達人應記明其事由。

送達證書，應提出於行政機關附卷。

第 77 條 送達係由當事人向行政機關申請對第三人為之者，行政機關應將已為送達或不能送達之事由，通知當事人。

第 78 條 對於當事人之送達，有下列各款情形之一者，行政機關得依申請，准為公示送達：

一、應為送達之處所不明者。

二、於有治外法權人之住居所或事務所為送達而無效者。

三、於外國或境外為送達，不能依第 86 條之規定辦理或預知雖依該規定辦理而無效者。

有前項所列各款之情形而無人為公示送達之申請者，行政機關為避免行政程序遲延，認為有必要時，得依職權命為公示送達。

當事人變更其送達之處所而不向行政機關陳明，致有第 1 項之情形者，行政機關得依職權命為公示送達。

第 79 條 依前條規定為公示送達後，對於同一當事人仍應為公示送達者，依職權為之。

第 80 條 公示送達應由行政機關保管送達之文書，而於行政機關公告欄黏貼公告，告知應受送達人得隨時領取；並得由行政機關將文書或其節本刊登政府公報或新聞紙。

第 81 條 公示送達自前條公告之日起，其刊登政府公報或新聞紙者，自最後刊登之日起，經二十日發生效力；於依第 78 條第 1 項第 3 款為公示送達者，經六十日發生效力。但第 79 條之公示送達，自黏貼公告欄翌日起發生效力。

第82條　為公示送達者，行政機關應製作記載該事由及年、月、日、時之證書附卷。

第83條　當事人或代理人經指定送達代收人，向行政機關陳明者，應向該代收人為送達。

郵寄方式向行政機關提出者，以交寄地無住居所、事務所及營業所者，行政機關得命其於一定期間內，指定送達代收人。

如不於前項期間指定送達代收人並陳明者，行政機關得將應送達之文書，註明該當事人或代理人之住居所、事務所或營業所，交付郵政機關掛號發送，並以交付文書時，視為送達時。

第84條　送達，除第68條第1項規定交付郵政機關或依第2項之規定辦理者外，不得於星期日或其他休息日或日出前、日沒後為之。但應受送達人不拒絕收領者，不在此限。

第85條　不能為送達者，送達人應製作記載該事由之報告書，提出於行政機關附卷，並繳回應送達之文書。

第86條　於外國或境外為送達者，應囑託該國管轄機關或駐在該國之中華民國使領館或其他機構、團體為之。

不能依前項規定為送達者，得將應送達之文書交郵政機關以雙掛號發送，以為送達，並將掛號回執附卷。

第87條　對於駐在外國之中華民國大使、公使、領事或其他駐外人員為送達者，應囑託外交部為之。

第88條　對於在軍隊或軍艦服役之軍人為送達者，應囑託該管軍事機關或長官為之。

第89條　對於在監所人為送達者，應囑託該監所長官為之。

第90條　於有治外法權人之住居所或事務所為送達者，得囑託外交部為之。

第91條　受囑託之機關或公務員，經通知已為送達或不能為送達者，行政機關應將通知書附卷。

第二章　行政處分

第一節　行政處分之成立

第92條　本法所稱行政處分，係指行政機關就公法上具體事件所為之決定或其他公權力措施而對外直接發生法律效果之單方行政行為。

前項決定或措施之相對人雖非特定，而依一般性特徵可得確定其範圍者，為一般處分，適用本法有關行政處分之規定。有關公物之設定、變更、廢止或其一般使用者，亦同。

第93條　行政機關作成行政處分有裁量權時，得為附款。無裁量權者，以法律有明文規定或為確保行政處分法定要件之履行而以該要件為附款內容者為限，始得為之。

前項所稱之附款如下：

一、期限。　二、條件。　三、負擔。

四、保留行政處分之廢止權。

五、保留負擔之事後附加或變更。

第94條　前條之附款不得違背行政處分之目的，並應與該處分之目的具有正當合理之關聯。

第95條　行政處分除法規另有要式之規定者外，得以書面、言詞或其他方式為之。

以書面以外方式所為之行政處分，其相對人或利害關係人有正當理由要求作成書面時，處分機關不得拒絕。

第96條　行政處分以書面為之者，應記載下列事項：

一、處分相對人之姓名、出生年月日、性別、身分證統一號碼、住居所或其他足資辨別之特徵；如係法人或其他設有管理人或代表人之團體，其名稱、事務所或營業所，及管理人或代表人之姓名、出生年月日、性別、身分證統一號碼、住居所。

二、主旨、事實、理由及其法令依據。

三、有附款者，附款之內容。

四、處分機關及其首長署名、蓋章，該機關有代理人或受任人者，須同時於其下簽名。但以自動機器作成之大量行政處分，得不經署名，以蓋章為之。

五、發文字號及年、月、日。

六、表明其為行政處分之意旨及不服行政處分之救濟方法、期間及其受理機關。

前項規定於依前條第2項作成之書面，準用之。

第97條　書面之行政處分有下列各款情形之一者，得不記明理由：

一、未限制人民之權益者。

二、處分相對人或利害關係人無待處分機關之說明已知悉或可知悉作成處分之理由者。

三、大量作成之同種類行政處分或以自動機器作成之行政處分依其狀況無須說明理由者。

四、一般處分經公告或刊登政府公報或新聞紙者。

五、有關專門知識、技能或資格所為之考試、檢定或鑑定等程序。

六、依法律規定無須記明理由者。

第98條　處分機關告知之救濟期間有錯誤時，應由該機關以通知更正之，並自通知送達之翌日起算法定期間。

處分機關告知之救濟期間較法定期間為長者，處分機關雖以通知更正，如相對人或利害關係人信賴原告知之救濟期間，致無法於法定期間內提起救濟，而於原告知之期間內為之者，視為於法定期間內所為。

處分機關未告知救濟期間或告知錯誤未為更正，致相對人或利害關係人遲誤者，如自處分書送達後一年內聲明不服時，視為於法定期間內所為。

第99條　對於行政處分聲明不服，因處分機關未為告知或告知錯誤致向無管轄權之機關為之者，該機關應於十日內移送有管轄權之機關，並通知當事人。

前項情形，視為自始向有管轄權之機關聲明不服。

第100條　**書面之行政處分，應送達相對人及已知之利害關係人；書面以外之行政處分，應以其他適當方法通知或使其知悉。**

一般處分之送達，得以公告或刊登政府公報或新聞紙代替之。

第101條　**行政處分如有誤寫、誤算或其他類此之顯然錯誤者，處分機關得隨時或依申請更正之。**

前項更正，附記於原處分書及其正本，如不能附記者，應製作更正書，以書面通知相對人及已知之利害關係人。

第二節　陳述意見及聽證

第102條　**行政機關作成限制或剝奪人民自由或權利之行政處分前，除已依第39條規定，通知處分相對人陳述意見，或決定舉行聽證者外，應給予該處分相對人陳述意見之機**會。但法規另有規定者，從其規定。

第103條　有下列各款情形之一者，行政機關得不給予陳述意見之機會：

一、大量作成同種類之處分。

二、情況急迫，如予陳述意見之機會，顯然違背公益者。

三、受法定期間之限制，如予陳述意見之機會，顯然不能遵行者。

四、行政強制執行時所採取之各種處置。

五、行政處分所根據之事實，客觀上明白足以確認者。

六、限制自由或權利之內容及程度，顯屬輕微，而無事先聽取相對人意見之必要者。

七、相對人於提起訴願前依法律應向行政機關聲請再審查、異議、復查、重審或其他先行程序者。

八、為避免處分相對人隱匿、移轉財產或潛逃出境，依法律所為保全或限制出境之處分。

第104條　行政機關依第102條給予相對人陳述意見之機會時，應以書面記載下列事項通知相對人，必要時並公告之：

一、相對人及其住居所、事務所或營業所。

二、將為限制或剝奪自由或權利行政處分之原因事實及法規依據。

三、得依第105條提出陳述書之意旨。

四、提出陳述書之期限及不提出之效果。

五、其他必要事項。

前項情形，行政機關得以言詞通知相對人，並作成紀錄，向相對人朗讀或使閱覽後簽名或蓋章；其拒絕簽名或蓋章者，應記明其事由。

第105條　行政處分之相對人依前條規定提出之陳述書，應為事實上及法律上陳述。

利害關係人亦得提出陳述書，為事實上及法律上陳述，但應釋明其利害關係之所在。

不於期間內提出陳述書者，視為放棄陳述之機會。

第106條　行政處分之相對人或利害關係人得於第104條第1項第4款所定期限內，以言詞向行政機關陳述意見代替陳述書之提出。

以言詞陳述意見者，行政機關應作成紀錄，經向陳述人朗讀或使閱覽確認其內容無誤

後，由陳述人簽名或蓋章；其拒絕簽名或蓋章者，應記明其事由。陳述人對紀錄有異議者，應更正之。

第 107 條　行政機關遇有下列各款情形之一者，舉行聽證：

一、法規明文規定應舉行聽證者。

二、行政機關認為有舉行聽證之必要者。

第 108 條　行政機關作成經聽證之行政處分時，除依第 43 條之規定外，並應斟酌全部聽證之結果。但法規明定應依聽證紀錄作成處分者，從其規定。

前項行政處分應以書面為之，並通知當事人。

第 109 條　不服依前條作成之行政處分者，其行政救濟程序，免除訴願及其先行程序。

第三節　行政處分之效力

第 110 條　書面之行政處分自送達相對人及已知之利害關係人起；書面以外之行政處分自以其他適當方法通知或使其知悉時起，依送達、通知或使知悉之內容對其發生效力。

一般處分自公告日或刊登政府公報、新聞紙最後登載日起發生效力。但處分另訂不同日期者，從其規定。

行政處分未經撤銷、廢止，或未因其他事由而失效者，其效力繼續存在。無效之行政處分自始不生效力。

第 111 條　行政處分有下列各款情形之一者，無效：

一、不能由書面處分中得知處分機關者。

二、應以證書方式作成而未給予證書者。

三、內容對任何人均屬不能實現者。

四、所要求或許可之行為構成犯罪者。

五、內容違背公共秩序、善良風俗者。

六、未經授權而違背法規有關專屬管轄之規定或缺乏事務權限者。

七、其他具有重大明顯之瑕疵者。

第 112 條　行政處分一部分無效者，其他部分仍為有效。但除去該無效部分，行政處分不能成立者，全部無效。

第 113 條　行政處分之無效，行政機關得依職權確認之。

行政處分之相對人或利害關係人有正當理由

請求確認行政處分無效時，處分機關應確認其為有效或無效。

第 114 條　違反程序或方式規定之行政處分，除依第 111 條規定而無效者外，因下列情形而補正：

一、須經申請始得作成之行政處分，當事人已於事後提出者。

二、必須記明之理由已於事後記明者。

三、應給予當事人陳述意見之機會已於事後給予者。

四、應參與行政處分作成之委員會已於事後作成決議者。

五、應參與行政處分作成之其他機關已於事後參與者。

前項第 2 款至第 5 款之補正行為，僅得於訴願程序終結前為之；得不經訴願程序者，僅得於向行政法院起訴前為之。

當事人因補正行為致未能於法定期間內聲明不服者，其期間之遲誤視為不應歸責於該當事人之事由，其回復原狀期間自該瑕疵補正時起算。

第 115 條　行政處分違反土地管轄之規定者，除依第 111 條第 6 款規定而無效者外，有管轄權之機關如就該事件仍應為相同之處分時，原處分無須撤銷。

第 116 條　行政機關得將違法行政處分轉換為與原處分具有相同實質及程序要件之其他行政處分。但有下列各款情形之一者，不得轉換：

一、違法行政處分，依第 117 條但書規定，不得撤銷者。

二、轉換不符作成原行政處分之目的者。

三、轉換法律效果對當事人更為不利者。

羈束處分不得轉換為裁量處分。

行政機關於轉換前應給予當事人陳述意見之機會。但有第 103 條之事由者，不在此限。

第 117 條　違法行政處分於法定救濟期間經過後，原處分機關得依職權為全部或一部之撤銷；其上級機關，亦得為之。但有下列各款情形之一者，不得撤銷：

一、撤銷對公益有重大危害者。

二、受益人無第 119 條所列信賴不值得保護之情形，而信賴授予利益之行政處分，

其信賴利益顯然大於撤銷所欲維護之公益者。

第 118 條　違法行政處分經撤銷後，溯及既往失其效力。但為維護公益或為避免受益人財產上之損失，為撤銷之機關得另定失其效力之日期。

第 119 條　受益人有下列各款情形之一者，其信賴不值得保護：

一、以詐欺、脅迫或賄賂方法，使行政機關作成行政處分者。

二、對重要事項提供不正確資料或為不完全陳述，致使行政機關依該資料或陳述而作成行政處分者。

三、明知行政處分違法或因重大過失而不知者。

第 120 條　授予利益之違法行政處分經撤銷後，如受益人無前條所列信賴不值得保護之情形，其因信賴該處分致遭受財產上之損失者，為撤銷之機關應給予合理之補償。

前項補償額度不得超過受益人因該處分存續可得之利益。

關於補償之爭議及補償之金額，相對人有不服者，得向行政法院提起給付訴訟。

第 121 條　第 117 條之撤銷權，應自原處分機關或其上級機關知有撤銷原因時起二年內為之。

前條之補償請求權，自行政機關告知其事由時起，因二年間不行使而消滅；自處分撤銷時起逾五年者，亦同。

第 122 條　非授予利益之合法行政處分，得由原處分機關依職權為全部或一部之廢止。但廢止後仍應為同一內容之處分或依法不得廢止者，不在此限。

第 123 條　授予利益之合法行政處分，有下列各款情形之一者，得由原處分機關依職權為全部或一部之廢止：

一、法規准許廢止者。

二、原處分機關保留行政處分之廢止權者。

三、附負擔之行政處分，受益人未履行該負擔者。

四、行政處分所依據之法規或事實事後發生變更，致不廢止該處分對公益將有危害者。

五、其他為防止或除去對公益之重大危害者。

第 124 條　前條之廢止，應自廢止原因發生後二年內為之。

第 125 條　合法行政處分經廢止後，自廢止時或自廢止機關所指定較後之日時起，失其效力。但受益人未履行負擔致行政處分受廢止者，得溯及既往失其效力。

第 126 條　原處分機關依第 123 條第 4 款、第 5 款規定廢止授予利益之合法行政處分者，對受益人因信賴該處分致遭受財產上之損失，應給予合理之補償。

第 120 條第 2 項、第 3 項及第 121 條第 2 項之規定，於前項補償準用之。

第 127 條　授予利益之行政處分，其內容係提供一次或連續之金錢或可分物之給付者，經撤銷、廢止或條件成就而有溯及既往失效之情形時，受益人應返還因該處分所受領之給付。其行政處分經確認無效者，亦同。

前項返還範圍準用民法有關不當得利之規定。

行政機關依前二項規定請求返還時，應以書面行政處分確認返還範圍，並限期命受益人返還之。

前項行政處分未確定前，不得移送行政執行。

第 128 條　行政處分於法定救濟期間經過後，具有下列各款情形之一者，相對人或利害關係人得向行政機關申請撤銷、廢止或變更之。但相對人或利害關係人因重大過失而未能在行政程序或救濟程序中主張其事由者，不在此限：

一、具有持續效力之行政處分所依據之事實事後發生有利於相對人或利害關係人之變更者。

二、發生新事實或發現新證據者，但以如經斟酌可受較有利益之處分者為限。

三、其他具有相當於行政訴訟法所定再審事由且足以影響行政處分者。

前項申請，應自法定救濟期間經過後三個月內為之；其事由發生在後或知悉在後者，自發生或知悉時起算。但自法定救濟期間經過後已逾五年者，不得申請。

第 129 條　行政機關認前條之申請為有理由者，應撤銷、廢止或變更原處分；認申請為無理由或雖有重新開始程序之原因，如認為原處分為正當者，應駁回之。

第 130 條　行政處分經撤銷或廢止確定，或因其他原因失其效力後，而有收回因該處分而發給之證書或物品之必要者，行政機關得命所有人或占有人返還之。

前項情形，所有人或占有人得請求行政機關將該證書或物品作成註銷之標示後，再予發還。但依物之性質不能作成註銷標示，或註銷標示不能明顯而持續者，不在此限。

第 131 條　公法上之請求權，於請求權人為行政機關時，除法律另有規定外，因五年間不行使而消滅；於請求權人為人民時，除法律另有規定外，因十年間不行使而消滅。

公法上請求權，因時效完成而當然消滅。

前項時效，因行政機關為實現該權利所作成之行政處分而中斷。

第 132 條　行政處分因撤銷、廢止或其他事由而溯及既往失效時，自該處分失效時起，已中斷之時效視為不中斷。

第 133 條　因行政處分而中斷之時效，自行政處分不得訴請撤銷或因其他原因失其效力後，重行起算。

第 134 條　因行政處分而中斷時效之請求權，於行政處分不得訴請撤銷後，其原有時效期間不滿五年者，因中斷而重行起算之時效期間為五年。

第三章　行政契約

第 135 條　公法上法律關係得以契約設定、變更或消滅之。但依其性質或法規規定不得締約者，不在此限。

第 136 條　行政機關對於行政處分所依據之事實或法律關係，經依職權調查仍不能確定者，為有效達成行政目的，並解決爭執，得與人民和解，締結行政契約，以代替行政處分。

第 137 條　行政機關與人民締結行政契約，互負給付義務者，應符合下列各款之規定：

一、契約中應約定人民給付之特定用途。

二、人民之給付有助於行政機關執行其職務。

三、人民之給付與行政機關之給付應相當，並具有正當合理之關聯。

行政處分之作成，行政機關無裁量權時，代替該行政處分之行政契約所約定之人民給付，以依第 93 條第 1 項規定得為附款者為限。

第 1 項契約應載明人民給付之特定用途及僅供該特定用途使用之意旨。

第 138 條　行政契約當事人之一方為人民，依法應以甄選或其他競爭方式決定該當事人時，行政機關應事先公告應具之資格及決定之程序。決定前，並應予參與競爭者表示意見之機會。

第 139 條　行政契約之締結，應以書面為之。但法規另有其他方式之規定者，依其規定。

第 140 條　行政契約依約定內容履行將侵害第三人之權利者，應經該第三人書面之同意，始生效力。

行政處分之作成，依法規之規定應經其他行政機關之核准、同意或會同辦理者，代替該行政處分而締結之行政契約，亦應經該行政機關之核准、同意或會同辦理，始生效力。

第 141 條　行政契約準用民法規定之結果為無效者，無效。

行政契約違反第 135 條但書或第 138 條之規定者，無效。

第 142 條　代替行政處分之行政契約，有下列各款情形之一者，無效：

一、與其內容相同之行政處分為無效者。

二、與其內容相同之行政處分，有得撤銷之違法原因，並為締結雙方所明知者。

三、締結之和解契約，未符合第 136 條之規定者。

四、締結之雙務契約，未符合第 137 條之規定者。

第 143 條　行政契約之一部無效者，全部無效。但如可認為欠缺該部分，締約雙方亦將締結契約者，其他部分仍為有效。

第 144 條　行政契約當事人之一方為人民者，行政機關得就相對人契約之履行，依書面約定之方式，為必要之指導或協助。

第 145 條　行政契約當事人之一方為人民者，其締約後，因締約機關所屬公法人之其他機

關於契約關係外行使公權力，致相對人履行
契約義務時，顯增費用或受其他不可預期之
損失者，相對人得向締約機關請求補償其損
失。但公權力之行使與契約之履行無直接必
要之關聯者，不在此限。

締約機關應就前項請求，以書面並敘明理由
決定之。

第 1 項補償之請求，應自相對人知有損失時
起一年內為之。

關於補償之爭議及補償之金額，相對人有不
服者，得向行政法院提起給付訴訟。

第 146 條　行政契約當事人之一方為人民者，
行政機關為防止或除去對公益之重大危害，
得於必要範圍內調整契約內容或終止契約。

前項之調整或終止，非補償相對人因此所受
之財產上損失，不得為之。

第 1 項之調整或終止及第 2 項補償之決定，
應以書面敘明理由為之。

相對人對第 1 項之調整難為履行者，得以書
面敘明理由終止契約。

相對人對第 2 項補償金額不同意時，得向行
政法院提起給付訴訟。

第 147 條　行政契約締結後，因有情事重大變
更，非當時所得預料，而依原約定顯失公平
者，當事人之一方得請求他方適當調整契約
內容。如不能調整，得終止契約。

前項情形，行政契約當事人之一方為人民
時，行政機關為維護公益，得於補償相對人
之損失後，命其繼續履行原約定之義務。

第 1 項之請求調整或終止與第 2 項補償之決
定，應以書面敘明理由為之。

相對人對第 2 項補償金額不同意時，得向行
政法院提起給付訴訟。

第 148 條　行政契約約定自願接受執行時，債
務人不為給付時，債權人得以該契約為強制
執行之執行名義。

前項約定，締約之一方為中央行政機關時，
應經主管院、部或同等級機關之認可；締約
之一方為地方自治團體之行政機關時，應經
該地方自治團體行政首長之認可；契約內容
涉及委辦事項者，並應經委辦機關之認可，
始生效力。

第 1 項強制執行，準用行政訴訟法有關強制
執行之規定。

第 149 條　行政契約，本法未規定者，準用民
法相關之規定。

第四章　法規命令及行政規則

第 150 條　本法所稱法規命令，係指行政機關
基於法律授權，對多數不特定人民就一般事
項所作抽象之對外發生法律效果之規定。

法規命令之內容應明列其法律授權之依據，
並不得逾越法律授權之範圍與立法精神。

第 151 條　行政機關訂定法規命令，除關於軍
事、外交或其他重大事項而涉及國家機密或
安全者外，應依本法所定程序為之。但法律
另有規定者，從其規定。

法規命令之修正、廢止、停止或恢復適用，
準用訂定程序之規定。

第 152 條　法規命令之訂定，除由行政機關自
行草擬者外，並得由人民或團體提議為之。

前項提議，應以書面敘明法規命令訂定之目
的、依據及理由，並附具相關資料。

第 153 條　受理前條提議之行政機關，應依下
列情形分別處理：

一、非主管之事項，依第 17 條之規定予以
移送。

二、依法不得以法規命令規定之事項，附述
理由通知原提議者。

三、無須訂定法規命令之事項，附述理由通
知原提議者。

四、有訂定法規命令之必要者，著手研擬
草案。

第 154 條　行政機關擬訂法規命令時，除情況
急迫，顯然無法事先公告周知者外，應於政
府公報或新聞紙公告，載明下列事項：

一、訂定機關之名稱，其依法應由數機關會
同訂定者，各該機關名稱。

二、訂定之依據。

三、草案全文或其主要內容。

四、任何人得於所定期間內向指定機關陳述
意見之意旨。

行政機關除為前項之公告外，並得以適當之
方法，將公告內容廣泛周知。

第155條　行政機關訂定法規命令,得依職權舉行聽證。

第156條　行政機關為訂定法規命令,依法舉行聽證者,應於政府公報或新聞紙公告,載明下列事項:
一、訂定機關之名稱,其依法應由數機關會同訂定者,各該機關之名稱。
二、訂定之依據。
三、草案之全文或其主要內容。
四、聽證之日期及場所。
五、聽證之主要程序。

第157條　法規命令依法應經上級機關核定者,應於核定後始得發布。
數機關會同訂定之法規命令,依法應經上級機關或共同上級機關核定者,應於核定後始得會銜發布。
法規命令之發布,應刊登政府公報或新聞紙。

第158條　法規命令,有下列情形之一者,無效:
一、牴觸憲法、法律或上級機關之命令者。
二、無法律之授權而剝奪或限制人民之自由、權利者。
三、其訂定依法應經其他機關核准,而未經核准者。
法規命令之一部分無效者,其他部分仍為有效。但除去該無效部分,法規命令顯失規範目的者,全部無效。

第159條　本法所稱行政規則,係指上級機關對下級機關,或長官對屬官,依其權限或職權為規範機關內部秩序及運作,所為非直接對外發生法規範效力之一般、抽象之規定。
行政規則包括下列各款之規定:
一、關於機關內部之組織、事務之分配、業務處理方式、人事管理等一般性規定。
二、為協助下級機關或屬官統一解釋法令、認定事實、及行使裁量權,而訂頒之解釋性規定及裁量基準。

第160條　行政規則應下達下級機關或屬官。
行政機關訂定前條第2項第2款之行政規則,應由其首長簽署,並登載於政府公報發布之。

第161條　有效下達之行政規則,具有拘束訂定機關、其下級機關及屬官之效力。

第162條　行政規則得由原發布機關廢止之。
行政規則之廢止,適用第160條規定。

第五章　行政計畫

第163條　本法所稱行政計畫,係指行政機關為將來一定期限內達成特定之目的或實現一定之構想,事前就達成該目的或實現該構想有關之方法、步驟或措施等所為之設計與規劃。

第164條　行政計畫有關一定地區土地之特定利用或重大公共設施之設置,涉及多數不同利益之人及多數不同行政機關權限者,確定其計畫之裁決,應經公開及聽證程序,並得有集中事權之效果。
前項行政計畫之擬訂、確定、修訂及廢棄之程序,由行政院另定之。

第六章　行政指導

第165條　本法所稱行政指導,謂行政機關在其職權或所掌事務範圍內,為實現一定之行政目的,以輔導、協助、勸告、建議或其他不具法律上強制力之方法,促請特定人為一定作為或不作為之行為。

第166條　行政機關為行政指導時,應注意有關法規規定之目的,不得濫用。
相對人明確拒絕指導時,行政機關應即停止,並不得據此對相對人為不利之處置。

第167條　行政機關對相對人為行政指導時,應明示行政指導之目的、內容、及負責指導者等事項。
前項明示,得以書面、言詞或其他方式為之。如相對人請求交付文書時,除行政上有特別困難外,應以書面為之。

第七章　陳情

第168條　人民對於行政興革之建議、行政法令之查詢、行政違失之舉發或行政上權益之維護,得向主管機關陳情。

第169條　陳情得以書面或言詞為之;其以言詞為之者,受理機關應作成紀錄,並向陳情人朗讀或使閱覽後命其簽名或蓋章。
陳情人對紀錄有異議者,應更正之。

第170條　行政機關對人民之陳情,應訂定作業規定,指派人員迅速、確實處理之。
人民之陳情有保密必要者,受理機關處理時,應不予公開。

第171條　受理機關認為人民之陳情有理由者，應採取適當之措施；認為無理由者，應通知陳情人，並說明其意旨。

受理機關認為陳情之重要內容不明確或有疑義者，得通知陳情人補陳之。

第172條　**人民之陳情應向其他機關為之者，受理機關應告知陳情人。但受理機關認為適當時，應即移送其他機關處理，並通知陳情人。**

陳情之事項，依法得提起訴願、訴訟或請求國家賠償者，受理機關應告知陳情人。

第173條　**人民陳情案有下列情形之一者，得不予處理：**

一、無具體之內容或未具真實姓名或住址者。

二、同一事由，經予適當處理，並已明確答覆後，而仍一再陳情者。

三、非主管陳情內容之機關，接獲陳情人以同一事由分向各機關陳情者。

第八章　附則

第174條　當事人或利害關係人不服行政機關於行政程序中所為之決定或處置，僅得於對實體決定聲明不服時一併聲明之。但行政機關之決定或處置得強制執行或本法或其他法規另有規定者，不在此限。

第174條之1　本法施行前，行政機關依中央法規標準法第7條訂定之命令，須以法律規定或以法律明列其授權依據者，應於本法施行後二年內，以法律規定或以法律明列其授權依據後修正或訂定；逾期失效。

第175條　本法自中華民國90年1月1日施行。本法修正條文自公布日施行。

十一、行政法人法
民國100年4月27日公布

第一章　總則

第1條　為規範行政法人之設立、組織、運作、監督及解散等共通事項，確保公共事務之遂行，並使其運作更具效率及彈性，以促進公共利益，特制定本法。

第2條　**本法所稱行政法人，指國家及地方自治團體以外，由中央目的事業主管機關，為執行特定公共事務，依法律設立之公法人。**

前項特定公共事務須符合下列規定：

一、具有專業需求或須強化成本效益及經營效能者。

二、不適合由政府機關推動，亦不宜交由民間辦理者。

三、所涉公權力行使程度較低者。

行政法人應制定個別組織法律設立之；其目的及業務性質相近，可歸為同一類型者，得制定該類型之通用性法律設立之。

第3條　**行政法人之監督機關為中央各目的事業主管機關，並應於行政法人之個別組織法律或通用性法律定之。**

第4條　**行政法人應擬訂人事管理、會計制度、內部控制、稽核作業及其他規章，提經董（理）事會通過後，報請監督機關備查。**

行政法人就其執行之公共事務，在不牴觸有關法律或法規命令之範圍內，得訂定規章，並提經董（理）事會通過後，報請監督機關備查。

第二章　組織

第5條　**行政法人應設董（理）事會。但得視其組織規模或任務特性之需要，不設董（理）事會，置首長一人。**

行政法人設董（理）事會者，置董（理）事，由監督機關聘任；解聘時，亦同；其中專任者不得逾其總人數三分之一。

行政法人應置監事或設監事會；監事均由監督機關聘任；解聘時，亦同；置監事三人以上者，應互推一人為常務監事。

董（理）事總人數以十五人為上限，監事總人數以五人為上限。

董（理）事、監事，任一性別不得少於三分之一。但於該行政法人個別組織法律或通用性法律另有規定者，從其規定。

第6條　董（理）事、監事採任期制，任期屆滿前出缺，補聘者之任期，以補足原任者之任期為止。董（理）事、監事為政府機關代表者，依其職務任免改聘。

有下列情事之一者，不得聘任為董（理）事、監事：

一、受監護宣告或輔助宣告尚未撤銷。

二、受有期徒刑以上刑之判決確定，而未受緩刑之宣告。

三、受破產宣告尚未復權。

四、褫奪公權尚未復權。

五、經公立醫院證明身心障礙致不能執行職務。

董（理）事、監事有前項情形之一或無故連續不出席董（理）事會議、監事會議達三次者，應予解聘。

董（理）事、監事有下列各款情事之一者，得予解聘：

一、行為不檢或品行不端，致影響行政法人形象，有確實證據。

二、工作執行不力或怠忽職責，有具體事實或違反聘約情節重大。

三、當屆之行政法人年度績效評鑑連續二年未達監督機關所定標準。

四、違反公務人員行政中立法之情事，有確實證據。

五、就主管事件，接受關說或請託，或利用職務關係，接受招待或餽贈，致損害公益或行政法人利益，有確實證據。

六、非因職務之需要，動用行政法人財產，有確實證據。

七、違反第七條第 1 項、第 2 項利益迴避原則及第八條第 1 項前段特定交易行為禁止之情事，有確實證據。

八、其他有不適任董（理）事、監事職位之行為。

董（理）事、監事之資格、人數、產生方式、任期、權利義務、續聘次數及解聘之事由與方式，應於行政法人個別組織法律或通用性法律定之。

第 7 條　董（理）事、監事應遵守利益迴避原則，不得假借職務上之權力、機會或方法，圖謀本人或關係人之利益；其利益迴避範圍及違反時之處置，由監督機關定之。

董（理）事、監事相互間，不得有配偶及三親等以內血親、姻親之關係。

本法所稱關係人，指配偶或二親等以內之親屬。

第 8 條　行政法人之董（理）事、監事或其關係人，不得與其所屬行政法人為買賣、租賃、承攬等交易行為。但有正當理由，經董（理）事會特別決議者，不在此限。

違反前項規定致所屬行政法人受有損害者，行為人應對其負損害賠償責任。

第 1 項但書情形，行政法人應將該董（理）事會特別決議內容，於會後二十日內主動公開之，並報監督機關備查。

第 9 條　行政法人設董（理）事會者，置董（理）事長一人，由監督機關聘任或提請行政院院長聘任；解聘時，亦同。

董（理）事長之聘任，應由監督機關訂定作業辦法遴聘之。

董（理）事長對內綜理行政法人一切事務，對外代表行政法人。

董（理）事長以專任為原則。但於該行政法人個別組織法律或通用性法律另有規定者，從其規定。

行政法人設董（理）事會者，得置執行長一人，負責行政法人營運及管理業務之執行，並由董（理）事長提請董（理）事會通過後聘任；解聘時，亦同。其權責及職務名稱，應於行政法人之個別組織法律另為規定。

董（理）事長及執行長初任年齡不得逾六十五歲，任期屆滿前年滿七十歲者，應即更換。但有特殊考量，經行政院核准者，不在此限。

第 6 條第 2 項、第 3 項前段、第 4 項、第 7 條、第 8 條及第 15 條第 6 款有關董（理）事之規定，於第 5 項所置執行長準用之。

第 10 條　董（理）事會職權如下：

一、發展目標及計畫之審議。

二、年度營運（業務）計畫之審議。

三、年度預算及決算之審議。

四、規章之審議。

五、自有不動產處分或其設定負擔之審議。

六、其他重大事項之審議。

董（理）事會應定期開會，必要時，得召開臨時會議，由董（理）事長召集，並擔任主席。

監事或常務監事，應列席董（理）事會議。

第 11 條　監事或監事會職權如下：

一、年度營運（業務）決算之審核。

二、營運（業務）、財務狀況之監督。

三、財務帳冊、文件及財產資料之稽核。

四、其他重大事項之審核或稽核。

第12條　董（理）事、監事應親自出席董（理）事會議、監事會議，不得委託他人代理出席。

第13條　兼任之董（理）事、監事，均為無給職。

第14條　**行政法人置首長者，應為專任，由監督機關聘任或提請行政院院長聘任；解聘時，亦同。**

第6條、第7條、第9條第2項、第3項、第6項、第15條第5款及第6款有關董（理）事之規定，於前項所置首長準用之。

行政法人置首長者，依第4條、第18條第2項及第19條第1項所訂定之規章、年度營運（業務）計畫與預算、年度執行成果及決算報告書，應報請監督機關核定。

第三章　營運（業務）及監督

第15條　監督機關之監督權限如下：

一、發展目標及計畫之核定。

二、規章、年度營運（業務）計畫與預算、年度執行成果及決算報告書之核定或備查。

三、財產及財務狀況之檢查。

四、營運（業務）績效之評鑑。

五、董（理）事、監事之聘任及解聘。

六、董（理）事、監事於執行業務違反法令時，得為必要之處分。

七、行政法人有違反憲法、法律、法規命令時，予以撤銷、變更、廢止、限期改善、停止執行或其他處分。

八、自有不動產處分或其設定負擔之核可。

九、其他依法律所為之監督。

第16條　**監督機關應邀集有關機關代表、學者專家及社會公正人士，辦理行政法人之績效評鑑。**

行政法人績效評鑑之方式、程序及其他相關事項之辦法，由監督機關定之。

第17條　績效評鑑之內容如下：

一、行政法人年度執行成果之考核。

二、行政法人營運（業務）績效及目標達成率之評量。

三、行政法人年度自籌款比率達成率。

四、行政法人經費核撥之建議。

第18條　行政法人應訂定發展目標及計畫，報請監督機關核定。

行政法人應訂定年度營運（業務）計畫及其預算，提經董（理）事會通過後，報請監督機關備查。

第19條　行政法人於會計年度終了一定時間內，應將年度執行成果及決算報告書，委託會計師查核簽證，提經董（理）事會審議，並經監事或監事會通過後，報請監督機關備查，並送審計機關。

前項決算報告，審計機關得審計之；審計結果，得送監督機關或其他相關機關為必要之處理。

第四章　人事及現職員工權益保障

第20條　**行政法人進用之人員，依其人事管理規章辦理，不具公務人員身分，其權利義務關係，應於契約中明定。**

董（理）事、監事之配偶及其三親等以內血親、姻親，不得擔任行政法人總務、會計及人事職務。

董（理）事長或首長，不得進用其配偶及三親等以內血親、姻親，擔任行政法人職務。

第21條　行政法人由政府機關或機構（以下簡稱原機關（構））改制成立者，原機關（構）現有編制內依公務人員相關任用法律任用、派用公務人員於機關（構）改制之日隨同移轉行政法人繼續任用者（以下簡稱繼續任用人員），仍具公務人員身分；其任用、服務、懲戒、考績、訓練進修、俸給、保險、保障、結社、退休、資遣、撫卹、福利及其他權益事項，均依原適用之公務人員相關法令辦理。但不能依原適用之公務人員相關法令辦理之事項，由行政院會同考試院另定辦法行之。

前項繼續任用人員中，人事、主計、政風人員之管理，與其他公務人員同。

前二項人員得依改制前原適用之組織法規，於首長以外之職務範圍內，依規定辦理陞遷及銓敘審定。

第1項及第2項人員，得隨時依其適用之公務人員退休、資遣法令辦理退休、資遣後，擔任行政法人職務，不加發七個月俸給總額慰助金，並改依行政法人人事管理規章進用。

第22條 原機關（構）公務人員不願隨同移轉行政法人者，由主管機關協助安置；或於機關（構）改制之日，依其適用之公務人員退休、資遣法令辦理退休、資遣，並一次加發七個月之俸給總額慰助金。但已達屆齡退休之人員，依其提前退休之月數發給之。

前項人員於退休、資遣生效日起七個月內，再任有給公職或行政法人職務時，應由再任機關或行政法人收繳扣除離職（退休、資遣）月數之俸給總額慰助金繳庫。

前二項所稱俸給總額慰助金，指退休、資遣當月所支本（年功）俸與技術或專業加給及主管職務加給。

第23條 原機關（構）現有依聘用人員聘用條例及行政院暨所屬機關約僱人員僱用辦法聘用及約僱之人員（以下簡稱原機關（構）聘僱人員），其聘僱契約尚未期滿且不願隨同移轉行政法人者，於機關（構）改制之日辦理離職，除依各機關學校聘僱人員離職儲金給與辦法規定辦理外，並依其最後在職時月支報酬為計算標準，一次加發七個月之月支報酬。但契約將屆滿人員，依其提前離職之月數發給之。其因退出原參加之公教人員保險（以下簡稱公保），有損失公保投保年資者，並發給保險年資損失補償。

前項人員於離職生效日起七個月內，再任有給公職或行政法人職務時，應由再任機關或行政法人收繳扣除離職月數之月支報酬繳庫。所領之保險年資損失補償於其將來再參加公保領取養老給付時，承保機關應代扣原請領之補償金，並繳還原機關（構）之上級機關，不受公教人員保險法第18條不得讓與、抵銷、扣押或供擔保之限制。但請領之養老給付較原請領之補償金額低時，僅繳回所領之養老給付同金額之補償金。

前二項公保年資損失補償，準用公教人員保險法第14條規定之給付標準發給。

原機關（構）聘僱人員於機關（構）改制之日隨同移轉行政法人者，應於改制之日辦理離職，並依各機關學校聘僱人員離職儲金給與辦法發給離職儲金，不加發七個月月支報酬，並改依行政法人人事管理規章進用。其因退出原參加之公保，有損失公保投保年資者，依前二項規定，發給保險年資損失補償。

原機關（構）現有依行政院暨所屬機關約僱人員僱用辦法約僱之人員，其適用勞動基準法者，不適用第1項及前項所定發給離職儲金之規定，並依勞動基準法及勞工退休金條例相關規定發給退休金或資遣費。

第24條 原機關（構）現有依各機關學校團體駐衛警察設置管理辦法進用之駐衛警察（以下簡稱原機關駐衛警察），不願隨同移轉行政法人者，由主管機關協助安置；或於機關（構）改制之日依其適用之退職、資遣法令辦理退職、資遣，並一次加發七個月之月支薪津。但已達屆齡退職之人員，依其提前退職之月數發給之。

前項人員於退職、資遣生效日起七個月內，再任有給公職或行政法人職務時，應由再任機關或行政法人收繳扣除離職（退職、資遣）月數之月支薪津繳庫。

前二項所稱月支薪津，指退職、資遣當月所支薪俸、專業加給及主管職務加給。

原機關駐衛警察於機關（構）改制之日隨同移轉行政法人者，應於改制之日依其原適用之退職、資遣法令辦理退職、資遣，不加發七個月月支薪津，並改依行政法人人事管理規章進用。

第25條 原機關（構）現有之工友（含技工、駕駛）（以下簡稱原機關（構）工友），不願隨同移轉行政法人者，由主管機關協助安置；或於機關（構）改制之日依其適用之退休、資遣法令辦理退休、資遣，並一次加發七個月之餉給總額慰助金。但已達屆齡退休之人員，依其提前退休之月數發給之。前項人員於退休、資遣生效日起七個月內，再任有給公職或行政法人職務時，應由再任機關或行政法人收繳扣除離職（退休、資遣）月數之餉給總額慰助金繳庫。

前二項所稱餉給總額慰助金，指退休、資遣當月所支本（年功）餉及專業加給。

原機關（構）工友於機關（構）改制之日隨同移轉行政法人者，應於改制之日依其原適用之退休、資遣法令辦理退休、資遣，不加發七個月餉給總額慰助金，並改依行政法人人事管理規章進用。

第 26 條　原機關（構）改制所需加發慰助金及保險年資損失補償等相關費用，得由原機關（構）、原基金或其上級機關在原預算範圍內調整支應，不受預算法第 62 條及第 63 條規定之限制。

第 27 條　曾配合機關（構）、學校業務調整而精簡、整併、改隸、改制或裁撤，依據相關法令規定辦理退休、資遣或離職，支領加發給與者，不適用本法有關加發慰助金、月支報酬或月支薪津之規定。

第 28 條　休職、停職（含免職未確定）及留職停薪人員因原機關（構）改制行政法人而隨同移轉者，由原機關（構）列冊交由行政法人繼續執行。留職停薪人員提前申請復職者，應准其復職。

前項人員於依法復職或回職復薪，不願配合移轉者，得準用第 22 條規定，由主管機關協助安置，或辦理退休、資遣，並加發慰助金。

第 29 條　第 21 條、第 22 條、第 26 條至前條規定，於原機關（構）依教育人員任用條例規定聘任人員準用之。

第 30 條　行政法人之個別組織法律或通用性法律規定有關現職員工權益保障事項，不得與第 21 條至第 25 條、第 27 條至前條規定相牴觸。

前項規定，國防部及所屬之聘用及僱用人員不在此限。

第五章　會計及財務

第 31 條　行政法人之會計年度，應與政府會計年度一致。

第 32 條　行政法人之會計制度，依行政法人會計制度設置準則訂定。

前項會計制度設置準則，由行政院定之。

行政法人財務報表，應委請會計師進行查核簽證。

第 33 條　行政法人成立年度之政府核撥經費，得由原機關（構）或其上級機關在原預算範圍內調整因應，不受預算法第 62 條及第 63 條規定之限制。

第 34 條　原機關（構）改制為行政法人業務上有必要使用之公有財產，得採捐贈、出租或無償提供使用等方式為之；採捐贈者，不適用預算法第 25 條及第 26 條、國有財產法第 28 條及第 60 條相關規定。

行政法人設立後，因業務需要得價購公有不動產。土地之價款，以當期公告土地現值為準。地上建築改良物之價款，以稅捐稽徵機關提供之當年期評定現值為準；無該當年期評定現值者，依公產管理機關估價結果為準。

行政法人以政府機關核撥經費指定用途所購置之財產，為公有財產。

第 1 項出租、無償提供使用及前項之公有財產以外，由行政法人取得之財產為自有財產。

第 1 項無償提供使用及第 3 項之公有財產，由行政法人登記為管理人，所生之收益，列為行政法人之收入，不受國有財產法第 7 條第 1 項規定之限制；其管理、使用、收益等相關事項之辦法，由監督機關定之。

公有財產用途廢止時，應移交各級政府公產管理機關接管。

行政法人接受捐贈之公有不動產，不需使用時，應歸還原捐贈機關，不得任意處分。

第 35 條　政府機關核撥行政法人之經費，應依法定預算程序辦理，並受審計監督。

政府機關核撥之經費超過行政法人當年度預算收入來源百分之五十者，應由監督機關將其年度預算書，送立法院審議。

第 36 條　行政法人所舉借之債務，以具自償性質者為限，並先送監督機關核定。預算執行結果，如有不能自償之虞時，應即檢討提出改善措施，報請監督機關核定。

第 37 條　行政法人辦理採購，應本公開、公平之原則，並應依我國締結簽訂條約或協定之規定。

前項採購，除符合政府採購法第 4 條所定情形，應依該規定辦理外，不適用該法之規定。

前項應依政府採購法第 4 條規定辦理之採購，於其他法律另有規定者，從其規定。

第 38 條　行政法人之相關資訊，應依政府資

訊公開法相關規定公開之；其年度財務報表、年度營運（業務）資訊及年度績效評鑑報告，應主動公開。

前項年度績效評鑑報告，應由監督機關提交分析報告，送立法院備查。必要時，立法院得要求監督機關首長率同行政法人之董（理）事長、首長或相關主管至立法院報告營運狀況並備詢。

第六章　附則

第 39 條　對於行政法人之行政處分不服者，得依訴願法之規定，向監督機關提起訴願。

第 40 條　行政法人因情事變更或績效不彰，致不能達成其設立目的時，由監督機關提請行政院同意後解散之。

行政法人解散時，繼續任用人員，由監督機關協助安置，或依其適用之公務人員法令辦理退休、資遣；其餘人員，終止其契約；其賸餘財產繳庫；其相關債務由監督機關概括承受。

第 41 條　本法於行政院以外之中央政府機關，設立行政法人時，準用之。

經中央目的事業主管機關核可之特定公共事務，直轄市、縣（市）得準用本法之規定制定自治條例，設立行政法人。

第 42 條　本法自公布日施行。

Note

第六篇　近年試題及解析

（　）1. 司法院大法官解釋曾把法定預算稱為： (A)措施性法律 (B)暫時性法律 (C)特別性法律 (D)例外性法律。

（　）2. 下列何者非屬行政行為應遵守之比例原則？ (A)採取之方法應快速達成目的 (B)採取之方法所造成之損害不得與欲達成目的之利益顯失均衡 (C)有多種同樣能達成目的之方法時，應選擇對人民權益損害最少者 (D)採取之方法應有助於目的之達成。

（　）3. 若行政院環境保護署訂定「違反水污染防治法罰鍰額度裁罰準則」供地方政府執法參據，其目的與下列何者無關？ (A)協助行政機關裁量權之行使 (B)顧及法律適用之一致性 (C)實踐平等原則 (D)統一裁罰之法定要件。

（　）4. 下列何者雖非地方自治團體，但仍得為公法人？ (A)省 (B)直轄市 (C)縣（市） (D)鄉（鎮、市）。

（　）5. 依行政程序法規定，關於數行政機關就同一事件發生管轄競合時處理方式之敘述，下列何者正確？ (A)應由受理在先之機關，移請其所在地之管轄地方法院行政訴訟庭以裁定定之 (B)不能分別受理之先後者，由各該機關共同聲請司法院大法官解釋定之 (C)不能分別受理之先後，而有統一管轄之必要者，由其共同上級機關指定管轄 (D)不能分別受理之先後者，得函請當事人擇定其中一機關為該事件之管轄機關。

（　）6. 下列何者非公務員服務法上所稱之公務員？ (A)陸軍連輔導長 (B)未兼行政職之國立臺灣大學教授 (C)交通部臺灣鐵路管理局高員級資位主任事務員 (D)臺北市政府人事處主任秘書。

（　）7. 臺北市政府公告華江橋停止供公共使用之行為，其法律性質為何？ (A)法規命令 (B)行政事實行為 (C)行政處分 (D)行政規則。

（　）8. 依行政程序法之規定，有關違法行政處分之撤銷，下列敘述何者錯誤？ (A)違法行政處分經撤銷後，原則上溯及既往失其效力 (B)受益人無信賴不值得保護之情形，其因信賴該處分致受財產上損失者，為撤銷之機關應給予合理補償 (C)受益人得向行政法院提起訴訟，請求命為撤銷之機關另定處分之失效日期 (D)違法行政處分之撤銷，仍須衡量依法行政原則、信賴保護原則及公益原則等。

( ) 9. 依行政程序法規定，下列何者不屬於行政處分得補正之情形？ (A)須經申請始得作成之行政處分，當事人已於事後提出者 (B)應以證書方式作成之行政處分，行政機關未給予證書而於事後補作成證書者 (C)應給予當事人陳述意見之機會已於事後給予者 (D)應參與行政處分作成之其他機關已於事後參與者。

( ) 10. 關於行政程序法第136條和解契約之敘述，下列何者錯誤？ (A)和解係指爭議雙方各自退讓，以解決爭執 (B)和解僅得針對行政處分所依據之事實，不包括法律關係 (C)未經行政機關依職權調查，不得締結和解契約 (D)和解契約之締結，得代替行政處分。

( ) 11. 下列何者非屬行政事實行為？ (A)訴願審議委員聽取訴願人陳述意見 (B)行政機關否准人民申請調閱資料 (C)警車定期巡邏 (D)機關首長乘坐公務車至立法院備詢。

( ) 12. 甲在防制區內之路旁燃燒物品，產生濃煙足以妨礙行車視線，除違反空氣污染防制法，應處新臺幣5,000元以上10萬元以下罰鍰外，同時違反道路交通管理處罰條例，應處新臺幣1,200元以上2,400元以下罰鍰。行政機關應如何裁處？ (A)依空氣污染防制法規定裁處 (B)依道路交通管理處罰條例裁處 (C)依空氣污染防制法規定與道路交通管理處罰條例分別裁處 (D)依空氣污染防制法或道路交通管理處罰條例任意擇一裁處。

( ) 13. 關於行政罰法阻卻違法事由，下列敘述何者錯誤？ (A)依法令之行為，不罰 (B)依所屬上級公務員職務命令之行為，不罰；明知該職務命令違法者，亦同 (C)對於現在不法之侵害，而出於防衛自己或他人權利，且未過當者，不罰 (D)因避免自己或他人生命之緊急危難而出於不得已之行為，且未過當者，不罰。

( ) 14. 關於行政執行法所定管收之敘述，下列何者錯誤？ (A)管收期限，自管收之日起算，不得逾3個月 (B)義務人所負公法上金錢給付義務，得因管收按日扣抵 (C)停止管收原因消滅時，行政執行分署得聲請法院再行管收，但以一次為限 (D)懷胎5月以上者，不得管收。

( ) 15. 關於政府資訊公開法之敘述，下列何者錯誤？ (A)資訊公開之申請涉及特定法人權益者，應以書面通知其表示意見 (B)政府機關應於受理申請提供資訊之日起15日內，為准駁之決定 (C)政府資訊含有限制公開或不予提供之事項者，應僅就其他部分公開或提供 (D)行政程序上之當事人或利害關係人始得行使政府資訊公開請求權。

( )16.依政府資訊公開法規定，下列何種政府資訊無須主動公開？　(A)教育部訴願審議委員會之會議紀錄　(B)內政部派所屬公務員赴國外考察之報告書　(C)交通部之公共工程及採購契約書　(D)出席公平交易委員會會議之成員名單。

( )17.關於當事人於行政程序中陳述意見之權利，下列敘述何者正確？　(A)無行政程序行為能力之人，不得享有陳述意見之權利　(B)主管機關作成年度燃料稅之課稅處分，依法得不給予納稅義務人陳述意見之機會(C)行政機關作成任一行政處分前，為保障當事人主體性，依法應給予其陳述意見之機會　(D)行政機關於行政程序中未依法使當事人陳述意見者，該行政處分即因此違法而應撤銷。

( )18.依訴願法規定，關於訴願制度之敘述，下列何者正確？　(A)上級機關基於指揮監督權，得自行發動訴願程序　(B)訴願程序本質上為行政程序，不採不告不理原則　(C)受行政處分之地方自治團體，具有訴願之當事人能力　(D)有訴願之當事人能力者，均有提起訴願之權能。

( )19.關於訴願之審議程序，下列敘述何者正確？　(A)訴願審議非經訴願人言詞陳述意見，不得採為訴願決定之基礎　(B)受理訴願機關應以訴願人提出之證據為訴願決定之基礎，不得依職權調查　(C)受理訴願機關應依原處分機關認定之事實，作為決定之基礎　(D)調查證據之結果應由訴願人表示意見，始得對之為不利益之決定。

( )20.關於行政訴訟制度之敘述，下列何者錯誤？　(A)智慧財產權之行政訴訟事件，其上訴及抗告，仍由最高行政法院管轄　(B)訴訟繫屬後，當事人不得就同一事件向其他不同審判權法院更行起訴　(C)法院有無受理訴訟權限之爭議，受移送法院得聲請司法院大法官解釋　(D)訴訟標的、原因事實及其所用之攻擊防禦方法，為起訴時應表明事項。

( )21.請求原處分機關確認處分無效，但原處分機關函復確認有效，當事人應以下列何種訴訟類型請求救濟？　(A)撤銷訴訟　(B)課予義務訴訟(C)確認訴訟　(D)一般給付訴訟。

( )22.在課稅處分移送行政執行前，若稅務機關發現甲欲脫產時，應如何處理？(A)聲請假扣押　(B)聲請假處分　(C)聲請假執行　(D)聲請管收。

( )23.因公法上之保險事件涉訟者，有關管轄權之敘述，下列何者錯誤？(A)得由為原告之被保險人住居所地之行政法院管轄　(B)得由為原告之受益人住居所地之行政法院管轄　(C)得由為原告之受益人從事職業活動地之行政法院管轄　(D)得由為原告之被保險人從事職業活動地之行政法院管轄。

( ) 24.下列何者非屬得請求國家賠償之情形？　(A)因公有公共設施之設置或管理有欠缺，致人民之生命、身體或財產遭受損害　(B)因公務員執行職務行使公權力時，故意或過失不法侵害人民之自由或權利　(C)因公務員怠於作成依法應作成之行政處分，致人民自由或權利遭受損害　(D)因公務員履行私法契約義務，致人民自由或權利遭受損害。

( ) 25.依國家賠償法規定，關於請求賠償之方式，下列敘述何者正確？　(A)得以口頭向賠償義務機關提出請求　(B)應以書面向賠償義務機關提出請求　(C)得直接向法院提起損害賠償之訴　(D)得直接向賠償義務機關之上級機關提出請求。

解答及解析　答案標示為#者，表官方曾公告更正該題答案。

1. **A** 釋字第520號解釋：「預算案經立法院通過及公布手續為法定預算，其形式上與法律相當，因其內容、規範對象及審議方式與一般法律案不同，本院釋字第391號解釋曾引學術名詞稱之為措施性法律。」

2. **A** 比例原則有廣狹二義，廣義的比例原則包括適當性、必要性及衡量性三原則，而衡量性原則又稱狹義的比例原則。適當性指行為應適合於目的之達成；必要性則謂行為不超越實現目的之必要程度，亦即達成目的須影響最輕微之手段；至衡量性原則乃指手段應按目的加以衡判，換言之，任何干涉措施所造成之損害應輕於達成目的所獲致之利益，始具有合法性。

3. **D** 行政程序法第159條：「本法所稱行政規則，係指上級機關對下級機關，或長官對屬官，依其權限或職權為規範機關內部秩序及運作，所為非直接對外發生法規範效力之一般、抽象之規定。行政規則包括下列各款之規定：……二、為協助下級機關或屬官統一解釋法令、認定事實、及行使裁量權，而訂頒之解釋性規定及裁量基準。」

4. **A** 釋字第467號解釋：「中華民國86年7月21日公布之憲法增修條文第9條施行後，省為地方制度層級之地位仍未喪失，惟不再有憲法規定之自治事項，亦不具備自主組織權，自非地方自治團體性質之公法人。符合上開憲法增修條文意旨制定之各項法律，若未劃歸國家或縣市等地方自治團體之事項，而屬省之權限且得為權利義務之主體者，於此限度內，省自得具有公法人資格。」

5. **C** 行政程序法第13條：「同一事件，數行政機關依前二條之規定均有管轄權者，由受理在先之機關管轄，不能分別受理之先後者，由各該機關協議定之，不能協議或有統一管轄之必要時，由其共同上級機關指定管轄。」

6. **B** 釋字第308號解釋：「公立學校聘任之教師不屬於公務員服務法第24條所稱之公務員。惟兼任學校行政職務之教師，就其兼任之行政職務，則有公務員服務法之適用。」

7. **C** 行政程序法第92條：「本法所稱行政處分，係指行政機關就公法上具體事件所為之決定或其他公權力措施而對外直接發生法律效果之單方行政行為。前項決定或措施之相對人雖非特定，而依一般性特徵可得確定其範圍者，為一般處分，適用本法有關行政處分之規定。有關公物之設定、變更、廢止或其一般使用者，亦同。」

8. **C** 行政程序法第118條：「違法行政處分經撤銷後，溯及既往失其效力。但為維護公益或為避免受益人財產上損失，為撤銷之機關得另定失其效力之日期。」

9. **B** 行政程序法第114條第1項：「違反程序或方式規定之行政處分，除依第111條規定而無效者外，因下列情形而補正：一、須經申請始得作成之行政處分，當事人已於事後提出者。二、必須記明之理由已於事後記明者。三、應給予當事人陳述意見之機會已於事後給予者。四、應參與行政處分作成之委員會已於事後作成決議者。五、應參與行政處分作成之其他機關已於事後參與者。」

10. **B** 行政程序法第136條：「行政機關對於行政處分所依據之事實或法律關係，經依職權調查仍不能確定者，為有效達成行政目的，並解決爭執，得與人民和解，締結行政契約，以代替行政處分。」

11. **B** 政府資訊公開法第20條：「申請人對於政府機關就其申請提供、更正或補充政府資訊所為之決定不服者，得依法提起行政救濟。」
本題行政機關否准人民申請調閱資料非屬行政事實行為，性質上屬行政處分。

12. **A** 行政罰法第24條第1項：「一行為違反數個行政法上義務規定而應處罰鍰者，依法定罰鍰額最高之規定裁處。」

13. **B** 行政罰法第11條：「依法令之行為，不予處罰。依所屬上級公務員職務命令之行為，不予處罰。但明知職務命令違法，而未依法定程序向該上級公務員陳述意見者，不在此限。」

14. **B** 行政執行法第19條第6項：「義務人所負公法上金錢給付義務，不因管收而免除。」

15. **D** 政府資訊公開法第9條：「具有中華民國國籍並在中華民國設籍之國民及其所設立之本國法人、團體，得依本法規定申請政府機關提供政府資訊。持有中華民國護照僑居國外之國民，亦同。外國人，以其本國法令未限制中華民國國民申請提供其政府資訊者為限，亦得依本法申請之。」

16. **A** 政府資訊公開法第7條：「下列政府資訊，除依第十八條規定限制公開或不予提供者外，應主動公開：十、合議制機關之會議紀錄。……第一項第十款所稱合議制機關之會議紀錄，指由依法獨立行使職權之成員組成之決策性機關，其所審議議案之案由、議程、決議內容及出席會議成員名單。」

17. **B** 行政程序法第103條：「有下列各款情形之一者，行政機關得不給予陳述意見之機會：一、大量作成同種類之處分。……」

18. **C** 訴願的主體如下：
    (1) 訴願的主體以人民為原則：包括本國人及外國人，除自然人之外，法人或非法人團體均得提起訴願。
    (2) 公法人亦得提起訴願：直轄市、縣（市）、鄉（鎮、市）及農田水利會為公法人，均得提起訴願。省政府已改制為行政院派出機關，惟省尚未完全喪失公法人地位，理論上非不得為訴願人，然實際上可能性極微。

19. **D** 訴願法第67條第3項：「受理訴願機關依職權或依申請調查證據之結果，非經賦予訴願人及參加人表示意見之機會，不得採為對之不利之訴願決定之基礎。」

20. **D** 行政訴訟法第105條：「起訴，應為訴狀表明下列各款事項，提出於行政法院為之：一、當事人。二、起訴之聲明。三、訴訟標的及其原因事實。訴狀內宜記載適用程序上有關事項、證據方法及其他準備言詞辯論之事項；其經訴願程序者，並附具決定書。」

21. **C** 行政訴訟法第6條第1項：「確認行政處分無效及確認公法上法律關係成立或不成立之訴訟，非原告有即受確認判決之法律上利益者，不得提起之。」

22. **A** 稅捐稽徵法第24條：「納稅義務人欠繳應納稅捐者，稅捐稽徵機關得就納稅義務人相當於應繳稅捐數額之財產，通知有關機關，不得為移轉或設定他項權利；其為營利事業者，並得通知主管機關，限制其減資或註銷之登記。前項欠繳應納稅捐之納稅義務人，有隱匿或移轉財產、逃避稅捐執行之跡象者，稅捐稽徵機關得聲請法院就其財產實施假扣押。」

23. **C** 行政訴訟法第15條之2：「因公法上之保險事件涉訟者，得由為原告之被保險人、受益人之住居所地或被保險人從事職業活動所在地之行政法院管轄。」

24. **D** 國家賠償法第2條第2項：「公務員於執行職務行使公權力時，因故意或過失不法侵害人民自由或權利者，國家應負損害賠償責任。公務員怠於執行職務，致人民自由或權利遭受損害者亦同。」

25. **B** 國家賠償法第10條第1項：「依法請求損害賠償時，應先以書面向賠償義務機關請求之。」

107年　移民特考四等

( )　1. 有關依法行政原則之敘述，下列何者錯誤？　(A)無法律依據，行政機關即無法行政　(B)干預人民權利必須有法律依據　(C)施行細則不得逾越母法授權　(D)法律授權發布命令應具體明確。

( )　2. 下列法規，何者位階最高？　(A)文化藝術事業減免營業稅及娛樂稅辦法　(B)臺北市路跑比賽或活動課徵娛樂稅之認定原則　(C)臺北市娛樂稅徵收自治條例　(D)娛樂稅法。

( )　3. 國立大學醫學院之公費生，畢業後負有至偏鄉服務之義務，不履行服務義務者，應償還在學期間所領取之公費，係基於下列何種行為產生之行政法律關係？　(A)行政指導　(B)行政處分　(C)行政契約　(D)行政慣例。

( )　4. 關於公務員服從義務之敘述，下列何者錯誤？　(A)主管長官與兼管長官所發命令不同時，應向其共同上級長官報告　(B)對於兩級長官同時所發命令，應以上級長官之命令為準　(C)對於長官所發命令，如認為違法者，應負報告之義務　(D)長官命令有違反刑事法律者，無服從義務。

( )　5. 公務人員對於服務機關所為之行政處分，認為違法或顯然不當，致損害其權利或利益者，得依公務人員保障法提起何種救濟？　(A)訴願　(B)聲明異議　(C)申訴　(D)復審。

( )　6. 下列何者為公務員服務法所稱之公務員？　(A)武職人員　(B)未兼行政職之公立學校教師　(C)民意代表　(D)聘僱人員。

( )　7. 下列何者屬於供公眾使用之公物？　(A)消防車輛　(B)國道高速公路　(C)總統府　(D)林班地。

( )　8. 依行政程序法規定，關於法規命令之效力，下列敘述何者正確？　(A)牴觸上級機關之命令，任何人得請求撤銷　(B)無法律之授權而限制人民權利者，無效　(C)法規命令一部分無效者，一律全部無效　(D)依法應經其他機關核准，而未經核准者，仍為有效。

( )　9. 關於行政規則之效力，下列敘述何者正確？　(A)直接對外發生法規範效力　(B)非直接對外發生法規範效力　(C)僅裁量基準直接對外發生法規範效力　(D)僅解釋性行政規則直接對外發生法規範效力。

( ) 10. 依行政程序法規定，關於書面行政處分應記載事項之敘述，下列何者錯誤？ (A)應載明處分相對人之姓名、出生年月日、性別、身分證統一號碼、住居所或其他足資辨別之特徵 (B)以自動機器作成之大量行政處分，得不經處分機關及其首長署名，以蓋章為之 (C)應記明理由之書面行政處分而未記明者，得於行政訴訟程序中補正之 (D)有關專門知識之考試結果所為之書面行政處分，得不記明理由。

( ) 11. 下列何者為行政處分？ (A)勞動部勞工保險局核發勞保給付 (B)財政部國有財產署或所屬分支機構出售土地 (C)地方政府發放已核定之生活扶助金 (D)行政機關代表國庫出租公有財產。

( ) 12. 關於行政處分之敘述，下列何者錯誤？ (A)書面之行政處分自送達相對人起，對相對人發生效力 (B)不能由書面處分得知處分機關者，屬違法但有效之行政處分 (C)未限制人民權益之書面行政處分，得不記明理由 (D)未給予陳述意見所作成之行政處分，得事後補正。

( ) 13. 依行政程序法規定，下列關於行政法上和解契約之敘述，何者錯誤？ (A)須行政處分所依據之事實或法律關係存在不確定情形 (B)須不確定情形經行政機關依職權調查仍不能確定 (C)須為有效達成行政目的並解決爭執 (D)須得上級機關同意。

( ) 14. 行政機關與人民締結行政契約，互負給付義務，下列敘述何者錯誤？ (A)契約中應約定人民給付之特定用途 (B)人民之給付與行政機關給付是否相當，應依契約雙方當事人之約定 (C)人民之給付與行政機關之給付應具有正當合理之關聯 (D)人民之給付應有助於行政機關職務之執行。

( ) 15. 有關行政指導之敘述，下列何者錯誤？ (A)行政指導一律須有法律之依據 (B)行政指導不具法律上之強制力 (C)行政指導可能成為信賴基礎 (D)行政指導違法仍有國家賠償之問題。

( ) 16. 下列何者非屬行政事實行為？ (A)警察機關於街口設置監視錄影器 (B)警察查緝犯罪嫌疑人，透過電視媒體公布涉嫌人的照片 (C)地政機關對土地重測結果之公告 (D)直轄市政府對抽樣檢驗不合格之食品予以銷毀。

( ) 17. 依行政罰法之規定，下列何者非屬行政罰之種類？ (A)罰金 (B)罰鍰 (C)命令停工 (D)沒入。

( ) 18. 下列何者非屬訴願之程序審查？ (A)審查訴願之提起是否逾越訴願法定期間 (B)審查訴願書之記載與文件是否合乎規定 (C)審查行政處分是否違法或不當 (D)審查訴願管轄是否合乎規定。

( ) 19. 下列何者須經訴願，始得提起行政訴訟？ (A)事業未經許可排放廢污水，經環保機關裁處罰鍰 (B)事業與他事業聯合漲價，經公平交易委員會舉行聽證後，裁處罰鍰 (C)行為人違反社會秩序維護法，經警察機關裁處罰鍰 (D)車輛所有人因違規停車，經警察機關舉發，裁處罰鍰。

( ) 20. 某公司欠繳營利事業所得稅，財政部臺北國稅局報由財政部函請內政部移民署，限制負責人甲出境，並函知甲。甲不服，以其非實際負責人，提起訴願，應以下列何者為訴願管轄機關？ (A)財政部臺北國稅局 (B)內政部 (C)財政部 (D)行政院。

( ) 21. 依行政訴訟法之規定，有關行政處分停止執行制度之敘述，下列何者正確？ (A)行政處分相對人提起行政訴訟，原處分當然停止執行 (B)行政訴訟起訴前，行政法院得依其職權裁定停止執行 (C)停止執行裁定，得停止原處分或決定之效力或其執行 (D)有關於停止執行或撤銷停止執行之裁定，不得為抗告。

( ) 22. 下列何者非屬行政訴訟法明定之確認訴訟？ (A)確認行政處分無效訴訟 (B)確認行政指導違法訴訟 (C)確認公法上法律關係成立或不成立之訴訟 (D)確認行政處分違法之訴訟。

( ) 23. 關於行政訴訟法第9條之公益訴訟，下列敘述何者正確？ (A)為避免濫訴，訴訟之提起須同時與公益及原告自身權益之維護有關 (B)係針對行政機關違法之行為 (C)一律須踐行訴願或訴願先行程序 (D)限於無法提起撤銷訴訟、課予義務訴訟或一般給付訴訟時，始得提出。

( ) 24. 依國家賠償法規定，請求國家賠償之權，自請求權人知有損害時起幾年不行使而消滅？ (A)3個月 (B)6個月 (C)1年 (D)2年。

( ) 25. 軍官A駕駛私有小客車，於執行職務中因駕駛疏失發生車禍，撞傷路人。下列敘述何者正確？ (A)A所屬機關應負國家賠償責任 (B)A單獨負民法侵權行為責任 (C)A與所屬機關連帶負國家賠償責任 (D)A與所屬機關連帶負民事賠償責任。

解答及解析 答案標示為#者，表官方曾公告更正該題答案。

1. **A** 法律優越原則係指行政行為或其他一切行政活動，均不得與法律相牴觸。申言之，此項原則一方面涵蓋規範位階之意義，即行政命令及行政處分等各類行政行為，在規範位階上皆低於法律，換言之，法律之效力高於行政行為；

　　另一方面法律優越原則並不要求一切行政活動必須有法律明文依據，衹須消極的不違背法律之規定即可，故稱之為消極的依法行政。

2. **D** 行政法成文法源中之憲法、法律、條約、命令、地方自治規章相互間具有位階關係，憲法效力最高，法律及條約次之，命令又次之，地方自治規章則位於最下層。依照法律秩序位階理論，上位規範決定下位規範產生之條件，下位規範則為執行上位規範之具體化規定，因此從頂端之憲法以至底層無數具體行政行為，形成一座金字塔之規範秩序。本題「娛樂稅法」為法律，其餘三者皆屬命令。

3. **C** 釋字第348號解釋：「行政院中華民國67年1月27日臺（六七）教字第823號函核准由教育部發布之『國立陽明醫學院醫學系公費學生待遇及畢業後分發服務實施要點』，係主管機關為解決公立衛生醫療機構醫師缺額補充之困難而訂定，並作為與自願接受公費醫學教育學生訂立行政契約之準據。公費生之權益受有限制，乃因受契約拘束之結果。」

4. **A** 公務員服務法第3條：「公務員對於兩級長官同時所發命令，以上級長官之命令為準。主管長官與兼管長官同時所發命令，以主管長官之命令為準。」

5. **D** 公務人員保障法第25條：「公務人員對於服務機關或人事主管機關所為之行政處分，認為違法或顯然不當，致損害其權利或利益者，得依本法提起復審。」

6. **A** 公務員服務法第24條：「本法於受有俸給之文武職公務員，及其他公營事業機關服務人員，均適用之。」

7. **B** 民眾使用之公物係指以提供民眾之使用為目的之公物。國家提供人民使用之公物，依其使用的自由性與否，又可區分為以下三種主要類型：
(1) 公眾使用。　　　　(2) 特別使用。　　　　(3) 公共機構使用的公物。
其中「公眾使用的公物」指公物依其設置之目的，乃提供人民的自由使用。該使用是公開的，自由的，無須獲得許可，且為無償的使用之。例如公路、橋梁、路燈等。這種開放公眾使用之公物，提供給人民之使用利益，皆是反射利益，所以稱之為「單純的公眾使用」。

8. **B** 行政程序法第158條第1項：「法規命令，有下列情形之一者，無效：……二、無法律之授權而剝奪或限制人民之自由、權利者。」

9. **B** 行政程序法第159條第1項：「本法所稱行政規則，係指上級機關對下級機關，或長官對屬官，依其權限或職權為規範機關內部秩序及運作，所為非直接對外發生法規範效力之一般、抽象之規定。」

10. **C** 行政程序法第114條：「違反程序或方式規定之行政處分，除依第111條規定

而無效者外，因下列情形而補正：……二、必須記明之理由已於事後記明
者。……前項第2款至第5款之補正行為，僅得於訴願程序終結前為之；得不
經訴願程序者，僅得於向行政法院起訴前為之。」

11. **A** 行政程序法第92條第1項：「本法所稱行政處分，係指行政機關就公法上具體事
件所為之決定或其他公權力措施而對外直接發生法律效果之單方行政行為。」
本題勞動部勞工保險局核發勞保給付為行政處分。

12. **B** 行政程序法第111條：「行政處分有下列各款情形之一者，無效：一、不能由
書面處分中得知處分機關者。……」

13. **D** 行政程序法於第136條就和解契約規定如下：「行政機關對於行政處分所依據
之事實或法律關係，經依職權調查仍不能確定者，為有效達成行政目的，並
解決爭執，得與人民和解，締結行政契約，以代替行政處分。」本條之和解
契約性質上係隸屬關係契約，平等關係主體間，在其法定權限範圍內亦可成
立和解契約，不受本條之限制。和解契約除應遵守本條規定之條件：依合義
務性、合目的性要求以及主觀上合理存在之不確定性外，尚須符合訂定行政
契約之其他要件。

14. **B** 行政程序法第137條第1項：「行政機關與人民締結行政契約，互負給付義務
者，應符合下列各款之規定：一、契約中應約定人民給付之特定用途。二、
人民之給付有助於行政機關執行其職務。三、人民之給付與行政機關之給付
應相當，並具有正當合理之關聯。」

15. **A** 行政程序法第165條：「本法所稱行政指導，謂行政機關在其職權或所掌事務
範圍內，為實現一定之行政目的，以輔導、協助、勸告、建議或其他不具法
律上強制力之方法，促請特定人為一定作為或不作為之行為。」
行政指導的性質（特色）如下：
(1) 非權力作用：行政機關所採取的行政指導方式，通常為指示、希望、勸
告、警告、指導、籲請合作等，與一般行政行為不同，不具拘束力或強
制力。
(2) 為事實行為：行政指導不直接發生法律效果，不足以導致權利義務的得喪
變更。
(3) 促使行政客體同意與協力：行政指導之目的，在促使行政客體的同意與協
力，故與行政機關應人民要求所作服務措施，或發動公權力之行為，或公
用事業工程之進行等行為不同。
(4) 以一般國民為客體：行政指導為行政機關對外之措施，非內部之訓示行
為，行政指導，乃以一般國民為對象。

16. **C**　事實行為指行政主體直接發生事實上效果之行為。其與行政處分或其他基於表意行為不同者，在於後者以對外發生法律效果或以意思表示為要素。

廣義的事實行為包羅甚廣，舉凡行政機關之內部行為，對外所作之報導、勸告、建議等所謂行政指導行為、興建公共設施、實施教育及訓練等均屬其範圍。以物理上之強制力為手段的執行行為與行政處分不易分辨之觀念通知，亦應歸之於事實行為。吳庚老師採狹義事實行為理論，即凡涉及表意行為者均列入未定型化行為，故此處所謂事實行為僅指單純高權行為如實施教育、訓練、興建公共設施等，以及執行行為即強制措施。

本題「地政機關對土地重測結果之公告」為行政處分。

17. **A**　行政罰法第1條：「違反行政法上義務而受罰鍰、沒入或其他種類行政罰之處罰時，適用本法。但其他法律有特別規定者，從其規定。」同法第2條：「本法所稱其他種類行政罰，指下列裁罰性之不利處分：一、限制或禁止行為之處分：限制或停止營業、吊扣證照、命令停工或停止使用、禁止行駛、禁止出入港口、機場或特定場所、禁止製造、販賣、輸出入、禁止申請或其他限制或禁止為一定行為之處分。二、剝奪或消滅資格、權利之處分：命令歇業、命令解散、撤銷或廢止許可或登記、吊銷證照、強制拆除或其他剝奪或消滅一定資格或權利之處分。三、影響名譽之處分：公布姓名或名稱、公布照片或其他相類似之處分。四、警告性處分：警告、告誡、記點、記次、講習、輔導教育或其他相類似之處分。」本題「罰金」係屬刑事罰。

18. **C**　訴願審議委員會之審理先程序而後實體。程序審查之事項包括：

(1) 認為其訴願書不合法定程式但可補正者，應於一定期間內命訴願人補正，逾期不補正者不予受理。

(2) 不能補正或不應受理者，逕予決定不受理，例如已逾法定期間、未經先行程序、訴願人死亡又無人承受訴願或對不得提起訴願之事件（私經濟行政或非行政處分），均屬不能補正或不應受理之情形。

(3) 認管轄不合者，收受訴願書之機關應移送有管轄權之機關依法受理。

(4) 作為訴願不服對象之行政處分已不存在或訴願已無實益者，亦屬程序駁回之範圍。

實體審查指審查訴願有無理由，申言之，應就行政處分是否違法或不當，訴願人之權利或利益有無因而受損害等予以審查。

19. **A**　行政訴訟法第4條第1項：「人民因中央或地方機關之違法行政處分，認為損害其權利或法律上之利益，經依訴願法提起訴願而不服其決定，或提起訴願逾三個月不為決定，或延長訴願決定期間逾二個月不為決定者，得向行政法院提起撤銷訴訟。」

20. **D** 近年限制入出境處分常以多階段處分方式出現，例如營利事業欠稅達二百萬元或個人欠稅達一百萬元者，依「限制欠稅人或限制營利事業負責人出境規範」，由海關報請財政部函請內政部移民署限制該欠稅人或其負責人、代表人、管理人出國，後者限制出境處分係以前者通知行為為依據，構成多階段處分。此際原則上應以移民署限制出國之公文書，作為最後階段之處分，如有不服得依法提起行政爭訟。

但此種處理原則有其缺點，即受理訴願之機關事實上難於發揮救濟功能，因為限制出國係財政部所決定，向移民署之上級機關內政部提起訴願，內政部無從審查財稅機關決定之當否，故應有變通之辦法，吳庚老師主張如先前階段之行為（例如財政部致移民署之函）符合下列條件：

(1) 作成處分之機關（即最後階段行為之機關），依法應予尊重，且不可能有所變更者，換言之，當事人權益受損害實質上係因先前階段行為所致。

(2) 先前階段之行為具備行政處分之其他要素。

(3) 已直接送達或以他法始當事人知悉者（例如財政部以公函之副本送交當事人）。

應許當事人直接對先前之行為，提起救濟，及以不服財政部之處分為由，向行政院提起訴願。目前實務上已採吳庚老師所主張之上開變通辦法。

21. **C** 行政訴訟法等116條第5項：「停止執行之裁定，得停止原處分或決定之效力、處分或決定之執行或程序之續行之全部或部分。」

22. **B** 行政機關所採取的行政指導方式，通常為指示、希望、勸告、警告、指導、籲請合作等，與一般行政行為不同，不具拘束力或強制力。行為指導不直接發生法律效果，不足以導致權利義務的得喪變更。對於行政指導不能提起行政訴訟。

23. **B** 行政訴訟法第9條：「人民為維護公益，就無關自己權利及法律上利益之事項，對於行政機關之違法行為，得提起行政訴訟。但以法律有特別規定者為限。」

24. **D** 國家賠償法第8條第1項：「賠償請求權，自請求權人知有損害時起，因二年間不行使而消滅；自損害發生時起，逾五年者亦同。」

25. **A** 國家賠償法第2條第2項：「公務員於執行職務行使公權力時，因故意或過失不法侵害人民自由或權利者，國家應負損害賠償責任。」
本題軍官A為公務員，其於執行職務行使公權力時，因過失撞傷路人，國家應負損害賠償責任。同法第9條第1項：「依第2條第2項請求損害賠償者，以該公務員所屬機關為賠償義務機關。」

107年　地方特考三等

( )　1. 關於法律優位原則之敘述，下列何者錯誤？　(A)法律優位原則又稱消極依法行政原則　(B)法律優位原則之「法律」不包含憲法　(C)命令不得牴觸憲法或法律，為該原則之體現　(D)法律優位原則不要求一切行政活動均須有法律明文規定為其依據。

( )　2. 關於國家之私經濟活動，下列敘述何者正確？　(A)行政機關所為私經濟活動，亦有行政程序法之適用　(B)行政機關得自由從事私經濟活動，不受組織法規之拘束　(C)國家得以法規設置特定機構來從事私經濟活動　(D)國家為籌措財源而標售所持國營事業股票，非屬私經濟活動。

( )　3. 下列何者為公法人？　(A)臺北市政府　(B)中央研究院　(C)中華經濟研究院　(D)臺中市。

( )　4. 關於行政機關管轄之敘述，下列何者正確？　(A)行政機關經裁併者，得由裁併後之機關逕依該組織法規變更管轄，無須再行公告　(B)管轄權依據行政機關之組織法規或其他行政法規定之　(C)管轄權應由行政機關協議定之　(D)行政機關就管轄爭議之決定，必然會侵害人民權益。

( )　5. 公務員甲依法申請退休，其服務機關因機關人員不足，逾6個月未作成決定。甲應如何提起救濟？　(A)向服務機關提起申訴，如未獲救濟，再向公務人員保障暨培訓委員會提起再申訴　(B)向公務人員保障暨培訓委員會提起復審，如未獲救濟，再向該管行政法院提起行政訴訟　(C)應等待服務機關作成駁回決定後，始得向公務人員保障暨培訓委員會提起復審　(D)准予退休屬服務機關行政裁量權之範圍，甲不得提起救濟。

( )　6. 關於依公務人員任用法任用公務員之權利與義務規定，下列敘述何者正確？　(A)退職公務員不負保守政府機關機密之義務　(B)依法令之兼職，不得兼薪及兼領公費　(C)離職後2年，始得擔任與其曾任職務直接相關之營利事業董事　(D)得參與公務人員協會，並發起怠職活動。

( )　7. 下列何者為公務人員保障法之適用對象？　(A)國立大學編制內依法任用職員　(B)內政部政務次長　(C)行政院政務委員　(D)臺北市議員。

( )　8. 公務人員甲接獲長官乙命令簽辦某件公文，甲發現乙之命令與相關法令有違。下列敘述何者錯誤？　(A)甲負有向乙報告該命令違法之義務　(B)乙未以書面署名下達命令者，甲應向再上一級機關長官報告　(C)乙

以書面署名下達命令者，甲即應服從，但其命令有違刑事法律者，不在此限　(D)乙之命令若非屬其監督之範圍，甲自無服從義務。

( )　9.下列何者屬於行政規則？　(A)社會救助法施行細則　(B)地方稅法通則　(C)中央行政機關法制作業應注意事項　(D)土地登記規則。

( )　10.總統為避免國家或人民遭遇緊急危難或應付財政經濟上重大變故，依憲法增修條文第2條第3項所發布之命令稱為？　(A)緊急命令　(B)法規命令　(C)行政規則　(D)職權命令。

( )　11.關於行政處分之敘述，下列何者正確？　(A)附負擔之行政處分，受益人未履行該負擔，應由原處分機關為全部或一部之廢止　(B)合法行政處分經撤銷後，應自撤銷時或自撤銷機關所指定較後之日時起失其效力　(C)非授予利益之違法行政處分，應由原處分機關為全部或一部之廢止　(D)受益人未履行負擔致合法行政處分受廢止者，得溯及既往失其效力。

( )　12.關於行政處分撤銷之敘述，下列何者錯誤？　(A)不論是授益處分或負擔處分，凡撤銷對公益有重大危害者，均不得為之　(B)信賴利益顯然大於依法行政原則所欲維持之公益時，不得撤銷該授益處分　(C)信賴保護之前提為受益人須有信賴表現　(D)撤銷授益處分，無須給予相對人損失補償。

( )　13.交通號誌由黃燈轉換為紅燈，屬下列何種行政處分？　(A)形成權利之處分　(B)課予義務之處分　(C)確認法律關係之處分　(D)經用路人同意之多階段處分。

( )　14.主管機關依甲之申請核發社會救助金，附加附款要求甲應定期提出經濟狀況報告。該附款之種類為何？　(A)條件　(B)廢止權保留　(C)負擔　(D)期限。

( )　15.行政機關作成行政處分，下列何者非屬得不給予相對人陳述意見機會之情形？　(A)相對人不服行政處分時，無須踐行先行程序，得直接提起訴願者　(B)大量作成同種類之處分　(C)行政機關採取強制執行之處置　(D)行政處分所根據之事實，客觀上明白足以確認者。

( )　16.行政契約無效之事由，不包括下列何者？　(A)代替行政處分之行政契約，與其內容相同之行政處分為無效者　(B)代替行政處分之行政契約，與其內容相同之行政處分，有得撤銷之違法原因，並為締約雙方所明知者　(C)行政契約締結後，依原約定履行對公益有重大危害者　(D)締結行政契約之意思表示因錯誤而撤銷者。

( )　17.關於行政罰之裁處權時效，下列敘述何者正確？　(A)行政罰之裁處權時效自違反行政法上義務之行為開始時起算　(B)行政罰之裁處權時效，因5年期間之經過而消滅　(C)行政罰之裁處因訴願程序經撤銷而須另為裁處者，裁處權時效自原裁處被撤銷確定之日起算　(D)行為人違反行政法應作為義務而不作為者，自課予義務時起算裁處權時效。

( )　18.關於行政執行法所定即時強制之敘述，下列何者正確？　(A)採取即時強制措施之前，應先經直接強制措施　(B)怠金為即時強制方法之一　(C)人民之財產因合法即時強制而遭受特別損失時，對不可歸責於其事由之損失，得請求補償　(D)對於即時強制不服時，人民得提起抗告。

( )　19.依行政程序法及政府資訊公開法之規定，有關卷宗閱覽與資訊公開之請求，下列敘述何者正確？　(A)卷宗閱覽之請求，以行政程序當事人提出為限　(B)資訊公開之請求，申請人得就拒絕決定提起行政救濟　(C)卷宗閱覽之請求，不以維護當事人法律上利益有必要者為限　(D)資訊公開之請求，須以維護申請人法律上利益有必要者為限。

( )　20.甲向某市政府申請核發營業執照，遭否准，甲不服，提起訴願。於訴願審議中，該市政府撤銷原否准決定，為核發營業執照之處分。此時訴願審議委員會依法應為如何之決定？　(A)訴願不受理　(B)以訴願不合法駁回　(C)以訴願無理由駁回　(D)撤銷原處分，自為核定處分。

( )　21.人民不服下列何項決定，得提起訴願？　(A)稅捐稽徵法規定之復查　(B)公務人員保障法規定之復審　(C)會計師法規定之懲戒覆審　(D)社會秩序維護法規定之聲明異議裁定。

( )　22.某軍事院校公費生甲因故遭退學處分，該校乃通知甲限期償還公費及已受領之津貼。甲未遵限償還，該校可尋求下列何種程序實現債權？　(A)移送行政執行分署執行　(B)向行政法院聲請裁定移送執行　(C)向行政法院提起確認債權關係存在訴訟　(D)向行政法院提起一般給付訴訟。

( )　23.甲報名參加今年度律師考試，遭考選部以資格不符為由駁回。甲對該駁回處分經訴願程序而提起行政訴訟時，可主張何種暫時權利保護制度，以參加今年度之律師考試？　(A)停止執行　(B)假執行　(C)假處分　(D)假扣押。

( )　24.有關交通裁決事件及其救濟程序之敘述，下列何者錯誤？　(A)交通裁決事件，一律以警察機關作為被告機關　(B)交通裁決事件，得由違規行為地之地方法院行政訴訟庭管轄　(C)交通裁決事件之裁判，得不經言詞辯論為之　(D)針對交通裁決事件之第一審判決不服，得上訴於管轄之高等行政法院。

( ) 25. 依司法院大法官解釋意旨，國家依法行使公權力，雖未剝奪人民之土地所有權，但仍應就其財產權使用限制予以補償，係基於下列何種理論基礎？ (A)國家賠償責任理論 (B)公益特別犧牲理論 (C)信賴利益補償理論 (D)準徵收侵害之理論。

解答及解析 答案標示為#者，表官方曾公告更正該題答案。

1. **B** 法律優位原則又稱消極依法行政原則，指國會決定之國家意志優於行政所表達之國家意志，而法律（含憲法）是國會決定之國家意志，故行政機關應予執行，且不得違反。是故，行政機關發布命令或作成行政處分等，均必須符合法律。法律優位原則發展至今，配合法規位階之理論，概念上已有所擴張，乃指行政作用不得牴觸憲法、法律、國際條約、命令、習慣法、解釋例、判例及行政法一般法律原則等法的禁止與要求。且下位法不得牴觸上位法。

2. **C** 私經濟行政也稱為國庫行政，是指國家處於與私人相當之法律地位，並在私法支配下所為之各種行為。其類別包括下列各種：
   (1) 為達成行政上之任務，所採取之私法型態之行為。
   (2) 以私法組織型態或特設機構方式所從事之營利行為。
   (3) 私法型態之輔助行為。
   (4) 參與純粹之交易行為。

3. **D** 地方制度法第2條：「本法用詞之定義如下：一、地方自治團體：指依本法實施地方自治具公法人地位之團體。……」
   同法第14條：「直轄市、縣（市）、鄉（鎮、市）為地方自治團體。……」

4. **B** 「管轄」指行政機關依法規之規定，所具有之權限。管轄之劃分及變動應以法規為依據，行政機關不得任意為之，而所謂法規包括各該機關之組織法及其他行政法規。行政機關違背管轄規定之行為，係屬有瑕疵之行政行為，應視其情形而判斷其瑕疵之效果。

5. **B** 公務人員保障法第25條第1項：「公務人員對於服務機關或人事主管機關（以下簡稱原處分機關）所為之行政處分，認為違法或顯然不當，致損害其權利或利益者，得依本法提起復審。」同法第44條第1項：「復審人應繕具復審書經由原處分機關向保訓會提起復審。」同法第72條第1項：「保訓會復審決定依法得聲明不服者，復審決定書應附記如不服決定，得於決定書送達之次日起二個月內，依法向該管司法機關請求救濟。」

6. **B** 公務員服務法第14條：「公務員除法令所規定外，不得兼任他項公職或業務。其依法令兼職者，不得兼薪及兼領公費。」

7. A 公務人員保障法第3條:「本法所稱公務人員,係指法定機關(構)及公立學校依公務人員任用法律任用之有給專任人員。」

8. B 公務人員保障法第17條:「公務人員對於長官監督範圍內所發之命令有服從義務,如認為該命令違法,應負報告之義務;該管長官如認其命令並未違法,而以書面署名下達時,公務人員即應服從;其因此所生之責任,由該長官負之。但其命令有違反刑事法律者,公務人員無服從之義務。前項情形,該管長官非以書面署名下達命令者,公務人員得請求其以書面署名為之,該管長官拒絕時,視為撤回其命令。」

9. C 行政程序法第159條:「本法所稱行政規則,係指上級機關對下級機關,或長官對屬官,依其權限或職權為規範機關內部秩序及運作,所為非直接對外發生法規範效力之一般、抽象之規定。行政規則包括下列各款之規定:一、關於機關內部之組織、事務之分配、業務處理方式、人事管理等一般性規定。二、為協助下級機關或屬官統一解釋法令、認定事實、及行使裁量權,而訂頒之解釋性規定及裁量基準。」

10. A 憲法增修條文第2條第3項:「總統為避免國家或人民遭遇緊急危難或應付財政經濟上重大變故,得經行政院會議之決議發布緊急命令,為必要之處置。」

11. D 行政程序法第125條:「合法行政處分經廢止後,自廢止時或自廢止機關所指定較後之日時起,失其效力。但受益人未履行負擔致行政處分受廢止者,得溯及既往失其效力。」

12. D 行政程序法第120條第1項:「授予利益之違法行政處分經撤銷後,如受益人無前條所列信賴不值得保護之情形,其因信賴該處分致遭受財產上之損失者,為撤銷之機關應給予合理之補償。」

13. B 課予義務之處分,在性質上有積極與消極之分,可區分為積極命令與消極命令。積極命令即對相對客體(受令人)課予積極性作為義務的處分,亦即命令人民應為一定行為,故稱作為令,例如課予人民繳納特定賦稅、應徵服兵役等均是。至於消極命令即對相對客體課予消極性不作為義務的處分,亦即禁止其從事特定行為或限制其不得未一定行為的命令,故稱不作為令或禁令或禁止,例如命令人民集會解散、取締路邊攤販、禁止亂倒垃圾等。本題「交通號誌由黃燈轉換為紅燈」即屬課予義務之處分。

14. C 附負擔的行政處分,係附隨於主行政處分,使受其行政處分的效果者,負擔特別義務的行為。本題「主管機構依甲之申請核發社會救助金,附加附款要求甲應定期提出經濟狀況報告」該附款即屬「負擔」。

15. A 行政程序法第103條:「有下列各款情形之一者,行政機關得不給予陳述意見之機會:一、大量作成同種類之處分。二、情況急迫,如予陳述意見之機會,

顯然違背公益者。三、受法定期間之限制，如予陳述意見之機會，顯然不能遵行者。四、行政強制執行時所採取之各種處置。五、行政處分所根據之事實，客觀上明白足以確認者。六、限制自由或權利之內容及程度，顯屬輕微，而無事先聽取相對人意見之必要者。七、相對人於提起訴願前依法律應向行政機關聲請再審查、異議、復查、重審或其他先行程序者。八、為避免處分相對人隱匿、移轉財產或潛逃出境，依法律所為保全或限制出境之處分。」

16. C 行政程序法第146條：「行政契約當事人之一方為人民者，行政機關為防止或除去對公益之重大危害，得於必要範圍內調整契約內容或終止契約。」

17. C 行政罰法第27條：「行政罰之裁處權，因三年期間之經過而消滅。……行政罰之裁處因訴願、行政訴訟或其他救濟程序經撤銷而須另為裁處者，第1項期間自原裁處被撤銷確定之日起算。」

18. C 行政執行法第41條第1項：「人民因執行機關依法實施即時強制，致其生命、身體或財產遭受特別損失時，得請求補償。但因可歸責於該人民之事由者，不再此限。」

19. B 政府資訊公開法第20條：「申請人對於政府機關就其申請提供、更正或補充政府資訊所為之決定不服者，得依法提起行政救濟。」

20. C 訴願法第79條第1項：「訴願無理由者，受理訴願機關應以決定駁回之。」

21. A 稅捐稽徵法第38條第1項：「納稅義務人對稅捐稽徵機關之復查決定如有不服，得依法提起訴願及行政訴訟。」

22. D 軍事學校預備學校軍費生公費待遇津貼賠償辦法第8條：「賠償義務人未依期限繳納賠償費用者，軍費生就讀學校應於六個月內，向管轄行政法院提起行政訴訟，或依招生簡章及志願書所載自願接受執行約定，向管轄之地方法院行政訴訟庭聲請強制執行。」
行政訴訟法第8條第1項：「人民與中央或地方機關，因公法上原因發生財產上之給付或請求作成行政處分以外之其他非財產上之給付，得提起給付訴訟。因公法上契約發生之給付，亦同。」

23. C 行政訴訟法第298條第1項：「公法上之權利因現狀變更，有不能實現或甚難實現之虞者，為保全強制執行，得聲請假處分。」

24. A 行政訴訟法第237條之3第1項：「交通裁決事件訴訟之提起，應以原處分機關為被告，逕向管轄之地方法院行政訴訟庭為之。」

25. B 釋字第440號解釋：「人民之財產權應予保障，憲法第15條設有明文。國家機關依法行使公權力致人民之財產遭受損失，若逾其社會責任所應忍受之範圍，形成個人之特別犧牲者，國家應予合理補償。」

107年 地方特考四等

( ) 1. 依司法院解釋之意旨，有關法律保留原則之敘述，下列何者正確？ (A)法律保留原則係基於人民之自由及權利均受憲法毫無差別之保障 (B)涉及人民自由權利之限制，僅能以法律加以規定，不得授權由主管機關發布命令為必要之補充 (C)給付措施之保留密度，應當與侵害措施無分軒輊 (D)執行法律之細節性、技術性次要事項，得由主管機關依職權發布命令為必要之規範。

( ) 2. 依司法院解釋之意旨，有關給付行政與法律保留原則之關係，下列敘述何者正確？ (A)一切給付行政行為均應有法律保留原則之適用 (B)只有具強制利用性質之給付行政，始有法律保留原則之適用 (C)給付行政措施涉及公共利益之重大事項，應有法律保留原則之適用 (D)給付行政無法律保留原則之適用。

( ) 3. 下列何者非屬信賴保護原則之要件？ (A)信賴基礎 (B)信賴期待 (C)信賴表現 (D)信賴利益。

( ) 4. 行政機關違法核發建造執照予甲，與甲情節相同之乙得否請求比照辦理？ (A)可以，此乃平等原則之表現 (B)可以，行政機關應受行政先例之拘束 (C)不可以，因違反不當聯結禁止原則 (D)不可以，人民無要求行政機關重複錯誤之請求權。

( ) 5. 關於行政裁量之司法審查，下列敘述何者錯誤？ (A)行政法院可以審查行政裁量是否違反法律授權之目的 (B)行政法院可以審查行政機關是否怠於行使裁量權 (C)行政法院可以審查行政裁量是否逾越法律授權之界限 (D)行政法院不可以審查行政機關於特殊事件中裁量權之行使。

( ) 6. 法律雖授予行政機關裁量空間，但在特殊情況下，行政機關之裁量權受到限制，此種情形稱為： (A)裁量收縮 (B)裁量自由 (C)裁量餘地 (D)裁量逾越。

( ) 7. 下列何者非屬私法性質之行政行為？ (A)行政機關舉辦學術研討會所需場地之租用 (B)公務車所需油票之購買 (C)低收入戶社會救助金之給付 (D)行政機關例行會議餐盒之訂購。

( ) 8. 下列何者非屬公法性質之行政法律關係？ (A)人民通過國家考試，經任用為公務員 (B)監理機關委託民間汽車修理廠辦理汽機車定期檢驗

業務　(C)人民就特定建築事項，向主管機關申請核發建築執照　(D)雇主與勞工訂立契約，約定由雇主全額負擔勞工保險費。

( )　9. 有關行政機關委託私人行使公權力之方式，下列敘述何者正確？
　　　(A)如法律明文委託行使公權力，行政機關仍須依法作成行政處分後，私人始得行使公權力
　　　(B)行政機關如以行政處分方式委託私人行使公權力，即無須法律之依據
　　　(C)行政機關依據法律分別授權許多私人行使公權力，如內容相同時，得締結定型化行政契約
　　　(D)對於有意願受委託行使公權力之私人，於行政機關實施行政指導時，即已完成委託行為。

( )　10. 有關管轄權之敘述，下列何者錯誤？　(A)管轄權係指行政機關得以執行行政任務之權限　(B)管轄權得由行政機關依職權移轉予他機關行使　(C)管轄權除規定於行政機關之組織法外，亦得規定於作用法　(D)管轄權非依法規不得變更。

( )　11. 關於委辦事項之敘述，下列何者錯誤？　(A)係地方自治團體依據上級法規執行之事項　(B)係地方自治團體執行上級政府交付辦理屬於該地方自治團體固有之事務　(C)地方自治團體就委辦事項應負行政執行之責任　(D)地方自治團體執行委辦事項應受上級政府之指揮監督。

( )　12. 關於行政程序法上職務協助之規定，下列敘述何者錯誤？　(A)為確保行政一體之行政機能，下級機關自應主動協助上級機關履行職權　(B)若由他機關協助執行，顯較經濟者，得請求其提供協助　(C)僅限於在行政機關本身之權限範圍內提供協助　(D)職務協助之請求，於緊急情形下，得以口頭方式提出。

( )　13. 人民不服受託行使公權力之團體所為之行政處分，訴願未果後，擬提起行政訴訟。此際應以何人為被告？　(A)受託行使公權力之團體　(B)委託機關　(C)訴願管轄機關　(D)訴願管轄機關之上級機關。

( )　14. 甲鄉因無法自力收集垃圾，委託乙鄉代為清運處理，為下列何種行政管轄權之變動？　(A)權限之委任　(B)權限之代理　(C)委託行使公權力　(D)權限之委託。

( )　15. 財政部中區國稅局對設籍於臺北市之納稅義務人為核定補繳所得稅之處分，如其金額及內容均無錯誤，則此土地管轄錯誤之行政處分，其效力為何？　(A)無效　(B)仍為有效　(C)效力未定　(D)溯及失效。

( )　16. 有關公務員之概念與適用，下列敘述何者錯誤？　(A)凡依法令從事於公務之人員，均為國家賠償法之公務員　(B)縣長屬公務員懲戒法之公務員　(C)法官於考績事項，屬公務人員考績法之公務人員　(D)民選首長屬公務員服務法之公務員。

( )　17. 某市政府推行有禮貌運動，要求公務員行走間遇見職務長官時，應大聲問候「長官好」。該市府公務員甲不願遵守而受申誡，可依循下列何種管道救濟？　(A)申訴　(B)復審　(C)訴願　(D)行政訴訟。

( )　18. 關於行政規則之敘述，下列何者正確？　(A)須有法律之明確授權　(B)具有直接外部法效性　(C)包括機關內部組織之一般性規定　(D)得為處罰之直接依據。

( )　19. 下列何者非屬地方自治團體得自行訂定生效之法規範？　(A)自治條例　(B)委辦規則　(C)自律規則　(D)自治規則。

( )　20. 關於行政行為之敘述，下列何者錯誤？　(A)得為合理之差別待遇　(B)內容應明確　(C)應保護人民正當合理之信賴　(D)必要時得依職權逾越裁量之範圍。

( )　21. 關於行政處分之附款，下列敘述何者錯誤？　(A)行政機關作成行政處分有裁量權時，得附條件　(B)行政機關作成行政處分無裁量權時，僅得附期限　(C)行政機關作成行政處分無裁量權時，仍得附負擔　(D)行政機關作成行政處分有裁量權時，得保留行政處分之廢止權。

( )　22. 關於行政處分救濟教示制度之敘述，下列何者錯誤？
(A)行政處分機關應將不服行政處分之救濟方法、期間及其受理機關於行政處分書中表明
(B)處分機關告知之救濟期間有錯誤時，應由該機關以通知更正之，並自通知送達之翌日起算法定期間
(C)處分機關未告知救濟期間者，原處分違法，得予以撤銷
(D)處分機關告知之救濟期間錯誤，而未為更正者，相對人得自處分書送達後1年內對該處分提起救濟。

( )　23. 依行政程序法規定，關於違法授益行政處分之撤銷，下列敘述何者正確？
(A)受益人之信賴值得保護時，即不得撤銷
(B)撤銷對公益有重大危害者，即不得撤銷
(C)受益人因重大過失而不知行政處分違法者，即不得撤銷
(D)撤銷所欲維護之公益大於受益人之信賴利益者，即不得撤銷。

( )　24. 甲向乙購買土地後，向該管登記機關申請土地所有權移轉登記。該登記之性質為何？　(A)形成處分　(B)下命處分　(C)確認處分　(D)觀念通知。

( )　25. 關於行政處分之更正，下列敘述何者正確？
(A)依據法規應以要式作成之行政處分未以書面作成，處分機關得隨時補製書面以更正
(B)侵益行政處分未載明理由，經處分相對人請求後補載理由即完成更正
(C)行政處分之內容顯然任何人均無法達成，即為行政處分之顯然錯誤，任何人均得請求更正
(D)行政處分之更正以附記於原處分書及其正本為原則。

( )　26. 下列何種態樣屬於無效行政處分？
(A)行政處分記載處分機關為臺中市政府，但無該市政府首長之署名或簽章
(B)以口頭方式授予會計師資格
(C)作成行政處分之委員會組成未符合法定要件
(D)發給育兒津貼之處分未給予相對人陳述意見之機會。

( )　27. 下列有關行政處分與行政契約之敘述，何者錯誤？　(A)兩者皆為行政機關對於具體事件，所為對外發生法律效果之行政行為　(B)行政處分由行政機關單方作成，行政契約則由行政機關與人民協議而成　(C)對於行政處分所為之爭訟原則上得提起行政訴訟，對於行政契約之爭訟則應遵循民事訴訟程序為之　(D)公務人員對機關任命行為之同意，並非行政契約。

( )　28. 依我國法制及實務，下列何者非屬行政契約？　(A)全民健康保險醫事服務機構特約　(B)軍校公費學生簽訂之公費契約　(C)兩地方政府間所簽訂之廢棄物焚化廠共同契約　(D)地方政府與民間清潔公司簽訂勞務供應契約。

( )　29. 有關行政契約之敘述，下列何者錯誤？　(A)行政契約得約定自願接受強制執行　(B)公法上法律關係原則上得以契約設定、變更或消滅之　(C)行政契約之類型，限於和解契約及雙務契約兩種　(D)行政契約之締結，原則上應以書面為之。

( )　30. 衛生福利部發布新聞稿，指稱某項食品所含物質可能對生殖系統有不良影響，建議消費者慎選使用。該發布行為之法律性質為何？　(A)行政命令　(B)一般處分　(C)不利益裁罰處分　(D)行政事實行為。

( )　31. 下列何者非屬行政罰法上剝奪或消滅資格、權利之處分？　(A)撤銷登記　(B)命令歇業　(C)吊銷證照　(D)限制營業。

( )　32. 依行政執行法之規定，關於即時強制之敘述，下列何者正確？
　　　(A)以人民依法令或本於法令之行政處分負有行為或不行為義務，經限期履行，逾期仍不履行為執行要件
　　　(B)行政機關於進行即時強制時，如義務人之行為不能由他人代為履行者，得處以怠金
　　　(C)行政機關經採間接強制方法仍不能達成執行之目的時，方可採取即時強制之執行方法
　　　(D)為預防危險之必要，執行機關得將凶器予以扣留，但扣留期間原則上不得逾30日。

( )　33. 依行政執行法規定，下列何者非屬聲請法院對義務人裁定管收之事由？
　　　(A)義務人顯有逃匿之虞
　　　(B)義務人顯有履行義務之可能，故不履行
　　　(C)義務人經合法通知，無正當理由而不到場
　　　(D)義務人就應供強制執行之財產有隱匿或處分之情事。

( )　34. 關於行政執行法規定之禁止命令，下列敘述何者正確？　(A)公司欠稅達一定金額者，得禁止其為特定之投資　(B)義務人之財產不足清償其所負之義務時，得禁止其進入特定之高消費場所消費　(C)公司之資產不足清償其所負之義務時，得禁止其借貸他人一定金額以上財物　(D)公司之資產不足清償其所負之義務時，得禁止其為捐贈行為。

( )　35. 依行政執行法規定，關於物之扣留，下列敘述何者錯誤？　(A)物之扣留為即時強制方法之一　(B)軍器不得扣留之　(C)扣留之物無繼續扣留必要者，應即發還　(D)應發還之扣留之物，一年內無人領取時，其所有權歸屬國庫。

( )　36. 依行政執行法規定，下列何者非屬不得管收義務人之情形？　(A)懷胎5月以上　(B)因管收而有難以繼續就學或工作之虞　(C)現罹疾病，恐因管收而不能治療者　(D)因管收而其一家生計有難以維持之虞。

( )　37. 關於行政程序法聽證規定之敘述，下列何者錯誤？　(A)僅於法規有明文規定時，行政機關始得舉行聽證　(B)聽證，由行政機關首長或其指定人員為主持人　(C)聽證，除法律另有規定外，應公開以言詞為之　(D)當事人不服經聽證程序作成之行政處分時，免除訴願及其先行程序。

( )　38. 就未踐行法定先行程序而提起之訴願，受理訴願機關應為如何之處理？　(A)應通知訴願人補正踐行先行程序　(B)應為訴願不合法之不受理決定　(C)應裁定停止訴願程序並移送先行程序　(D)應為訴願無理由之駁回決定。

( )　39. 下列何者在提起訴願前須經先行程序？　(A)納稅義務人不服財政部國稅局之補繳稅款核定　(B)土地所有權人不服主管機關之命繳納代履行費處分　(C)建物所有人不服主管機關之命拆除處分　(D)工廠不服環保機關之勒令停工處分。

( )　40. 現役軍人甲因申請繼續服役遭國防部否准，其可提起何種權利救濟？　(A)復審　(B)復查　(C)訴願　(D)異議。

( )　41. 對主管機關下令拆除建築物之行政處分，在尚未執行完畢前，應以下列何種訴訟類型請求救濟？　(A)撤銷訴訟　(B)課予義務訴訟　(C)確認行政處分違法訴訟　(D)一般給付訴訟。

( )　42. 依行政訴訟法規定，現行之審級制度為何？　(A)三級三審制　(B)三級二審制　(C)二級二審制　(D)二級一審制。

( )　43. 關於行政訴訟制度之敘述，下列何者正確？　(A)採處分權主義　(B)不採情況判決　(C)一律採間接審理主義　(D)一律不採言詞審理主義。

( )　44. 勞工保險給付經主管機關核定金額後，發生遲未入帳之爭議，勞工應提起何種類型之行政訴訟以資救濟？　(A)課予義務訴訟　(B)確認行政處分無效之訴　(C)一般給付訴訟　(D)撤銷訴訟。

( )　45. 下列何者非屬行政訴訟再審之事由？　(A)依法律或裁判應迴避之法官參與裁判　(B)適用法規顯有錯誤　(C)當事人之代理人曾犯刑事上之罪　(D)判決法院之組織不合法。

( )　46. 下列何種訴訟，行政法院得依職權或依聲請裁定停止執行？　(A)行政契約之給付訴訟　(B)行政處分之撤銷訴訟　(C)拒為處分之課予義務訴訟　(D)怠為處分之課予義務訴訟。

( )　47. 下列何種情形，當事人得不經訴願，逕向行政法院提起訴訟？　(A)對稅捐核定處分之復查決定　(B)有關大學教師升等之決定　(C)有關公務人員工作條件之處置　(D)經聽證程序之行政處分。

( )　48. 有關國家賠償之敘述，下列何者正確？　(A)不以公務員執行職務時有故意過失為要件　(B)賠償範圍限於生命、身體或財產所受之損害　(C)請求權之消滅時效，若以知有損害時起算者，為5年　(D)國家負損害賠償者，以金錢賠償為原則，回復原狀為例外。

( ) 49. 關於國家賠償之敘述，下列何者錯誤？ (A)公務員因故意或重大過失致生國家賠償者，賠償義務機關對其有求償權 (B)請求權人限於不可歸責於自己之事由，始得提起損害賠償之訴 (C)請求國家賠償，程序上應先與賠償義務機關協議 (D)賠償義務機關與請求權人達成協議時，所作成之協議書得為執行名義。

( ) 50. 下列何種情形，非屬國家賠償責任之範圍？
(A)指揮交通之警員，因精神不濟錯誤指揮，致小客車駕駛對撞而受有損害
(B)行政機關總務人員辦理員工尾牙餐敘，與餐廳簽訂契約後無故取消，致餐廳遭受損害
(C)行道樹明顯有枝幹掉落之危險，擔任巡查行道樹之人員未進行通報，致路人遭枝幹砸傷
(D)公路因大雨後落石不斷，養護人員未進行封路等安全措施，致行經該路段之駕駛人汽車受損。

解答與解析

1. **D** 釋字第443號解釋理由書：「何種事項應以法律直接規範或得委由命令予以規定，與所謂規範密度有關，應視規範對象、內容或法益本身及其所受限制之輕重而容許合理之差異：諸如剝奪人民生命或限制人民身體自由者，必須遵守罪刑法定主義，以制定法律之方式為之；涉及人民其他自由權利之限制者，亦應由法律加以規定，如以法律授權主管機關發布命令為補充規定時，其授權應符合具體明確之原則；若僅屬於執行法律之細節性、技術性次要事項，則得由主管機關發布命令為必要之規範。」

2. **C** 釋字第443號解釋理由書：「關於給付行政措施，其受法律規範之密度，自較限制人民權益者寬鬆，倘涉及公共利益之重大事項者，應有法律或法律授權之命令為依據之必要，乃屬當然。」

3. **B** 信賴保護原則之要件如下：
(1) 信賴基礎：即令人民產生信賴之法規、行政處分等。
(2) 信賴表現：人民須有客觀上有對信賴基礎之表現行為，換言之，表現行為應與信賴基礎間有因果關係。
(3) 值得保護之信賴利益。

4. **D** 行政機關違法核發建照執照予甲，與甲情節相同之乙不得請求比照辦理。因為人民無要求行政機關重複錯誤之請求權。

5. **D** 行政訴訟法第201條：「行政機關依裁量權所為之行政處分，以其作為或不作為逾越權限或濫用權力者為限，行政法院得予撤銷。」

6. **A** 行政機關於作成裁量處分時，本有多數不同之選擇，若因為特殊之事實關係，致使行政機關除採取某種措施之外，別無其他選擇，稱為裁量收縮（或稱裁量縮減至零）。

7. **C** 低收入戶社會救助金之給付屬給付行政，為公法性質之行政行為。

8. **D** 雇主與勞工訂立契約，約定由雇主全額負擔勞工保險費，屬私法性質之法律關係。

9. **C** 民間團體或個人受到國家機關之委託，以自己名義獨立行使公權力，而完成國家任務者，謂之「公權力的委託行使」。行政機關依據法律分別授權許多私人行使公權力，如內容相同時，得締結定型化行政契約。

10. **B** 行政程序法第11條第5項：「管轄權非依法規不得設定或變更。」

11. **B** 地方制度法第2條：「本法用詞之定義如下：……三、委辦事項：指地方自治團體依法律、上級法規或規章規定，在上級政府指揮監督下，執行上級政府交付辦理之非屬該團體事務，而負其行政執行責任之事項。」

12. **A** 行政程序法第19條第1項：「行政機關為發揮共同一體之行政機能，應於其權限範圍內互相協助。」

13. **A** 行政訴訟法第25條：「人民與受委託行使公權力之團體或個人，因受託事件涉訟者，以受託之團體或個人為被告。」

14. **D** 委託指無隸屬關係機關管轄之變動，即甲機關委託乙機關辦理原屬甲機關之事務。
　　　本題甲鄉因無法自力收集垃圾，委託乙鄉代為清運處理，即屬權限之委託。

15. **B** 行政程序法第115條：「行政處分違反土地管轄之規定者，除依第111條第6款規定而無效者外，有管轄權之機關如就該事件仍應為相同之處分時，原處分無須撤銷。」

16. **C** 法官法第1條第2項：「法官與國家之關係為法官特別任用關係。」同法第101條：「自本法施行後，現行有關法官、檢察官之相關規定，與本法牴觸者，不適用之。」故法官不適用公務人員考績法。

17. **A** 公務人員保障法第77條：「公務人員對於服務機關所為之管理措施或有關工作條件之處置認為不當，致影響其權益者，得依本法提起申訴、再申訴。」

18. **C** 行政程序法第159條第2項：「行政規則包括下列各款之規定：一、關於機關內部之組織、事務之分配、業務處理方式、人事管理等一般性規定。……」

19. **B** 地方制度法第29條：「直轄市政府、縣（市）政府、鄉（鎮、市）公所為辦理上級機關委辦事項，得依其法定職權或基於法律、中央法規之授權，訂定委辦規則。委辦規則應函報委辦機關核定後發布之；其名稱準用自治規則之規定。」

20. **D** 行政裁量並非放任，故行政機關行使裁量權限須遵守法律優越原則，其所作之個別判斷，應避免違背平等原則、比例原則等一般法的規範，如裁量係基於法律條款之授權時，尤其不得違反授權之目的或超越授權之範圍，凡此均屬裁量時應遵守之義務，裁量違背上述義務者，構成裁量瑕疵。

21. **B** 行政程序法第93條：「行政機關作成行政處分有裁量權時，得為附款。無裁量權者，以法律有明文規定或為確保行政處分法定要件之履行而以該要件為附款內容者為限，始得為之。」

22. **C** 行政程序法第98條第3項：「處分機關未告知救濟期間或告知錯誤未為更正，致相對人或利害關係人遲誤者，如自處分書送達後一年內聲明不服時，視為於法定期間內所為。」

23. **B** 行政程序法第117條：「違法行政處分於法定救濟期間經過後，原處分機關得依職權為全部或一部之撤銷；其上級機關，亦得為之。但有下列各款情形之一者，不得撤銷：一、撤銷對公益有重大危害者。……」

24. **A** 形成處分指行政處分之內容係設定、變更或撤銷（廢止）法律關係者而言。本題甲向乙購買土地後，向該管登記機關申請土地所有權移轉登記，該登記之性質為「形成處分」。

25. **D** 行政處分之更正以附記於原處分書及其正本為原則。

26. **B** 行政程序法第111條：「行政處分有下列各款情形之一者，無效：……二、應以證書方式作成而未給予證書者。」

27. **C** 行政程序法第145條：「行政契約當事人之一方為人民者，其締約後，因締約機關所屬公法人之其他機關於契約關係外行使公權力，致相對人履行契約義務時，顯增費用或受其他不可預期之損失者，相對人得向締約機關請求補償其損失。但公權力之行使與契約之履行無直接必要之關聯者，不再此限。……關於補償之爭議及補償之金額，相對人有不服者，得向行政法院提起給付訴訟。」

28. **D**　「地方政府與民間清潔公司簽訂勞務供應契約」係發生私法上之效果，非屬行政契約。

29. **C**　在行政契約之範疇，尚無法發展出如同民法債編相似之模範契約。除隸屬關係契約與平等關係契約之外，在立法例上有針對若干特殊之行政契約，設有規定者，例如德國聯邦行政程序法即專就和解契約及雙務契約（或稱交換契約）加以規定。

30. **D**　事實行為指行政主體直接發生事實上效果之行為。其與行政處分或其他基於表意行為不同者，在於後者以對外發生法律效果或以意思表示為要素。
　　廣義的事實行為包羅甚廣，舉凡行政機關之內部行為，對外所作之報導、勸告、建議等所謂行政指導行為、興建公共設施、實施教育及訓練等均屬其範圍。以物理上之強制力為手段的執行行為及與行政處分不易分辨之觀念通知，亦應歸之於事實行為。
　　本題衛生福利部發布新聞稿，指稱某項食品所含物質可能對生殖系統有不良影響，建議消費者慎選使用。該發布行為之法律性質為「行政事實行為」。

31. **D**　行政罰法第2條：「本法所稱其他種類行政罰，指下列裁罰性之不利處分：⋯⋯二、剝奪或消滅資格、權利之處分：命令歇業、命令解散、撤銷或廢止許可或登記、吊銷證照、強制拆除或其他剝奪或消滅一定資格或權利之處分。」

32. **D**　行政執行法第38條：「軍器、凶器及其他危險物，為預防危害之必要，得扣留之。扣留之物，除依法應沒收、沒入、毀棄或應變價發還者外，其扣留期間不得逾三十日。但扣留之原因未消失時，得延長之，延長期間不得逾兩個月。」

33. **C**　行政執行法第17條第6項：「行政執行官訊問義務人後，認有下列各款情形之一，而有管收必要者，行政執行處應自拘提時起二十四小時內，聲請法院裁定管收之：一、顯有履行義務之可能，故不履行。二、顯有逃匿之虞。三、就應供強制執行之財產有隱匿或處分之情事。四、已發現之義務人財產不足清償其所負義務，於審酌義務人整體收入、財產狀況及工作能力，認有履行義務之可能，別無其他執行方法，而拒絕報告其財產狀況或虛偽之報告。」

34. **B**　行政執行法第17條之1：「義務人為自然人，其滯欠合計達一定金額，已發現之財產不足清償其所負義務，且生活逾越一般人通常程度者，行政執行處得依職權或利害關係人之申請對其核發下列各款之禁止命令，並通知應予配合之第三人：⋯⋯四、禁止進入特定之高消費場所消費。」

35. **B**　行政執行法第38條第1項：「軍器、凶器及其他危險物，為預防危害之必要，得扣留之。」

36. **B** 行政執行法第21條：「義務人或其他依法得管收之人有下列情形之一者，不得管收；其情形發生管收後者，行政執行應以書面通知管收所停止管收：一、因管收而其一家生計有難以維持之虞者。二、懷胎五月以上或生產後二月未滿者。三、現罹疾病，恐因管收而不能治療者。」

37. **A** 行政程序法第107條：「行政機關遇有下列各款情形之一者，舉行聽證：一、法規明文規定應舉行聽證者。二、行政機關認為有舉行聽證之必要者。」

38. **B** 現行法律中規定不服行政處分之當事人，提起訴願之前應經先行程序者，為數甚多。凡屬於此類事件，當事人應用盡先行程序之救濟途徑，仍有不服始得提起訴願，若不經此程序受理訴願機關應為訴願不合法之不受理決定。

39. **A** 稅捐稽徵法第38條第1項：「納稅義務人對稅捐稽徵機關之復查決定如有不服，得依法提起訴願及行政訴訟。」

40. **C** 釋字第430號解釋：「軍人為廣義之公務員，與國家間具有公法上之職務關係，現役軍官依有關規定聲請續服現役未受允准，並核定其退伍，如對之有所爭執，即係影響軍人身分之存續，損及憲法所保障服公職之權利，自得循訴願及行政訴訟程序尋求救濟。」

41. **A** 行政訴訟法第4條：「人民因中央或地方機關之違法行政處分，認為損害其權利或法律上之利益，經依訴願法提起訴願而不服其決定，或提起訴願逾三個月不為決定，或延長訴願決定期間逾二個月不為決定者，得向行政法院提起撤銷訴訟。」

42. **B** 行政訴訟係採「三級二審制」。所謂「三級」，係指行政法院有最高行政法院、高等行政法院及地方法院行政訴訟庭三級，負責審理行政訴訟事件。所謂「二審」，係指簡易訴訟程序事件、收容異議事件、交通裁決事件之第一審由地方法院行政訴訟庭審理，其第二審原則由高等行政法院審理，並為終審法院；又通常訴訟程序事件第一審係由高等行政法院審理，其第二審則由最高行政法院審理，並為終審法院。

43. **A** 行政訴訟係人民權利因公權力措施遭受損害，或公法上權利義務關係發生爭議，經由行政法院之裁判，以獲致救濟之程序，故行政訴訟之發動首須人民有尋求救濟之表示。換言之，就具體事件是否請求法律救濟以及請求之範圍如何，應取決於利害關係人之主觀意願，此稱之為處分權主義。基於處分權主義行政法院須受理當事人聲明之拘束，不得依職權為之，亦即訴訟標的之決定以及程序之開始或終了，乃操之於當事人。

44. **C**　行政訴訟法第8條：「人民與中央或地方機關間，因公法上原因發生財產上之給付或請求作成行政處分以外之其他非財產上之給付，得提起給付訴訟。」

45. **C**　行政訴訟法第273條：「有下列各款情形之一者，得以再審之訴對於確定終局判決聲明不服。但當事人已依上訴主張其事由或知其事由而不為主張者，不再此限：……八、當事人之代理人、代表人、管理人或他造或其代理人、代表人、管理人關於該訴訟有刑事上應罰之行為，影響於判決。」

46. **B**　行政訴訟法第116條第2項：「行政訴訟繫屬中，行政法院認為原處分或決定之執行，將發生難於回復之損害，且有急迫情事者，得依職權或依聲請裁定停止執行。但於公益有重大影響，或原告之訴在法律上顯無理由者，不得為之。」同法第4條：「人民因中央或地方機關之違法行政處分，認為損害其權利或法律上之利益，經依訴願法提起訴願而不服其決定，或提起訴願逾三個月不為決定，或延長訴願決定期間逾二個月不為決定者，得向行政法院提起撤銷訴訟。」

47. **D**　行政程序法第108條：「行政機關作成經聽證之行政處分時，除依第43條之規定外，並應斟酌全部聽證之結果。但法規明定應依聽證紀錄作成處分者，從其規定。」同法第109條：「不服依前條作成之行政處分者，其行政救濟程序，免除訴願及其先行程序。」

48. **D**　國家賠償法第7條：「國家負損害賠償責任者，應以金錢為之。但已回復原狀為適當者，得依請求，回復損害發生前原狀。」

49. **B**　國家賠償法第10條：「依法請求損害賠償時，應先以書面向賠償義務機關請求之。賠償義務機關對前項請求，應即與請求權人協議。協議成立時，應作成協議書，該項協議書得為執行名義。」同法第11條：「賠償義務機關拒絕賠償，或自提出請求之日起逾三十日不開始協議，或自開始協議之日起逾六十日協議不成立時，請求權人得提起損害賠償之訴。」

50. **B**　國家賠償法第2條第2項：「公務員於執行職務行使公權力時，因故意或過失不法侵害人民自由或權利者，國家應負損害賠償責任。公務員怠於執行職務，致人民自由或權利遭受損害者亦同。」
本題行政機關總務人員辦理尾牙，並非行使公權力，非屬國家賠償責任之範圍。

108年 高考三級

( ) 1. A市政府環境保護局查獲B公司油槽滲漏污染地下水，命其於8月30日前改善，否則依法開罰。B公司正在改善中，卻於8月27日接獲A市政府環境保護局之罰單，對其污染地下水之行為處以鉅額罰鍰。A市政府環境保護局之罰鍰處分最可能因違反下列何一原則而違法？ (A)公益原則 (B)法律保留原則 (C)誠實信用原則 (D)法規不溯及既往原則。

( ) 2. 行政機關享有判斷餘地，除有明顯瑕疵外，行政法院應予尊重之情形，不包括下列何者？ (A)對於公務人員考試成績之評定 (B)對於公務人員考績之評定 (C)對於公務人員陞遷之評量 (D)對於公務人員退休金之核定。

( ) 3. 依中央行政機關組織基準法規定，下列何者之組織無須以法律定之？ (A)內政部 (B)原住民族委員會 (C)公平交易委員會 (D)矯正署臺北監獄。

( ) 4. 關於行政委託之敘述，下列何者正確？ (A)行政機關得逕依行政程序法中關於行政委託之規定，將其權限之一部分委託民間團體或個人辦理 (B)行政機關僅得以作成行政處分之方式，將其權限之一部分，委託民間團體或個人辦理 (C)人民若與受委託行使公權力之民間團體因受託事件而涉訟者，應以該民間團體為被告提起行政訴訟 (D)受委託行使公權力之個人於執行職務行使公權力，生有國家賠償責任之事由時，其應自負國家賠償責任。

( ) 5. 甲機關為執行行政檢查業務，欲請求乙機關派員協助。下列敘述何者錯誤？ (A)甲機關因法律上之原因，不能獨自執行職務，故可請求乙機關協助 (B)由乙機關協助執行顯較經濟者，得請求之 (C)乙機關得上級機關之同意時，得拒絕之 (D)乙機關得向甲機關請求負擔行政協助所需費用。

( ) 6. 甲參加公務員考試，經錄取後參加訓練，經公務人員保障暨培訓委員會（保訓會）核定訓練成績不及格。甲不服，關於救濟途徑之敘述，下列何者正確？ (A)向保訓會提起復審，未獲救濟後向行政法院提起訴訟 (B)向行政院提起訴願，未獲救濟後向行政法院提起訴訟 (C)向訓練機關提起申訴，未獲救濟後向保訓會提起再申訴 (D)向考試院提起訴願，未獲救濟後向行政法院提起訴訟。

( )　7.解釋性行政規則雖經下達，但未登載於政府公報發布者，其效力如何？
(A)不發生效力　(B)仍發生效力　(C)無效　(D)效力未定。

( )　8.下列何者為行政規則？　(A)財產保險商品審查應注意事項　(B)高空彈跳活動及其經營管理辦法　(C)船舶設備規則　(D)全民健康保險醫療服務給付項目及支付標準。

( )　9.國稅局寄發之核課處分通知書未合法送達，該處分是否具有效力發生爭議，應提起何種訴訟？　(A)撤銷之訴　(B)一般給付之訴　(C)公法上法律關係確認之訴　(D)課予義務之訴。

( )　10.依行政程序法規定，下列何者非屬一般處分？　(A)十字路口紅綠燈號誌變化以管制車輛通行秩序　(B)公路主管機關開放特定道路供民眾通行　(C)衛生福利部公布特定食品之檢驗結果　(D)颱風來襲前，地方政府公告特定路段禁止通行。

( )　11.關於行政機關未經授權而違背法規有關專屬管轄之規定而作成之行政處分，下列敘述何者正確？　(A)自始不生效力　(B)得依申請補正　(C)違法而得撤銷　(D)得轉換為其他行政處分。

( )　12.下列何者非屬行政契約？　(A)縣（市）政府因徵收人民土地所應給付之補償費，與土地所有人欠繳之工程受益費，成立抵銷契約　(B)縣（市）政府於實施都市計畫勘查時，就除去土地障礙物所生之損失，與土地所有權人達成之補償協議　(C)人民向行政執行機關出具載明義務人逃亡由其負清償責任之擔保書　(D)各級政府機關就公庫票據證券之保管事務，依公庫法規定與銀行簽訂之代理公庫契約。

( )　13.行政機關與人民締結行政契約後，關於調整契約內容或終止契約之敘述，下列何者錯誤？　(A)行政機關調整契約內容或終止契約，其目的在防止或除去對公益之重大危害　(B)行政機關應補償相對人因契約內容調整或終止契約所受之財產上損失　(C)相對人不同意行政機關因行政契約調整而給予補償之金額時，得以書面敘明理由終止契約　(D)行政契約內容調整後難以履行者，相對人得以書面敘明理由終止契約。

( )　14.行政機關在下列何種情形下締結之契約，不具公法性質？　(A)衛生福利部中央健康保險署與醫事服務機構針對健保醫療服務之項目及報酬所為之約定　(B)勞動部為增擴辦公空間而向私人承租辦公大樓　(C)甲市政府為辦理都市計畫所需公共設施用地，與私有土地所有權人所為之協議價購契約　(D)教育部與通過公費留學考試之應考人約定公費給付、使用與回國服務等事項之權利義務關係。

( )　15.下列何者為行政指導？　(A)直轄市政府主管機關對販賣經稽查或檢驗為偽藥、禁藥者，依法登報公告其商號及負責人姓名　(B)稅捐稽徵機關調查人員為調查課稅資料，依法要求納稅義務人提示有關文件　(C)主管機關函請有線電視系統業者配合政策規劃時程將有線電視系統數位化　(D)直轄市環境保護機關於空氣品質有嚴重惡化之虞時，依空氣污染防制法規定發布空氣品質惡化警告。

( )　16.依建築法第91條第1項第1款規定，未經核准變更使用擅自使用建築物者，處建築物所有權人、使用人、機械遊樂設施之經營者新臺幣6萬元以上30萬元以下罰鍰。若所有權人及使用人為不同人且無共同違法之情形時，主管機關得對何者裁處罰鍰？　(A)兩者均應處罰，但依情節輕重分別裁處罰鍰　(B)兩者均應處罰，但一併裁處罰鍰　(C)以對行為人裁處罰鍰為原則　(D)主管機關得任意選擇其中一人裁處罰鍰。

( )　17.行政機關舉行聽證時，因當事人及利害關係人人數眾多，且利害關係複雜，為使聽證程序正常進行，依行政程序法規定，得選定當事人。下列敘述何者錯誤？　(A)有共同利益之多數當事人，未共同委任代理人者，得選定其中至多五人為當事人　(B)選定當事人有數人者，均得單獨為全體於聽證程序中陳述意見　(C)當事人之選定非以書面通知行政機關者，選定不生效力　(D)經選定當事人者，僅得由該當事人為程序行為，其他當事人一律脫離行政程序。

( )　18.甲申請建造執照時，得知承辦公務員乙之前配偶居住於基地附近，如核發建照將影響該前配偶之生活品質。為使乙公正處理甲之申請案，依行政程序法規定，下列敘述何者正確？　(A)乙依法應自行迴避本件申請案，若未迴避而作成行政處分，該行政處分違法　(B)甲應向主管機關提出充分證據，證明乙執行職務有偏頗之虞，以申請其迴避　(C)如主管機關認為乙並無應迴避之理由，甲得就此逕行提起行政爭訟尋求救濟　(D)乙於主管機關尚未決定其是否應迴避作成前，如有急迫情形仍應為必要處置。

( )　19.訴願程序之前，特別法定有異議或類似之程序，若未經相關程序不得提起訴願，亦即所謂訴願之先行程序。下列何者非屬訴願之先行程序？　(A)稅捐稽徵法上之申請復查程序　(B)專利法之申請再審查程序　(C)教師法之申訴、再申訴程序　(D)海關緝私條例之異議程序。

( )　20.下列何者非屬行政訴訟法規定再審之事由？　(A)適用法規顯有錯誤　(B)依法律應迴避之法官參與裁判　(C)為判決基礎之證物係偽造　(D)參與裁判之法官言行不檢。

( )　21. 行政訴訟進行中所生程序上之爭執，達於可為裁判之程度者，行政法院
應如何處理？　(A)得先為裁定　(B)應最後一併於裁判中諭知　(C)應
為中間判決　(D)得為一部之終局判決。

( )　22. 下列何者為撤銷訴訟之本質？　(A)確認訴訟　(B)給付訴訟　(C)形成
訴訟　(D)救濟訴訟。

( )　23. 下列何者不得作為提起訴願之程序標的？　(A)罰鍰　(B)怠金　(C)環
境講習　(D)自治規則。

( )　24. 關於撤銷訴訟之提起，下列敘述何者錯誤？　(A)須對行政處分提起
(B)原告須主張其權利受有損害　(C)一律須經訴願程序　(D)須於法定
不變期間內提起。

( )　25. 甲所有之房屋，於2016年4月1日遭行政機關違法拆除造成損害。關於甲
之國家賠償請求權時效，下列敘述何者正確？　(A)若甲於2016年4月1日
即知有損害，其請求權於2017年4月1日以前不行使而消滅　(B)若甲於
2016年4月1日即知有損害，其請求權於2018年3月31日以前不行使而消
滅　(C)若甲不知有損害，其請求權於2020年3月31日以前不行使而消滅
(D)若甲不知有損害，其請求權於2021年4月1日以前不行使而消滅。

解答及解析　答案標示為#者，表官方曾公告更正該題答案。

1. **C**　行政法院52年判字第345號判例開宗明義稱：「公法與私法雖各具特殊性質，
但二者亦有其共通之原則，私法規定之表現一般法理者，應亦可適用於公法
關係。依本院最近之見解，私法中誠信公平之原則，在公法上應有其類推適
用。」誠信原則常為行政法院所引用，尤其於形式上被告機關有法令依據，
但實質上有欠公平或顯不合理時，行政法院常藉此原則，而使原告勝訴。若
土地已公告徵收，所有權人為圖領取救濟金，起造建物，自不符誠信原則，
乃最高行政法院之近例。

行政行為違反誠信原則有一近例可供說明：環保主管機關查獲地下油槽滲透
汙染地下水，遂兩次通知其負責人在限期內改善，否則依法處罰，詎料在限
期尚未屆滿之前主管機關已先行對油槽之負責人處鉅額罰鍰。行政法院認為
本件處分違反行政程序法第8條誠實信用原則（高雄高等行政法院92年訴更字
第8號判決）。

2. **D**　所謂有判斷餘地之不確定法律概念包括：
(1) 考試、測驗或類此評分之事項。
(2) 關於公務員、教師及學生等之能力、品行考核事項。

　　(3) 具有高度屬人性質之判斷。

　　(4) 有關科技事項之判斷。

　　(5) 由法律設置獨立行使職權之合議機構判斷之事項。

　　(6) 預測性判斷（如環境評估、景氣預測等）、對危險之判斷及作成計畫性質之評估。

　　行政法院對不確定之法律概念以有權審查為原則，但如屬前述六種所謂有判斷餘地之不確定概念，則為例外，行政法院應避免予以審查。

3. **D**　中央行政機關組織基準法第4條：「下列機關之組織以法律定之，其餘機關之組織以命令定之：一、一級機關、二級機關及三級機關。二、獨立機關。」本題「矯正署台北監獄」為隸屬法務部之四級機關，其組織應以命令定之。

4. **C**　行政訴訟法第25條：「人民與受委託行使公權力之團體或個人，因受託事件涉訟者，以受託之團體或個人為被告。」

5. **C**　行政程序法第19條第5項：「被請求機關認有正當理由不能協助者，得拒絕之。」

6. **D**　訴願法第1條：「人民對於中央或地方機關之行政處分，認為違法或不當，致損害其權利或利益者，得依本法提起訴願。」同法第4條：「訴願之管轄如左：……七、不服中央各部、會、行、處、局、署之行政處分者，向主管院提起訴願。」同法第90條：「訴願決定書應附記，如不服決定，得於決定書送達之次日起二個月內向行政法院提起行政訴訟。」本題甲參加公務員考試，經錄取後參加訓練，經公務人員保障暨培訓委員會核定訓練成績不及格。甲不服，得向考試院提起訴願，如未獲救濟得向行政法院提起訴訟。

7. **B**　行政程序法第161條：「有效下達之行政規則，具有拘束訂定機關、其下級機關及屬官之效力。」

8. **A**　行政程序法第159條：「本法所稱行政規則，係指上級機關對下級機關，或長官對屬官，依其權限或職權為規範機關內部秩序及運作，所為非直接對外發生法規範效力之一般、抽象之規定。行政規則包括下列各款之規定：一、關於機關內部之組織、事務之分配、業務處理方式、人事管理等一般性規定。二、為協助下級機關或屬官統一解釋法令、認定事實、及行使裁量權，而訂頒之解釋性規定及裁量基準。」

9. **C**　行政訴訟法第6條：「確認行政處分無效及確認公法上法律關係成立或不成立之訴訟，非原告有即受確認判決之法律上利益者，不得提起之。」

10. **C**　行政程序法第92條第1項：「本法所稱行政處分，係指行政機關就公法上具體事件所為之決定或其他公權力措施而對外直接發生法律效果之單方行政行為。」同條第2項：「前項決定或措施之相對人雖非特定，而依一般性特徵可得確定其範圍者，為一般處分。有關公物之設定、變更、廢止或一般使用者，亦同。」準此，行政程序法第92條所規定之行政處分有「具體之行政處分」及「一般行政處分」二種。

本題「衛生福利部公布特定食品之檢驗結果」係屬「事實行為」，並非一般行政處分。

11. **A**　行政程序法第111條：「行政處分有下列各款情形之一者，無效：……六、未經授權而違背法規有關專屬管轄之規定或缺乏事務權限者。」

12. **D**　行政契約與私法上契約相同，均係因契約當事人意思表示一致，而生法律上效果之行為。行政契約之要素有下列三項：
  (1) 行政契約係法律行為：所謂法律行為指法律效果之發生，取決於當事人主觀上之意願，而非基於客觀上法律之規定。所謂當事人主觀上之意願即意思表示，民法有關意思表示之諸多規定，行政契約均可準用。
  (2) 行政契約係雙方法律行為：因雙方意思一致而成立之法律行為，並非謂參與契約之當事人法律地位全盤對等，亦非謂在一切法律關係上之對等，乃係指就成立契約之特定法律關係而言，雙方意思表示具有相同價值，而有別於一方命令他方服從之關係。
  (3) 行政契約發生行政法（公法）上之效果：行政機關選擇行政契約作為行為方式，性質上仍屬公權力行政，而非私經濟行政或國庫行政，因其適用規範及所生之效果均屬公法性質而非私法。

13. **C**　行政程序法第145條第4項：「關於補償之爭議及補償之金額，相對人有不服者，得向行政法院提起給付訴訟。」

14. **B**　行政契約指兩個以上之當事人，就公法上權利義務設定、變更或廢止所訂定之契約。當事人為行政主體與私人間者稱為隸（從）屬關係契約或垂直契約，當事人均為行政主體者稱為平等關係契約或水平契約。

本題勞動部為增擴辦公空間而向私人承租辦公大樓，租賃契約為私法契約，不具公法性質。

15. **C**　行政程序法第165條：「本法所稱行政指導，謂行政機關在其職權或所掌事務範圍內，為實現一定之行政目的，以輔導、協助、勸告、建議或其他不具法律上強制力之方法，促請特定人為一定作為或不作為之行為。」

16. **C** 行政罰（秩序罰）與刑罰相同，以違法行為作為前提，故行政罰法的規定，皆以個人的行為為規範對象，是為行為責任。在例外情形，亦以狀態責任為歸責對象。所謂狀態責任指對自己行為以外之原因，例如因他人行為、自然災變或管領之事物及設施所生之違反秩序罰狀態而負之責任。

　　本題依建築法第91條第1項第1款規定，未經核准變更使用擅自使用建築物者，處建築物所有權人、使用人、機械遊樂設施之經營者新臺幣6萬元以上30萬元以下罰鍰。若所有權人及使用人為不同人且無共同違法之情形時，主管機關以對行為人裁處罰鍰為原則。

17. **D** 行政程序法第27條第4項：「經選定或指定當事人者，僅得由該當事人為行政程序行為，其他當事人脫離行政程序。但申請之撤回、權利之拋棄或義務之負擔，非經全體有共同利益之人同意，不得為之。」

18. **D** 行政程序法第33條第4項：「被申請迴避之公務員在其所屬機關就該申請事件為准許或駁回之決定前，應停止行政程序。但有急迫情形，仍應為必要處置。」

19. **C** 取代訴願程序係指性質上屬於不服行政處分，本得提起訴願，因法律另有規定應依其他途徑救濟，但最後均得提起行政訴訟而言。現行法制上公務人員保障法所設之復審程序；會計師法所定之會計師懲戒程序；教師法規定之申訴、再申訴程序均屬之。惟教師法之申訴及再申訴與訴願係並行關係，教師不服學校或教育主管機關之公權力措施，可選擇提起訴願或循申訴再申訴謀求救濟，最後則得依法提起行政訴訟。

20. **D** 行政訴訟法第273條：「有下列各款情形之一者，得以再審之訴對於確定終局判決聲明不服。但當事人已依上訴主張其事由或知其事由而不為主張者，不在此限：一、適用法規顯有錯誤。二、判決理由與主文顯有矛盾。三、判決法院之組織不合法。四、依法律或裁判應迴避之法官參與裁判。五、當事人於訴訟未經合法代理或代表。六、當事人知他造之住居所，指為所在不明而與涉訟。但他造已承認其訴訟程序者，不在此限。七、參與裁判之法官關於該訴訟違背職務，犯刑事上之罪。八、當事人之代理人、代表人、管理人或他造或其代理人、代表人、管理人關於該訴訟有刑事上應罰之行為，影響於判決。九、為判決基礎之證物係偽造或變造。十、證人、鑑定人或通譯就為判決基礎之證言、鑑定或通譯為虛偽陳述。十一、為判決基礎之民事或刑事判決及其他裁判或行政處分，依其後之確定裁判或行政處分已變更。十二、當事人發現就同一訴訟標的在前已有確定判決或和解或得使用該判決或和解。十三、當事人發現未經斟酌之證物或得使用該證物。但以如經斟酌可受較有利益之裁判為限。十四、原判決就足以影響於判決之重要證物漏未斟酌。」

21. **A** 行政訴訟法第193條：「行政訴訟進行中所生程序上之爭執，達於可為裁判之程度者，行政法院得先為裁定。」

22. **C** 形成訴訟為直接作用在存續中的法律基礎上，並且透過權威的請求權加以改變的訴訟型態。具體言之，形成訴訟之目的在於透過法院廢棄、在內容上變動或者甚至形成特定之法律關係。
確認訴訟為對於存續中的法律基礎或其他重要的法律狀況，以司法判決加以確認的訴訟。確認訴訟在本質上係屬形成訴訟。

23. **D** 訴願法第1條：「人民對於中央或地方機關之行政處分，認為違法或不當，致損害其權利或利益者，得依本法提起訴願。」自治規則非屬行政處分，不能作為提起訴願之標的。

24. **C** 行政訴訟法第4條第1項：「人民因中央或地方機關之違法行政處分，認為損害其權利或法律上之利益，經依訴願法提起訴願而不服其決定，或提起訴願逾三個月不為決定，或延長訴願決定期間逾二個月不為決定者，得向行政法院提起撤銷訴訟。」
所謂訴願程序不以訴願法上程序為限，與之相當者如公務人員保障法及會計師法等所定之救濟程序均視同訴願程序。在例外情形，起訴之前亦可無須等待作成訴願決定或根本免除訴願層級，例如逾越行政訴訟法第4條第1項後段之期限（提起訴願逾三個月不為決定，或延長二個月不為決定者）、經聽證程序作成之行政處分以及第三人不服訴願決定等情形，訴願程序均可免除。若法律定有代替訴願程序者，如公務人員保障程序之復審，亦同。

25. **D** 國家賠償法第8條第1項：「賠償請求權，自請求權人知有損害時起，因二年間不行使而消滅；自損害發生時起，逾五年者亦同。」
本題甲所有之房屋，於2016年4月1日遭行政機關違法拆除造成傷害。若甲不知有損害，其請求權於2021年4月1日以前不行使而消滅。

108年　普考

( )　1.下列何種法規範具有暫時中止法律之效力？　(A)法規命令　(B)緊急命令　(C)特別命令　(D)行政規則。

( )　2.依地方制度法規定，直轄市政府依法律授權所訂定之自治法規，稱之為：　(A)自治條例　(B)自治規則　(C)自治規章　(D)自治規約。

( )　3.甲公司依法申請聘僱外籍勞工，主管機關予以許可，但要求甲公司必須贊助政府單位特定之工程費用，可能違反下列何種原則？　(A)信賴保護原則　(B)明確性原則　(C)不當聯結禁止原則　(D)比例原則。

( )　4.依司法院解釋意旨，關於法律保留原則之敘述，下列何者錯誤？　(A)關於給付行政措施，倘涉及公共利益之重大事項者，應有法律或法規命令為依據　(B)剝奪人民生命或限制人民身體自由者，須以制定法律或法規命令之方式為之　(C)涉及人民其他自由權利之限制者，如以法律授權主管機關為補充規定，其授權應具體明確　(D)若僅屬執行法律之細節性、技術性次要事項，得由主管機關發布命令為必要之規範。

( )　5.關於明確性原則之敘述，下列何者錯誤？　(A)法律授權以命令為補充規定，授權之目的、內容與範圍應具體明確　(B)行政行為之內容應明確　(C)為求明確，法規不得使用不確定法律概念或概括條款　(D)法律使用之文字，其意義應可經由司法審查加以確認。

( )　6.關於行政程序法所定「行政行為，非有正當理由，不得為差別待遇」之內涵，下列敘述何者錯誤？　(A)得斟酌事物性質之差異而為合理之區別對待　(B)可導出行政自我拘束原則　(C)非指絕對、機械之形式上平等　(D)不適用於給付行政之領域。

( )　7.關於比例原則之敘述，下列何者正確？　(A)不適用於行政強制執行所採取之各種處置　(B)只拘束行政處分之作成，不拘束法規命令之訂定　(C)行政行為採取之方法必須是達成目的之唯一手段　(D)採取之方法所造成之損害不得與欲達成目的之利益顯失均衡。

( )　8.依行政程序法規定，關於職務協助之敘述，下列何者正確？　(A)被請求機關認有正當理由不能協助者，得於通知其直接上級機關後，以書面拒絕請求協助機關　(B)若所請求之協助行為非屬被請求機關權限範圍者，得於經其直接上級機關同意後拒絕提供職務協助　(C)由無隸屬

關係之被請求機關協助執行，顯較經濟者，行政機關得請求其協助執行職務　(D)被請求機關認為無提供行政協助之義務者，應將其理由通知請求協助機關，請求協助機關不得異議。

(　)　9.　有關行政程序法規定之機關間職務協助，下列敘述何者錯誤？　(A)除緊急情形外，應以書面為之　(B)被請求機關不得拒絕　(C)被請求機關得向請求協助機關要求負擔職務協助所需費用　(D)得向無隸屬關係之其他機關請求協助。

(　)　10.　下列關於中央行政機關將其任務委由地方自治團體辦理之敘述，何者錯誤？　(A)委辦事項非屬地方自治團體之法定自治事項　(B)地方自治團體執行委辦事項時，得訂定委辦規則　(C)受委辦之地方自治團體得要求委辦機關撥付必要費用　(D)受委辦之地方自治團體應以委辦機關之名義執行委辦事項。

(　)　11.　依行政程序法規定，教育部公告將其教師升等審查業務交由某國立大學辦理，此一行為屬性為何？　(A)職務協助　(B)委辦　(C)委任　(D)委託。

(　)　12.　依行政程序法規定，有關管轄權之敘述，下列何者錯誤？　(A)行政機關之管轄權，得依據行政機關首長職務命令變更之　(B)關於不動產之事件，依其不動產所在地之機關具有管轄權　(C)關於企業經營，依其企業之處所之機關具有管轄權　(D)數機關有管轄權之爭議時，由受理在先之機關具有管轄權。

(　)　13.　行政處分違反土地管轄之規定者，如無行政程序法第111條第6款規定之情形，該行政處分之效力為何？　(A)得轉換　(B)得補正　(C)效力未定　(D)有管轄權之機關如就該事件仍應為相同之處分時，原處分無須撤銷。

(　)　14.　有關公務員之行政責任，下列敘述何者錯誤？　(A)可分為懲戒處分與懲處處分兩種　(B)懲戒規定於公務員懲戒法；懲處規定於公務人員考績法及其他相關法規　(C)懲戒之事由為違法執行職務、怠於執行職務或其他失職行為　(D)懲戒處分由監察院作成；懲處處分由公務人員服務之機關為之。

(　)　15.　公務人員對於服務機關所為之管理措施認為不當，致影響其權益者，得依公務人員保障法提起何等救濟？　(A)訴願　(B)再訴願　(C)申訴、再申訴　(D)復審、再復審。

( ) 16. 公務員所為之同一違法行為，下列敘述何者錯誤？ (A)如已受刑事處罰者，仍得予以懲戒 (B)如不受刑事處罰者，仍得予以懲戒 (C)如不受行政罰處罰者，即不得予以懲戒 (D)如在刑事偵查程序中，不停止懲戒審理程序。

( ) 17. 有關行政命令事後監督之敘述，下列何者錯誤？ (A)基於行政一體原則，上級機關對於下級機關所發布之行政命令有違法或不當審查之權限 (B)各機關依其法定職權或基於法律授權訂定之命令，應視其性質分別下達或發布，並即送立法院 (C)監察院認為行政院及其所屬各機關所發布之行政命令有牴觸法律之處，得加以調查，促其注意改善 (D)行政命令不得作為違憲審查之對象。

( ) 18. 法規命令於政府網站上發布而未刊登於政府公報或新聞紙時，該法規命令之效力如何？ (A)不發生效力 (B)發生效力，且因已公告周知，故無需補正 (C)發生效力，但應事後刊登公報或新聞紙補正 (D)無效。

( ) 19. 法律授權經濟部得訂定法規命令，但無明文授權轉委任時，經濟部可否逕行委由所屬機關訂定法規命令？ (A)可以，經濟部得基於指揮監督權限為之 (B)可以，經濟部得依權限委任之方式為之 (C)不可以，經濟部應先訂定法規命令，再由該命令授權所屬機關訂定之 (D)不可以，應有法律授權轉委任，始得為之。

( ) 20. 上級機關對下級機關所頒布之解釋函令，其性質屬於： (A)法規命令 (B)行政規則 (C)行政指導 (D)行政處分。

( ) 21. 下列何種情形非屬行政處分之附款？ (A)許可聘僱外籍勞工，但外籍勞工僅得從事工程建設，否則該許可失其效力 (B)許可設置流動攤販，但要求僅得於春節假期內營運 (C)准許外國人居留，但附加不得在臺就業之限制 (D)許可設立醫療院所，但病床數目減為原申請數目之三分之二。

( ) 22. 關於違法行政處分之轉換，下列敘述何者正確？ (A)羈束處分得轉換為裁量處分 (B)轉換對公益有重大危害者，仍得轉換 (C)轉換法律效果對當事人更為不利者，仍得轉換 (D)轉換前原則上應給予當事人陳述意見之機會。

( ) 23. 依行政程序法規定，合法授益處分之廢止事由，不包括下列何者？ (A)法規准許廢止者 (B)原處分機關保留行政處分之廢止權者 (C)附負擔之行政處分，受益人未履行該負擔者 (D)原處分機關事後發現原處分作成時違法者。

( )　24. 關於一般處分之敘述，下列何者錯誤？　(A)原則上自公告日或刊登政府公報、新聞紙最後登載日起發生效力　(B)處分相對人雖非特定，但依一般性特徵可得確定其範圍　(C)公物之設定、變更、廢止或其一般使用，亦屬一般處分　(D)核准特定人使用市立公園舉辦音樂會，屬一般處分。

( )　25. 教育部欲透過公費考試選拔學生給予公費赴國外深造，教育部與通過考試選拔之學生簽訂公費契約書之前，應遵守下列何種程序？　(A)教育部應事先公告欲參與選拔學生應具之資格及選拔決定之程序　(B)教育部在決定公費生前，必須給予所有參與公費考試選拔者聽證之機會　(C)教育部應事先公告公費契約書之內容　(D)教育部必須事先公告公費考試之舉行方式，且公告方式限於刊載於新聞紙或政府公報。

( )　26. 有關當事人之一方為人民之行政契約，其內容調整之敘述，下列何者錯誤？　(A)行政機關調整行政契約之內容，非補償相對人因此所受之財產上損失，不得為之　(B)行政機關調整行政契約之內容，應以書面敘明理由　(C)行政機關調整行政契約之內容難以履行者，人民仍不得終止行政契約　(D)人民不同意行政機關之補償金額時，得向行政法院提起給付訴訟。

( )　27. 關於行政程序法規定之行政指導，下列敘述何者錯誤？　(A)係屬不具法律上強制力之行政事實行為　(B)相對人明確拒絕指導時，行政機關應即停止　(C)不適用行政行為明確性原則　(D)目的在於促請特定人為一定作為或不作為。

( )　28. 關於行政事實行為之敘述，下列何者錯誤？　(A)行政程序法規定之行政指導，係屬行政事實行為　(B)行政事實行為不具法律效果，無法對之提起行政訴訟　(C)行政事實行為亦受法律優位原則之拘束　(D)對於行政事實行為，得提起國家賠償訴訟。

( )　29. 關於行政罰法規定之沒入，下列敘述何者正確？　(A)得沒入之物，受處罰者於受裁處沒入前，以他法致不能裁處沒入時，得追徵其物之價額　(B)得沒入之物，受處罰者於受裁處沒入後，以他法致不能執行沒入時，得裁處沒入其物之價額　(C)物之所有人因過失致使該物成為違反行政法上義務行為之工具者，仍得裁處沒入　(D)物之所有人因不知該物得沒入而取得所有權者，不得裁處沒入。

( )　30. 依行政罰法規定，關於行政罰之敘述，下列何者正確？　(A)地方政府僅能依中央法律對人民裁處罰鍰　(B)行政罰裁處前，原則上應給予受處罰者陳述意見之機會　(C)行政罰之要件，一律應以法律定之　(D)行政罰之裁處，不以書面為要件。

( ) 31. 下列何者非屬行政罰法第2條規定之裁罰性不利處分? 　(A)講習　(B)公布照片　(C)吊銷證照　(D)怠金。

( ) 32. 行政執行分署為執行公法上金錢給付義務事項,得將權限之一部分委託下列何者辦理? 　(A)當地民間團體　(B)當地縣市政府　(C)當地里辦公處　(D)當地警察分局。

( ) 33. 依行政執行法規定,下列何者非屬公法上金錢給付義務之執行方法? (A)管收　(B)拘提　(C)查封　(D)管束。

( ) 34. 依行政執行法規定,負有行為義務而不為,其行為能由他人代為履行者,得以下列何種方法執行之? 　(A)代履行　(B)怠金　(C)管收　(D)罰金。

( ) 35. 對於聽證之敘述,下列何者錯誤? 　(A)涉及憲法正當行政程序原則之實踐　(B)行政機關訂定法規命令,得依職權決定是否進行聽證　(C)不服經聽證作成之行政處分,免除訴願及其先行程序　(D)經聽證之行政處分,不以書面為必要,但須將聽證紀錄送達相對人。

( ) 36. 下列何者非訴願之先行程序? 　(A)稅捐稽徵法之復查　(B)公務人員保障法之復審　(C)專利法之再審查　(D)貿易法之聲明異議。

( ) 37. 下列何者無向受理訴願機關申請閱覽卷宗之權利? 　(A)訴願輔佐人　(B)訴願代理人　(C)訴願參加人　(D)訴願人本人。

( ) 38. 甲向原處分機關提起訴願,訴願書卻未具訴願理由,原處分機關應為如何之處理? 　(A)訴願駁回　(B)訴願不受理　(C)移由訴願管轄機關審理　(D)通知訴願人於二十日內補正。

( ) 39. 有關行政處分之停止執行,下列敘述何者錯誤? 　(A)原行政處分之執行,一律因提起行政救濟而停止　(B)得向原處分機關申請　(C)得向行政法院聲請　(D)得向受理訴願機關申請。

( ) 40. 關於行政訴訟之管轄,下列敘述何者正確? 　(A)因公法上之保險事件涉訟者,以投保單位為被告時,得由其主事務所或主營業所所在地之行政法院管轄　(B)以公法人之機關為被告時,由其所屬公法人之公務所所在地之行政法院管轄　(C)因不動產徵收之訴訟,得由不動產所在地之行政法院管轄　(D)關於公務員職務關係之訴訟,得由公務員職務所在地之行政法院管轄。

( )　41. 有關行政訴訟法第6條所定之確認訴訟，下列敘述何者錯誤？　(A)提起確認訴訟，須有即受確認判決之法律上利益　(B)確認行政處分無效之訴訟，須先向原處分機關請求確認，始得提起之　(C)確認訴訟，於原告得提起或可得提起撤銷訴訟者，不得提起之　(D)應提起撤銷訴訟，誤為提起確認行政處分無效之訴訟，行政法院應以裁定駁回其訴。

( )　42. 行政機關就工廠違規排放廢水命其停工，工廠負責人不服，應提起何種訴訟？　(A)一般給付訴訟　(B)撤銷訴訟　(C)確認法律關係不成立訴訟　(D)課予義務訴訟。

( )　43. 關於公益訴訟，下列敘述何者錯誤？　(A)人民得就行政機關違法行為提起訴訟　(B)人民得就無關自己權利事項提起訴訟　(C)僅得提起課予義務訴訟　(D)須有法律特別規定。

( )　44. 甲申請於國慶日在凱達格蘭大道集會遊行，行政機關不予許可。國慶日之後，甲不服該不予許可時，應提起何種訴訟？　(A)撤銷訴訟　(B)課予義務訴訟　(C)一般給付訴訟　(D)確認行政處分違法訴訟。

( )　45. 依司法院解釋，關於大學對學生所為之退學處分，下列敘述何者錯誤？　(A)退學處分對於人民憲法上受教權有重大影響　(B)退學處分之性質為行政處分　(C)退學處分生效，相對人即喪失在學關係，不待強制執行　(D)僅可對於公立學校所為之退學處分提起行政救濟。

( )　46. 甲廠商預知乙機關將發布新聞稿報導其商業上不利之訊息，為阻止乙機關發布新聞稿，得提起何種行政訴訟，以資救濟？　(A)撤銷訴訟　(B)課予義務訴訟　(C)確認處分無效訴訟　(D)一般給付訴訟。

( )　47. 土地所有權人甲，請求主管機關命相鄰地之工廠停工遭拒。甲應提起何種訴訟救濟？　(A)撤銷訴訟　(B)課予義務訴訟　(C)確認訴訟　(D)一般給付訴訟。

( )　48. 下列何者非行政訴訟法所稱之收容聲請事件？　(A)停止收容之聲請　(B)暫予收容之聲請　(C)續予收容之聲請　(D)延長收容之聲請。

( )　49. 依國家賠償法規定，提起國家賠償訴訟應向下列何者為之？　(A)高等行政法院　(B)最高行政法院　(C)地方法院行政訴訟庭　(D)地方法院民事庭。

( )　50. 依國家賠償法規定，下列何種情形，國家不負損害賠償責任？　(A)行政執行官因過失違法查封他人不動產　(B)調查局調查官因過失違法查扣人民財物　(C)法院司法事務官因過失違法拍賣他人動產　(D)地檢署檢察官因過失違法起訴他人。

解答及解析 答案標示為#者,表官方曾公告更正該題答案。

1. **B** 緊急命令係由總統依據憲法而發布,其內容可能屬於命令,亦可能係對具體事項之處置。普通行政命令之位階低於法律,故原則上係執行法律或補充法律,不能與法律相牴觸;緊急命令正屬相反,通常係現有法律無法有效應付緊急事故,始有發布緊急命令之必要,故緊急命令至少係代替法律,可能為變更法律,甚至可以暫停憲法特定條文之效力。

2. **B** 地方制度法第27條第1項;「直轄市政府、縣(市)政府、鄉(鎮、市)公所就其自治事項,得依其法定職權或法律、基於法律授權之法規、自治條例之授權,訂定自治規則。」

3. **C** 所謂不當聯結禁止原則乃要求行政機關適用法規處理業務時,不應將不具有相關性的事項互相結合,尤其涉及對客體權利義務處理的事項,更不應在其間建立不合理的互相依存關係,以免使人民被課予不屬於特定法律關係範圍內的義務,或被強制接受無相關性的不利負擔條件。

4. **B** 釋字第443號解釋理由書:「憲法所定人民之自由及權利範圍甚廣,凡不妨害社會秩序公共利益者,均受保障。惟並非一切自由及權利均無分軒輊受憲法毫無差別之保障:關於人民身體之自由,憲法第8條規定即較為詳盡,其中內容屬於憲法保留之事項者,縱令立法機關,亦不得制定法律加以限制。而憲法第7條、第9條至第18條、第21條及第22條之各種自由及權利,則於符合憲法第23條之條件下,得以法律限制之。至何種事項應以法律直接規範或得委由命令予以規定,與所謂規範密度有關,應視規範對象、內容或法益本身及其所受限制之輕重而容許合理之差異:諸如剝奪人民生命或限制人民身體自由者,必須遵守罪刑法定主義,以制定法律之方式為之……。」

5. **C** 釋字第432號解釋:「法律明確性之要求,非僅指法律文義具體詳盡之體例而言,立法者於立法定制時,仍得衡酌法律所規範生活事實之複雜性及適用於個案之妥當性,從立法上適當運用不確定法律概念或概括條款而為相應之規定。」

6. **D** 釋字第614號解釋:「主管機關依法律授權所訂定之法規命令,其屬給付性質者,亦應受相關憲法原則,尤其是平等原則之拘束。」

7. **D** 比例原則有廣狹二義,廣義的比例原則包括適當性、必要性及衡量性三原則,而衡量性原則又稱狹義的比例原則。適當性指行為應適合於目的之達成;必要性則謂行為不超越現實目的之必要程度,亦即達成目的須採影響最輕微之手段;至衡量性原則乃指手段應按目的加以衡判,換言之,任何干涉措施所造成之損害應輕於達成目的所獲致之利益,始具有合法性。

8. **C** 行政程序法第19條第2項：「行政機關執行職務時，有下列情形之一者，得向無隸屬關係之其他機關請求協助：……五、由被請求機關協助執行，顯較經濟者。」

9. **B** 行政程序法第19條第5項：「被請求機關認有正當理由不能協助者，得拒絕之。」

10. **D** 地方制度法第2條：「本法用詞之定義如下：……三、委辦事項：指地方自治團體依法律、上級法規或規章規定，在上級政府指揮監督下，執行上級政府交付辦理之非屬該團體事務，而負其行政執行責任之事項。」受委辦之地方自治團體應以自己之名義執行委辦事項。

11. **C** 行政程序法第15條第1項：「行政機關得依法規將其權限之一部分，委任所屬下級機關執行之。」

12. **D** 行政程序法第14條第1項：「數行政機關於管轄權有爭議時，由其共同上級機關決定之，無共同上級機關時，由各該上級機關協議定之。」

13. **D** 行政程序法第115條：「行政處分違反土地管轄之規定者，除依第111條第6款規定而無效者外，有管轄權之機關如就該事件仍應為相同之處分時，原處分無須撤銷。」

14. **D** 懲戒處分係由懲戒法院作成。

15. **C** 公務人員保障法第77條：「公務人員對於服務機關所為之管理措施或有關工作條件之處置認為不當，致影響其權益者，得依本法提起申訴、再申訴。」

16. **C** 公務員懲戒法第22條：「同一行為，不受懲戒法院二次懲戒。同一行為已受刑罰或行政罰之處罰者，仍得予以懲戒。其同一行為不受刑罰或行政罰之處罰者，亦同。」

17. **D** 法官應依法律獨立審判，是憲法第80條之規定。行政命令若是符合法律之授權所頒布，自可拘束法官，作為裁判之依據。惟對於行政命令之適用，既以合法的行政命令為限，至若與法律及憲法相牴觸之行政命令，法官自得拒絕適用，是以釋字137號解釋：「法官於審判案件時，對於各機關就其職掌所作有關法規釋示之行政命令，固未可逕行排斥而不用，但仍得依據法律表示其合法適當之見解。」

18. **A** 行政程序法第157條第3項：「法規命令之發布，應刊登政府公報或新聞紙。」本題法規命令於政府網站上發布而未登於政府公報或新聞紙時，該法規命令不發生效力。

19. **D**　法律授權經濟部得訂定法規命令，但無明文授權轉委任時，經濟部不可以逕行委由所屬機關訂定法規命令。

20. **B**　行政程序法第159條：「本法所稱行政規則，係指上級機關對下級機關，或長官對屬官，依其權限或職權為規範機關內部秩序及運作，所謂非直接對外發生法規範效力之一般、抽象之規定。行政規則包括下列各款之規定：一、關於機關內部之組織、事務之分配、業務處理方式、人事管理等一般性規定。二、為協助下級機關或屬官統一解釋法令、認定事實、及行使裁量權，而訂頒之解釋性規定及裁量基準。」

21. **D**　行政程序法第93條：「行政機關作成行政處分有裁量權時，得為附款。無裁量權者，以法律有明文規定或為確保行政處分法定要件之履行而以該要件為附款內容為限，使得為之。前項所稱之附款如下：一、期限。二、條件。三、負擔。四、保留行政處分之廢止權。五、保留負擔之事後附加或變更。」

22. **D**　行政程序法第116條第3項：「行政機關於轉換前應給予當事人陳述意見之機會。」

23. **D**　行政程序法第123條：「授予利益之合法行政處分，有下列各款情形之一者，得由原處分機關依職權為全部或一部之廢止：一、法規准許廢止者。二、原處分機關保留行政處分之廢止權者。三、附負擔之行政處分，受益人未履行該負擔者。四、行政處分所依據之法規或事實事後發生變更，致不廢止該處分對公益將有危害者。五、其他為防止或除去對公益之重大危害者。」

24. **D**　行政程序法第92條第1項：「本法所稱行政處分，係指行政機關就公法上具體事件所為之決定或其他公權力措施而對外直接發生法律效果之單方行政行為。」同條第2項：「前項決定或措施之相對人雖非特定，而依一般性特徵可得確定其範圍者，為一般處分。有關公物之設定、變更、廢止或一般使用者，亦同。」準此，行政程序法第92條所規定之行政處分有「具體之行政處分」及「一般行政處分」二種。

　　行政程序法第92條第2項後段規定對物的一般處分，指「有關公物之設定、變更、廢止或一般使用」。其對象直接及於物，而配合相關法規之適用，可對不特定多數人之權利或義務發生創設、變更、廢止或確認之法律效果。但對象必須是「具體的個物」，始構成具體的規律，而為一般處分，藉以有別於法規。所謂公物之設定，指使非公物成為公物（如道路、橋梁）；變更，指變更該公物之目的（如用途之變更）；廢止，指使公物成為非公物。公物之設定、變更或廢止如係以法規形式為之，則非屬一般處分。所謂公物之一般使用，指有關公物之一般使用之規定，而非以法規形式出之者，其使用人之範圍亦不特定，例如：道路交通標誌。如係公物之特別使用，須經對特定人個別許可，為對人的行政處分，並非對物的一般處分。」

25. **A** 行政程序法第138條：「行政契約當事人之一方為人民，依法應以甄選或其他競爭方式決定該當事人時，行政機關應事先公告應具之資格及決定之程序。決定前，並應予參與競爭者表示意見之機會。」

26. **C** 行政程序法第146條：「行政契約當事人之一方為人民者，行政機關為防止或除去對公益之重大危害，得於必要範圍內調整契約內容或終止契約。前項之調整或終止，非補償相對人因此所受之財產上損失，不得為之。第一項之調整或終止及第二項補償之決定，應以書面敘明理由為之。相對人對第一項之調整難為履行者，得以書面敘明理由終止契約。相對人對第二項補償金額不同意時，得向行政法院提起給付訴訟。」

27. **C** 行政程序法第165條：「本法所稱行政指導，謂行政機關在其職權或所掌事務範圍內，為實現一定之行政目的，以輔導、協助、勸告、建議或其他不具法律上強制力之方法，促請特定人為一定作為或不作為之行為。」同法第166條：「行政機關為行政指導時，應注意有關法規規定之目的，不得濫用。相對人明確拒絕指導時，行政機關應即停止，並不得據此對相對人為不利之處置。同法第167條：「行政機關對相對人為行政指導時，應明示行政指導之目的、內容、及負責指導者等事項。前項明示，得以書面、言詞或其他方式為之。如相對人請求交付文書時，除行政上有特別困難外，應以書面為之。」

28. **B** 事實行為指行政主體直接發生事實上效果之行為。其與行政處分或其他基於表意行為不同者，在於後者以對外發生法律效果或以意思表示為要素。

廣義的事實行為包羅甚廣，舉凡行政機關之內部行為，對外所作之報導、勸告、建議等所謂行政指導行為、興建公共設施、實施教育及訓練等均屬其範圍。以物理上之強制力為手段的執行行為及與行政處分不易分辨之觀念通知，亦應歸之於事實行為。吳庚老師採狹義事實行為理論，即凡涉及表意行為者均列入後述的未定型化行為，故此處所謂事實行為僅指單純高權行為如實施教育、訓練、興建公共設施等，以及執行行為及強制措施。吳庚老師對未定型化行政行為界定為：「行政程序法所明定之行為型態（行政處分、行政命令、行政契約、行政計畫、行政指導）以外，含有意思表示因素之行為」。

未定型化行政行為有兩大特徵：一是有表意行為，二是未因意思表示而受拘束，在通常情形之下，並不發生影響人民權益關係，故原則上並無正式之法律救濟途徑（尤其行政訴訟）。

若涉及個人隱私或個人資訊自主範圍之事項，因該個人請求而提供，因屬非正式之行政行為，反之拒絕提供則申請人得依行政訴訟法第8條行政處分以外非財產上給付提起「一般給付訴訟」，其情形與事實行為為相同。惟遇有法律另設規定許其訴願及行政訴訟者，自應從其規定，而改提行政訴訟法第5條第2項之「課予義務訴訟」，蓋拒絕提供資訊之公文書，視為行政處分之故。

29. **D** 行政罰法第21條:「沒入之物,除本法或其他法律另有規定者外,以屬於受處罰者所有為限。」同法第22條:「不屬於受處罰者所有之物,因所有人之故意或重大過失,致使該物成為違反行政法上義務行為之工具者,仍得裁處沒入。物之所有人明知該物得沒入,為規避沒入之裁處而取得所有權者,亦同。」

30. **B** 行政罰法第42條:「行政機關於裁處前,應給予受處罰者陳述意見之機會。」

31. **D** 行政罰法第2條:「本法所稱其他種類行政罰,指下列裁罰性之不利處分:一、限制或禁止行為之處分:限制或停止營業、吊扣證照、命令停工或停止使用、禁止行駛、禁止進出港口、機場或特定場所、禁止製造、販賣、輸出入、禁止申請或其他限制或禁止為一定行為之處分。二、剝奪或消滅資格、權利之處分:命令歇業、命令解散、撤銷或廢止許可或登記、吊銷證照、強制拆除或其他剝奪或消滅一定資格或權利之處分。三、影響名譽之處分:公布姓名或名稱、公布照片或其他相類似之處分。四、警告性處分:警告、告誡、記次、講習、輔導教育或其他相類似之處分。」

32. **A** 行政程序法第16條第1項:「行政機關得依法規將其權限之一部分,委託民間團體或個人辦理。」

33. **D** 行政執行法第36條:「行政機關為阻止犯罪、危害之發生或避免急迫危險,而有即時處理之必要時,得為即時強制。即時強制方法如下:一、對於人之管束……。」

34. **A** 行政執行法第29條第1項:「依法令或本於法令之行政處分,負有行為義務而不為,其行為能由他人代為履行者,執行機關得委託第三人或指定人員代履行之。前項代履行之費用,由執行機關估計其數額,命義務人繳納;其繳納數額與實支不一致時,退還其餘額或追繳其差額。」

35. **D** 行政程序法第108條:「行政機關作成經聽證之行政處分時,除依第四十三條之規定外,並應斟酌全部聽證之結果。但法規明定應依聽證紀錄作成處分者,從其規定。前項行政處分應以書面為之,並通知當事人。」

36. **B** 取代訴願之程序與先行程序應予區別。取代訴願程序係指性質上屬於不服行政處分,本得提起訴願,因法律另有規定應依其他途徑救濟,但最後均得提起行政訴訟而言。現行法制上公務人員保障法所設之復審程序;會計師法所定之會計師懲戒程序均屬之。

37. **A** 訴願法第49條:「訴願人、參加人或訴願代理人得向受理訴願機關請求閱覽、抄錄、影印或攝影卷內文書,或預納費用請求付與繕本、影本或節本。」

38. **C** 訴願法第61條:「訴願人誤向訴願管轄機關或原行政處分機關以外之機關作不服原行政處分之表示者,視為自始向訴願管轄機關提起訴願。前項受收之機關應於十日內將該事件移送於原行政處分機關,並通知訴願人。」

39. **A** 訴願法第93條第1項:「原行政處分之執行,除法律另有規定外,不因提起訴願而停止。」

40. **D** 行政訴訟法第15條之1:「關於公務員職務關係之訴訟,得由公務員職務所在地之行政法院管轄。」

41. **D** 行政訴訟法第6條第4項:「應提起撤銷訴願、課予義務訴訟,誤為提起確認行政處分無效之訴訟,其未經訴願程序者,行政法院應以裁定將該事件移送於訴願管轄機關,並以行政法院收受訴狀之時,視為提起訴願。」

42. **B** 行政訴訟法第4條第1項:「人民因中央或地方機關之違法行政處分,認為損害其權利或法律上之利益,經依訴願法提起訴願而不服其決定,或提起訴願逾三個月不為決定,或延長訴願決定期間逾二個月不為決定者,得向行政法院提起撤銷訴訟。」

43. **C** 行政訴訟法第9條:「人民為維護公益,就無關自己權利及法律上利益之事項,對於行政機關之違法行為,得提起行政訴訟。但以法律有特別規定者為限。」同法第11條:「前二條訴訟依其性質,準用撤銷、確認或給付訴訟有關之規定。」

44. **D** 行政訴訟法第6條第1項:「確認行政處分無效及確認公法上法律關係成立或不成立之訴訟,非原告有即受確認判決之法律上利益者,不得提起之。其確認已執行而無回復原狀可能之行政處分或已消滅之行政處分為違法之訴訟,亦同。」

45. **D** 釋字第382號解釋:「公私立各級學校學生遭到學校退學或開除等處分,於用盡學校內申訴途徑,未獲救濟者,可依法提起訴願及行政訴訟,尋求司法救濟」。
釋字第784號解釋:「本於憲法第16條保障人民訴訟權之意旨,各級學校學生認其權利因學校之教育或管理等公權力措施而遭受侵害時,即使非屬退學或類此之處分,亦得按相關措施之性質,依法提起相應之行政爭訟程序以為救濟,無特別限制之必要。於此範圍內,本院釋字第382號解釋應予變更。」

46. **D** 行政訴訟法第8條第1項:「人民與中央或地方機關間,因公法上原因發生財產上之給付或請求作成行政處分以外之其他非財產上之給付,得提起給付訴訟。因公法上契約發生之給付,亦同。」

47.**B** 行政訴訟法第5條第2項：「人民因中央或地方機關對其依法申請之案件，予以駁回，認為其權利或法律上利益受違法損害者，經依訴願程序後，得向行政法院提起請求該機關應為行政處分或應為特定內容之行政處分之訴訟。」

48.**B** 行政訴訟法第237條之10：「本法所稱收容聲請事件如下：一、依入出國及移民法、臺灣地區與大陸地區人民關係條例及香港澳門關係條例提起收容異議、聲請續予收容及延長收容事件。二、依本法聲請停止收容事件。」

49.**D** 國家賠償法第11條第1項：「賠償義務機關拒絕賠償，或自提出請求之日起逾三十日不開始協議，或自開始協議之日起逾六十日協議不成立時，請求權人得提起損害賠償之訴。」同法第12條：「損害賠償之訴，除依本法規定外，適用民事訴訟法之規定。」

50.**D** 國家賠償法第13條：「有審判或追訴職務之公務員，因執行職務侵害人民自由或權利，就其參與審判或追訴案件犯職務上之罪，經判決有罪確定者，適用本法規定。」

Note

108年 移民特考三等

( ) 1. 行政機關受理人民申請許可案件適用法規時，於處理程序終結前，據以准許之法規有變更者，原則上應如何處理？ (A)依當事人之選擇定之 (B)一律適用新法 (C)適用新法，但舊法有利於當事人且新法未廢除或禁止該申請之事項者，適用舊法 (D)一律適用舊法。

( ) 2. 主管機關依法律享有裁處罰鍰之裁量權，卻未依個案情節之不同，一律對人民裁處法定最高額之罰鍰，屬於下列何種情形？ (A)裁量怠惰 (B)裁量逾越 (C)裁量失誤 (D)裁量縮減。

( ) 3. 依中央行政機關組織基準法之規定，關於獨立機關之敘述，下列何者錯誤？ (A)獨立機關必為合議制機關 (B)獨立機關之組織，應以法律定之 (C)獨立機關依法獨立行使職權，不受其他機關之指揮監督 (D)獨立機關之成員，均由行政院院長任命之。

( ) 4. 數行政機關於管轄權有爭議時，下列何者為行政程序法規定之解決方式？ (A)應由各該機關之共同上級機關聲請司法院大法官解釋定之 (B)應由各該機關協議定之，不能協議時，再由其共同上級機關指定管轄 (C)人民就其依法規申請之事件，得向各該機關之共同上級機關申請指定管轄 (D)人民就其依法規申請之事件，得請求其住所地之地方法院行政訴訟庭以裁定定管轄機關。

( ) 5. 行政機關依法將其權限之一部分，委託民間團體辦理，並以該團體名義為行政處分者，下列敘述何者錯誤？ (A)此為管轄權法定原則之例外 (B)此委託行為得以行政契約為之 (C)受委託行使公權力之民間團體，行使該權限時視為行政機關 (D)因受託事件涉訟者，應以委託機關為被告。

( ) 6. 有關公務員概念之敘述，下列何者錯誤？ (A)國家賠償法之公務員，包括國立大學之約聘僱人員 (B)公務員懲戒法之公務員，不包括國立大學僱用之保全人員 (C)公務員服務法之公務員，不包括國立大學兼任行政職之教師 (D)公務人員保障法之公務人員，包括國立大學依法任用之職員。

( ) 7. 公務員之同一行為經主管機關懲處後，再移送公務員懲戒委員會懲戒，下列敘述何者正確？ (A)懲戒與懲處擇一重處罰 (B)懲戒與懲處得併罰 (C)經公務員懲戒委員會為懲戒處分判決確定者，原懲處處分失其效力 (D)公務員懲戒委員會本於一行為不二罰原則，應為不受理判決。

( )　8. 關於行政命令之司法審查，下列敘述何者正確？　(A)法官於審判案件時，得審查行政命令是否違憲　(B)法官於審判案件時，不得拒絕適用行政命令　(C)法官認行政命令有違憲之虞時，應裁定停止訴訟程序，並聲請大法官解釋　(D)法官於審判案件時，一律受司法行政機關所發司法行政上之命令之拘束。

( )　9. 關於法律保留原則之敘述，下列何者正確？　(A)因給付行政領域未侵害人民之基本權，故不適用法律保留原則　(B)行政機關剝奪人民之人身自由，得依行政命令為之　(C)行政組織與行政程序之規範，均得由行政部門自行決定，不適用法律保留原則　(D)地方自治團體就其自治事項，得以自治條例限制居民之基本權，與法律保留原則並無牴觸。

( )　10. 下列何種情形，行政機關不得轉換違法行政處分？　(A)該行政處分為裁量處分時　(B)轉換符合作成原行政處分之目的　(C)轉換法律效果對當事人較有利　(D)違法行政處分之受益人之信賴保護利益大於公益時。

( )　11. 關於書面之行政處分得不記明理由之情形，不包括下列何者？　(A)有關專門知識、技能或資格所為之考試、檢定或鑑定等程序　(B)行政處分所根據之事實，客觀上明白足以確認者　(C)一般處分經公告或刊登政府公報或新聞紙者　(D)未限制人民之權益者。

( )　12. 下列何者非屬行政處分得撤銷之事由？　(A)依法應聽證而未舉行聽證　(B)違反平等原則　(C)未表明救濟方法　(D)有裁量瑕疵。

( )　13. 行政處分如有誤寫、誤算或其他類此之顯然錯誤者，處分機關得隨時更正之。下列何種情形不屬之？　(A)將相對人楊大剛誤繕為陽大剛　(B)將系爭土地之地號916-2誤寫為961-2　(C)每坪補助金額新臺幣（下同）500元之申請案，因申請文件誤植坪數50坪為70坪，致處分機關將25,000元誤核為35,000元　(D)核給補助每月2,000元，每半年核發1次，誤算為10,000元。

( )　14. 依行政程序法規定，關於和解契約之敘述，下列何者正確？　(A)係行政機關與人民解決爭執方式之一　(B)行政機關不得以簽訂和解契約代替行政處分之作成　(C)行政機關無須依職權調查事實，即可簽訂和解契約　(D)和解契約為具隸屬關係之單方高權行政行為。

( )　15. 關於行政程序法所定行政指導之敘述，下列何者錯誤？　(A)行政指導不排除有法律保留原則之適用　(B)行政指導應注意有關法規之目的，不得濫用　(C)行政指導無法成立行政法律關係　(D)行政指導應對相對人明示行政指導之目的、內容。

( )　16.下列何者屬行政罰法所規定之「裁罰性不利處分」？　(A)對於酒駕之違規駕駛人施以吊扣駕照處分　(B)對於欠稅人民施以限制住居之處分　(C)對於錯誤核發之建築執照予以撤銷處分　(D)對於罹患精神疾病之醫師，予以廢止其執業執照之處分。

( )　17.依政府資訊公開法之規定，下列何者應主動公開？　(A)國家安全會議之會議紀錄　(B)教育部基本教育課程審議會之會議紀錄　(C)司法改革國是會議之會議紀錄　(D)公平交易委員會之會議紀錄。

( )　18.關於訴願決定之敘述，下列何者正確？　(A)行政處分於訴願程序進行中已不存在者，受理訴願機關應以訴願無理由駁回之　(B)訴願有理由者，受理訴願機關應撤銷原行政處分，不得逕為變更之決定　(C)對於已撤回之訴願事件重行提起訴願者，受理訴願機關應為不受理之決定　(D)訴願有理由者，受理訴願機關得於訴願人表示不服之範圍內，為更不利益之變更。

( )　19.關於行政事實行為之敘述，下列何者錯誤？　(A)違法有責之行政事實行為侵害人民權利者，人民得依國家賠償法請求損害賠償　(B)清潔隊員清運垃圾屬於一種行政事實行為　(C)行政事實行為因不發生法律效果，故不受法律保留原則之拘束　(D)行政事實行為之救濟途徑，除法律另有規定外，可向行政法院提起一般給付訴訟。

( )　20.下列何者非受理訴願機關決定停止原行政處分執行之考量因素？
(A)原行政處分之合法性是否顯有疑義
(B)訴願人是否已合法提起訴願並願供擔保
(C)原行政處分之執行是否將發生難以回復之損害，且有急迫情事
(D)原行政處分之執行是否非為維護重大公共利益所必要。

( )　21.公務人員認為長官所為口頭命令違法，經向長官報告並請求以書面署名為之，該長官拒絕時，依公務人員保障法規定，該命令之效力為何？
(A)得撤銷　(B)無效　(C)視為撤回　(D)有效。

( )　22.甲以其所有土地經地政事務所在土地登記簿標示其他登記事項欄註記：「本土地涉及違法地目變更，土地使用管制仍應受原『田』地目之限制」，影響其出租、出售，應予除去，依實務見解可尋求下列何種權利救濟？　(A)訴願、撤銷訴訟　(B)訴願、課予義務訴訟　(C)確認公法上法律關係不存在訴訟　(D)一般給付訴訟。

( )　23.下列何者非屬行政法院審判權？　(A)撤銷假釋事件　(B)申請假釋事件　(C)外國人收容事件　(D)傳染病患強制隔離事件。

( )　24. 下列事件，何者得依行政訴訟法提起行政訴訟？　(A)甲辦理立法委員之候選人登記時，遭主管機關認定資格不符而駁回其候選登記申請　(B)乙選舉委員會以當選人為被告，提起當選無效之訴　(C)丙律師因違反律師法，而遭律師懲戒委員會懲戒　(D)丁公務員因公法上職務關係而有違法失職之行為，遭公務員懲戒委員會懲戒。

( )　25. 財政部臺北國稅局（下稱臺北國稅局）所屬公務員A，將有關B之個人資料外洩，造成B名譽受有損害，B至臺北國稅局理論時，因台階設計有所欠缺，致B跌倒，身體受有損傷；有關B欲請求國家賠償，下列敘述何者錯誤？　(A)B就其個人資料外洩，得依國家賠償法第2條第2項，請求賠償其所受損害　(B)台階雖為臺北國稅局所管理，但B僅得向施工營建商請求民事賠償　(C)臺北國稅局負賠償責任後，對於A故意外洩個人資料之行為有求償權　(D)臺北國稅局之台階，因設計有欠缺，造成B身體受有損害，應負國家賠償法第3條第1項之賠償責任。

解答及解析　答案標示為#者，表官方曾公告更正該題答案。

1. **C**　中央法規標準法第18條：「各機關受理人民聲請許可案件適用法規時，除依其性質應適用行為時之法規外，如在處理程序終結前，據以准許之法規有變更者，適用新法規。但舊法規有利於當事人而新法規未廢除或禁止所聲請之事項者，適用舊法規。」

2. **A**　裁量怠惰指行政機關依法有裁量之權限，但因故意或過失而消極的不行使裁量權之謂。本題主管機關未依個案情節之不同，一律對人民裁處法定最高額之罰鍰，即屬裁量怠惰。

3. **D**　中央行政機關組織基準法第21條第1項：「獨立機關合議制之成員，均應明定其任職期限、任命程序、停職、免職之規定及程序。但相當二級機關之獨立機關，其合議制成員中屬專任者，應先經立法院同意後任命之；其他獨立機關合議制成員由一級機關首長任命之。」

4. **C**　行政程序法第14條：「屬行政機關於管轄權有爭議時，尤其共同上級機關決定之，無共同上級機關時，由各該上級機關協議定之。前項情形，人民就其依法規申請之事件，得向共同上級機關申請指定管轄，無共同上級機關者，得向各該上級機關之一為之。」

5. **D**　行政訴訟法第25條：「人民與受委託行使公權力之團體或個人，因受託事件涉訟者，以受託之團體或個人為被告。」

6. **C** 釋字第308號解釋：「公立學校聘任之教師不屬於公務員服務法第24條所稱之公務員。惟兼任學校行政職務之教師，就其兼任之行政職務，則有公務員服務法之適用。」

7. **C** 公務員懲戒法第22條第3項：「同一行為經主管機關或其他權責機關為行政懲處處分後，復移送懲戒，經懲戒法院為懲戒處分、不受懲戒或免議之判決確定者，原行政懲處處分失其效力。」

8. **A** 法官依法律獨立審判，是憲法第80條之規定。行政命令若是符合法律之授權所頒布，自可拘束法官，作為裁判之依據。惟對於行政命令之適用，既以合法的行政命令為限，至若與法律及憲法相牴觸之行政命令，法官自得拒絕適用，是以大法官會議釋字第137號：「法官於審判案件時，對於各機關就其職掌所作有關法規釋示之行政命令，固未可逕行排斥而不用，但仍得依據法律表示其合法適當之見解。」

9. **D** 地方制度法第28條：「下列事項以自治條例定之：一、法律或自治條例規定應經地方立法機關議決者。二、創設、剝奪或限制地方自治團體居民之權利義務者。三、關於地方自治團體及所營事業機構之組織者。四、其他重要事項，經地方立法機關議決應以自治條例定之者。」

10. **D** 行政程序法第116條第1項：「行政機關得將違法行政處分轉換為與原處分具有相同實質及程序要件之其他行政處分。但有下列各款情形之一者，不得轉換：一、違法行政處分，依第117條但書規定，不得撤銷者。……」同法第117條：「違法行政處分於法定救濟期間經過後，原處分機關得依職權為全部或一部之撤銷；其上級機關，亦得為之。但有下列各款情形之一者，不得撤銷：一、撤銷對公益有重大危害者。二、受益人無第119條所列信賴不值得保護之情形，而信賴授予利益之行政處分，其信賴利益顯然大於撤銷所欲維護之公益者。」

11. **B** 行政程序法第97條：「書面之行政處分有下列各款情形之一者，得不記明理由：一、未限制人民之權益者。二、處分相對人或利害關係人無待處分機關之說明已知悉或可知悉作成處分之理由者。三、大量作成之同種類行政處分或以自動機器作成之行政處分依其狀況無須說明理由者。四、一般處分經公告或刊登政府公報或新聞紙者。五、有關專門知識、技能或資格所為之考試、檢定或鑑定等程序。六、依法律規定無須記明理由者。」

12. **C** 行政程序法第99條：「對於行政處分聲明不服，因處分機關未為告知或告知錯誤致向無管轄權之機關為之者，該機關應於十日內移送有管轄權之機關，並通知當事人。前項情形，視為自始向有管轄權之機關聲明不服。」

13. **C** 行政程序法第101條第1項：「行政處分如有誤寫、誤算或其他類此之顯然錯誤者，處分機關得隨時或依申請更正之。」

14. **A** 行政程序法於第136條就和解契約規定如下：「行政機關對於行政處分所依據之事實或法律關係，經依職權調查仍不能確定者，為有效達成行政目的，並解決爭執，得與人民和解，締結行政契約，以代替行政處分。」本條之和解契約性質上係隸屬關係契約，平等關係主體間，在其法定權限範圍內亦可成立和解契約，不受本條之限制。

15. **C** 各項法律原則都可能出現例外，行政指導不具法效性亦然。公平交易法第24條規定：事業不得為其他足以影響交易秩序之欺罔或顯失公平之行為，為避免事業動輒觸法，公平交易委員針對該條發布行政指導原則，俾廠商事業對本身行為之合法性有預見可能性，且可使上開法律的不確定法律概念判斷基礎明確化。故公平交易委員會須先依行政程序法第167條為明確之行政指導，方可適用公平交易法之罰則處罰，若未為明確之行政指導，逕行裁罰，即屬有違行政法上之明確性原則。此項見解包括兩層意旨，一是明確性原則亦適用於行政指導，二是行政指導在此情形，成為裁罰性處分或其他不利處分之前提，並非不生法律效果。

16. **A** 行政罰法第2條：「本法所稱其他種類行政罰，指下列裁罰性之不利處分：一、限制或禁止行為之處分：限制或停止營業、吊扣證照、命令停工或停止使用、禁止行駛、禁止出入港口、機場或特定場所、禁止製造、販賣、輸出入、禁止申請或其他限制或禁止為一定行為之處分。二、剝奪或消滅資格、權利之處分：命令歇業、命令解散、撤銷或廢止許可或登記、吊銷證照、強制拆除或其他剝奪或消滅一定資格或權利之處分。三、影響名譽之處分：公布姓名或名稱、公布照片或其他相類似之處分。四、警告性處分：警告、告誡、記點、記次、講習、輔導教育或其他相類似之處分。」

17. **D** 政府資訊公開法第7條：「下列政府資訊，除依第18條規定限制公開或不予提供者外，應主動公開：……十、合議制機關之會議紀錄。……第1項第10款所稱合議制機關之會議紀錄，指由依法獨立行使職權之成員組成之決策性機關，其所審議議案之案由、議程、決議內容即出席會議成員名單。」

18. **C** 訴願法第77條：「訴願事件有左列各款情形之一者，應為不受理之決定：……七、對已決定或已撤回之訴願事件重行提起訴願者。」

19. **C** 事實行為既非所謂法律上之行為，故早期在學理上視其為不受法律支配，事實行為如有違法情事，則依刑法定其刑事責任，或相關法律（民法、國家賠償法）定其賠償責任。由於貫徹法治主義之要求，現時對公法性質之事實行

為除本質上不適用行政程序法有關行政處分之規定外，學理上幾與行政處分同等看待，須受法律保留及法律優越原則之支配。

20. **B** 訴願法第93條：「原行政處分之執行，除法律另有規定外，不因提起訴願而停止。原行政處分之合法性顯有疑義者，或原行政處分之執行將發生難以回復之損害，且有急迫情事，並非為維護重大公共利益所必要者，受理訴願機關或原行政處分機關得依職權或依申請，就原行政處分之全部或一部停止執行。」

21. **C** 公務人員保障法第17條：「公務人員對於長官監督範圍內所發之命令有服從義務，如認為該命令違法，應負報告之義務；該管長官如認其命令並未違法，而以書面署名下達時，公務人員即應服從；其因此所生之責任，由該長官負之。但其命令有違反刑事法律者，公務人員無服從之義務。前項情形，該管長官非以書面署名下達命令者，公務人員得請求其以書面署名為之，該管長官拒絕時，視為撤回其命令。」

22. **D** 行政訴訟法第8條：「人民與中央或地方機關間，因公法上原因發生財產上之給付或請求作成行政處分以外之其他非財產上之給付，得提起給付訴訟。」

23. **A** 釋字第681號解釋：「最高行政法院中華民國93年2月份庭長法官聯席會議決議：『假釋之撤銷屬刑事裁判執行之一環，為廣義之司法行政處分，如有不服，其救濟程序，應依刑事訴訟法第484條之規定，即俟檢察官指揮執行該假釋撤銷後之殘餘徒刑時，再由受刑人或其法定代理人或配偶向當初諭知該刑事裁判之法院聲明異議，不得提起行政爭訟。』及刑事訴訟法第四百八十四條規定：『受刑人或其法定代理人或配偶以檢察官執行之指揮為不當者，得向諭知該裁判之法院聲明異議。』並未剝奪人民就撤銷假釋處分依法向法院提起訴訟尋求救濟之機會，與憲法保障訴訟權之意旨尚無牴觸。惟受假釋人之假釋處分經撤銷者，依上開規定向法院聲明異議，須俟檢察官指揮執行殘餘刑期後，始得向法院提起救濟，對受假釋人訴訟權之保障尚非周全，相關機關應儘速予以檢討改進，俾使不服主管機關撤銷假釋之受假釋人，於入監執行殘餘刑期前，得適時向法院請求救濟。」

24. **A** 行政訴訟法第10條：「選舉罷免事件之爭議，除法律別有規定外，得依本法提起行政訴訟。」

25. **B** 國家賠償法第3條第1項：「公共設施因設置或管理有欠缺，致人民生命、身體、人身自由或財產受損害者，國家應負損害賠償責任。」所謂公共設施之設置及管理有欠缺，前者指公共設施「自始」即有欠缺，是指公共設施在「設計、施工」上存有瑕疵。而「管理」有欠缺，乃指後天之管理不良，致使人民造成損害而言。本條採國家賠償無過失責任制度，只要因公共設施肇致之損害，可歸責於該公共設施的設置或管理有瑕疵者，即構成國家賠償之要件。

108年　移民特考四等

( )　1.違反廢棄物清理法情節重大者，環保機關除裁處罰鍰外，並得為停業或停工處分。環保機關依此規定命違反者停業，係行使下列何項權限？ (A)計畫裁量　(B)事實裁量　(C)要件裁量　(D)選擇裁量。

( )　2.因撤銷或變更原處分或決定之判決，而權利受損害之第三人，如非可歸責於己之事由，未參加訴訟，致不能提出足以影響判決結果之攻擊或防禦方法者，對於確定終局判決得如何救濟？ (A)提起再審　(B)提起非常上訴　(C)提起抗告　(D)聲請重新審理。

( )　3.依行政程序法規定，關於行政指導之敘述，下列何者錯誤？ (A)行政機關為行政指導時，應注意有關法規規定之目的，不得濫用　(B)行政指導相對人明確拒絕指導時，行政機關不得對相對人為不利之處置 (C)基於公益考量，行政機關對於非其職掌之事務，亦得為行政指導 (D)行政機關對相對人為行政指導時，應明示行政指導之目的、內容及負責指導者等事項。

( )　4.依公務人員考績法之規定，下列何者非屬公務人員之考績？ (A)年終考績　(B)另予考績　(C)平時考績　(D)專案考績。

( )　5.行政機關將其業務委託不相隸屬行政機關執行時，下列敘述何者錯誤？ (A)權限之委託須有法規之依據　(B)權限委託時，應約定受託機關辦理受託事件所為之行政處分，以何為處分機關　(C)除法規另有規定外，受委託機關得決定是否接受委託　(D)委託事項應公告並刊登於政府公報或新聞紙。

( )　6.甲、乙二行政機關依法規就同一違規事件皆有管轄權者，依行政程序法規定，下列敘述何者錯誤？ (A)甲機關受理在先，由甲機關管轄　(B)如無法確定甲、乙二機關受理之先後，由距離違規事件地點最近之機關管轄　(C)如甲機關認為其受理在先，但乙機關有不同意見，應由共同上級機關指定管轄　(D)管轄未確定前，甲機關於必要之情形時，應為必要之職務行為，並通知乙機關。

( )　7.關於公務員懲戒之敘述，下列何者正確？ (A)為懲戒處分時，不得審酌受懲戒人所獲致之利益　(B)基於一事不二罰原則，各懲戒處分不得併為處分，而僅得擇一重處罰　(C)公務員懲戒法未規定撤職處分之懲戒時效　(D)免除職務之懲戒，係免其現職，並於一定期間內停止任用。

( )　8.公務人員遭主管長官依公務人員考績法為一次記二大過免職，經依公務人員保障法規定提起復審未獲救濟，依法得為下列何種救濟？　(A)向行政院提起再訴願　(B)向考試院提起訴願　(C)向高等行政法院提起行政訴訟　(D)向公務人員保障暨培訓委員會提起再復審。

( )　9.關於公物之敘述，下列何者錯誤？　(A)公物之廢止得以作成行政處分之方式為之　(B)公物之廢止，得為行政爭訟之標的　(C)公物喪失其原有功能者，主管機關應予徵收　(D)公物之設定以行政處分為之者，自公告日發生效力。

( )　10.依行政程序法規定及實務見解，原處分機關如依職權撤銷行政處分，除斥期間應自何時起算？　(A)自有權撤銷機關確實知悉撤銷原因發生時起算　(B)自有權撤銷機關可得知悉撤銷原因發生時起算　(C)自有權撤銷機關略加調查而不難得知撤銷原因發生時起算　(D)自撤銷原因發生時起算。

( )　11.關於行政機關撤銷行政處分，人民因信賴該處分致遭受財產上損失之補償請求權，下列敘述何者正確？　(A)自行政機關告知其事由時起，因2年間不行使而消滅；自處分撤銷時起逾5年者，亦同　(B)自行政機關告知其事由時起，因2年間不行使而消滅；自處分撤銷時起逾3年者，亦同　(C)自行政機關告知其事由時起，因3年間不行使而消滅；自處分撤銷時起逾5年者，亦同　(D)自行政機關告知其事由時起，因5年間不行使而消滅；自處分撤銷時起逾10年者，亦同。

( )　12.依大法官解釋意旨，各年度公務人員考試錄取人員訓練計畫之法律性質為何？　(A)法規命令　(B)人事管理規則　(C)解釋性行政規則　(D)行政處分。

( )　13.下列何者非屬行政處分？　(A)古蹟之指定　(B)對參加集會者之解散命令　(C)街道名稱變更之公告　(D)都市計畫定期通盤檢討之變更。

( )　14.依行政程序法規定，書面行政處分於下列何種情形，其效力不受影響？　(A)未合法送達　(B)漏未記載處分機關　(C)未為救濟途徑之告知　(D)依法應以證書方式作成而未給予證書。

( )　15.主管機關通過環境影響評估審查結論，附加開發單位須於基地周邊一定範圍內進行環境監測及綠美化之附款。此附款之性質為何？　(A)停止條件　(B)解除條件　(C)負擔　(D)廢止權之保留。

( )　16.下列何者非屬行政事實行為？　(A)警車繞行管轄區域之巡邏　(B)查封不動產之執行命令　(C)無拘束力之資訊提供　(D)監視錄影器之設置。

( ) 17. 依行政程序法規定，關於公法上請求權時效之敘述，下列何者正確？
(A)請求權人為行政機關時，時效期間為10年　(B)時效完成後，義務人發生抗辯權　(C)行政處分因撤銷而溯及既往失效時，自該處分失效時起，重行起算時效　(D)因行政處分而中斷之時效，自行政處分不得訴請撤銷後，重行起算。

( ) 18. 甲欲搭乘臺鐵火車，因月台積水而跌倒受傷；上車之後，該列車誤點超過1小時。甲擬向交通部臺灣鐵路管理局請求賠償，有關法律關係之敘述，下列何者正確？　(A)甲跌倒受傷及列車誤點二部分均屬公法關係　(B)甲跌倒受傷部分為公法關係，列車誤點部分為私法關係　(C)甲跌倒受傷部分為私法關係，列車誤點部分為公法關係　(D)甲跌倒受傷及列車誤點二部分均屬私法關係。

( ) 19. 關於送達之敘述，下列何者正確？　(A)公司已全權委任代理人者，行政機關得選擇向該公司或其代理人為送達　(B)如公司之代表人有數人，行政機關對該公司為送達者，得向其中一人為之　(C)對於我國駐外國代表處之秘書為送達者，行政機關應囑託行政院為之　(D)對於駐我國有治外法權之外國大使為送達者，行政機關應囑託外交部為之。

( ) 20. 依訴願法規定，關於訴願參加之敘述，下列何者正確？　(A)受理訴願機關於作成訴願決定前，應依職權通知與訴願人利害關係相同之人參加訴願　(B)訴願決定對於經受理訴願機關通知其參加而未參加之人，不生效力　(C)訴願參加人得委任代理人進行訴願，但所委任之訴願代理人不得超過2人　(D)訴願參加人請求陳述意見而有正當理由者，受理訴願機關應予陳述意見之機會。

( ) 21. 甲逾法定期間提起訴願，原行政處分機關或其上級機關得為之處置，下列敘述何者錯誤？
(A)原行政處分顯屬不當者，原行政處分機關原則上得依職權變更之
(B)原行政處分顯屬違法者，其上級機關原則上得依職權撤銷之
(C)原行政處分顯屬違法，但受益人有信賴利益者，原行政處分機關即不得撤銷之
(D)原行政處分顯屬違法，但撤銷對公益有重大危害者，其上級機關不得撤銷之。

( ) 22. 有關訴願制度之功能，下列敘述何者錯誤？　(A)維護人民權益，使其免受公權力之侵害　(B)確保行政權之合法行使　(C)確保行政之妥當性　(D)制衡行政法院審判權。

( )　23. 依行政訴訟法之規定，關於行政法院管轄之敘述，下列何者錯誤？
(A)定行政法院之管轄，以起訴時為準　(B)以臺東縣政府為被告之行政訴訟，由臺北高等行政法院管轄之　(C)坐落於苗栗縣不動產之徵收所涉行政訴訟，專屬臺中高等行政法院管轄　(D)因勞工保險事件涉訟者，得由為原告之被保險人住居所地之行政法院管轄。

( )　24. 下列何者非屬正確之行政訴訟被告？
(A) 人民與受委託行使公權力之團體因受託事件涉訟時，該受託之團體
(B) 經訴願程序之行政訴訟，駁回訴願時之原處分機關
(C) 被告機關經改組時，承受其業務之機關
(D) 經復審程序之行政訴訟，駁回復審之公務人員保障暨培訓委員會。

( )　25. 關於公法與私法區別之學說，下列何者最適合說明「強制性之社會保險具有公法性質，與依個人意願參加之私法上保險契約有間」？　(A)利益說　(B)歸屬說　(C)主體說　(D)權力說。

解答及解析　答案標示為#者，表官方曾公告更正該題答案。

1. **D**　行政裁量的類型如下：
   (1) 選擇裁量與決定裁量：
   依據行政機關得裁量之空間而定：
   A. 選擇裁量：立法者給予行政機關以何種方式作成決定之空間。
   B. 決定裁量：立法者給予行政機關選擇作成決定或不作成之決定空間。
   (2) 個別裁量與一般裁量：
   依據裁量之具體或抽象而定：
   A. 個別裁量：此較符合真正的行政裁量，確實針對個案做出適當之裁量。
   B. 一般裁量：上級機關為使下級機關之裁量可以統一，通常會訂立一抽象之裁量要點或裁量規則，供其遵循，例如：違法道路交通管理事件統一裁罰基準及處理細則。

2. **D**　行政訴訟法第284條第1項：「因撤銷或變更原處分或決定之判決，而權利受損害之第三人，如非可歸責於己之事由，未參加訴訟，致不能提出足以影響判決結果之攻擊或防禦方法者，得對於確定終局判決聲請重新審理。」

3. **C**　行政程序法第165條：「本法所稱行政指導，謂行政機關在其職權或所掌事務範圍內，為實現一定之行政目的，以輔導、協助、勸告、建議或其他不具法律上強制力之方法，促請特定人為一定作為或不作為之行為。」

4. **C** 公務人員考績法第3條：「公務人員考績區分如下：一、年終考績：係指各官等人員，於每年年終考核其當年一至十二月任職期間之成績。二、另予考績：係指各官等人員，於同一考績年度內，任職不滿一年，而連續任職已達六個月者辦法之考績。三、專案考績：係各官等人員，於平時有重大功過時，隨時辦理之考績。」

5. **B** 行政程序法第15條：「行政機關得依法規將其權限之一部分，委任所屬下級機關執行之。行政機關因業務上之需要，得依法規將其權限之一部分，委託不相隸屬之行政機關執行之。前2項情形，應將委任或委託事項及法規依據公告之，並刊登政府公報或新聞紙。」

6. **B** 行政程序法第13條：「同一事件，數行政機關依前二條之規定均有管轄權者，由受理在先之機關管轄，不能分別受理之先後者，由各該機關協議定之，不能協議或有統一管轄之必要時，由其共同上級機關指定管轄。無共同上級機關時，由各該上級機關協議定之。前項機關於必要之情形時，應為必要之職務行為，並即通知其他機關。」

7. **C** 公務員懲戒法第20條：「應受懲戒行為，自行為終了之日起，至案件繫屬懲戒法院之日止，已逾十年者，不得予以休職之懲戒。應受懲戒行為，自行為終了之日起，至案件繫屬懲戒法院之日止，已逾五年者，不得予以減少退休（職、伍）金、降級、減俸、罰款、記過或申誡之懲戒。」

8. **C** 公務人員保障法第25條規定：「公務人員對於服務機關或人事主管機關所為之行政處分，認為違法或顯然不當，致損害其權利或利益者，得依本法提起復審。」同法第30條第1項規定「復審之提起，應自行政處分達到之次日起三十日內為之。」同法第44條第1項規定：「復審人應繕具復審書經由原處分機關向保訓會提起復審。」是以考績復審應由受考人於考績通知書送達之次日三十日內，經由原處分機關向保訓會提起之。

公務人員保障法第72條規定：「保訓會復審決定依法得聲明不服者，復審決定書應附記如不服決定，得於決定書送達之次日起二個月內，依法向該管司法機關請求救濟。」是以考績復審係向保訓會提起，而不服保訓會復審之決定者，得向行政法院提起行政訴訟以謀救濟。

9. **C** 公物在原則上不得徵收，惟如符合土地法第220條之規定，因舉辦較為重大事業無可避免者，仍得徵收之。

10. **A** 行政程序法第121條：「第117條之撤銷權，應自原處分機關或其上級機關知有撤銷原因時起二年內為之。」

依行政程序法規定及實務見解，原處分機關如依職權撤銷行政處分，除斥期間應自有權撤銷機關確實知悉撤銷原因發生時起算。

11. **A** 行政程序法第120條第1項：「授予利益之違法行政處分經撤銷後，如受益人無前條所列信賴不值得保護之情形，其因信賴該處分致遭受財產上之損失者，為撤銷之機關應給予合理之補償。」同法第121條第2項：「前條之補償請求權，自行政機關告知其事由時起，因二年間不行使而消滅；自處分撤銷時起逾五年者，亦同。」

12. **D** 釋字第760號解釋理由書：「聲請人一主張91至93年之各該年公務人員特種考試警察人員考試錄取人員訓練計畫有違憲疑義。聲請人二主張警察人員人事條例第4條、考試院秘書長98年12月7日考壹組一字第0980009689號函及警察官職務等階表，亦均有違憲疑義。查上開訓練計畫係針對前揭考試筆試錄取之特定人所為之行政處分，上開函並非法令，均非屬得向本院聲請解釋之客體。」

13. **D** 釋字第742號解釋：「都市計畫擬定計畫機關依規定所為定期通盤檢討，對原都市計劃作必要之變更，屬法規性質，並非行政處分。」

14. **C** 行政程序法第98條第3項：「處分機關未告知救濟期間或告知錯誤未為更正，致相對人或利害關係人遲誤者，如自處分書送達後一年內聲明不服時，視為於法定期間內所為。」

15. **C** 附負擔的行政處分，係附隨於主行政處分，使受其行政處分的效果者，負擔特別義務的行為。
本題主管機關通過環境影響評估審查結論，附加開發單位須於基地周邊一定範圍內進行環境監測及綠美化之附款。此附款之性質為「負擔」。

16. **B** 事實行為指行政主體直接發生事實上效果之行為。其與行政處分或其他基於表意行為不同者，在於後者以對外發生法律效果或以意思表示為要素。
廣義的事實行為包羅甚廣，舉凡行政機關之內部行為，對外所作之報導、勸告、建議等所謂行政指導行為、興建公共設施、實施教育及訓練等均屬其範圍。以物理上之強制力為手段的執行行為及與行政處分不易分辨之觀念通知，亦應歸之於事實行為。吳庚老師採狹義事實行為理論，即凡涉及表意行為者均列入未定型化行為，故此處所謂事實行為僅指單純高權行為如實施教育、訓練、興建公共設施等，以及執行行為及強制措施。
本題查封不動產之執行命令為行政處分。

17. **D** 行政程序法第133條：「因行政處分而中斷之時效，自行政處分不得訴請撤銷或因其他原因失其效力後，重行起算。」

18. **B** 行政法為公法的一種，與公法相對稱的叫做私法，公法與私法區分的理論，自羅馬法以來即已逐漸形成，乃是從法律的本質方面，對國家法律所作傳統性的基本分類。

　　本題甲欲搭乘臺鐵火車，因月台積水而跌倒受傷；上車之後，該列車誤點超過1小時。甲擬向交通部臺灣鐵路管理局請求賠償，其中甲跌倒受傷部分為公法關係，列車誤點部分為私法關係。

19. **B**　行政程序法第69條：「對於機關、法人或非法人之團體為送達者，應向其代表人或管理人為之。法定代理人、代表人或管理人有二人以上者，送達得僅向其中之一人為之。」

20. **D**　訴願法第63條第3項：「訴願人或參加人請求陳述意見而有正當理由者，應予到達指定處所陳述意見之機會。」

21. **C**　訴願法第80條：「提起訴願因逾法定期間而為不受理決定時，原行政處分顯屬違法或不當者，原行政處分機關或其上級機關得依職權撤銷或變更之。但有左列情形之一者，不得為之：一、其撤銷或變更對公益有重大危害者。二、行政處分受益人之信賴利益顯然較行政處分撤銷或變更所欲維護之公益更值得保護者。」

22. **D**　訴願制度的功能擇要列舉如下：
(1) 維護人民權益，使其免受公權力之侵害。
(2) 確保行政權之合法行使。
(3) 確保行政之妥當性。
(4) 透過行政內部的上下監督關係，由上級機關統一解釋法規之適用，以此切合依法行政原則之要求。
(5) 行政機關對於系爭事實的掌握與了解高於法院，透過訴願的自我審查機制，能較快速的回應人民提出之救濟需求。
(6) 訴願在某程度上能夠篩選案件並減少法院的負擔，減少不必要的爭訟。

23. **B**　臺北高等行政法院轄區包括臺北市、新北市、桃園市、新竹市、新竹縣、基隆市、宜蘭縣、花蓮縣、金門縣、連江縣。管轄之下級審法院有臺北、新北、士林、桃園、新竹、基隆、宜蘭、花蓮、福建金門和福建連江等10所地方法院之行政訴訟庭。

24. **D**　行政訴訟法第24條：「經訴願程序之行政訴訟，其被告為下列機關：一、駁回訴願時之原處分機關。二、撤銷或變更原處分時，為撤銷或變更之機關。」同法第25條：「人民與受委託行使公權力之團體或個人，因受託事件涉訟者，以受託之團體或個人為被告。」同法第26條：「被告機關經裁撤或改組者，以承受其業務之機關為被告機關；無承受其業務之機關者，以其直接上級機關為被告機關。」

本題經復審程序之行政訴訟，駁回復審之公務人員保障暨培訓委員會非屬正確之行政訴訟被告。正確之行政訴訟被告為「原處分機關」。

25. **D** 釋字第533號解釋理由書：「全民健康保險為強制性之社會保險，攸關全體國民福祉至鉅，具公法之性質。」

公法與私法之區別標準，坊間各類法學教科書討論甚多，以下就各種不同之標準略作說明：

(1) 利益說：公法乃關於公共利益之法，公共利益由國家或其他公共團體為代表，私法則關係個人利益之法。

(2) 從屬說：規範上下隸屬關係之法規為公法，規範平等關係者為私法，又稱為權力說或加值說。

(3) 舊主體說：凡法律關係主體之一方為行政主體或國家機關者為公法，若法律關係之主體全屬私人者為私法。

(4) 新主體說：對任何人皆可適用，均有發生權利義務之可能者為私法，公法則係公權力主體或其機關所執行之職務法規，其賦予權限或課予義務之對象僅限於前述主體或其機關，而非任何人。

本題權力說（從屬說）最適合說明「強制性之社會保險具有公法性質，與依個人意願參加之私法上保險契約有間。」

108年 地方特考三等

( ) 1. 下列有關公務員服務法所定公務員義務之違反，何者有刑事責任？ (A)未奉長官核准，不得擅離職守 (B)公務員執行職務，不得畏難規避，互相推諉，或無故稽延 (C)公務員於其離職後3年內，不得擔任與其離職前5年內之職務直接相關之營利事業董事 (D)公務員兼任非以營利為目的之事業或團體之職務，受有報酬者，應經服務機關許可。

( ) 2. 教師法第14條第1項所定得解聘教師之事由共11款。假設某公立高中解聘甲教師之處分書中僅記載依教師法第14條第1項，而未指出何款規定，則該處分最可能違反下列何種行政法原則？ (A)信賴保護原則 (B)行政行為明確性原則 (C)不當聯結禁止原則 (D)誠信原則。

( ) 3. 依司法院解釋，主管機關於執行法令時，於個案中是否已無不作為之裁量餘地，下列何者不屬於應考量之因素？ (A)當事人權益遭遇危險之迫切程度 (B)當事人是否依法向主管機關請求排除侵害 (C)公務員對於損害之發生是否可得預見 (D)侵害之防止無法憑個人努力即可避免，須仰賴公權力始能達成。

( ) 4. 法規命令發布後未送立法院，其效力為何？ (A)無效 (B)效力未定 (C)得撤銷 (D)效力不受影響。

( ) 5. 依行政程序法及地方制度法規定，關於委任、委託與委辦之敘述，下列何者錯誤？ (A)三者皆屬行政機關管轄權移轉之情形，為管轄法定原則之例外 (B)委任及委託發生於同一行政主體間，委辦發生於不同行政主體間 (C)委託及委辦須有法規之依據，委任則因機關間有隸屬關係，故無須法規依據 (D)下級行政機關請上級行政機關代為處理事務，非屬委任、委託或委辦之情形。

( ) 6. 關於公務人員保障法規定之復審程序，下列敘述何者錯誤？ (A)係公務人員不服服務機關或人事主管機關所為行政處分之救濟 (B)亦適用於非現職公務人員基於其原公務人員身分之請求權遭受侵害時 (C)不適用公務人員已亡故時，其遺族就該公務人員身分所生之公法上財產請求權 (D)復審之提起，應自行政處分達到之次日起30日內為之。

( ) 7. 下列何者屬於公務人員保障法所稱之公務人員？ (A)政務人員及民選公職人員 (B)私立大學教授 (C)法定機關（構）依法任用之有給專任人員 (D)公營事業之官派董事長。

( )　8. 公務人員認為長官於監督範圍內所為命令違法，下列敘述何者錯誤？
(A)有報告之義務　(B)長官如以口頭下達者，得請求書面署名為之
(C)命令違反刑事法律者，無服從之義務　(D)長官以書面署名下達者，
即負有服從之義務。

( )　9. 關於法規命令之敘述，下列何者正確？　(A)非直接對外發生法律效果
(B)由行政機關依職權訂定　(C)規範對象為多數不特定之人民　(D)規
範內容為機關內部秩序及運作。

( )　10. 下列何者為行政處分？　(A)自治監督機關「撤銷」地方自治團體就自
治事項所為之行政決定　(B)行政院依國有財產法將非公用財產「撥
用」予他機關使用　(C)主管機關對人民團體選任理監事之簡歷事項予
以「備查」　(D)行政機關「限制」其辦公場所空調設備開啟之時間。

( )　11. 關於無效行政處分之敘述，下列何者錯誤？　(A)無效之行政處分，自
始不生效力　(B)行政處分一部分無效者，原則上其他部分仍為有效
(C)行政處分之無效，利害關係人得請求處分機關確認　(D)無效之行政
處分，行政機關得依職權廢止。

( )　12. 下列何者為課予人民行為或不行為義務之行政處分？　(A)勒令停工
(B)學生退學處分　(C)役男體位判定　(D)專利之撤銷。

( )　13. 依行政法院裁判之多數見解，禁止臨時停車標線之法律性質為何？
(A)行政規則　(B)事實行為　(C)行政處分　(D)行政契約。

( )　14. 依行政程序法規定，行政機關所為之行政處分，於下列何種情形，得不
給予陳述意見之機會？　(A)相對人於提起訴願前依法應向行政機關聲
請復查　(B)行政處分之效力有期間之限制　(C)依法為一般處分　(D)
處分機關依行政處分所根據之事實，認為無陳述意見之必要。

( )　15. 關於行政處分之敘述，下列何者錯誤？　(A)行政處分為均須得到處分
相對人同意之行政行為　(B)行政處分為對外直接發生法律效果之行政
行為　(C)行政處分為行政機關單方所為之行政行為　(D)行政處分為針
對具體事件所為之行政行為。

( )　16. 依道路交通管理處罰條例規定，汽車駕駛人違規肇事受吊扣駕駛執照處
分者，應接受道路交通安全講習。此種講習屬於行政罰法規定之何種
處分類型？　(A)限制或禁止行為之處分　(B)剝奪或消滅資格、權利之
處分　(C)影響名譽之處分　(D)警告性處分。

( )　17. 依現行行政執行法規定，公法上金錢給付義務之執行機關為何？　(A)
財政部國庫署　(B)地方法院民事執行處　(C)法務部行政執行署所屬行
政執行處　(D)作成原行政處分之行政機關。

( ) 18. 關於訴願事件，下列敘述何者正確？　(A)人民對於行政機關之行政處
　　　　分，認為違法或不當，致損害其權利或利益，得依訴願法提起訴願
　　　　(B)行政機關對人民依法申請之案件，於法定期間內應作為而不作為，
　　　　人民得不經訴願程序，直接提起行政訴訟　(C)各級地方自治團體對上
　　　　級監督機關之行政處分，認為違法或不當，致損害其權利或利益者，
　　　　不得提起訴願　(D)公法人對上級監督機關之行政處分，認為違法或不
　　　　當，致損害其權利或利益者，不得提起訴願。

( ) 19. 甲不服臺北市政府環境保護局所作成之罰鍰處分，下列何機關為其訴願
　　　　管轄機關？　(A)臺北市政府　(B)臺北市政府環境保護局　(C)行政院
　　　　環境保護署　(D)行政院。

( ) 20. 依實務見解，下列何者不具提起訴願之權能？　(A)申請建造執照遭拒
　　　　絕之商號　(B)申請補助遭否准之人民　(C)競爭公路路線經營權利失利
　　　　之公司　(D)委辦事項遭上級政府收回之地方自治團體。

( ) 21. 依行政訴訟法規定，關於簡易訴訟程序之敘述，下列何者錯誤？　(A)
　　　　以地方法院行政訴訟庭為第一審管轄法院　(B)簡易訴訟程序在獨任法
　　　　官前行之　(C)簡易訴訟程序事件之判決，一律不經言詞辯論為之　(D)
　　　　對於簡易訴訟程序之判決不服者，得上訴於管轄之高等行政法院。

( ) 22. 關於提起訴訟期間規定之敘述，下列何者錯誤？　(A)撤銷訴訟應於訴
　　　　願決定書送達後2個月之不變期間內為之　(B)撤銷訴訟自訴願決定書送
　　　　達後，已逾3年者，不得提起　(C)不經訴願程序即得提起撤銷訴訟者，
　　　　應於行政處分達到或公告後1個月之不變期間內為之　(D)不經訴願程
　　　　序即得提起課予義務訴訟者，於法令所定應作為期間屆滿後，已逾3年
　　　　者，不得提起。

( ) 23. 土地所有權人以土地徵收地價補償偏低，請求應給予較多補償金額，遭
　　　　到主管機關拒絕。經訴願未果後，得提起下列何種類型之行政訴訟？
　　　　(A)撤銷訴訟　(B)課予義務訴訟　(C)一般給付訴訟　(D)確認違法訴
　　　　訟。

( ) 24. 下列何項事件，行政法院有審判權？　(A)公務員懲戒事件　(B)交通裁
　　　　決事件　(C)社會秩序維護法事件　(D)行政執行管收事件。

( ) 25. 依國家賠償法規定，關於請求國家賠償之程序，下列敘述何者正確？
　　　　(A)直接向高等行政法院提起行政訴訟　(B)直接向地方法院提起損害賠
　　　　償之訴訟　(C)先以書面向賠償義務機關請求損害賠償　(D)先以口頭或
　　　　書面向賠償義務機關之上級機關請求損害賠償。

解答及解析　答案標示為#者，表官方曾公告更正該題答案。

1. **C** 公務員服務法第14條之1：「公務員於其離職後三年內，不得擔任與其離職前五年內之職務直接相關之營利事業董事、監察人、經理、執行業務之股東或顧問。」同法第22條之1第1項：「離職公務員違反本法第十四條之一者，處二年以下有期徒刑，得併科新臺幣一百萬元以下罰金。」

2. **B** (1)明確性原則包括兩個層次：一是法律本身應遵守者，可謂憲法層次。明確性係從憲法上之法治國原則導出，為依法行政原則之主要成分，乃憲法層次之原則，故所謂內容明確並不限於行政行為（行政命令及行政處分等）而已，更重要者，在法律保留原則支配下，法律及法規命令之規定，內容必須明確，涉及人民權利義務事項時，始有清楚之界限與範圍，對於何者為法律所許可，何者屬於禁止，亦可事先預見及考量。

    (2)其次是行政法層次，即行政程序法第5條所揭櫫之「行政行為之內容應明確」原則，行政行為如同一般法律行為其內容應明確、可能及合法，乃當然之理。所謂行政行為是泛指各種行政作用的方式：行政命令、行政處分、行政契約及行政指導等均含蓋在內。又所稱「內容應明確」解釋上不限於狹義的內容，實兼指行政行為之各項重要之點均應明確而言，故行政處分書之內容雖非不明確，但受處分之相對人不明確者，例如記載某某等五人，便違反上述條文之規定。

3. **B** 釋字第469號解釋理由書：「法律之種類繁多，其規範之目的亦各有不同，有僅屬賦予主管機關推行公共事務之權限者，亦有賦予主管機關作為或不作為之裁量權限者，對於上述各類法律之規定，該管機關之公務員縱有怠於執行職務之行為，或尚難認為人民之權利因而遭受直接之損害，或性質上仍屬適當與否之行政裁量問題，既未達違法之程度，亦無在個別事件中因各種情況之考量，例如：斟酌人民權益所受侵害之危險迫切程度、公務員對於損害之發生是否可得預見、侵害之防止是否須仰賴公權力之行使始可達成目的而非個人之努力可能避免等因素，已致無可裁量之情事者，自無成立國家賠償之餘地。」

4. **D** 中央法規標準法第7條：「各機關依其法定職權或基於法律授權訂定之命令，應視其性質分別下達或發布，並即送立法院。」若行政機關發布命令後未送立法院，其效果如何？實務上認為不影響命令之效力，蓋法規一經有權機關發布，即生其應有之效力。

5. **C** 行政程序法第15條第1項：「行政機關得依法規將其權限之一部分，委任所屬下級機關執行之。」

6. **C**　公務人員保障法第25條第2項：「公務人員已亡故者，其遺族基於該公務人員身分所生之公法上財產請求權遭受侵害時，亦得依本法規定提起復審。」

7. **C**　公務人員保障法第3條：「本法所稱公務人員，係指法定機關（構）及公立學校依公務人員任用法律任用之有給專任人員。」

8. **D**　公務人員保障法第17條：「公務人員對於長官監督範圍內所發之命令有服從義務，如認為該命令違法，應負報告之義務；該管長官如認其命令並未違法，而以書面署名下達時，公務人員即應服從；其因此所生之責任，由該長官負之。但其命令有違反刑事法律者，公務人員無服從之義務。前項情形，該管長官非以書面署名下達命令者，公務人員得請求其以書面署名為之，該管長官拒絕時，視為撤回其命令。」

9. **C**　行政程序法第150條第1項：「本法所稱法規命令，係指行政機關基於法律授權，對多數不特定人民就一般事項所作抽象之對外發生法律效果之規定。」

10. **A**　釋字第553號解釋：「本件行政院撤銷台北市政府延期辦理里長選舉之決定，涉及中央法規適用在地方自治事項時具體個案之事實認定、法律解釋，屬於有法效性之意思表示，係行政處分，台北市政府有所不服，乃屬與中央監督機關間公法上之爭議，惟既屬行政處分是否違法之審理問題，為確保地方自治團體之自治功能，該爭議之解決，自應循行政爭訟程序處理。」

11. **D**　無效行政處分，係指行政機關雖已在外觀上作成行政處分，惟在實質上因處分的內容具有瑕疵，或未具備必要形式，或未踐行法定程序，因而欠缺有效要件，以致無法發生效力。無效行政處分，不對任何人發生拘束力，係自始完全無效，行政機關及普通法院，均得以獨立的見解，作無效的判斷。
　　所謂行政處分的廢止，係指就原已成立並生效的行政處分，基於法律上、政策上或事實上的原因，決定將其廢棄，使其自將來喪失效力的行為。

12. **A**　設定義務處分，因係以發布命令作為意思表示的方式，故亦稱命令處分或下令處分；又因其在性質上有積極與消極之分，而可區分為積極命令與消極命令。積極命令即對相對客體（受令人）課予積極性作為義務的處分，亦即命令人民應為一定行為，故稱作為令，例如課予人民繳納特定賦稅、應徵服兵役等均是。至於消極命令即對相對客體課予消極性不作為義務的處分，亦即禁止其從事特定行為或限制其不得為一定行為的命令，故稱不作為令或禁令或禁止，例如命令人民集會解散、取締路邊攤販、禁止亂倒垃圾等。

13. **C**　最高行政法院98年度裁字第622號判例認為交通標線之性質非法規命令，而係行政處分。

14. **A**　行政程序法第103條：「有下列各款情形之一者，行政機關得不給予陳述意見之機會：一、大量作成同種類之處分。二、情況急迫，如予陳述意見之機會，顯然違背公益者。三、受法定期間之限制，如予陳述意見之機會，顯然不能遵行者。四、行政強制執行時所採取之各種處置。五、行政處分所根據之事實，客觀上明白足以確認者。六、限制自由或權利之內容及程度，顯屬輕微，而無事先聽取相對人意見之必要者。七、相對人於提起訴願前依法律應向行政機關聲請再審查、異議、復查、重審或其他先行程序者。八、為避免處分相對人隱匿、移轉財產或潛逃出境，依法律所為保全或限制出境之處分。」

15. **A**　行政程序法第92條：「本法所稱行政處分，係指行政機關就公法上具體事件所為之決定或其他公權力措施而對外直接發生法律效果之單方行政行為。」

16. **D**　行政罰法第2條：「本法所稱其他種類行政罰，指下列裁罰性之不利處分：一、限制或禁止行為之處分：……四、警告性處分：警告、告誡、記點、記次、講習、輔導教育或其他相類似之處分。」

17. **C**　行政執行法第4條：「行政執行，由原處分機關或該管行政機關為之。但公法上金錢給付義務逾期不履行者，移送法務部行政執行署所屬行政執行處執行之。」

18. **A**　訴願法第1條第1項：「人民對於中央或地方機關之行政處分，認為違法或不當，致損害其權利或利益者，得依本法提起訴願。但法律另有規定者，從其規定。」

19. **A**　訴願法第4條：「訴願之管轄如左：……四、不服直轄市政府所屬各級機關之行政處分者，向直轄市政府提起訴願。」

20. **D**　地方制度法第2條：「本法用詞之定義如下：……三、委辦事項：指地方自治團體依法律、上級法規或規章規定，在上級政府指揮監督下，執行上級政府交付辦理之非屬該團體事務，而負其行政執行責任之事項。」
　　　訴願法第1條：「人民對於中央或地方機關之行政處分，認為違法或不當，致損害其權利或利益者，得依本法提起訴願。但法律另有規定者，從其規定。各級地方自治團體或其他公法人對上級監督機關之行政處分，認為違法或不當，致損害其權利或利益者，亦同。」
　　　本題「委辦事項遭上級政府收回之地方自治團體」，因委辦事項並非行政處分，該地方自治團體不得提起訴願。

21. **C**　行政訴訟法第236條：「簡易訴訟程序除本章別有規定外，仍適用通常訴訟程序之規定。」同法第187條：「裁判，除依本法應用判決者外，以裁定行之。」同法第188條：「行政訴訟除別有規定外，應本於言詞辯論而為裁判。……裁定得不經言詞辯論為之。」

22. **C**　行政訴訟法第4條：「人民因中央或地方機關之違法行政處分，認為損害其權利或法律上之利益，經依訴願法提起訴願而不服其決定，或提起訴願逾三個月不為決定，或延長訴願決定期間逾二個月不為決定者，得向行政法院提起撤銷訴訟。」同法第106條第3項：「不經訴願程序即得提起第四條或第五條第二項之訴訟者，應於行政處分達到或公告後二個月之不變期間內為之。」

23. **B**　行政訴訟法第5條第2項：「人民因中央或地方機關對其依法申請之案件，予以駁回，認為其權利或法律上利益受違法損害者，經依訴願程序後，得向行政法院提起請求該機關應為行政處分或應為特定內容之行政處分之訴訟。」此項訴訟在學理上稱為「課予義務訴訟」。

24. **B**　行政訴訟法第237條之2：「交通裁決事件，得由原告住所地、居所地、所在地或違規行為地之地方法院行政訴訟庭管轄。」同法第3條之1：「辦理行政訴訟之地方法院行政訴訟庭，亦為本法所稱之行政法院。」

25. **C**　國家賠償法第10條第1項：「依本法請求損害賠償時，應先以書面向賠償義務機關請求之。」

108年　地方特考四等

( )　1. 有關依法行政原則之敘述，下列何者錯誤？　(A)行政機關於法律明確授權下，得訂定法規命令　(B)無法律之依據，行政機關即無法履行行政任務　(C)行政依據之法律，係經立法院通過後由總統公布　(D)法律具有優位地位，對行政機關有拘束力。

( )　2. 下列何者非屬地方法規？　(A)地方稅法通則　(B)自治條例　(C)自治規則　(D)委辦規則。

( )　3. 公民與政治權利國際公約及經濟社會文化權利國際公約施行法之性質為何？　(A)條約　(B)國際法　(C)國內法　(D)行政協定。

( )　4. 甲申請建造執照，主管機關僅以行政函釋作為否准依據，違反下列何項原則？　(A)平等原則　(B)法律保留原則　(C)比例原則　(D)信賴保護原則。

( )　5. 中央警察大學研究所碩士班招生簡章以報考人有無色盲決定能否取得入學資格，其內容是否合法，主要係涉及下列何項原則？　(A)誠信原則　(B)平等原則　(C)法律保留原則　(D)法律優位原則。

( )　6. 關於行政法院對於行政裁量之審查權，下列敘述何者正確？　(A)完全無審查權　(B)可審查行政裁量是否違法或不當　(C)只能審查行政裁量是否違法，是否不當則無審查權　(D)不能審查行政裁量是否違法，但可以審查裁量是否不當。

( )　7. 甲公司違反健康食品管理法規定刊播廣告，獲利新臺幣5萬元。主管機關為裁罰時，下列何者非應考量之因素？　(A)甲公司違規之應受責難程度　(B)甲公司之商譽　(C)甲公司所獲之不法利益　(D)甲公司之資力。

( )　8. 關於私經濟行政之敘述，下列何者正確？　(A)行政機關依據私法所為之行為，完全不受公法原則之拘束　(B)給付行政國家原則上得選擇私法上行為作為達成行政任務之實施手段　(C)私經濟行政之主體乃國家以外之私人，雙方恆立於平等之地位　(D)因私經濟行政所產生之爭議，僅能透過雙方當事人自行協商解決。

( )　9. 下列何者依法應經中央主管機關核定，始取得公法人之地位？　(A)鄉（鎮、市）　(B)行政法人　(C)直轄市　(D)原住民族部落。

( )　10. 關於獨立機關之敘述，下列何者錯誤？　(A)具有代表行政主體表示意思之權限　(B)具有獨立法定地位之首長制機關　(C)依法律獨立行使職權，不受其他機關之指揮　(D)非基於業務分工而設立之內部組織。

( )　11.依行政程序法規定，關於職務協助之敘述，下列何者正確？　(A)行政
機關應於其權限範圍內互相協助　(B)行政機關得向有隸屬關係之機關
請求協助　(C)被請求機關不得拒絕職務協助之請求　(D)職務協助所需
之費用由被請求機關負擔。

( )　12.下列何種情形，構成受委託行使公權力？　(A)機關委由民間印刷廠，
印刷並寄送政府公報　(B)國防部委由民間食品業者代辦軍事演習期間
招待記者之餐盒　(C)機關委由財團法人紡織品貿易拓展協會對於輸美
紡織品配額所為之分配　(D)機關委由民間業者製作並播出公益廣告。

( )　13.市公所辦理交通部委辦事項違背中央法令時，由下列何機關予以撤銷、
變更或廢止？　(A)縣政府　(B)內政部　(C)交通部　(D)省政府。

( )　14.關於管轄法定原則之敘述，下列何者錯誤？　(A)行政機關之管轄權限
依法規而定　(B)依法規所定之管轄權限，不得由行政機關與當事人協
議變更之　(C)行政機關得依法規之授權，將其權限之一部分，委任所
屬下級機關執行之　(D)行政機關將其權限委託民間團體辦理，無須有
法規之依據。

( )　15.關於公務人員之行政中立義務，下列敘述何者正確？　(A)於休假時間
得兼任公職候選人競選辦事處之職務　(B)無論上班時間或下班時間均
不得從事政治活動　(C)於下班時間得公開為其競選公職之配偶站台
(D)不得於競選傳單上具名為其競選公職之父廣告。

( )　16.關於公務員行政責任與刑事責任之關係，下列敘述何者正確？　(A)同
一行為已受刑罰制裁者，不得再予懲戒　(B)同一行為已受刑罰者，仍
得再予懲戒　(C)刑事訴訟程序原則上應優先於懲戒程序進行　(D)懲戒
程序應優先於刑事訴訟程序進行。

( )　17.公務人員不服丙等之年終考績，得循下列何種途徑救濟？　(A)申訴、
再申訴　(B)申訴、再申訴、行政訴訟　(C)復審、行政訴訟　(D)訴
願、行政訴訟。

( )　18.關於行政機關訂定法規命令，下列敘述何者正確？　(A)應明列法律授
權依據　(B)應規定違反時之罰則　(C)一律應經中央各該主管機關核定
(D)必要時得逾越法律授權之範圍。

( )　19.依行政程序法規定，關於裁量基準之敘述，下列何者正確？　(A)對於
下級機關無拘束力　(B)應下達屬官，但無須對外發布　(C)裁量基準得
逾越法定裁量之範圍而為規範　(D)為協助下級機關行使裁量權而訂頒
之行政規則。

( ) 20. 依行政程序法規定，關於法規命令效力之敘述，下列何者正確？　(A)法規命令牴觸法律者，效力未定　(B)無法律之授權而限制人民之自由者，無效　(C)法規命令依法應經上級機關核定，而未經核定者，效力未定　(D)法規命令之一部分無效者，全部無效。

( ) 21. 依行政程序法規定，關於行政處分之敘述，下列何者正確？　(A)行政處分經處分機關確認無效者，自確認時起失其效力　(B)違反程序或方式規定之行政處分，自始無效，不得補正　(C)違法行政處分於法定救濟期間經過後，僅得由上級機關依職權撤銷之　(D)行政處分轉換後之法律效果，不得對當事人更為不利。

( ) 22. 關於行政處分之效力，下列敘述何者錯誤？　(A)書面行政處分，自送達相對人及已知之利害關係人起發生效力　(B)行政處分未經撤銷、廢止或因其他事由而失效者，其效力繼續存在　(C)行政處分經行政機關撤銷後，一律溯及既往失其效力　(D)一般處分自公告日或刊登政府公報、新聞紙最後登載日起發生效力。

( ) 23. 依司法實務見解，下列何者為行政處分？　(A)汽車燃料使用費繳納通知書　(B)於土地登記簿標示部其他登記事項欄之註記　(C)違章建築拆除流程之告知　(D)對於詢問興建農舍申請事項之函復。

( ) 24. 關於行政處分之撤銷，下列敘述何者錯誤？　(A)授益行政處分雖因違法而得撤銷，然在未經撤銷前，其效力繼續存在　(B)撤銷權行使之方式法無明文，不以使用撤銷之字樣為限　(C)違法行政處分之撤銷，非經人民申請，不得為之　(D)違法行政處分之撤銷，應自原處分機關知有撤銷原因時起2年內為之。

( ) 25. 依行政程序法規定，下列何者非屬行政處分受益人信賴不值得保護之情形？　(A)以詐欺方法使行政機關作成行政處分者　(B)對重要事項提供不正確資料，致使行政機關依該資料而作成行政處分者　(C)受益人明知行政處分違法者　(D)行政處分未經受益人申請即作成者。

( ) 26. 關於行政處分附款之種類，下列敘述何者錯誤？　(A)役男甲之退伍令自民國107年5月31日0時起生效，該時點屬附款中之始期　(B)某民營電廠獲准設立，但須每年支付附近居民回饋金，此支付回饋金之義務屬附款中之負擔　(C)美國籍人士乙因受聘於科技公司而取得居留權，一旦離職，原核准之居留權失效，此為附款之解除條件　(D)丙獲核准進口美國牛肉販售，但若有狂牛病發生，該核准即失效，此為附款中之停止條件。

( )　27. 行政契約未以書面為之者，其法律效果為何？　(A)無效　(B)得撤銷 (C)得補正　(D)效力未定。

( )　28. 依行政程序法規定，關於無效之行政處分，下列敘述何者錯誤？　(A) 無效之行政處分，自始不生效力　(B)行政處分之無效，得由處分機關 依職權確認之　(C)行政處分一部無效者，其他部分仍為有效，但除去 該無效部分，行政處分不能成立者，全部無效　(D)行政處分應以證書 方式作成而未給予證書，若已於事後發給，則該瑕疵即獲補正，非屬 無效之行政處分。

( )　29. 公立學校與其教師間之法律關係，依最高行政法院見解，下列敘述何者 正確？　(A)公立學校教師之聘任，為行政契約　(B)公立學校教師之聘 任，為得相對人同意之行政處分　(C)公立學校教師之聘任，為私法契 約　(D)公立學校教師之解聘，為公立學校基於契約當事人地位所為之 意思表示。

( )　30. 下列交通標誌，何者為行政事實行為？　(A)前有彎道小心慢行　(B)禁 止左轉　(C)單行道　(D)限速60公里。

( )　31. 依行政罰法規定，關於一行為違反同一行政法上義務，數機關均有管轄 權時，應優先以下列何者決定管轄權？　(A)由處理在先之機關管轄 (B)由處理在後之機關管轄　(C)由各該機關協議決定管轄　(D)由共同 上級機關指定管轄。

( )　32. 依行政罰法規定，下列敘述何者正確？　(A)對於滿14歲，未滿18歲之 人得免除處罰　(B)對於行為時因精神障礙致辨識行為之能力顯著減低 者，得免除處罰　(C)13歲之人違反行政法上義務者，不予處罰 (D)20歲之人因酒醉後駕車致識別能力降低，闖紅燈之行為得減輕處 罰。

( )　33. 依行政執行法規定，關於怠金之敘述，下列何者錯誤？　(A)怠金係為 促使行為或不行為義務履行之法律手段　(B)怠金係屬違反行政法上義 務之秩序罰　(C)處以怠金後仍不履行義務者，得連續處以怠金　(D)負 有行為義務而不為，其行為不能由他人代為履行者，得處以怠金。

( )　34. 行政執行之執行方法，下列何者具有最後手段之性質？　(A)代履行 (B)怠金　(C)直接強制　(D)禁止命令。

( )　35. 下列何者不適用行政程序法之程序規定？　(A)對公務員所為免職之程 序　(B)訂定法規命令之程序　(C)私權爭執之行政裁決程序　(D)處理 陳情行為之程序。

(　) 36. 依行政程序法規定，行政機關作成行政處分應遵循之程序規定，下列敘述何者錯誤？　(A)依法規應舉行聽證程序者，行政機關不經聽證程序而作成之行政處分，得撤銷之　(B)行政機關得依職權經聽證程序作成行政處分，不以法規明文規定者為限　(C)行政處分之作成，一律須給予相對人陳述意見之機會，始得為之　(D)大量作成同種類之處分得不給予相對人陳述意見機會，逕行作成行政處分。

(　) 37. 甲向建築主管機關申請建造執照，機關受理後延宕多時未為准駁。甲得尋求下列何種權利救濟？　(A)向上級機關提起訴願　(B)向上級機關請求許可　(C)逕向行政法院請求確認違法　(D)逕向行政法院提起訴訟。

(　) 38. 國立大學教師甲因違反聘約情節重大，經學校解聘。甲不服，依實務見解，得尋求下列何種權利救濟？　(A)向行政法院提起訴訟，請求確認聘任法律關係存在　(B)向行政法院提起訴訟，請求學校續聘　(C)向行政法院提起訴訟，請求學校不得解聘　(D)提起訴願，請求撤銷學校之解聘處分。

(　) 39. 關於訴願審議委員會，下列敘述何者正確？　(A)依據法律獨立行使職權，不受其他機關指揮監督之獨立機關　(B)具有法制專長之委員，其人數不得少於二分之一　(C)訴願決定應以訴願審議委員會之名義對外作成　(D)訴願審議委員會之組成不合法者，對其作成之確定訴願決定得申請訴願再審。

(　) 40. 甲請求高雄市稅捐稽徵處退還因計算錯誤所溢繳之稅款，經否准後應循下列何項程序救濟？　(A)先行訴願程序，若不服訴願決定，再向行政法院提起撤銷訴訟　(B)直接向行政法院提起確認訴訟　(C)先行訴願程序，若不服訴願決定，再向行政法院提起課予義務訴訟　(D)直接向行政法院提起一般給付訴訟。

(　) 41. 關於因遲誤撤銷訴訟之起訴期間而聲請回復原狀之敘述，下列何者錯誤？　(A)遲誤不變期間已逾1年者，不得聲請　(B)於遲誤期間之原因消滅後1個月內為之　(C)以書狀為之，並釋明遲誤期間之原因及其消滅時期　(D)該聲請，由受聲請之行政法院與補行之訴訟行為合併裁判之。

(　) 42. 關於行政訴訟制度之敘述，下列何者正確？　(A)提起行政訴訟，不徵裁判費，但其他進行訴訟所生必要費用，由敗訴之當事人負擔之　(B)行政訴訟之訴訟代理人一律必須具備律師資格　(C)提起確認訴訟及一般給付訴訟前，須經訴願程序　(D)民事訴訟之裁判，以行政處分是否無效或違法為據者，應依行政爭訟程序確定之。

( )　43. 適用簡易訴訟程序之事件，第一審管轄法院為何？　(A)地方法院行政訴訟庭　(B)地方法院簡易庭　(C)地方法院民事庭　(D)高等行政法院。

( )　44. 學生甲因故休學，嗣後依規定辦理復學，但校方遲遲未准予復學。此時甲接獲服兵役之召集令，若無法及時復學即須入伍服役。甲得向行政法院聲請下列何種暫時權利保護？　(A)假處分　(B)假扣押　(C)假執行　(D)停止執行。

( )　45. 關於交通違規罰鍰裁決書之行政訴訟，下列敘述何者正確？　(A)應依序提起訴願、撤銷訴訟　(B)應逕向地方法院行政訴訟庭提起撤銷訴訟　(C)應先向原處分機關申請重新審查，再依序提起訴願、撤銷訴訟　(D)應向普通法院交通法庭以聲明異議方式為之。

( )　46. 關於撤銷訴訟之敘述，下列何者錯誤？　(A)須對現存有效之行政處分提起　(B)針對已執行完畢之行政處分，一律不得提起撤銷訴訟　(C)原告之權利須有受行政處分侵害之可能　(D)訴願人以外之利害關係人，亦得提起撤銷訴訟。

( )　47. 警察執行勤務遭甲開槍反抗，警察反擊並開槍射擊。若因而受傷之甲請求國家賠償，下列何項國家賠償要件可能不該當？　(A)執行職務　(B)行使公權力　(C)違法性　(D)故意或過失。

( )　48. 關於行政法上損失補償之敘述，下列何者錯誤？　(A)徵收為行政法上損失補償原因之一　(B)行政法上損失補償以國家合法行為為前提　(C)行政法上損失補償以公務員有故意、過失為必要　(D)私有土地因既成道路而成立公用地役關係者，國家應依法律規定辦理徵收給予補償。

( )　49. 因公務員之行為而由國家負損害賠償責任者，有關賠償義務機關對該公務員求償權之行使，下列敘述何者正確？　(A)國家賠償係由國家自己負責，不得對公務員行使求償權　(B)求償權之行使以公務員有故意或重大過失者為限　(C)不論公務員所屬機關為何，一律由行政院行使求償權　(D)求償權之行使無時效限制，得隨時對公務員進行求償。

( )　50. 關於國家賠償事件之敘述，下列何者正確？　(A)公共設施之設置或管理有欠缺，以該設施為國家所有者為限，始能成立國家賠償責任　(B)國家賠償法第3條之國家賠償責任，限於生命或身體受損害　(C)公共設施若因不可抗力造成之損害，不構成國家賠償責任　(D)有審判職務之公務員，因重大過失行為致人民受損害，即得成立國家賠償。

解答及解析　答案標示為#者，表官方曾公告更正該題答案。

1. **B** 依法行政原則乃支配法治國家立法權與行政權關係之基本原則，為一切行政行為必須遵循之首要原則。依法行政原則最簡單之解釋，即行政程序法第4條所稱：「行政行為應受法律及一般法律原則之拘束。」依法行政原則向來區分為法律優越及法律保留二項次原則。

   法律優越原則又稱為消極的依法行政，法律保留原則又稱為積極的依法行政。法律優越原則係指行政行為或其他一切行政活動，均不得與法律相牴觸。申言之，此項原則一方面涵蓋規範位階之意義，即行政命令及行政處分等各類行政行為，在規範位階上皆低於法律，換言之，法律之效力高於行政行為；另一方面法律優越原則並不要求一切行政活動必須有法律之明文依據，祇須消極的不違背法律之規定即可，故稱之為消極的依法行政。

2. **A** 地方制度法第25條：「直轄市、縣（市）、鄉（鎮、市）得就其自治事項或依法律及上級法規之授權，制定自治法規。自治法規經地方立法機關通過，並由各該行政機關公布者，稱自治條例；自治法規由地方行政機關訂定，並發布或下達者，稱自治規則。」同法第29條：「直轄市政府、縣（市）政府、鄉（鎮、市）公所為辦理上級機關委辦事項，得依其法定職權或基於法律、中央法規之授權，訂定委辦規則。」本題自治條例、自治規則、委辦規則屬地方規則。地方稅法通則係立法院三讀通過，總統公布施行，屬中央法律。

3. **C** 聯合國於1966年12月16日通過《公民與政治權利國際公約》及《經濟社會文化權利國際公約》（以下簡稱《兩公約》），並分別於1976年3月23日、1月3日正式生效。

   聯合國《兩公約》自1976年生效以來，受到世界各國積極的回應，迄今已有超過160個以上締約國。我國早在1967年即已簽署《兩公約》，但因1971年退出聯合國後，四十餘年來皆未批准《兩公約》，幾經波折終於在2009年3月31日，立法院三讀通過《兩公約》，並制定《公民與政治權利國際公約及經濟社會文化權利國際公約施行法》（以下簡稱兩公約施行法），總統於2009年4月22日公布兩公約施行法，並於2009年12月10日正式施行。兩公約施行法第二條明定，《兩公約》「具有國內法律之效力」。自此，《兩公約》正式成為我國國內法的一部分。

4. **B** 法律保留原則，係指沒有法律授權行政機關即不能合法的作成行政行為，蓋憲法已將某些事項保留予立法機關，須由立法機關以法律加以規定。故在法律保留原則下，行政行為不能以消極的不牴觸法律為已足，尚須有法律之明文依據，故又稱積極的依法行政。

中央法規標準法第5條：「下列事項應以法律定之：一、憲法或法律有明文規定，應以法律定之者。二、關於人民之權利、義務者。三、關於國家各機關之組織者。四、其他重要事項之應以法律定之者。」同法第6條：「應以法律規定之事項，不得以命令定之。」係現行法律中，有關法律保留原則最重要之規定，亦屬現行制度之下，「法律保留」之具體範圍。

5. **B** 釋字第626號解釋：「憲法第七條規定，人民在法律上一律平等；第一百五十九條復規定：『國民受教育之機會，一律平等。』旨在確保人民享有接受各階段教育之公平機會。中央警察大學九十一學年度研究所碩士班入學考試招生簡章第七點第二款及第八點第二款，以有無色盲決定能否取得入學資格之規定，係為培養理論與實務兼備之警察專門人才，並求教育資源之有效運用，藉以提升警政之素質，促進法治國家之發展，其欲達成之目的洵屬重要公共利益；因警察工作之範圍廣泛、內容繁雜，職務常須輪調，隨時可能發生判斷顏色之需要，色盲者因此確有不適合擔任警察之正當理由，是上開招生簡章之規定與其目的間尚非無實質關聯，與憲法第七條及第一百五十九條規定並無牴觸。」

6. **C** 行政裁量應否受法院審查？其審查之範圍如何？早年曾有激烈之爭論。目前在理論上較為趨於一致，即除因裁量瑕疵之情形，已影響裁量處分之合法性外，行政法院不予審查，蓋法律既許可行政機關有選擇或判斷之自由，則其所作成之處置，在法律上之評價均屬相同，僅發生適當與否問題，而不構成違法，行政法院係以執行法的監督為職責，自不宜行使審查權限。
行政訴訟法第201條規定：「行政機關依裁量權所為之行政處分，以其作為或不作為逾越權限或濫用權力者為限，行政法院得予撤銷。」其規範目的在於限制行政法院之審查權，換言之，行政法院對裁量處分僅限於有裁量瑕疵之情形時得予撤銷。

7. **B** 行政罰法第18條：「裁處罰鍰，應審酌違反行政法上義務行為應受責難程度、所生影響及因違反行政法上義務所得之利益，並得考量受處罰者之資力。」
衛生福利部依食品安全衛生管理法（下稱食安法）第44條第2項規定，於105年5月12日發布訂定「食品安全衛生管理法第44條第1項罰鍰裁罰標準」，依受處罰者違規次數、資力條件、工廠非法性等裁量因素，課以新臺幣6萬至2億元罰鍰，以強化衛生機關裁處之一致性。

8. **B** 私經濟行政也稱為國庫行政，是指國家處於與私人相當之法律地位，並在私法支配下所為之各種行為。給付行政國家原則上得選擇私法上行為作為達成行政任務之實施手段。

9. **D** 原住民族基本法第2條之1第1項:「為促進原住民族部落健全自主發展,部落應設部落會議。部落經中央原住民族主管機關核定者,為公法人。」

10. **B** 中央行政機關組織基準法第3條:「本法用詞定義如下:……二、獨立機關:指依據法律獨立行使職權,自主運作,除法律另有規定外,不受其他機關指揮監督之合議制機關。」

11. **A** 行政程序法第19條第1項:「行政機關為發揮共同一體之行政機能,應於其權限範圍內互相協助。」

12. **C** 民間團體或個人受到國家機關之委託,以自己名義獨立行使公權力,而完成國家任務者,謂之「受委託行使公權力」。委託民間團體之情形,例如國際貿易局委託財團法人中華民國紡織品外銷拓展協會辦理外銷紡織品配額之分配、國際貿易局委託外貿協會核發人民之外銷許可證、監理處委託汽車修理廠代為檢驗車輛、商品檢驗局委託特定團體代為實施檢驗之技術工作等。委託個人之情形,例如環保署委託機車行檢驗機車廢氣排放量等。

13. **C** 地方制度法第75條第6項:「鄉(鎮、市)公所辦理自治事項違背憲法、法律、中央法規或縣規章者,由縣政府予以撤銷、變更、廢止或停止其執行。」

14. **D** 行政程序法第16條:「行政機關得依法規將其權限之一部分,委託民間團體或個人辦理。前項情形,應將委託事項及法規依據公告之,並刊登政府公報或新聞紙。」

15. **C** 公務人員行政中立法第9條第1項:「公務人員不得為支持或反對特定之政黨、其他政治團體或公職候選人,從事下列政治活動或行為:……六、公開為公職候選人站台、助講、遊行或拜票。但公職候選人之配偶及二親等以內血親、姻親,不在此限。」

16. **B** 公務員懲戒法第22條第2項:「同一行為已受刑罰或行政罰之處罰者,仍得予以懲戒。」

17. **C** 公務人員保障法第25條:「公務人員對於服務機關或人事主管機關(以下均簡稱原處分機關)所為之行政處分,認為違法或顯然不當,致損害其權利或利益者,得依本法提起復審。」同法第72條第1項:「保訓會復審決定依法得聲明不服者,復審決定書應附記如不服決定,得於決定書送達之次日起二個月內,依法向該管司法機關請求救濟。」公務人員不服丙等之年終考績,得循復審、行政訴訟途徑謀求救濟。

18. **A** 行政程序法第150條第2項:「法規命令之內容應明列其法律授權之依據,並不得逾越法律授權之範圍與立法精神。」

19. **D**　行政程序法第159條第2項：「行政規則包括下列各款之規定：……二、為協助下級機關或屬官統一解釋法令、認定事實、及行使裁量權，而訂頒之解釋性規定及裁量基準。」

20. **B**　行政程序法第158條第1項：「法規命令，有下列情形之一者，無效：……二、無法律之授權而剝奪或限制人民之自由、權利者。」

21. **D**　行政程序法第116條第1項：「行政機關得將違法行政處分轉換為與原處分具有相同實質及程序要件之其他行政處分。但有下列各款情形之一者，不得轉換：……三、轉換法律效果對當事人更為不利者。」

22. **C**　行政程序法第118條：「違法行政處分經撤銷後，溯及既往失其效力。但為維護公益或為避免受益人財產上之損失，為撤銷之機關得另定失其效力之日期。」

23. **A**　最高行政法院101年度7月份第1次庭長法官聯席會議決議：「依民國73年1月23日修正公布之公路法第27條第2項及95年10月17日修正發布前之汽車燃料使用費徵收及分配辦法（下稱徵收及分配辦法）第11條第3項、第3條規定，經徵機關公告開徵各期之汽車燃料使用費，為行政處分，發生經徵機關之各期汽車燃料使用費請求權。而依上開徵收及分配辦法第3條規定，汽車燃料使用費因不同之汽車種類及其耗油量(按汽缸總排氣量、行駛里程及使用效率計算)而有不同。是以經徵機關在公告開徵汽車燃料使用費後，再寄發繳納汽車燃料使用費通知書命汽車所有人繳納（給付要求），該通知書具有具體確認其對汽車所有人，依其汽車種類及耗油量，計算得出之汽車燃料使用費債權存在及其範圍並命給付之法律效果。該繳納汽車燃料使用費通知書是行政機關行使公權力，就特定具體之公法事件，所為對外發生法律效果之單方行政行為，自為行政處分（行政程序法第92條第1項及訴願法第3條第1項）。經徵機關如未合法送達汽車燃料使用費繳納通知書，其首次合法送達之催繳通知書，雖名為『催繳』，因其具有上述具體確認其對汽車所有人之汽車燃料使用費債權並命為給付之性質，為行政處分。」

24. **C**　行政程序法第117條：「違法行政處分於法定救濟期間經過後，原處分機關得依職權為全部或一部之撤銷；其上級機關，亦得為之。」

25. **D**　行政程序法第119條：「受益人有下列各款情形之一者，其信賴不值得保護：一、以詐欺、脅迫或賄賂方法，使行政機關作成行政處分者。二、對重要事項提供不正確資料或為不完全陳述，致使行政機關依該資料或陳述而作成行政處分者。三、明知行政處分違法或因重大過失而不知者。」

26. **D** 附條件的行政處分，係行政處分之效果，繫於將來事實成否不定的情形，在其條件成否未定之間，行政處分的效果尚在不定狀態，必其條件成就時，行政處分始完全發生效果（停止條件），或當然失其效果（解除條件）。
本題「丙獲核准進口美國牛肉販售，但若有狂牛病發生，該核准即失效」，此為附款中之解除條件。

27. **A** 行政程序法第139條：「行政契約之締結，應以書面為之。但法規另有其他方式之規定者，依其規定。」

28. **D** 行政程序法第111條：「行政處分有下列各款情形之一者，無效：……二、應以證書方式作成而未給予證書者。……」

29. **A** 最高行政法院97年判字第121號判決：「學校與其教師間為聘任關係，教師是否接受學校之聘任，得自由決定，教師接受聘任後享有一定之權利，並負有一定之義務，此由教師法第3章關於教師聘任之規定，及同法第4章關於教師權利義務之規定可推之。又公立學校聘任教師係以達成教育學生公法上之目的，是以公立學校與教師間之聘任關係，應屬行政契約之關係。從而公立學校基於聘任契約而通知受聘教師解聘、停聘或不續聘，僅屬基於行政契約而為之意思通知，尚非行政處分。」

30. **A** 行政事實行為指行政主體直接發生事實上效果之行為。其與行政處分或其他基於表意行為不同者，在於後者以對外發生法律效果或以意思表示為要素。
廣義的行政事實行為包羅甚廣，舉凡行政機關之內部行為，對外所作之報導、勸告、建議等所謂行政指導行為、興建公共設施、實施教育及訓練等均屬其範圍。以物理上之強制力為手段的執行行為及與行政處分不易分辨之觀念通知，亦應歸之於行政事實行為。
本題「前有彎道小心慢行」交通標誌，為行政事實行為。

31. **A** 行政罰法第31條第1項：「一行為違反同一行政法上義務，數機關均有管轄權者，由處理在先之機關管轄。」

32. **C** 行政罰法第9條第1項：「未滿十四歲人之行為，不予處罰。」

33. **B** 行政罰乃為維持行政上之秩序，達成國家行政之目的，對違法行政上義務者，所科之制裁。行政罰又稱秩序罰。應與行政罰有所區分者，尚有所謂執行罰，在行政執行程序中，對於不履行其作為或不作為義務者，所施予之強制手段，本質上，並非處罰，而是使義務人屈服之手段，以收將來履行義務之效果。稱之為執行罰殊非恰當，行政執行法原本亦將作為強制手段之強制金稱之為罰鍰，尤易與行政罰之罰緩相混淆，新法已改稱怠金，以示兩者性質並不相同。

34. **C** 選擇執行方法係執行機關之權限,在法律規定之限度內,執行機關本有裁量之自由,縱然採嚴格主義之依法行政國家,一般亦認為行政機關得自行決定適當之執行方法。惟不同種類之執行方法間,亦有先後順序,如能以直接達成執行目的,自應優先以間接強制行之,須間接強制無效,始得變換為直接強制。但「因情況急迫,如不及時執行,顯難達成執行目的時,執行機關得依直接強制方法執行之」。

35. **C** 行政程序法第3條第3項:「下列事項,不適用本法之程序規定:……五、有關私權爭執之行政裁決程序。」

36. **C** 行政程序法第102條:「行政機關作成限制或剝奪人民自由或權利之行政處分前,除已依第三十九條規定,通知處分相對人陳述意見,或決定舉行聽證者外,應給予該處分相對人陳述意見之機會。但法規另有規定者,從其規定。」

37. **A** 訴願法第2條第1項:「人民因中央或地方機關對其依法申請之案件,於法定期間內應作為而不作為,認為損害其權利或利益者,亦得提起訴願。」

38. **D** 教師法第16條第1項:「教師聘任後,有下列各款情形之一者,應經教師評審委員會審議通過,並報主管機關核准後,予以解聘或不續聘;其情節以資遣為宜者,應依第二十七條規定辦理:一、教學不力或不能勝任工作有具體事實。二、違反聘約情節重大。」同法第44條:「教師申訴之程序分為申訴及再申訴二級如下:一、專科以上學校分學校及中央二級。……教師依本法提起申訴、再申訴後,不得復依訴願法提起訴願;於申訴、再申訴程序終結前提起訴願者,受理訴願機關應於十日內,將該事件移送應受理之教師申訴評議委員會,並通知教師;同時提起訴願者,亦同。教師依訴願法提起訴願後,復依本法提起申訴者,受理之教師申訴評議委員會應停止評議,並於教師撤回訴願或訴願決定確定後繼續評議;原措施屬行政處分者,應為申訴不受理之決定。」解聘處分屬行政處分,本題甲得提起訴願,請求撤銷學校之解聘處分。

39. **D** 訴願法第97條第1項:「於有左列各款情形之一者,訴願人、參加人或其他利害關係人得對於確定訴願決定,向原訴願決定機關申請再審。但訴願人、參加人或其他利害關係人已依行政訴訟主張其事由或知其事由而不為主張者,不在此限:……三、決定機關之組織不合法者。」

40. **C** 行政訴訟法第5條第2項:「人民因中央或地方機關對其依法申請之案件,予以駁回,認為其權利或法律上利益受違法損害者,經依訴願程序後,得向行政法院提起請求該機關應為行政處分或應為特定內容之行政處分之訴訟。」此項訴訟在學理上稱為「課予義務訴訟」。

　　本題甲請求高雄市稅捐徵稽處退還因計算錯誤所溢繳之稅款，經否准後應先行訴願程序，若不服訴願決定，再向行政法院提起課予義務訴訟。

41. **A** 行政訴訟法第4條：「人民因中央或地方機關之違法行政處分，認為損害其權利或法律上之利益，經依訴願法提起訴願而不服其決定，或提起訴願逾三個月不為決定，或延長訴願決定期間逾二個月不為決定者，得向行政法院提起撤銷訴訟。」同法第106條：「第四條及第五條訴訟之提起，除本法別有規定外，應於訴願決定書送達後二個月之不變期間內為之。但訴願人以外之利害關係人知悉在後者，自知悉時起算。第四條及第五條之訴訟，自訴願決定書送達後，已逾三年者，不得提起。不經訴願程序即得提起第四條或第五條第二項之訴訟者，應於行政處分達到或公告後二個月之不變期間內為之。」同法第91條：「因天災或其他不應歸責於己之事由，致遲誤不變期間者，於其原因消滅後一個月內，如該不變期間少於一個月者，於相等之日數內，得聲請回復原狀。前項期間不得伸長或縮短之。遲誤不變期間已逾一年者，不得聲請回復原狀，遲誤第一百零六條之起訴期間已逾三年者，亦同。」

42. **D** 行政訴訟法第12條第1項：「民事或刑事訴訟之裁判，以行政處分是否無效或違法為據者，應依行政爭訟程序確定之。」

43. **A** 行政訴訟法第229條第1項：「適用簡易訴訟程序之事件，以地方法院行政訴訟庭為第一審管轄法院。」

44. **A** 行政訴訟法第298條第1項：「公法上之權利因現狀變更，有不能實現或甚難實現之虞者，為保全強制執行，得聲請假處分。」

45. **B** 行政訴訟法第237條之3第1項：「交通裁決事件訴訟之提起，應以原處分機關為被告，逕向管轄之地方法院行政訴訟庭為之。」

46. **B** 釋字第546號解釋理由書：「本院院字第2810號解釋：『依考試法舉行之考試，對於應考資格體格試驗，或檢覈經決定不及格者，此項決定，自屬行政處分。其處分違法或不當者，依訴願法第一條之規定，應考人得提起訴願。惟為訴願決定時，已屬無法補救者，其訴願為無實益，應不受理，依訴願法第七條應予駁回。』旨在闡釋提起行政爭訟，須其爭訟有權利保護必要，即具有爭訟之利益為前提，倘對於當事人被侵害之權利或法律上利益，縱經審議或審判結果，亦無從補救，或無法回復其法律上之地位或其他利益者，即無進行爭訟而為實質審查之實益。惟所謂被侵害之權利或利益，經審議或審判結果，無從補救或無法回復者，並不包括依國家制度設計，性質上屬於重複發生之權利或法律上利益，諸如參加選舉、考試等，人民因參與或分享，得反覆行使之情形。是當事人所提出之爭訟事件，縱因時間之經過，無從回

復權利被侵害前之狀態，然基於合理之期待，未來仍有同類情事發生之可能時，即非無權利保護必要，自應予以救濟，以保障其權益。人民申請為公職人員選舉候選人，因主管機關認其資格與規定不合而予核駁處分，申請人不服而提起行政爭訟時，雖選舉已辦理完畢，但其經由選舉而擔任公職乃憲法所保障之權利，且性質上得反覆行使，除非該項選舉已不復存在，則審議或審判結果對其參與另次選舉成為候選人資格之權利仍具實益，並非無權利保護必要者可比。受理爭訟之該管機關或法院，仍應為實質審查，若原處分對申請人參選資格認定有違法或不當情事，應撤銷原處分或訴願決定，俾其後申請為同類選舉時，不致再遭核駁處分。」

47. **C**　國家賠償法第2條第2項：「公務員於執行職務行使公權力時，因故意或過失不法侵害人民自由或權利者，國家應負損害賠償責任。」
警械使用條例第12條：「警察人員依本條例使用警械之行為，為依法令之行為。」本題警察執行勤務遭甲開槍反抗，警察反擊並開槍射擊。若因而受傷之甲請求國家賠償，因警察反擊並無違法性，其國家賠償要件不該當。

48. **C**　所謂行政上的損失補償，係指人民因行政機關行使職權所作適法行政行為，致使其權益受到損害，由受害人向國家請求救濟，從而使國家對其所受損失設法予以補償；或由主管機關主動本於職權對其提供補償而言。損害賠償以有故意或過失的情形為責任要件；損失補償則不以故意或過失為責任要件。

49. **B**　國家賠償法第2條：「公務員於執行職務行使公權力時，因故意或過失不法侵害人民自由或權利者，國家應負損害賠償責任。公務員怠於執行職務，致人民自由或權利遭受損害者亦同。前項情形，公務員有故意或重大過失時，賠償義務機關對之有求償權。」

50. **C**　國家賠償法第3條第1項：「公共設施因設置或管理有欠缺，致人民生命、身體、人身自由或財產受損害者，國家應負損害賠償責任。」同條第2項：「前項設施委託民間團體或個人管理時，因管理欠缺致人民生命、身體、人身自由或財產受損害者，國家應負損害賠償責任。」據此可知，公共設施瑕疵之國家賠償責任之構成要件為「公共設施之瑕疵與損害發生之間有相當因果關係」。若損害之發生係出於天災地變等不可抗力者，即與公共設施之瑕疵無因果關係可言。

109年 高考三級

( )　1.關於法律案與預算案之敘述，下列何者錯誤？　(A)預算案須由立法機關審議通過而具有法律之形式，故有稱為措施性法律　(B)法律案與預算案之拘束對象及持續性均不相同　(C)預算案須在一定期間內完成立法程序，故提案及審議皆有其時限　(D)預算案與法律案之提案權相同，無論各關係院或立法委員皆有提案權。

( )　2.依司法院大法官解釋意旨，關於信賴保護原則，下列敘述何者錯誤？　(A)經廢止或變更之法規命令有重大明顯違反上位規範之情形者，對其之信賴不值得保護　(B)人民對於公權力行使結果所生之主觀願望而未有表現已生信賴之事實者，欠缺信賴要件，不在保護範圍　(C)解釋性行政規則經有權機關認定因情事變遷而停止適用者，不生信賴保護問題　(D)裁量性行政規則因非直接對外發生規範效力，故其廢止或變更不生信賴保護問題。

( )　3.A市政府為滿足市民交通需求，自設公車處，提供市區公共運輸服務，由乘客購票使用。下列敘述何者錯誤？　(A)此性質上屬於私經濟行政行為　(B)A市政府不得主張其基於私法自治，享有載運乘客之選擇權　(C)A市政府得訂定自治法規，規範乘客運送相關營運事項　(D)若乘客因司機駕駛不慎受傷，A市政府應負國家賠償責任。

( )　4.屏東縣為規範琉球鄉碼頭之使用管理，以維護遊客安全，制定發布相關自治條例，規定主管機關為縣政府，相關事項委由琉球鄉公所處理。下列敘述何者正確？　(A)琉球鄉公所應依據自治條例規定處理事務，並無另行訂定規則之權限　(B)琉球鄉公所對於碼頭使用管理之管轄權分配，無須經鄉民代表會同意　(C)屏東縣政府對於縣內碼頭之使用管理，須有法律依據，始得進行規劃與執行　(D)屏東縣政府對於琉球鄉公所就相關事務之執行成效，只能為適法性監督。

( )　5.甲公司有建地一筆，橫跨乙、丙兩直轄市，欲在其上興建房屋。甲公司申請建築執照，下列敘述 何者錯誤？　(A)乙市政府有受理建築執照申請之管轄權　(B)丙市政府有受理建築執照申請之管轄權　(C)乙、丙市政府認有統一管轄之必要時，由其共同上級機關指定管轄　(D)應依建地坐落在乙、丙市內面積多寡，決定管轄權。

( ) 6. 下列何者毋須以地方自治條例制定？ (A)關於地方自治團體及所營事業機構之組織 (B)經地方立法機關議決應以自治條例制定之事項 (C)地方自治團體為辦理上級機關委辦之事項 (D)創設、剝奪或限制地方自治團體居民之權利義務。

( ) 7. 有關政務人員之行政責任，下列敘述何者錯誤？ (A)政務人員不受懲處之處分 (B)對政務人員得為罰款之懲戒處分 (C)政務人員之懲戒處分得功過相抵 (D)政務人員之申誡應以書面為之。

( ) 8. 公務人員如任本職等年終考績2年列甲等時，取得下列何種任用資格？ (A)同官等高一職等 (B)同官等高二職等 (C)同職等高一官等 (D)高一官等高一職等。

( ) 9. 公務人員保障法有關復審之規定，下列敘述何者錯誤？
(A) 復審之提起，應自行政處分達到之次日起30日內為之
(B) 原處分機關裁撤，應以其上級機關為原處分機關
(C) 非現職公務人員，基於其原公務人員身分之請求權遭受侵害時，亦得提起復審
(D) 原處分機關之認定，原則上以實施行政處分時之名義為準。

( ) 10. 關於法規命令與行政規則之區別，下列敘述何者錯誤？
(A) 法規命令應有法律之授權；行政規則毋須法律授權
(B) 法規命令發布後須送立法院審查始生效力；行政規則無送立法院審查之必要
(C) 法規命令適用對象為一般人民；行政規則原則上以本機關、下級機關及所屬公務員為規範對象
(D) 法規命令訂定前應將草案公告；行政規則毋須踐行草案公告程序。

( ) 11. 依行政程序法之規定，關於行政處分之敘述，下列何者正確？
(A) 書面以外之行政處分，行政機關仍應於事後作成書面，並送達相對人及已知之利害關係人
(B) 限制權利之行政處分縱使所根據之事實在客觀上已明白足以確認，於作成前仍應給予相對人陳述意見之機會
(C) 行政處分之規制內容有一部分無效，如除去該無效部分，行政處分即不能成立者，則全部無效
(D) 違法之行政處分在法定救濟期間經過前，原處分機關不得依職權予以撤銷。

( )　12. 依行政程序法之規定，關於違法行政處分之敘述，下列何者正確？
　　　　(A) 為維護公益或避免受益人財產上之損失，原處分機關於撤銷違法行政處分時，應定較撤銷時為晚之失效日期
　　　　(B) 受益人不服行政機關因撤銷違法授益行政處分所給予之補償金額時，應向行政法院提起課予義務訴訟
　　　　(C) 違法行政處分之撤銷，應自原處分機關或其上級機關可得知悉其違法之原因時起二年內為之
　　　　(D) 以提供連續金錢給付之違法授益行政處分經撤銷而溯及失效時，行政機關應以書面行政處分確　認所受領給付之返還範圍。

( )　13. 依最高行政法院實務見解，下列何者非屬行政處分？　(A)公立學校對所屬違反教師法之教師所為之解聘、停聘或不續聘決定　(B)公立高級中等以下學校對專任教師所為之年終成績考核留支原薪　(C)中央健康保險署對與其有全民健康保險特約之醫事服務機構所為之停止特約行為　(D)公寓大廈管理委員會成立後依法向主管機關報備，而主管機關不同意報備之行為。

( )　14. 依行政程序法之規定，關於行政處分廢止之敘述，下列何者正確？
　　　　(A) 合法非授益行政處分之廢止，應自原處分機關知有廢止原因時起2年內為之
　　　　(B) 附負擔之合法授益行政處分之受益人未履行該負擔時，原處分機關應溯及既往廢止該處分
　　　　(C) 合法授益行政處分經廢止後，自廢止時起或自廢止機關指定較早之日時起，失其效力
　　　　(D) 因行政機關為防止對公益之重大危害而廢止合法授益行政處分所生之補償爭議，受益人得向行政法院提起給付訴訟。

( )　15. 下列何者非屬行政契約？　(A)行政機關與人民協議國家賠償之契約　(B)國立大學購買資訊設備之契約　(C)教育部公費留學契約　(D)公立學校聘任教師之契約。

( )　16. 有關行政指導之敘述，下列何者正確？　(A)對不服從行政指導之人民，雖不能裁罰，仍可以行政執行　(B)人民因行政指導卻受到損害，皆不能請求國家賠償　(C)行政指導係行政機關之任意性事實行為，不須遵守比例原則與平等原則　(D)不服違法行政指導者，符合法定要件時，得提起一般給付訴訟救濟。

( )　17. 依行政程序法之規定，關於行政處分瑕疵之敘述，下列何者正確？
　　　(A) 行政處分違反土地專屬管轄之規定者，主管機關如就該事件仍應為相同之處分時，即無須予以撤銷
　　　(B) 行政機關得將違法之羈束處分轉換為與該處分具有相同實質及程序要件之裁量處分
　　　(C) 不能由書面處分中得知處分機關之行政處分，得以事後記名處分機關之方式予以補正
　　　(D) 非屬無效之違法行政處分，於未經撤銷或未因其他事由而失效者，其效力繼續存在。

( )　18. 下列何者非屬行政執行法上之執行行為？　(A)對納稅義務人積欠稅款所為之查封　(B)對意圖自殺者暫時為人身之管束　(C)對拋棄廢棄物行為人所科處之罰鍰　(D)對違規營業者予以斷電處置。

( )　19. 行政程序法所稱之行政程序，不包括作成下列何種行政行為之程序？
　　　(A)作成行政處分　(B)實施行政指導　(C)行政強制執行　(D)訂定法規命令。

( )　20. 甲依行政程序法第128條之規定向原處分機關申請再開行政程序，原處分機關置之不理。下列敘述 何者正確？　(A)甲得提起撤銷訴願　(B)甲得提起怠為處分之訴願　(C)甲得提起排除否准之訴願　(D)甲得申請訴願再審。

( )　21. 關於最高行政法院審理案件之敘述，下列何者錯誤？　(A)審理不服高等行政法院裁判而上訴或抗告之事件　(B)每庭置法官5人，採合議方式審理及裁判　(C)判決原則上經言詞辯論為之　(D)設大法庭，裁判法律爭議，以法官9人行之。

( )　22. 關於行政訴訟法上公益訴訟之敘述，下列何者錯誤？　(A)公益訴訟之提起，須法律有明文規定者，始得為之　(B)公益訴訟係以維護有共同利益之特定多數人之權利或法律上利益為目的　(C)公益訴訟視原告主張事由之不同，容有提起撤銷訴訟等各種訴訟種類之可能　(D)公益訴訟之提起，原告若勝訴，於行政機關不依判決履行作為義務時，得聲請行政法院為強制執行。

( )　23. 行政訴訟法有關證人之規定，下列敘述何者正確？　(A)證人受合法之通知，無正當理由而不到場者，行政法院得不經裁罰即裁定逕行拘提　(B)證人恐因陳述致自己蒙恥辱者，得拒絕證言　(C)以未滿16歲之人為證人者，仍得令其具結　(D)拘提證人，準用民事訴訟法之規定。

( )　24. 有關國家賠償法之適用，下列何者錯誤？　　(A)遊客不遵守國家公園安全警示致發生損害，無國家賠償法之適用　　(B)公立醫院與病患間之醫療糾紛，無國家賠償法之適用　　(C)政府採購契約爭議為私經濟行政，無國家賠償法之適用　　(D)地政事務所之土地登記註記錯誤致生損害，有國家賠償法之適用。

( )　25. 公務員怠於執行法律規定其應執行之職務，致人民遭受損害者，國家應負賠償責任。下列敘述何者錯誤？　　(A)法律規定應執行之職務，其目的係為保護人民生命、身體及財產等法益　　(B)法律對於公務員應執行職務行使公權力之事項規定明確　　(C)公務員對於特定人所負作為義務之裁量已萎縮至零　　(D)被害人對於公務員特定職務行為，必須有公法上請求權存在。

解答及解析　答案標示為#者，表官方曾公告更正該題答案。

1. **D** 憲法第59條：「行政院於會計年度開始三個月前，應將下年度預算案提出於立法院。」僅行政院有預算案之提案權，其他各院或立法委員並無預算案之提案權。

2. **D** 釋字第525號解釋理由書：「法治國為憲法基本原則之一，法治國原則首重人民權利之維護、法秩序之安定及誠實信用原則之遵守。人民對公權力行使結果所生之合理信賴，法律自應予以適當保障，此乃信賴保護之法理基礎，亦為行政程序法第一百十九條、第一百二十條及第一百二十六條等相關規定之所由設。行政法規（包括法規命令、解釋性或裁量性行政規則）之廢止或變更，於人民權利之影響，並不亞於前述行政程序法所規範行政處分之撤銷或廢止，故行政法規除預先定有施行期間或經有權機關認定係因情事變遷而停止適用，不生信賴保護問題外，制定或發布法規之機關固得依法定程序予以修改或廢止，惟應兼顧規範對象值得保護之信賴利益，而給予適當保障，方符憲法保障人民權利之意旨。」

3. **D** 國家賠償法第2條第2項：「公務員於執行職務行使公權力時，因故意或過失不法侵害人民自由或權利者，國家應負損害賠償責任。公務員怠於執行職務，致人民自由或權利遭受損害者亦同。」本題公車處提供市區公共運輸服務，由乘客購票使用，其性質屬「私經濟行政」，若乘客因司機駕駛不慎受傷，因非行使公權力，不適用國家賠償法。

4. **B**　所謂委任，係指在隸屬關係下的上級機關或人員，將其職權範圍內的事項，交由所屬下級機關或人員行使的措施。就此種措施的性質而言，乃為原有職權的移轉變更，故非有法令依據不得為之。委任關係成立後，被委任之事項，即視為移轉於被委任者的職權範圍，由被委任者以其自身名義行使，並就委辦事項執行結果完全負責，而委任者既已將職權交由他機關行使，則委任者本身僅負有監督責任。

　　本題琉球鄉公所依自治條例處理屏東縣政府委任事務，無須經鄉民代表會同意。

5. **D**　行政程序法第13條第1項：「同一事件，數行政機關依前二條之規定均有管轄權者，由受理在先之機關管轄，不能分別受理之先後者，由各該機關協議定之，不能協議或有統一管轄之必要時，由其共同上級機關指定管轄。無共同上級機關時，由各該上級機關協議定之。」

6. **C**　地方制度法第28條：「下列事項以自治條例定之：一、法律或自治條例規定應經地方立法機關議決者。二、創設、剝奪或限制地方自治團體居民之權利義務者。三、關於地方自治團體及所營事業機構之組織者。四、其他重要事項，經地方立法機關議決應以自治條例定之者。」

7. **C**　無論政務人員或事務人員之懲戒處分，均不得功過相抵。

8. **A**　公務人員考績法第11條第1項：「各機關參加考績人員任本職等年終考績，具有左列各款情形之一者，取得同官等高一職等之任用資格：一、二年列甲等者。二、一年列甲等二年列乙等者。」

9. **B**　公務人員保障法第29條：「原處分機關裁撤或改組，應以承受其業務之機關視為原處分機關。」

10. **B**　法規命令與人民權利義務有關，故發布之後應即送立法機關，接受其審查；行政規則既不具有上述性質，原無送立法機關審查之必要，但中央法規標準法第7條規定，不分何種命令，一律即送立法院，立法院均按其職權行使法處理，與學理並不完全一致。

11. **C**　行政程序法第112條：「行政處分一部分無效者，其他部分仍為有效。但除去該無效部分，行政處分不能成立者，全部無效。」

12. **D**　行政程序法第127條：「授予利益之行政處分，其內容係提供一次或連續之金錢或可分物之給付者，經撤銷、廢止或條件成就而有溯及既往失效之情形時，受益人應返還因該處分所受領之給付。其行政處分經確認無效者，亦同。前項返還範圍準用民法有關不當得利之規定。行政機關依前二項規定請求返還時，應以書面行政處分確認返還範圍，並限期命受益人返還之。」

13. **D**　最高行政法院103年9月1日決議：「按所謂行政處分，依行政程序法第92條第1項規定，係指行政機關就公法上具體事件所為之決定或其他公權力措施而對外直接發生法律效果之單方行政行為而言。又於人民向行政機關陳報之事項，如僅供行政機關事後監督之用，不以之為該事項之效力要件者，為「備查」，並未對受監督事項之效力產生影響，其性質應非行政處分。公寓大廈管理委員會之成立，係依公寓大廈管理條例第28條第1項（或第26條第1項、第53條、第55條第1項）規定，經由召集區分所有權人會議，並依同條例第31條所定人數及區分所有權比例之出席、同意而決議為之，屬於私權行為，其依公寓大廈管理條例施行細則第8條及公寓大廈管理組織申請報備處理原則第3點、第4點規定程序申請報備（報請備查），係為使主管機關知悉，俾便於必要時得採行其他監督方法之行政管理措施，核與管理委員會是否合法成立無涉。故申請案件文件齊全者，由受理報備機關發給同意報備證明，僅係對管理委員會檢送之成立資料作形式審查後，所為知悉區分所有權人會議決議事項之觀念通知，對該管理委員會之成立，未賦予任何法律效果，並非行政處分；同理，主管機關所為不予報備之通知，對於該管理委員會是否合法成立，亦不生任何影響，仍非行政處分。」

14. **D**　行政程序法第120條：「授予利益之違法行政處分經撤銷後，如受益人無前條所列信賴不值得保護之情形，其因信賴該處分致遭受財產上之損失者，為撤銷之機關應給予合理之補償。前項補償額度不得超過受益人因該處分存續可得之利益。關於補償之爭議及補償之金額，相對人有不服者，得向行政法院提起給付訴訟。」

15. **B**　行政契約指兩個以上之當事人，就公法上權利義務設定、變更或廢止所訂立之契約。行政機關選擇行政契約作為行為方式，性質上仍屬公權力行政，而非私經濟行政或國庫行政，因其適用規範及所生之效果均屬公法性質而非私法。
本題「國立大學購買資訊設備之契約」為私法契約，非行政契約。

16. **D**　行政程序法第165條：「本法所稱行政指導，謂行政機關在其職權或所掌事務範圍內，為實現一定之行政目的，以輔導、協助、勸告、建議或其他不具法律上強制力之方法，促請特定人為一定作為或不作為之行為。」行政訴訟法第8條：「人民與中央或地方機關間，因公法上原因發生財產上之給付或請求作成行政處分以外之其他非財產上之給付，得提起給付訴訟。因公法上契約發生之給付，亦同。」

17. **D**　無效行政處分，係指行政機關雖已在外觀上作成行政處分，惟在實質上因處分的內容具有瑕疵，或未具備必要形式，或未踐行法定程序，因而欠缺有效

要件，以致無法發生效力。無效行政處分，不對任何人發生拘束力，係自始完全無效，行政機關及普通法院，均得以獨立的見解，作無效的判斷。非屬無效之違法行政處分，於未經撤銷或未因其它事由而失效者，其效力繼續存在。

18. **C** 行政執行法第2條：「本法所稱行政執行，指公法上金錢給付義務、行為或不行為義務之強制執行及即時強制。」
行政罰法第1條：「違反行政法上義務而受罰鍰、沒入或其他種類行政罰之處罰時，適用本法。但其他法律有特別規定者，從其規定。」
本題「對拋棄廢棄物行為所科處之罰鍰」為行政罰。

19. **C** 行政程序法第2條第1項：「本法所稱行政程序，係指行政機關作成行政處分、締結行政契約、訂定法規命令與行政規則、確定行政計畫、實施行政指導及處理陳情等行為之程序。」

20. **B** 訴願法第2條第1項：「人民因中央或地方機關對其依法申請之案件，於法定期間內應作為而不作為，認為損害其權利或利益者，亦得提起訴願。」

21. **C** 最高行政法院為法律審，上訴事件僅得以原審裁判違背法令為理由提起之。以書面審理為原則，必要時得行言詞辯論。事件事實原則上以原審判決所確定者為裁判基礎，行言詞辯論所得闡明或補充訴訟關係之資料亦得斟酌之

22. **B** 行政訴訟法第9條：「人民為維護公益，就無關自己權利及法律上利益之事項，對於行政機關之違法行為，得提起行政訴訟。但以法律有特別規定者為限。」
相對於保護私人權益的私益訴訟而言，公益訴訟是指一定的組織和個人可以根據法律法規的授權，對違反法律、侵犯國家利益和社會公共利益的行為，向法院提起訴訟，由法院追究違法者法律責任的訴訟制度。與通常的私益訴訟相對，公益訴訟乃以促進公共利益為建制目的和訴訟條件，案件的利害關係人甚至任何人均得提起之，但訴訟目的往往不是為了個案的救濟，而是為了督促政府機構或其管理相對人採取某些促進公益的法定行為，履行法定義務，且判決的效力也未必僅限於訴訟當事人，還可能及於其他受環境公害事件影響之人。

23. **B** 行政訴訟法第145條：「證人恐因陳述致自己或下列之人受刑事訴追或蒙恥辱者，得拒絕證言：一、證人之配偶、前配偶或四親等內之血親、三親等內之姻親或曾有此親屬關係或與證人訂有婚約者。二、證人之監護人或受監護人。」

24. **A** 國家賠償法第3條：「公共設施因設置或管理有欠缺，致人民生命、身體、人身自由或財產受損害者，國家應負損害賠償責任。前項設施委託民間團體或個人管理時，因管理欠缺致人民生命、身體、人身自由或財產受損害者，國

家應負損害賠償責任。前二項情形，於開放之山域、水域等自然公物，經管理機關、受委託管理之民間團體或個人已就使用該公物為適當之警告或標示，而人民仍從事冒險或具危險性活動，國家不負損害賠償責任。第一項及第二項情形，於開放之山域、水域等自然公物內之設施，經管理機關、受委託管理之民間團體或個人已就使用該設施為適當之警告或標示，而人民仍從事冒險或具危險性活動，得減輕或免除國家應負之損害賠償責任。」

25. **D**　釋字第469號解釋：「法律規定之內容非僅屬授予國家機關推行公共事務之權限，而其目的係為保護人民生命、身體及財產等法益，且法律對主管機關應執行職務行使公權力之事項規定明確，該管機關公務員依此規定對可得特定之人所負作為義務已無不作為之裁量餘地，猶因故意或過失怠於執行職務，致特定人之自由或權利遭受損害，被害人得依國家賠償法第2條第2項後段，向國家請求損害賠償。最高法院72年台上字第704號判例謂：『國家賠償法第二條第二項後段所謂公務員怠於執行職務，係指公務員對於被害人有應執行之職務而怠於執行者而言。換言之，被害人對於公務員為特定職務行為，有公法上請求權存在，經請求其執行而怠於執行，致自由或權利遭受損害者，始得依上開規定，請求國家負損害賠償責任。若公務員對於職務之執行，雖可使一般人民享有反射利益，人民對於公務員仍不得請求為該職務之行為者，縱公務員怠於執行該職務，人民尚無公法上請求權可資行使，以資保護其利益，自不得依上開規定請求國家賠償損害。』對於符合一定要件，而有公法上請求權，經由法定程序請求公務員作為而怠於執行職務者，自有其適用，惟與首開意旨不符部分，則係對人民請求國家賠償增列法律所無之限制，有違憲法保障人民權利之意旨，應不予援用。」

109年　普考

( )　1. 下列何者非屬行政法之法源？　(A)公約施行法　(B)最高行政法院庭長法官聯席會議決議　(C)大法庭所作成之裁定　(D)自治法規。

( )　2. 行政行為採取之方法應有助於目的之達成，稱為：　(A)狹義比例原則　(B)適當性原則　(C)衡量性原則　(D)公益原則。

( )　3. 關於法律保留之敘述，下列何者錯誤？　(A)關於人民權利義務者，應以法律定之　(B)關於國家機關組織者，應以法律定之　(C)干預行政，因涉及權益限制，原則上法律保留之要求較高　(D)給付行政，只要預算允許，無法律保留原則適用之必要。

( )　4. 關於不確定法律概念，下列敘述何者錯誤？　(A)屬立法者規範人民行為之一種構成要件表述方式　(B)不確定法律概念有待於個案中予以具體化　(C)不確定法律概念得經由司法審查加以確認　(D)不確定法律概念之具體化，法院一律享有完全之審查權限。

( )　5. 關於公立學校教師之聘任與解聘，依現行實務見解，下列敘述何者正確？　(A)公立學校教師與公立學校間係立於平等地位，其聘用為私法關係　(B)公立學校教師之聘用，係屬行政契約之法律關係　(C)公立學校教師因教師法規定事由而被解聘者，屬契約之終止　(D)公立學校教師不服公立學校解聘之決定，應提起民事訴訟。

( )　6. 依司法院大法官解釋意旨，關於學生之在學關係，下列敘述何者正確？　(A)各級學校學生僅限於退學處分或改變學生身分關係，始得爭訟　(B)各級學校學生針對學校所為侵害其權利之公權力措施，得提起行政爭訟　(C)各級學校學生僅得就學校所為之行政處分，提起行政爭訟　(D)各級學校不得以學則訂定有關學生退學、開除學籍等事項。

( )　7. 關於行政法人法規定之敘述，下列何者正確？　(A)行政法人置首長者，由監督機關提請立法院聘任　(B)董（理）事長或首長，不得進用四親等以內血親擔任行政法人職務　(C)監事或監事會有審議年度預算及決算之職權　(D)行政法人之會計年度，應與政府會計年度一致。

( )　8. 依地方制度法第16條之規定，關於直轄市民、縣（市）民、鄉（鎮、市）民之權利，下列敘述何者錯誤？　(A)對於地方政府資訊，有依法請求公開之權　(B)有依法選舉、罷免地方公職人員之權　(C)有依法訂定、發布自治規則之權　(D)對於醫療衛生事項，有依法享受之權。

( )　9.關於行政機關將其權限委託民間團體辦理，下列敘述何者錯誤？　(A)委託事項應公告之，並刊登於政府公報或新聞紙　(B)委託之授權依據，限於立法院通過之法律　(C)受委託之民間團體得以自己名義作成行政處分　(D)人民不服受託之民間團體行政所為之公權力行為，向行政法院提起訴訟，應以該民間團體為被告。

( )　10.關於行政助手之敘述，下列何者錯誤？　(A)係指私人受行政機關之委託，於其監督下辦理相關業務　(B)對外以委託機關之名義為之　(C)行政助手之委託，均須對外公告委託事項及法規依據　(D)人民就行政助手協助原委託機關所為之行政處分不服時，得向原委託機關之直接上級機關提起訴願。

( )　11.依公務人員保障法規定，關於公務人員服從義務之敘述，下列何者錯誤？　(A)公務人員對長官於監督範圍內所發之命令原則上有服從義務　(B)公務人員對於長官命令之合法性如有疑義，得隨時陳述，但無報告義務　(C)命令有違反刑事法律者，長官雖以書面署名下達，公務人員仍無服從之義務　(D)長官非以書面署名下達命令者，公務人員得請求長官以書面署名下達命令，長官若拒絕，視為撤回命令。

( )　12.關於公務員懲戒法之停職，下列敘述何者錯誤？　(A)公務員依刑事訴訟法被通緝或羈押中，其職務當然停止　(B)懲戒法院對於移送之懲戒案件，認為情節重大，有先行停止職務之必要者，得通知被付懲戒人之主管機關，先行停止其職務　(C)主管機關對於所屬被移送懲戒之公務員，認為有免除職務、撤職或休職等情節重大之虞者，得依職權先行停止其職務　(D)懲戒法院通知被付懲戒人之主管機關先行停止職務時，被付懲戒人可依公務人員保障法之規定提起復審後，向行政法院起訴請求撤銷。

( )　13.有關公務員之懲戒處分，下列敘述何者錯誤？　(A)免除職務，指免其現職，並不得再任用為公務員　(B)撤職，指撤其現職，並於一定期間停止任用；其期間為1年以上、5年以下　(C)休職，指休其現職，停發俸（薪）給，並不得申請退休或在其他機關任職；其期間為6個月以上、3年以下　(D)剝奪退休金，指剝奪受懲戒人離職前所有任職年資所計給之退休給與；其已支領者，不予追回。

( )　14.關於公務員法律責任之敘述，下列何者錯誤？　(A)採刑懲併行　(B)採懲戒與懲處雙軌制　(C)同一行為經懲戒法院為不受懲戒之判決者，被付懲戒人之服務機關仍得對其為免職處分　(D)同一行為經懲戒法院作出懲戒處分之判決者，被付懲戒人之服務機關不得再對其為懲處。

( ) 15.下列何者非屬公務人員保障法救濟程序所適用或準用之對象？ (A)外交部依法任用之有給專任人員 (B)國立大學依法任用之職員 (C)交通部臺灣鐵路管理局依法任用之人員 (D)法務部部長。

( ) 16.下列何者非屬公務人員之法定權利？ (A)公務人員協會加入權 (B)退休金、撫卹金請求權 (C)法定俸給請求權 (D)罷工權。

( ) 17.關於公務人員之停職，下列敘述何者錯誤？ (A)公務人員於停職期間，不得執行職務 (B)公務人員於停職期間，身分並未喪失 (C)公務人員於停職期間所為之職務上行為，不生效力 (D)公務人員於停職事由消滅3個月後，當然復職。

( ) 18.依實務見解，關於具有公用地役關係之既成道路，下列敘述何者錯誤？ (A)人民無請求於既成道路上擺設攤位之公法上權利 (B)既成道路所有權人不得設置路障，妨礙公眾通行 (C)主管機關依土地所有權人之請求，負有徵收補償之義務 (D)既成道路縱未辦理徵收，亦不喪失其公用地役關係。

( ) 19.依行政程序法規定，關於法規命令之敘述，下列何者正確？ (A)行政機關訂定法規命令時，除依法應舉行聽證者外，得依職權或依人民之申請舉行聽證 (B)法規命令依法應經上級機關核定者，應於發布後送上級機關核定，始生效力 (C)人民提議訂定法規命令者，得以言詞向行政機關敘明訂定之目的、依據及理由，並附具相關資料 (D)法規命令之一部分無效者，如除去該無效部分，法規命令顯失規範目的者，全部無效。

( ) 20.下列何者屬行政處分？ (A)行政機關對申請人經辦事件處理進度之告知 (B)行政機關所寄發之稅款繳納證明書 (C)行政機關對申請人所為「申請資料不全，予以退件」之通知 (D)行政機關所放置「前有測速照相」之牌示。

( ) 21.依司法院釋字第627號解釋，甲總統將某檔案核定為絕對機密，某乙之權利因該核定行為而受損，下列敘述何者錯誤？ (A)甲總統將某檔案核定為絕對機密之行為，其性質為統治行為 (B)某乙不服該核定行為，得申請解除機密 (C)總統府如否准乙解密之申請，該否准行為為行政處分 (D)某乙不服否准，不得依法提起行政救濟。

( ) 22.下列何種類型之行政行為，始具有執行力？ (A)確認處分 (B)下命處分 (C)形成處分 (D)行政指導。

( ) 23. 甲汽車修理廠與公路監理機關，簽有汽車委託檢驗行政契約，契約中無甲自願接受執行之約定，而甲拒不繳納代收之汽車檢驗費時，公路監理機關應如何處理？　(A)移送該管行政執行分署強制執行　(B)向該管地方法院行政訴訟庭聲請強制執行　(C)向該管民事執行處聲請強制執行　(D)向該管地方法院行政訴訟庭提起一般給付訴訟。

( ) 24. 關於行政契約與須相對人同意之行政處分之區別，下列敘述何者錯誤？　(A)前者為雙方行為，後者為行政機關單方行為　(B)前者需以書面為之，後者除法規有特別規定外，不以書面方式為限　(C)前者未經相對人同意，契約不成立；後者未經相對人同意，處分仍可作成　(D)前者之內容為私法關係，後者之內容為公法關係。

( ) 25. 警察機關依集會遊行法規定，針對不服從解散命令之群眾採取強制驅離措施，係屬何種性質之行政行為？　(A)行政命令　(B)行政處分　(C)事實行為　(D)行政指導。

( ) 26. 依行政罰法規定，行政機關對現行違反行政法上義務之行為人所得為之處置，不包含下列何者？　(A)為保全證據之措施　(B)確認其身分　(C)處怠金　(D)即時制止其行為。

( ) 27. 依據行政罰法規定，未滿幾歲人之行為，不予處罰？　(A)14歲　(B)16歲　(C)18歲　(D)20歲。

( ) 28. 依行政罰法規定，因正當防衛行為過當致有違反行政法上之義務時，應如何處罰？　(A)應不予處罰　(B)僅得減輕處罰　(C)得減輕或免除其處罰　(D)應減輕或免除其處罰。

( ) 29. 對違反行政法上義務行為之處罰，應以行為人主觀上具備故意或過失為要件，並應由下列何者先行負舉證責任？　(A)行政機關　(B)司法機關　(C)處罰相對人　(D)監察機關。

( ) 30. 一行為違反同一行政法上義務，A、B機關均有管轄權，倘若A機關於108年1月15日開始處理，B機關於108年1月10日開始處理，依行政罰法規定，應如何決定管轄機關？　(A)由A之上級機關指定管轄　(B)由B之上級機關指定管轄　(C)由A機關管轄　(D)由B機關管轄。

( ) 31. 對於酗酒泥醉駕車之人，警察機關除依法裁罰外，尚得加以管束。關於管束之敘述，下列何者正確？　(A)執行管束前應向上級機關申請同意　(B)執行管束之時間不得逾24小時　(C)執行管束時應將管束原因報告檢察官　(D)執行管束完畢後應將管束情形報告檢察官。

( ) 32. 依行政執行法規定,斷絕營業所必須之自來水、電力,係屬下列何種行政執行措施? (A)代履行 (B)間接強制 (C)直接強制 (D)即時強制。

( ) 33. 公法上金錢給付義務之執行案件,下列何者得對義務人核發禁止為特定投資之禁止命令? (A)原處分機關 (B)地方法院 (C)檢察機關 (D)行政執行分署。

( ) 34. 依行政執行法規定,義務人顯有逃匿之虞者,除得命其提供擔保,限期履行外,原則上並得如何處理? (A)逕行逮捕 (B)聲請法院羈押 (C)限制住居 (D)行政管束。

( ) 35. 下列何種行政行為,在行政程序法中幾乎僅有行為類型說明,尚無明確具體內容之規定? (A)行政指導 (B)行政計畫 (C)行政規則 (D)法規命令。

( ) 36. 依行政程序法規定,停止營業20日之行政處分,其20日應如何計算? (A)其始日不計算在內,其末日為星期日、國定假日或其他休息日者,以該日之次日為期間之末日 (B)其始日不計算在內,其末日為星期日、國定假日或其他休息日者,照計 (C)其始日不計時刻以1日論,其末日為星期日、國定假日或其他休息日者,以該日之次日為期間之末日 (D)其始日不計時刻以1日論,其末日為星期日、國定假日或其他休息日者,照計。

( ) 37. 關於行政程序法上的資訊公開,下列說明何者錯誤? (A)公務員與當事人或代表其利益之人為行政程序外之接觸時,應將所有往來之書面文件附卷,並對其他當事人公開 (B)利害關係人不得向行政機關申請閱覽、抄寫、複印或攝影有關資料或卷宗 (C)當事人申請閱覽行政決定前之擬稿或其他準備作業文件,行政機關得拒絕之 (D)當事人申請閱覽之資訊,如涉及個人隱私、職業秘密、營業秘密,依法規有保密之必要者,應拒絕之。

( ) 38. 關於行政程序法有關費用規定之敘述,下列何者錯誤? (A)可歸責於當事人之事由,致程序有顯著之延滯者,延滯所生費用由當事人負擔 (B)專為當事人或利害關係人利益所支出之費用,由其自行負擔 (C)證人或鑑定人得向行政機關請求法定之日費與旅費 (D)鑑定人得向行政機關請求相當之報酬,但不得預行酌給之。

( ) 39. 有關行政程序中之聽證，下列敘述何者錯誤？ (A)聽證必要時得由律師在場協助之 (B)除法律另有規定外，聽證應公開以言詞為之 (C)經聽證作成行政處分，當事人不服而提起行政救濟時，免除訴願及其先行程序 (D)行政程序之當事人申請舉行聽證時，行政機關除法律另有規定外，不得拒絕之。

( ) 40. 關於訴願代理人之敘述，下列何者錯誤？ (A)訴願參加人亦得委任代理人進行訴願 (B)與訴願人有親屬關係者，得為訴願代理人 (C)訴願代理權因訴願人本人死亡而消滅 (D)代理人有二人以上者，均得單獨代理訴願人。

( ) 41. 甲私立大學執行勞動部勞動力發展署委託辦理技能檢定業務，其以自身名義所為之行政處分，應以下列何 者為訴願管轄機關？ (A)勞動部 (B)勞動部勞動力發展署 (C)行政院 (D)教育部。

( ) 42. 關於訴願制度之敘述，下列何者錯誤？ (A)訴願為行政機關對行政處分是否合法所為之行政自我省察制度 (B)原處分機關不服訴願決定，得向行政法院提起訴訟 (C)訴願審議機關不得作成較原處分更為不利於訴願人之訴願決定 (D)訴願之提起逾法定期間，為不受理決定時，上級機關仍得撤銷或變更原處分。

( ) 43. 關於行政法院管轄之敘述，下列何者錯誤？ (A)簡易訴訟程序事件，以地方法院行政訴訟庭為第一審管轄法院 (B)交通裁決事件訴訟之提起，應以原處分機關為被告，逕向管轄之地方法院行政訴訟庭為之 (C)收容聲請事件，以地方法院行政訴訟庭為第一審管轄法院 (D)不服地方法院行政訴訟庭之判決，應向最高行政法院提起上訴。

( ) 44. 依行政訴訟法之規定，關於行政法院管轄之敘述，下列何者錯誤？ (A)對於公法人之訴訟，由其公務所在地之行政法院管轄 (B)因不動產徵收、徵用或撥用之訴訟，專屬不動產所在地之行政法院管轄 (C)關於公務員職務關係之訴訟，一律應由公務員職務所在地之行政法院管轄 (D)定行政法院之管轄以起訴時為準。

( ) 45. 甲遭A機關課以鉅額稅款，如甲為避免因繳納稅款而有破產之虞，得聲請下列何項暫時權利保護？ (A)停止執行 (B)假執行 (C)假扣押 (D)假處分。

( ) 46. 甲因欠稅而遭稅捐機關限制出境，其欲聲請（申請）原處分停止執行，下列何者並非受理原處分停止執行之機關？ (A)原處分機關 (B)訴願決定機關 (C)行政法院 (D)監察院。

( )　47.司法院釋字第400號解釋認為，既成道路符合一定要件而成立公用地役關係者，其所有權人對土地既已無 從自由使用收益，國家應視國家財力，依法律規定為如何之處理？　(A)因公益而特別犧牲其財產上之利益，國家應辦理徵收給予補償　(B)因公益而特別犧牲其財產上之利益，國家應辦理徵收給予賠償　(C)因公益而一般犧牲其財產上之利益，國家應辦理徵收給予補償　(D)因公益而一般犧牲其財產上之利益，國家應辦理徵收給予賠償。

( )　48.下列何者，人民得依國家賠償法請求賠償？　(A)高雄市立醫院醫師因手術致病人受有損害　(B)行政機關辦公大樓因設置有欠缺致洽公民眾受有損害　(C)公務員合法使用警械致人民受有損害　(D)中華電信股份有限公司個資外洩致用戶受有損害。

( )　49.依國家賠償法規定，關於國家賠償範圍及方法之敘述，下列何者正確？　(A)國家賠償之賠償範圍僅限於所受損害，不含所失利益　(B)所謂損害，僅指財產上損害，不包括非財產上損害　(C)國家賠償之賠償方法以金錢賠償為原則，回復原狀為例外　(D)回復原狀包括請求普通法院撤銷違法之行政處分。

( )　50.依國家賠償法規定，賠償義務機關對於被害人履行賠償義務後，對公務員之求償權因幾年不行使而消滅？　(A)1年　(B)2年　(C)3年　(D)5年。

解答及解析　答案標示為#者，表官方曾公告更正該題答案。

1.**B**　司法院為了強化終審法院統一法律見解的功能，推動建立大法庭制度，而最高法院與最高行政法院「大法庭」制度已於民國108年7月4日正式上路，我國司法已邁入新的篇章，未來統一法律見解的方式將更符合司法權的本質。大法庭制度實施後，判例選編及決議制度也一併廢除。相較於判例、決議，大法庭須對外公開，舉行言詞辯論，讓檢察官、當事人律師、甚至專家學者都參與表達意見。當統一法律見解過程攤在陽光下接受檢驗，社會多元觀點有機會進入法庭、影響法官，人民會更願意相信司法的決定是周全、禁得起考驗。本題「最高行政法院庭長法官聯席會議決議」業於108年7月4日廢除。

2.**B**　比例原則有廣狹二義，廣義的比例原則包括適當性、必要性及衡量性三原則，而衡量性原則又稱狹義的比例原則。適當性指行為應適合於目的之達成；必要性則謂行為不超越實現目的之必要程度，亦即達成目的須採影響最

輕微之手段；至衡量性原則乃指手段應按目的加以衡判，換言之，任何干涉措施所造成之損害應輕於達成目的所獲致之利益，始具有合法性。

行政程序法第7條：「行政行為，應依下列原則為之：一、採取之方法應有助於目的之達成。二、有多種同樣能達成目的之方法時，應選擇對人民權益程度，損害最少者。三、採取之方法所造成之損害不得與欲達成目的之利益顯失均衡。」第1款即適當性原則，第2款第3款分別相當於必要性及衡量性原則。

3. **D** 釋字第443號解釋理由書：「憲法所定人民之自由及權利範圍甚廣，凡不妨害社會秩序公共利益者，均受保障。惟並非一切自由及權利均無分軒輊受憲法毫無差別之保障：關於人民身體之自由，憲法第8條規定即較為詳盡，其中內容屬於憲法保留之事項者，縱令立法機關，亦不得制定法律加以限制，而憲法第7條、第9條至第18條、第21條及第22條之各種自由及權利，則於符合憲法第23條之條件下，得以法律限制之。至何種事項應以法律直接規範或得委由命令予以規定，與所謂規範密度有關，應視規範對象、內容或法益本身及其所受限制之輕重而容許合理之差異：諸如剝奪人民生命或限制人民身體自由者，必須遵守罪刑法定主義，以制定法律之方式為之；涉及人民其他自由權利之限制者，亦應由法律加以規定，如以法律授權主管機關發布命令為補充規定時，其授權應符合具體明確之原則；若僅屬於執行法律之細節性、技術性次要事項，則得由主管機關發布命令為必要之規範，雖因而對人民產生不便或輕微影響，尚非憲法所不許。又關於給付行政措施，其受法律規範之密度，自較限制人民權益者寬鬆，倘涉及公共利益之重大事項者，應有法律或法律授權之命令為依據之必要，乃屬當然。」

4. **D** 不確定法律概念最簡明之定義為：「含義有多種解釋之可能，而法律本身不作界定之概念。」不確定法律概念尚可分為無判斷餘地之不確定法律概念及有判斷餘地之不確定法律概念。前者指不確定法律概念只有一種解釋係屬正確，其運用結果亦屬合法；後者謂在若干事件行政機關對不確定法律概念的解釋享有自主之判斷餘地，其判斷結果無論為何，原則上皆屬正確並且合法。這兩種區別具有訴訟法上意義，對於前者行政法院有完全之審查權，對於後者行政法院之審查權受有限制，即除判斷有明顯瑕疵外，應尊重主管機關之決定，而不作相反之判斷。

5. **B** 行政機關依聘用條例聘僱之人員、公立學校聘用教師，視為行政契約，實務上已是定論（最高行政法院100年判字第541號，同院97年判字第1893號判決）。

6. **B** 釋字第784號解釋：「本於憲法第16條保障人民訴訟權之意旨，各級學校學生認其權利因學校之教育或管理等公權力措施而遭受侵害時，即使非屬退學或

類此之處分，亦得按相關措施之性質，依法提起相應之行政爭訟程序以為救濟，無特別限制之必要。於此範圍內，本院釋字第382號解釋應予變更。」

7. **D**　行政法人法第31條：「行政法人之會計年度，應與政府會計年度一致。」

8. **C**　地方制度法第16條：「直轄市民、縣（市）民、鄉（鎮、市）民之權利如下：一、對於地方公職人員有依法選舉、罷免之權。二、對於地方自治事項，有依法行使創制、複決之權。三、對於地方公共設施有使用之權。四、對於地方教育文化、社會福利、醫療衛生事項，有依法律及自治法規享受之權。五、對於地方政府資訊，有依法請求公開之權。六、其他依法律及自治法規賦予之權利。」

9. **B**　行政程序法第16條：「行政機關得依法規將其權限之一部分，委託民間團體或個人辦理。前項情形，應將委託事項及法規依據公告之，並刊登政府公報或新聞紙。」

10. **C**　民間團體或個人受到國家機關之委託，以自己名義獨立行使公權力，而完成國家任務者，謂之「公權力的委託行使」。

如非以自己名義獨立行使公權力，而是受行政機關之指揮命令，協助完成一定之任務者，僅是「行政助手」，即係行政主體執行任務之「工具」，並非公權力的委託行使。例如公立學校上體育課，老師請學生從旁協助；或上化學實驗課，請學生做示範；拖吊公司在警察指揮下拖吊車輛等。

學理上，委託行使公權力與單純委託辦理行政事務有別，委託事項如屬私經濟行為或事實行為，法律若無禁止規定，行政機關得自由委託私人辦理；如涉及公權力之行使，應有法律或授權命令之依據，避免濫由私人行使公權力。除私經濟事項得以私法契約方式委託外，涉及公權力之行使應以行政處分或行政契約為之。為使人民瞭解行政機關委託辦理之內容，行政程序法第16條第2項規定「應將委託事項及法規依據公告之，並刊登政府公報或新聞紙」。如直接依法律規定行使公權力者，則不強調是否經行政行為之授權或公告、刊登。

11. **B**　公務人員保障法第17條：「公務人員對於長官監督範圍內所發之命令有服從義務，如認為該命令違法，應負報告之義務；該管長官如認其命令並未違法，而以書面署名下達時，公務人員即應服從；其因此所生之責任，由該長官負之。但其命令有違反刑事法律者，公務人員無服從之義務。」

12. **D**　公務員懲戒法第5條：「懲戒法庭對於移送之懲戒案件，認為情節重大，有先行停止職務之必要者，得裁定先行停止被付懲戒人之職務，並通知被付懲戒人所屬主管機關。前項裁定於送達被付懲戒人所屬主管機關之翌日起發生停

止職務效力。主管機關對於所屬公務員，依第二十四條規定送請監察院審查或懲戒法院審理而認為有免除職務、撤職或休職等情節重大之虞者，亦得依職權先行停止其職務。懲戒法庭第一審所為第一項之裁定，得為抗告。」

13. **D**　公務員懲戒法第13條第1項：「剝奪退休（職、伍）金，指剝奪受懲戒人離職前所有任職年資所計給之退休（職、伍）或其他離職給與；其已支領者，並應追回之。」

14. **C**　公務員懲戒法第22條第3項：「同一行為經主管機關或其他權責機關為行政懲處處分後，復移送懲戒，經懲戒法院為懲戒處分、不受懲戒或免議之判決確定者，原行政懲處處分失其效力。」

15. **D**　公務人員保障法第3條：「本法所稱公務人員，係指法定機關（構）及公立學校依公務人員任用法律任用之有給專任人員。」
本題法務部部長為政務人員，非公務人員，不適用公務人員保障法。

16. **D**　公務人員協會法第46條：「公務人員協會不得發起、主辦、幫助或參與任何罷工、怠職或其他足以產生相當結果之活動，並不得參與政治活動。」

17. **D**　公務人員保障法第10條第1項：「經依法停職之公務人員，於停職事由消滅後三個月內，得申請復職；服務機關或其上級機關，除法律另有規定者外，應許其復職，並自受理之日起三十日內通知其復職。」

18. **C**　釋字第400號解釋：「憲法第十五條關於人民財產權應予保障之規定，旨在確保個人依財產之存續狀態行使其自由使用、收益及處分之權能，並免於遭受公權力或第三人之侵害，俾能實現個人自由、發展人格及維護尊嚴。如因公用或其他公益目的之必要，國家機關雖得依法徵收人民之財產，但應給予相當之補償，方符憲法保障財產權之意旨。既成道路符合一定要件而成立公用地役關係者，其所有權人對土地既已無從自由使用收益，形成因公益而特別犧牲其財產上之利益，國家自應依法律之規定辦理徵收給予補償，各級政府如因經費困難，不能對上述道路全面徵收補償，有關機關亦應訂定期限籌措財源逐年辦理或以他法補償。若在某一道路範圍內之私有土地均辦理徵收，僅因既成道路有公用地役關係而以命令規定繼續使用，毋庸同時徵收補償，顯與平等原則相違。至於因地理環境或人文狀況改變，既成道路喪失其原有功能者，則應隨時檢討並予廢止。」

19. **D**　行政程序法第112條：「行政處分一部分無效者，其他部分仍為有效。但除去該無效部分，行政處分不能成立者，全部無效。」

20. **C**　行政程序法第92條第1項：「本法所稱行政處分，係指行政機關就公法上具體

事件所為之決定或其他公權力措施而對外直接發生法律效果之單方行政行為。」

本題行政機關申請人所為「申請資料不全，予以退件」之通知為行政處分。

21. **D** 釋字第627號解釋：「法院審理個案，涉及總統已提出之資訊者，是否應適用國家機密保護法及『法院辦理涉及國家機密案件保密作業辦法』相關規定進行其審理程序，應視總統是否已依國家機密保護法第二條、第四條、第十一條及第十二條規定核定相關資訊之機密等級及保密期限而定；如尚未依法核定為國家機密者，無從適用上開規定之相關程序審理。惟訴訟程序進行中，總統如將系爭資訊依法改核定為國家機密，或另行提出其他已核定之國家機密者，法院即應改依上開規定之相關程序續行其審理程序。其已進行之程序，並不因而違反國家機密保護法及『法院辦理涉及國家機密案件保密作業辦法』相關之程序規定。至於審理總統核定之國家機密資訊作為證言或證物，是否妨害國家之利益，應依前述原則辦理。又檢察官之偵查程序，亦應本此意旨為之。」

國家機密保護法第10條：「國家機密等級核定後，原核定機關或其上級機關有核定權責人員得依職權或依申請，就實際狀況適時註銷、解除機密或變更其等級，並通知有關機關。個人或團體依前項規定申請者，以其所爭取之權利或法律上利益因國家機密之核定而受損害或有損害之虞為限。依第一項規定申請而被駁回者，得依法提起行政救濟。」

22. **B** 具有執行力之行政處分，限於因處分而有作為或不作為義務者，即所謂下命處分。此類行政處分一旦生效，即有執行力，欲停止其執行力通常應循爭訟途徑提起救濟。

23. **D** 行政訴訟法第8條：「人民與中央或地方機關間，因公法上原因發生財產上之給付或請求作成行政處分以外之其他非財產上之給付，得提起給付訴訟。因公法上契約發生之給付，亦同。」

24. **D** 行政契約，是發生行政法效果之契約，即以設立、變更或廢止公法關係為目的之契約，非發生私法效果之契約。亦即，雙方當事人之合意，乃為執行公法法律規範。

25. **C** 事實行為指行政主體直接發生事實上效果之行為。其與行政處分或其他基於表意行為不同者，在於後者以對外發生法律效果或以意思表示為要素。

亦應歸之於事實行為。吳庚老師採狹義事實行為理論，即凡涉及表意行為者均列入未定型化行為，故此處所謂事實行為僅指單純高權行為如實施教育、訓練、興建公共設施等，以及執行行為及強制措施。

強制措施：指行政機關（尤其警察機關）運用物理的強制力，以實現行政處分之內容，或逕行執行法令之行為。行政執行程序中之直接強制、即時強制為最典型之強制措施。除此之外，下列行為亦均屬之：依集會遊行法對不服從解散命令者之強制驅離；依交通法規對車輛，所為之拖吊移置。

26. **C** 「怠金」係行政執行法上之間接強制，屬執行罰。

27. **A** 行政罰法第9條第1項：「未滿十四歲人之行為，不予處罰。」

28. **C** 行政罰法第12條：「對於現在不法之侵害，而出於防衛自己或他人權利之行為，不予處罰。但防衛行為過當者，得減輕或免除其處罰。」

29. **A** 臺北高等行政法院102年度訴字1414號判決：「按行政機關依法應作成行政處分者，除有法規之依據外，即應依職權調查證據，對當事人有利及不利事項一律注意，並斟酌當事人及相關人員之陳述與調查事實及證據之結果，依論理及經驗法則判斷事實之真偽，以作為處分或其他行政行為之根據，此為行政程序法第36條及第43條所明定。又認定事實應依證據，無證據尚不得以擬制方式推測事實，此為依職權調查證據認定事實之共通法則；行政機關需依職權調查證據以證明違規事實之存在，始能據以作成負擔處分。故行政機關對於作成處分違規事實之存在負有舉證責任。」

30. **D** 行政程序法第13條第1項：「同一事件，數行政機關依前二條之規定均有管轄權者，由受理在先之機關管轄。」本題B機關受理在先，應由B機關管轄。

31. **B** 行政執行法第37條：「對於人之管束，以合於下列情形之一者為限：一、瘋狂或酗酒泥醉，非管束不能救護其生命、身體之危險，及預防他人生命、身體之危險者。……前項管束，不得逾二十四小時。」

32. **C** 行政執行法第28條第2項：「前條所稱之直接強制方法如下：……四、斷絕營業所必須之自來水、電力或其他能源。」

33. **D** 行政執行法第17條之1第1項：「義務人為自然人，其滯欠合計達一定金額，已發現之財產不足清償其所負義務，且生活逾越一般人通常程度者，行政執行處得依職權或利害關係人之申請對其核發下列各款之禁止命令，並通知應予配合之第三人：……三、禁止為特定之投資。」
100年12月16日行政院公告，行政執行處之職責事項，自101年1月1日起改由「行政執行分署」管轄。

34. **C** 行政執行法第17條第1項：「義務人有下列情形之一者，行政執行處得命其提供相當擔保，限期履行，並得限制其住居：一、顯有履行義務之可能，故不履行。二、顯有逃匿之虞。……」

35. **B** 行政程序法第163條：「本法所稱行政計畫，係指行政機關為將來一定期限內達成特定之目的或實現一定之構想，事前就達成該目的或實現該構想有關之方法、步驟或措施等所為之設計與規劃。」同法第164條：「行政計畫有關一定地區土地之特定利用或重大公共設施之設置，涉及多數不同利益之人及多數不同行政機關權限者，確定其計畫之裁決，應經公開及聽證程序，並得有集中事權之效果。前項行政計畫之擬訂、確定、修訂及廢棄之程序，由行政院另定之。」

36. **D** 行政程序法第48條第5項：「期間涉及人民之處罰或其他不利行政處分者，其始日不計時刻以一日論；其末日為星期日、國定假日或其他休息日者，照計。」

37. **B** 行政程序法第46條第1項：「當事人或利害關係人得向行政機關申請閱覽、抄寫、複印或攝影有關資料或卷宗。但以主張或維護其法律上利益有必要者為限。」

38. **D** 行政程序法第53條：「證人或鑑定人得向行政機關請求法定之日費及旅費，鑑定人並得請求相當之報酬。前項費用及報酬，得請求行政機關預行酌給之。」

39. **D** 行政程序法第107條：「行政機關遇有下列各款情形之一者，舉行聽證：一、法規明文規定應舉行聽證者。二、行政機關認為有舉行聽證之必要者。」

40. **C** 訴願法第38條：「訴願代理權不因訴願人本人死亡、破產或喪失訴願能力而消滅。」

41. **B** 訴願法第10條：「依法受中央或地方機關委託行使公權力之團體或個人，以其團體或個人名義所為之行政處分，其訴願之管轄，向原委託機關提起訴願。」
本題應向原委託機關（勞動部勞動力發展署）提起訴願。

42. **B** 行政訴訟的原告係指具有當事人能力，依法有起訴權，而且係實際上起訴之人。其範圍包含：
(1) 以自然人及本國國民為主，亦包括法人及其他非法人團體；後者在訴訟程序中，由代表人或管理人行之。而外國人，如有條約之依據或法令之許可，亦得為行政訴訟之原告。
(2) 政府機關，除立於財產權主體，或準私人地位外，不得為行政訴訟之原告。至於公務員，如受免職處分，依司法院釋字第243號解釋得提起行政訴訟。

(3) 現行行政訴訟法增設四種訴訟，除確認及給付之訴外，撤銷之訴與請求應為行政處分之訴，為人民對政府機關之訴訟，行政機關自不得提起，即不得為原告。

43. **D** 行政訴訟法第235條第1項：「對於簡易訴訟程序之裁判不服者，除本法別有規定外，得上訴或抗告於管轄之高等行政法院。」

44. **C** 行政訴訟法第15條之1：「關於公務員職務關係之訴訟，得由公務員職務所在地之行政法院管轄。」

45. **A** 行政訴訟法第116條：「原處分或決定之執行，除法律另有規定外，不因提起行政訴訟而停止。行政訴訟繫屬中，行政法院認為原處分或決定之執行，將發生難於回復之損害，且有急迫情事者，得依職權或依聲請裁定停止執行。但於公益有重大影響，或原告之訴在法律上顯無理由者，不得為之。於行政訴訟起訴前，如原處分或決定之執行將發生難於回復之損害，且有急迫情事者，行政法院亦得依受處分人或訴願人之聲請，裁定停止執行。但於公益有重大影響者，不在此限。」

46. **D** 憲法增修條文第7條第1項：「監察院為國家最高監察機關，行使彈劾、糾舉及審計權。」本題甲因欠稅而遭稅捐機關限制出境，其欲聲請（申請）原處分停止執行，應向原處分機關提出申請，如不服其決定，得循訴願、行政訴訟謀求補救，監察院並非受理原處分停止執行之機關。

47. **A** 釋字第400號解釋：「既成道路符合一定要件而成立公用地役關係者，其所有權人對土地既已無從自由使用收益，形成因公益而特別犧牲其財產上之利益，國家自應依法律之規定辦理徵收給予補償。」

48. **B** 國家賠償法第3條第1項：「公共設施因設置或管理有欠缺，致人民生命、身體、人身自由或財產受損害者，國家應負損害賠償責任。」本題行政機關辦公大樓因設置有欠缺致洽公眾受有損害，該洽公民眾得依國家賠償法請求賠償。

49. **C** 國家賠償法第7條第1項：「國家負損害賠償責任者，應以金錢為之。但以回復原狀為適當者，得依請求，回復損害發生前原狀。」

50. **B** 國家賠償法第8條第2項：「第二條第三項、第三條第五項及第四條第二項之求償權，自支付賠償金或回復原狀之日起，因二年間不行使而消滅。」

110年 高普｜地方｜原民
各類特考

一般行政、民政、人事行政

1F191091	行政法輕鬆上手	林志忠	600元
1F141101	國考大師教你看圖學會行政學	楊銘	620元
1F171091	公共政策精析	陳俊文	510元
1F271071	圖解式民法(含概要)焦點速成＋嚴選題庫	程馨	550元
1F281101	國考大師教您輕鬆讀懂民法總則	任穎	近期出版
1F291091	國考大師教您看圖學會刑法總則	任穎	470元
1F331081	人力資源管理(含概要)	陳月娥 周毓敏	490元
1F591091	政治學(含概要)關鍵口訣＋精選題庫	蔡先容	620元
1F831091	地方政府與政治(含地方自治概要)	朱華聆	560元
1F241091	移民政策與法規	張瀚騰	550元
1E251101	行政法 -- 獨家高分秘方版測驗題攻略	林志忠	590元
1E191091	行政學 -- 獨家高分秘方版測驗題攻略	林志忠	570元
1E291081	原住民族行政及法規(含大意)	盧金德	530元
1E301091	臺灣原住民族史及臺灣原住民族文化(含概要、大意)	邱燁	590元
1E571101	公共管理(含概要)精讀筆記書	陳俊文	590元
1F321101	現行考銓制度(含人事行政學)	林志忠	530元
1N021091	心理學概要(包括諮商與輔導)嚴選題庫	李振濤	530元

以上定價，以正式出版書籍封底之標價為準

千華數位文化股份有限公司

■新北市中和區中山路三段136巷10弄17號　■千華公職資訊網 http://www.chienhua.com.tw
■TEL: 02-22289070　FAX: 02-22289076　■服務專線：(02)2392-3558・2392-3559

挑戰職涯發展的無限可能！

千華公職資訊網

就業證照
食品品保、保健食品、會計事務、國貿業務、門市服務、就業服務

公職考試
高普考、初等考試、鐵路特考、一般警察、警察特考、司法特考、稅務特考、海巡、關務、移民特考

專技證照
導遊/領隊、驗光人員、職業安全、職業衛生人員、食品技師、記帳士、地政士、不動產經紀人、消防設備士/師

教職考試
教師檢定、教師甄試

國民營考試
中華郵政、中油、台電、台灣菸酒、捷運招考、經濟部聯招、台水、全國農會

金融證照
外匯人員、授信人員、衍生性金融產品、防治洗錢與打擊資恐、理財規劃、信託業務、內控內稽、金融數位力檢定

銀行招考
臺灣銀行、土地銀行、合作金庫、兆豐銀行、第一銀行、台灣中小企銀、彰化銀行

其 他
警專入學考、國軍人才招募、升科大四技、各類升資/等考試

影音輔助學習

透過書籍導讀影片、數位課程，能更深入了解編撰特色、應考技巧！隨處都是你的教室！

搶救國中小教甄國文　徐弘縉老師

頂尖名師精編紙本教材
超強編審團隊特邀頂尖名師編撰，
最適合學生自修、教師教學選用！

千華影音課程
超高畫質，清晰音效環
繞猶如教師親臨！

TTQS 銅牌獎

多元教育培訓
數位創新

面授

實戰面授課程
不定期規劃辦理各類超完美
考前衝刺班、密集班與猜題
班，完整的培訓系統，提供
多種好康講座陪您應戰！

現在考生們可以在「Line」、「Facebook」
粉絲團、「YouTube」三大平台上，搜尋【千
華數位文化】。即可獲得最新考訊、書
籍、電子書及線上線下課程。千華數位
文化精心打造數位學習生活圈，與考生
一同為備考加油！

i

遍布全國的經銷網絡
實體書店：全國各大書店通路

電子書城：
Google play、Hami 書城 …
Pube 電子書城

網路書店：
千華網路書店、博客來
MOMO 網路書店…

書籍及數位內容委製
服務方案
課程製作顧問服務、局部委外製
作、全課程委外製作，為單位與教
師打造最適切的課程樣貌，共創
1+1＝無限大的合作曝光機會！

多元服務專屬社群

千華官方網站、FB 公職證照粉絲團、Line@ 專屬服務、YouTube、
考情資訊、新書簡介、課程預覽，隨觸可及！

千華 *Bonding*
棒學校

- 業界師資親自授課
- 隨時隨處無限次觀看
- 銜接就業、轉職的線上學習平台

專業的培育課程
等你一展長才

- 線上測驗
- 百門數位課程
- 線上名師指導
- 個人學習歷程
- 線上學習論壇

Bonding 棒學校 千華數位學習平台

專業講師親自授課
陪你衝高職場競爭力！
參加專屬社團與講師線上交流，學員隨時都能發問並得到老師解答。

隨時隨地
用自己的步調學習
手機、平板、電腦都能上課
紀錄自動銜接，到處都是我的學習場

投資時間學習
一步步成長並達到目標
清楚掌握困難點、一步步達到目標

豐富專業的培訓課程
幫助你成功追夢
千華數位文化累積20年以上的數位課程開發實績，為你精心打造數位學習生活圈！

*超過**1000**支高人氣名師影片，徹底翻轉你的學習力！*

棒學校 *Bonding.*

千華公職資訊網

千華公職證照粉絲團

千華數位文化
(02)2228-9070

千華會員享有最值優惠!

立即加入會員

會員等級	一般會員	VIP 會員	上榜考生
條件	免費加入	1. 直接付費 1500 元 2. 單筆購物滿 5000 元 3. 一年內購物金額累計 滿 8000 元	提供國考、證照 相關考試上榜及 教材使用證明
折價券	200 元	500 元	
購物折扣	·平時購書 9 折 ·新書 79 折 (兩周)	·書籍 75 折	·函授 5 折
生日驚喜		●	●
任選書籍三本		●	●
學習診斷測驗(5科)		●	●
電子書(1本)		●	●
名師面對面		●	

facebook

公職 · 證照考試資訊

專業考用書籍 | 數位學習課程 | 考試經驗分享

千華公職證照粉絲團

按讚送 E-coupon

Step1. 於FB「千華公職證照粉絲團」按 👍
Step2. 請在粉絲團的訊息,留下您的千華會員帳號
Step3. 粉絲團管理者核對您的會員帳號後,將立即回贈e-coupon 200元。

~~ 不是好書不出版 ~~
最權威、齊全的國考教材盡在千華

千華系列叢書訂購辦法

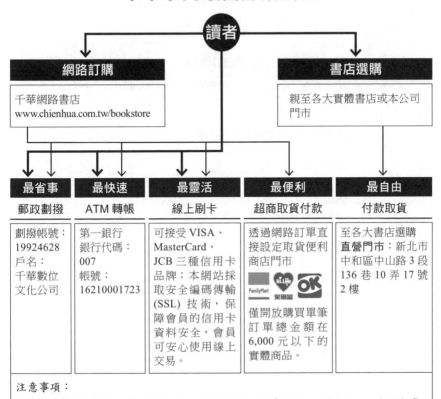

讀者

網路訂購
千華網路書店
www.chienhua.com.tw/bookstore

書店選購
親至各大實體書店或本公司門市

最省事	最快速	最靈活	最便利	最自由
郵政劃撥	ATM 轉帳	線上刷卡	超商取貨付款	付款取貨
劃撥帳號：19924628 戶名：千華數位文化公司	第一銀行銀行代碼：007 帳號：16210001723	可接受 VISA、MasterCard、JCB 三種信用卡品牌；本網站採取安全編碼傳輸 (SSL) 技術，保障會員的信用卡資料安全，會員可安心使用線上交易。	透過網路訂單直接設定取貨便利商店門市 僅開放購買單筆訂單總金額在 6,000 元以下的實體商品。	至各大書店選購 **直營門市**：新北市中和區中山路 3 段 136 巷 10 弄 17 號 2 樓

注意事項：

1. 單筆訂單總額 499 元以下郵資 60 元；500~999 元郵資 40 元；1000 元以上免付郵資。

2. 請在劃撥或轉帳後將收據傳真給我們 (02)2228-9076、客服信箱：chienhua@chienhua.com.tw 或LineID:@chienhuafan，並註明您的姓名、電話、地址及所購買書籍之書名及書號。

3. 請您確保收件處必須有人簽收貨物 (民間貨運、郵寄掛號)，以免耽誤您收件時效。

訂單及匯款確認

收到產品

我們接到訂單及確認匯款後，您可在三個工作天內收到所訂產品 (離島地區除外)，如未收到所訂產品，請以電話與我們確認。

※ 團體訂購，另享優惠。請電洽服務專線 (02)2228-9070 分機 211,221

千華數位文化

國家圖書館出版品預行編目(CIP)資料

行政法：獨家高分秘方版測驗題攻略 / 林志忠編著. --
　第十六版. -- 新北市：千華數位文化, 2020.10
　　面；　公分
　ISBN 978-986-520-139-5(平裝)

　1.行政法

　588　　　　　　　　　　　　　109015847

行政法--獨家高分秘方版測驗題攻略

編 著 者：林 志 忠

發 行 人：廖 雪 鳳
登 記 證：行政院新聞局局版台業字第 3388 號
出 版 者：千華數位文化股份有限公司
地址／新北市中和區中山路三段 136 巷 10 弄 17 號
電話／ (02)2228-9070 傳真／ (02)2228-9076
郵撥／第 19924628 號 千華數位文化公司帳戶
千華公職資訊網：http://www.chienhua.com.tw
千華網路書店：http://www.chienhua.com.tw/bookstore
網路客服信箱：chienhua@chienhua.com.tw

法律顧問：永然聯合法律事務所
編輯經理：甯開遠
主 編：甯開遠
執行編輯：楊詠翔
校 對：千華資深編輯群
排版主任：陳春花
排 版：林婕瀅

出版日期：2020 年 10 月 30 日 第十六版／第一刷

本書如有勘誤或其他補充資料，
將刊於千華公職資訊網 http://www.chienhua.com.tw
歡迎上網下載。